U0936495

珍藏本·增订本

纪念版

汉译世界学术名著丛书

古典罗马法

上册

〔德〕弗里茨·舒尔茨 著

柯伟才 张晓博 译

商务印书馆
SINCE 1897
The Commercial Press

Fritz Schulz

CLASSICAL ROMAN LAW

本书根据克拉伦登出版社 1951 年版译出

汉译世界学术名著丛书
（120年纪念版·珍藏本）
增订本出版说明

2017年10月，为纪念商务印书馆创立120周年，本馆推出“汉译世界学术名著丛书”（120年纪念版·珍藏本），计七百种。近五六年来，仰赖学界同人倾力支持，订正旧译，增补新译，拓展新著，积累日多。为满足读者需要，本馆在七百种的基础上，继续推出“汉译世界学术名著丛书”（120年纪念版·珍藏本·增订本）三百种。至此，“汉译世界学术名著丛书”累计出版，已达千种。

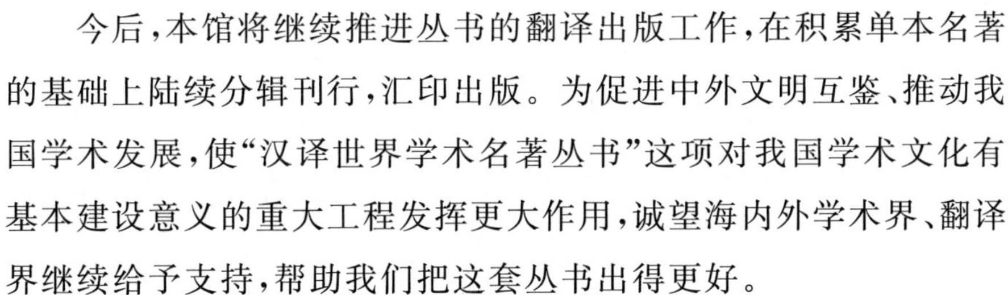

今后，本馆将继续推进丛书的翻译出版工作，在积累单本名著的基础上陆续分辑刊行，汇印出版。为促进中外文明互鉴、推动我国学术发展，使“汉译世界学术名著丛书”这项对我国学术文化有基本建设意义的重大工程发挥更大作用，诚望海内外学术界、翻译界继续给予支持，帮助我们把这套丛书出得更好。

商务印书馆编辑部

2024年2月

汉译世界学术名著丛书
（120 年纪念版·珍藏本）
出 版 说 明

2017 年 2 月 11 日，商务印书馆迎来 120 岁的生日。120 年前，商务印书馆前贤怀揣文化救国的理想，抱持“昌明教育，开启民智”的使命，立足本土，放眼寰宇，以出版为津梁，沟通中西，为中国、为世界提供最富智慧的思想文化成果。无论世事白云苍狗，潮流左右激荡，甚至战火硝烟弥漫，始终践行学术报国之志，无改初心。

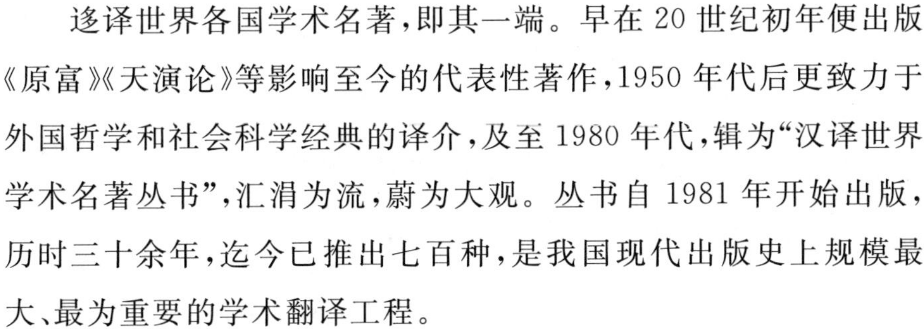

迻译世界各国学术名著，即其一端。早在 20 世纪初年便出版《原富》《天演论》等影响至今的代表性著作，1950 年代后更致力于外国哲学和社会科学经典的译介，及至 1980 年代，辑为“汉译世界学术名著丛书”，汇涓为流，蔚为大观。丛书自 1981 年开始出版，历时三十余年，迄今已推出七百种，是我国现代出版史上规模最大、最为重要的学术翻译工程。

丛书所选之书，立场观点不囿于一派，学科领域不限于一门，皆为文明开启以来，各时代、各国家、各民族的思想与文化精粹，代表着人类已经到达过的精神境界。丛书系统译介世界学术经典，引领时代思想，为本土原创学术的发展提供丰富的文化滋养，为推动中国现代学术和现代化进程做出了突出的贡献。

为纪念商务印书馆成立120周年，我们整体推出“汉译世界学术名著丛书”120年纪念版的珍藏本，寄望既利于文化积累，又便于研读查考，同时向长期支持丛书出版的译者、编者和读者致以敬意。

两甲子后的今天，商务印书馆又站在了一个新的历史时间节点上。我们不仅要铭记先辈的身影和足迹，更须让我们的步伐充满新的时代精神。这是商务人代代相传的事业，更是与国家和民族的命运始终紧密相连的事业。我们责无旁贷，必须做好我们这代人的传承与创造，让我们的努力和成果不仅凝聚成民族文化的记忆，还能成为后来人可以接续的事业。唯此，才能不负前贤，无愧来者。

商务印书馆编辑部

2017年10月

目　　录

第二部分　人法和家庭法

第三部分　死因继承法

前　　言

本书于1945—1949年间写于牛津，手稿于1949年8月1日完成并交给克拉伦登出版社。我所知道的在此日期后出版的文献，只能在附录当中列举，并在正文各章节的参考文献部分以星号提示。

感谢所有对我的工作提供过帮助的人，特别是克拉伦登出版社和肯尼斯·赛瑟姆先生（Kenneth Sisam）。赛瑟姆先生那时候担任该出版社代表会秘书，他建议我写这本书，并为这本书的问世做出了巨大的贡献。此外，我非常感谢玛格丽特·阿尔福德女士（Margaret Alford, M. A.〔Cantab〕, Hon. M. A.〔Oxon.〕），她利用丰富的知识为我提供了多年的辅助。

弗里茨·舒尔茨

牛津，1950年

缩略语表

ACI =*Atti del Congresso Intemazionale di Diritto Romano*, 1934—1935.

Acta CII or *ACII* =*Acta Congressus Iuridici Internationalis*, 1935.

AG =*Archivio Giuridico.*

AJPH =*American Journal of Philology.*

Ann. Catania =*Annali del Seminario Giuridico dell' Università di Catania.*

Ann. Palermo =*Annali del Seminario Giuridico dell' Università di Palermo.*

AP =*Archiv für Papyrusforschung.*

Atti Napoli =*Atti della Accademia di Scienze Morali e Politiche di Napoli.*

Atti Torino =*Atti della Accademia delle Scienze di Torino.*

Beseler, *Beitr.* =G. Beseler, *Beiträge zur Kritik der römischen Rechtsquellen.*

BGU =*Aegyptische Urkunden aus den Kgl. Museen zu Berlin. Griechische Urkunden.*

Biondi, *Successione* =Trattato di Diritto Romano ed. Albertario, vol. x (1943). Biondo Biondi, *Successione Testamentaria.* Donazioni.

Bremer =*Iurisprudentiae antehadrianae quae supersunt,* ed. Bremer (Teubner).

Bruns or Bruns, *Fontes*	=*Fontes iuris Romani antiqui,* pars prior, ed. G. Bruns; 7th ed. by O. Gradenwitz, 1909.
Bull.	=*Bullettino dell' Istituto di Diritto Romano.*
C.	=*Codex Iustinianus*
CAH	=*Cambridge Ancient History*
C. Iust.	=*Codex Iustinianus*
C. Th.	=*Codex Theodosianus*
CIL	=*Corpus Inscriptionum Latinarum.*
Coll.	=*Mosaicarum et Romanarum Legum Collatio.*
Consult.	=*Veteris cuiusdam iurisconsulti consultatio.*
D.	=*Digesta Iustiniani.*
DP	=*Deutsches Privatrecht.*
Epit. Ulp.	=*Epitome Ulpiani.*
Ergänzungsindex	=*Ergänzungsindex zu Ius und Leges,* ed. E. Levy.
FIRA	=*Fontes Iuris Romani Anteiustiniani.*
Fr. Vat.	=*Fragmenta Vaticana.*
Gai.	=Gaius, *Institutiones.*
ILS	=*Inscriptiones Latinae Selectae,* ed. H. Dessau.
Inst. Iust.	=*Institutiones Iustiniani.*
Jolowicz, *Introd.*	=Jolowicz, *Historical Introduction to the Study of Roman Law.*
JRS	=*Journal of Roman Studies.*
Kaser, *AR*	=Max Kaser, *Altrömisches Ius.*
Kunkel	=Jörs-Kunkel-Wenger, *Römisches Recht,* 3rd ed. 1949.
l.c.	=loco citato.
Lenel, *Edict.*	=Lenel, *Das Edictum perpetuum,* 3rd ed. 1927.
LQR	=*Law Quarterly Review.*
Levy, *Konkurrenz*	=E. Levy, *Die Konkurrenz der Aktionen und Personen im klassischen römischen Recht.*

Mél.	=Mélanges.
Mitteis, *Grundzüge*	=Mitteis-Wilcken, *Grundzüge und Chrestomathie der Papyruskunde.*
Mitteis, *RP*	=Mitteis, *Römisches Privatrecht bis auf die Zeit Diokletians,* I (1908).
Mommsen, *Schr.*	=Th. Mommsen, *Gesammelte Schriften.*
Mommsen, *StR.*	=Th. Mommsen, *Römisches Staatsrecht.*
NRH	=*Nouvelle Revue Historique de Droit Français et Étranger.*
Pand.	=*Pandekten.*
Paul. Sent.	=*Pauli Sententiae.*
PW	=Pauly–Wissowa, *Realenzyklopaedie der klassischen Altertumswissenschaft.*
RE	=Pauly-Wissowa, *Realenzyklopaedie.*
Rend. Lomb.	=*Istituto Lombardo di Scienze e Lettere, Rendiconti.*
RH	=*Revue Historique de Droit Français et Étranger.*
Rhein. Mus.	=*Rheinisches Museum.*
RIDA	=*Revue Internationale des Droits de l'Antiquité.*
Riv. It.	=*Rivista Italiana per le Scienze Giuridiche.*
s.	=section
Savigny, *System*	=Savigny, *System des heutigen Römischen Rechts.*
SB	=*Sitzungsberichte.*
Schulz, *Einführung*	=F. Schulz. *Einführung in das Studium der Digesten.*
Schulz, *History*	=F. Schulz. *History of Roman Legal Science.*
Schulz, *Principles*	=F. Schulz. *Principles of Roman Law.*
SD	=*Studia et Documenta Historiae et Iuris.*
Seckel, *Handlex.*	=Heumann–Seckel, *Handlexikon zu den Quellen des Römischen Rechts.*

Seckel-Kübler	=*Iurisprudentiae Anteiustinianae Reliquiae* (Teubner).
SHA	=*Scriptores Historiae Augustae.*
Solazzi, *Glosse a Gaio* Ⅰ	=*St. Riccobono,* Ⅰ. 73 ff.
Solazzi, *Glosse a Gaio* Ⅱ	=*Per il XIV centenario delle Pandette e del Codice di Giustiniano* (Pavia, 1933).
St.	=*Studi.*
Stolz-Schmalz, *Lat. Grammatik*	=Stolz-Schmalz, *Lateinische Grammatik,* 5th ed. by Leumann and Hofmann, 1928.
T	=*Tijdschrift voor Rechtsgeschiedenis. Revue d' Histoire du Droit.*
Thes.	=*Thesaurus.*
Voc. or *Voc. Iur. Rom.* or *VIR*	=*Vocabularium Iurisprudentiae Romanae.*
Wenger, *CP*	=Wenger, *Institutes of the Roman Law of Civil Procedure,* translated by H. O. Fisk (1940).
Z	=*Zeitschrift der Savigny-Stiftung für Rechtsgeschichte, Romanistische Abteilung.*
Z (germ. Abt.)	=*Zeitschrift der Savigny-Stiftung für Rechtsgeschichte, Germanistische Abteilung.*
Z. f. RG	=*Zeitschrift für Rechtsgeschichte.*

导　论

> 现在，对于这项研究，我们的目标将不是成为翻译者，而是像我们通常那样，将会根据我们的判断按我们认为适当的数量和方式从其源头吸取它们。
>
> ——西塞罗：《论义务》(*De Officiis*，i. 2. 6)

6

1. 主题：罗马私法

本书的主题是罗马私法，不包括宪法、行政法、刑法以及程序法。本书也不讨论罗马法学史和罗马法源史，因为二者都不仅仅涉及私法。罗马法的这些领域对于私法而言是非常重要的，但不可能在一个私法体系中获得充分的论述，因此，关于它们的知识应当从其他书籍中寻求。对私法的这种隔离，不可避免地会引起某些不利和危险，但是，在这一点上我们仅仅是跟随了罗马法学的步伐，而且，罗马私法对于法学的重要意义本身就构成将其单独论述的一项充分理由。

罗马私法有着漫长的历史，从公元前五世纪或四世纪的《十二表法》开始，贯穿整个古代直至优士丁尼时期(公元六世纪)，并进一步贯穿中世纪(无论是在东欧还是西欧)，一直到我们这个时代。因此，罗马私法仍然活着，其历史仍未终结。

2. 古典私法

这漫长的历史发展不可能在一本教科书的篇幅内写完，而且，当前的知识状况也不允许我们这么做，因为有很长的历史时期还没有得到充分的探索。我们必须做出选择。我们选择了从奥古斯都到戴克里先的元首期。更早和更晚时期的法律偶尔也会涉及，但在整体上，我希望将这本书的主题限定于我们称之为罗马私法的“古典时期”的那个时期。我们可以获得的共和国时期的私法文献非常少，因此，古典法对我们而言，是真正的罗马私法的杰出代表——实际上，它也是任何关于罗马法的科学的中心，所有的考察都不可避免地要从它开始并且回到它本身。古典私法是真正的历史学者喜欢占据的有利位置之一，因为它能为观察罗马法发展的各个方面提供一个自由、广泛的视角。

> 蒙森（1854, *Schr*. v. 384）：“真正的历史研究不是寻求尽可能完整地重构世界的日记；它寻求的是高度和通观全局，以及在幸运的时间和地点，发现不变的必然规律……”

这项选择当然会招受许多批评。有人会反对说，这样的话，我们几乎完全放弃了对罗马法发展过程的描述。一个古典私法的体系实际上所具有的主要是静态特征。然而，尽管“发展”这个模糊的术语是法律史学者最喜爱的术语之一，但是他们能为我们提供的，却很少能超越按时间顺序排列的现存法律规则。“然后……然后……在这部历史当中有太多太多的‘然后’”。毕竟，到目前为止还没有一本罗马私法教科书非常认真地尝试去描述其发展。这样的书仍有待写作。 3. 静态特征

4. 排除优士丁尼法的理由

我们对优士丁尼法的排除可能会引起更加激烈的反对。不是古典法，而是优士丁尼的《市民法大全》(*Corpus Iuris*)在欧洲大陆盛行了多个世纪，并在今日的私法当中留下显而易见的痕迹。因此，排除了优士丁尼法，我们就是忽略了连接古代法、中世纪法以及后世法的纽带。这毫无疑问是正确的。然而，有两个理由支持我们单独处理古典法，一个具有科学的特征，另一个具有教学的特征。

对后古典法的一般历史分析，以及对优士丁尼法的特别历史分析，几乎还没有开始。我们不应忘记，优士丁尼法的主要部分——《法学阶梯》《学说汇纂》《优士丁尼法典》是对前优士丁尼文本的汇编。汇编者们通过大量的"篡改"(interpolationes)对这些文本进行了调整，以适应他们的时代；但是他们的古典主义理念以及完工时间的短暂，使得他们无法对这些文本做出剧烈的改变。因此，《学说汇纂》仍然会提到裁判官和营造官、告示及其解释；仍然会讨论是否存在一项"直接诉讼"(actio directa)或"扩用诉讼"(actio utilis)的问题；仍然会区分诉讼(actio)和令状(interdictum)、市民法和荣誉法——所有这些在后古典法当中都已经变得没有意义。因此，导致的结果是，汇编者们想要编纂的优士丁尼自己的法，不能通过径直阅读那些汇编文本获得，而必须在其拜占庭的背景下解释和理解它们。此外，还存在大量相互冲突的片段。在这些情形下，什么才是优士丁尼法呢？对于我们这些不再将《市民法大全》视为现行法典的人而言，这个问题只有一个含义，即在这些情形下，汇编者们究竟想要确立什么样的法律呢？这个问题必须通过历史研究来探寻，而不能通过"教义学解释"来探寻。假设在《学说汇纂》的两个不同的地方存在关于某一特定问题的两个相互冲突的片段，

其中一个片段来自乌尔比安，另一个来自保罗；深入的考察表明第一个文本经过了汇编者们的篡改，而第二个文本则是因为疏忽而没有改动。那么，很显然，经过篡改的文本所提供的才是优士丁尼法。只要我们找不到一个历史的解决方案，那么我们就只能像真正的历史学者那样无奈地耸耸肩并践行高尚的“不知道的艺术”（ars nesciendi）。进一步的问题是，以《市民法大全》为基础的拜占庭法律实践实际上适用的法律是什么样的？这个问题与第一个问题完全不同。为回答此问题，我们必须求助于拜占庭法学家的著作以及拜占庭纸莎草文献。因此，识别优士丁尼法显然不是一项容易的任务。对于这些法律，还不存在能给出真实历史解释的书，这并不会令人惊奇。当然，大量关于《市民法大全》的文献，从波伦那注释法学家的时代（十二、十三世纪）到十九世纪的德国“潘德克顿法学”，为我们提供了非常有价值的工作。但在整体上，这些书并未涉及通过历史方法进行的对优士丁尼法的探索。它们的目标是以《市民法大全》为基础建立一套实践可用的法，它们虽然打着优士丁尼的旗号，但却包含了大量的中世纪法和现代法。

我们将主题限定于古典法，还有一个教学上的理由。古典私法是一个具有一致性、原创性，并且实际上非常独一无二的体系，它从根本上有别于古代或后世的其他体系。正是这一点使得对古典法的学习既充满吸引力又艰难。学生们首先必须努力去熟悉古典法，为此目的，似乎最好的办法就是把精力集中在它身上。

5. 对古典私法的研究；人文主义学者

对古典私法的研究从人文主义开始。所谓的注释法学家和后注释法学家（公元 1100—1500 年）将研究的对象限定于《市民法大全》以及他们称之为“优士丁尼法”的东西。人文主义法学家是最先研究前优士丁尼法(尤其是古典法)的人。得益于新发现的前优士丁尼文献,他们开始运用批判的方法,并对"篡改"进行研究。这个新学派的杰出代表是雅克·居亚斯(Jacobus Cuiacius 或 Jacques Cujas, 1520 或 1522—1590)[①] 和安东尼乌斯·法贝尔(Antonius Faber 或 Antoine Favre, 1557—1624),两位都是天才,后者对古典法具有一种罕见的、坚定不移的直觉,远远超前于他的时代。

6. 对人文主义的抵制

这个人文主义学派的巅峰非常辉煌,但也很短暂。对于传统主义者而言,这种新奇的研究是一种古怪、危险的游戏,会威胁到《市民法大全》和"共同法"(ius commune)的权威。法贝尔敏锐的直觉不被那些对此反感的人所理解,并且被他们认为是怪异的或愚蠢的。实际上,必须承认的是,人文主义学者并没有充分地区分这两种研究:历史研究和把《市民法大全》当作一部现行有效的法典来解释。《学说汇纂》当中的同一个片段有时候需要"双重解释"(duplex interpretatio),因为其在古典法原文当中的含义可能与其在优士丁尼立法当中被赋予的含义是非常不一样的。因此,对人文主义的抵制获得了胜利。居亚斯和法贝尔的研究没有获得足够的延续性。对于所有"头脑清醒的"法学家而言,伟大的法贝尔变成了一个妖怪。对古典私法的研究,在整个十七世纪和十八世纪少有进步。

海内修斯(Heineccius):《论研究特里波尼安装饰的学派》('De secta Tribonianomastigum', *Opera*. Genevae, 1748, tom. iii, Opusculorum variorum sylloge, iii, no. xi),第 180 页:

① 也译作居亚修斯。——译者

"如果这些法律书籍遭到鄙视，而其中正确的、健康的并且完整的东西都没有日复一日地被年轻人牢记，我们认为没有人知道因此会对法学研究带来多少损害"。第 179 页："因此，没有人(比他们)更厌恶寻找相互矛盾的片段和特里波尼安装饰的研究"。

7. 萨维尼及其学派

研究古典私法的一种新方法十九世纪上半叶在萨维尼的领导下出现。人文主义的研究被恢复。一些重要的前优士丁尼文献被发现，尤其是盖尤斯的《法学阶梯》和所谓的《梵蒂冈残篇》(*Fragmenta Vaticana*)。遗失的《乌尔比安摘录》(*Epitome Ulpiani*)手稿也被重新发现。然而，传统上对"篡改"研究的反感仍然占据主流。对"篡改"的让人难以置信的无视，是萨维尼及其学派的一个引人注目的特征，并在很大程度上阻碍了他们的研究。对他们而言，最复杂的解决方案似乎都优于认定一项"篡改"。

8. 蒙森和现代学派

最后，特奥多尔·蒙森(Theodor Mommsen)来了。他和他的合作伙伴为我们提供了可靠的法源版本，尤其是《学说汇纂》。蒙森的《优士丁尼学说汇纂》(大版本分为两卷，于 1870 年出版，每一个认真的学生都应该熟悉它)将是永远的"版本女王"(regina editionum)。在这个坚实的基础上，并受教于蒙森的大量著作和论文，意大利和德国学者(I. Alibrandi, C. Ferrini, A. Pernice, O. Lenel, O. Gradenwitz, F. Eisele)运用语言学和历史的方法开启了全新的古典私法研究。法贝尔的工作在经过漫长的停滞之后重新开始；他的研究最终得到了正确的评价，并且得到了有力的延续。二十世纪的杰出先锋是埃米利奥·阿尔贝达里奥(Emilio

Albertario）和格哈德·冯·贝泽勒（Gerhard von Beseler）。我们仍处于这个时期。无数或多或少重要的问题仍然“有待判断”（sub iudice），其中的很多可能将会一直如此，除非出现新的原始文献。然而，古典私法的主要部分已被重新发现，“很多部分已经避开并将会避开司殡女神”（multaque pars vitavit vitabitque Libitinam）。

9. 本书的范围 在本书当中，我们并不追求完整性。我们将主题限定于古典的法律制度和原则，社会学和政治方面将占主导地位。对于法学理论的相互关系，我们将提示读者参考其他教科书和专著类文献。本书应被用作导论或者作为更加综合性的著作的补充。除了排除优士丁尼法之外（上文边码 4），我们也不会不断地比较古典法和其他民族的法。古典法独一无二的特点，不仅使这样的比较毫无用处，甚至会对罗马法的学习产生混淆的结果。我们只是偶尔例外地进行这种比较。

12

10. 我们的体系 我们将在整体上按照所谓的“潘德克顿体系”（Pandecten-System）来阐述，也就是说，不是按照优士丁尼的《潘德克顿》（*Pandectae*）或《学说汇纂》（*Digesta*）的体系，而是按照十九世纪德国的“潘德克顿教科书”（Pandecten-Lehrbücher）所采用的体系。这个体系包含五个部分：Ⅰ. 总论；Ⅱ. 物法；Ⅲ. 债法；Ⅳ. 家庭法；Ⅴ. 继承法。总论包括：(1) 私法规则（关于其解释及限制，包括国际私法）的一般理论以及源自那些规则的个人权利的一般理论；(2) 人法（自然人和法人）；(3) 法律行为（negotium iuridicum）的一般理论；(4) 私法的法律保护，特别是诉讼法。这个“总论”的价值即使在那些“当代罗马法”教科书当中也是非常有疑问的，它无疑不适合用来对古典私法进行历史阐述。它包含大量一般性的、抽象的东西，它们由后古典、中世纪和当代法学发展而来，或多或少异于古典法学的思维方式。对高度抽象性的厌恶是古典法的特征之一，对此，历史学者必须小心翼翼地维护。那些一般化、概念和抽象规则有它们自己的历史，其历史需要并值得特别对待，但历史学者决不能将其插入到古典法中去，因为古典法对其一无所知。历史学者必须尽可能地按其历史形态来呈现过去的法；他们不能把内容和形式分开（尽管将《市民法大全》作为一部现行有效的法典来对待的法学家当然可以这么做）。

> 自然既没有核，也没有壳。
> 它同时两者皆是。
> ——歌德

因此，我们省略了那些显然应当在法源史当中处理的关于法律规则的一般理论。此外，我们还省略了“法律行为”的一般理论，因为它们完全是一个现代创造物。我们还把人法和家庭法结合起来叙述。这样“总论”部分还剩下的就只有诉讼法了。这个部分我们要保留，因为古典私法在很大程度上是一种诉讼法，如果不对各种诉讼形式的机制有一个清晰的了解，就没有办法理解古典私法。梅特兰对中世纪英格兰法学的这种态度做出了如下描述：

> “法律救济、法律程序，这些对学生而言是非常重要的主题。一旦这些被掌握了，那么关于实体法的知识自己就来了。其主题不是权利的本质，而是令状的本质……我们的祖先就是

这么认为的。”参见 Maitland, ‘The History of the Register of Original Writs’ (1889), *Select Essays in Anglo-American Legal History*, ii (1908), 549; *Collected Papers*, ii (1911),110。

梅特兰所说的，加上一些限制便可适用于古典法，因此，关于诉讼的法律对于任何古典私法体系而言都是适当的、不可或缺的入门知识。就像许多入门知识那样，它应当被阅读两遍：一遍是在开始获取预备知识时，一遍是在完成实体法的学习之后。实际上，这些诉讼法的技术性问题，即使对于初学者也没有特别的困难。

我们避免在论述过程中不断地对法源进行引用和评论，这样的引用很少会被学生查看，而且学生们通常在没有老师的帮助时也不能正确利用它们。因此，我们仅限于引用少量精选的、我们建议阅读的文本。

11. 对法源的引用

在引用时，篡改的词将用方括号括起来。用尖括号包括的词可能是古典作者所写的，但没有在我们的文本中流传下来。

12. 参考文献

为了获得充分的证据，我们必须参考相关文献。

关于文献，我在本导论的最后列出了一些当代的教科书。在论述过程中，我们也会进一步提供参考文献注释。在这些注释里，教科书通常不会被提及，因为读者可以在索引的帮助下找到相关的页码。我们会提到标准著作，而对于专著类文献，我们会提到那些对我们而言非常重要的书和论文。我们也尽可能引用最新的出版物，但本书不是“参考书”（reference-book），而是像其他教科书那样时不时会不可避免地落后于最新的发现。毕竟，对古典法的探索，仍然在如火如荼地进行着。

参考文献

s. 1. For matters excluded from this book see Jolowicz, *Introd.* In particular for criminal law Brasiello, *La repressione penale in diritto romano* (1937); for civil procedure Wenger, *CP;* for history of legal science and sources Schulz, *History.* On legal isolation see Schulz, *Principles,* 19.

s. 2. On the classical period see Schulz, *History,* 99.

s. 3. On historical development see E. Landsberg, *Geschichte der deutschen Rechtswissenschaft,* iii. 2 (1910), 208; Ernst Troeltsch, *Ges. Schr.* iii (1922), 221 ff.

s. 4. On Justinian's classicism see Schulz, *History,* 278—285. The standard work for 'Pandectenwissenschaft' is Windscheid, *Lehrbuch des Pandektenrechts,* 9th ed. by Th. Kipp (1906). On the historical study of Justinian's law see Collinet, *Études historiques sur le droit de Justinien,* i (1912); ii. (1925); iv (1932); v (1947).

s. 5. There is no comprehensive work on the humanistic school. See Stintzing, *Geschichte der deutschen Rechtswissenschaft* i (1880); Coing, *Z* lix (1939), 697; Albertario, *Introd.* 142 with references; Koschaker, *Europa und das römische Recht* (1947), 105 ff. On Cuiacius see Albertario, *Z* xxxi (1910), 158; on Faber De Medio, *Bull.* xiii (1901), 208; xiv (1902), 276; Albertario, *Contributi alla storia della ricerca delle interpolazioni* (1913).

s. 6. On the reaction see E. Spangenberg, *Einleitung in das Römisch-Justinianeische Rechtsbuch* (1817), 239. A good representative is the reactionary Albericus Gentilis who came to Oxford in 1580 and was a member of St. John's College. See Gentilis, *Dialogi de iuris interpretibus* (London, 1582), new edition by G. Astuti, 1937. On Gentilis see Holland, *An Inaugural Lecture on Albericus Gentilis* (1874); Speranza, *Alberico Gentili,* i (1876), ii (1910); G. Astuti, *Mos Italiens e Mos Gallicus nei dialoghi 'De iuris interpretibus' di Alberico Gentili* (1937); Th. F. Henderson in *Dictionary of National Biography,* vii. 1003—1006.

s. 7. Koschaker, l.c. 270 ff.

s. 8. On the modern school see Schulz, *Einführung in das Studium der Digesten* (1916), 62. Reference books for the literature of that school: *Index interpolationum quae in Iustiniani Digestis inesse dicuntur* (ed. E. Levy and E. Rabel), i (1929), ii (1931), iii (1935); Supplementum I (1929). Guarneri Citati, *Indice delle parole, frasi e costrutti ritenuti indizio di interpolazione nei testi giuridici romani* (2nd ed. 1927); Supplementum Ⅰ in *St. Riccobono,* i (1934), 701; Supplem. Ⅱ in *Festschrift Paul Koschaker,* i (1939), 117. Ed. Volterra, 'Indice delle glosse, delle interpolazioni e delle principali ricostruzioni ... nelle fonti pregiustinianee occidentali' in *Rivista di storia del diritto italiano,* viii (1935), ix (1936). P. de Francisci, *Il diritto romano* (guida bibliografica, 1923); Biondi, *Guide*

Bibliografiche; iii. 1. *Diritto Romano* (1944); Monier, *Bibliographie des travaux récents de droit romain,* i (1944), ii (1949).

s. 9. Pringsheim, 'The Unique Character of Classical Roman Law', *JRS* xxxiv (1944), 60.

s. 10. See A. B. Schwarz, 'Zur Entstehung des modernen Pandekten-Systems', *Z* xlii (1921), 578.

s. 12. Modern text-books of Roman private law: Dutch: J. C. van Oven, *Leerboek van Romeinsch Privatrecht* (1945). English: H. J. Roby, *Roman Private Law in the Times of Cicero and the Antonines* (1902) ; W. W. Buckland, *A Textbook of Roman Law from Augustus to Justinian* (2nd ed. 1932); *A Manual of Roman Private Law* (2nd ed. 1939); Buckland and McNair, *Roman Law and Common Law* (1936) ; H. F . Jolowicz, *Historical Introduction to the Study of Roman Law* (1932); F. Schulz, *Principles of Roman Law* (1936); M. Radin, *Handbook of Roman Law* (1927). French: E. Cuq, *Manuel des Institutions Juridiques des Romains* (1917); R. Monier, *Manuel élémentaire de Droit Romain,* i (6th ed. 1947), ii (4th ed. 1948). German: L. Mitteis, *Römisches Privatrecht bis auf die Zeit Diokletians,* i (1908); E. Rabel, 'Grundzüge des römischen Privatrechts', in Holtzendorf-Kohler, *Enzyklopaedie der Rechtswissenschaft,* i (1915); Joers-Kunkel-Wenger, *Römisches Recht* (3rd ed. 1949); H. Siber, *Römisches Recht,* Ⅱ. *Rom. Privatrecht* (1928); E. Weiss, *Institutionen des römischen Privatrechts* (2nd ed. 1949); E. Seidl, *Römisches Privatrecht* (1949), 112 pages. Greek:

G. A. Petropoulos, *Ἱστοία καὶ εἰσηγήσεις τοῦ ῥωμαΐκοῦ δικαίου* (1944). Italian: S. Perozzi, *Istituzioni di diritto romano* (2nd 1928); E. Costa, *Storia del diritto romano privato* (2nd ed. 1925); *Cicerone giureconsulto* (2nd ed. 1927); P. Bonfante, *Istituzioni di diritto romano* (10th ed. by Albertario 1946); Arangio-Ruiz, *Istituzioni di diritto romano* (9th ed. 1947); B. Biondi, *Istituzioni di diritto romano* (1946); Di Marzo, *Istituzioni di diritto romano* (5th ed. 1946).

第一部分

诉讼法

导　　论

13. 诉讼法

在很大程度上，古典私法可以被称为“诉讼法”（actional law 或者 law of actions），因为它以法律救济规则的形态出现。古典法学家不太关注如何确定关于权利义务的规则，他们更喜欢去讨论特定诉讼存在的条件以及通过该诉讼所能获得的补偿。本书第一部分的范围是非常狭窄的，我们只希望能呈现关于各种诉讼类型的清晰的观念（这里所说的诉讼是广义上的，包含所有的司法救济）。换句话说，我们将仅限于“一般诉讼法”。

14. 我们的主要原始文献

在盖尤斯的《法学阶梯》于 1816 年被发现之前，古典诉讼法并没有被完全辨别出来。在古典时期（上文边码 2）末期，古典诉讼体系就不再适用了；因此，后古典的法典，尤其是优士丁尼的汇编，只为这部分古典法提供一个不完整且错误的图像。因此，盖尤斯的《法学阶梯》的发现是个名副其实的意外收获，因为整个第四卷都在讨论“关于诉讼的法”（ius quod ad actiones pertinet）。尽管盖尤斯的《法学阶梯》的这一部分在公元四五世纪已经被废弃不用，但后古典时期的法学派的古典主义理念使得它被满怀敬意地保存下来，其文本没有遭到过多的篡改。在整体上，盖尤斯的论述是古典法的可靠原始文献，但将其视为神圣则不可取，因为它（就像整本书一样）具有基础教科书的特点，因此有时候会存在有瑕疵或不准确的地方。另一方面，后古典时期的篡改也并非完全不存在。因此，这部分和其他部分一样，批判也是不可或缺的。

原始文献

s. 13. Read as examples for the actional style of the classics *D.* (4. 3) 35; (16. 3) 1. 38; (9. 2) 41 pr.: [*deleverit vel*]; [*in factum et*].

参考文献

s. 13. Standard works: O. Lenel, *Das Edictum Perpetuum* (3rd ed. 1927); L. Wenger, *Institutes of the Roman Law of Civil Procedure,* translated by H. O. Fisk (1940); Collinet, *Études historiques sur le droit de Justinien*, v: *La nature des actions, des interdits et des exceptions dans l'œuvre de Justinien* (1947); James Goldschmidt, *Der Prozess als Rechtslage* (1925), 6—67, 81, should not be ignored.

s. 14. The best edition of Gaius' *Institutes* for English-speaking students is F. De Zulueta, *The Institutes of Gaius,* Part Ⅰ, text with critical notes and translation. On Gaius' *Institutes* see F. Schulz, *History* (1946), 159 ff., 281.

第一章　基本概念

一、管辖权和审判权

15. 管辖权和审判权

对于古典诉讼法而言，最基本的是区分管辖权和审判权。

管辖权（iurisdictio, ius dicere）是指在普通民事诉讼的范围内，决定原告在一个具体案件中是否可以在一名审判员面前提出其主张的权力。审判权（iudicatio, iudicare）是指宣判的权力。

16. 执法官和审判员

管辖权和审判权通常不掌握在同一个人手里，管辖权被授予一名执法官（尤其是裁判官，即 praetor），审判权则被赋予一个私人（或几个私人）。不管是执法官还是“审判员”（iudex）都被视为常识的代表；他们不必拥有完全的法律知识，但人们认为他们应当与职业法学家保持紧密的联系。“管辖权–审判权”（iurisdictio-iudicatio）的术语有点人为造就的意味，因为“ius dicere”（说出法律）的自然含义包括任何对法律的陈述，包括判决。然而，在古时候，裁判官被称为“审判员”，并担任法官；所以管辖权是可以正确描述其职能的术语。后来这个惯用的术语就被保留了下来，尽管执法官和审判员之间有了权力区分。实质上，这个区分远远不是人为造成的，在其他民族的法律中也有类似的区分。英国的法科学生只需要回想中世纪英格兰通过令状进行的诉讼程序就足够了。

17. 在执法官面前的程序和在审判员面前的程序

因此，古典市民法诉讼程序由一项“在执法官面前”（in iure）进行的程序开始。如果执法官拒绝确立一项“审判”（iudicium），也就是说，“拒绝赋予审判”（denegare iudicium），那么原告的案件就被驳回了。原告可以向皇帝提出申请，后者可能会指示执法官赋予一项审判；或者，他可以等这位执法官一年的任期结束之后再向下一任执法官申请诉讼。另一方面，如果执法官“赋予审判”（dare iudicium），那么“在执法官面前”（in iure）进行的程序就会结束。这个阶段以召唤证人（“证讼”〔litis contestatio〕）为标志。证讼这个术语被用来指称“在执法官面前”进行的程序的终结，甚至也被用来指称整个在执法官面前进行的程序。在执法官面前进行的程序终结时，市民法诉讼的第二阶段开始，也就是审判（iudicium）阶段或者“在审判员面前”（apud iudicem）进行的程序。在这一阶段，原告的请求将得到实质性的审查，并最终宣布判决，即要么原告被驳回要么被告被判罚。与刑事诉讼不同，民事诉讼不允许宣布“事实不清”（non liquet）。对判决提出上诉是不允许的。

18. 享有管辖权的执法官

如果双方当事人都是罗马市民，在罗马城的范围内享有管辖权的执法官是城市裁判官（praetor urbanus）；如果一方或双方当事人不是罗马市民，则“异邦人之间或市民和异邦人之间的裁判官”（praetor inter peregrinos 或者 praetor inter cives et peregrinos，简称 praetor peregrinus〔外事裁判官〕）享有管辖权。对于某些案件，贵族营造官（aediles curules）享有管辖权（下文边码 926）。在自治市（municipia），自治市的执法官享有有限的管辖权。在行省，总督是有管辖权的执法官；如果是在元老院行省，则营造官的管辖权由财务官（quaestores）行使。

19. 审判员

通常，审判权被授予双方当事人选定并由执法官批准的一个私人。这个审判员叫作“iudex”（审判员），有时候也被称为“arbiter”（仲裁员）。原先，当审判员必须（在特定范围内）根据自己的判断做出判决时，使用的是后一个名称，但在古典时期，这个名称几乎只是一个术语上的变体。对于特定的主张（例如侵辱之诉，下文边码 1015），可以选几名审判员（3 名或 5 名），他们被称为判还官（recuperatores）。对于一些主张（例如请求遗产之诉），当事人可以将审判权交给“百人法庭”（centumviri）。

20. 非常诉讼

我们刚描述的诉讼程序，我们称之为普通诉讼程序（*Inst. Iust.* 3. 12 pr.）。此外，还存在另外一种诉讼形式，我们的法源称之为“非常诉讼”（cognitio extra ordinem 或者 extraordinaria cognitio，但盖尤斯的《法学阶梯》从未如此称呼，参见 Gaius *Institutes*, 2. 278）。在这种诉讼形式中，执法官有权行使管辖权和审判权，尽管他也可以让一个私人（代理审判员〔iudex pedaneus〕）代替他行使审判权，而且他似乎通常都会利用这种帮助。在古典时期，对于特定类型的主张（例如基于遗产信托的诉讼），非常诉讼是唯一可用的诉讼形式，因为这种请求不能适用一般诉讼程序。此外，在不存在普通诉讼的皇帝行省（例如埃及），它可适用于所有请求。

21. 两种诉讼形式之间的差异

显然，这两种诉讼形式存在重大差异，但我们不能过分夸大这些差异，因为在“非常诉讼”当中，执法官通常会把审判权委托给一个私人。“非常诉讼”是后来出现的形式，源自公法，因此更现代、更灵活，没有相对更古老的诉讼程序的那些严格的形式主义。因此以下两个主要差异可以得到充分的解释：

(1) 在普通诉讼程序中，审判员的任命是强制性的，而在非常诉讼中则是选择性的；

(2) 在普通诉讼程序中，如果当事人不就审判员和审判的程式（formula，下文边码 27）达成一致，就不能进行审判。如果被告拒绝合作，那么不会发生缺席审判。在非常诉讼中，双方当事人的合意不是强制性的，缺席审判是可能发生的。

22. 弗拉萨克的理论

根据弗拉萨克（Wlassak）在很多书中提出的，并为许多其他学者接受的一个现代理论，普通诉讼程序被视为一种仲裁。当事人在执法官面前不仅就审判员的人选达成一致，还对法律问题的要点（即审判的计划安排）达成一致。因此，审判员被认为是一种仲裁员。这个理论的阐述因许多不稳定的论据、非批判性的解释以及错误的推论而受到影响。实际上，仲裁的观念在盖尤斯的头脑中并不存在，而且可能也不存在于所有古典法学家的头脑当中。对于共和国时期的法学家的法律思维，我们一无所知。当然，他们不大可能会认为在这种情况下存在一份"合同"（contractus），因为这个术语的意义非常狭窄；也许他们甚至也不敢把这种协议称为"简约"（pactum）。然而，历史学家可以去调查在戏剧背后起作用的观念，即使演员本身并未意识到它。对于当代法学家而言，当事人的这种协议，实际上是仲裁协议的一个例子。不存在缺席判决的问题，在这种观念的帮助下，可以很好地得到解释，但其驱动力量显然在于各种诉讼的发展，尤其是诚信诉讼（actiones bonae fidei，下文边码63）的发展。因此，审判员可以被保险地称为仲裁员，但这是一种特别类型的仲裁员，也就是说，由执法官授权的仲裁员，并因此也是执法官的代表，就像非常诉讼当中的"代理审判员"那样。然而这个问题的重要性被大大高估了；它毕竟只是一个法律意识或者建构的问题，而不是法律问题。

除了管辖权之外，有管辖权的执法官还拥有治权（imperium）。23. 治权
根据治权的效力，他们有权在法律（lex）允许的非常广泛的范围内根据自己的判断发布命令。在普通的诉讼程序当中，执法官非常需要这种权力。就像前面说过的，如果被告拒绝到庭合作，就不会发生审判。此时，执法官的治权就会介入，例如，他可以命令原告扣押被告的财产（missio actoris in bona rei）。自治市的执法官没有治权，但在这种情况下，如有必要，罗马的裁判官会来提供援助，因为原告可以向他申请。

原始文献

s. 18. Read Gai. 1. 6.

参考文献

s. 15. Wlassak, *Z* xxv (1904), 81; Bekker, *Z* xxvii (1906), 1—12; Steinwenter, *PW* x. 1155; Kaser, *AR* (1949), 358 f.

s. 16. Jolowicz, *ACI,* Bologna, ii (1934), 59; Hoetink, *Seminar,* v (1947), 16 ff.*

s. 17. Düll, *Denegationsrecht und praetorische Jurisdiction* (1915); Lévy-Bruhil, *La denegatio actionis sous la procédure formulaire* (1942); Vojtěch Poláček, *Denegatio* (1947), Czech with an English summary; *Z* lxiii (1943), 406. On *litis contestaio* Beseler,

Z xlvi (1926), 134, 138; lii (1932), 292. On *non liquet* Mommsen, *Römisches Strafrecht* (1899), 422.

s. 19. On *Iudex* see J. Mazeaud, *La Nomination du judex unus sous la procédure formulaire à Rome* (1933). On *arbiter* E. Levy, *Z* xxxvi (1915), 16. On *recuperatores* and *centumviri* Wenger, *CP,* p. 61.

s. 20. Mitteis, Grundz. 23; Arangio-Ruiz, *FIRA* 111, no. 170 with references; Balogh, *ACI*, Roma, ii (1935), 267 ff.; Santi di Paola, 'La litis contestatio nella cognitio extra ordinem', *Ann. Catania*, 1948.

s. 21. On judgment by default see A. Steinwenter, *Studien zum römischen Versäumnisverfahren* (1914); L. Arù, *Il processo civile contumaciale* (1934).

s. 22. Against Wlassak's theory see Beseler, *Z* xlvi (1926), 131 with references; *LI* (1931), 401; Mazeaud, l.e. 172 ff.; Gioffredi, *SD* xii (1946), 144, 146.

二、管辖权和法

24. 执法官的自由　有司法管辖权的执法官受法律的约束(在古典时期，也受元老院决议和皇帝谕令的约束)，但只有在它们明确命令他赋予或拒绝赋予审判时，他才受约束。然而，这样的命令是很少见的，因为制定法一般仅限于确定关于私人权利和义务的规则。在这种情况下，执法官并不受制定法的约束，而是有权根据自己的判断赋予或拒绝赋予审判。任何人，要想理解共和国法学家和古典法学家的论述，都必须把这项简单的原则（当然蕴含着对制定法的非常严格的解释）牢牢地记在心里。这是一项真正的罗马原则，它揭示了罗马法学家对国家的法律创制行为的整体态度，即他们毫不掩饰对立法的厌恶。

举一个示例就足够了。《十二表法》确定了关于侵辱的规则，但没有提到诉讼。第八表第 2.4 段："如打断肢体，且不能达成和解，则（对方）可同态复仇。如犯下侵辱，则应当支付 25 阿斯的罚金。"裁判官们并未感觉受到这些规则的约束，他们赋予了各种差异非常大的诉讼。（Lenel, *Edictum*, tit. xxxv, p. 397; Riccobono, *FIRA* Ⅰ. 369; 另见现行盗窃之诉，下文边码 997）

25. 限制；荣誉法

执法官的这种非常宽泛的自由所受到的很大程度的限制不是来自制定法，而是来自执法官本身，也就是说，由于告示的发展而受到的限制。在有司法管辖权的执法官就职之前，通常会发布一项告示（edictum），宣布他们会在一些精确界定的情形下将赋予或拒绝赋予审判（iudicium dabo；iudicium non dabo）。每一个执法官通常在进行一些修改或补充之后采用其前任的告示，以至于逐渐发展成了一套广泛的规则体系（与"市民法"相对的"荣誉法"），执法官们一次又一次地将这套规则体系公布于其告示当中。最后，荣誉法的整体由哈德良进行法典化。这里不是描述这项发展的细节的地方。

26. 法定审判和基于治权的审判

盖尤斯（Gai. 4. 103—109）区分法定审判（iudicium legitimum）和基于治权的审判（iudicium quod imperio continetur）。这项区分与市民法和荣誉法的区别无关。“法定审判”是在罗马城内在单个审判员面前进行的审判，双方当事人和审判员都是罗马市民。只要这些要求当中的任何一项不符合，便是“基于治权的审判”。肯定存在一部法律，命令执法官在符合刚提到的这三个条件的情况下确立审判，并把其他审判的确立留给执法官自由判断，但是无法确定该法律是奥古斯都的《尤利亚法》（*lex Iulia*）还是引入程式诉讼的《艾布提亚法》（*lex Aebutia*），甚或是《十二表法》（*lex* Ⅻ *tabularum*）。

原始文献

s. 24. Read *D.* (14. 6) 1 pr.; (16. 1) 2. 1; Gai. 3. 223, 224 (to *fuerit*).

s. 26. Read Gai. 4. 103—105, 109.

参考文献

s. 24. F. Schulz, *Principles*, 6 ff.; *History*, 24, 60, 127 f.

s. 25. Schulz, *History*, 61, 127; Kaser, *Altröm. Ius* (1949), 96.

s. 26. Beseler, *Z* xlvi (1926), 131; Lenel, *Z* xlvii (1927), 29. Kaser, l. c. 73, 93. On the *lex Aebutia* (149—126 B.C.) see Berger, *PW,* Suppl. vii. 379.*

三、程式

就像我们前面（上文边码 21）说过的那样，在普通的诉讼程序 27. 程式的概念
当中，只有在当事人对审判员的人选以及要向其提交的法律问题达成一致，然后这项合意得到执法官的批准之后，审判才会发生。在这些条件达成之后，就会有一份被称为程式（formula）的官方文件被制定出来。整个诉讼程序因这份文件而得名，古典法学家说“通过程式进行诉讼”（agere per formulas），而现代的学者则说“程式诉讼”。

在具体案件当中，程式实质上由当事人和执法官负责拟定。原告需要提交一份草拟的程式，但被告可能会提出修改意见，而执法官也可能在原告接受某些修改的情况下才批准其提出的程式。这样的合意是由三方（即原告、被告和执法官）合作达成的。然而，程 28. 程式的法律特征
式并不是以合同文件的风格拟定的。在全世界的合同文件当中，都会以某种方式表达当事人的同意，而在程式当中则从来不会提起这点。程式更应是一份载明执法官裁定的声明，在这份声明中，他批准当事人之间的合意（“赋予审判”〔dare iudicium〕）并“指示审判员做出判决”（iubere iudicare）。

参见《卢比利亚法》（*lex Rubria*）第二十章第 21 段：“当用这样的话语……赋予诉讼。执法官这样指示做出判决：某人应为审判员”，等等；紧接着是程式。

程式不是写给审判员的一封信，或者甚至也不是向他做出的，而是“向所有相关的人”（ad eos ad quos ea res pertinet）做出的。

类似的是一项祭司命令（*decretum pontificum ILS* 8381, Bruns no. 76, *FIRA* i, no. 63）。

29. 我们的原始文献

随着时间的推移，数量众多的程式变得格式化，并被包含在告示当中，但这种可适用的程式的官方列表从来不被视为是封闭的，甚至在哈德良将其法典化（上文边码 25）之后也是如此。

32

因此，古典法学家拥有大量格式化的程式，很多关于古典法的讨论，只有对这些程式的形态具有完整知识的读者才能理解。乌尔比安在其《告示评注》当中不断地抄录告示中提供的程式，并仔细地解释它们，但在我们的文本中，它们被删除了，因为不再具有实践用途。盖尤斯在其《法学阶梯》第四卷中尝试详细讲解各种不同程式的一般原理（“程式理论”）。这一讲解能保存下来，要感谢后古典时期法学派的古典主义理念（上文边码 14）。

30. 以特定借贷金额程式为示例

在这些预备性的说明当中，我们只希望举一个例子。我们选择了所有程式当中最简单的，也就是，债权人用来要回其借给借款人的金钱的程式（特定借贷金额程式〔formua certae creditae pecuniae〕，下文边码 879）。

屋大维应为审判员。

如能证明努梅里乌斯·内格底乌斯应向奥鲁斯·阿格里乌斯支付 1 万赛斯特提乌斯，审判员应判罚努梅里乌斯·内格底乌斯向奥鲁斯·阿格里乌斯支付 1 万赛斯特提乌斯；如不能证明，则应开释。

（Octavius iudex esto.

Si paret Numerium Negidium Aulo Agerio sestertium X milia dare oportere,

iudex Numerium Negidium Aulo Agerio sestertium X milia condemnato, si non paret, absolvito.）

程式模板在告示当中公布，当事人的名字是虚拟的名字，用“阿格里乌斯”（Agerius）表示“原告”（actor），“内格底乌斯”（Negidius）表示“被告”（negans）。在共和国时期，这种用法还没固定，就像《卢比利亚法》（*lex Rubria*）所表明的那样。在该法中，用“L. Seius”表示原告，用“Q. Licinius”表示被告。当然，当程式被用于真实案件时，要用当事人和审判员的真实名字来替换这些虚拟的名字。

我们的文本有时候用“condemna”和“absolve”，而不是“condemnato”和“absolvito”，这可能是抄写员所犯的错误，他们在还原缩写 c 和 a 时犯了错误。因为该文件的开头是以第三人的风格写的，其余部分也应以同样的风格起草。然而，这样的程式总是存在写错的危险，因为每个人都知道其含义，并倾向于忽略这样的形式琐事。这个事情没有任何意义。

“如能证明……支付 1 万赛斯特提乌斯”（si paret...oportere）这句话被称为“intentio”（原告请求）。盖尤斯（Gai. 4. 41）将“intentio”

定义如下："Intentio est ea pars formulae, qua actor desiderium suum concludit"（原告请求是程式当中原告确定自己的诉愿的那个部分）。这应当翻译为："intentio"是程式当中原告确定（或限定）其请求的那个部分。

德祖卢埃塔（De Zulueta）教授的翻译不大准确。他翻译"'intentio'是程式当中原告表达其请求的那个部分"。这个翻译适合"特定借贷金额程式"，但不适合（例如）"所有物返还之诉"（rei vindicatio）的程式。在这种程式当中，"intentio"是这样的："如能证明系争的桌子根据奎里蒂法是奥鲁斯·阿格里乌斯的"（Si paret mensam qua de agitur Auli Agerii esse ex iure Quiritium）。原告的请求肯定没有直接表达在这个句子里。

"应判罚努梅里乌斯·内格底乌斯……开释"（Numerium Negidium...absolvito）这句被称为"condemnatio"（判罚授权）。这个术语肯定不能翻译为"判罚"，而是应当翻译为"判罚或开释的授权"。盖尤斯在Gai. 4. 43当中清楚地说："'判罚授权'是程式的如下部分：在这个部分当中，判罚或开释的权力被授予审判员"（Condemnatio est ea pars formulae, qua iudici condemnandi absolvendive potestas permittitur）。

现在，假设被告在裁判官面前表示，贷方（通过"简约"〔pactum〕）给了他一年的还款期限，而这一年的期限还未届满。那么一项"基于简约的抗辩"（exceptio pacti）会被插入到程式中去。而如果原告提出反对意见，认为被告通过欺诈诱使他赋予了他一年的期限，那么将会插入一项"基于欺诈的反抗辩"（replicatio doli）。整个程式将会是这样的：

屋大维应为审判员。

原告请求：	如能证明努梅里乌斯·内格底乌斯应向奥鲁斯·阿格里乌斯支付1万赛斯特提乌斯，
基于简约的抗辩：	如在奥鲁斯·阿格里乌斯和努梅里乌斯·内格底乌斯之间没有达成该笔欠款不在一年内请求的简约，
基于欺诈的反抗辩：	或者，如果这项简约是因为努梅里乌斯·内格底乌斯的恶意欺诈而做出的，审判员
判罚授权：	应判罚努梅里乌斯·内格底乌斯向奥鲁斯·阿格里乌斯支付1万赛斯特提乌斯；如不能证明，则应开释。

（Octavius iudex esto.

Intentio：	Si paret Numerium Negidium Aulo Agerio sestertium X milia dare oportere,
Exceptio pacti：	si inter Aulum Agerium et Numerium Negidium non convenit, ne ea pecunia intra annum peteretur,
Replicatio doli：	aut si quid dolo malo Numerii Negidii factum est, iudex
Condemnatio：	Numerium Negidium Aulo Agerio sestertium X milia condemnato, si non paret, absolvito.）

关于程式的结构的这些预备性说明到这里肯定就足够了；我们将在这一部分的第二章（下文边码 45 以下）回到这个主题。

31. 非常诉讼的程式　在非常诉讼当中，执法官有权把审判委托给一名审判员（上文边码 20）。在这种情况下，他通常会颁布一份书面的指示，这份指示看起来有些类似于程式。然而，这些指示仍然是灵活的，从未发展成一套固定的程式。形式主义的时代正在走向终结。

参考文献

s. 28. On Wlassak's idea of the formula see Wlassak, *Die klassische Prozessformel, SB Wien,* ccii. 3 (1924), and Wenger, *CP*; against Wlassak (rightly) Beseler, *Z* xlvi (1926), 131 ff.; Mazeaud, *La Nomination du judex unus* (1933), 154, 187 ff.

s. 29. On Ulpian's commentary see Schulz, *History,* 197.

s. 30. Lenel, *Edictum*, p. 237, 501; Gai. 4. 41, 43, 119, 126. On *condamna, absolve* instead of *condemnato, absolvito* see Lenel, *Z* xliii (1922), 574; *Edict,* p. 114; Beseler, *Z* xlvi (1926), 136. On *intentio* Lenel, *Beiträge zur Kunde des praetorischen Edicts* (1878), 107; J. Juncker, 'Die Gaianische Definition der Intentio', *St. Riccobono,* ii. 327 ff.

s. 31. J. Partsch, *Die Schriftformel im römischen Provinzialprozesse,* 69 ff. (Diss. Breslau, 1905); Boulard, *Les Instructions écrites du magistrat au juge-commissaire dans l'Égypte* (1906); Wlassak, *Zum römischen Provinzialprozess,* 11 ff. *(SB Wien,* cxc. 4, 1919); Arangio-Ruiz, *FIRA* iii, no. 170. On Byzantine law see Collinet, *Études,* 5 (1947), 182 ff.

四、审判

32. 审判的概念

"审判"(iudicium)一词在真正的古典文本当中总是精确地意指"在审判员面前进行的程序",而从来不用来表示程式。如果裁判官在告示当中宣布:"如果某事被宣称是基于欺诈而做出的……我将赋予一项审判"(Quae dolo malo facta esse dicentur...iudicium dabo),其含义是:"我将准备确立一项在一名审判员面前进行的关于恶意欺诈的程序"。这意味着,"我将赋予一项恶意欺诈程式"(formulam de dolo malo dabo),因为没有程式就不能建立一项在审判员面前进行的程序。"他可以通过欺诈审判主张权利"(iudicio de dolo potest consequi)是指,"他可以在一名审判员面前得到救济";有人也可能会说,"他可以通过欺诈程式主张权利"(formula de dolo potest consequi)。然而,审判和程式不是同义词。在讨论程式的内容时,不能用审判一词来替代程式一词:我们可以说"基于事实拟定的程式"(formula in factum concepta),但永远不会说"基于事实拟定的审判"(iudicium in factum conceptum)。

33. 非要式的程序

在审判员面前进行的程序是完全非要式的。只要需要,当事人及其代理人就会为其案件进行辩论并提出证据;最终由审判员宣布判决。

34. 审判员受程式的约束

当审判员在执法官的指示下履行其职责时——在普通诉讼程序当中总是如此,在非常诉讼程序当中通常也如此——他要受这些指示的约束。他无权去调查这些指示的合法性，因为它们受到执法官的权威的充分保护。这些指示在普通诉讼程序中特别需要法律解释，因为程式既简短又复杂。当然，人们期望他遵从被广泛接受的法律理论。通常他在一个顾问团的支持下履行职务。顾问团由他根据自己的意愿来组建。他可以向某位法学家咨询，甚至要求他成为其顾问团的成员。主流的古典法解释，就像古典法学家的著作所展示的那样，并不具有统一的特征，程式中的一些内容被自由地进行解释，但另一些内容则被非常严格地解释。

38 关于自由解释的示例随后将会提供，下面是严格解释的一个显著的示例。我们在前面（上文边码 30）已经考查过“特定借贷金额程式”。审判员被指示去确定，被告是否欠负一万赛斯特提乌斯。现在假设审判员得出的结论是，被告只欠负九千赛斯特提乌斯。根据古典法的严格解释，审判员必须驳回该诉讼；他不允许判罚被告支付九千赛斯特提乌斯。欠负九千赛斯特提乌斯的人并不欠负一万赛斯特提乌斯，因此，审判员必须开释被告，因为程式说，“如不能证明则应开释”。参见 Blackstone, *Commentaries*, Book Ⅲ, ch. 9. no. 1：“在一项债务诉讼当中，原告要么获得其要求的全部债务，要么什么都得不到。因为这项债是单一的诉讼原因，是固定且确定的。因此，如果证据与请求不吻合，则不能被视为是诉请履行所依据的同一个合同。因此，如果我提起一项 30 镑的债务诉讼，那么我不能随意证明 20 镑的债务，并因此得到一项判决。这样的话就好像是我因一匹马提起一项非法占有诉讼，我可以因此要回一头公牛”。（注意！）

关于证据，主流的做法是完全自由的。古典法学家遵从共和国时期的传统，对证据法只表现出淡淡的兴趣，甚至他们对证明责任的问题都没有进行具体的讨论。当事人可以随意提供证据；只有拷问是被完全排除的，这与希腊法形成鲜明的对比。证据规则并不存在。审判员根据自己的判断决定当事人的主张是否真实。 35. 证据

最后，审判员必须宣布判决。就像前面所说的那样（上文边码17），他要么判罚，要么开释。如果他确定原告是正确的，那么他必须——在普通诉讼程序当中——判罚被告支付特定金额的金钱。在非常程序当中，他有权命令被告进行实际履行。 36. 判决

参考文献

s. 32. The right doctrine has been defended by Beseler, *Z* xlvi (1926), 131; li (1931), 401; lii (1932), 292; *Beitr.* v. 51; *Bull.* xxxix (1931), 320.

s. 34. Beseler, *Z* lxvi (1948), 299. For *consilium iudicis* see Schulz, *History,* 52, 117.

s. 35. Schulz, *Principles,* 32; *History,* 84. For testimonies of witnesses recently found in Herculaneum see Arangio-Ruiz, *La parola del passato* (1948), 146 ff., 171 ff. J. Ph. Levy, 'La Formation de la théorie romaine des preuves', *St. Solazzi* (1948), 418 ff.

s. 36. On judgment in *extraordinaria cognitio* see Mitteis, *Grundzüge,* 44; Wenger, *CP* 303; Biondi, *St. Bonfante,* iv. 61; Taubenschlag, *Law of Greco-Roman Egypt* (1944), § 56. On *condemnatio pecuniaria* see Gioffredi, *SD* xii (1946), 136 ff.

五、诉讼

37. 诉讼的概念

尽管“诉讼”(actio)这个术语几乎在我们的法律书籍的每一页当中都可能会出现，但现代法学家发现很难给其下一个适当的定义。共和国时期的法学家和古典法学家显然都不去对其下定义。我们的原始文献当中唯一的定义肯定是源自后古典时期的。然而，古典时期的“actio”概念是简单、清晰的。

“agere”这个动词简单地意味着“行为”，而“actio”这个名词是指“行为”(actus)，包括每一个做某事的过程，实际上包括每一类型的行为。在古典法学家的法律语言当中，这两个术语都有一种较为狭窄的技术性含义，仅仅是指市民法的诉讼程序。“agere”是指在一项诉讼中的行为，包括在裁判官面前的和在审判员面前的行为；原告的行为尤其被称为“agere”。相应地，“actio”包括当事人在裁判官面前和在审判员面前的全部行为，尤其是原告的行为。在一些典型的法律用语当中，“actio”仅指在审判员面前的程序：“actio a praetore danda est”是指“应由裁判官建立一项在审判员面前进行的程序”，“actio proposita est in edicto praetoris”是指“一项在审判员面前进行的程序被在裁判官告示当中进行了允诺”。在这些用语当中，“actio”等同于“iudicium”(审判，参见上文边码32)：“actio danda est”(应当赋予诉讼)和“iudicium dandum est”(应当赋予审判)意义相同。另外，“mandare actionem”是指“委托某人在诉讼当中担任诉讼代理人，包括在裁判官面前的和审判员面前的程序”。

38. 诉讼和程式

“actio” 从来不意指 “formula”（程式）。当然，有人会说 “formulam praetor proposuit”（裁判官承诺了一项程式）以及 “actionem praetor proposuit”（裁判官承诺了一项诉讼），因为裁判官不能承诺一项诉讼（=iudicium）而不同时承诺一项程式，而在他承诺一项程式时，他就是承诺了一项诉讼。甚至在告示仅包含一项程式时，法学家也可以保险地说 “praetor actionem proposuit”（裁判官承诺了一项诉讼）（Gai. 2. 235）。然而，“actio” 和 “formula” 并不等同。当所涉及的是程式的结构时，就不能用 “actio” 来替代 “formula”：我们可以说 “formula in factum concepta”（基于事实拟定的程式，下文边码 47），但不能说“actio in factum concepta”（基于事实拟定的诉讼，上文边码 32）。

39. 诉讼和请求权

在古典法律语言当中，“actio” 从不意指 “请求权”，包括对私人和对执法官的请求权。“actio mihi competit qua possum consequi” 是指 “我可以起诉某人，并通过这样做获得某物”。这蕴含的是，“我有权要求某物”，但这只是蕴含的，并没有明确地说出来。关于诉讼和 “权利” 之间的关系的理论思考被古典法学家们故意回避，因为在他们的眼中，这属于法哲学，而不属于法学。

40.actio 被用英文的 action 来表达

因此，“actio”总是指“诉讼程序”。因此，在英语中，用“action” 来表达 “actio” 是非常正确的，但我们必须牢记，“action” 是指 “一种行动的过程”。

41. 非常诉讼程序

古典法学家把 “actio” 这个术语限定于普通的诉讼程序，尽管用它来表示非常诉讼程序也是合适的。所有用 “actio” 来指称非常诉讼程序的文本都是伪造的。因为对于 “遗产信托”

(fideicommissa)只能适用非常诉讼程序(上文边码 20)，对于古典法学家而言并不存在“actio ex fideicommisso”或者“actio fideicommissi”这样的东西。古典的术语是“petitio fideicommissi”或者“persecutio fideicommissi”。“actio extraordinaria”这个用语当然也不为他们所知。他们从不把“interdictum”(令状)和“in integrum restitutio”(回复原状)称为诉讼(下文边码 111、119)。

42. 篡改　在我们的原始文献当中，古典时期的术语因为汇编者和前优士丁尼的作者的大量篡改而变得模糊。因此，程式被从所有的《学说汇纂》文本当中排除，只有一个例外(*D*. 47. 2. 42 pr.)。“fideicommissi actio”早在后古典时期的《保罗意见集》(*Sententiae Pauli*. 4. 1. 6)当中就出现了。

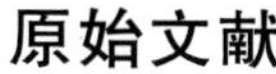

原始文献

s. 37. Read *D*. (44. 7) 51 = *Inst. Iust.* 4. 6 pr. (spurious: Schulz, *Principles,* 45). Apparently the compilers found no other passage containing a definition.

s. 38. Read Gai. 3. 224 and note *taxamus 'formulam'* not *actionem,* since the *taxatio* had to be inserted in the *formula* (Lenel, *Edict.,* p. 399).

s. 41. Read Gai. 2. 278, 282 and note *agitur ... persecutio* est.

参考文献

s. 37. Wlassak, *PW* i. 303; 'Der Judikationsbefehl im röm. Prozesse', *SB Wien,* cxcvii. 4 (1921), *passim* (see Index); 'Die klassische Prozessformel', *SB Wien*, ccii. 3 (1924), *passim* (see Index); J. Goldschmidt, *Prozess als Rechtslage* (1925), 42 ff. For materials see *Thes*. i. 438, 441, 48 ff. *Voc*. i. 103. On *actus* see *Thes*. i. 449 ff., 454, 53; Beseler, *Z* lvii (1937), 1.

s. 39. G. Pugliese, *Actio e diritto subiettivo* (1939), with references.

s. 41. On *petitio* see Schnorr v. Carolsfeld, *PW* xix, 1153. On *petere = agere* Beseler, *SD* iii (1937), 18. On *actio extraordinaria* Wlassak, *PW* i. 312 (uncritical). According to *Voc*. ii. 732 the term occurs solely in *D*. (19. 1) 52. 2 (certainly spurious).

六、执行

43. 普通诉讼程序

对于在普通诉讼程序中宣布的判决，是按如下方式执行的。在三十天的期限届满后，被告被原告召唤再次出现在执法官面前。被告可能会对执行提出合理的异议，例如，提出自己已经在三十天内向原告履行了义务。然后，会确立一项新的“审判”（iudicium）以便审理原告的诉讼（“已决案之诉”〔actio iudicati〕）。然而，被告通常都会承认原告的请求。有两种执行方式。

1. 执行被告的人身。原告可以把被告带回家并将其关押在家中直到判决得到履行（关于“保留生活财产的恩惠”〔beneficium competentiae〕，下文边码 793、794）。这种人身执行在整个古典时期都存在，尽管它在我们的原始文献当中很少被提到。如果我们不牢记这种执行方式，就无法理解古典法的一些规则。例如，在古典法中，对盗窃的唯一惩罚是一笔罚金（除了“不名誉”〔infamia〕之外）。因为窃贼通常都没有财产，如果人身执行不存在，那么这项规则就会很荒谬。

2. 执行被告的财产。只允许把其财产作为一个整体来执行，就像在一个破产案件当中那样，被告的所有其他债权人都会被召集。对被告的单项财产进行执行是不可能的。

44. 非常诉讼程序

在非常诉讼程序当中，执行是非常随意的。在这里也存在人身执行，但也可以直接执行被告的单项财产。

参考文献

s. 43, 44. Woess, *Z* xliii (1922), 485 ff.; H. Lewald, *Die Personalexekution im Recht der Papyri* (1910); Mitteis, *Grundzüge,* 44; Wenger, *CP* 222 ff.; Taubenschlag, *Law of Creco-Roman Egypt* (1944), § 57.

第二章　诉讼的分类

一、市民法诉讼和荣誉法诉讼

45. 定义

一项诉讼，如果被原告用来主张以市民法为基础的请求权，就被称为“市民法诉讼”（actio civilis）。如果该请求权得到法律（lex）的承认，也可以特别称之为“法定诉讼”（actio legitima）。原告用以主张源自荣誉法（上文边码24、25）的请求权的诉讼被称为“荣誉法诉讼”（actio honoraria），即“裁判官诉讼”（actio praetoria）或者“营造官诉讼”（actio aedilicia）。让我们来提供一些初步的示例。《十二表法》对“非现行盗窃”规定了双倍的罚金，裁判官相应地提供“双倍的非现行盗窃之诉”（actio furti nec manifesti in duplum）：这是一项市民法诉讼。另一方面，《十二表法》对“现行盗窃”规定了极刑，但裁判官用可以主张四倍损害赔偿的“现行盗窃之诉”（actio furti manifesti）来替代极刑：这是一种荣誉法（裁判官）诉讼。“欺诈之诉”（actio de dolo）是裁判官创造的，完全不依赖于市民法，因此是一项荣誉法诉讼。

46. 由制定法规定的荣誉法诉讼　学生们应当被提醒，不要把制定法（法律、元老院决议和元首谕令）创造的每一项诉讼都视为市民法诉讼。一项制定法可能不创造市民法，而只是命令执法官提供诉讼，那么这种诉讼是荣誉法诉讼。

原始文献

s. 45. Read Gai. 3. 189, 190; 4. 76, 110, 111.

s. 46. Read Gai. 2. 253.

参考文献

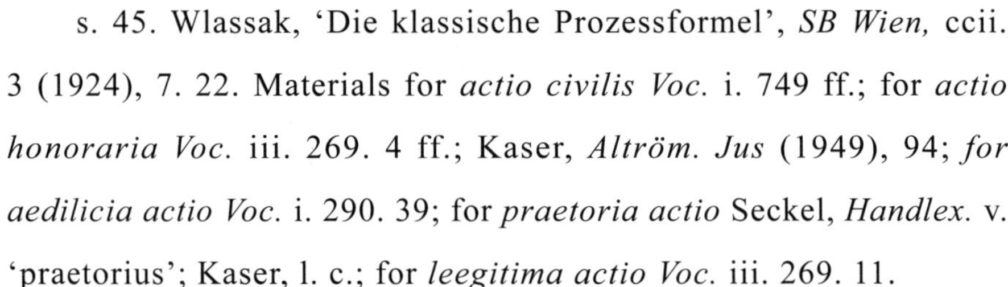

s. 45. Wlassak, 'Die klassische Prozessformel', *SB Wien,* ccii. 3 (1924), 7. 22. Materials for *actio civilis Voc.* i. 749 ff.; for *actio honoraria Voc.* iii. 269. 4 ff.; Kaser, *Altröm. Jus* (1949), 94; *for aedilicia actio Voc.* i. 290. 39; for *praetoria actio* Seckel, *Handlex.* v. 'praetorius'; Kaser, l. c.; for *leegitima actio Voc.* iii. 269. 11.

s. 46. Beseler, *Z* xlvii (1947), 356; Lenel, *Edictum,* § 68.

二、基于法律拟定的程式和基于事实拟定的程式

47. 定义　如果对被告的判罚以原告根据市民法享有一项权利或请求权为条件，那么这项程式是“基于法律拟定的”（即根据市民法拟定的）。如果情况并非如此，而是判罚仅仅依赖于特定事实的存在，那么程式就被称为是“基于事实拟定的”。前者的一个示例是“特定

借贷金额程式”，对此我们在上文（上文边码30）已经讨论过了。后者的一个示例是，恩主起诉未经裁判官允许召唤其到庭的解放自由人的程式。这项诉讼不是建立在市民法的基础上的，其程式如下：

> “某某某等人应为判还官。
>
> 如能证明这个恩主被这个解放自由人在违背该裁判官的告示的情况下召唤到庭，判还官们，应判罚这个解放自由人向这个恩主支付1万赛斯特提乌斯，如不能证明则开释。”
>
> （Recuperatores sunto.
>
> Si paret illum patronum ab illo liberto contra edictum illius praetoris in ius vocatum esse, recuperatores illum libertum illi patrono sestertium X milia condemnanto, si non paret absolvunto.）

这项区分是非常清晰的，但是盖尤斯（Gai. 4. 45）没有对“基于法律拟定的程式”（formula in ius concepta）给出一个准确的定义：“在某些程式当中，对法律产生争议，我们称之为‘基于法律拟定的程式’”（eas quidem formulas, in quibus de iure quaeritur, in ius conceptas uocamus）。这肯定是错误的，因为在“基于事实拟定的程式”（formula in factum concepta）当中也会“对法律产生争议”（de iure quaeritur）（例如，在“恩主程式”〔formula patroni〕当中，关于被告是否为原告的解放自由人，被告是否召唤原告到庭，他是否未经裁判官的允许召唤他）。盖尤斯的“基于事实拟定的程式”的定义是正确的：“在程式的开头就说明所发生的事情，然后加上 48. 盖尤斯的定义；原告请求授予审判员判罚或开释之权力的辞句”(initio formulae nominato eo, quod factum est, adiciuntur ea verba, per quae iudici damnandi absolvendive potestas datur)。据此得出的结论是，“基于事实拟定的程式”都没有“原告请求”(intentio)(上文边码 30)，因为判罚并非以原告的某项权利或请求权为条件。Gai. 4. 46 和 Gai. 4. 60 这两个文本主张了相反的观点，显然遭受了篡改。

49. 拟制程式　“拟制程式”(formulae ficticiae)是“基于事实拟定的程式”的范例，虽然是人为造就的，但很精巧。在这里举一个例子肯定就足够了。裁判官法上的继承人(被称为遗产占有人)有权主张被继承人的权利。假设被继承人提供了一项贷款，而遗产占有人希望要回这笔贷款。那么他不能使用“特定借贷金额程式”(上文边码 30)，因为他不是市民法上的继承人，因此不是债权人。然而，裁判官通过“拟制他为继承人”(ficto se herede)允许他按以下程式起诉借款人：

> “假如奥鲁斯·阿格里乌斯(即遗产占有人)是鲁齐乌斯·提提乌斯的继承人，那么如能证明努梅里乌斯·内格底乌斯应向奥鲁斯·阿格里乌斯支付 1 万赛斯特提乌斯，审判员应判罚努梅里乌斯·内格底乌斯向奥鲁斯·阿格里乌斯支付 1 万赛斯特提乌斯；如不能证明，则应开释。”
>
> (Si Aulus Agerius〔scil. bonorum possessor〕L. Titio heres esset, tum si pareret Numerium Negidium Aulo Agerio sestertium X milia dare oportere, iudex Numerium Negidium Aulo Agerio sestertium X milia condemnato, si non pareret,

absolvito.)

这不是一项“基于法律拟定的程式”，因为判罚是以原告的一项假设的权利或请求权为条件的。但一项假设的权利并非一项真实的权利，因此该程式实质上是“基于事实拟定的”。这个简单的真相基本不可能逃脱敏锐的古典法学家的注意。

我们不能在这里讨论“诉讼消耗”（consumptio actionis）的难题，Gai. 4. 106 和 Gai. 4. 107 这两个文本无论如何都是不精确的。

50. 必然推论

“基于法律拟定的程式”和“基于事实拟定的程式”的不同建构显然导致市民法诉讼和荣誉法诉讼之间的不同（上文边码 45）：

所有的市民法诉讼都有“基于法律拟定的程式”，反过来，所有“基于法律拟定的程式”都属于市民法诉讼。

另一方面，所有荣誉法诉讼都有“基于事实拟定的程式”，反过来，所有“基于事实拟定的程式”都属于荣誉法诉讼。

这些命题在逻辑上是必然的，仅仅是上述定义（上文边码 47）的必然推论。

51. agere in factum; actio in factum

我们经常在我们的原始文献当中遇到“agere in factum”（基于事实进行诉讼）和“actio in factum”（事实诉讼）。前者可能是古典的（Gai. 4. 107 是伪造的），其含义是“在裁判官面前”（上文边码 17）通过提出某些事实而非基于市民法的某项权利或请求权进行诉讼。“actio in factum”或“iudicium in factum”经常或者可能总是篡改的，尽管它们本身并不令人反感。然而，以上所说的仅仅是术语上的问题，实质上重要的是以下这一点：“agere in factum”不可避免地会导致一项“基于事实拟定的程式”，而每一种“actio in factum”（如果这是古典的术语的话）都要求一项“基于事实拟定的程式”。“actio in factum civilis”（市民法的事实诉讼）对于古典文献而言是荒谬的，这个术语只在伪造的文本当中出现。

原始文献

ss. 47, 48. Read Gai. 4. 45, 46.

s. 49. Read Gai. 4. 34.

参考文献

ss. 47—51. Pokrowsky, ‘Die actiones in factum des klass. Rechts’, *Z* xvi (1895), 7 ff.; Erman, *Z* xix (1898), 261 ff.; xxiii (1902), 445; Audibert, ‘L’Expression *civilis infactum*; son caractère byzantin’, *Mél. Fitting,* i (1907); ‘Formules sans intentio’, *Mél. Girard,* i (1912), 35 ff.; De Visscher, ‘Les Formules in factum’, *RH* iv (1925), 193 ff. = *Etudes de droit Romain* (1931), 361 ff.; Perozzi, ‘Intorno a Gaio, 4. 60’, *Mél. Cornil,* ii (1926), 199; Beseler, *Z* xlvi (1926), 268; Lenel, *Edictum* (1927), pp. 129, 203; *Z* xlviii (1928), 1 ff.; Riccobono, ‘Formulae *ficticiae’, T* ix (1929), 1 ff.; Beseler, *T* x (1930), 169 ff.; ‘Meletemata’, *Mnemosyna Pappoulia* (1934), 61; Solazzi, ‘Appunti Gaiani’, *Rend. Lomb.* lxxiv (1940—1941), 587. On the Byzantine *actio in factum* sec Collinet, *Études,* v (1947—1941), 337 ff.*

三、扩用诉讼

扩用诉讼（actio utilis）是模仿告示中承诺的另一种诉讼而形成的诉讼。“utilis”（扩用）一词是指“扩用于”的意思，也就是说适用于原诉讼所不包含的情形。 52. 定义

参见 Cicero, *De lege agraria*, 2. 6.14：“当我要去阅读并熟悉该法的时候，我产生了这样的想法：如果我认为它适合你们并对你们有用，那么我就是它的支持者和辅助者”（...hoc animo me ad legendam legem cognoscendamque venisse ut, si eam vobis accommodatam atque utilem esse intellegerem, auctor eius atque adiutor essem）。

对于原诉讼，古典时期显然不存在一个固定的名称。在我们的原始文献当中有时会出现“actio directa”（直接诉讼）或“actio vulgaris”（通常诉讼）这样的名称，但这些文本部分是篡改的，部分至少是可疑的。 53. 直接诉讼？

原诉讼可以是市民法诉讼或荣誉法诉讼（上文边码 45），但“扩用诉讼”当然总是荣誉法诉讼，因此总是有一项“基于事实拟定的程式”（上文边码 50）。“拟制程式”是“基于事实拟定的程式”（上文边码 49）。 54. 扩用诉讼被事实诉讼替代

因此，古典法学家有时用“基于事实进行诉讼”（in factum agere）来替代扩用诉讼（上文边码 51）。他们会说，“不享有阿奎利

亚法诉讼，而是应当通过扩用诉讼起诉”（Actio legis Aquiliae non competit sed utili actione agendum est）。但他们同样也会说，“不享有阿奎利亚法诉讼，而是应当基于事实提起诉讼”（Actio legis Aquiliae non competit sed in factum agendum est）。在选择后一种说法的时候，他们并不强调这种诉讼对原诉讼的依赖。然而，如果原诉讼是一项荣誉法诉讼，那么用“基于事实进行诉讼”并不能正确地表明该扩用诉讼的特点，因为原诉讼也有一项“基于事实拟定的程式”。在我们的原始文献当中，扩用诉讼经常被后古典时期的人改为“事实诉讼”（actio in factum）。

55. 类案诉讼

了解罗马术语的十三世纪英国法律人非常正确地用“breve in consimili casu”（类案诉讼，即 action on the case）来表达扩用诉讼和事实诉讼。

52

原始文献

s. 52. Read Gai. 3. 219.

s. 53. Read Gai. 4. 34 [*'non habet ... et'*]; 4. 38 [*'nec directo ... oportere'*]; Paul. *Sent.* 2. 12. 8 (post-classical).

s. 54. Read Gai. 3. 202 = *Inst. Iust.* 4. 1. 11 (Gaius *actio utilis,* Iust. *in factum actio*).

参考文献

ss. 52—54. Alibrandi, 'Delle azioni dirette ed utili', *Opere,* i (1896), pp. 149 ff.; Collinet, *Études,* v (1947), 403 ff. Materials for *agere in factum, actio in factum,* and *iudicium in factum, Voc.*

ii. 786. 40 ff.; for *actio in factum civilis, Voc.* i. 749. 26 ff. On the English *breve in consimili casu* see Statute of Westminster, 13 Edw. 7, cap. 24 (1285), *Statutes of the Realm,* i. 83; Holdsworth, *History,* i (1927), 398; ii (1936), 300.

四、对物诉讼和对人诉讼

古典时期的“对物诉讼”（actiones in rem）的特殊之处在于在裁判官面前进行的诉讼程序（上文边码 17）。我们在上文已经讲过（上文边码 21—23），在普通的诉讼程序当中，没有被告的同意，就不能安排审判，但是如果被告拒绝同意，那么裁判官的治权就会介入。这项规则通常可以表达如下：被告必须就案件在裁判官面前进行辩护，也就是说，他必须接受一项由裁判官批准的程式，并因此接受在审判员面前进行的诉讼程序（审判）。然而，存在少量不需要这项义务的诉讼，被告可以自由地放弃案件。这种诉讼被称为“对物诉讼”。罗马人的观念是，在这种情况下，原告在裁判官面前的诉讼不是直接针对被告本人的，而是“针对某个物的”（in rem）。对于该物，被告可以自由地选择进行保护还是放弃。与此相对应的是，所有需要让被告有义务到庭辩护的诉讼都被称为“对人诉讼”（actiones in personam）。“对人诉讼”的一个例子是“特定借贷金额诉讼”，对此我们已经在上文提到过（上文边码 30）。“对物诉讼”的最显著的例子是“所有物返还之诉”（rei vindicatio），即某物的所有权人请求占有该物的被告返还该物的诉讼。在这种情况下，被告可以自由地选择放弃该物。如果该物是可移动的，裁判官 56. 定义会“命令原告将其带回家”（duci vel ferri iubere）。如果该物是不能移动的，裁判官会通过“返还占有土地令状”（interdictum ‘quem fundum’）来命令被告将其返还（下文边码 647 以下）。

57. 荣誉法的对物诉讼　在古典时期，“对物诉讼”和“对人诉讼”的区分与市民法诉讼和荣誉法诉讼的区分（上文边码 45）是交叉的。市民法诉讼和荣誉法诉讼都既可以是“对人诉讼”，也可以是“对物诉讼”。

58. 对物程式　罗马的程式创造者通过程式的不同构造来清晰地表达“对物诉讼”和“对人诉讼”的区分。“市民法对物诉讼”通常（下文边码 651）以对物的方式来拟定“原告请求”部分，也就是说，不提及被告的名字，而在“市民法对人诉讼”的“原告请求”部分则会提到被告的名字。对于“市民法对人诉讼”请参考“特定借贷金额程式”，该程式我们已经在前文提供（上文边码 30）。“返还所有物之诉的程式”如下：

“如能证明系争的这块科尔内利安土地根据奎里蒂法是奥鲁斯・阿格里乌斯的，而且这块土地届时没有被返还给奥鲁斯・阿格里乌斯，那么这块土地价值将是多少，审判员，就判罚努梅里乌斯・内格底乌斯向奥鲁斯・阿格里乌斯支付多少钱，如不能证明则开释。”

（Si paret fundum Cornelianum, quo de agitur, es iure Quiritium Auli Agerii esse, neque is fundus Aulo Agerio restituetur, quanti is fundus erit, tantam pecuniam iudex Numerium Negidium Aulo Agerio condemnato, si non paret absolvito.）

被告的名字仅出现在“判罚授权”部分，而“原告请求”部分（si paret...esse）则是以对物的方式拟定的。在“荣誉法对物诉讼”的程式当中，不存在“原告请求”部分（上文边码48、50），在描述作为判罚的条件的事实时也类似地尽可能地忽略被告的名字（上文边码47）。

59. 非古典的观念

这是“对物诉讼”和“对人诉讼”这一区分的古典含义。学生们应被警告，不要因为引入其他观念而将其混淆。“对物诉讼是保护‘对物权’（iura in re或者iura in rem）的诉讼”的说法是错误的。把“对物诉讼”定义为针对侵害了某项对物权的人的诉讼也是错误的。“阿奎利亚法诉讼”和“被窃物请求给付之诉”（condictio furtiva）都是用来保护一项对物权的，并且针对的是任何侵害该项对物权（所有权）的人。然而，它们都是“对人诉讼”，而不是“对物诉讼”。对于古典法学而言，决定性的问题仅仅是，被告是否必须在裁判官面前进行辩护或者他是否可以自由选择放弃案件。“actiones mixtae tam in rem quam in personam”（对物和对人混合诉讼）在古典法中并不存在。“actio in personam in rem scripta”（以对物方式书写的对人诉讼）也是完全非古典的。英国的“real actions”“personal actions”和“mixed actions”的区分，尽管显然受到罗马法源的启发，但无论如何也不是与古典罗马法的区分相一致的。

原始文献

Read Gai. 4. 2 and 3; [*Actio ex ... negativa*]. *D.* (50. 17) 156 pr. Gai. 4. 87 from the words *sed cum.*

参考文献

s. 56. Wlassak, *Z* xxv (1904), 141 ff., 153 ff.; *PW* i. 313; Pissard, 'Duci vel ferri iubere', *Études Girard,* i (1912), 241 ff.; Lenel, *Edict.* § 248; J. Goldschmidt, *Prozess als Rechtslage* (1925), 82.*

s. 57. Albertario, 'In tema di classificazione delle azioni', *Riv. di diritto processuale civile,* v (1928), 185 ff. = *Studi,* iv (1946), 219 ff. Against him (righdy) G. Segrè, 'Sulla distinzione delle actiones in rem e in personam per raporti estranei al ius civile nel diritto rom. classico', *Bull.* xli (1933), 81 ff.

s. 58. On the last words of Gai. 4. 3 see Beseler, *Z* xlvi (1926), 268; for the *formula* of the *actio negatoria* see Lenel, *Edict.* §§ 72, 73.

s. 59. On *actiones mixtae tam in rem quam in personam: Inst. Iust.* 4. 6. 20 and Paul. *Sent.* 1. 7. 4 (post-classical: Schulz, *Z* xliii, 1922, 229). On *actio in rem scripta* (which occurs only *D.* 4. 2, 9. 8) see Lenel, *Edict.* p. 113. On the English classification see Blackstone, *Commentaries,* Book Ⅲ, ch. 8 init. and modern text-books. *Actio realis* (real action) does not occur in our sources; *actio personalis* (personal action) occurs but is always unclassical (Schulz, *Einführung*, 91).

五、诚信审判

在古典法的用语当中，只有“bonae fidei iudicium”（诚信审判），没有“bonae fidei actio”（诚信诉讼）。“bona fide iudicium”（诚信审判）、“bonae fidei contractus”（诚信合同）和“bonae fidei negotium”（诚信行为）同样是非古典的。 60. 术语

诚信审判是一种在一名审判员面前进行的诉讼程序，在其所使用的程式当中，通过一个特别的短语来要求审判员根据诚信来做出判决。让我们来把货物的出卖人要求价款的诉讼（卖物之诉〔actio venditi〕）作为一个示例。其程式是这样拟定的： 61. 定义和示例

> “鉴于奥鲁斯·阿格里乌斯（卖方）把本案系争的这块科尔内利安土地卖给努梅里乌斯·内格底乌斯（卖方）。为此，努梅里乌斯·内格底乌斯根据诚信应向奥鲁斯·阿格里乌斯给付什么东西或做什么，审判员就判决努梅里乌斯·内格底乌斯向奥鲁斯·阿格里乌斯给付什么东西或做什么事情。如不能证明，则应开释。”
>
> （Quod Aulus Agerius Numerio Negidio fundum Cornelianum, quo de agitur, vendidit, quidquid paret ob eam rem Numerium Negidium dare facere oportere ex fide bona, eius iudex Numerium Negidium Aulo Agerio condemnato, si non paret absolvito.）

正是“根据诚信”（ex fide bona）这个短语使得“卖物之诉”成为一种诚信审判。该程式作为一个整体需要一些解释性的说明。

“为此，努梅里乌斯·内格底乌斯根据诚信……做什么”（quidquid...ex fide bona）这句话包含了“原告请求”（intentio）（上文边码30）。这是一种“不确定的原告请求”（intentio incerta）。审判员被授权根据诚信来确定应向原告支付的金额。这个金额可能多于也可能少于约定的价格。例如，如果被告陷于迟延并应支付相应的迟延利息，则这个金额会多于约定的价格；如果当事人约定分期支付价款，而只有第一笔款项到期，那么这个金额就少于约定的价格。“鉴于……卖给努梅里乌斯·内格底乌斯”（Quod...vendidit）这句话被称为“诉因陈述”（demonstratio），当存在“不确定的原告请求”时，这句话是必不可少的。“quod”这个词应通过英文的“if”或者“whereas”来表达。“eius”是一种“表示尊重的属格或关系词”（司法用语属格，参见 Stolz-Schmalz, *Lat. Grammatik*, p. 402）。这个用语符合共和国时期的官方风格。“eius”的意义在这里，就像其在这些程式当中的一贯意义一样：“根据该程式的前一部分所说的内容，审判员应进行估价，并判罚被告支付确定的金额”。

62. 这个短语的形式

通常而言，这个短语就像在“卖物程式”当中那样拟定，也就是说，把“ex fide bona”加到“原告请求”当中。在例外的情形下，也会以不同的方式拟定（信托之诉〔actio fiduciae〕、妻物之诉〔actio rei uxoriae〕），但含义是相同的。毕竟，这些程式在不同的时期由不同的人拟定，我们肯定不能期望其具有一致性。

63. 法律含义

诚信审判的原本含义如下：审判员应确定，“根据诚信”（而不是根据奎里蒂法）被告欠负什么。在“卖物程式”（formula venditi）

被创立之时，无形式要求的买卖合同还未得到市民法的承认，因此“卖物之诉”不能根据市民法建立，而只能根据诚信建立。在此特别明显的是，当事人在裁判官面前达成的合意（对此我们已经在讨论过，上文边码21、22）实际上是一种提交仲裁的合意。然而，在古典时期，“ex fide bona”这个短语的含义是不一样的。此时，市民法已经承认无形式要求的买卖合同，这个短语不再是诉讼的基础，而仅仅被用来确定已到期的给付的范围。

64. bona fides的古典法

审判员可以根据自己的判断自由地解释这些语句，但是人们期望他遵从已被广为接受的法律学说（上文边码11、34）。因此，在解释这些语句时，古典法学家已经发展出了一组重要的规则。这些规则不能在这里提供，但将会在后面适当的地方讨论。

65. 诚信审判的列表

在这里也不能给出一张诚信审判的列表。裁判官告示有特别关于诚信审判的一节内容，但并未包括其全部。Gai. 4. 62给出了一个列表。盖尤斯显然认为这个列表是完整的，但它是否真实则是有疑问的。无论如何，这个列表体现了罗马法学家众所周知的对法律的感觉，尽管它也不能完全不受历史的恣意和偶然的影响。就像前面已经说过的那样，这些程式是逐渐发展起来的，不是由同一个人根据一个整体计划起草的。

66. 严法审判?

对于那些不属于诚信审判的审判，在古典时期并没有一个共同的名称。尤其是，它们不被称为“严格审判”（iudicia stricta）或“严法审判”（iudicia stricti iuris）。这样的名称实际上是非常不正确的，因为在其中的许多审判当中，诚信所起的主导作用跟在诚信审判中一样。

原始文献

Read Gai. 4. 40, 41, 48, 62. Cicero, *De officiis,* 3. 16. 66.

参考文献

s. 60. Gradenwitz, *Interpolationen in den Pandekten* (1887), 105 ff. (out of date). Materials: *bonae fidei iudicium, Voc.* i. 598. 43; *bonae fidei actio* within the materials of the *Voc.* only once, *D.* (16. 3) 1. 23 (spurious), within the *Cod. Iust,* only once, *C.* (4. 65) 17 (Diocletian); *bona fide iudicium* only once *D.* (27. 7) 8. 1 (spurious: Beseler, 'Meletemata', *Mnemosyna Pappoulia,* 1934, p. 53); on *bonae fidei contractus* and *negotium* see Schulz, *Z* xliii (1922), 189 with references. *Bonae fidei iudex* only *D.* (12. 3) 4. 2 (spurious). On the Byzantine *actiones bonae fidei,* see Collinet, *Études,* v (1947), 225 ff.

s. 61. Lenel, *Edict.* § 110. On *quod* and *eius* within the *formulae* Schulz, *History,* 259, 258.

s. 63. Schulz, *History,* 83, with references; Kaser, *Altröm. Jus* (1949), 289 ff.

s. 64. B. Biondi, *Iudicia bonae fidei*, i (1920), 3 ff.; G. Grosso, 'L'efficacia dei patti nei bonae fidei iudicia', *Studi Urbinati,* i and ii (1927—1928); 'Efficacia dei patti nei bonae fidei iudicia', *Memorie dell' istituto giuridico Torino,* Ser. Ⅱ, Memoria iii (1928); Koschembahr-Lyskowski, 'Quid veniat in bonae fidei iudicium en droit classique romain', *St. Riccobono,* ii (1936), 149.

s. 65. Had *actio commodati* and *actio pigneraticia* 'bonae fidei iudicia'? Lenel, *Edict.* §§ 98, 99; G. Segrè, 'Sull' età dei giudizi di buona fede di commodato e di pegno', *St. Fadda,* vi (1905), 339 ff.; Biondi, l.c. 176 ff.; G. Grosso, 'Ricerche intorno all' elenco classico dei bonae fidei iudicia', *Riv. It.* N. S. iii (1928), fasc, 1.*

s. 66. Materials: *Voc.* v. 696. 27 ff. Naber, De 'strictis iudiciis', *Mnemosyne*, xxiv (1896), 55 ff.; Biondi, 'Actiones stricti iuris', *Bull.* xxxii (1922), 61 ff.; Pringsheim, *Z* xlii (1921), 653.

六、所谓的“仲裁诉讼”

67. 定义

在一组诉讼当中，程式的“判罚授权”(condemnatio)的前面会插入“nisi restituetur”(如果届时没有被返还)或“neque restituetur”(届时没有被返还)这样的语句。我们可以以“所有物返还的程式”为例，该程式我们已经在前文给出(上文边码58)。这种诉讼被早些时候的罗马法学者称为“仲裁诉讼”(actiones arbitrariae)，因为他们认为程式中有一个语句是这样写的：“nisi (neque) arbitrio iudicis restituetur”(如果届时没有根据审判员的裁决被返还)。今天我们知道(或者应当知道)程式中并没提到“arbitrium iudicis”(审判员的裁决)，而且，我们进一步知道，这些诉讼从未被古典法学家称为“actiones arbitrariae”(仲裁诉讼)。盖尤斯仅两次(Gai. 4. 141 和 Gai. 4. 163)提到“formula arbitraria”(仲裁程式)，这使得其意义非常清楚：在这种程式当中，任命的是一名仲裁员，而不是一名审判员（上文边码 19）。

68. 法律含义

这句话是指，如果审判员得出的结论是原告是正确的，那么他不应立即判罚被告支付一定数额的金钱，而是应颁发一项“命令”（pronuntiatio），命令被告进行实物返还。只有该命令没有得到遵从时，他才会判罚被告支付金钱。这样，“金钱判罚原则”（condemnatio pecuniaria）的严厉性就被这个语句大大缓和。此外，古典法学家解释这句话时是非常自由的，因此，审判员不仅被授权命令物的返还，还可以把物的孳息和损失判给原告。“restituere”（返还）这个词被理解为“回复原状”（in integrum restituere）（*D.* 21. 1. 23. 7：“quodammodo in integrum restituere”〔以某种方式回复原状〕；*D.* 43. 8. 2. 43: “restituere videtur qui in pristinum statum reducit”〔返还被视为是回复到原先的状态〕）。

69. 带有“restituere”的程式和类似的程式

在这里不能给出一个带有“nisi（neque）restituetur”（如果届时没有被返还）的程式的列表，只需要指出，所有的对物诉讼（但不仅仅是它们）都带有这个语句。在考察包含这个语句的程式时，我们再次认识到，在建立这种程式的过程中，有很大的随意性，掺杂了一些个人偏好。例如，“使用借贷之诉”（actio commodati）的程式。某物的出借方通过这个程式要求将标的物返还给他。这个程式非常应当包含“nisi restituetur”，但是，实际上“使用借贷程式”（formula commodati, in factum concepta）是这样的：

> “如能证明奥鲁斯·阿格里乌斯把系争物借贷给努梅里乌斯·内格底乌斯使用，并且该物没有被返还给奥鲁斯·阿格里乌斯。该物的价值将是多少，审判员就判罚努梅里乌斯·内

格底乌斯向奥鲁斯·阿格里乌斯支付多少，如不能证明，则开释。”

(Si paret Aulum Agerium Numerio Negidio rem qua de agitur commodasse eamque Aulo Agerio redditam non esse, quanti ea res erit, tantam pecuniam iudex Numerium Negidium Aulo Agerio condemnato, si non paret absolvito.)

63

“并且该物没有被返还给奥鲁斯·阿格里乌斯”(...reddere...)这句话类似于“如果届时没有被返还”(...restituere)那句话，但并不等同。然而，根据“并且该物没有被返还给奥鲁斯·阿格里乌斯”这句话，审判员同样有权颁布“命令”(pronuntiatio)，命令被告实际返还标的物。此外，“reddere”的法律含义被古典法学家同化为“restituere”的含义。最后，在“诚信审判”当中(上文边码 61)，审判员同样可以在判罚被告支付金钱之前命令其实际履行。因此，其结果是，在古典法当中，审判员通常有权命令进行实际返还或实际履行(在“基于要式口约”〔ex stipulatu〕的诉讼、“基于遗嘱”〔ex testamento〕的诉讼和“请求给付之诉”〔condictiones〕当中并非如此)。然而，古典法学家小心地分开不同的诉讼类型，尽管趋于同化，但完全的统一既没有达成，似乎也没有被寻求过。细节上的差异仍然保留，但是它们几乎不能在可用的原始文献当中被完全辨别出来。同化的过程在后古典时期仍然继续，其通常的效果是，文本被篡改，古典的差异被删除。然而，在本书当中，我们不考虑这些争论不休的问题。

原始文献

s. 67. Read Gai. 4. 163 to *condemnatur*; *Inst. Iust.* (4. 6) 31; *D.* (4. 2) 14. 11: 'et hoc fit his verbis <formulae> [edicti]: neque ea res [arbitrio iudicis] restituetur': the compilers after having substituted *edicti* for *formulae* (right Lenel, *Edict,* p. 113, see above, s. 42; wrong Levy 21 ff., Schönbauer, 375) were led to add *arbitrio iudicis* in order to make the text quite clear which had become ambiguous by their first alteration.

s. 68. Read (for the classical interpretation of *restituere* in the *formula* of the *rei vindicatio) D.* (6. 1) 17. 1 to *esse*; (6. 1) 33 and 79.

参考文献

ss. 67, 68. Windscheid, *Pand.* i (1906), § 46; Biondi, *Sulla dottrina Romana dell' Actio arbitraria* (1911, Estratto d. *Annali Palermo*, i); May, 'Observations sur les actiones arbitrariae, *Mèl. Girard,* ii (1912), 151; Segrè, 'La denominazione di actio confessoria', *Mèl. Girard,* ii (1912), 511 ff.; Biondi, *Studi sulle actiones arbitrariae e l'arbitrium iudicis,* fasc. 1 (1913); 'Di nuovo sulla dottrina Romana dell' actio arbitraria', *Bull.* xxvi (1913), 1 ff., 153; O Lenel, 'Zur lehre von den actiones arbitrariae', *Festgabe f. R. Sohm* (1914), 201 ff.; Levy, *Zur Lehre von den sog. actiones arbitrariae* (1915) = *Z* xxxvi (1915), 1 ff.; Herdliczka, *Zur Lehre vom Zwischenurteil (pronuntiatio) bei den actiones arbitrariae* (1930); M. Kaser, *Restituere als Prozessgegenstand* (1932); v. Lübtow, *der Edikstitel quod metus causa gestum erit* (1932), 136 ff.; Herdliczka, *Skizzen zum röm. Zivilprozess: formula arbitraria, iudicium arbitrarium und actiones arbitrariae* (1934); Scheltema, *Proeve einer theorie der actiones arbitrariae* (1934); Schönbauer, 'Vom Wesen der iudicia arbitraria', *St. Riccobono,* ii (1936), 371; Albertario, 'Due osservazioni sui fragmentum de formula Fabiana', *Studi,* v (1937), 603 ff; Collinet, *Études,* v (1947), 229.

s. 69. For a list see particularly Biondi, *Studi sulle actiones arbitrariae* (1913), 38 ff. For *reddere* see Levy, l.c. 72.

七、所谓的直接诉讼和反诉讼

基于一项买卖合同，卖方享有“卖物之诉”（actio venditi），买方享有“买物之诉”（actio empti）。类似地，从一项租赁合同可产生出租人（locator）的“出租之诉”（actio locati）和承租人（conductor）的“承租之诉”（actio conducti）。然而，在其他合同（“委托”〔mandatum〕、“合伙”〔societas〕、“使用借贷”〔commodatum〕、“寄存”〔depositi〕、“质押”〔pignus〕、“信托”〔fiducia〕）当中，尽管双方当事人都享有诉讼，但双方享有的诉讼在术语上并无不同。例如，在一项委托合同当中，委托人可以起诉受托人，如果他没有正确地履行其工作，而受托人也可以起诉委托人，以便获得他执行委托人的指令时发生的费用。这两项诉讼都被古典法学家简单地称为 70. 古典的术语

“委托之诉”(actio mandati),而这样做是安全的,因为这个术语所适用的具体情况使得其足够清晰地表明这个诉讼是委托人的还是受托人的,当然这两个诉讼的程式有细微的差异。

委托人的诉讼:

> “鉴于奥鲁斯·阿格里乌斯(委托人)委托努梅里乌斯·内格底乌斯(受托人)做……,双方就此发生讼争,如能证明努梅里乌斯·内格底乌斯根据诚信应向奥鲁斯·阿格里乌斯给付什么东西,做什么事,审判员应判罚努梅里乌斯·内格底乌斯向奥鲁斯·阿格里乌斯给付这些东西和做这些事,等等。”
>
> (Quod Aulus Agerius Numerio Negidio mandavit ut..., qua de re agitur, quidquid paret ob eam rem Numerium Negidium Aulo Agerio dare facere oportere ex fide bona, eius iudex Numerium Negidium Aulo Agerio condemnato, etc.)

受托人的诉讼:

> “鉴于努梅里乌斯·内格底乌斯(委托人)委托奥鲁斯·阿格里乌斯(受托人)做……,双方就此发生讼争,如能证明……等等。”
>
> (Quod Numerius Negidius Aulo Agerio mandavit, ut...qua de re agitur, quidquid paret, etc.)

为什么买卖合同和租赁合同的两项诉讼有特别的名称,而不像其他合同的诉讼那样有共同的名称呢？简单的答案是，拉丁语没有不同的术语来表示委托（mandatum）、使用借贷（commodatum）、寄存（depositum）等合同的双方当事人，在这个现象背后肯定不存在隐秘的法律思想。

71. 优士丁尼的术语

当然，在我们的原始文献当中，受托人的诉讼、保管人的诉讼等经常被称为“反诉讼”（actio contraria）或者“反审判”（iudicium contrarium）；对于委托人的诉讼和寄存人的诉讼，“直接诉讼”（actio directa）的术语也有出现过，但很罕见（在我所看到的范围内，只有一次，在《学说汇纂》当中，*D.*〔3. 5〕19)。然而，这个术语肯定是优士丁尼的，而非古典的。当然，不可能通过特别的论据来证明每一个文本都被进行了篡改，因为简单地加上“contraria”或者“contrarium”通常不会留下更多的篡改痕迹。但有三个事实是不能否认的：(1)“actio contraria”“iudicium contrarium”以及与之相对应的“actio directa”并未出现在任何《市民法大全》之外的文本当中。(2) 盖尤斯在不同的意义上使用“actio contraria”这个术语（Gai. 4. 177—181)。(3) 在一些情形当中，篡改是明显的。这些事实指向的结论是，古典法学家根本不知道这些术语。

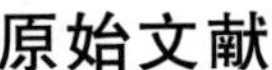

原始文献

s. 70. Read Gai. 3. 127, 161; Paul. *Sent.* 2. 13. 7; 2. 15. 2.

s. 71. Read *Inst. Iust.* (4. 16) 2 to *notatur* and Gai. 4. 182 to *depositi. D.* (17. 1) 12. 9: ‘*mandati actionem* [N.B. not *contrariam*]... *erit* [*contraria*] *mandati actio*’.

参考文献

Materials for *actio contraria, Voc.* i. 1005, 26 ff.; for *iudicium contrarium, Voc.* i. 1005. 44 ff. Gradenwitz, *Interpolationen in den Pandekten* (1887), 111 ff.; Partsch, 'Studien zur negotiorum gestio', i, *SB Heidelberg* (1913), 54; Kübler, *Z* xxxviii (1917), 73 ff.; Beseler, *Beitr.* iv (1920), 255; Biondi, *Iudicia bonae fidei,* i (1920), 59 ff. (Estr. d. *Annali Palermo,* vii); Lenel, *Edict.* (1927), 254; Kreller, *Arch. f. ziv. Praxis, cxxxiii,* Beiheft (1931), 131 ff.; Arangio-Ruiz, *Il mandato* (1949), 97 ff.; Provera, *SD* viii (1942), 113 ff.; *St. Solazzi* (1948), 345 ff. On *D.* (3. 2) 1 and (3. 2) 6. 7 see Schulz, *Festschrift für Zitelmann* (1913), 19 ff.; on *D.* (47. 2) 62. 1 see Beseler, *Z* liii (1933), 61. Manigk *PW* ix. 2481, is not helpful.*

68

八、惩罚性诉讼和补偿性诉讼

72. 定义　在古典法当中，惩罚性诉讼（actio poenalis）是一种产生于某项不法行为并且因此会对行为人科以一笔罚金的诉讼。这笔罚金通常要向原告支付。所有其他诉讼都被称为补偿性诉讼（actiones rem persequentes）。惩罚性诉讼（像补偿性诉讼一样）既可能是市民法诉讼也可能是荣誉法诉讼（上文边码 45）。罚金有时是损害的数倍（双倍、三倍或四倍），有时只有单倍（欺诈之诉〔actio de dolo〕），但即便是在后一种情况下，诉讼也肯定不能被认为是补偿性诉讼。

古典法学家通过这个区分表现出了他们一贯的清晰性和精确性。所有的古典惩罚诉讼，毫无例外都遵从以下四项规则： 73. 四项规则

1. 共同侵害人的责任是叠加的。假设有三个小偷在一项“非现行盗窃”（furtum nec manifestum）当中相互合作。所有权人可以起诉他们每一个人，并且对每一个人都要求双倍价值，以至于他可获得的数额是失窃物的价值的六倍。这项规则清楚地揭示了一项诉讼的惩罚特征，即使罚金数额没有超过单倍。而损害赔偿只能被主张一次，如果其中一位加害人支付了全部损害赔偿，那么其他加害人就免除了责任。然而，罚金被非常合理地认为可以同时向他们当中的每一个人主张。

2. 惩罚性诉讼不能转移到加害人的继承人身上。这项伟大的罗马法原则，即从不惩罚加害人的继承人，被坚定地维护着，尽管如果加害人在证讼（上文边码 17）之后死亡的话，他的继承人当然应承担责任，因为原告有权获得证讼时他应获得的东西。

3. 如果加害人是处于家父权支配权下的儿子或奴隶，那么他本人是不负有支付罚金的责任的。惩罚性诉讼针对的是父亲或主人，但他们有权以要式买卖的方式把加害人交给原告，从而逃避这项责任（损害投偿〔noxae datio〕），损害投偿诉讼〔actio noxalis〕）。在古典法当中，在惩罚性诉讼之外是不允许进行损害投偿的。

4. 每一项惩罚性诉讼都可以在任何补偿性诉讼之外提起。这样，所有权人可以通过“盗窃诉讼”（actio furti）起诉（非现行盗窃的）窃贼要求双倍价值，此外还可以通过所有物返还之诉（上文边码 58）要求返还被窃物。如果在一项租赁合同当中，承租人的奴隶对租赁物造成了损害，那么出租人可以通过“阿奎利亚法损害投偿

诉讼”(actio legis Aquiliae noxalis)起诉承租人。如果也可以对承租人提起“出租之诉”(actio locati),那么两项诉讼可以一并提起,因为古典的“阿奎利亚法诉讼”(actio legis Aquiliae)是一项纯粹的惩罚性诉讼(下文边码 1009)。

74. 混合诉讼　部分惩罚性、部分补偿性的古典诉讼是不存在的。对于这项规则,只有一个例外。在为数不多的诉讼当中,“否认诉讼会导致标的增加为双倍”(lis infitiando crescit in duplum),最显著的例子是间接遗赠(legatum per damnationem)引起的诉讼。关于这种遗赠引起的“基于遗嘱的诉讼”(actio ex testamento),盖尤斯(Gai. 4. 9)所说的是真的:“我们同时追求损害赔偿和罚金”(rem et poenam persequimur)。其他“混合诉讼”(actiones mixtae)在古典法中并不存在。

75. 后古典法　这些古典法的原则在后古典时期经受了各种各样的修改。古典时期广泛适用的诉讼叠加的做法被认为太过严苛,因此需要加以限制。损害投偿不再仅限于惩罚性诉讼。一些惩罚性诉讼(暴力抢劫财产之诉〔actio vi bonorum raptorum〕、阿奎利亚法诉讼)变成了“混合诉讼”。这些革新是通过大量的篡改来进行的,因此,我们的原始文献处于一种令人讨厌的状态。详细书写后古典的发展将是一项有趣的任务,但这不在本书的范围之内(上文边码 2)。

76. 民众诉讼　有时候,一项惩罚性诉讼可以由任何一个罗马市民或任何一个自治市市民提起。这种“民众诉讼”(actiones populares)部分是由法律,部分是由裁判官告示在公共利益占主导地位的情形中引入的。显著的例子是,“侵犯坟墓的荣誉法诉讼”(actio honoraria de sepulcro violato)。从加害人处获得的罚金由原告、国家或自治市获得。然而，仍然有疑问的是，这些诉讼在多大范围内可以通过普通民事诉讼程序来进行。罗马的“民众诉讼”当然是英国的制定法自中世纪以来引入的众多“民众诉讼”（popular actions）的模范。在大陆法系，它们在很早的时候便消失了，因为它们预设了一种强有力的、活泼的公共精神，而这种公共精神在大陆并不存在。

一些惩罚性诉讼因受害人死亡而消灭，现代学者习惯称它们为“带有复仇欲的诉讼”（actiones vindictam spirantes）（*D*. 37. 6. 2. 4）。显著的示例是“侵辱之诉”（actio iniuriarum）。 77. 带有复仇欲的诉讼

古典惩罚性诉讼为物质和非物质利益免受侵害提供了强有力的保护，因为对于原告而言，主张一笔罚金总是比主张并证明损害要容易得多。例如，“侵辱之诉”是对抗任何损害名誉的行为的一种锐利的救济方式。当然，必须谨记的是，人身执行在古典时期仍然是存在的（上文边码 43），否则便不能正确地理解这个罚金体系。 78. 对古典惩罚性诉讼的评价

原始文献

s. 72. Read Gai. 4. 6—9; [*et iniuriarum ... raptorum*]; [*quod... sunt*]; cf. Gai. 4. 112.

s. 73. 1. Read *D*. (9. 2) 11. 2; (47. 4) 1. 19; (47. 2) 21. 9 (Jolowicz, *Digest,* xlvii. 2, *De furtis,* 1940, p. 34).

s. 73. 2. Read Gai. 4. 112.

s. 73. 3. Read Gai. 4. 75, 76.

s. 73. 4. Read Gai. 4. 4; Coll. 12. 7. 9 [*ita ut ... agendum*].

s. 74. Read Gai. 4. 9, 171.

s. 75. Read *D*. (2.10) 1. 4 (spurious); *Coll.* 12. 7. 9 [*ita ut ...*

agendum]; Paul. *Sent.* (2. 31) 13; *D.* (17. 1) 26. 7 (spurious: note *actio mandati noxalis*!); *Inst. Iust.* (4. 6) 19.

s. 76. Read *D.* (47. 12) 3 pr. Cf. Lenel, *Edict.* § 93.

s. 77. Read Gai. 4. 112 in fine.

参考文献

s. 72. E. Levy. *Privatstrafe und Schadensersatz im klassischen römischen Recht* (1915); against him (rightly) Beseler, *Beitr.* iv (1920), 258 ff.; *Juristische Miniaturen* (1929), 129; P. Voci, *Risarcimento e pena privata nel dir. Rom. class.* (1939) i; on Gai. 4. 9 Beseler *Z* xlvii (1927), 65; *Scritti Ferrini,* iii (1948) 283; Voci, l.c. 94. Wlassak, *PW* i. 316 ff.

s. 73. 1. Bonfante, *Scritti,* iii (1926), 209 ff.

s. 73. 2. Schulz, *Principles,* 203 f.; Riccobono, *Z* xlvii (1927), 75 ff.; Lenel, *Z* xlviii (1928), 563; Voci, l.c. 107 ff.

s. 73. 3. Girard, 'Les Actions noxales', *NRH* xi (1887), 409 ff.; xii (1888), 31 ff. = *Mélanges*, ii (1923), 309 ff.; Biondi, *Actiones noxales* (1925, Estr. d. *Annali Palermo,* x); Beseler, *Z* xlvi (1926), 104 ff.; Lenel, *Z* xlvii (1927), i ff.; Biondi, *Bull.* xxxvi (1928), 99 ff.; F. de Visscher, 'La Nature juridique de l'abandon noxal', *RH* ix (1930), 411 ; *Le Régime romain de la noxalité* (1947), now the standard work on the subject; Beseler, *Z* l (1930), 29; 'Lucubrationes Balticae', *SD* iii (1937), 380 ff.; Lisowski, *PW,* Suppl. vii. 604—663; Kaser, *Altröm. Jus* (1949), 225 ff.*

s. 73. 4. Beseler, *Beitr.* iv (1920), 258 ff. against Levy, l.c.; on *Coll.* 12. 7. 9 see Beseler, *Z* l (1930), 74; Niedermeyer, *ACI* 1933, Roma, i. 379.

s. 74. Voci, l.c., 5. 91 ff., 182.

s. 75. See Bonfante, Beseler ll. cc.; on Paul. *Sent. 2.* 31. 13 see M. Conrat, *Paulus*, 184; De Visscher, *Le Régime etc.* 470 ff.; Voci, l.c. 91 ff.

s. 76. Bruns, 'Die römischen Popularklagen', *Z f. RG* iii (1864), 341 ff. = *Kleinere Schriften,* i (1882), 313 ff.; Mommsen, *Schr.* iii. 374 ff.; *StR* ii. 70; Strachan-Davidson, *Problems of the Roman Criminal Law* i (1912), 180; Wlassak, *PW* i. 318; *Der Judikationsbefehl* (SB Wien, cxcvii. 4. 1921), p. 271; E. Weiss. *Z* xlv (1925), 494. On English popular actions see Holdsworth, *History,* iv (1937), 356; ix (1926), 240.

s. 77. On Gai. 3. 112 see Albertario, 'Elementi postgaiani', *Studi,* v. 448; Beseler, *Z* liii (1933), 20; cf. Levy, *Z* xlvi (1926), 416.

九、所谓的“名誉诉讼”

在裁判官告示列举的一些诉讼当中，判罚会涉及“不名誉”(infamia)。裁判官说，在这些诉讼当中被判罚的人不允许为民事诉讼程序任命正式代表人(cognitor)或代理人(procurator)，而且他还限制他们为他人的利益出现在法庭上的权利(为他人提出请求〔postulare pro aliis〕)。他没有明确地说，他把他们当作是“不名誉 79. 定义的人”（infames 或 ignominiosi），但这当然蕴含在其规则当中。这些诉讼当中有些是惩罚性诉讼（盗窃诉讼〔actio furti〕、暴力抢劫财产之诉〔actio vi bonorum raptorum〕、欺诈之诉〔actio de dolo〕），有些是非惩罚性的诉讼（委托之诉〔actio mandati〕、寄存之诉〔actio depositi〕、信托之诉〔actio fiduciae〕、合伙人之诉〔actio pro socio〕）。

80. 这些诉讼的古典清单　这些诉讼的古典清单是逐步发展起来的，就像《尤利亚自治市法》（*lex Iulia municipalis*）所表明的那样，甚至在其最终形态当中也带有一些随意的东西，因为对“使用借贷之诉”（actio commodati）的排除不可能得到合理的解释。通过优士丁尼的《学说汇纂》流传给我们的清单是不完整的，因为汇编者们删除了一些诉讼，例如，“信托之诉”和所谓的“反诉讼”（上文边码 70）。Gai. 4.
74 182 所提供的清单也是不完整的，例如，“欺诈之诉”就被忽略了。

81. 后古典的术语　在我们的原始文献当中，这些诉讼被称为名誉诉讼（actiones famosae）或者名誉审判（iudicia famosa），但这些术语几乎不可能是古典的。

原始文献

s. 79. Read Gai. 4. 182.

s. 80. Read *Lex Iulia municipalis,* l. 111 (Bruns, *Fontes,* no. 18; *FIRA* i, no. 13; E. G. Hardy, *Roman Laws and Charters,* i, 1911, p. 136); *D.* (3. 2) 1 to *damnatus erit; Inst. Iust.* 4. 16. 2, cf. Gai. 4. 182; *D.* (3. 2) 6. 7 (entirely spurious).

参考文献

s. 79. Lenel, *Edict,* pp. 77, 90.

s. 80. Lenel, *Edict,* pp. 79 f.; Schulz, *Festschrift f. Zitelmann* (1913), pp. 17 ff.; Beseler, *Beitr.* iv (1920), 255.

s. 81. See materials in *Voc.* ii. 813. 33 ff.

十、永久诉讼和暂时诉讼

82. 裁判官的时效

在古典法中不存在对诉讼的一般性的时间限制，但有时候裁判官在其告示当中宣布，他只在从“开始有机会提起诉讼”（cum primum experiundi potestas fuerit）之日起算的一年时间内赋予某种特定的诉讼（例如，“欺诈之诉”）。这种裁判官的诉讼时效在告示当中公布，带有一些任意性而没有确定的原则。

83. 卡西乌斯的规则

然而，法学家卡西乌斯（Cassius，公元 30 年的执政官）调查了所有的诉讼，拟定了如下三项规则：

1. 所有的市民法诉讼（上文边码 45）都是永久诉讼（actiones perpetuae）；

2. 所有的荣誉法补偿性诉讼（actiones honorariae rem persequentes）（上文边码 45、72）也是永久诉讼；

3. 所有的荣誉法惩罚性诉讼（上文边码 72）只在一年内有效。

84. 尤里安的告示

根据这些规则，即使是裁判官没有明确确定期限的一些诉讼也被法学家视为只在一年内有效。卡西乌斯的想法是，一个受侵害的人应当在伤害在其内心当中仍然新鲜的时候获得补偿，尽管他不能把这项原则适用于市民法惩罚诉讼。

在盖尤斯的时代，卡西乌斯的规则已经不那么正确。这时候，荣誉法惩罚性诉讼也有属于永久诉讼的，例如“现行盗窃之诉”（上文边码45）和“单倍的暴力抢劫财产之诉”（actio vi bonorum raptorum in simplum），而且这些规则还存在其他例外。显然，在卡西乌斯之后的时期，告示已经被修改，很有可能是尤里安为哈德良修订告示的时候修改的（上文边码25）。然而，这些例外当中的有些源自后古典时期。

85. 古典的术语 对于仅在一年内有效的诉讼，古典时期的术语是“actio annua”（一年的诉讼），而不是“actio annalis”。“actio temporaria”（暂时诉讼）和“actio temporalis”（暂时诉讼）看起来都像是古典的术语。

原始文献

s. 83. Read *D.* (44. 7) 35 to *dandae sunt*; Gai. 4. 110, 111.

s. 84. Read Gai. 4. 112; 3. 209. *D.* (39. 4) 13. 4 (spurious; the style is that of a legislator, not of a lawyer); *D.* (11. 3) 13 pr. (spurious).

参考文献

s. 82. Lenel, *Edict,* p. 64, n. 2; Wlassak, *PW* i. 320; P. Voci, *Risarcimento e pena privata* (1939), 104 f.

ss. 83. 84. Beseler, *Beitr.* iv (1920), 258 ff.

s. 85. Beseler, *Beitr.* v (1931), 53. Materials for *actio annalis* in *Voc.* i. 448. 44; for *actio annua* in *Voc.* i. 458. 30; for *actio temporaria* and *actio temporalis* in *Voc.* v. 969.

十一、所谓的“分割审判”

下述三种诉讼在裁判官告示当中构成一个特别的种类：遗产分割之诉（actio familiae erciscundae）、共同财产分割之诉（actio communi dividundo）、地界确定之诉（actio finium regundorum）。它们通常被现代学者称为“分割审判”（iudicia divisoria）。这是一个误导性的术语，从未在我们的原始文献当中出现过，应当完全避免使用。 86. 三种诉讼

1. 共同继承人是遗产的共同所有人，他们当中的每一个都可以要求分割。如果无法通过协议达成分割，那么他可以通过一种诉讼来起诉其他共同继承人，这种诉讼具有古老的拉丁文名称：“actio familiae erciscundae ”或者“actio familiae herciscundae”。“familia”在古典时期是指财产，“erciscere”或者“herciscere”是“dividere”（分割）的意思。审判员在这种程序当中享有非常大的自由裁量权。假设有三个共同继承人是一块土地的共同所有人，审判员可以把这块土地分成三块，然后每一个人分得一块，或者他也可以把整块土地分给他们当中的一个人，并让其向另外两个人支付一笔金钱作为补偿。通过这样的分配（被称为“adiudicatio”〔审判员的分配裁决〕），接受的人成为“奎里蒂法所有权人”。

2. 共同财产分割之诉是一种非常相似的诉讼，适用于任何类型的共同所有权。

3. 地界确定之诉是一种调整边界争议的诉讼。显然，这种诉讼

不像另外两种诉讼那样是一种“分割审判”(iudicium divisorium)，因为当事人并非争议土地的共同所有人。但在这种情况下，边界也是通过“adiudicatio”(审判员的分配裁决)来确定的。

87. 程式和法律特征 这三种诉讼的程式是非常有争议的，它包含一个特别的语句，叫做“adiudicatio”(分配授权)，通过它，审判员被授权分配系争物。肯定不包括“ex fide bona”(根据诚信)这个短语，因为这些审判不被古典法学家视为“诚信审判”(上文边码60)。然而，优士丁尼的汇编者们把它们塑造成了“诚信审判”，他们通过篡改的方法来实现这个想法。这些诉讼是“对人诉讼”，而不是“对物诉讼”，因为被告有义务为自己辩护(上文边码56)。在这些程序当中，每一方都同时具有原告和被告的法律地位，但“双重审判”(iudicia duplicia)的术语看来是源自后古典时期的。

78 **原始文献**

s. 86. Read Gai. 4. 42 and *Epit. Ulp.* 19. 16; *Lex Rubria,* cap. xxiii, l. 54; Gai. 3. 154*a*.

s. 87. Read Gai. 4. 42, 62; *Inst. Iust.* (4. 6) 20. 28; *C. Iust.* (3. 38) 3, spurious as shown by Consult. 2. 6; *D.* (10. 1) 1 [*licet... est*], *licet* with indicative!; *D.* (10. 2) 2. 3; (10. 1) 10; *D.* (10. 3) 2. 1 interpolated as shown by *D.* (5. 1) 13.

参考文献

ss. 86, 87. A. Berger, *Zur Entwicklungsgeschichte der Teilungsklagen* (1912); Arangio-Ruiz, ‘Appunti sui giudizi divisori’,

Riv. It. lii (1913); Biondi, *Bonae fidei iudicia,* i (1920) (Estr. d. *Annali Palermo,* vii), pp. 218 ff.; Arangio-Ruiz, 'Studi formulari Ⅱ. In tema di adiudicatio', *Bull.* xxxii (1922), 1 ff.; Lenel, *Edict.* (1927), §§ 79—81 with references; Frezza, 'Actio communi dividundo', *Riv. It.* N.S. vii (1932, not available); Albertario, *Studi,* iv (1946), 165 ff.; Sciascia, 'In tema di actio familiae erciscundae', *AG* cxxxii (1945); Beseler, *Scritti Ferrini,* iii (1948), 281.*

十二、预备审 88. 定义

预备审(praeiudicia)是原告要求确认某项事实或法律关系的诉讼。这样一种诉讼有时是为另一项诉讼做准备，因此被称为“先进行的程序”(prae-iudicium)。例如，原告可能主张被告是其解放自由人，而被告否认这种关系。如果审判员做出有利于原告的判决，那么后者可以通过另一项基于恩主和解放自由人之间的关系的诉讼来起诉被告(上文边码 47 可作为一个示例)。我们知道有一种预备审是由法律规定的，其他的预备审在裁判官告示当中有提到。

我们不知道这些诉讼的程式。Gai. 4. 44 说，它只包含“原告请 89. 程式和法律特征
求”，但这个文本几乎不可靠。其程式可能是这样的：

> “屋大维为审判员，并应宣布努梅里乌斯·内格底乌斯是否为奥鲁斯·阿格里乌斯的解放自由人。”
>
> (Octavius iudex esto pronuntiatoque an Numerius Negidius libertus Auli Agerii sit.)

这些诉讼肯定不是“对物诉讼”，因为被告有义务为自己辩护（上文边码 56）。

90. 非常审判程序 在非常诉讼程序当中，预备审显然起到了重要的作用。

原始文献

s. 88. Read Gai. 4. 44; 3. 123.

s. 89. Read *Inst. Iust.* 4. 6. 13 (not classical).

s. 90. Read the two following opinions: *P. Michigan* iii, no. 159 = *Z* xlvi (1926), 276 and *P. Oxy.* i, no. 37 = Mitteis, *Chrest.* no. 79, *FIRA* iii, no. 170.

参考文献

Pissard, *Les Questions préjudicielles en droit Romain* (1907); Lenel, *Edict.* (1927), Index, s.v. ‘praeiudicia’; Beseler, *T* x (1930), 170; H. Krüger, *St. Riccobono,* ii (1936), 229 ff.*

第三章　抗辩

一、古典抗辩的概念

91. 定义

在共和国时期和古典早期，“exceptio”（直接含义为“例外”）是为被告的利益而作为判罚的例外写入程式的抗辩（上文边码 30）。假设被告针对一项“特定借贷金额诉讼”（actio certae creditae pecuniae）提出，债权人给了他一年的时间偿还债务，而这一年还未到期，那么一项“基于简约的抗辩”（exceptio pacti）便会在被告的要求下被插入到程式中去，此时，整个程式就会这样写：

“如能证明努梅里乌斯·内格底乌斯应向奥鲁斯·阿格里乌斯给付 1 万赛斯特提乌斯，除非奥鲁斯·阿格里乌斯和努梅里乌斯·内格底乌斯之间达成了不在一年之内请求这笔钱款的协议，否则的话，审判员，应判罚努梅里乌斯·内格底乌斯向奥鲁斯·阿格里乌斯支付这笔钱，等等。”

（Si paret Numerium Negidium Aulo Agerio sestertium X milia dare oportere, extra quam si inter Aulum Agerium et Numerium Negidium convenit, ne ea pecunia intra annum peteretur, eius iudex Numerium Negidium Aulo Agerio condemnato, etc.)

"extra quam si..."是"除非……"的意思，是共和国时期的官方用法：*Senatus consultum de Bacchanalibus*, l. 29 (186 B.C., Bruns, no. 36; *FIRA* Ⅰ, no. 30)。

"除非……的协议"(extra...peteretur)这句话实际上是做出判罚的例外，因此被非常适当地称为"exceptio"。然而，在哈德良的告示当中(上文边码 25)，也许在更早的裁判官告示当中，这些抗辩具有一种不同的形式。这个时候，做出判罚的条件是不存在被告所主张的事实，例如"基于简约的抗辩"，这个时候这样写：

"如果在奥鲁斯·阿格里乌斯和努梅里乌斯·内格底乌斯之间没有达成不在一年之内请求这笔钱款的协议。"

(si inter Aulum Agerium et Numerium Negidium non convenit ne ea pecunia intra annum peteretur.)

显然这不再是判罚的例外，而是判罚的否定条件。"exceptio"这个术语已经不再是这个语句的适当称呼，而且，更加糟糕的是，这些抗辩此时开始接近包含判罚的否定条件的其他语句(例如"nisi restituetur"〔如果届时没有被返还〕，上文边码 67)。古典法学家从来不把这些语句称为抗辩。这个转变的不可避免的结果是，不再可能对"exceptio"给出一个逻辑定义。"extra quam si"(除非)这个语句在形式上的特殊性曾经是“种差”（differentia specifica）；这点消失之后，只有“历史性的”定义是可能的。古典的“exceptiones”，至少在哈德良之后，是被告的一种特殊的抗辩（由程式中的一个特别的语句表示），被告的反对意见在更早的时候是通过“extra quam si”语句插入程式的，或者说，如果具体的抗辩那时候已经存在的话，就会通过这种方式插入。然而，最重要的一点是：古典的“exceptio”，就像前古典的那样，总是程式当中的一个特别的语句。学生们应当谨记这一点；对于所有与之冲突的文本，都应当毫不留情地判为后古典的。

92. 要在裁判官面前加入

因为古典的抗辩（exceptio）是程式中的一个语句，所以被告必须在裁判官面前进行的程序中要求将其插入程式当中（上文边码17）。如果他忘了这么做，随后便不能再增加，此时他只能通过“回复原状”（in integrum restitutio）获得救济（Gai. 4. 125）。就像整个程式一样，抗辩也需要裁判官的批准。他可以根据自己的判断决定是否批准。如果原告拒绝接受带有抗辩的程式，那么裁判官可以以“拒绝赋予诉讼”（denegatio actionis）相威胁（上文边码 17、24）。

93. 什么时候需要抗辩？

如果没有这样的语句，被告的反对意见就不会被审判员考虑，那么这时候就必须在程式中插入一项抗辩。

假设原告主张他借给被告一笔钱，现在想要回这笔钱。被告反对说，他从未获得这笔钱或者他已经返还了这笔钱。那么插入一项抗辩就显得既多余又不合逻辑。如果审判员得出的结论是，被告的主张是真实的，那么他必须“根据审判员的职权”（officio iudicis）开释他，因为程式是这样写的：

“如能证明努梅里乌斯·内格底乌斯应向奥鲁斯·阿格里乌斯给付 100 赛斯特提乌斯，审判员，应判罚努梅里乌斯·内格底乌斯向奥鲁斯·阿格里乌斯给付这笔钱，如不能证明，则开释。”

（Si paret Numerium Negidium Aulo Agerio centum dare oportere, eius iudex Numerium Negidium Aulo Agerio condemnato, si non paret absolvito.）

被告如果没有获得这笔钱或者已经返还这笔钱，就不存在“应当给付”（dare oportere）。然而，如果被告提出“不在一年内要求这笔钱款的简约”（pactum ne ea pecunia intra annum peteretur），那么审判员在没有特别授权的情况下肯定不会考虑这项抗辩。因为尽管有这样一个简约（即使这一年还未到期），但这仍然是真实的：被告根据市民法应当支付 100 赛斯特提乌斯。审判员不能依职权以一项简约为由开释被告，而只能根据程式当中的抗辩（per exceptionem 或者 exceptione opposita）来开释被告。现代学者通常说，在这样的情形下被告只能“依靠抗辩的帮助”（ope exceptionis）获得救济，但这个用语是在波伦那，而不是在罗马被创造的，尽管无害，也应当避免。

如果你最后提出这样的问题：什么样的抗辩要求有“exceptio”，什么样的抗辩可以由审判员依其职权进行考虑？那么有一个简单的答案。在这个问题上，程式的建构及审判员和法学家对其的解释（上文边码 64）是决定性的，此外无他。审判员受到程式的约束（上文边码 34），是否需要有一项“exceptio”才能去考虑某项具体的抗辩，取决于程式的语言表达（就像法学家所理解的那样）。学生们应满足于这个“形式上的”答案，而不要去寻求“实质的”原因；这样的尝试已经有人进行过了，被证明完全是徒劳的。

94. 抗辩和拒绝赋予诉讼

就像我们前面所说的那样（上文边码 17），裁判官有权根据自己的判断拒绝赋予诉讼。如果被告提出一个抗辩，裁判官认为理由充分并且不需要进一步的证据，那么他可以通过拒绝赋予审判来驳回原告的诉讼。但是，这种快速处理案件的方式会对被告造成一种严重的不利：尽管它省去了在审判员面前进行诉讼的麻烦，但裁判官的裁定不具有“已决案”（res iudicata）的效力，因此原告可以找另一个裁判官碰碰运气。出于这个原因，裁判官（至少根据哈德良的告示，上文边码 25）在这样的案件中通常不会拒绝赋予诉讼，而是仅仅赋予一项“抗辩”。

我们来看如下示例。《马切多尼安元老院决议》（*Senatusconsultum Macedonianum*，在维斯帕芗治下颁布的，下文边码 880）禁止向处于父亲的支配权下的儿子提供贷款。这个法令的文本明确命令，在违反该法令的情况下应拒绝赋予诉讼，然而，裁判官（根据哈德良的告示）通常仅仅插入一项抗辩（当然，他可以“根据裁判官的职权”〔officio praetoris〕这么做，而不仅仅可以根据被告的请求这么做）。在这样的案件中，程式是这样的：

“如能证明努梅里乌斯·内格底乌斯（即儿子）应向奥鲁斯·阿格里乌斯支付 1 万赛斯特提乌斯，如果在这个事情上并没有违反《马切多尼安元老院决议》，审判员，应判罚努梅里乌斯·内格底乌斯向奥鲁斯·阿格里乌斯支付 1 万赛斯特提乌斯，等等。”

（Si paret Numerium Negidium (scil. filium) Aulo Agerio sestertium decem milia dare oportere, si in ea re nihil contra senatus consultum Macedonianum factum est, iudex Numerium Negidium Aulo Agerio decem milia condemnato, etc.）

95. 在非常诉讼程序当中没有抗辩；前书抗辩

作为程式当中的一个语句，古典的抗辩仅适用于普通诉讼程序。在非常诉讼程序当中没有程式，所以也没有抗辩。当然，给“代理审判员”（上文边码 20、31）的指示会以某种方式模仿程式，并且也会模仿抗辩。但古典法学家对术语的洁癖不容许他们把基于这种指示的抗辩称为“exceptiones”，他们用“praescriptio”（前书抗辩）来替代这个术语。

96. 后古典时期的抗辩；篡改

古典的抗辩在程式诉讼消亡后也不能幸存，但“exceptio”这个术语在后古典时期继续保留下来。但此时它被用作“praescriptio”的同义词，因此包括所有类型的针对原告主张的反对意见。盖尤斯关于古典的“exceptio”的一节内容（Gai. 4. 115 ff.）由于后古典时期法学派的古典主义理念（上文边码 14）而在整体上得到可靠的保留，但大量的其他文本则被通过篡改的方式毫不留情地加以调整以适应当时的用途。

1. 盖尤斯没有给出“exceptio”的定义，我们在原始文献当中遇到的定义，显然是后古典时期给出的。

2. 只要我们在疑似的古典文本当中遇到非常诉讼程序的“exceptio”，或者，反过来，遇到程式诉讼的“praescriptio”，那么我们可以肯定它们是经过篡改的。

3. 在诚信审判中，审判员有权单纯依靠“根据诚信”短语或者类似的语句（上文边码 61）考虑非要式的“简约”（pacta）以及原告的任何“欺诈”（dolus）。在这种情况下，并不要求有一项“基于简约的抗辩”（exceptio pacti）或者“欺诈抗辩”（exceptio doli），因此也不会加入这样的抗辩。没有任何一位古典法学家通过如下句子表达这项规则：“在诚信审判中含有简约抗辩或欺诈抗辩”（exceptio pacti [doli] bonae fidei iudiciis inest）；或者“简约抗辩或欺诈抗辩根据审判员的职责被包含在诚信审判当中”（exceptio pacti [doli] in bonae fidei iudiciis officio iudicis continetur）。这样的表述尽管从后古典的视角来看是可以理解的，但对于古典法学家而言却是完全没有意义的。一项未写入程式的“exceptio”对他们而言在术语上是有矛盾的。所有的这种表达都应当被视为后古典的。

4. 下面是后古典的“exceptio”概念的一个非常重要的必然结果。在古典时期，如果审判员发现“exceptio”是站得住脚的，那么他必须做出对被告有利的判罚，这是程式的构造所带来的不可避免的结果。

假设原告要求 100 赛斯特提乌斯，这笔钱是他借给被告的。后者回答说：这可能是真实的，但是原告因为另一项合同欠我 60 赛斯特提乌斯；这样，由于“他欺诈地请求了他将要返还的东西”（dolo facit qui petit quod redditurus est），我只需要支付差额。原告否认了被告的反对意见，此时，“特定借贷金额程式”包含一项“欺诈抗辩”，是这样拟定的：

“如能证明努梅里乌斯·内格底乌斯应当向奥鲁斯·阿格里乌斯支付100赛斯特提乌斯，如果在这个事情上奥鲁斯·阿格里乌斯没有恶意欺诈行事，也不违背诚信，审判员，应判罚努梅里乌斯·内格底乌斯向奥鲁斯·阿格里乌斯支付100赛斯特提乌斯，等等。”

（Si paret Numerium Negidium Aulo Agerio centum dare oportere, si in ea re nihil dolo malo Auli Agerii factum sit neque fiat, centum iudex Numerium Negidium Aulo Agerio condemnato, etc.）

审判员得出的结论是：(1)被告欠原告100赛斯特提乌斯；(2)原告欠被告60赛斯特提乌斯。该如何判决呢？该“欺诈抗辩”是有根据的，因为原告所要求的数额当中的60赛斯特提乌斯必须被返还，因此，他的诉讼必须被驳回。审判员不能判罚被告支付差额(40赛斯特提乌斯)，因为程式不允许这么做。古典的“exceptio”从不具有所谓的“减少效果”。在非常诉讼程序中，这种形式上的严苛并不存在。在这里，审判员有权判罚被告支付差额。但我们无论在哪里遇到与程式诉讼相关的“exceptio”的“减少效果”，我们都必须认为这个段落是被篡改过的。

5. 有时候，古典文本中提到的“exceptio”被删掉，从后古典的视角来看，这是有充分理由的。

97. 后古典发展的历史

因此，在现有的涉及“exceptio”的原始文献当中存在着大量的混淆。十九世纪和二十世纪初，非批判性的研究未能取得令人满意的结果，这并不奇怪。后古典的“exceptio”的有趣的历史，以及同样有趣的，它从注释法学家的时期到现代的发展史，仍然没有被书写。

原始文献

s. 91. Read *D.* (43. 12) 1. 16, *Labeo* (times of Augustus), the only passage with *extra quam si* in our law-books; cf. Cicero, *De invent.* 1. 33. 56. Gai. 4. 119.

s.94. Read *D.* (14. 6) 1 pr.; (14. 6) 7. 4, 6, 7 to *dederit.*

s. 96. *Exceptio vel praescriptio*: see *C. Iust*. 8. 35 rubr.

s. 96. 1. Read *D.* (44. 1) 2 pr. and 22 pr. (both spurious).

s. 96. 2. Read *D.* (31) 34. 2: [*ipso iure*]; [*sed nec... fecisse*]. *Fideicommissum,* therefore *extraord. cognitio* (above, s. 20) therefore no *exceptio.*

s. 96. 4. Read *D.* (44. 1) 22 pr. [*modo*]; [*modo minuit damnationem*].

参考文献

s. 91. For the literature till 1906 see Windscheid-Kipp, *Lehrbuch des Pandektenrechts,* i (1906), § 47; particularly important P. Krüger, *Prozessualische Konsumption und Rechtskraft des Erkenntnisses* (1864), § 5, and *Z f. RG* vii (1868), 219 ff. and Kipp's remarks in Windscheid-Kipp, l.c., pp. 205 ff. For Wlassak's numerous writings see Wenger, *CP* 155 with references; *PW* vi. 1553 ff. See further Seckel's important art. 'exceptio' in Heumann-Seckel,

Handlexikon and *Generalregister* for Z i—l (1930), v. 'exceptio'.

s. 92. Guarneri-Citati, 'Exceptio omissa initio—in integrum restitutio— appellatio', *St. Perozzi* (1925), 245 ff.

s. 93. P. Krüger and Kipp, loc. cit.

s. 94. R. Schott, *Das Gewähren des Rechtsschutzes im röm. Civilprozess* (1903); R. Mewald, *Denegare actionem in röm. Formularprozess* (Diss. Erlangen, 1912); Wlassak, *Z* xxxiii (1912), 136 ff., 147 ff.; Lévy-Bruhl, *La denegatio actionis sous la procédure formulaire* (1924) and *T* v (1924), 383 ff.; Wlassak, *Die klassische Prozessformel,* i *(SB Wien,* ccii. 3, 1924), 138 N. 28; Lenel, *Edict.* §§ 278, 275.

s. 95. For materials see Schlossmann, *Praescriptiones und praescripta verba* (1907), 32; J. Partsch, *Longi tenporis praescriptio* (1906), 70 ff. and *Z* xxviii (1907), 444. The materials need a critical examination.

s. 96. 2. For materials see Partsch md Schlossmann, loc. cit.

s. 96. 3. Biondi, *Iudicia bonae fidei,* i (1920, Estratto d. *Annali Palermo,* vii), 3 ff.; Beseler, *Z* xlv (1925), 191.

s. 96. 4. Pernice, *Labeo,* ii. 1 (1895), 261 ff.; Arangio-Ruiz, *L'exceptio in diminuzione della condanna* (1930): Solazzi, 'Sull' exceptio in diminuzione della condanna', *Bull.* N.S. i (1934), 268 ff.; Biondi, *La compensazione nel diritto romano* (1927, Estratto d. *Annali Palermo,* xii), 43 f., 141 f. with references.

s. 97. Ernst Heymann, *Das Vorschützen der Verjährung.*

Zugleich ein Beitrag zur Lehre von Exceptio und Einrede (1895).*

二、抗辩的分类

在前一章(上文边码 45 以下)当中讲述了不同的诉讼分类，现在我们希望能指出抗辩在多大程度上也存在类似的分类。

98. 市民法抗辩和荣誉法抗辩

市民法抗辩(exceptiones civiles)和荣誉法抗辩(exceptiones honorariae)(上文边码 45)。这个区分从未在我们的原始文献当中被提到过。抗辩一般都是荣誉法抗辩；我们所知道的唯一的市民法抗辩是“普布里奇亚那程式”(formula Publiciana，下文边码 653)当中的“所有权抗辩”(exceptio dominii)。拉贝奥(Labeo)在 *D*. 43. 12. 1. 16 中提到的抗辩也是市民法抗辩，但它直接针对的是一项令状(下文边码 106 以下)，而不是一项诉讼。诚然，一些抗辩根据一项法律或元老院决议的命令被公布在告示当中(exceptio legis Cinciae，下文边码 973；exceptio legis Laetoriae，下文边码 328；exceptio senatusconsulti Macedoniani，上文边码 94；exceptio senatusconsulti Vellaeani，下文边码 975)，但这些制定法并不创造市民法，因此这些由它们命令公布的抗辩也被视为荣誉法抗辩(上文边码 46)。

99. 基于法律拟定的抗辩和基于事实拟定的抗辩

基于法律拟定的抗辩(exceptiones in ius conceptae)和基于事实拟定的抗辩(exceptiones in factum conceptae)(上文边码 47)。根据刚刚所说的，抗辩通常都是基于事实拟定的，“普布里奇亚那程式”当中的“所有权抗辩”当然是根据市民法拟定的。

100. 扩用抗辩 扩用抗辩(exceptiones utiles)(上文边码 47)。扩用抗辩是以已经存在的抗辩为原型拟定的。后者没有固定的名称,“exceptio directa”(直接抗辩)从未出现在我们的原始文献当中,“exceptio vulgaris”(通常抗辩)只出现一次(*D*. 47. 23. 3)。在一些段落当中,“exceptio in factum”(事实抗辩)被用作“扩用抗辩”的替代,但它们看起来全都是伪造的。

101. 对物抗辩和对人抗辩” 对物抗辩(exceptiones in rem)和对人抗辩(exceptiones in personam)(上文边码 56)。古典法学家完全不知道这个区分,它只出现在两个段落当中,都出自乌尔比安的《告示评注》(*Ad edictum*)第 76 卷。胁迫抗辩(exceptio metus)在这里被称为“对物抗辩”,因为原告的名字在其中没有被提到:“如果在这个事情上没有因为胁迫而行事”(si in ea re nihil metus causa factum sit),而欺诈抗辩(exceptio doli)被称为“对人抗辩”,因为它包含原告的名字:“如果在这个事情上奥鲁斯·阿格里乌斯没有恶意欺诈行事,也不违背诚信”(si in ea re nihil dolo malo Auli Agerii factum sit neque fiat)。这两个段落显然都是伪造的。一位后古典时期的乌尔比安著作的修订者尝试引入这个术语但未获成功。

102. 依附于物的抗辩和依附于人的抗辩 依附于物的抗辩(exceptiones rei cohaerentes)和依附于人的抗辩(exceptiones personae cohaerentes)。这个区分也是后古典的,包含它的两个段落肯定都是伪造的。在这里,“依附于人的抗辩”被理解为只能由某个人来使用,而不能由(例如)其担保人使用。保留生活财产抗辩(exceptio competentiae)是一个示例(下文边码 793、794)。

永久抗辩(exceptiones perpetuae)和暂时抗辩(exceptiones

temporariae)(上文边码 82)。并不存在抗辩的时效，但一项抗辩有时只能在一定的时间内使用。假设某人通过非要式的简约允诺在一年内不要求返还贷款。如果他提前要求返还，那么借款人享有一项简约抗辩，这项抗辩在一年期满后便不能再使用。这项简约抗辩是一项暂时抗辩(exceptio temporaria 或 exceptio temporalis)。然而，如果债权人通过简约允诺永远不要求返还贷款，那么这项简约抗辩便是一项永久抗辩。然而，应当注意的是，对审判员而言，在程式中插入的抗辩是暂时的还是永久的，并无不同。如果他得出的结论是抗辩是有根据的，那么他在两种情形下都会驳回原告的诉讼；他不能判罚被告在这一年的期限届满后支付金钱，因为古典的抗辩没有减少的效果(上文边码 96. 4)。盖尤斯——似乎在古典法学家当中只有他一人，因为乌尔比安的 *D.* 44. 1. 2. 4 是伪造的——把暂时抗辩称为延缓性抗辩(exceptio dilatoria)，把永久抗辩称为消灭性抗辩(exceptio peremptoria)——这是不恰当的术语，因为永久抗辩既不能“破坏”(perimit)债，也不能破坏诉讼。这个术语在后古典时期被保留，并导致了这样的观念：如果债务人享有一项永久抗辩，则不存在债。当然，这在古典法学家的眼里是一种异端邪说，不管我们在原始文献的什么地方遇到它，它都是后古典的。 103. 永久抗辩和暂时抗辩

类似于民众诉讼(上文边码 76)的民众抗辩(exceptio popularis)是荒谬的，但是，我们在原始文献当中遇到它一次(*Fr. Vat.* 266)，这当然是由一个异常愚蠢的篡改者添加的。 104. 民众抗辩

最后，在这里可以把“反抗辩”(replicatio)作为一种特殊的抗辩来提及，也就是说，一项针对抗辩的抗辩。它包含原告对被告提出的抗辩的反对意见，并且必须被增加到抗辩后面，用“aut si” 105. 反抗辩

（或者如果）来表示。我们在上文已经给出示例（上文边码 30）。并不需要对“反抗辩”进行进一步的讨论。对于这个当前的目的，利用一项抗辩的被告可以被视为原告：“reus in excipiendo actor est”（进行抗辩的被告是原告）；因此，我们在上文对抗辩所说的规则应适用于“反抗辩”。

原始文献

s. 98. Read Gai. 4. 118.

s. 100. Read *D.* (14. 6) 7. 1; *D.* (7. 9) 4 [*aut... in factum*] <*de dolo*>; cf. *D.* (44. 4) 4. 15.

s. 101. Read *D.* (44. 4) 2. 1, 2; (44. 4) 4. 33 to *qui agit* (both spurious).

s. 102. *D.* (44. 1) 7. 1; (44. 4) 4. 27.

s. 103. Read Gai. 4. 120—122 to *locum exceptio*; 123. *Fr. Vat.* 266 to *exceptionem*; *D.* (50. 16) 10; (44. 7) 42. 1; (50. 17) 112.

s. 105. Read Gai. 4. 126 with De Zulueta's footnote in his edition of Gaius. *D.* (44. 1) 1; (22. 3) 19 pr.

参考文献

s. 98 ff. Wenger, *PW* vi. 1560 ff.; *CP* 156 ff.

s. 98. P. Krüger, *Prozessualische Konsumption* (1864), § 5 and *Z f. RG* vii (1868), 220; Windscheid-Kipp, *Lehrb. d. Pandektenrechts* i (1906), § 47, p. 205; Beseler, *Z* xliv (1924), 362.

s. 100. For materials see *Voc.* ii. 661. 8 ff.; ii. 787. 4 ff., 15 ff.

s. 101. Schulz, *Z* xliii (1922), 427; Beseler, *Beitr.* iii (1913), 58; iv (1920), 86; *Z* lvii (1937), 34 and 37,

s. 102. G. Rotondi, *Scritti,* ii. 341 f.; Beseler, *Z* xlv (1925), 456; *St. Bonfante,* ii (1930), 60 f.

s. 103. Th. Kipp, 'Über dilatorische und peremptorische Exzeptionen', *Z* xlii (1921), 328 ff.; Riccobono, *Z* xliii (1922), 293; Beseler, *Juristische Miniaturen* (1929), 124; *St. Bonfante, ii* (1930), 59; *Beitr.* v (1931), 52; *Z* liii (1933), 20; lvii (1937), 46.*

s. 104. Beseler, *Z* lvii (1937), 46.

第四章　令状

一、通过令状进行诉讼

106. 特征和原始文献

除了通过程式进行的诉讼程序和非常诉讼程序以外，在古典法当中，对于某一类请求还有第三种诉讼程序，即通过令状进行的诉讼程序。尽管具有古老的特征，但它在整个古典时期起到了重要的作用。从现有的原始文献中只能部分辨别其漫长历史，即使是本书所限定的古典法，我们也不清楚其全部细节，因为我们的主要原始文献——盖尤斯在Gai. 4. 139以下的描述，对某些要点保持沉默，而且也没有完整地被保留给我们。如果不去考虑所有的错综复杂的细节，我们可以将其古典时期的程序描述如下。

107. 令状的颁布和形式

在把被告召唤到执法官（裁判官或行省总督）面前之后，原告提出其案件，最终请求执法官颁布一项具体的令状。然后，被告进行辩护，提出反对意见并可能请求执法官在“令状程式”（formula interdicti）中插入某项抗辩。经过对案件进行或多或少的简要检查之后，执法官要么拒绝颁布令状，要么同意颁布令状。在后一种情况下，他会宣布令状程式，就像他宣布一项诉讼程式那样。当然，令状程式像诉讼程式一样被记录在案。但是，令状程式不像诉讼程式那样包含对一名审判员的任命，而实质上仅包含对双方当事人做出的一项命令，尽管在形式上，它有时候仅对原告做出，有时候仅对被告做出，有时候对双方做出，有时对“所有人”做出，也就是说，“对所有与该案相关的人“(ad quos ea res pertinet)。这些形式是由一长串不知道名字的裁判官和法学家逐渐发展起来的，因此，我们不能期待它们具有一致性。无论如何，这种风格上的变化不是很重要。让我们来考查一些例子。

1. 收取果实令状(Interdictum de glande legenda)(Lenel, *Edict*, § 260)。原告有一块土地毗邻被告的土地，在原告的土地上接近边界的地方有一棵橡树。根据《十二表法》(vii. 10)，原告有权进入被告的土地以便收取从其树上落下的橡子。如果被告禁止原告这么做，那么原告可以申请这项令状。这项令状是这么写的：

> “我禁止你使用暴力阻止他每三天收集并带走从他的土地上掉到你的土地上的橡子。”
>
> (Glandem, quae ex illius agro in tuum cadat, quo minus illi tertio quoque die legere auferre liceat, vim fieri veto.)

“我禁止你使用暴力阻止原告每三天(tertio quoque die，也就是说，周一、周三、周五……)收集并带走橡子”。这个令状仅对被告颁发，在真实的案件中，“他”(illius 和 illi)当然都必须要用原告的名字来替换。

2. 恢复水源令状(interdictum de fonte)(Lenel, *Edict*, § 253)。该令状仅对原告颁发。

3. 关于神法场所的令状(interdictum de loco sacro religioso sancto)(Lenel, *Edict*, § 235)。

"我禁止任何人在神圣场所、神息场所和神护场所做有害的事情或者让有害的东西进入其中。"

(In loco sacro religioso sancto facere inve eum immittere quid veto.)

这个令状是"对所有人"颁布的。

4. 现状占有令状(interdictum uti possidetis)(Lenel, *Edict*, § 247)。

"我禁止使用暴力去阻止你们当中现在无瑕疵地(非通过暴力、非秘密窃取、非通过容假占有从另一方取得占有)占有系争建筑物的人像他现在这样去占有。"

(Uti nunc eas aedes, quibus de agitur, nec vi nec clam nec precario alter ab altero possidetis, quo minus ita possideatis, vim fieri veto.)

该令状颁发给双方。

5. 关于武力的令状(interdictum de vi armata)(Lenel, *Edict*, § 245. 2)。

"让原告回到你通过武力驱逐他的地方(unde =a quo, 参见 Stolz-Schmalz, *Syntax*, § 87, p. 491)，并返还原告在那个地方所拥有的物。”

（Unde tu illum vi hominibus coactis armatisve deiecisti, aut familia tua deiecit, eo illum quaeque ille tunc ibi habuit restituas.）

这是以一种绝对命令的方式颁布给被告的；然而，实际上，它仅仅是一项有前提的命令，因为执法官并没有说被告实际上真的驱逐了原告。

108. 令状的法律意义

这些例子清楚地表明，令状不是对一个具体案件的判决，也不是意味着强迫被告满足原告的要求。在古典时期，它仅仅是一项要式的预备行为。

109. 仲裁程式

有时候（如果原告要求“返还”〔restituere〕或“出示”〔exhibere〕），被告可以要求一名仲裁员。那么程式拟定时会包括对一名仲裁员的任命（因此被称为“仲裁程式”，上文边码 67）。仲裁员被要求判罚被告支付“物的价值”（quanti ea res est），如果被告违反令状的话。

110. 法律的赌金

如果被告不能或者将不利用这个机会，那么这个程序的第一幕就结束了。违反者此时被认为犯下了藐视法庭。在古典时期，这仅仅是一种拟制，就像莱内尔（Lenel）正确地指出的那样，因为违反者在执法官面前必须立即服从（“从执法官面前离开之前”〔ante quam ex iure exeat〕）；然而这在很多案件中实际上是不可能的，例如，要求返还土地的情形，或者收取果实令状的情形。双方当事人此时离开执法官的法庭，但这在古典时期也仅仅是一项拟制。实际上，他们离开仅仅是为了在很短的时间内再回来，并开始这部古老戏剧的第二幕。此时，原告用法律的赌金来挑战被告，并且每一方都要向对方允诺，如果自己最终被证明是错误的，便向对方支付一定的金额。此时，要起草两份关于这些允诺的程式（“基于要式口约的程式”〔formulae ex stipulatu〕），然后审判被转到这些程式所任命的审判员手中。如果原告要求“返还”或者“出示”，那么另一项审判（“关于物的价值的追随审判”〔iudicium secutorium in quanti ea res est〕）就会被加入他的程式中，以便在他获胜时，他可以获得该物或其价值，还有赌金的数额。在禁止性令状（interdictum prohibitorium，下文边码 113d）当中，一项类似的“追随审判”（iudicium secutorium）也会被增加到原告的程式中。

111. 古典术语

这项古老的程序既不是普通的通过程式进行的诉讼，也不是简单的非常诉讼，而是两者的混合体。在开始时，它是一项非常诉讼程序，但它会导致一项通过程式进行的诉讼程序，因为审判员不是“代理审判员”（iudex pedaneus，上文边码 20）。令状的颁布属于第一部分；因此，古典法学家从不称令状为诉讼，因为这个术语被他们限定于通过程式进行的普通诉讼程序（上文边码 27）。相应地，申请令状的行为也从不被他们称为“agere”（进行诉讼）；“agere interdicto”（通过令状进行诉讼）是“agere interdicto reddito”（在令状颁布之后进行诉讼）的缩写形式，是指颁布令状之后要进行的“仲裁诉讼”（actio arbitraria）和“基于庄重允诺的诉讼”（actiones ex sponsionibus）。古典法学家也从来不在涉及原告时使用“interdicere”（申请令状），尽管非法学家对于这么做没有任何顾虑。古典法学家只知道“interdicto uti”（使用令状）和“interdictio experiri”（通过令状进行诉讼）这些术语。最后，作为令状颁布对象的当事人从不被称为“actor”（原告）和“reus”（被告）。应当注意的是，在告示的令状格式中，虚拟的名字“奥鲁斯·阿格里乌斯”和“努梅里乌斯·内格底乌斯”总是会被避免使用。

112. 后古典的令状

在后古典时期，古典时期的通过令状进行的诉讼程序被废除。在古典时期，它就已经是来自非常早的时期的奇怪的残留物，它就像是一种古老的、人为的戏剧作品，很难表演，并会使双方当事人都承担风险。就像弗伦汀努斯（Frontinus，图密善治下）指出的那样（ed. Lachmann, p. 44; ed. Thulin, p. 34）：“通过令状进行诉讼有很大的风险，其操作非常复杂”。由于古典法学家极端的保守主义和消极态度，它已经被保留了太久，实际上早就该被废除了。最终它被非常诉讼程序取代，后者在后古典时期变成了普通的诉讼程序。此时，令状变成了简单的诉讼，通过它，原告可以获得返还、出示或者损害赔偿。“interdictum”（令状）这个名称和各种令状的特别名称都被保留。后古典法学派的古典主义理念以及——在其影响下——《学说汇纂》的汇编者们的古典主义理念，甚至使得告示中提供的令状格式得到保留。

113. 篡改

这种转变不可避免地导致对古典文本的大量修改。这样，我们在伪古典文本中会看到令状被称为“actiones”（诉讼），令状的原告被称为“actor”（原告），“interdicere”（申请令状）被用作“agere interdicto”（通过令状进行诉讼），更不必说更加实质性的修改了。这种做法在后古典早期就开始了；应当特别指出的是，甚至我们的盖尤斯的《法学阶梯》的文本也不能免受这样的篡改。

原始文献

s. 109. Read Gai. 4. 162—164.

s. 110. Read Gai. 4. 165.

s. 111. Read Agennius Urbicus, *De controversiis agrorum,* B. 41 (ed. Lachmann, p. 63; ed. Thulin, p. 24): 'Videbimus tamen an interdicere quis possit hoc est ad interdictum provocare de eiusmodi possessione.' Quint. *Declam. 3. 6.* 71. Paul. *Sent.* 4. 7. 6.

s. 112. Read *D.* (43. 1) rubr.; *Inst. Iust.* (4. 15) pr. and 8; *D.* (6. 1) 68 (spurious).

s. 113. Read *D.* (43. 16) 1 pr. with Lenel, *Edict.* 462 ff.; Gai. 4. 155: [*nam ... possessionem*]; Gai. 4. 157-60 are also heavily interpolated. *D.* (44. 7) 37 pr. (spurious); Paul. *Sent.* (4. 8) 5: the *interdictum Quorum bonorum* is called *praetoria actio.*

参考文献

ss. 106 ff. A. Berger, *PW* ix. 1609 ff. with references; A. Biscardi, *La protezione interdittale nel processo romano* (1938); E. Gintowt, 'Über den Charakter der Interdikte und der iudicia ex interdicto', *St. Albertoni,* ii (1937), 233 ff.

s. 107. Berger, l.c. 1687; Biscardi, l.c. 25 ff.

s. 108. Lenel, *Edict.* 448; against him (wrongly) Gintowt, l.c. 254 ff.

s. 109. Berger, l.c. 1698.

s. 110. Berger, l.c. 1693; Lenel, *Edict.* 447 f.; Gintowt, l.c. 254 ff. is wrong.

s. 111. Wlassak, *Z* xxv (1904), 138 ff.; Berger, l.c. 1611; Biscardi, l.c. 14; Regensburg, *Die in ius vocatio als Einleitung des Interdikten Verfahrens* (Diss. Münster, 1924), 5 ff. Materials for *experiri interdicto, Voc.* ii. 700. 43; for *uti interdicto, Voc.* iii. 853. 11; for *postulare interdictum, D.* (3. 3) 35. 2; Berger, l.c. 1688.

s. 112. Schulz, *History,* 128, 278 f., 284; Berger, l.c. 1703 ff.*

s. 113. Albertario, *Actio e interdictum* (1911); *Contributi allo studio della procedura civile giustinianea,* Ⅰ. *Actiones e interdicta* (1912, estratto d. *Riv. It.* lii) = *Studi,* iv (1946), 117 ff.; 'Elementi postgaiani nelle Istituzioni di Gaio', *Studi,* v (1937), 450; Beseler, *Beitr.* iv (1920), 208; *Z* xlvii (1927), 359; lii (1932), 293; lvii (1937), 25; Riccobono, 'Interdictum-Actio', *Festschrift Paul Koschaker, ii* (1939), 368. Materials for *interdicere* = *uti interdicto*: Heumant-Seckel, *Handlexikon,* p. 280; *Voc,* iii. 840. 44; cf. Beseler, *Subsiciva* (1929), 8. Materials for *interdicto agere, Voc.* iii. 851. 51; cf. Beseler, *Beitr.* iv (1920), 298.

二、令状的分类

现在我们要描述古典令状的不同种类，就像我们在上文（边码45以下、边码91以下）讨论诉讼和抗辩的不同类型一样。应当指出的是，我们在这里只涉及令状，也就是说，执法官所宣布的程式，而不处理在这项程序中被赋予的诉讼（仲裁诉讼〔actio arbitraria〕、“基于庄重允诺的诉讼”〔actiones ex sponsionibus〕），上文边码109、110）。这些诉讼不需要进一步讨论。

113a. 荣誉法令状 所有的令状都是荣誉法的，市民法令状并不存在。收取果实令状（上文边码107）尽管建立在《十二表法》的基础上，但也不被认为是市民法令状。一项制定法可能会命令赋予一项令状，但这也不会使得该令状是市民法令状（上文边码46、98）。相应地，所有的令状都是基于事实拟定的（上文边码50）。

113b. 不存在对物令状 对人诉讼和对物诉讼的区分（上文边码56）不能转用到令状上来。在一个文本当中，我们遇到了这种诡秘的说法：“所有的令状都可以被视为是按照对物的方式拟定的，即便它本身是对人的”（*D.* 43. 1. 1. 3: Interdicta omnia, licet in rem videantur concepta, vi tamen
104 ipsa personalia sunt）。这可能是指，在一些令状当中，尽管没有提到被告的名字，但它们也是对人的。这个文本当然是伪造的。

113c. 扩用令状 扩用令状（interdictum utile）是一个古典术语，表示一个令状是以另一个令状为模板拟定的（上文边码52、100）。后者没有特别的名称，在古典著作中并未出现“直接令状”（interdictum directum）或者“通常令状”（interdictum vulgare）这样的术语。事实令状（interdictum in factum）也不被用作扩用令状的替代。

113d. 古典三分法 这个二分法是古典的：“执法官或者命令做某事或者禁止做某事”（praetor aut iubet aliquid fieri aut fieri prohibet）。在前一种情况下，他命令回复某事或产生某事，因此，可以形成一种三分法：“令状或者是禁止性的，或者是返还性的，或者是出示性的”（aut prohibitoria sunt interdicta aut restitutoria aut exhibitoria）。例如，收取果实令状就是禁止性的；关于武力的令状是返还性的（上文边码 107）。这个区分是重要的，因为只有在一项返还性或者出示性的令状被颁布后，被告才被允许要求一名仲裁员以避免法律的赌金（上文边码 109）。每一项古典令状都属于这三种当中的一种，但也只能属于其中的一种，因为混合令状在古典法中并不存在。

113e. 不存在惩罚性令状

惩罚性令状并不存在，因为执法官的命令并不科以惩罚；因此，不存在“损害投偿”的适用空间（上文边码 73. 3）。不能根据一项针对某人颁布的令状来用赌金挑战其继承人。但这个问题很少发生，因为赌金几乎都是在令状颁布后立即进行的（上文边码 110）。我们也可以观察到，在这个程序中赋予的诉讼也同样不具有惩罚性特征；“仲裁诉讼”和“基于庄重允诺的诉讼”都不是惩罚性诉讼。

113f. 民众令状

有一些令状可以由“人民中的任何一个人”（quivis ex populo）使用（上文边码 76）。当在一项令状的程式当中对原告本人未提及任何信息时，那么这项令状显然可以被认为是“民众的”（populare）。关于神法场所的令状（上文边码 107. 3）是一个示例。

113g. 永久令状—暂时令状

有的令状只在一年内可以利用（暂时令状〔interdicta temporaria〕）。例如，“非武装的暴力令状”（interdictum de vi non armata）的程式是这样开头的：“这一年内你通过暴力驱逐他的地方”（unde in hoc anno tu illum vi deiecisti）。令状通常是“永久的”（perpetua）。这个区分背后的原则并不清楚；卡西乌斯的规则（上文边码 83）不能转用到令状上来，因为不存在惩罚性令状。

113h. 简单令状—双重令状

所有的古典令状或者是简单的，或者是双重的。它们通常是简单的。双重令状的一个例子是现状占有令状。对于这个令状，我们在上文已经提供过（上文边码 107. 4）。我们将在下文讨论这个区分的意义（下文边码 781、782）。

原始文献

s. 113*d*. Read Gai. 4. 140, 141.

s. 113*h*. Read Gai. 4. 156—160.

参考文献

Berger, *PW* ix. 1613 ff.; *Z xxxvi* (1915), 176 ff.

s. 113*b*. Berger, *PW* ix. 1625.

s. 113*c*. Berger, *PW* ix. 1623.

s. 113*d*. Berger, *PW* ix. 1613; *Z* l.c. 198; Lenel, *Edict,* pp. 455, 480.

s. 113*e*. Biondi, *Studi sulle actiones arbitrariae,* i (1913), 179 ff.; *Actiones noxales* (Estr. d. *Annali Palermo,* x, 1925), 78 ff.; Gintowt, *St. Albertoni*, ii (1937), 238 ff.; Berger, *PW* ix. 1618 ff.; *Z* xxxvi (1915), 183 ff.

s. 113*f*. Berger, *PW* ix. 1621.

s. 113*g*. Berger, *PW* ix. 1689.

s. 113*h*. Berger, *PW* ix. 1616; *Z* xxxvi (1915), 222. On Gai. 4. 157—160 see E. Weiss, *Z* l (1930), 266; Ed. Fraenkel, *Z* liv (1934), 313; Beseler, *Z* lvii (1937), 25.

第五章　荣誉法要式口约和回复原状

一、荣誉法要式口约

114. 定义

裁判官要式口约(stipulationes praetoriae)是某个有管辖权的执法官(执政官、裁判官、营造官、行省总督)准备要强制实施的要式口约。让我们来把“用益权人的担保”(cautio〔= stipulatio〕usufructuaria)作为示例。

某个立遗嘱人在其遗嘱当中指定H为其继承人，并通过遗赠把某项用益权留给L。用益权是他物权(ius in re aliena)，这项权利并不牵涉某物的所有权人和用益权人之间的债。但是，裁判官——在继承人的请求下——会命令L按下述形式向H做出允诺：

“该物的用益权根据鲁齐乌斯·提提乌斯的遗嘱被遗赠给你，你庄重地允诺，你将按照一个正直的人的判断对该物进行使用和收益，并且在其用益权不再归你所有时，返还仍存在的部分并且不发生也将不会发生恶意欺诈行为吗？——我庄重地允诺。”

(Cuius rei usus fructus testamento Lucii Titii tibi legatus

est, ea re boni viri arbitratu usurum fruiturum te et, cum usus fructus ad te pertinere desinet, id quod inde extabit restitutum iri dolumque malum abesse afuturumque esse spondesne?—Spondeo.）

如果L拒绝做出这样一个允诺，那么裁判官可以以拒绝赋予诉讼相威胁。

115. 在告示中公布的要式口约

对于大量的情形，这种救济是由裁判官、行省总督和贵族营造官通过告示明确提供的。在一些情形当中，必须根据某项制定法的规定做出允诺；通常做出允诺时还要提供担保人。所有这些要式口约都属于以下两种当中的一种：

1. 它们中的一些是用来替代缺失的诉讼的，例如，用益权人的担保。

2. 另一些只是通过提供担保人的方式为债权人增加保障。

第一类要式口约具有古老的特征，显然可以追溯到《艾布提亚法》之前的时代。在共和国晚期，裁判官本应已经创造了所缺失的诉讼，但我们无法查清他们没有这么做的原因。但是，甚至在整个古典时期，由于古典法学家的保守主义，这些古老的救济被保留了下来。

116. 后古典的术语

在后古典时期，荣誉法要式口约（stipulationes honorariae）被归入“诉讼”（actio）之下。但即使是汇编者们也不敢迈出最后一步，用诉讼来取代它们。它们在后古典时期的有趣的发展史还未被书写。

原始文献

s. 114. Read Gai. 4. 88.

s. 116. Read *D.* (44. 7) 37 pr. [*stipulationes ... continentur*]; D. (46. 5) 1 pr.— 5; [*Praetoriarum ... stipulatione*]; [*istarum*].

参考文献

ss. 114 ff. E. I. Bekker, *Die Aktionen des römischen Privatrechts,* ii (1873), 35; Wlassak, *PW* iv. 309; E. Weiss, *PW* iiia. 2547; H. Krüger, *Z* xlv (1925), 46 ff.; v. Woess, *Z* liii (1933), 372 ff.; Guarino, *SD* viii (1942), 316 ff.

s. 114. Lenel, *Edict.* §286.

s. 115. Lenel, *Edict,* pp. 514 ff., 567.

s. 116. Beseler, *Beitr.* iii (1913), 130; on *D.* (46. 8) 20 Beseler, *Z* lvii (1937), 28; on *D.* (45. 1) 52 pr. Beseler, *Z* lvii. 37; on *D.* (7. 1) 13 pr.—2 Beseler, *Z* lvii. 28 and *Index Interp.,* Lenel, *Edict.* §171.

二、回复原状

古典的“回复原状”(in integrum restitutio)是通过执法官的法令回复到“之前的一个法律状态”(status quo ante)。执法官并不是命令恢复某些东西，而是他自己通过他的法令回复到之前的状态。只有法律状态的回复才是可能的，事实不能通过法令来消除。 117. 定义

让我们来举个例子。A 因要式口约欠 B100 赛斯特提乌斯。现

在 A 被 C 收养(自权人收养，下文边码 242)。根据市民法，A 的债因为“人格减等”(capitis deminutio)而消灭(下文边码 123)；然而，裁判官根据裁判官法通过他的法令来恢复这项债，并赋予 B 一项扩用诉讼，其程式是这样写的：

> “假设努梅里乌斯·内格底乌斯没有遭受人格减等，那么如果努梅里乌斯·内格底乌斯应向奥鲁斯·阿格里乌斯支付 100 赛斯特提乌斯，审判员，应判罚努梅里乌斯·内格底乌斯向奥鲁斯·阿格里乌斯支付 100 赛斯特提乌斯，等等。”
>
> (Si Numerius Negidius capite deminutus non esset, tum si Numerium Negidium Aulo Agerio centum dare oporteret, iudex Numerium Negidium Aulo Agerio centum condemnato, etc.)

110 这是一种拟制程式(上文边码 49)。

118. 告示当中的情形　裁判官在其告示的特殊的一节中(Lenel, *Edict*,§§ 39 ff.)列举了一些他打算在案件调查(causae cognitio)之后赋予回复原状的情形。在其他情形下，他也可以根据自己的判断赋予回复原状。

119. 篡改　一方当事人提出的回复原状的请求当然从未被古典法学家称为诉讼，尽管在后古典时期我们有时会遇到这样的称呼。汇编者们有时用“actio”来替代回复原状。这些篡改和其他篡改不能在这里讨论。

原始文献

s. 117. Read Gai. 4. 38.

s. 118. Read Paul. *Sent.* 1. 7. 1 (post-classical).

参考文献

Windscheid-Kipp, *Lehrbuch des Pandektenrechts,* i (1906), § 114, with references; Ed. Carrelli, *Decretum e sintentia nella restitutio in integrum* (1938), not available, but see *SD* iii (1937); iv (1938), 5 ff.

s. 1 17. Lenel, *Edict.* § 42; Beseler, *T* viii (1928), 315 ff.

s. 1 19. Lenel, *Edict.* § 225; Schulz, *Z* xliii (1922), 228 ff.

小　　结

120. 第一部分小结

回顾法律救济的整个复杂机制，我们会毫不犹豫地赞叹其为一项伟大的法律成就；对那些通过它来工作的古典法学家们的关注，总是会为法学家和历史学家提供富有教益的乐趣。然而，不应忽视的是，这个设计巧妙但高度人为的体系在公元二世纪就已经过时了。古典法学家没有认识到，它可能无法再持续下去，非常诉讼程序才是未来的诉讼程序。当最终后古典时期开始时，程式诉讼被非常诉讼取代，精细的古典著作不能再在其原先的意义上被使用。法律学派尝试通过削减和篡改的方式调整它们以适用于当下，但是通过这种方法只能把事情变得更糟，可怕的混乱是其不可避免的后果。不幸的是，后古典法学家并不拥有可以使自己免受古典诉讼体系的影响并对现行法做出清晰完整的阐述的精神力量。“他们已经埋葬了这些诉讼形式，但是它们仍从其坟墓里统治他们”。[1]

---

① Maitland, *Equity, also the forms of action at common law* (1909), p. 296.

第二部分

人法和家庭法

第一章 个人

一、人、身份、人格

121. 人

“persona”这个术语在古典法学家那里等同于“homo”(人)使用,此外并无其他含义。

1. 所有的人类,包括奴隶都被称为“persona”。盖尤斯使得这一点非常清楚,他在讲解“关于人的法律”(ius quod ad personas pertinet)时讲述奴隶法,并且毫无顾虑地说“处于奴隶身份的人”(persona servilis, Gai. 1. 121; persona servi, Gai. 2. 187; 3. 189)。这与他把奴隶归为有体物的做法并不矛盾;奴隶既是人又是物。罗马法学家从不把奴隶当作动物,他们在法律上也不能这么做,因为他们不能否认其从事法律行为的能力。乌尔比安所说的话(*D*. 50. 17. 32):“在市民法上,奴隶不被认为是人”(Quod attinet ad ius civile servi pro nullis habentur),被汇编者们从其背景中抽离出来,他的本意并不是要把它作为一项法律格言(Lenel, *Pal*. ii. 1173)。

2. 另一方面,只有人类被称为“personae”,“法人”(legal persons)的概念和术语都是完全不存在的。参考盖尤斯就足够了,在他的“人法”部分，他仅仅讨论“自然人”。而你要寻找关于法人的法的话，将会是徒劳。古典法学家们正确地把团体视为“合手”(joint tenants，Gesamthand)，而不是将其视为有别于其成员的人(下文边码 145)。确实，在古典时期，“土地测量员”(agrimensores)已经偶尔会说到“殖民地作为一个人”(persona coloniae)，但这一用语仍处于法律语言之外。

3. 在后古典时期，奴隶被排除在“personae”之外，而另一方面，团体被称为“类似于人”(personae vice)。但是“persona”的这个新的概念仍处于古代的背景当中，在中世纪经院主义之前，法人的观念在法律科学当中还没有流行起来。

122. 身份

“身份”(status)在古典法律语言中不是一个技术性术语。这个词有时会被法学家使用，但没有一个准确的含义。十六、十七和十八世纪的大陆法学详细建构了一套关于各种不同身份的综合体系，但这套体系最终被胡果(Hugo)和萨维尼(Savigny)正确地拒绝了。现代的罗马法学者倾向于保留至少三种身份：自由身份(status libertatis)、市民身份(status civitatis)和家庭身份(status familiae)，但这个武断的三分法完全不为古典法学家所知。

123. 人格和人格减等

“caput”(人格)这个词，被隐喻地使用，是古典法学文献的一个技术性术语，但它仅仅是“persona”(人)的同义词。这点在“人格减等”(capitis deminutio)理论中显得尤为真实。“人格减等”这个术语原本是指一个人的团体因为失去一个成员而遭受的人员减少。如果有一个罗马市民丧失了市民权，则罗马人民在此程度上遭受了人员减少(populus Romanus capite deminutus est)。如果一个处于其父亲的支配权下的儿子被别人收养，那么这个家庭遭受了人员减少(familia capite deminuta est)。昆图斯·穆奇乌斯(Quintus Mucius)可能是第一个塑造如下三分法的人:

人格最大减等(capitis deminutio maxima):因丧失自由
人格中减等(capitis deminutio media):因丧失市民权
人格最小减等(capitis deminutio minima):因变换家庭

这个三分法被保留到后来的时期,但"人格减等"这个术语逐渐获得了一种不同的含义。此时,它适用于丧失的这个成员本身,意思是"身份的变坏"。这个成员此时被称为"人格变坏的人"(capite deminutus),也就是说,他在人格上变坏了(capite deminutus=persona deminutus,"capite"在这里是"限定夺格",就像"lumine uno luscus"=瞎了一只眼的人)。我们在人格最大减等和中减等的情况下,可以保险地说是变坏了,因为这两种情况下的身份实际上是低于之前的身份的,但在人格最小减等的情况下,这并非总是正确的。假设一个养子被另一个人再收养,这也被视为人格减等,即使新身份和旧身份显然并无不同。如果一位父亲使其儿子脱离父权,那么后者获得了自权人的更优身份,然而这也被视为人格最小减等的一种情形。这听起来真奇怪,但是如果你记得人格减等原本的意义,这个事情就会立即变得可以理解了。一位父亲使其儿子脱离父权,这是人格减等,因为"家庭遭受了人员减少"。一个处于支配权下的儿子因其父亲死亡而成为自权人,这不是人格减等,因为家庭因父亲死亡而解散,并不丧失任何一个成员。一个养子再被另一个人收养,这是人格减等,因为第一个养父的家庭失去

了一个成员。这些在早期的用语下发展起来的人格减等情形维持不变，尽管新的术语已经不适合它们的所有情形。

人格减等的法律后果将不时在适当的时候提到。

原始文献

s. 121. Read Gai. 1. 121; *D.* (46. 1) 22 (interpolated).

s. 123. Read *D.* (26. 1) 1 pr.; Gai. 1. 159—162; *Epit. Ulp.* xi. 10—13; *D.* (4. 5) 11.

参考文献

s. 121. Schlossmann, *Persona und πρόσωπον im Recht und im christlichen Dogma* (Universitäts-Programm Kiel, 1906) and *Z* xxvii (1906), 358; Trendelenburg, *Kantstudien,* xiii (1908), 8 f.; Hirzel, *Die Person, Begriff und Namen derselben im Altertum* (SB. der Bayr. Akad. der Wiss. 1914, Abhandl. 10); Rheinfelder, 'Das Wort Persona', *Beihefte zur Z für roman. Philologie,* Heft lxxvii (1928); Schnorr v. Carolsfeld, *Geschichte der juristischen Person,* i (1933), 52 ff.; Düll, *PW* xix. 1036; Beseler, *Z* xlv (1925), 188; xlvi (1926), 83; Duff, *Personality in Roman Private Law* (1928), 1 ff.

s. 122. Pernice, *Labeo,* i (1873), 96; Ssvigny, *System,* ii (1840), 443 ff.; Svennung, *Orosiana* (1922), 127 ff.; Köstermann, *Rhein. Mus.* lxxxvi (1937), 225.

s. 123. Pernice, *Labeo,* i. 97, 172; H. Krüger, *Geschichte der capitis deminutio,* i (1887); Desserteaux, *Études sur la formation historique de la capitis deminutio,* i (1909); ii (1919-26); iii (1928); on this work see H. Krüger, *Z* xlix (1929), 541; U. Coli, *Saggi critici sulle fonti del diritto romano I. Capitis deminutio* (1922, not available, but see Steinwenter, *Z* xlix (1929), 661); M. Radin, 'Caput et σώμα'*, Mèl. Paul Fournier* (1929), 651; Beseler, *Beitr.* iv (1920), 92; E. Levy, *Die röm. Kapitalstrafe (SB Heidelberg,* 1930—1931, 5. Abhandl.), p. 8 with references; Duff, *Personality in Roman Private Law* (1938), 25; Ambrosino, 'Il simbolismo nella capitis deminutio', *SD* vi (1940), 369 ff. (hardly acceptable); Gioffredi, 'Caput', *SD* xi (1945), 301 ff.

二、出生和死亡

119

124. 将来要出生的人视为已出生

上文确定的意义上的人（边码 121）在活着出生时开始存在。"在其母亲腹中的"（"en ventre sa mère"和"qui in utero est"，不是"nasciturus"〔将来要出生的人〕，参见 *Vov*. iv. 11ff.）胎儿还不是人。一个已出生的婴儿的存在也不提前到受孕开始时。"将来要出生的人视为已出生"（nasciturus pro iam nato habetur）这句误导性的格言起源于现代。古典法学家为了学术上的目的使用相似的表述，但从来不会不强调其真实的含义。他们可以保险地说，对于某些法律规则，在腹中的胎儿被视为已出生，因为这样的说法并不蕴含着一个胎儿在出生之前就作为"人"（persona）存在的意思。例如，一位父亲可以通过遗嘱为未出生的胎儿指定监护人，这个胎儿在这个特定的问题上被视为已出生（Gai. 1. 147）。此外，前两个世纪的古典法学家形成了这样的规则：一个合法出生的婴儿（在合法的婚姻中生育的，参见下文边码 186 以下）的“身份根据受孕时的情况来确定”。因此，如果母亲在怀孕期间丧失市民身份，那么孩子的身份并不因此而受损。在与身份有联系时，我们可以说“在腹中的胎儿被视为已出生，如果它是在合法的婚姻当中生育的”。在后古典时期，这项规则扩展适用于非合法出生的婴儿。《盖尤斯摘录》（*Epitome Gai*. 1. 4. 9）提供的仍然是古典法，《保罗意见集》（*Sententiae Pauli*, 2. 24. 1—3）记载的已经是后古典的规则，该规则也被以篡改古典文本的方式收入《学说汇纂》当中。

125. 第一声哭喊

有时候不容易分清一个新生儿是存活了很短的时间还是死产。早期罗马法比较粗略地要求要有某个人听到婴儿的哭喊作为生命的证据，以此来解决这个问题。引人注意的是，这项古老的规则（我
120 们经常在日耳曼的原始文献中碰到）仍然得到普罗库鲁斯学派的维护；萨宾学派对此有异议，但这项争议一直持续到优士丁尼决定支持萨宾学派的观点。

126. 出生登记

奥古斯都是第一个引入出生登记的人。由两项制定法——《艾利亚森迪亚法》（*lex Aelia Sentia*, 公元 4 年）和《帕比亚波派亚法》（*lex Papia Poppaea*, 公元 9 年）——规定，享有罗马市民身份的合法出生的婴儿，必须在出生后三十天内进行登记。登记的目的是为了便于证明出生日期和婴儿的身份，尽管登记簿仅仅提供了一种推定或者初步证据。父母和孩子有权获得一份出生证明，其中载明孩子的姓名、父母的姓名、出生日期以及孩子享有罗马市民权的说明。这样一种证明可能可以被用作护照的替代物。罗马的出生登记簿禁止非法出生的婴儿进行登记，直到马可·奥勒留皇帝解除这项禁

止。在我们的法律书籍当中很少提到登记，尽管它在后古典时期仍然存在。但从二十世纪初开始，大量的证书不时在埃及被发现，这为我们提供了这项制度的一个清晰的图像。在罗马立法当中，没有死亡登记，关于出生和死亡登记的地方规定是存在的，但是我们在这里不予考虑。

127. 不存在对失踪人的死亡推定

自从中世纪以来，大陆法发展出了多种多样处理失踪人的生死推定问题的复杂规则。古典法完全不知道这样的规则。裁判官和审判员可以根据自己的判断自由地去认定一个失踪的人是已经死了还是仍然活着。通过预备审（praeiudicium，上文边码 88）的方式进行的死亡宣告也显然不为古典法所知。优士丁尼在整体上保留了古典法。

128. 同时死亡的人

在优士丁尼的《学说汇纂》当中确定了如下推定。如果父母和他们的孩子在同一个事件当中死亡（比如在同一次沉船事件中），那么“已适婚的儿子”（filii puberes）被推定在其父母之后死亡；“未适婚的儿子”（filii impuberes）则被推定在其父母之前死亡。但相关的文本遭到了严重的篡改；显然，古典法学家并不知道任何关于同时死亡的推定。

原始文献

s. 124. Read *Gai.* 1. 89—91; *Epit. Gai.* 1. 4. 9; Paul. *Sent.* (2. 24) 1—3. *D.* (1. 5) 7; (50. 16) 231.

s. 125. Read *C. Iust.* (6. 29) 3.

s. 127. Read *D.* (23. 2) 10, spurious, see *Index Interp.*

s. 128. Read *D.* (34. 5) 22, obviously interpolated; *D.* (34. 5)

9. 4, entirely spurious; *D.* (23. 4) 26 pr. [*quia ... perisse*]; Law of Property Act 1925, s. 184.

参考文献

s. 124. Pernice, *Labeo,* i (1873), 196; Albertario, 'Conceptus pro iam nato habetur', *Studi,* i (1933), 3 ff. with references; Archi, *L'epitome Gai* (1937), 133 ff.*

s. 125. Pernice, *Labeo,* i. 204; Grimm, *Deutsche Rechtsaltertümer,* 4th ed. i (1899), 106; Gierke, *Deutsches Privatrecht,* i (1895), 358. For English law see Pollock and Maitland, *History,* ii (1898), 418; Bateson, *Borough Customs,* ii (Seldon Society, xxi, 1906), p. 112 f.

s. 126. Schulz, 'Roman Registers of Births and Birth Certificates', *JRS* xxxii (1942), 79 ff.; xxxiii (1943), 55 ff.; *FIRA* iii (1943), nos. 1—5; Teresa Grassi, *Aegyptus,* iii (1922), 206 ff.; Orsolina Montevecchi, *Aegyptus,* xx (1940), 39; xxviii (1948), 129 ff.

s. 127. E. Levy, 'Verschollenheit und Ehe in antiken Rechten', *Gedächtnisschrift für Emil Seckel* (1927), 145 ff.

s. 128. Ferrini, 'Le presunzioni in diritto romano' (1892), *Opere,* iii (1929), 444 ff.; Beseler, *Z* xliv (1924), 372; G. Donatuti, *Le praesumptiones iuris in diritto romane* (1930), 20 ff.; 'Le praesumptiones iuris come mezzi di svoglimento del diritto sostanziale romano', *Riv. di dir. priv.* iii (1933), 198; Beseler, *Bull.* xii (1948), 98.

三、罗马市民、拉丁人、异邦人

在一个罗马私法的体系当中，我们仅在产生私法问题的范围内处理人的这些类型。我们在这里必须确定的是罗马私法的适用范围。罗马私法没有一个地域上的特征，但原则上仅适用于拥有罗马市民权的人。为了理解这项所谓的“属人原则”的意义，我们必须记住元首期罗马帝国的结构。 129. 属人原则

罗马帝国是由罗马国家和其自由同盟组成的同盟体。 130. 罗马帝国的结构

罗马国家在地理上包括处于罗马执法官的直接“治权”(imperium)下的地域。在人口上，它包括罗马市民和由罗马国家统治的异邦人(peregrini)。后者被称为广义上的“归降异邦人”(peregrini dediticii)(Gai. 1. 14)。在很大程度上，罗马国家允许他们生活在拥有自己的地域、自己的法律和自己的管理系统的共同体内，只是要永久性地受到行省总督的控制和干涉。有些异邦人“不是任何一个这样的共同体的市民”，这样的异邦人被称为狭义的“归降异邦人”(*Epit. Ulp*. 20. 14)。罗马同盟是和罗马国家订立永久同盟关系的异邦人共同体(“自由的共同体”〔civitates liberae〕)。它们免受行省总督的统治并拥有自己的地域、自己的法律以及自己的管理系统，这是条约赋予它们的。一个“共同体”(civitas)与罗马国家之间的争议通过在罗马元老院进行协商的方法来调整。尽管这些共同体没有任何政治权力，但是它们的自由通常是罗马政府悉心维护的。

最后，还有一些生活在罗马帝国之外但偶尔会进入罗马领土的

异邦人。

131. 罗马市民　我们现在可以来确定罗马私法适用于这些不同类型的人的范围以及属人原则的重要性了。

1. 罗马私法适用于罗马市民，只要他们生活在罗马帝国之内。他们必须遵守其规则，而且如果他们在罗马法庭上出现，这些规则就适用于他们。生活在东部行省的罗马人当然可能根据希腊的习惯起草合同和遗嘱，但这样的文件会被罗马的法庭根据罗马法来考虑，如果当事人违反了罗马的强制性规定，法庭会认为该文件是无效的。假如一个罗马市民生活在埃及，他用希腊语制作了一份遗嘱，那么任何一个罗马的法庭，包括在埃及的和在其他地方的，都会认为它是无效的。然而，必须谨记的是，罗马私法并非在整个帝国内都是统一的，而是包含许多具有地域特征的规则。在涉及罗马市民的内容上，行省总督的告示并非与城市裁判官（praetor urbanus）的告示完全一致。例如，在埃及，程式诉讼并不存在；程式和私法的紧密联系已经在前一部分指出过。此外，一些“法律”（leges）并不适用于行省，而且还存在其他差异。

132. 异邦人　2. 根据属人原则，罗马法通常不适用于异邦人。如果他们是享有自由的某个共同体（civitates liberae 或者 civitates quasi liberae）的市民，那么他们当然有他们自己的法庭。这些法庭根据异邦人的私法进行审判。甚至是新近获得市民权的罗马市民，有时也有权向这种异邦人的法庭提出申请。如果异邦人出现在罗马执法官面前，那么后者可以根据自己的判断自由地对争议做出裁决。显然，他所掌控的私法是罗马法和异邦人的法律的混合体，因为我们今天所说的国际私法在古代还不存在。在罗马，有一种特别的执法官——

异邦人之间的裁判官(praetor inter peregrinos),简称外事裁判官(praetor peregrinus),他必须对一方或双方是异邦人的争议进行裁决。他像城市裁判官一样会颁布一项告示,告示中包含他在任期的一年内他将遵守的规则。但是,我们对城市裁判官的告示了解比较多,而对外事裁判官的告示则完全不了解。我们知道,一些罗马的制度(例如要式口约、买卖合同、盗窃诉讼和阿奎利亚法诉讼)是可以适用于异邦人的,而其他制度(例如庄重允诺、遗嘱)是不允许他们适用的。行省总督的做法非常类似于外事裁判官,但他们在适用异邦人的法律上更加自由,因为他们对其知识掌握得比罗马的裁判官要好。如果双方当事人都是异邦人,他们通常会适用异邦人的私法。如果一方是异邦人,一方是罗马市民,那么关于适用什么法律的问题,很大程度上在古典时期还没有得到解决,存在很多地方性的差异。

3. 有一些异邦人享有一种特权身份,他们享有通商权(ius commercii)和通婚权(ius conubii),或者两项中的一项。通商权使得他们可以使用其他异邦人不能使用的特定合同,尤其是"要式买卖"(mancipatio),根据通婚权,异邦人可以和罗马市民缔结"合法的婚姻"(iustum matrimonium)。 133. 通商权和通婚权

4. 拉丁人介于罗马市民和异邦人之间,一方面,他们不是罗马市民;另一方面,在官方用语当中,他们不被称为异邦人。"老意大利拉丁人"(prisci Latini)早就不存在了,因为在"同盟战争"(Social War)之后都变成罗马市民了。古典时期的拉丁人分为两类: 134. 拉丁人

(1) 殖民地拉丁人(Latini coloniarii)。他们是拉丁殖民地(coloniae Latinae,即拥有拉丁法的殖民地,在意大利之外仍然存

在）的市民。他们有自治政府以及他们自己的“拉丁法”（Latin law），当然，与罗马法非常相似。萨尔彭萨（Salpensa）和马拉卡（Malacca）——两个西班牙的拉丁殖民地——的制定法有大量片段被保留给我们。在罗马执法官面前，这些拉丁人享有特权异邦人的身份，他们享有通商权，有些还享有通婚权。

（2）“优尼亚拉丁人”（Latini Iuniani）。这个人为的种类是由《优尼亚法》（*lex Iunia*, 公元19年）创造的。奴隶如果被他们的主人在未适当遵守市民法规则的情况下解放，就会变成自由人但非罗马市民。他们的身份类似于殖民地拉丁人。他们享有通商权，并且在例外的情况下也享有通婚权，但是他们当然不像殖民地拉丁人那样是某个自治共同体的成员。

135. 罗马法学家的态度

在整体上，主流的罗马法学家对所有这些问题兴趣不大，他们主要限于研究纯粹的罗马私法。拉贝奥（Labeo）确实评注过外事裁判官的告示，但是后来的告示评注作品（ad Edictum）只涉及城市裁判官的告示。盖尤斯——似乎只有他自己——写过一部关于“行省告示”（edictum provinciale）的评注，但是从现存的片段来看，我们无法清楚地确定这本书实际上包含了什么内容。这些法学家当中似乎没有人曾就异邦人的法律或拉丁法做出过“解答”（responsa）。显然，他们不愿意承认，罗马不再是一个城邦国家，而是一个帝国。因为他们坚定的保守性使得他们仍然保留着罗马城法学家的传统态度。就像亚里士多德那样，在他的《政治学》中只关注希腊“城邦”（polis），完全看不到他的学生亚历山大所建立的帝国。

136.《安东尼谕令》

然而，罗马城邦的时代正走向终结，作为一个整体，帝国需要将可利用的力量进行集中和中心化，因此私法复杂的特殊主义注定难逃消亡。公元212年，皇帝安东尼·马格努斯·卡拉卡拉(Antoninus Magnus Caracalla)普遍性地把罗马市民权授予帝国内的非罗马臣民，尽管并非没有例外。我们在一份纸莎草文件上获得这份重要的法规，即《安东尼谕令》(*Constitutio Antoniniana*)，但是不幸的是，其中的关键条款仍模糊不清，尽管已经进行了彻底的勘究。无论如何，罗马私法此时无差别地适用于罗马帝国内的大多数人口。这项急剧革新的实施方式及其在实践中贯彻的程度是另一个问题。其直接效果可能是引起了很大的困扰，因为大量的前异邦人既不了解罗马法，甚至也不了解罗马法源所用的语言。格雷戈里乌斯·陶马图尔古斯(Gregorius Thaumaturgus)，是乌尔比安的学生莫德斯丁的同时代人(大约三世纪中叶)，是一个律师，他做出了如下感人的陈述："现在适用于所有帝国臣民【注意】的绝妙的罗马法律非常难学，因为其全部优点都是用拉丁文写的，而且非常难读懂。"但是我们这本关于古典罗马私法的著作不是写作《安东尼谕令》的历史的正确地方。说明这点就足够了：通过这项谕令，罗马市民权几乎丧失了其对罗马私法的全部意义，私法的统一性至少在法律上实现了。

原始文献

s. 131. Read Gai. 3. 121—122 (local differences).

s. 132. Read Gai. 3. 92, 93; 4. 37.

ss. 133, 134. Read *Epit. Uip*. 19. 4 and 5 (19. 5 spurious); Gai. 1. 56; *Epit. Ulp*. 5. 4.

s. 136. Read the *constitutio Antoniniana* in *FIRA* i, no. 88.

参考文献

Mitteis, *Grundzüge*, p. xvi f.; R. Taubenschlag, *The Law of Greco-Roman Egypt* (1944), ch. i, with references.

s. 130. Schulz, *Principles,* 144; Sherwin-White, *The Roman Citizenship* (1939), particularly 167 ff.; F. de Visscher, *Le Statut juridique des nouveaux citoyens Romains et l'inscription de Rhosos* (Extrait de *l'Antiquité Classique,* xiii (1945), 11 ff.; xiv (1945), 29 ff.), 1946.

s. 131. E. Weiss, *Studien zu den römischen Rechtsquellen* (1914), 66.

s. 132. Kübler, *PW* xix. 639; H. Lewald, 'Conflict de lois dans le monde Grec et Romain', *Ἀρχεῖον ἰδιωτικοῦ δικαίου*, xiii (1946); Beseler, *Bull.* xii—xiii (1948), 119.

s. 134. Steinwenter, *PW* x, 1260; xii. 910.

s. 136. For literature on the *constitutio Antoniniana* see *FIRA* i, no. 88 and Taubenschlag, l.c. 5. 28.*

四、变为奴隶以及从奴隶身份解放

关于奴隶制度的法律与罗马私法的各项制度之间的联系非常紧密，因此，在这里我们仅讨论其两个基本问题就可以了，即变为奴隶的方式以及从奴隶身份解放的方式。

古典罗马法只知道如下变为奴隶的方式：

137. 变为奴隶的古典情形

1. 在战争中被俘虏的敌人变为罗马国家的奴隶，罗马国家可以留着他们自用，也可以将他们出售。

2. 女奴隶所生的孩子也成为奴隶。对于这项规则只有一个例外，对此我们已经提到过（上文边码 124）：“在腹中的胎儿被视为已出生，如果它是在合法婚姻当中受孕的”，即如果一个妻子在怀孕期间变为奴隶，那么她所生的孩子是自由人。

3. 刑事诉讼中的判罚有时会导致某人变成奴隶（刑罚奴隶）。

4. 根据公元 52 年的《克劳狄乌斯元老院决议》（*Senatusconsultum Claudianum*，公元 52 年），自由的女性如果无视某个奴隶的主人的“警告”（denuntiatio）坚持与该奴隶同居，则她变成该主人的奴隶。这项严厉的法律甚至在后古典时期仍然有效，直到最终被优士丁尼废除。

变为奴隶的其他情形在古典法当中是不存在的。

138. 非古典的情形

1. 不存在恩主可以请求将其解放自由人重新变回奴隶以作为对忘恩负义的惩罚的规则。在非常例外的情况下，皇帝可以在一项非常诉讼程序当中把一个解放自由人重新判罚为奴隶。

2. 一个自由人欺诈性地把自己当作奴隶来出售，他也并不会因此变为奴隶。虽然，除非他把钱还给买者，否则他自己无权宣称自由（proclamatio ad libertatem），但这是一个程序问题，并不暗含着他在法律上已经成为奴隶。

3. 如果父母把他们的孩子卖为奴隶，那么孩子仍然是自由的。被父母抛弃后被某人捡来当奴隶对待的孩子并不会成为奴隶。被人贩子偷了卖作奴隶的人也不会变成奴隶。罗马法在这点上是无可指摘的，但是无数的自由男人和女人可能实际上像奴隶一样生活（Sueton., *De gramm.* 21），因为他们无法证明自己的身份。法学家只能为他们提供微不足道的安慰，“缺少的不是法律而是证明”（non deficit ius sed probatio）。

139. 不经过解放程序的奴隶释放

奴隶可以通过国家的行为来释放，以此作为对他们为国家服务的奖励。此外，在一些情形中，奴隶可以根据皇帝的谕令自动获得自由。例如，根据克劳狄乌斯的一项告示，一个奴隶如果因为年老或疾病被其主人抛弃，则变成自由人。然而，最重要的释放方式是奴隶的主人通过某种行为（解放）达成的。

140. 遗嘱解放；执棍解放；登记解放

在共和国时期就已经有三种解放（manumissio）方式：遗嘱解放（manumissio testamento）、执棍解放（manumissio vindicta）和登记解放（manumissio censu）。遗嘱解放是非常清楚的，任何一个奴隶的所有权人都可以在一份有效的遗嘱当中通过使用这样的传统语句来解放其奴隶：“我的奴隶斯蒂库斯应是自由的”（Stichus servus meus liber esto），或者“我命令，我的奴隶斯蒂库斯是自由的”（Stichum servum meum liberum esse iubeo）（Gai. 2. 267）。另外两种解放方式是有疑问的。执棍解放据说是按以下方式进行的。奴隶和其主人来到一名罗马执法官（尤其是裁判官）面前，该执法官证明这个奴隶是罗马市民，宣布特定的套语形式，并（通常通过其“扈从”〔lictor〕的手）用一根“木棍”（vindicta）触碰这个奴隶。他并不是通过其宣告把这个奴隶从奴隶身份中解放出来的，而是宣称这个奴隶已经是自由的，是一名罗马市民。他的主人也会说一定的套语，可能包含他的同意，或者也可能保持沉默。曾经广为接受的观点是，执棍解放是“拟诉弃权”的一种情形（下文边码 610），但这种该观点已经无法再维持下去。登记解放是一种非常相似的行为。

在这种情况下，（负责拟定罗马市民名册的）监察官主张该奴隶是罗马市民并宣布他将把他列入名册中。他没有授予该奴隶市民权，因为他无权这么做，把奴隶登记在市民名册中在法律上只有一种宣告性的效果（Cicero, *pro Archia*, 5. 11）。就像执法官在执棍解放当中那样，他宣布他认为这个实际上是奴隶的人是罗马市民，而主人则宣布他的同意。在这个行为中，没有任何语言格式需要由监察官或主人来表达。遗嘱解放和执棍解放在整个古典时期都仍被实践，登记解放在维斯帕芗之后就变得过时了，因为财产调查在罗马已经不再举行了，而行省的财产调查几乎不能作为一种替代。然而，盖尤斯还是把登记解放当作是一项现行的制度。

141. 在朋友之间解放

除了这三种解放方式之外，在共和国末期还存在一种受裁判官保护的非要式的准解放方式。它通过《优尼亚法》上升为一种真正的解放方式，被称为“在朋友之间的解放”（manumissio inter amicos）。这个术语并不是指解放要在朋友在场时进行，而是指它“在主人和奴隶之间像朋友一样”（inter dominum et servum ut inter amicos）进行，也就是说，以一种非要式的方式进行。主人当然可以在他的朋友（作为证人）面前宣布解放，但他更可能选择另外的方式，例如，他可以给该奴隶写信。

142. 解放和市民权

在共和国时期，任何根据市民法进行的合法解放所产生的不可避免的效果是，使得前奴隶成为罗马市民。罗马主人的任何奴隶——不管是何种族——都会因解放而自动获得罗马市民权，不需要国家的同意。罗马自由主义的这个显著的示例对于古代观察者而言是非常引人注目的。马其顿的菲利普五世（汉尼拔的同盟者），在一封现在保存在一块铭文中的信中提到这点，并宣称这是罗马国力的一个重要来源。他说，通过它所释放的奴隶，罗马不仅增加了其市民的数量，并且可以建立很多殖民地。元首期开始时在这方面出现了逆流。根据《艾利亚森迪亚法》（公元 4 年），某些类型的不名誉的奴隶，尽管因解放而成为自由人，但并不能获得罗马市民权，而是被归入“归降异邦人”的行列（上文边码 130）。这些“源自《艾利亚森迪亚法》的归降异邦人”（peregrini dediticii ex lege Aelia Sentia）的身份甚至比其他归降异邦人更糟。因为，他们不可能以任何方式获得罗马市民权。《优尼亚法》赋予通过“在朋友之间解放”的方式而被释放的奴隶拉丁人身份，这样创造了优尼亚拉丁人的人为种类，对此我们已经在上文提到过（边码 134）。在这里，我们不能详述关于解放的其他限制。

原始文献

s. 137. 4. Read Gai. 1. 160; Paul. *Sent*. 2. 21*a*. 1; *C. Iust*. (7. 24) 1 pr.

s. 138. 1. Read *C. Iust*. (6. 3) 12; [*nisi ... probentur*].

s. 138. 2. Read *D*. (40. 14) 2 pr.; (40. 13) 1 pr.

s. 138. 3. Read Pliny *ad Traian*. 65, 66.

s. 139. Read Cicero, *pro Balbo* 9. 24 in fine.

s. 140. Read Gai. 1. 17; 2. 267; *Epit. Ulp*. 1. 6—8; Cicero, *Top*. 2. 10; Boethius, ad Cic. *Top*. l.c. Bruns, *Fontes,* ii.

s. 141. Read Gai. 3. 56 to *non essent cives Romani*; *Epit. Ulp*. 1. 10; Fr. Dosith. 7; *D*. (41. 2) 38 pr.; *C. Iust*. (7. 6) 1. 11.

s. 142. Philip's letter see in Dittenberger, *Sylloge* (3rd ed.), ii, no. 543; *ILS no.* 8763. Read Gai. 1. 13—15.

参考文献

W. Westermann, art. 'Sklaverei', *PW* Suppl. vi. 894 ff.; R. H. Barrow, *Slavery in the Roman Empire* (1928); M. Bang, 'Die Herkunft der *römischen* Sklaven', *Mitteilungen des deutschen archäolog. Instituts,* Röm. Abteil, xxv (1910), 223 ff.; xxvi (1912), 189 ff.; Buckland, *The Roman Law of Slavery* (1908), 397 ff.; Duff, *Freedmen in the Early Roman Empire* (1928); Cosentini, *Studi sui liberti,* i (1948).

s. 137. Buckland, l.c. 397 ff.; Bang, l.c. xxvi. 189 ff.; Mommsen, *Röm. Strafrecht* (1899), 947; Castello, *St. Salazzi* (1948), 232 ff.

s. 138. 1. De Francisci, 'La revocatio in servitutem del *liberto* ingrato', *Mélanges Cornil,* ii (1926), 297 ff.; M. Kaser, *Z* lviii (1938), 129 ff.

s. 138. 3. E. Weiss, *PW* xi. 463 ff.; R. Taubenschlag, *Z* l (1930), 146; *The Law of Greco-Roman Egypt in the Light of the Papyri* (1944), 53 and 55; Bang, l.c. xxvi. 200; Nani, *Epigrafica,* v (1943—1944), 45 ff., 67 ff.

s. 139. Buckland, *Slavery,* 598 ff.

s. 140. Duff, *Freedmen*, 23 ff.; H. Lévy-Bruhl, 'L'Affranchissement par la vindicte', *St. Riccobono,* iii (1936), 1 ff. = *Quelques problèmes du très ancien droit Romain* (1934), 56 ff.; L. Aru, 'Breve nota sulla

manu missio vindicta', *Studi Solmi,* ii (1941), 303 ff.; Kaser, *Z* lxi (1941), 172 ff.; Cosentini, l.c. 9 ff.; Kaser, *Altröm. Jus* (1949), 104; *on manu missio censu* D. Daube, *JRS* xxxvi (1946), 57 ff.; Lemosse, *RH* xxvii (1949), 161 ff.

s. 141. Wlassak, *Z* xxvi (1905), 367 ff.; A. Biscardi, *Manumissio per mensam e affrancazioni pretorie* (1939). On the date of the *Lex Iunia* see Kübler, *Geschichte des röm. Rechts* (1925), 243; Balog, *Études Girard, ii* (1913), 473 ff.; H. Last, *CAH* x. 888; Duff, *Freedmen,* Append. I, pp. 210 ff.

s. 142. Schulz, *Principles,* 120 ff.; Duff, l.c. 30 ff., 72 ff. De Visscher, *SD* xii (1946), 69 ff.; Cosentini, 'A proposito di un recente ipotese sull' origine delle forme civili di manotnissione', *Ann. Catania,* 1948.

第二章　团体

一、导论

143. 原始文献的稀缺性

“在整个罗马法领域，几乎没有任何一个问题像关于所谓的法人的问题这样模糊不清，令人困扰”。在二十世纪初，蒙森用这句话开始了他关于罗马团体的最后一篇论文。他的断言在整体上直到今天仍然有效。不可能发生相反的情形。我们的法律书籍提供的材料异常稀少。丰富的铭文，从社会学的视角来看非常重要并且很有趣，但很少能提供关于法律问题的信息。《关于协会的尤利亚法》(*lex Iulia de collegiis*)——古典私人团体法的基础，没有流传给我们。我们甚至不拥有关于其内容的可靠记述。大量为了它的实施和修订而颁布的元老院决议和皇帝谕令也遗失了。在这种情况下，重要的细节不可避免地仍然要靠推测，而且将继续如此，除非有新的材料被发现。

144. 无独立的基金

古典法只知道一种所谓的法人，即团体。在大陆法中众所周知的独立基金在古典法和现代英国法中都不存在。在古典时期，基金的创立通过设定一个人(通常是一个团体)为受托人管理一定数量的财产的方式进行。因此，在这点上我们只能处理团体的问题。

145. 古典的术语　对于我们今天称之为团体的东西，古典法律语言并没有相应的术语。当时完全不知道“corporatio”这个术语，“universitas”也不是用来指称团体的技术性术语。“collegium”和“corpus”被用来指称特定的团体类型。毕竟，法人的概念和术语都完全不为古典法学家所知。这是他们值得表扬的地方，因为法人的观念不仅多余、无用，只会导致很多“自致的”(self-induced)困难，并且已经导致了一大堆混乱的关于法人的神秘“本质”的荒谬文献。

146. 合伙和团体　对于古典法学家而言，团体只是人的组织体，古典法只知道两种这样的组织体。

1. 合伙(societas)。这是一种拥有固定数量成员的人的组织体，每一位合伙人对共同财产享有一个可自由支配的份额。如果一个合伙人死亡或者退出，那么合伙就不可避免地解散。剩下的合伙人当然可以继续合伙，但是要签订一份新的合同。如果一个新的合伙人希望加入合伙，那么也需要在他和每一位现有的成员之间签订一份新合同。然而，每一位合伙人对共同财产都享有一个可以自由支配的份额。他可以出售其份额，如果他这么做的话，购买者会成为该份额的所有权人，尽管不是该合伙的一名合伙人。

2. 团体(corporation)。与合伙相比，这是一种拥有数量可变的成员的人的组织体。成员对共同财产不享有固定的可自由支配的份额。这样，如果一个成员死亡或退出，团体也不会解散。另一方面，成员对于共同财产不享有可自由支配的份额，虽然共同财产属于成员所有。财产的所有权人是成员而不是拟制的法人，尽管不是作为单个的人，而是作为合手，他们只能在团体的框架内使用和支配财产。一个这样的组织体，我们将称其为一个“团体”

(corporation)，尽管这个术语就像前面说过的那样，并不为古典法学家所知。

假设两个人扛着一个木梁，他们单独每一个人都扛不动这根木梁。两个人都扛着整根木梁，每个人负担的份额是不能确定的。然而，正确的是，扛着这根木梁，是这两个人“合手”(zu gesamter Hand)进行的，而不是一个神秘的第三人进行的。

除了上文描述的合伙和团体之外，另外两种类型也是可以想象的：(1)一种拥有可变数量成员的组织体，每一个成员对共同财产都享有一份可自由支配的份额；(2)一种拥有不变数量成员的组织体，每一个成员对共同财产都不享有可自由支配的份额。然而，古典法并未利用这些可能性。

147. 古典法学家的态度

古典法学家对团体法表现出来的兴趣并不大，并且对团体法的论述非常浅显。这种在现代观察者看起来很奇怪的态度，肯定不能通过假定团体生活发展不充分所以不能引起法学家的注意来解释。实际上，团体的数量非常庞大，就像铭文和纸莎草文献所表明的那样。古典法学家不愿意处理团体法的真实原因如下：与共和国晚期的传统一致，古典法学家主要限于研究私法，团体法在很大程度上是一个公法问题。事实上，在罗马法范围内存在的团体具有一种公共特性，因为即使是我们称之为“私人团体”的团体也是为公共利益而设立和运作的。体育俱乐部，商业或工业团体几乎不存在。它们只有得到政府的允许才能设立，而这通常会因政治原因而被拒绝。即使政府例外地允许，这些团体的数量当然也可以忽略。这就是为什么古典法学家只是偶尔并且是在和其他主题相关的时候才会讨论团体法的原因。城市裁判官的告示，在三个地方涉及由团体提起或对团体提起的诉讼（Lenel, *Edict*, §§ 31, 33, 34）。乌尔比安在其大型的告示评注中讨论了这些主题（第 9、10 卷），但都涉及太多其他主题，只有很小的空间留给团体法。在昆图斯·穆奇乌斯（Q. Mucius）和萨宾（Sabinus）的体系中，根本就没有它的位置。引人注目的是，没有古典法学家曾评注过《关于协会的尤利亚法》。我们不知道有任何关于这部重要的制定法的专著。古典时期所谓的“学说汇纂体系”（Digesta-systems）会论述一系列传统的“法律”（leges），但是该法并不在其中。所有这些情况清楚地表明，团体法处于古典兴趣领域的边缘地带。正是古典私法的隔绝主义（isolation）导致古典法学家没有发展出一套完整的团体法理论。因此导致优士丁尼的《学说汇纂》中的团体法异常贫乏（*D*. 3. 4; *D*. 47. 22）。

138

参考文献

s. 143. Savigny, *System des heutigen römischen Rechts,* ii (1840), §§ 85 ff.; Pernice, *Labeo,* i (1873), 254 ff.; Mommsen, *Z* xxv (1904), 33 ff. = *Schr.* iii. 53 ff.; Mitteis, *RP* i(1908), § 18; Schnorr v. Carolsfeld, *Geschichte der juristischen Person,* i (1933); P. W. Duff, *Personality in Roman Private Law* (1938).

s. 144. Pernice, *Labeo,* i (1873), 254 ff.; iii. 1 (1892), 57 ff., 150 ff.; Mommsen, *Schr.* iii. 63; Mitteis, *RP* i. 414 ff.; Laum, *Stiftungen in der griech. und röm. Antike,* 2 vols. (1914); Beseler, *Z* xlvi (1926), 87 f.; Schnorr, l.c. 14 ff.; Le Bras, ‘Les Fondations privées du Haut Empire’, *St. Riccobono,* iii (1936), 23 ff.; Bruck,

'The Growth of Foundations in Roman Law and Civilization', *Seminar,* vi (1948), 1 ff. For the literature on the so-called alimentary foundations see *FIRA* iii, no. 116, with references.

s. 145. On *corporatio* see *Novella Severi* ii and *Thes.* iv. 995; on *universitas, corpus, collegium* see Schnorr, l.c. 59 ff.; Albertario, *Studi,* i (1933), 99 ff.*

s. 146. Beseler, *Juristische Miniaturen* (1929), 132—151; *Z* xlv (1925), 188 ff.; xlvi (1926), 83 ff.; Schnorr, l.c. 403; Albertario, l.c.*

s. 147. Schulz, *Principles, 27* ff.; *History,* 84; on Q. Mucius and Sabinus see Schulz, *History,* 95, 157; on the *Digesta-system* ibid. 226.

二、罗马人民作为一个团体

“罗马人民”（Populus Romanus）是一个团体，其数量可变的成员是罗马市民，他们是“共同财产”（res publicae）的共同所有人。“res publicae”（公物）这个术语是指“属于人民的东西”（publicus=poplicus=populicus），也就是“罗马人民的共同财产”（res communes populi Romani）或者“罗马市民的共同财产”（res communes civium Romanorum），因此“communis”（共同的）有时候被用作“publicus”（公共的）的同义词。这个团体的金库被称为“罗马人民的金库”（aerarium populi Romani），简称“金库”（aerarium）。 148. 罗马人民作为一个团体

罗马人民可以获得土地、动产，可以签订合同，作为债权人 149. 关于财产的公法

或者债务人，也可以被通过遗嘱指定为继承人，甚至可以作为监护人，但罗马私法不适用于这个法律领域。人民是“公地”（ager publicus）的所有权人，但不是“奎里蒂法所有权人”（dominus ex iure Quiritium）。罗马人民签订的合同不受罗马私法调整。罗马人民不能被召唤到裁判官面前，罗马人民也不能在裁判官面前起诉其债务人。这种争议必须由罗马人民的代表来裁决，他既是当事人也是法官。

150. 古典法学家的态度 古典法学家并不讨论关于这个团体的法律，即使是在财产法的范围内，因为它不属于他们所说的私法（上文边码 147）。这种私法的隔绝主义产生了这种奇怪的效果：在公法领域地位稳固的法律制度，在教义学上被私法作为异端而排除在外。古典私法的当代批评者不应忘记，罗马法学时而固执和傲慢的正统学说仅限于私法。

140 参考文献

s. 148. Beseler, *Juristische Miniaturen* (1929), 132 ff.; *Z* xlv (1925), 188. On *publicus* see Alois Walde, *Lat. Etym. Wörterbuch* (1949), v. ‘poplicus’; Stolz-Schmalz, *Lat. Grammatik* (5th ed. 1928), 194; Mommsen, *Schr.* iii. 56; Kornemann, *PW* iv. 778 (art. ‘communis’); *Thes.* iii. 1977. 51 ff.

s. 149. Pernice, *Labeo,* i (1873), 263 ff.; Mommsen, *Röm. Staatsrecht* i (1887), 169 ff.; ii (1887), 461 ff., 556; *Schr.* iii. 132 ff.; Mitteis, *RP* i (1908), 347 ff.; Duff, *Personality in Roman Private Law* (1938), 51 ff.; Sibylle Bolla, *Die Entwicklung des Fiskus zum Privatrechtssubjekt mit Beiträgen zur Lehre vom Aerarium*

(1938, not available but see Schnorr, *Z* ls, 1940, 260); Ed. Volterra, 'Sulla capacità del "populus romanus" di essere istituto erede', *St. Sassaresi,* xvi (1938); Biondi, *Successione testa mentaria* (1943), 122; Sutherland, 'Aerarium and Fiscus during the Early Empire', *AJPh* lxvi (1945), 151 ff.; Luzzatto,*Epigrafia giuridica Greca e Romana* (1942), 45 ff.: 'Il problema della capacità a succedere del popolo Romano.'

s. 150. Schulz, *Principles,* 27 ff.

三、元首

151. 元首作为一人团体

在同一个时期通常只有一个元首(princeps)。他是服务于公共目的的特定资金的唯一所有权人，这些资金在他去世后不由其市民法上的继承人继承，而是由其职位的继承人继承。借用英国的一人团体的概念，我们可以简单地说，元首是一个一人团体。实际上，从马可·奥勒留开始，有时候同时有两位或三位元首，在这种情况下，这个团体由几个联合的元首组成。

152. 财库

这个团体的财产被称为"皇帝的财库"(fiscus Caesaris, fiscus Augusti)，简称"财库"(fiscus)。"fiscus"原本是指篮子，特别是装钱的篮子。但在共和国时期，它已经被用来表示"公共财库"。在古典时期，"fiscus"的技术性含义是"皇帝的财库"，与"人民的财库"——"aerarium"(金库)相对应。就像罗马人民是"金库"的所有权人，皇帝是其财库财产的所有权人，但他更像是这个团体的代表，而不是作为一个私人。例如，奥古斯都在他的遗嘱中指定两位继承人：提比略（2/3）、李维娅（1/3）。李维娅不可能继承皇帝财库的三分之一财产，这些财产应当作为一个整体由其职位的继承者提比略继承。元首财库的财产原本是受私法调整的，然而，从克劳狄乌斯时期开始，它越来越不受其调整，并被同化为“金库”。因此，为“财库”起诉或对“财库”起诉，此时变成了一个特别的行政程序的问题。

153. 元首的财产

除了“财库”之外，元首还有私人财产（patrimonium, res privata）。这些财产受私法调整，并且由其继承人而不是其职位继承人继承。还逐渐发展出第三种资金，这种资金被视为一人团体的财产——与“财库”不同——服务于皇帝个人的用途。它受私法调整，但由其职位继承人而不是继承人继承。

前两个世纪的古典法学家只在与私法问题相关联时讨论关于皇帝财库的法律。关于这个主题的专著在第三个世纪之后才出现，并且篇幅比较小。

154. 关于皇帝财库法的古典文献

后古典时期“罗马人民的金库”（aerarium populi Romani）被“财库”吸收。相应地，古典文本有时被通过以“fiscus”替代“aerarium”或“populus”的方式进行篡改，但是盖尤斯的《法学阶梯》文本没有受到这样的篡改。

155. 篡改

原始文献

s. 152. Read *D.* (43. 8) 2. 4.

s. 153. Read *D.* (31) 56.

s. 155. Read *D.* (40. 4) 50, pr. where *fisco* is interpolated for *populo,* as Papinian's *responsa (Collectio libror.* 3. 293) show.

参考文献

s. 151. Beseler, *Z* xlvi (1926), 84; *Jurist. Miniaturen* (1929), 141 ff. On the English corporation sole see Blackstone, *Commentaries,* Book I, ch. 18; Maitland, 'The Corporation Sole', *LQR* 1900 = *Collected Papers,* iii (1911), 240 ff.; *Selected Essays* (1936), 73 ff.; J. Salmond, *Jurisprudence* (10th ed. 1947), 117, 122; Halsbury's *Laws of England,* viii (1933), 8.

s. 152. Mommsen, *Röm. Staatsrecht,* ii (1887), 998 ff.; Mitteis, *RP* i (1908), 349 ff.; Rostowzew, *PW* vi. 2385 ff.; F. E. Vassalli, 'Concetto e natura del fisco', *Studi Senesi,* xxv (1908) = *Scritti,* ii (1939), 5 ff.; Duff, *Personality in Roman Private Law* (1938), 51 ff.; Sibylle Bolla, *Die Entwicklung des Fiskus zum Privatrechtssubjekt* (1938); H. Last, 'The Fiscus', *JRS* xxxiv (1944), 51 ff., with references; R. Taubenschlag, *The Law of Greco-Roman Egypt* (1944), 43 ff.; Sutherland, 'Aerarium and Fiscus during the Early Empire', *AJPh* lxvi (1945), 151 ff.*

s. 153. Mitteis, *RP* i. 354 ff.; O. Hirschfeld, *Die kaiserlichen Verwaltungsbeamten* (1905), 8 ff.; Beseler, *Z* xlvii (1927), 372; J. H. Oliver, *AJPh* lxvii (1946), 312.

s. 154. Schulz, *History,* 257.

四、罗马市民自治市

156. 原始文献　城市裁判官的告示包含两个关于这种团体的标题："可以以自治市市民们的名义起诉的人"（quibus municipum nomine agere liceat, Lenel, § 31）和"可以对自治市市民们起诉的人"（quod adversus municipes agatur, Lenel, § 33）。因此，评注这个告示的古典法学家无法避免讨论这种团体。但是，也没有对关于它们的法律进行详细的讲解。他们的论述仅限于私法，尤其是诉讼法。保留给我们的文本很少，而且遭受了各种篡改，因此重要的法律问题仍没有得到解决。

就像"罗马人民"一样，"自治市"（municipium）是拥有数量可变成员的人的组织体，成员对"共同财产"（res communes, res publicae）不享有可自由支配的份额。财产属于"自治市市民们"

157. 法律本质　（municipes），不是属于有别于"自治市市民们"的一个法人，但他们作为通过组织（合手）联合在一起的人拥有财产，而不是作为单个的私人拥有财产。原始文献的术语在这方面是非常清楚的。告示提到"以自治市市民们的名义"（municipum nomine，非 municipii nomine）提起的诉讼和"对自治市市民们"（adversus municipes，非 adversus municipium）提起的诉讼，而法学家会说到"自治市市民们的奴隶"（servus municipum）。在像如下这样的说法当中："如果某物是欠负整体的，那么就不是欠负个体的，整体欠负的东西也不是个体欠负的"（Si quid universitati debetur singulis non debetur, nec quod debet universitas singuli debent），"整　体"（universitas）

是指“市民整体”(universitas civium),“个体”(singuli)是指“自治市市民们作为单个的私人”。法人的观念完全没有出现。如果有时候自治市被称为共有财产的所有权人,那么这只是一个文风上的变体。

158. 公和私的混合体

适用于自治市的法律,部分是公法,部分是私法。整套组织、民众会议(comitia)、元老院(curia)和执法官都受公法调整。因为执法官的职权受公法调整,所以他们可以为“自治市市民们”获得财产,“不能通过自由的人为我们取得”(per liberam personam adquiri nobis non potest)这项僵化的私法原则不适用于他们。在这方面,自治市的执法官的法律地位与罗马人民的执法官相同。我们的原始文献对这个规则保持沉默。然而,它肯定是存在的。有人主张,所有的取得行为都要由自治市的奴隶进行,但这几乎不能令人信服,而且会让我们面临自治市如何取得它的第一个奴隶的问题(下文边码 163)。

159. 继承人的指定

自治市不能被指定为继承人。根据古典私法,“不特定的人”(incerta persona)不能被指定为继承人(下文边码 450 以下)。像如下这样的继承人指定是无效的:“来到我的葬礼的人应为我的继承人”。因为古典法学家不认为自治市是一个法人,把一个自治市指定为继承人意味着把一个成员数量会变化的“自治市市民们”指定为继承人,因此就是把“不特定的人”指定为继承人。罗马人民可以被指定为继承人(上文边码 149),但是罗马人民不受私法调整。然而,私法在这个问题上是适用于自治市的,据说是出于政治上的原因。甚至在古典时期就有例外。根据一项日期不详的元老院决议,某个自治市的解放自由人被允许将该自治市指定为继承人,而且特殊的自治市可以获得特权。但在后古典时期之前，一般认为自治市不能被指定为继承人。

160. 受遗赠　遗赠也不能被留给自治市，因为就像不特定的人不能被指定为继承人一样，遗赠也不能留给不特定的人，但是从涅尔瓦时期开始，自治市可以被指定为受遗赠人。

161. 遗产信托　遗产信托（fideicommissa）一开始便可以留给不特定的人，因此也可以留给自治市。哈德良治下的一项元老院决议禁止为不特定的人进行遗产信托，但是“单个的物”（singulae res）的遗产信托被留给自治市的话，肯定是有效的，因为从涅尔瓦时期开始，遗赠是有效的。以自治市为受益人的“整个遗产的遗产信托”（fideicommissum hereditatis）明确被《阿波罗尼安元老院决议》（*Senatusconsultum Apronianum*, 公元117年或123年）允许。

162. 用益权　用益权不能为自治市的利益而设立。根据古典法，一项用益权在用益权人死亡后不可避免地会终止，如果没有在更早的时候终止的话。一项属于自治市的用益权因此会在该自治市存续的时间内存续，这样会导致所有权成了“虚的奎里蒂权”（nudum ius Quiritium）。出于这个原因，古典法完全禁止自治市享有用益权。优士丁尼允许这样的用益权存在，但把其期限限定在一百年内。

163. 债务　“自治市市民们”可以作为债务人，就像告示标题“可以对自治市市民们起诉的人”所表明的那样。自治市的执法官因此肯定享有通过合同约束自治市的职权（上文边码158）。在这种情况下，诉讼针对自治市的最高执法官（duoviri）提起，所有进一步的细节，尤其是执行，仍然无法确定。执法官不会因其侵权行为而使“自治市市民们”承担责任。

原始文献

s. 157. Read *D.* (3. 4) 7 pr. § 1; *D.* (3. 4) 9; (1. 8) 6. 1; (48. 18) 1. 7.

s. 159. Read *Epit. Ulp.* 22. 4, 5 [*et... fiant*].

s. 160. Read *Epit. Ulp.* 24. 18. 28.

s. 161. Read Gai. 2. 287; *D.* (36. 1) 27 to *iubet; Epit. Ulp.* 22. 5.

s. 162. Read *D.* (7. 1) 56; (33. 2) 8. Both texts are interpolated; see *Index Interp.* and Beseler, *Beitr.* v. 22; Solazzi, *Bull.* xix—l (1948), 393 ff.

s. 163. Read *D.* (44. 7) 35. 1; (4. 3) 15. 1 (interpolated).

参考文献

Pernice, *Labeo,* i (1873), 277 ff.; Mommsen, *Schr.* iii. 53 ff.; Mitteis, *RP* i (1908), 376 ff.; Duff, *Personality in Roman Private Law* (1938), 62 ff.

s. 157. Albertario, *Studi,* i. 99 ff.; Beseler, *Z* xlv (1925), 188; *Jur. Miniaturen* (1929), 132 ff.

s. 158. Mitteis, l.c. 380 ff. (unsatisfactory).

s. 159. Biondi, *Successione testamentaria* (1943), 124.

s. 162. See below, s. 664.

s. 163. Mitteis, l.c. 380, 383; Lenel, *Edict.* § 33 (both unsatisfactory).

五、协会

164. 分类　我们知道有大量被古典罗马法学家称为“协会”（collegia）的团体。考虑到我们的知识主要依靠铭文和纸莎草文献，也就是说，依靠的是偶然的信息，所以我们可以保险地认为它们的数量是巨大的。但是协会的个体数量的巨大和它们在类型上的稀少形成了对比，因为我们所知道的全部协会都可以归为以下三类之一：

1. 职业团体：技工协会、手工业协会、商人行会、船东行会等。

2. 丧葬团体：为其成员提供体面的葬礼。

3. 宗教团体：致力于特殊的宗教崇拜。

148 也存在这三种类型的混合，但为其他目的而设立的协会，商业和工业团体，社会、政治和体育俱乐部据说是不存在的，如果这些类型的团体例外地存在，那么它们的数量肯定是非常少的。

165. 古典协会的公共特征　因此，我们可以很好地理解，为什么在古典法学家的眼里，关于协会的法律处于私法领域的边缘地带。他们所知道的协会具有公共特征，因为它们是为了公共利益而创立并运作的，是国家和自治市行政管理的一种补充。而当法学家们原则上仅限于研究私法的时候，他们以一种偶然的方式来处理关于协会的问题（上文边码147）。诚然，城市裁判官的告示当中有关于以协会名义提起的诉讼或对协会提起的诉讼的内容，所以法学家们当然也会讨论它，但是他们也仅限于讨论诉讼法（上文边码156），而对协会的组织置之不理。这些讨论只有很少的部分流传下来，因为《学说汇纂》中的一些提到协会的段落，原本只涉及自治市，汇编者们通过篡改将其扩展至协会。

关于协会的古典法的基础是《关于协会的尤利亚法》，是尤利乌斯·恺撒或者奥古斯都的，但很可能是后者的。不幸的是，这部重要的制定法没有流传给我们，我们甚至也不拥有关于其内容的完整、可靠的叙述，它只在一个铭文当中被提到一次。贯彻《尤利亚法》的法规（法律、元老院决议和皇帝谕令）是存在的，但都没有流传下来。然而，如果考虑所有可用的材料，至少这些制定法的轮廓可以被描述如下：

166.《关于协会的尤利亚法》及后来的法规

它们规制的不是团体而是集会和会议，要求所有在章程里规定了成员集会的组织都必须经过元老院的批准才能设立。在一些铭文当中，会着重强调某个协会已经获得了元老院的批准，这是通过记述元老院已经批准协会举行成员会议来明确表达的。例如，“元老院已批准召集会议”（quibus senatus coire convenire convocari permisit）。这个常规表述类似于召集人民和元老院的情形，意味着协会已经获得批准集合其成员。另一个铭文提供了“某个元老院决议的一节”（caput ex senatuconsulto），带有这样的标题“quibus coire convenire collegiumque habere liceat”（允许召集举行协会成员会议）。在这里“collegium habere”类似于“senatum habere”（举行元老院会议），是指举行成员会议。这句话中的“convenire”是指“聚集在一起”。“进行集会”的意思因下面这句话而非常清楚：“nisi semel in mense coeant”，这句话只能意味着集会在一个月内只允许进行一次。其他铭文只有更短的表述，例如，“quibus ex senatus consulto coire permissum est”（已由元老院决议批准集会），但其含义肯定是相同的。因此，如果这些制定法是明确涉及集会

的，那么它们可能不仅仅适用于团体，可能也适用于有很多成员的合伙（上文边码 146）。这样符合《尤利亚法》的明确目标：控制在共和国最后一个世纪起到了决定性作用的政治俱乐部。实际上，在我们的原始文献的一些段落当中，合伙和协会一起被提及，但是尽管那样，章程允许成员集合的团体，未经元老院批准不能合法设立。《尤利亚法》之后的法规在某种程度上缓和了其僵化性，对于"由社会地位较低的人组成的协会"（collegia tenuiorum），元老院对其设立做出了一般性的批准，尤其是丧葬团体。此外，元老院似乎已经将其权力委托给元首。

167. 罗马关于协会的政策

但是，除此之外，《尤利亚法》的规则在整个古典时期是被严格遵守的。罗马政府对于政治团体的过度担心仍未改变，官方对许可的颁发抱持一种不情愿的态度。实际上，如果协会不属于那几
150 个传统的类型（上文边码 166），拒绝颁发许可是必然的事情。政府的政策被普林尼写给图拉真的信和图拉真的回信清楚地揭露出来。这个皇帝拒绝为尼科美底亚（Nicomedia）的志愿消防队颁发许可，尽管不久前一次严重的火灾表明需要这样一个机构，而且总督普林尼——皇帝的朋友，支持申请。皇帝明确地说，他给出否定答复的原因是，他担心消防队会发展成一种政治俱乐部。如果在这样一种情形下都因为政府怀疑有政治倾向而拒绝颁发许可，那么你可以想象对于不属于传统类型的其他协会，许可的颁发会有多么罕见。盖尤斯因此是非常正确的，他说"对于这样的团体是很少得到许可的"（paucis admodum in causis concessa sunt huiusmodi corpora）。在这样的政策下，私人团体的充分发展当然是不可能的，尤其是现代性的资本团体，根本就不可能形成：它们的缺席是罗马经济生活的

一个显著特征。

元老院或元首颁发许可并不蕴含着赋予法律人格（上文边码145、146），但是未经许可的协会是非法协会，因此在法律上是无效的。然而，还有另一种非法协会（collegia illicita），也就是说，那种获得许可但实际上追求非法目的的协会。解散这种协会并惩罚其成员是罗马执法官的任务。 168. 非法协会

在这一方面，有必要对君士坦丁之前的基督教聚会的法律特征进行一些说明。这个主题经常被讨论，但众多研究的结果并不令人满意，因为可用的原始文献，无论是基督教的还是异教的，都对迫害基督徒的法律基础完全保持沉默。我们知道，乌尔比安在他的《关于行省总督的职权》（*Libri de officio proconsulis*）一书当中对涉及基督徒的元老院决议和皇帝谕令做了仔细的收集，但无论是优士丁尼的《学说汇纂》还是其他原始文献都没有保留这部分重要的内容。然而，不应再怀疑的是，肯定是从图密善，并且可能从尼禄治下的第一次迫害（公元64年）开始，基督教的聚会就不可能获得法律地位。甚至即便他们试图把自己组织成丧葬协会（这种协会不需要特别的许可，上文边码166），这种团体也是非法协会。因为基督教的崇拜是被禁止的，可能是由某项元老院决议禁止的。禁止它们并惩罚其成员是罗马执法官的任务，但也存在执法官忽略它们的存在的时期，只有在告密者比较忙碌或者进行普遍性迫害时，这项法律才会被严格适用。在整体上，到三世纪中叶，基督教殉道者的人数不是很大。欧利根（Origen）说："那些为他们的信仰而死的人很少并很容易计算"。 169. 基督教的聚会

现在我们转到一些细节，我们必须首先说明适用于协会的法 170. 公法和私法

律只有部分是私法。实际上，如果我们没有看到它们在某种程度上是由公法调整的，那么协会的生活仍然是无法理解的（上文边码158）。

171. 建立 协会是由第一批成员（“constitutores collegii”〔协会的创立者〕）的一份协议建立的，对此并没有形式上的要求（pactio, lex et conventio）。如果需要有特别的许可的话，一份由第一批成员拟定的“章程”（lex collegii）当然是必不可少的。在其他情况下，它是选择性的，但是协会如果没有一份章程的话，几乎不能存在，因为公法和私法都不包括关于协会组织的规则。在铭文中保留给我们的章程不是很多，显然是因为在石头上公布太过昂贵。而且，它们是相当不完整的，有的铭文仅为我们提供整个章程的摘要，有的章程仅规定最重要的事项。

172. 成员 协会的发起人是其第一批成员，新成员可以根据章程确定的规则加入协会。他们的加入由协会会议通过决议决定或者由“特别代理人”（curatores, adlectores）批准。女性也有资格成为某些协会的成员，甚至存在只有女性成员的协会。我们经常会在成员当中发现有奴隶，这本身就表明，我们所讨论的问题已经超出纯粹私法的范围。有时候，成员的数量受到章程的限制。根据马尔西安的说法，一个人不能同时作为几个协会的成员，但铭文表明，这项规则并不总是被遵守。会员身份有时是可以通过买卖、赠与或遗赠转让的，会员的权利义务当然由章程来规定。每个会员都有权出席协会的会议。在丧葬团体当中，会员的继承人有权获得一笔钱作为丧葬费。会员有义务向“共同资金”（arca communis）支付固定金额的会费。然而，在协会和其成员之间的所有这些权利义务都不在私法的范围内，没有诉讼可以用来强制执行它们。有些章程规定私人的法庭，但我们对其运作方式一无所知。因此，可以想象的是，古典法学家完全不讨论这种协会的内部法。这不是他们所认为的私法的一部分。

协会可以对非会员享有权利并承担义务。协会的财产是会员 173. 合手
的共有财产(res communes, arca communis)，就好像是一种由章程联合在一起的“合手”(joint tenants)的财产。这些权利和义务是由协会的负责人或章程指派的代理人通过法律行为设立的。罗马私法的格言：“不能通过自由的人为我们取得”(per liberam personam adquiri nobis non potest)，不适用于这些行为，它们“以公共财产为模范”(ad exemplum rei publicae)，即按照自治市的模式进行(上文边码 158)。这项规则是盖尤斯明确表述的，他的陈述肯定是非常正确的，因为如果没有这项规则，协会的权利和义务就不能发生。这些权利和义务除了某些例外，受私法调整。

解放属于协会的奴隶是被禁止的，肯定是因为政治的原因，因 174. 解放奴隶
为协会的解放自由人，看起来太过危险。这项禁止据说是由一项我们不知道的制定法引入的，被马可·奥勒留皇帝废止了。

用益权不能为协会设立(上文边码 162)。尽管我们的原始文献 175. 用益权
对此保持沉默。

协会不能被指定为继承人，因为它是不特定的人(上文边码 176. 继承人
159)。当我们在铭文中遇到这种指定时，它要么在法律上是无效的，要么根据某项特权而有效。

根据马可·奥勒留治下通过的一项元老院决议，遗赠可以留给 177. 遗赠
协会。在更早的时期，这样的遗赠是无效的，因为协会是不特定的

人（上文边码 160）。

178. 遗产信托　留给协会的遗产信托原本是有效的，后来被哈德良禁止（上文边码 161）。最后被我们刚刚提到的元老院决议允许。

179. 终止　如果协会的成员减少至少于三人，协会就终止存在。因为在这种情况下，由多数人通过的决议就不再可能。一人团体并不为古典法所知。协会可以由会议决议解散，如果协会是非法的，可通过国家行为解散。

原始文献

154

s. 165. For the edictal rubric see Lenel, *Edict.* § 34. Examples of interpolations: *D.* (2. 4) 10. 4; see Albertario, *Studi,* i. 105, *Index Interp., D.* (48. 18) 1. 7; see Albertario, l.c. i. 102; *Index Interp.*

s. 166. Read Bruns, *Fontes,* 174 = *ILS* 4996 with Berger, *Epigraphica,* ix (1947), 44 ff.; *D.* (3. 4) 1 pr.; Bruns, *Fontes,* 175 (Kaput ex senatusconsulto populi Romani) = *ILS* 7212; *FIRA* iii, 35; *D.* (47. 22) 1 pr.

s. 167. Read Pliny, *ad Trajanum* 33 and 34; 92 and 93; *D.* (3. 4) 1 pr.

s. 169. Read Lactant. *Div. inst.* 5. 11; Pliny, *ad Trajan.* 96 and 97; Origenes, *Contra Cels.* 3. 8.

s. 171. For *leges collegiorum* see Bruns, *Fontes,* 175 ff.; *ILS* 7212 ff.; *FIRA* iii. 32 ff.

s. 173. Read *D.* (3. 4) 1. 1; 7 pr.; 9; Bruns, *Fontes,* 138 (= *ILS* 7313; *FIRA* 93).

s. 177. Read *D.* (34. 5) 20.

s. 179. Read *D.* (50. 16) 85; (3. 4) 7. 2 (itp. see Albertario, *Studi,* i, 109); Bruns, *Fontes,* 177 (= *ILS* 7215*a, FIRA* iii. 41).

参考文献

s. 164 ff. Mommsen, *De collegiis et sodaliciis Romanorum* (1843); Pernice, *Labeo,* i (1873), 254 ff.; Max Conrat (Cohn), *Zum römischen Vereinsrecht. Abhandlungen aus der Rechtsgeschichte* (1873) ; O. Gierke, *Das deutsche Genossenschaftsrecht,* iii (1881), 77 ff.; Liebenam, *Zur Geschichte und Organisation des römischen Vereinswesens* (1890); Waltzing, *Étude historique sur les corporations professionnelles chez les Romains,* i (1895), ii (1896), iii (1899), iv. (1900); Kornemann, art. 'collegium', *PW* iv (1900), 779 ff.; Mommsen, 'Zur Lehre von den römischen Korporationen', *Z* xxv (1904), 33 ff. = *Schr.* iii. 53 ff.; Mitteis, *RP* 1 (1908), § 18; San Nicolò, *Aegyptisches Vereinswesen zur Zeit der Ptolemaeer und Römer,* i (1913), ii (1915) ; Albertario, 'Corpus e Universitas nella designazione della persona giuridica', *Studi,* i (1933), 97 ff.; Schnorr v. Carolsfeld, *Geschichte der juristischen Person,* i (1933); F. M. de Robertis, *Contributi alla storia delle corporazioni a Roma,* i (1933), ii (1934); G. M. Monti, *Le corporazioni nell' evo antico e nell' alto medio evo. Lineamenti e ricerche* (1934); Gerda Krüger, *Die Rechtsstellung der vorkonstantinischen Kirche* (1935), 1—68; Bandini, *Appunti sulle corporazioni Romane* (1937); F.

M. de Robertis, *Il diritto associativo Romano* (1938); P. W. Duff, *Personality in Roman Private Law* (1938), 95 ff.; Taubenschlag, *The Law of Greco-Roman Egypt* (1944), 43.

s. 164. See Waltzing, l.c.; Rostovtzeff, *The Social and Economic History of the Roman Empire* (1926), Index, under vv. 'associations', 'corporations', 'professional corporations'.

s. 165. Mommsen, *De collegiis,* 117: 'Collegium instituitur ad exemplum municipii, qua in re tota eorum natura conclusa est'; Rostovtzeff, l.c. 532, n. 22.

s. 166. Mommsen, *Schr.* iii. 113 ff.; Rotondi, *Leges publicae* (1912), 442; *Acta divi Augusti,* i (1945), 160; De Robertis, *Contributi,* i. 43 ff., ii. 89 ff.; Berger, *Epigraphica,* ix (1947), 44 ff., with references,

s. 167. Rostovtzeff, l.c. 159 f.

s. 168. Schnorr, l.c. 236 ff. (unacceptable); De Robertis, *Contributi,* ii. 122 ff.

s. 169. Waltzing, art. 'collegia', in Cabrol-Leclercq, *Dictionnaire d'archéologie chrét.* iii (1914); Saleilles, 'L'Organisation juridique des premières communautés chrétiennes', *Mélanges Girard,* ii (1912), 469 ff.; M. Roberti, 'Le associazioni funerarie cristiane', *Studi Zanzucchi* (1927), 89 ff.; F. M. de Robertis, *Contributi,* ii. 183 ff.; Gerda Krüger, *Die Rechtsstellung der vorkonstantinischen Kirche* (Kirchenrechtliche Abhandlungen, cxv—cxvi, 1935); G. M. Monti, 'i collegia tenuiorum e la condizione giuridica della proprietà ecclesiastica nei primi tre secoli del cristianesimo', *St. Riccobono,* iii (1936), 71 ff.*

s. 176. Biondi, *Successione testamentaria* (1943), 126.

第三章　丈夫和妻子

一、导论

180. 古典婚姻法的人文主义特征

古典婚姻法是罗马法学天赋的一项让人印象深刻的(或许是最让人印象深刻)的成就，因为在文明史中第一次出现了纯粹人文主义的婚姻法。也就是说，一种建立在纯粹的人文主义婚姻观上的法律。人文主义婚姻观认为，婚姻是两个平等的生活伴侣的自由结合，可以自由结合也可以自由解散。历史学家，包括法律史学家，由于受宗教观念和家长观念的影响，迄今仍不能认识到古典婚姻法的真正起源和特征，仍将其视为一种堕落和道德败坏的标志。耶林在 1880 年断言，“在罗马共和国的最后一个世纪，妻子处于‘丈夫的夫权下’(in manu mariti)的传统罗马婚姻不流行了，即使它继续存在，‘夫权’(manus mariti)也衰减为一种拟制。然而，具有良好品性的人，远不会认为在这场变革当中有什么进步，而是正确地将其视为不断蔓延的道德败坏的标志。”他把老加图视为“具有良好品行的人”的代表。像耶林这样的家长式的丈夫自然会对老加图抱有同情心。耶林的评价在今天仍然占据主流地位。实际上，古典法并不是由放荡的人或淫乱的人创造的，而是由罗马最优秀的人创造的。因此，它不是普遍堕落的一个标志，而是体现罗马人文主义运动的影响力的标志。希腊人发现了“人文”（humanitas）的观念，但他们没有在法律（尤其是婚姻法）当中将其贯彻。然而，它被罗马人采纳，并且在他们手中很快便产生了实践效果。起初仅限于小西庇亚周围的一小群贵族和受过良好教育的人。人文主义运动的传播非常广泛并很快导致了法律的改革。这项运动并非在罗马法的所有部分都取得同等的成功，然而，婚姻法实际上在令人惊叹的极短时间内被彻底地人文化。《十二表法》时期已经存在所谓的“自由婚姻”和妻子处于丈夫权力下的家长式婚姻。当然，前者被该法典的作者称为一种反常的、临时的制度，实际上，直到公元前二世纪中叶仅起到很小的作用。然而，人文主义运动将其推至前台。主流的罗马社会拒绝缔结有夫权的婚姻，而更喜欢自由婚姻，并和开明且有创造力的法学家、裁判官和审判员一起，在没有什么立法帮助的情况下，发展出一套新的人文主义婚姻法。旧的家长式婚姻继续存在，因此仍被古典法学家讨论，但在社会生活中已不再起到重要的作用。

181. 古典婚姻法的命运

共和国法学家的这项精致的成就在整个古代都得到维持，尽管并非没有修改。关于这些修改，我们将在适当的时候提到。从奥古斯都时期开始了一项相反的运动，但其步伐相对缓慢，人文主义婚姻法的原则甚至在优士丁尼的《市民法大全》当中仍得到维持。家长式的法律没有复兴，教会引入特殊的基督教法律的尝试仍未获得成功。然而，在中世纪的过程中，罗马婚姻法在西欧几乎完全被抛弃。以《新约》众所周知的篇章为基础，教会发展出一套反人文主义的离婚法，该法利用一些人为的规则去规制不利于婚姻的行为。

另一方面，西欧条顿民族所习惯的家长式婚姻也很难被抛弃。因此，《市民法大全》在十二世纪之后的复兴也不可能引发罗马婚姻法的复兴。罗马关于离婚的法律，实际上是这座罗马法律大厦的拱心石，但被教会法所废除，并(在宗教改革之后)被新教的城市法所废除。罗马的婚姻财产法在欧洲大陆的许多地方变成了辅助性的法律，但家长式的法律却被城市法坚持维护着。因此罗马法或多或少仍然是教科书上的法律。十八世纪的人文主义运动有时会刺激欧洲大陆的立法者遵从罗马的模式，《法国民法典》(*Code Civil*, art. 233)允许以协议的方式离婚，《普鲁士普通邦法》(*Allgemeine Landrecht*, ii., 1. 716—718)承认以协议的方式离婚，甚至承认因一方不愿意继续婚姻而离婚。不幸的是，这项运动只持续了很短的时间，很快随之而来的是浪漫主义和民族主义的有力回击。婚姻法的人文化没有继续，所达成的一些成果也被抛弃：《法国民法典》第233条在1884年被废除，进步的普鲁士法被保守的1896年《德国民法典》(*Bürgerliches Gesetzbuch*)取代。从十九世纪最后几十年起，一项倾向于将婚姻法人文化的新运动引起了人们的注意，并且已经在斯堪的纳维亚取得了引人注目的成果。

就像这次快速的考察所表明的那样，自中世纪以来，罗马婚姻法整体上在西欧从未被实施过。然而，它对于文明史以及批判法学都具有非常重要的意义。它提醒我们，一种人文主义的婚姻法在古代已经存在了五百年，并激励我们去打破教会法和家长式庸俗主义的枷锁。古典婚姻法在等待时机，它仍是一股生气勃勃的力量。

182. 人文主义运动与罗马人口

在我们可以看到的范围内，人文主义的婚姻法在共和国时期创立时并未导致邪恶的后果。然而，必须承认的是，人文主义运动(不是法律本身)有时确实以一种反社会的方式影响现实的婚姻生活。确实如此。强调人格价值和尊严的罗马人文主义不可避免地是个人主义的,并因此有时会与社会利益产生冲突。

1. 无论是在共和国的最后一个世纪,还是在元首期,对婚姻的普遍厌恶是不存在的。偶尔出现的对婚姻生活的阴郁评论并不能说明太多,因为类似的评论在其他民族和其他时期也可以找到。然而,"人文"确实有时候会妨碍第二次或更多次结婚,例如,皇帝马可·奥勒留在福斯汀娜(Faustina)去世之后就没有再结婚,因为他不希望给他的众多孩子找一个后妈。共和国的道德准则会阻碍寡妇再婚。

2. 非常危险的是,人文主义运动导致以"一个或两个孩子的家庭"的形式达成的生育控制。即使是在今天,任何人口都会受到这种体系的威胁。在古代——由于医学和卫生状态还不发达——其效果是灾难性的。古老的贵族家庭在公元前最后一个世纪灭绝了,而新的贵族很快也遭受了同样的命运。至少这种崩塌(正好发生在人文主义运动达到高潮时)的一个主要原因就是"人文"。用马尔萨斯的术语来说,抑制是美德,而不是恶习。"自然"和"人文"的对立性再次变得明显。

请阅读这份绝妙的《皇家人口委员会报告》(*Report of the Royal Commission on Population*, 1949),尤其是如下段落:

> "617. 出生的人数以一个比死亡人数快得多的比例在下降。……这不是因为结婚人口的比例有任何变化……而是每对夫妇生育的孩子的数量下降。……在维多利亚时代中期,一

对夫妇平均生育5个到6个活产的孩子。……在1925—1929年期间结婚的夫妇当中，这个数字估计是2.2。60%的减少量是由于一个或两个孩子的家庭替代5个、6个或7个孩子的家庭成了家庭的普通规模，以及超过6个孩子的家庭的实际消灭，这种家庭的数量以前是非常大的。”

“619. 大不列颠人口的生育能力自十九世纪中叶以后存在某种下降的说法，尽管在理论上是可能的，但对于这种效果并不存在积极的证据。……当然，这种下降的主要原因，而且非常有可能是唯一的原因，是故意限制家庭规模的做法的蔓延。”

“96. 我们认为解释在于，在十九世纪过程中，人们的观念和生活方式发生了意义深远的变化。这些变化的主要特征是众所周知的。他们包括……人文主义精神的发展以及妇女的解放。”

“103. 无节制的生育会给女性带来苦难和危险，变得越来越不能与上升的女性地位以及丈夫对妻子更加体谅的态度相兼容。”

“100. 孩子的数量也倾向于被限制。不仅仅是因为用在他们身上的花费可能会阻碍父母维持自己的生活水准或实现他们的抱负，而且还因为家庭中的孩子越少，花在每个孩子身上的就可以越多，其人生的起步就会更好。”

“411. 即使没有这种统计证据，也有理由从我们关于小型家庭体系蔓延的知识推断……在所有阶级当中，受过更多教育的人的家庭规模比受过更少教育的人小。”

"156. 因为每个孩子有两个父母，因为有一小部分的孩子总是会在达到结婚年龄之前死亡，更有一部分人不结婚，因此，显然存在一项强有力的推测：如果平均每个家庭里一对夫妇拥有的孩子不超过 2.2 个，那么肯定低于维持人口的水平。"

"626. 每对夫妇 2.2 个孩子的数字不足以维持人口。"

每一个希望理解共和国最后一个世纪和古典时期罗马人口下降情况的人都应当学习这份报告，它比古代历史学家写的任何东西都更富有启发性。人口下降的真实原因不是道德败坏，不是对婚姻的普遍厌恶，不是罗马人口生育能力的神秘下降，不是种族的混合，尤其不是自由的罗马婚姻法，其主要原因是罗马的人文主义，它导致了剧烈的生育控制。也就是说，导致一个或两个孩子的家庭成为主流，由于医疗和卫生状况，显然不足以维持人口。

奥古斯都认识到了这种危险并试图停止这种致命的发展。在两部制定法——《关于不同等级之间结婚的尤利亚法》(*lex Iulia de maritandis ordinibus*，公元前 18 年的一项平民会议决议)以及由执政官提议的《帕比亚波派亚法》(公元 9 年)——当中，他建立了一套广泛的社会规则体系，他希望通过这个体系防止罗马人口进一步下降。不幸的是，这些制定法只有一些片段被保留下来，甚至它们的内容也不完全为我们所知。皇帝及其法学家显然为这个作品投入了大量心血，然而，结果证明它完全无任何效果。通过赋予很小的荣誉、演出门票以及监护和继承领域的特权，罗马的人口不可能被挽救。由国家向人口众多的家庭的父母进行实质性金钱资助(参见上文引用的报告，第 419 段以下)，可能是有效果的，但是奥古斯都的金融政策没有冒险跨出这么大胆的一步。尽管这项立法的失败结果最晚在图拉真时期还是明显的，但它在整个古典时期仍然是有效的。在基督教时期，它在禁欲倾向的影响下被废除。

原始文献

s. 180. An important document is the *Laudatio Turiae* (time of Augustus); best edition *FIRA* iii, no. 69, with references. Read *D.* (23. 2) 1 with Schulz, *Principles,* 46 n. 5; Ehrhardt, *Z* lvii (1937), 357.*

s. 182. Read *SHA,* Marcus, 29. 10. Juvenal, 6. 594. Tacitus, *Ann.* 3. 25, 28 i.f.

参考文献

s. 180 ff. On the whole classical law of marriage see Bonfante, *Corso,* i (1925); Corbett, *The Roman Law of Marriage* (1930); Orestano, 'La struttura giuridica del matrimonio Romano dal dir. class. al diritto giustinianeo', *Bull.* xlvii (1940), 154 and xlviii (1941), 88 (excellent work but unfinished).

s. 180. Schulz, *Principles,* 189 ff., 192 ff. For materials see L. Friedländer, *Darstellungen aus der Sittengeschichte Roms,* 9th ed. by Wissowa, i (1919), 265 ff.; W. Kroll, *Die Kultur der Ciceronischen Zeit,* ii (1933), 26 ff. On free marriage Schulz, *Principles,* 192 n. 1; Lévy-Bruhl, *T* xiv (1936), 462.

s. 181. A history of the Roman law of marriage since the beginning of the Middle Ages does not yet exist. See P. Vaccari,

Matrimonio franco e matrimonio romano (1913); *Nota per la storia del matrimonio romano dall' ultima legislazione imperiale alle compilazioni romano-barbariche* (1936); E. Glasson, *Le Mariage civil et le divorce dans l'antiquité et dans les principales législations modernes,* 3rd ed. 1880. On canon law see A. Esmein, *Le Mariage en droit canonique,* 2nd ed. par Genestal 1929—1935; Orestano, ll. cc. *passim*; Willystine Goodsell. *Problems of the Family* (1930).

s. 182. On the *leges Iulia et Papia Poppaea* see *Acta divi Augusti,* i (1945), 166 ff. with references.

二、订婚

183. 订婚行为

古典的订婚（sponsalia）由两项关于结婚的承诺构成，双方当事人一边是未婚夫或其家父，另一边是未婚妻或（更常见的是）她的家父。在共和国时期，这些承诺要通过两项“庄重允诺”（sponsiones）来进行，所以使用“sponsalia”这个术语来表示订婚。然而，在古典时期，不再要求“庄重允诺”，一项非要式的协议就足够了，但“sponsalia”这个术语仍然被保留下来。如果未婚夫和未婚妻不是当事人，那么要加上他们的非要式的同意。通常会召集证人来见证婚约，还会起草一份契据，但法律并不要求这样的手续。

184. 婚姻应当是自由的

在古典法当中，没有针对违反婚约的行为的诉讼。在早期共和国法中，存在一种请求损害赔偿（而不是要求实际履行）的诉讼，因为我们知道，根据拉丁共同体（在它们被融入罗马国家之前）的法律，存在这样一种诉讼。然而，任何限制看起来都与人文主义婚姻观（婚姻应当是自由的）无法相容。因此，这种诉讼早在西塞罗时期就不存在了。相应地，也不允许通过“要式口约”对最终婚姻没有结成的情形约定罚金，“婚约定金”（arrha sponsalicia）同样是无效的。最后，婚约可以由任何一方通过宣告来解除。

185. 法律效果 因此，古典的订婚主要具有的是社会特征而不是法律特征，但它并非完全不具有法律效果。如果一份“嫁资”（dos）被给予未婚夫，那么他有权在婚约维持期间保有这份嫁资。在解除第一个婚约之前，任何一方在法律上都不能再次订婚，违反此项规则者会导致“不名誉”的后果。如果女婿根据法律可以免于作证，那么未婚夫（sponsus）也可以免除作证义务。

在后古典时期，更多的法律效果被附加到订婚上。据说是由于东方和基督教观念的影响。当然，惩罚性的“要式口约”被后古典法和优士丁尼法勇敢地拒绝了，但最终皇帝列奥（Leo）在他的《新律 18》（*Novella 18*）中允许。“婚约定金”在前优士丁尼时期进入罗马法，这是受东方习惯影响的结果。未婚妻（sponsa）的不贞此时被称为通奸（adulterium）。对未婚妻的“侵辱”（iniuria）使得她的未婚夫可以提起“侵辱之诉”（actio iniuriarum）。要求未婚夫返还嫁资的诉讼被“嫁资之诉”（actio de dote）吸收。这样，订婚在后来的法律当中被结婚所吸收，而古典法是严格区分两者的。

原始文献

s. 183. Read *D.* (23. 1) 1—3, 4 (with. Beseler, *Z* liv. 33), 7, 9 (cf. *D.* 24. 1. 32. 27), 11, 12 ([*tunc ... eligat*]); 18.

s. 184. Read Gellius, 4. 4 (= Seckel-Kübler, *Iurisprud. anteiust.*

1. 33); *C.* (5. 1) 1; (8. 38) 2; *D.* (45. 1) 134 pr.

s. 185. Read the passage of the Edict, Lenel, *Edict.* § 16, p.78; *D.* (22. 5) 5; *Schol. Sinait.* § 4; *D.* (42. 5) 17. 1 [*tametsi*]; [*tamen … contractum est*] with *Index Interp.*

参考文献

s. 183 ff. Marquardt-Mau, *Privatleben der Römer* (1886), 39 ff., 261; Friedländer-Wissowa, *Röm. Sittengeschichte*, i (1919), 273 ff., iv (1921), 133; W. Kroll, *Die Kultur der Ciceronischen Zeit,* ii (1933), 30 f., 70.

Bonfante, *Corso,* i (1925), 225; Corbett, *The Roman Law of Marriage* (1930), 1 ff.; ed. Volterra, 'Studio sull' arrha sponsalicia', Ⅰ *(Riv. It.* N.S. ii, 1927, pp. 581 ff.); Ⅱ (*Riv. It.* iv, 1929, pp. 3 ff.); Ⅲ *(Riv. It.* v, 1930, pp. 155 ff.); 'Ricerche intorno agli sponsali', *Bull.* xl (1932), 260 ff.; *Sul consenso della filia familias agli sponsali* (1929); *Diritto romano e diritti orientali* (1937), 123 ff.; P. Aemilius Hermann, 'Die Schliessung der Verlöbnisse im Recht Justinians und der späteren byzantinischen Gesetzgebung', *Analecta Gregoriana,* viii (1935), 79 ff.; Schulz, *Principles* (1936), 200; Massei, *Bull.* xlvii (1940), 148; Gaudemet, 'La Conclusion des fiançailles à Rome à l'époque préclassique', *RIDA* i (1948), 79 ff.

三、结婚

186. 合意缔造婚姻

“不是同居而是合意缔造婚姻”（Nuptias non concubitus sed consensus facit）。优士丁尼的汇编者在后古典版本的乌尔比安《萨宾评注》中读到这项规则。尽管它不大可能是乌尔比安写的，但它以格言的形式（因此，在细节上不那么精确）揭示了统领整个古典婚姻法的人文主义原则。在古典法中，婚姻是通过一项非要式的协议缔结的。在法律上并不要求口头程式或者象征性的行为，不需要牧师或者执法官的协助，甚至也不需要官方登记。尽管奥古斯都引入了出生登记（上文边码 126），但任何类型的手续看起来都不能与这种独特行为的尊严相称。罗马人文主义希望强调，这种行为的构成要素是男人和女人的自由意愿，甚至不畏惧承认秘密婚姻。要求以性结合作为结婚完成条件的原始规则当然也被拒绝。

古典法在整个后古典时期得到维持，甚至在优士丁尼法中也得到维持。甚至教会也满足于一项非要式的协议，并且（直到特伦多大公会议〔concilium Tridentinum〕，1545—1563 年）不要求牧师的协助。然而，教会在很早的时候就认为“肉体的结合”（copula carnalis）对于结婚而言是实质性的，但据说这只是作为严格的基督教离婚法的一种缓和措施；无论如何，它在这方面能起作用。

187. 领回丈夫家里

然而，尽管“合意缔造婚姻”（consensus facit nuptias）是正确的，但婚姻不（像合伙那样）是一种合意合同，因为它不创立债，而是创立一种身份，就像所有权不能“因单纯的合意”（nudo consensu）转移而只能（在这里先不说要式买卖和拟诉弃权）通过

“交付”（traditio）来转移一样，甚至对于结婚也要求一项“物权行为”。“女孩的交付”（traditio puellae）看起来与人文主义不相容，但是习惯上“妻子被领回丈夫的家里”（deductio uxoris in domum mariti）作为婚姻的一项要求而被维持。在晚期共和国和古典法学当中，“把妻子领回家”实际上被剥去了其仪式性和象征性，一项非要式的“领回家”（deductio）被认为在法律上就足够了。不存在就结婚进行公示的观念，例如，如果新娘家的房子作为双方结婚后的主要住房，那么一项真正的“领回家”是不可能的。此外，如果新婚夫妇在婚礼后立即动身去旅行，那么婚姻也被视为立即缔结，婚姻的完成不用延迟到他们回到丈夫的房子之时。另一方面，如果丈夫不在家，“领回家”也是有效的。如果你记住“领回家”的这个特点，那么你就不会把它和“合意”（consensus）相提并论，前者显然不是一项不可或缺的要求。

关于一项合法婚姻的进一步的条件，我们将仅限于做出如下说明。

188. 父亲的同意

1. 如果准新郎和准新娘处于家父的支配权下，那么光有他们自己的同意还不够，在这种情况下还要求家父的同意。然而，如果新娘的家父在没有充分理由的情况下拒绝同意，那么根据《关于不同等级之间结婚的尤利亚法》（上文边码 182）的一个条款，他可能会在一个非常诉讼程序中被强迫同意。如果准新郎的家父拒绝同意，则不存在这样的救济措施。在这种情况下，古典法坚定地维持“任何人都不被以违反其意志的方式产生自家继承人”（nemini invito suus heres adgnascitur）原则，处于支配权下的儿子的合法孩子是他们的祖父的“自家继承人”（sui heredes）。对于调整孩子地位的法律，人文主义运动就像我们稍后将要指出的那样，只取得很小的成功，因为家父的支配权对于古典法学家而言是罗马主义的一个真正的圣所，他们不敢冒犯。优士丁尼在这种情况下把儿子和女儿等同。

189. 一夫一妻制 2. 所有时期的罗马法都严格维持一夫一妻原则。传说尤利乌斯·恺撒想要允许多配偶制（考虑到罗马人口的下降），可能仅仅是谣传。这个原则是如此根深蒂固，以至于对重婚者进行严厉的惩罚似乎是多余的；根据裁判官告示，重婚者将变为不名誉的人，这在古典时期看来已经是一种充分的惩罚。然而，多配偶制仅仅对罗马市民禁止，而不禁止异邦人。因此，犹太人根据他们的法律是允许多配偶制的（只要他们不是罗马市民）；最后，它被狄奥多西一世（Theodosius Ⅰ）明确禁止。

190. 异系通婚 3. 关于血亲和姻亲关系作为婚姻障碍的规则有多种变化的可能。罗马法像其他体系那样，在这方面不断改变。古典法在整体上是合理的，尤其是当与教会法夸张的规则相比较时；对于这些不是很有意思的细节，我们可以参考其他书籍。

191. 不同的身份 4. 罗马市民种族和身份的不同（因出生或职业）原则上不妨碍婚姻。贵族和平民之间的婚姻已经被《卡努雷亚法》（*lex Canuleia*，公元前 445 年）允许。生来自由人和解放自由人之间的婚姻据说在早期共和国的法律中是不允许的，但这项禁止在共和国末期已经消失。毫无疑问，这是在人文主义的影响下，甚至有色人种奴隶在被他们的罗马主人解放之后变成罗马市民（上文边码 142）也可以和任何罗马市民缔结合法婚姻。奥古斯都在这里像在其他地方一样发起了一项反向的运动。确实，他想要保持罗马人口不受异邦人和奴隶的血统影响的观念对于婚姻法只产生很小的影响。他禁止元老阶层和解放自由人结婚，还禁止生来自由的市民和从事不名誉职业的人结婚。这些禁止的法律后果据说起初仅仅是：在违反它们的情况下缔结的婚姻不是“依据尤利亚和帕比亚法缔结的婚姻”（matrimonia secundum legem Iuliam et Papiam），也就是说，他们不免除（这样结婚的）夫妇因独身和无子带来的不利，但在法律上是有效的。然而，禁止普通士兵结婚却是奥古斯都的一项可怕的失策。这项禁令不仅仅是不人道的，而且对罗马的人口带来了严重的后果。因为服务期非常长，罗马人口当中特别强壮的一部分人在其生命中最好的时期被禁止结婚。这样，士兵们就不可避免地要进行非法同居。在“光荣退役”（honesta missio）之后，他们的孩子被赋予市民权是理所当然之事，但与他们同居的人通常是异邦人或女解放自由人。皇帝似乎完全忘记了他的种族观念。这项禁令清楚地揭示了奥古斯都在这个政策领域的浅薄，尽管我们不能忘记，这对于他那个时期的政治家和立法者而言是非常新的东西。最后，这个禁令在晚了200年之后由塞普蒂米乌斯·塞维鲁（Septimius Severus）废除。

原始文献

s. 186. Read *D.* (35. 1) 15 = (50. 17) 30; Conc. Trid. *Decretum de reformatione matrimonii,* c. i.

s. 187. Read *D.* (23. 2) 5 [*non in uxoris*]; (23. 2) 6 <*absens*> [*absentem*].

s. 188. Read *Epit. Ulp.* 5. 2; *D.* (23. 2) 19 (interpolated, see

Index Interp.).

s. 189. Read Laberius, fr. 63, *Necyomantia,* p. 351 ed. Ribbeck (with Schanz-Hosius, *Gesch. d. röm. Lit.* i, 1928, p. 259); Sueton. *Caes.* 52; Lenel, *Edict.* 78; *C.* (9. 9) 18 pr.; (1. 9) 7. *C.* (5. 5) 2 must be interpolated or shortened.

s. 191. Read Sueton. *Aug.* 40. 3 with Schulz, *Principles,* 120.

参考文献

s. 186. E. Levy, *Der Hergang der römischen Ehescheidung* (1925), 70; Orestano, *Bull.* xlvii (1940), 154 ff.; Volterra, *La Conception du mariage d' après les juristes romains* (1940). On Rasi, *Consensus facit nuptias* (1946) see Volterra, *Riv. It.* i (1947), 399 ff.; *RIDA* i (1948), 213 ff.; Taubenschlag, *Law of Greco-Roman Egypt* (1944), 88.*

s. 187. Levy, l.c. 68 ff.; Corbett, *The Roman Law of Marriage* (1930), 93; Ehrhardt, *Symbolae Friburgenses* (1933), 102; *PW* xvii. 1479; Orestano, l.c. in particular 306 ff.: 'La pretesa essenzialità della deductio in domum'; Volterra, 'Quelques observations sur le mariage des filiifamilias', *RIDA* i (1948), 213 ff. On the customary formes of *deductio* see Kunkel, § 175, n. 8, with references.

s. 188. On the *lex Iulia* and *D.* (23. 2) 19 see literature in the *Index Interp.* and Biondi in *Acta divi Augusti,* i (1945), 188; Volterra, *Revue intern,* l.c.

s. 189. Mommsen, *Röm. Strafrecht* (1899), 701; Ed. Volterra,

'Per la storia del reato di bigamia in diritto romano', *Studi Ratti* (1933), 389 ff., 419; Taubenschlag, l.c. 77. On Sueton, *Caes.* 52 see L. Rubinson, *Freedom of Speech in the Rom. Republic* (1940), 14 ff.*

s. 190. Kunkel, *PW* xiv. 2266; Taubenschlag, l.c. 83.

s. 191. Kunkel, *PW* xiv. 2262; Nardi, *SD* vii (1941), 112 ff.; *La reciproca posizione successoria dei coniugi privi di conubium* (1938), 14 ff.; Solazzi, 'Prostitute e donne di teatro nelle legge augustee', *Bull.* xlvi (1939), 49. On the marriage of soldiers see Schulz, *JRS* xxxiii (1943), 61, n. 63, with references; Taubenschlag, l.c. 82.*

四、婚姻的人身效果

古典婚姻的直接效果是非常少的，关于丈夫和妻子的个人关 192. 直接效果
系的规则主要是否定性的。丈夫对其妻子没有任何法律上的权力。他不是妻子的领导（St. Paul, i Cor. xi. 3; Eph. v. 22），双方被认为是平等的伴侣。妻子保留其家族的姓氏；西塞罗的妻子的名字是特伦提娅（Terentia），他弟弟的妻子的名字是庞培尼娅（Pomponia）（她是庞培·阿提库斯〔Pomponius Atticus〕的姐姐）。通常妻子并不取得其丈夫的等级，元老的妻子是例外。妻子分享其丈夫的住所。丈夫和妻子之间的性结合的法律义务并不存在，他们也没有义务相互尊敬和扶助。这样的义务有时在现代法中会被提到，违反它们可以作为离婚的正当理由。自由的古典离婚法使得它们成为

多余。妻子有义务性忠诚，但丈夫并没有相同的义务。教会要求丈夫也忠诚。对妻子的侵辱使得丈夫有权提起“侵辱之诉”（actio iniuriarum），据说不论妻子是否处于夫权下都是如此。因此，关于丈夫和妻子的个人关系的古典法是非常少的，但是这种法律上的保留正是人文主义所要求的。对这些最亲密、最微妙的关系进行法律规制，看起来是并且实际上也是“不人道的”。

193. 丈夫的夫权　婚姻的间接效果是，它为丈夫的夫权的建立提供了基础。就像上文已经说过的那样（上文边码 180），家长式的婚姻在古典法中仍然存在，尽管它们实际上很少发生。然而，夫权从不因结婚而自动产生，而是需要有一项特别的行为。古典法只知道两种这样的行为：共食婚（confarreatio）和买卖婚（coemptio），它们在古典时期——必须强调，这与主流的理论相对——是创设丈夫的夫权的两种方式，而不是结婚的两种方式。

174

194. 共食婚　1. 共食婚是一项宗教行为，其细节我们并不知道。其名字来自祭神的面包或者蛋糕（panis farreus），是仪式上要求使用的。祭司们（一位“祭司”〔pontifex〕和一位“专神祭司”〔flamen〕）需要合作，必须宣读口头的套语，必须召唤证人。这种仪式在整个古典时期都有实践，但仅限于高度保守和正统的圈子里。对于某些类型的祭司职位，其任职条件是必须出生在共食婚的婚姻里，但即使是在共和国末期，有时也没有足够的符合条件的候选人。“朱比特祭司”（flamen Dialis）职位因为缺少候选人而从公元前 82 年到公元前 12 年保持空缺，一项元老院决议（公元前 12 年）被要求宣布，共食婚可以“仅在神法上”（ad sacra tantum）举行，也就是说，其效果是妻子只有在神法问题上，而不是在市民法问题上“处于夫权之下”（in

manu)。这项规则在提比略治下必须通过一项法律(公元23年)来加强，这说明贵族妇女对归于丈夫的夫权是多么的厌恶。

2. 买卖婚是一种要式买卖，妻子通过它“以一块钱的名义”(nummo uno)被卖(或者自己把自己卖)给她的丈夫。通过一个特别的“宣言”(nuncupatio)明确说明，妻子“出于婚姻的原因”(matrimonii causa)被出卖，而不是作为一个奴隶被出卖，因此其效果是：妻子此时“处于夫权下”，而不是“处于要式买受权下”(in mancipio，下文边码257)。然而，买卖婚在共和国最后一个世纪也正在消亡，其原因是，受人文主义运动影响的女性拒绝接受它。在西塞罗的《论演说家》(*De or*. 1. 56. 237)当中，演说家安东尼乌斯(Antonius)宣称，司法演说家通常不知道这个仪式的细节。在古典时期，真正的买卖婚只有在很罕见的情况下才会发生。作为一项现行的制度，只有“出于信托的原因进行的买卖婚”(coemptio fiduciae causa facta)存活下来，但这不是“出于结婚的原因”(matrimonii causa，下文边码319)而进行的。非常重要的是，在后古典的《乌尔比安摘录》当中，与丈夫进行的买卖婚不再被提到。 195. 买卖婚

3. 在共和国时期的法律当中，还有第三种方式。如果结婚并没有进行共食婚和买卖婚，那么可以适用“时效取得”(usucapio)的规则，丈夫通过时效取得夫权，也就是说，通过占有妻子一年而取得夫权。妻子可以通过离开丈夫的家“三晚”(trinoctium)的方式来中断时效取得。这种古老的方式，在西塞罗时期还是现行法，但它与人文主义的冲突太大，因而无法存续至共和国末期。据说是奥古斯都废除了它；无论如何，它在古典时期不再存在。 196. 时效婚

为了定义处于夫权下的妻子的法律地位，古典法学家使用了 197. 处于女儿的地位

这个荒谬的微妙表述：妻子“处于丈夫的女儿的地位”（loco filiae mariti est）。这个表述既不能充分描述她的社会地位，也不能充分描述其法律地位。丈夫对于处于其夫权下的妻子的法律权利和对其子女的法律权利是非常不一样的，避免使用“支配权”（potestas）这个术语，而称其权力为“夫权”是有充分理由的。在历史时期，丈夫从未拥有过对其妻子的“生杀大权”（ius vitae necisque）或将其出售的权力。然而，确实，如果新娘也处于其“家父的支配权下”（in patria potestate）或者“女性监护下”（in tutela mulierum），那么两者都被“夫权”吸收。关于她拥有财产的能力，她相当于处于支配权下的子女的地位，而且她像她丈夫的孩子一样是其丈夫的法定继承人。

如果妻子不处于夫权下（就像前面说过的那样，这在古典时期
176 是常态），那么丈夫对她没有任何法律上的权利。其后果是，如果她在结婚时处于其家父的支配权下，那么这将继续不变。如果她不
198. 自由的妻子 处于其家父的支配权下，那么必须为其指定一位监护人（tutor）。她的丈夫在法律上不是她的监护人，通常被指定为她的监护人的人也不是他。

原始文献

s. 192. Read *D.* (50. 1) 32; 38. 3 (domicile); Plautus, *Mercator,* 817 ff.; Gellius, 10. 23. 5; Hieronym., *Epist.* 77. 3; *CSEL* 55. 39 (infidelity); *D.* (47. 10) 1. 3 (*iniuria);* Gai. 3. 221 (*iniuria*).

s. 193. Read Gai. 1. 108—110.

s. 194. Read Gai. 1. 112; *Epit. Ulp.* 9. 1; Gai. 1. 136; Tacitus,

Ann. 4. 16.

s. 195. Read Gai. 1. 113, 114, 123. last sentence,

s. 196. Read Gai. 1. 111.

s. 197. Read Gai. 1. 114. 136.

s. 198. Read Gai. 1. 144.

参考文献

s. 192. Kunkel, *PW* xiv. 2283; Schulz, *Principles,* 22. 195; Beseler, *Beitr.* v (1931), 43 on *D.* (47. 10) 1. 3; Esmein, *Le mariage en droit canonique,* ii (1935), 1 ff.

s. 193. Ed. Volterra, *La Conception du mariage d' après les juristes rom.* (1940); 'Ancora sulla manus e sul matrimonio', *St. Solazzi* (1948), 675 ff.; Köstler, *Z* lv (1947), 65.*

s. 194. Wissowa, *Religion* (1912), 118; Kunkel, *PW* xiv. 2270; Brassloff, *St. Bonfante,* ii (1930), 365; Corbett, *Roman Law of Marriage* (1930), 71; Schulz, *Principles,* 193; Köster, 44.

s. 195. Kunkel, *PW* l.c.; Corbett, l.c. 78; Carrelli, *Coemptio matrimonii causa* (1933), not available; Köstler, 42. On *coemptio fiduciae causa* see W. Erbe, *Die Fiducia* (1940), 165 ff.

s. 196. Corbett, l.c. 85; Schulz, *Principles,* 192; H. J. Wolff, 'Trinoctium', *T* xvi (1939), 145.

s. 197. Schulz, *Principles,* 193 f.

五、婚姻财产法——原则

199. 处于夫权下的妻子

如果妻子处于丈夫的夫权下，那么她无权拥有任何自己的财产(上文边码 197)。她在结婚之前拥有的和后来取得的全部财产，自动由其丈夫取得，他自己单独是这些财产的所有权人，而且有权根据自己的判断“在生者之间”(inter vivos)和“出于死因”(mortis causa)处理这些财产。另一方面，妻子是丈夫的法定继承人，像任何处于其支配权下的子女一样。

200. 财产的分离

然而，在古典时期，当夫权消亡，自由婚姻变成主流时，将丈夫和妻子平等对待的人文主义目标得到根本性的贯彻。妻子和丈夫一样，仍然是各自在结婚时所拥有的财产的所有权人，婚姻期间其中一人获得财产归其个人所有。夫妻每个人都可以自由地处置自己的财产，不管是“在生者之间”还是“出于死因”。尤其是，妻子的法律行为不需要丈夫的同意。另一方面，丈夫也不对她的债务负责。简而言之，这是一个财产分离的体系(这也是现在英国自1882 年以来的体系)，而且这个体系在罗马的自由婚姻中坚定地被执行。这个体系对妻子有些不利，因为她对丈夫在婚姻期间取得的财产不享有份额，尽管对于这些财产的取得，她经常以家务的方式提供了帮助。出于这个原因，现在的女权维护者有时候更喜欢“取得共同体体系”(system of community of acquests，即收入和利润)。然而，罗马理想的妻子(出身高贵的法学家为她们拟定法律)并不希望在婚姻期间取得财产。图莉娅(Turia)的丈夫在他写的《悼词》(*Laudatio*. 1. 37)中声称：

"从你的父母那里接受的你的全部财产我们都共同勤谨地维护，因为你不希望……财产归你所有。"

（Omne tuom patrimonium acceptum a parentibus communi diligentia conservavimus: neque enim erat adquirendi tibi cura.）

此外，罗马法学家强烈的个人主义精神不会对任何类型的婚姻共同体有好感。

下述两项规则是古典体系的必然推论：

1. 丈夫在法律上没有义务扶助其妻子。

2. 妻子不（像处于夫权下的妻子那样）是其丈夫的法定继承人，丈夫也不是其妻子的法定继承人。裁判官会允许夫妻中的任何一方进行"无遗嘱遗产占有"（bonorum possessio sine tabulis），但只有在没有血亲（cognati）的情况下才允许（下文边码 417）。

这是古典法，然而，我们必须牢记，罗马有一套固定的婚姻习惯。具有严格法律视野的法学家只是偶尔提到它，但他们以它为前提，并希望给它充分的发挥空间。因为通过这种方式可能会达到最适合个案的规则。这套习惯的主要原则如下： 201. 法律和习惯

1. 这是罗马人的习惯，丈夫和妻子像任何一个罗马市民那样，都会订立遗嘱（丈夫和妻子分开订立遗嘱），并且每一方都会将其配偶指定为继承人（至少是一定份额的继承人）或受遗赠人。因此，人们几乎感受不到无遗嘱继承法的不充分。 202. 通过遗嘱继承

2. 习惯上夫妻以一种"良好和谐婚姻"（bene concordans matrimonium）的方式去对待他们各自的财产，就好像是他们共同 203. 财产共同体

的财产，妻子委托其丈夫管理她的财产，而自己仅限于管理家务。图莉娅的丈夫在他写的《悼词》(*Laudatio*. 1. 37)中宣称：

> “从你的父母那里接受的你的全部财产我们都共同勤谨地维护，因为你不希望你交给我的全部财产归你所有。我们这样分配任务：我对你的财产进行监护，你对我的财产进行照管。”
>
> (Omne tuom patrimonium acceptum a parentibus communi diligentia conservavimus: neque enim erat adquirendi tibi cura, quod totum mihi tradidisti. Officia ita partiti sumus ut ego tutelam tuae fortunae gererem, tu meae custodiam sustineres.)

当然，也有例外的情形，妻子会自己亲手管理她自己的财产。一个众所周知的例子是西塞罗的妻子特伦提娅(Terentia)。她的独立管理有时会激怒西塞罗(他经常陷于金钱窘境)，并最终导致他跟她离婚。

204. 对妻子的抚养；嫁资

3. 实际上(并非法律上，参见上文边码200)，丈夫必须抚养妻子以及他的孩子，并且要支付家庭开支。习惯上，妻子或她的父母对于家庭开支也会通过给予丈夫一笔钱或一些物品而有所分担。给予的东西被称为“嫁资”(dos)。丈夫取得这些财产的所有权，但其观念是，他应当只花费从嫁资获得的收益部分，应当保留本金作为妻子的准备金，以便婚姻因丈夫死亡或离婚而解散时可以使用。因此，嫁资具有双重的特征：一方面，是对婚姻生活支出的一种贡献；另一方面，是保证妻子在婚姻结束后的生活基金。

205. 结婚之前的赠与

即使在古典时期，这种保护寡妇或离婚女性的方式也是不充分的，因此结婚之前的赠与或多或少地变得平常。未来的丈夫会对新娘进行赠与，而新娘也会将其作为嫁资给予未来的丈夫。这种类型的赠与的后古典的发展不在本书讨论的范围之内。

206. 丈夫和妻子之间的赠与

在这个逻辑一贯、经过深思熟虑设计的法律框架内，禁止夫妻之间赠与的规则看起来像是一个粗鲁的闯入者。根据我们的原始文献，这项禁止是在共和国时期由习惯引入的："不要让他们因为相互之间的爱情而通过 [无节制] 的赠与而相互使得对方状况变坏；婚姻是不能买卖的；结婚的同意不被视为是为了获得价款而做出"（ne mutuo amore invicem spoliarentur donationibus; ne venalia essent matrimonia; ne concordia pretio conciliari videretur）。但这些记述几乎不可信。这项禁止的罗曼蒂克的道德性和教条主义的吝啬，使得它非常不适合于一个将相互关系的规制在如此大程度上交给夫妇自行决定的体系。另一方面，它非常适合奥古斯都的立法，所以把这项禁止归因到奥古斯都头上的主流观点可能是正确的。古典法学家尽可能地限制它，尤其是排除其对"死因赠与"（donatio morits causa）的适用。根据塞维鲁治下的一项元老院决议（后得到卡拉卡拉治下的一份元老院决议的扩充，公元 206 年），夫妇间的赠与变成了"合法的"（convalescunt），如果赠与人死亡时没有撤销赠与的话。这项禁止（附带这项修改）变成了优士丁尼法以及后来的欧洲共同法，但在一些地区的法律当中，塞维鲁之前的法律有时会复兴（例如，在英格兰）。

原始文献

s. 199. Read Gai. 2. 90.

s. 200. Best editions of the 'laudario Turiae': *ILS* 8393 (with Addenda in vol. iii. 2, p. cxc); *FIRA* iii, no. 69.*

s. 202. Read Pliny, *Epist.* viii. 18. 7, 8.

s. 203. Read Columella, *De re rust.,* praef. lib. xii.

s. 205. Read *C.* (5. 3) 1.

s. 206. Read *Epit. Ulp.* 7. 1; *D.* (24. 1) 1—3 pr.; 32 pr., 2. *Fr. Vat.* 276. Bracton's interesting chapter fol. 29 needs a commentary.

参考文献

s. 200. On Roman individualism Schulz, *Principles,* 146 ff. On maintenance of the wife see Koschaker, 'Unterhalt der Ehefrau und Früchte der dos', *St. Bonfante,* iv (1930), 1 ff.

s. 202. F. v. Woess, *Das römische Erbrecht und die Erbanwärter* (1911), 36 ff., 45 ff.; Brandileone, *Scritti* i (1931), 128; Esmein, 'Le testament du mari', *Mél. d'hist. du droit et de critique* (1886), 37 ff.

s. 203. On the passage in the *laudatio Turiae* see Arangio-Ruiz, *FIRA* iii. 213, n. 1, with references; Schulz, *Principles,* 148.*

s. 205. Brandileone, *Scritti, i* (1931), 117 ff., 215 ff., 229 ff.; Scherillo, *Riv. di Storia del diritto ital.* iii (1930), 69 ff.; Corbett, *Roman Law of Marriage* (1930), 205 ff.

s.206. F. Dumont, *Les Donations entre époux en droit romain* (1928, see Kaden, *Z* l, 1930, 611) ; J. B. Thayer, *On Gifts between Husband and Wife* (1929); Lauria, 'Il devieto delle donazioni fra coniugi', *Studi Albertoni,* ii (1937), 513 ff.; G. Scherillo, 'Il devieto delle donazioni tra coniugi', *St. Solmi,* i (1941), 171 ff.; Biondi, *Acta divi Augusti,* i. 1 (1945), 182; Siber, 'Confirmatio donationis', *Z* liii (1933), 99 ff., 103 ff.; De Robertis, 'La convalescenza delle donazioni fra coniugi nelle orationes di Severo e Caracalla', *St. Barillari* (1936); R. Besnier, 'Les Donations entre épous ou futurs époux en Normandie', *RH* xv (1936), 701 ff.

六、婚姻财产法——嫁资

207. 嫁资和夫权

古典的嫁资（上文边码204）需要进一步讨论。

（一）嫁资的转移

不管丈夫是否享有夫权，都可以把嫁资转移给他。可用的原始文献看起来是以自由婚姻为前提的，这可以被理解为夫权在古典时期正在消亡。

208. 嫁资在婚礼之前转移

嫁资可以在结婚之前或之后给予，但在前一种情形下，嫁资的转移“处于未定的状态”（in pendenti）。尽管丈夫立即成为这些财产的所有权人，但它还不是嫁资，只有在结婚时才能变成嫁资。如果婚姻确定结不成，那么这些财产的返还可以通过“原因未达成的请求给付之诉”（condictio causa non secuta）来主张。

209. 转移行为

嫁资的转移要求一项足以把权利转移给丈夫的法律行为。通常这种权利是所有权，但也可以是其他任何类型的权利，用益权、地役权或者仅仅是请求权。因此，如果是所有权，则要求要式买卖、拟诉弃权、交付或者间接遗赠（legatum per vindicationem）；如果转移的是一项请求权，那么必须通过“要式口约”进行“诉讼让与”

（cessio actionis）或者“嫁资承诺”（promissio dotis）。显然，所有这些法律行为都不仅仅可以适用于嫁资转移。然而，存在一种仅适用于嫁资转移的行为，即“嫁资允诺”（dotis dictio）。这是向丈夫做出的一项宣告，表示特定的财产应作为嫁资，例如，“我的女儿的嫁资为一百赛斯特提乌斯”（dotis filiae meae erunt centum）。从这个行为可产生一项在结婚之后必须履行的债。由于原始文献的缺乏，这项行为的细节仍有疑问。因为“嫁资允诺”在后古典时期消失了，所以拜占庭的汇编者们把它们彻底从古典文本中删除并以“嫁资承诺”来替代它。进一步的调查也许可以成功地发现这些被篡改过的文本的古典内容。

古典法不存在默示嫁资（dos tacita）。如果离婚的妻子回到她之前的丈夫身边，并与其重新结婚，那么这个行为并不蕴含着嫁资重新生效，即便这笔财产仍然在丈夫手里。然而，在这种情况下，
210. 默示嫁资 一项非要式的宣告便可以使其重新变成嫁资。汇编者们偷偷地把“默示嫁资”加到古典文本中去。当代的法律人由于受这些篡改的鼓动，有时候走得更远，认为新娘的全部财产（如果未明确表示相反意见）都被视为是“默示嫁资”。这当然意味着要把古典体系整个翻过来。因为古典法希望妻子拥有自己的财产，因此要求嫁资的转移必须要有一项明示的法律行为。

211. 移转嫁资和外来嫁资 嫁资可以由即将结婚的新娘或妻子、她的父亲或祖父，或者任何其他人给予。由其父亲或祖父给予的嫁资被称为“移转嫁资”（dos profecticia）（“因为是从父亲那移转过来的”〔quia proficiscitur a patre〕）。对于其他种类的嫁资，古典法没有特别的名称。在后古

典时期出现了“外来嫁资”(dos adventicia)这个不幸的术语，用于表示任何不属于“移转嫁资”的嫁资。把妻子转移的嫁资称为“外来嫁资”当然既不正确又混乱。

(二)婚姻期间的嫁资

嫁资在婚姻期间的法律地位在古典法当中非常简单清晰：丈夫 212. 罗马的嫁资和希腊的嫁资
拥有通过嫁资转移而转让给他的权利。就像前面说过的(上文边码209)，这种权利可以仅仅是一项用益权，而如果用益权变成了“嫁资转移”(dotis datio)的常规内容的话，罗马的嫁资就变成了类似于希腊的“προίξ”或者“φέρνη”的东西。然而，共和国时期的考特拉法学(cautelary jurisprudence)显然倾向于让当事人选择转移所有权，并成功达到目的，因为在古典时期丈夫通常都是嫁资的所有权人。不管怎样，我们将仅限于对这种情形作如下讨论：

对于作为嫁资转移给丈夫的财产，丈夫自己单独享有所有权。
他有权根据自己的判断使用、管理，甚至处置它。尽管如果他后来 213. 古典原则
需要返还嫁资的话，他可能是要负责任的。在婚姻期间，妻子无权干涉，并且没有任何方式可以让她阻止丈夫挥霍嫁资。然而，必须牢记自由的罗马离婚法，妻子可以立即通过离婚并要求返还嫁资来阻止他。

丈夫对嫁资享有完全的、无限制的所有权。信托所有权或托管人地位的观念对古典法而言是完全陌生的。确实，裁判官告示有一个标题是“关于妻物”(de re uxoria)(Lenel, *Edict*. tit. xx.)，而且要求返还嫁资的裁判官诉讼被称为“妻物之诉”(actio rei uxoriae)，但通过这种用法并不能证明婚姻期间的嫁资的官方名称是“妻物”(res uxoria)。这个术语仅指婚姻因丈夫去世或离婚而解散之后的

嫁资。婚姻因这些原因解散后，作为嫁资而转移给丈夫的财产严格来讲不再是嫁资，而用“妻物”这个术语来描述必须返还给妻子的财产是非常恰当的。

214.《关于嫁资土地的尤利亚法》

对这项古典原则只有一个例外：丈夫不允许未经妻子同意转让作为嫁资的意大利土地，甚至在其妻子同意时也不能将其抵押。这项禁止是由奥古斯都的《关于通奸的尤利亚法》(*lex Iulia de adulteriis*)引入的，相关的这一章被引用为《关于嫁资土地的尤利亚法》(*lex Iulia de fundo dotali*)。把嫁资作为离婚的妻子或寡妇的生活预备金的构想(上文边码 204)在这种情况下起了作用。

215. 嫁资的孳息

丈夫有权使用作为嫁资而给予他的财产，并有权收取孳息。即使在他有义务返还嫁资时，他也可以保留这些孳息。背后的观念肯定是这样的：嫁资被用来作为对婚姻生活支出的贡献。但这个观念显然没有被古典法学家明确提到，包含它的所有古典文本都是经过篡改的。这些篡改并非全部源自拜占庭，因为我们可以在前优士丁尼文本中碰到它们。它们可能源自古典晚期或后古典时期的法学派。无论如何，这个观念本身是古典的。因此，嫁资的转移从来不是一项赠与。

216. 嫁资作为一项信托

在后古典法学中，我们遇到把嫁资视为信托的趋势，丈夫作为受托人，妻子作为受益人。没有形成固定的术语，但这个观念可以在不同的表述中看到。波埃修(Boethius，于公元 525 年去世)在其对西塞罗的《论题学》(*Topica*)的评注中(6. 17. 65)宣称：

> “嫁资在婚姻当中一直处于丈夫的财产中，但仍处于妻子的权利中。”

（Dos enim licet matrimonio constante in bonis viri sit, est tamen in uxoris iure.）

我们不知道波埃修所用的原始文献，但肯定是后古典时期的法律书籍。无论如何，我们在一个后古典文本中碰到类似的表述，这个文本被归到特里芬尼努斯（Tryphoninus）头上：

D. 23. 3. 75："尽管嫁资处于丈夫的财产中，但仍是妻子的。"

（Quamvis in bonis mariti dos sit, mulieris tamen est.）

在另一个后古典的文本（*D.* 11. 7. 16）当中，嫁资被称为"妻子的准财产"（quasi patrimonium uxoris）。优士丁尼宣称，丈夫和妻子都是被作为嫁资交付的东西的所有权人，妻子是"自然法上"（iure naturali）的所有权人，丈夫则是"法律逻辑上"（legum subtilitate）的所有权人。这样就接近英国的表述了，即受益人被称为"衡平所有权人"，受托人被称为"法律的所有权人"或"名义上的所有权人"，甚至英国的表述很有可能是从优士丁尼法发展而来的。在前优士丁尼时期，这种新的观念很少导致对古典法的实质性改变。通常它仅被用来为古典的裁决提供理由。然而，如果在婚姻期间，丈夫把嫁资的孳息给予妻子，其价值超出他的抚养费用，那么根据古典法，这是一项被禁止的赠与。而后古典的法学家完全否认它是一项赠与。更重要的是，优士丁尼创造了下述规则：因为他认为妻子是受益人，因此，他在她的婚姻结束后赋予她一项"所有物返还之诉”（rei vindicatio）。甚至妻子可以在婚姻期间要求返还嫁资，如果它因丈夫的不当管理而遭受危险的话。考虑到古典的自由离婚法，对妻子的这种保护会被古典法学家认为是多余的。但这种自由在优士丁尼法中已经不再存在。此外，优士丁尼并不鼓励妻子跟丈夫离婚。最后，优士丁尼禁止对属于嫁资的东西进行任何转让（即使得到妻子的同意），并且允许嫁资在婚姻期间被返还给妻子。这样，很清楚，信托的观念取得了很大的进步。不幸的是，这些革新在汇编当中被贯彻得如此不完美，并且古典文本在很大的程度上未被修改，以至于罗马嫁资确切的法律本质自注释法学派以来一直是一个争议不休的问题。找不到一个各方面都满意的表述来描述它，因为信托的概念对大陆共同法而言是陌生的。

（三）婚姻终止后的嫁资

217. 担保和妻物之诉

在嫁资转移时或者之前，提供嫁资的人可以要求丈夫做出婚姻终止后返还嫁资的要式口约（妻物担保〔cautio rei uxoriae〕）。如果没有这样的要式口约，那么存在一项可以要求返还嫁资的裁判官诉讼，叫作“妻物之诉”（上文边码 213）。这项诉讼是由裁判官在共和国时期创造的（西塞罗知道它），但在某种程度上被奥古斯都的立法改革过。然而，这项诉讼早期的历史仍很模糊，只有古典时期的情况我们知道得多一些，其程式是有疑问的，但它肯定是一项“对人诉讼”（上文边码 56），并且是一项“诚信诉讼”（上文边码 60），尽管据说其程式中并没有通常的“根据诚信”这个短语。

218. 妻物之诉的条件

“妻物之诉”的条件如下：

1. 如果妻子在婚姻中死亡，所谓的“外来嫁资”（上文边码 211）就会永久性地由丈夫保留，而妻子的继承人则被排除。“移转嫁资”（上文边码 211）必须要被返还给那个父亲，如果他还活着的话（每个孩子扣减 1/5）。如果他去世了，那么嫁资永久性地由丈夫保留。

2. 如果婚姻因为丈夫去世或离婚而解散，那么“移转嫁资”和“外来嫁资”都要返还。如果妻子仍处于其家父的支配权下，那么诉讼由父亲“附带女儿的身份”（adiuncta filiae persona）提起，据说程式中要提到妻子的名字。如果妻子是自权人，那么诉讼由她自己提起。在任何情况下，这种诉讼不会转移给父亲或妻子的继承人，除非丈夫陷于“债务人迟延”（in mora debitoris）。

上述规则需要一个解释。不管是不是有孩子，嫁资都在如此大的程度上由丈夫保留，这看起来很奇怪。另一个奇怪的地方是，这种诉讼不能转移给权利人的继承人。这整个形势可能是由奥古斯都的立法确定的，其背后的观念可能如下：

1. 如果妻子在婚姻期间死亡，考虑到孩子，嫁资原则上由丈夫保留，在没有孩子的情况下仍然由丈夫保留，以便他可以重新结婚。然而，也要适当地考虑家父的支配权（上文边码 188），因此，“移转嫁资”总是要返还给妻子的家父，如果他还活着的话。

2. 如果妻子活着，那么嫁资在任何情况下都要返还，因为这是给她维持生活并帮助她重新结婚用的。

3. 如果当事人希望有不一样的安排，那么他们可以用要式口约来达成。

关于嫁资的返还，在这里做如下几点说明就够了：

1. 丈夫必须返还被作为嫁资转移给他的东西，包括嫁资为他带来的任何增益。他只有权保留嫁资的孳息（上文边码 215）。 219. 嫁资的返还

2. 在东西已经被丈夫转让的情况下，丈夫有义务返还其价值，对由于其过错而贬值或毁损的东西，他要进行赔偿。

3. 可替代物必须分三期（每年一期）返还，其他东西应立即返还。这项规则肯定可以追溯至奥古斯都的立法，但可能只是采纳了共和国时期“考特拉实践”（cautelary practice）的做法。

4. 古典形式的“五种保留”（quinque retentiones）也是源自奥古斯都的制定法，出于以下五个原因当中的任何一个，丈夫都有权保留一部分嫁资：

（1）因为孩子（propter liberos）。每个孩子可保留 1/6 的嫁资，但无论如何不超过 3/6（一半）。

（2）因为妻子的道德（propter mores uxoris）。因为妻子违反道德，在不那么严重的情况下是 1/8，在严重的情况下是 1/6。

（3）因为花费（propter impensas），即因为对嫁资支出的费用。

（4）因为赠与（propter res donatas）。如上文所说（边码 206），丈夫和妻子之间的赠与是无效的，因此，丈夫可以要求返还他的赠与，在他没有获得返还的范围内，他可以保留嫁资的相当部分。

（5）因为被拿走之物（propter res amotas）。如果在离婚后，妻子拿走属于丈夫的东西，以便可以通过这种自助行为要回她的嫁资，那么这不被视为盗窃。妻子拿走的物因此不被称为“盗窃物”（res furtivae），而是被称为“被拿走之物”（res amotae）。裁判官赋予丈夫“被拿走之物的诉讼”（actio rerum amotarum），这种诉讼不会导致不名誉。此外，因为被拿走之物，丈夫可以保留嫁资的足够部分。

优士丁尼对古典的要求返还嫁资的诉讼进行了剧烈的改革。

此时，嫁资再也不由丈夫保留，它总是要被返还，而且诉讼可以转移给权利人的继承人。土地必须立即返还，所有其他物品在一年期限到期后返还。“保留的考量”（scrupulositas retentionum，上文边码 219）完全被废除。甚至这项诉讼的古典名称都没有被保留。优士丁尼宣布，这项诉讼一方面应被视为由一项“默示的要式口约”（stipulatio tacita）引起的，因此就像“基于要式口约的诉讼”（actio ex stipulatu）那样，但尽管如此，还是应被视为一种“诚信诉讼”，就像“妻物之诉”那样。汇编者们因此从古典文本中消除了“妻物之诉”这个术语，并用“嫁资之诉”（actio de dote）来替代它；他们“对古代的尊重”（reverentia antiquitatis）以及他们的文学品味使得他们没有在古典文本中插入畸形的“基于默示的要式口约的诚信诉讼”（actio bonae fidei ex stipulatione tacita）。这项优士丁尼的诉讼像古典时期的诉讼那样，是一项“对人诉讼”，但它以丈夫的全部财产作为“一般抵押”（hypotheca generalis）。此外，一项“所有物返还之诉”被赋予妻子，就像我们已经提到过的那样（上文边码 216）。“被拿走之物的诉讼”（上文边码 219）在前优士丁尼法中已经改变，它此时也赋予妻子用以对抗丈夫。最后，所有的“名誉诉讼”（上文边码 79）在丈夫和妻子之间都被禁止。 220. 优士丁尼法

原始文献

s. 208. Read *D.* (23. 1) 10 [*nisi* ... *fin.*]; *D.* (23. 3) 47; Paul. *Sent.* (2. 21*b*) 1.

s. 209. Read Gai. 2. 63; *Epit. Ulp.* 6. 1 and 2; *CTh.* 3. 13. 4.

s. 210. Read *D.* (23. 3) 30 [*dum* ... *convenisse*]; (23. 3) 31; (23.

3) 64 (spurious). The classical tendency is revealed by the question in *Fr. Vat.* 115.

s. 211. Read *Epit. Ulp.* 6. 3; *D.* (23. 3) 5 pr.

s. 214. Read Paul. *Sent.* (2. 21*b*) 2; Gai. 2. 63; C. (5. 13) 1. 15; *Inst, Iust.* (2. 8) pr.

s. 215. Read *D.* (23. 3) 7 pr. (entirely spurious, but substantially classical) and § 1 [*nisi ... redduntur*]; Fragm. Oxon. (Seckel-Kübler, *Jurisprud. anteiust.* ii. 1, p. 163 [*quia ... sustinet*].

s. 216. Read *C.* (5. 12) 30 pr. 1; *C. Th.* (3. 13) 3. 1; cf. *C. Just.* (5. 19) 1 with Koschaker, l.c. 19.

s. 217. Read Gellius, 4. 3. 2 (= Seckel-Kübler, *Jurisprud. anteiust.* 1. 33); *Epit. Ulp.* 6. 4; Gai. 4. 62; Lenel's problematical reconstruction of the *formula*: Lenel, *Edict,* p. 305.

s. 218. Read *Epit. Ulp.* 6. 4—7; *Laudatio Murdiae* (*FIRA* iii, no. 70), 1. 6.

s. 219. 1. Read *D.* (23. 3) 4; 10. 1. 2, 32, 65.

s. 219. 2. Read *D.* (24. 3) 66 pr. (23. 3) 17 pr. [*sed... exhibet*].

s. 219. 3. Read *Epit. Ulp.* 6. 8.

s. 219. 4. Read *Epit. Ulp.* vi. 9, 10, 12, 14-17; *D.* (25. 2) 1.

s. 220. See *C.* (5. 13) 1; on the post-class. *actio rerum amotarum* read *C.* (5. 21) 2, interp., and *Epit. Ulp.* 7. 2.

参考文献

ss. 207 ff. For the literature of the 19th century see Windscheid,

Pand. iii, §§ 492 ff. Modern literature: Bonfante, *Corso,* i (1925), 283 ff.; Corbett, *Roman Law of marriage* (1930), 147 ff; M. Lauria, 'La dote romana' (1938), estratto dagli *Atti dell' Accademia di scienze morali e politiche della Società reale di Napoli,* vol. lviii.*

s. 208. Albertario, 'Sulla dotis datio ante nuptias', *Studi,* i (1933), 317 ff.

s. 209. Berger, 'Dotis dictio in röm. Recht', *Bulletin de l'Académie des Sciences de Cracovie* (1909), 75 ff.; Lauria, l.c. 7 ff.; Daube, *Juridical Review,* li (1939), 11 ff.; Berger, *Journal of Juristic Papyrology,* i (1945), 13 ff.; Riccobono, *Bull.* viii-ix (1947), 39.

s. 210. E. Levy, *Der Hergang der röm. Ehescheidung* (1925), 12; Windscheid, *Pand.* iii, § 494, notes 12 and 13.*

s. 211. Albertario, 'Dos profecticia e dos adventicia', *Studi,* i (1933), 281.

s. 212. Beauchet, *Histoire du droit privé de la république Athénienne,* i (1897), 303; R. Taubenschlag, *The Law of Greco-Roman Egypt* (1944), 95.

s. 213. Albertario, 'Subtilitas legum e moderamen naturalis iuris nel diritto dotale romano-giustinianeo', *Studi,* i (1933), 369 ff.; H. J. Wolff, *Z* liii (1933), 297 ff. with references.

s. 214. Windscheid, *Pand.* iii, § 497, with references; Biondi in *Acta divi Augusti,* i (1945), 127.

s. 215. Koschaker, 'Unterhalt der Ehefrau und Früchte der dos',

St. Bonfante, iv (1930), 3 ff.; Albertario, 'La connessione della dote con gli oneri del matrimonio', *Studi,* i (1933), 293 ff.; H. J. Wolff, *Z* liii (1933), 360 ff.; Beseler, *Z* lxvi (1948), 337, 291 f.; *Dos* a donation? Wrongly Albertario, *Studi,* i (1933), 373; Lauria, l.c. 19; cf. Windscheid, *Pand.* iii, § 492.

s. 216. Concerning fruits see Koschaker, l.c. 5 and 12; on Justinian's law see Partsch, *Aus nachgelassenen und kleineren verstreuten Schriften* (1931), 345; Taubenschlag, *The Law of Greco-Roman Egypt* (1944), 96; on continental common law Haenel, *Dissensiones dominorum* (1834), § 266; Windscheid, *Pand.* iii, § 496.*

s. 217. Solazzi, *La restituzione della dote nel diritto romano* (1899); E. Levy, *Privatstrafe und Schadensersatz* (1915), 35, with references; Biondi, *Iudicia bonae fidei,* i (1920), 178 ff.; Lenel, *Edict.* (1927), § 113; Capocci, *Bull.* xxxvi (1928), 139; H. J. Wolff, *Z* liii (1933), 300 ff.*

s. 218. On 'actio adiuncta filiae persona' see Wolff, l.c. 301 ff.*

s. 219. 2. Arangio-Ruiz, *Responsabilità contrattuale in diritto romano* (1933), 201 ff.: Pflüger, *Z* lxv (1947), 147 ff.

s. 219. 4*c*. Schulz, *Z* xxxiv (1913), 57 ff.; Riccobono, *Annali Palermo* iii/iv (1915), 409 ff.; J. Ph. Levy, *Les Impenses dotales en droit classique* (1937).

s. 219. 4*e*. Zanzucchi, *Riv. It.,* xlii (1906), 1 ff.; E. Levy, *Privatstrafe und Schadensersatz* (1915), 114 ff.; Schulz, *Epit. Ulp.*

(1926), 32; Lenel, *Edict.* (1927), § 115.

s. 220. Tripiccione, *L'actio rei uxoriae e l'actio ex stipulatu nella restituzione della dote secondo il diritto giustinianeo* (1920).*

七、婚姻财产法——妻子的财产

221. 嫁资之外的妻物

在一项自由婚姻中，妻子可以拥有自己的财产(上文边码200)。如果她拥有这种财产，那么她的所有权是没有限制的，她可以管理和处置它们，而无须得到丈夫的同意。她当然也可以让丈夫管理它们，然后适用委托(mandatum)或者劳务合同(locatio conductio operarum)的一般规则。在我们的古典文本中，这种财产曾被称为“妻子的财产”(parapherna)，也就是说，“嫁资之外的物”(res quae extra dotem sunt)，但这个文本是伪造的。然而，这个词变成了一个现代的专门术语，因为法学家们喜欢表明他们懂一些希腊语。

222. 穆奇乌斯推定

在古典法中存在一种推定，即妻子在婚姻期间取得的全部财产都是从她的丈夫那里取得的，对此可以提出相反的证据。在我们的原始文献中，昆图斯·穆奇乌斯(Q. Mucius)是第一个提到这个推测的人。这个推测被称为“穆奇乌斯推定”(praesumptio Muciana)，尽管他只是想要报告法院的实践。这并不是说妻子在婚姻期间的全部所得都被假设是通过其丈夫的赠与取得的，但欧洲共同法的学说是这么理解的。因为配偶之间的赠与是无效的，所以其效果是，妻子在婚姻期间的全部所得都被认为属于丈夫。正是法学家的家长式态度导致这种理解，但它已经被汇编者们所提倡，他们把这个文本插到《学说汇纂》的“关于丈夫和妻子之间的赠与”（de donationibus inter virum et uxorem）标题下。

原始文献

s. 221. Read *D.* (35. 2) 95 pr.; (23. 3) 9. 3, first sentence.

s. 222. Read *D.* (24. 1) 51 [*et verius ... habeat*]; [*evitandi... prosasse*].

参考文献

s. 221. Windscheid, *Pand.* iii, § 507; Castelli, *Scritti giuridici,* i (1923), 1 ff.

s. 222. Lenel, *Pal.* 2. 64; *Index Interp.* ad *D.* (24. 1) 51; Schulz, *History,* 205, n. 1; Scherillo, *Studi Solmi,* i (1941), 174; Windscheid, *Pand.* iii, § 509. 5.

八、婚姻的终结

婚姻因离婚、身份上的某些变化以及死亡而终结。

（一）离婚（divortium, repudium）

223. 离婚自由　在古典法中，任何婚姻，不管丈夫是否有夫权，都可以由配偶双方通过协议解散或者由其中一方以通知的方式解散。排除或限制离婚的协议是无效的，也不可能以“要式口约”的方式约定离婚时应支付一笔罚金。这种无限且不可限制的离婚自由看起来会让现代的道德学家和法学家非常反感，并且看起来显然是罗马堕落的一个标志。实际上，就像我们在上文已经强调过的那样（上文边码180以下），这种自由是古典人文主义婚姻法不可避免并不可或缺的拱心石。这在我们的原始文献中有着清楚的叙述。

皇帝亚历山大在公元223年的一份批复中宣称：

> C. 8. 38. 2："在古代，人们喜欢自由的婚姻。因此不得离婚的简约是无效的，而对提出离婚的一方科以罚金的要式口约也不被视为有效。"
>
> （C. 8. 38. 2: Libera matrimonia esse antiquitus placuit. Ideoque pacta, ne liceret divertere, non valere et stipulationes, quibus poenae inrogarentur ei qui divortium fecisset, ratas non haberi constat.）

我们在保罗的一项解答中也遇到相同的决定：

> *D*. 45. 1. 134. 1："因为通过罚金来约束将来或者已经缔结的婚姻被视为是不光彩的。"
>
> （*D*. 45. 1. 134. 1: ...quia inhonestum visum est vinculo poenae matrimonia obstringi sive futura sive iam contracta.）

这个句子可能是伪造的，但本质上是古典的。甚至所谓的《新奈提卡注疏》（*scholia Sinaitica*）的作者也宣称：

> "包含罚金的永久婚姻协议是荒谬的，它不是建立在合意

的基础上的。”

（§ 6: absurdum enim, matrimonium perpetuae concordiae indigens poena et non consensu consistere.）

这个文本特别有价值，因为在作者那个时期，这个原则不再是无条件有效的。这表明它在罗马道德和罗马法律学说当中是多么根深蒂固。

合伙可以在任何时候撤销，任何通过协议进行的限制都是无效的。因此，完全的离婚自由是不可避免的，因为个人自由受婚姻的影响远比合伙大。与希腊和东方的法学家不一样，罗马法学家认识到法律的真正限制，他们认识到，违背夫妻意愿维持婚姻超出了法律的能力范围，因为法律从来不能强迫他们和平地生活在一起。法律可以在法律意义上维持婚姻，但是婚姻单纯在法律上的存在对于道德和社会都没有什么意义。在绝大多数案件中，强行维持婚姻只会产生让双方各自进行非法同居或进行其他不合法结合的效果，更不用说双方当事人和他们的律师为了逃避这些法律规则而采用的策略了。

224. 婚姻的稳定性

关于自由的罗马古典婚姻法的社会效果，并没有可靠的事实和报告可供利用。在共和国最后一个世纪，离婚的数字比早些时候大，这当然是真实的，但这并不必然意味着道德的败坏。男人和女人的个体人格的发展不可避免地增加了稳定的婚姻生活的难度。一个很好的例子是西塞罗和特伦提娅的婚姻。她在很多方面都比他优越。此外，革命时期的动荡局势，对于提供政治人物的社会阶层而言会产生对婚姻不利的效果。图莉娅（Turia）的丈夫宣称（1.

27)：

“持续时间这么长的婚姻是罕见的，因为死亡而终止，而不是因为离婚而中断。因为发生在我们身上的是四十一年没有障碍的婚姻。”

(Rara sunt tam diuturna matrimonia, finita morte, non divertio interrupta: nam contigit nobis ut ad annum XXXXI sine offensa perduceretur.)

然而，持续了四十一年的婚姻总是很少见的。在元首时期，婚姻的稳定性显然是正常的。在铭文中，我们遇到了很多长期的婚姻。特里马乔(Trimalchio)以一个真正的罗马人的姿态宣称(Petron. *Cena*, 74. 16)：“有人建议我和我的妻子离婚，因为我们没有孩子，但是我拒绝这么做，因为我是一个非常好的人，不希望看起来显得轻率”。受习惯约束的罗马人的“庄重感”(gravitas)，比法律的禁止和阻碍更有效。

225. 对离婚的惩罚

对轻率离婚的惩罚不为共和国时期的法律所知，但丈夫返还嫁资的义务，实际上起到一种惩罚的作用。西塞罗在必须返还特伦提娅的嫁资时陷入了财务窘困。他的女婿多拉贝拉(Dolabella)在和图里娅(Tullia)的婚姻终结时也是如此。“因子女的保留”(retentio propter liberos，上文边码 219)也有类似的效果。奥古斯都只在一种情况下禁止离婚：如果女解放自由人与其恩主结婚，那么未经恩主的同意不得离婚。在违反这项规则时，婚姻也被解散，但是妻子将丧失“结婚的权利”(conubium)，如果她希望再婚的话。基督教的立法只允许因特定的理由离婚，并为违反的情形规定了惩罚。我们在这里将不追寻这个发展的过程。需要指出的重要问题是，在优士丁尼法中，古典的原则在以下程度上得到维持：甚至被禁止的离婚也是有效的，尽管会受到惩罚，因此，离婚了的夫妇可以再婚。教会法抛弃了这项原则。

226. 由父母达成的离婚

夫妻当中的每一方都有权离婚。如果他们处于其父亲的支配权下，则他们的父亲有权解散婚姻——即使是一项“良好和谐的婚姻”（bene concordans matrimonium）——而不要求他们的孩子同意。这项家长式的规则当然明显与人文主义有冲突，但——就像上文已经说过的那样（边码 188）——古典法学家害怕干涉家父的支配权。最终这项更古老的规则被安敦尼·庇护或马可·奥勒留废除。

200

227. 离婚的行为

在古典时期，离婚通过非要式的协议或夫妻当中的一方的宣告而达成。在这两种情况下，共同生活的实际解散都是要求的。这项规则的例外是《关于通奸的尤利亚法》创设的。丈夫因此而有义务与他的有通奸行为的妻子离婚，否则他自己就有“纵容”（lenocinium）的罪过。这种情况下的离婚必须在七名证人面前宣布。然而，即使在这种情况下，一项非要式的宣告也足以解散婚姻，尽管不能避免惩罚。

在后古典时期，离婚契据越来越平常，最终法律也要求离婚契据。这项要求被优士丁尼维持，但《学说汇纂》的汇编者们也允许在七名证人面前宣告，这是把我们刚刚提到的《关于通奸的尤利亚法》的规则进行一般化。他们可能是希望强制性地要求由七名证人签名的书面宣告。

（二）身份的变化

婚姻还会因某些身份变化而解散。首先是“人格最大减等”（上文边码 123）。此外，如果女解放自由人的丈夫进入元老院阶层（上文边码 191）或者丈夫参军（直至塞维鲁，参见上文边码 191），那么婚姻也解散。 228. 身份的变化

（三）死亡

最后，婚姻因死亡而终止。如果配偶当中的一方长期消失以至于他或她是否还活着成了疑问，那么另一方也可以通过“向可能有关的人”做出宣告的方法解散婚姻。当然，重新结婚是解散婚姻的意图的充分表示。 229. 死亡和失踪

（四）婚姻终止的法律效果

嫁资的返还在上文（边码 217 以下）已经进行了充分的讨论。我们已经说过（上文边码 200），妻子在婚姻期间在法律上不享有要求丈夫抚养她的请求权。在婚姻终止之后，她也没有这样的请求权，即便婚姻是因为丈夫的过错（culpa mariti）而解散的。这项否定性的规则无论如何也不是自由婚姻的必然结论，但罗马法学家似乎是这么认为的。他们认为对离婚的妻子或寡妇的生活维持，有嫁资和“婚前赠与”（donatio ante nuptias，上文边码 204）就足够了。在这些财产不够的情况下，他们会说，妻子或其父母应当通过要式口约，在婚礼前约定更充分的准备财产。这个非常偶然的“放任”（laisser-faire）态度再次揭示了这个事实：罗马法学家主要是为“有钱人”（beati possidentes）设想的。 230. 妻子的抚养

如果婚姻因离婚而解散，丈夫的夫权（如果仍存在的话）不会自动终止。如果发生过买卖婚（上文边码 195），那么要求有一项“反 231. 夫权的终止

要式买卖”（remancipatio）；在共食婚（上文边码 194）的情况下，则要求有一项“取消共食婚仪式”（diffarreatio）。丈夫可能会被强制进行这些行为。

232. 等待期　在婚姻终止后，配偶中的每一方都可以重新结婚，但是，如果婚姻因为丈夫的死亡而解散，那么根据裁判官告示，妻子必须在一定的服丧期（十个月）结束之后才能再婚。这个规则背后的观念不是要防止“血统混乱”（turbatio sanguinis），因为如果这是等待期设立的目的的话，那么在婚姻因离婚而终止时也应该遵守等待期才对。因此，妻子必须遵守这个时间，即使她在丈夫死后很短的时间内生了一个孩子。在后古典时期，服丧期被规定为一年。妻子在服丧期内要遵守的义务被公元 240 年之前的某个日期的一项元老院决议减轻。然而，汇编者们认为，这项制定法完全废除了强制性服丧，从那以后，等待期的目的应该仅仅是为了防止“血统混乱”。因此，他们把古典文本改得与该目的相一致，并把关于等待期的规定扩展适用于离婚的女人。最后，必须补充说明的是，防止（在因离婚或丈夫死亡而解散第一次婚姻之后）第二次结婚时发生“血统混乱”的观念在共和国和古典时期是众所周知的，但这是祭司法而不是裁判官告示关心的事。

202

原始文献

s. 224. See the following inscriptions (the number of the years of matrimony are given in round brackets): *ILS* 1397 (31); 1259 (40); 1526 (44); 1612 (24); 1756 (38); 7789 (51); 1763 (45); 8140 (30); 8393 (41); 8401 (60); 8430*a* (15 and 28).

s. 226. Read Paul, *Sent.* (5. 6) 15; *C.* (5. 17) 5 pr. [*nisi … fecerit*].

s. 227. Read *D.* (24. 2) 2 pr. § 1; *C.* (5. 17) 6; *Nov. Theod.* xii pr. = *C.* (5. 17) 8 pr.; *D.* (24. 2) 9.

s. 231. Read Gai. 1. 137*a*.

s. 232. Read *D.* (3. 2) 11. 1—3 (heavily interpolated).

参考文献

s. 224. Friedländer-Wissowa, *Sittengeschichte,* i. 283 ff.; W. Kroll, *Die Kultur der Ciceronischen Zeit*, ii (1933), 38, 47 ff., 52 f.

s. 225. On the *liberta* see E. Levy, *Der Hergang der röm. Ehescheidung* (1925), 137 ff.; Solazzi, *Bull.* xxxiv (1925), 295 ff.; Corbett, *Roman Law of Marriage* (1930), 243; Volterra, 'Sul divorzio della liberta', *St. Riccobono,* iii (1936), 203 ff.*

s. 226. Solazzi, *Bull.* xxxiv (1925), 1 ff.; Levy, l.c. 145; G. Longo, *Bull.* xl (1932); Kaser, *Z* lviii (1928), 83; Taubenschlag, *Law of Greco-Roman Egypt* (1944), 106.

s. 227. Levy, l.c.; Solazzi, l.c. 312 ff.; Corbett, l.c. 218 ff.

s. 228. Kunkel, *PW* xiv. 2273; Corbett, *Roman Law of Marriage* (1930), 211.

s. 229. E. Levy, 'Verschollenheit und Ehe in antiken Rechten', in *Gedächtnisschrift für Emil Seckel (1927*), 145 ff.; Kunkel, l.c. 2272.

s. 231. Kaser, l.c. with references.*

s. 232. Karlowa, *Z. f. RG.* ix (1870), 229 ff.; Windscheid, *Pand.* iii, § 512; Corbett, l.c. 249; Volterra, ‘Un’ osservazione in tema di impedimenti matrimoniali’, *Studi Albertoni,* i (1933), 401 ff.; ‘Osservazioni sull’ obbligo del lutto nell’ editto pretorie’, *Riv. It.* viii (N.S., 1933), 1 ff.; Rasi, *Scritti Ferrini,* i (1947), 393 ff. with, references; Kübler, *PW* xiii. 1607.

附录：同居

233. 术语

204

古典的同居（concubinatus）是一种允许但又不合法的男人和女人的稳定结合。同居的女人被定义为，“没有结婚的妻子，像妻子一样与某人生活在一起的女人”。这样的女人的官方称谓可以说是“同居女人”（concubina）。一段刻在墓碑上的铭文提到一个女解放自由人吕西斯特拉特（Lysistrate）是“被尊奉为神的庇护的同居女人”（concubina divi pii）。在非官方的用法上还有其他称谓出现：“女朋友”（amica）、“女客人”（hospita）、“女佣”（focaria）。

234. 社会特征

罗马的同居女人从根本上不同于娼妓（meretrix），我们的原始文献有时候会强调两者的差异。男人有同居的女人并不违背罗马的道德（甚至像安敦尼·庇护和马可·奥勒留这样的好皇帝也有同居女人）。而且，与别人同居对女人来讲也不是耻辱。与自由的女人或女奴隶同居早在共和国时期就有发生，但看起来在元首期变得更常见。这是奥古斯都立法的一个不受欢迎的效果，因为在法律禁止结婚的情况下，当事人就会选择同居。尤其是被禁止结婚的普通士兵，他们通常都采用同居的方法来应对（上文边码 191）。

然而，同居在古典时期仅获得社会的承认，奥古斯都的立法既没有允许也没有规制，甚至都没有提到它。它没有发展成婚姻的一个类型，而仍然是一种非法的关系。同居女人的孩子不过是非法的孩子（私生子）；同居女人的不忠不会构成通奸。在这些准配偶之间进行的赠与是有效的；只有“士兵们的皇帝”卡拉卡拉禁止军人向其同居女人进行赠与（但反过来是可以的）。因此，对于古典法学家而言，只剩下一个问题：在什么条件下同居是允许的？简单的回答是：（除了皇帝的特别许可之外）如果某人和某个女性进行任何其他非法结合都是允许的，那么他就可以和她同居。奥古斯都的立法禁止与自由出生并且高贵的女性进行非法结合，如有违反则处以“淫乱”（stuprum）的惩罚。与解放自由人或者名声不好的女性进行非法结合是允许的。奥维德在其《爱的艺术》（*Ars amatoria*）当中记述的就是这一类女性： 235. 法律特征

> “我要歌唱安全的爱情和允许的盗窃，并且在我的诗里不存在犯罪。”
>
> （1. 33: Nos Venerem tutam concessaque furta canemus Inque meo nullum carmine crimen erit.）

与这一类女性同居也是允许的。

谨记这些事实，我们就不会对一个男人同时有两个同居女人而感到惊讶。罗马的同居并不是一夫一妻制的结合体。甚至一个丈夫也允许拥有同居女人，因为任何非法结合，他都是允许进行的，而且从不被视为通奸（当然，他与已婚女人的结合是通奸，他与一 236. 同居和一夫一妻制

个自由出生并且有名望的未婚女性结合是"淫乱")。就像前面说过的那样(上文边码 189),罗马人对于维护一夫一妻原则的决心从未动摇过,但它对他们而言仅仅意味着一个男人不能有两个合法的妻子。如果一个合法的妻子不喜欢她的丈夫有同居女人,那么她可以与他离婚。她也可以在婚礼之前和婚礼上要求他做出要式口约,约定如果他找了同居女人就要支付一笔罚金。

在山南高卢的康科迪亚(Concordia, Gallia Cisalpina)的一处坟墓当中,一个丈夫和他的妻子及同居女人葬在一起。墓碑表明,在丈夫的头的左右两边分别是两个女人的头,铭文是这么写的:"凯尔沃尼乌斯通过遗嘱要求自己和妻子秦奇亚娜以及同居女人齐娅葬在一起"(P. Cervonius P. F. Marinus testamento fieri iussit sibi et Cinciai Sex. F. Secundai uxori Chiai concubinai)。当凯尔沃尼乌斯订立自己的遗嘱时,他的妻子显然还活着。

237. 一妻多夫的同居?

甚至一妻多夫的同居也不是禁止的,但被讨论很多的阿利娅·波德斯塔斯(Allia Potestas)的坟墓并没有为其存在提供证据。阿利娅是一个女解放自由人,和她的恩主同居,"妻子"(uxor)这个称呼被谨慎地避免了。铭文中提到,"深爱的两个年轻男子"(duo iuvenes amantes)生活在同一所房子里。他们肯定不是阿利娅的儿子(儿子会在她的"赞词"〔laudes〕当中被提到),也不是恩主的合法儿子,如果他们是恩主的合法儿子,恩主不会说(就像铭文所说的那样),他不知道有谁将会执行他的遗嘱。因此,他们仅仅是住在这个房子里的两个年轻男子,但不是阿利娅的情人。

238. 同居和婚姻

从法律视角来看,同居和婚姻有很多不同,但在事实上它们可能很容易被混淆。因为如果婚姻和同居都是被允许的(上文边码235)，那么只有当事人的意图对于区别两者是决定性的。婚姻和同居之间的这种清晰界限的缺乏，看起来对我们而言几乎是不能容忍的，但是罗马政府以及罗马法律在身份领域的惰性是一个众所周知并引人注目的事实。出生登记直到奥古斯都才引入(上文边码126)，他自己和他的后继者都没有补充婚姻登记制度。

在后古典时期，罗马的同居发生了很大程度的变化。教会把所有非法结合都视为是有罪的，而且立法对任何非法结合都采取了敌对的态度。我们将不描述这项发展，而仅限于勾勒出优士丁尼法在编纂《学说汇纂》时(公元533年)的形态，因为这些法律是通过篡改古典文本的方式编纂的。 239. 后古典法

1. 此时已经允许和自由出生的有名望的女人同居(上文边码235)。

2. 君士坦丁已经禁止丈夫拥有同居女人，这被优士丁尼采纳，然而，没有结婚的男人仍然可以同时拥有几个同居女人。只有在优士丁尼的《新律》中，多配偶制的同居才被禁止。

3. 同居的条件趋同于结婚的条件。女性必须至少12岁，一个男人之前的同居女人不能成为他的儿子或孙子的同居女人。

4. 同居女人的不忠此时被视为通奸。

5. 女解放自由人如果是其恩主的同居女人，那么未经恩主同意，她不能离开他(上文边码235)。如果违反，那么她将不具有结婚的能力，可能也不能再进行新的同居。

6. 同居女人所生的孩子是有特权的，就像我们在下文将要指出的那样(边码253、278)。

7. 只有优士丁尼的《新律》才赋予同居女人无遗嘱继承权。

原始文献

s. 233. Read *D.* (50. 16) 144; *CIL* vi. 8972 = *ILS* 1836; *CIL* v. 4923; cf. *Statute Rules and Orders,* 1939, no. 1221, ss. 14 and 43; 1940, no. 1469.

s. 234. Read Sueton., Vespasian 21; *SHA* Pius 8. 9; Marcus, 29. 10.

s.235. Read *C.* (5. 16) 2; *D.* (25. 7) 1. 1.

s. 236. Read *D.* (45. 1) 121. 1; *C.* (5. 26) 1; *CIL* v. 1918.

s. 237. Read *CIL* vi. 37965 = Bücheler-Lommatzch, *Carm. Lat. epigr. supplem.* (1926), 1988.

s. 239. Read *D.* (48. 5) 35 pr. [*Excepta ... concubina*]; (25. 7) 3 [*et m ... fecit*]; [*sine ... committere*] <*stuprum committit*>*; D.* (25. 7) 1. 4 [*nisi — sit*]*;* (25.7) 1. 3 [*quia ... est*]; (25. 7) 1 pr. The compilers forgot to insert *an* before *ab invito;* cancel the interrogation mark and [*ego ... habere*] and you have the classical text.

参考文献

ss. 233 ff. P. M. Meyer, *Der römische Konkubinat nach den Rechtsquellen und den Inschriften* (1895); Kübler, *Z* xvii (1896), 357 ff.; Costa, *Bull.* xi (1898), 233; Mitteis, *Z* xxiii (1902), 304 ff.; Castelli, 'Il concubinato e la legislazione Augustea', *Bull.* xxvii (1914), 55 ff. = *Scritti giuridici* (1923), 143 ff.; J. Plassard, *Le Concubinat Romain sous le Haut Empire* (1921); Volterra, *St.*

Riccobono, iii (1936), 212; *ACI Bologna,* i (1934), 134; Sargenti, *Il diritto privato nella legislazione di Costantino* (1938), 133; Esmein, *Le Mariage en droit canonique,* ii (1935), 125 ff.; Friedländer-Wissowa, *Sittengeshichte,* i (1919), 64 ff.; 218; 278; 304; Solazzi, 'Il concubinato con l'oscuro loco nata', *SD* xiii—xiv (1947—1948), 269 ff.

s. 237. Bücheler-Lommatzch, *Carm. Lat. epigr. suppl.* (1926), with references; Castelli, *Scritti giur.* (1923), 101 ff.; Brugi, *Atti Veneto* lxxiii (1914), ii. 415; Zocco-Rosa, *La laudatio Alliae* (1914).

s. 239. Bonfante, 'Nota sulla riforma giustinianea e la legislazione del concubinato', *St. Perozzi* (1925), 285; Castelli, 'Concubinato', l.c.

第四章　父母和孩子

一、导论

240. 一般特征

古典婚姻法是罗马人文主义的一项令人印象深刻的创造。正因如此，它的现代性对我们而言是令人惊奇的。关于父母和子女的古典法却恰恰相反：古老、严厉的家长式的法律原则上仍被维持着；尽管人文主义运动的影响在这个领域也是可以察觉到的，但并未触动这些古老法律的根基。家父支配权（patria potestas）仍然是关于父母和子女的法律的中心制度。母亲支配权（materna potestas）的观念，从未被正统的罗马法学家考虑过，尽管他们知道行省的法律和习惯有相关的规则。除了家父支配权之外，父母和子女的法律关系发展并不充分。当然，古老的家父支配权的严厉性得到了某些缓和，但这是他们勉强做出的，是通过人为的设置达成的，法学家们显然不愿意进行剧烈的改革。家父支配权被视为罗马文化的"帕拉蒂姆神像"（palladium）（上文边码 188）。古典法学家们仍然带着固执的骄傲来强调罗马家父支配权的独特性（下文边码 254）。因此——与罗马婚姻法形成对比——关于父母和子女的法律留给我们一种过时的印象，实际上它在整个古典时期真的是过时的。到基督时代，这项法律才进一步人文化，迟到了很久的改革才被实施。

参考文献

Taubenschlag, *The Law of Greco-Roman Egypt* (1944), §§ 4, 5.

二、家父支配权的开始

合法的孩子自出生时起就处于其家父的支配权下。在合法的婚姻中受孕的孩子便是合法的孩子。如果是在结婚前受孕的，那么即使是在合法婚姻中出生，也是非法的孩子。 241. 因出生而产生家父支配权

关于合法性的证明问题，在古典法中不存在推定。“父亲是婚姻所表明的那个人”（pater is est quem nuptiae demonstrant）这句格言只在我们的原始文献中出现一次。如果保罗真的写下了这个句子，那么他是在评注裁判官告示时写的，“没有我的允许不能召唤父母到庭”（parentem...in ius sine permissu meo ne quis vocet），他的意思是，裁判官不会调查原告实际上是否是被告的合法孩子，而只是满足于“原告是在合法婚姻中出生的”这一事实。这并不蕴含着“（除非有相反的证据，否则）一个在合法婚姻中出生的孩子是丈夫的合法孩子”这个一般推定。然而，整个文本看起来是伪造的，因为古典法学家不会宣布“西比拉箴言”（Sibylline maxims）。关于受孕的时间，古典法也没有推定；大陆普通法的规则：“受孕被假定是出生前 182 天到 300 天之间”，不是古典时期的。

除了盖尤斯（1. 65 ff.）提到的人为的情形之外，古典法只知道

242. 由法律行为产生家父支配权 一种能导致家父支配权产生的法律行为，即收养（adoptio; optio=选择），包括收养一个自权人（adrogatio）和收养一个他权人（狭义上的 adoptio）。父母将其非法孩子合法化的行为（区别于收养）在古典法中并不存在。如果父母结婚了，那么孩子不会自动变成合法孩子。“通过随后结婚合法化”（legitimatio per subsequens matrimonium）不为古典法所知（它通过 1926 年的《合法化法》〔*Legitimacy Act*〕才被引入英国法）。“通过元首的批复”（per rescriptum principis）进行的合法化也不为古典法所知。就像上文所说过的那样（边码 191），普通士兵直到塞普蒂米乌斯·塞维鲁时期都是禁止结婚的，他们只能同居。与士兵同居的女人所生的孩子是非法孩子（上文边码 235）。在市民“光荣退役”时，罗马市民权被授予他的孩子是理所当然的事情，但孩子并非必然因此处于他们的父亲的家父支配权下（Gai. 2. 135a）。

212

243. 收养的目的 收养的唯一目的是产生家父支配权，且它不能适用于其他的目的。单纯的无家父支配权的亲子关系不能通过收养来创设。出于这个原因，女性不可避免地被禁止收养，因为女性不能享有家父支配权。而母亲支配权并不存在（上文边码 240）。异邦人的法律中有“兄弟收养”（adoptio in fratrem），但被罗马法明确拒绝。

244. 作为一项立法行为的自权人收养 “自权人收养”（adrogatio）由库里亚会议（comitia curiata）通过法令而达成。原先是一项真正的立法行为，但它很早就降格成了一项单纯的手续，十个库里亚（curiae）由十个扈从来代表。然而，这项手续在整个古典时期都是被遵守的。库里亚会议原先由大祭司（pontifex maximus）召集，在古典时期则由他们的代理人召集（因为皇帝是大祭司），其发起动议的程式是这样的：

Gellius 5. 19. 9:“你们希望，你们命令，鲁齐乌斯·瓦雷利乌斯根据法和法律成为鲁齐乌斯·提提乌斯的儿子，就像他是这个家庭的父亲和母亲所生的那样，并且提提乌斯对他享有像父亲对儿子那样的生杀支配权。我就前述所言，请求你们进行表决。”

（Gellius 5. 19. 9: Velitis, iubeatis, uti L. Valerius L. Titio tam iure legeque filius siet, quam si ex eo patre matreque familias eius natus esset, utique ei vitae necisque in eum potestas siet, uti patri endo filio est. Haec ita, uti dixi, ita vos, Quirites, rogo.）

这个动议(就像在立法性的民众会议当中的其他任何动议一样)被称为“rogatio”。因此“adrogatio”这个名称被赋予整个仪式。盖尤斯的解释(Gai. 1. 99:“被称为询问收养，因为收养人被询问，也就是被提问，是否希望他将要收养的人作为他自己的合法儿子；而被收养人会被询问，是否同意这件事情发生”)肯定是错误的。当然，祭司(pontifex)未经收养人和被收养人同意是不会发起动议的；因此有可能他们都要在库里亚会议中出现并宣布其同意；但法律上既不要求他们出现也不要求他们同意。尽管库里亚会议通过的法令此时仅仅是一项手续，但立法行为的形式仍然是要遵守的。对于这样一种行为，主持的执法官的动议和大会的投票是唯一的要求。因此，不能说，女性自权人不能被收养的原因是她们不能出现在库里亚会议中，因为被收养人的出现不是实质性的要求。共和国时期的祭司们看来并不希望家庭通过收养女性来维持，因此，传统上拒绝提出收养女性的动议。实际上，这是盖尤斯在 Gai. 1. 101（“因为大多数人这么认为”）当中暗示的。

245. 通过遗嘱进行的自权人收养　因为不要求收养人在场，所以收养人死后的自权人收养是可能的。如果一个立遗嘱人将某人设立为继承人，所附的条件是该人要使用立遗嘱人的“族名”（nomen gentile），那么该人可以履行这个条件，接受遗产，并向祭司申请自权人收养。大祭司的代理人此时可以提出动议，并把通常的程式（上文边码 244）修改适用于这个特别的情形：

> “你们希望，你们命令，鲁齐乌斯·瓦雷利乌斯根据法和法律成为鲁齐乌斯·提提乌斯的儿子，就像他是这个家庭的父亲和母亲在鲁齐乌斯·提提乌斯订立遗嘱之前所生的那样。”
>
> （Velitis, iubeatis, uti L. Valerius L. Titio tam iure legeque filius siet, quam si ex eo patre matreque familias eius natus esset ante testamentum a L. Titio factum.）

这肯定是一个人造的行为，但其人造性并不高于祭司法学的其他创造。实际上，屋大维（后来的皇帝奥古斯都）就是尤利乌斯·恺撒死后收养的，任何一个知道奥古斯都的行事风格的人都会确信，在这件事情上他会像以往那样严谨地遵守法律规则。这种自权人收养的方式可能很少发生，因为祭司们不大喜欢在这种情况下提出动议。我们的法律书籍对此保持沉默，盖尤斯在其基础教科书中没有提到它，这并不奇怪；《学说汇纂》也对其保持沉默也不是一件令人惊讶的事情，因为即便汇编者们在古典文本中发现有提到它，他们也会忽略这些文本。

246. 根据祭司团的决议

因为自权人收养是一项立法行为，所以祭司提出动议时是否经过祭司团（collegium pontificum）的同意是无关紧要的，就像执政官在百人团会议（comitia centuriata）上提出一项动议一样，是否经过元老院同意在法律上毫不相干。祭司通常“根据祭司团的决议”（de decreto collegii）提出动议，但是，根据西塞罗的说法，在克洛狄乌斯（Clodius）的自权人收养当中并没有这样的决议，正是出于这个原因（关于其他原因，参见下文边码 250. 4），西塞罗质疑这次收养的有效性（*De domo*, 14. 38），但这只是不负责任的修辞学作风。

247. 与家神断绝关系

“与家神断绝关系”（detestatio sacrorum）程序通常先于自权人收养进行，也就是说被收养人在证人面前与他的“家神”（sacra familiari）断绝关系。这个行为也与自权人收养的效力无关。因此，盖尤斯未提到它。

248. 自权人收养只能在罗马进行

最后，应当指出的是，自权人收养只能在罗马城进行，因为库里亚会议不能在其他地方举行。然而，如果当事人生活在行省，那么他们可以通过信件或者代理人向祭司提出申请，祭司可以自行完成自权人收养程序，因为就像我们前面所说的那样（上文边码 244），这个程序不要求当事人在场。

249. 他权人收养的行为

狭义的收养（上文边码 242），即他权人收养，也同样是一个人造的行为，显然是早期共和国考特拉法学创造的。首先，要废除现有的家父支配权。这个可以根据《十二表法》（iv. 2）的如下规则以“要式买卖”的方式把儿子出售三次（如果是女儿或者孙子女的话，一次就够了）而达成：“如果父亲将儿子出卖三次，儿子将从父亲那里解放”（Si pater filium ter venum duuit, filius a patre liber esto）。

然后，再进行一项“拟诉弃权”，收养人主张被收养人是他的儿子。晚期共和国法学可能认为“拟诉弃权”就足够了，但早期迂腐的法学不敢在没有《十二表法》授权的情况下消灭“神圣的”家父支配权。

关于收养的条件，我们还是要区分“自权人收养”和“狭义的收养”（上文边码 242）。

250. 自权人收养的条件 在自权人收养的情况下，因为它是一项立法行为（上文边码 244），所以不存在法律规则，库里亚会议具有决定权。因为库里亚会议的决议变成了一项手续（上文边码 244），所以实际上是祭司根据自己的判断来决定是否提起动议。当然，也发展出了一些传统的规则。对于这些规则，祭司们只有在紧急情况下才能偏离。

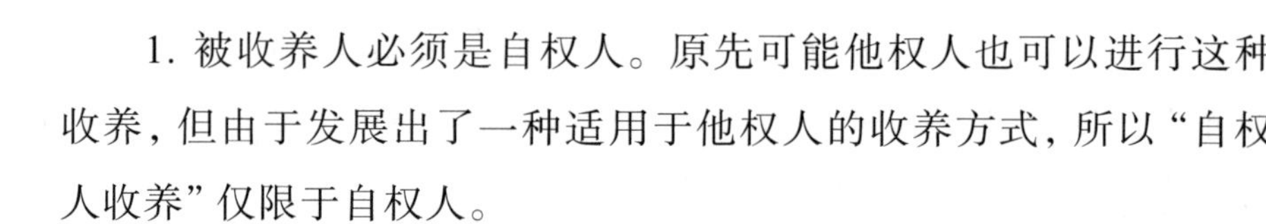

1. 被收养人必须是自权人。原先可能他权人也可以进行这种收养，但由于发展出了一种适用于他权人的收养方式，所以“自权人收养”仅限于自权人。

2. 女性不能被以这种方式收养，就像我们在上文已经说过的那样（边码 244）；这项规则在整个古典时期都得到遵守。其重要的效果是，一个人不能收养其非法的女儿：他不能以这种方式收养她，狭义的收养也不能适用，因为非法的孩子是自权人。

3. 未适婚人（impuberes）在共和国时期和古典早期不能以这种方式被收养。祭司们因为要考虑保护未适婚人免受可能的不利，所以不愿意提出动议。然而，这只是祭司们的实践，安敦尼·庇护（Antoninus Pius）作为大祭司可以通过信件向祭司们下命令，在采取了一定的预防措施的前提下，可以对未适婚人实行自权人收养。

4. 收养人必须是“适婚人”（pubes），但不存在收养人和被收养人之间的年龄差距的规则，前者甚至可以比后者年轻；西塞罗的格言（*De domo sua,* 14. 36）："儿子的收养被认为应当尽可能地模仿取得后代的自然现实"（ut adoptio fili quam maxime veritatem illam suscipiendorum liberorum imitata esse videatur），对祭司而言当然不是一项不可违反的原则。克洛狄乌斯比他的养父年纪要大。实际上，就像西塞罗所观察到的那样（*De domo,* 13. 35 in fine），他年龄都够当他的养父的父亲了。这是西塞罗质疑这项自权人收养的有效性的理由之一，但这和其他理由一样弱（上文边码 246）。这样一项自权人收养当然是不正常的（非常重要的是，在克洛狄乌斯的案件中，尤利乌斯·恺撒是大祭司），但它仍然是有效的。

5. 有合法孩子的人也不被禁止进行自权人收养，尽管祭司们出于对合法孩子的考虑当然会不愿意在这种情况下提出动议。如果收养人仍处于有希望生下合法孩子的年龄，祭司们通常会拒绝他进行自权人收养，但 60 岁的年龄界限在古典时期并不存在。

6. 如果祭司要求，那么收养人必须宣誓，他进行自权人收养是出于很好的理由（"关于不诚实的宣誓"〔[iusiurandum calumniae]〕）。宣誓的程式是由昆图斯·穆奇乌斯·斯凯沃拉（Quintus Mucius Scaevola）起草的，但没有保留给我们。

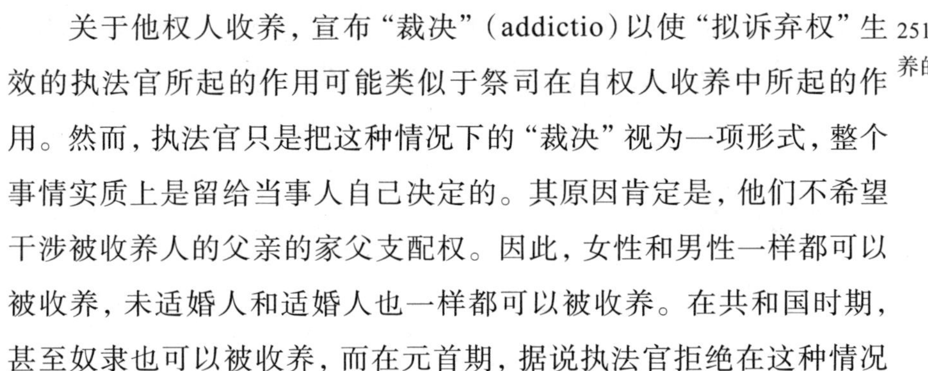

251. 狭义收养的条件

关于他权人收养，宣布"裁决"（addictio）以使"拟诉弃权"生效的执法官所起的作用可能类似于祭司在自权人收养中所起的作用。然而，执法官只是把这种情况下的"裁决"视为一项形式，整个事情实质上是留给当事人自己决定的。其原因肯定是，他们不希望干涉被收养人的父亲的家父支配权。因此，女性和男性一样都可以被收养，未适婚人和适婚人也一样都可以被收养。在共和国时期，甚至奴隶也可以被收养，而在元首期，据说执法官拒绝在这种情况下做出“裁决”。最后，不要求收养人的年龄比被收养人大。人为的“模仿自然”（imitatio naturae）观念对于这种收养而言仍然是陌生的。

252. 自权人收养和他权人收养的效果

最后必须再次强调（上文边码 243），古典的收养的效果总是创设收养人对被收养人的家父支配权。如果后者是自权人，那么其权利之下的子女此时归于收养人的支配权下，如果他有妻子在其夫权下，那么此项夫权此时要转移给养父，他的财产也归收养人。

253. 后古典法

这项古老的、僵化的法律在后古典时期遭受了剧烈的改革。自权人收养此时通过“元首的批复”（rescriptum principis）进行；他权人收养在法庭上通过（收养人、被收养人和后者的父亲之间的）协议进行。对女性进行的自权人收养最终获得允许。收养人必须比被收养人大 18 岁；就像汇编者们宣称的那样，“收养模仿自然”（adoptio naturam imitatur），因为他们想起了西塞罗的话（上文边码 250）。如果收养人还未满 60 岁，通过皇帝批复进行的自权人收养通常会被拒绝。在优士丁尼法中，收养并不必然导致家父支配权的产生，因为女性也可以收养。除了收养之外，还存在一种由父亲将非法子女合法化的特别行为。父亲可以通过“随后结婚”（subsequens matrimonium）或“皇帝的批复”（per rescriptum principis）把其同居女人所生的孩子合法化。另一方面，此时禁止父亲收养他的非法孩子。

原始文献

s. 241. Read Gai. 1. 55, first sentence; *D.* (2. 4) 5; (1. 6) 6; (1. 5) 12 [*et ideo ... esse*]; (38. 16) 3. 11—12.

s. 243. Read Gai. 1. 104.

s. 244. Read Cicero, *De lege agrar.* 2. 31; Gai. 1. 97—99, 104; Gellius, 5. 19. 1—10.

s. 248. Read Gai. 1. 100; *Epit. Ulp. 8.* 4.

s. 249. Read Gai. 1. 97—99, 132.

s. 250. 1. Read Gai. 1. 99.

s. 250. 3. Read Gai. 1. 102, first sentence; Gellius, 5. 19. 10.

s. 250. 4. Read Gai. 1. 106 (spurious).

s. 250. 5. Read *D.* (1. 7) 17. 3; Gelius, 5. 19. 5, 6 (cf. Cicero, *De domo* 13. 34 in fine; 14. 36); *D.* (1. 7) 15. *2.*

s. 250. 6. Gellius, 5. 19. 6.

s. 251. Read Gai. 1. 100—102; Gellius, 5. 19. 11—14; *Inst. Iust.* (1. 11) 12.

s. 252. Read Gai. 1. 107; Gellius, 18. *6.* 9.; Gai. 2. 159 is inaccurate.

参考文献

s. 241. Windscheid, *Pand.* i (1906), § *56b;* Stobbe-Lehmann, *Deutsch. Privatrecht,* iv (1900), 373 ff.; Pollock and Maitland, *History,* ii (1911), 398.

ss. 242 ff. Mommsen, *Staatsrecht,* ii (1887), 37; iii (1887), 36 ff.; Gunnar Bergman, *Beiträge zum röm. Adoptionsrecht* (1912). On *adrogatio libertorum* see Lavaggi, *SD* xii (1946), 115. Cosentini, *Annali Catania,* ii (1948).

s. 243. On *adoptio in fratrem,* see Schulz, *Gedächtnisschrift f. Seckel* (1927), 105; Marongiou, 'L'affratellamento', *St. Solmi,* ii (1941), 261 ff.; see further Cassin, *L'Adoption à Nuzi* (1538), 38, 311.*

s. 244. Mommsen, *Staatsrecht,* ii. 38; iii. 303 f.; Solazzi, *Rend. Lomb.* lxxiv (1940—1941), 575 on Gai. 1. 101.*

s. 245. Mommsen, *Staatsrecht*, iii. 39; Lefas, 'L 'Adoption testamentaire à Rome', *NRH* xxi (1897), 721 ff.*

s. 246. Mommsen, *Staatsrecht,* ii. 37. n. 3; Rostowzeff, *Tesserarum Urbis Romae et Suburbi Plumbearum Sylloge* (1903), no. 98; *Tesserae plumbeae urbis Romae et suburbi* ed. Rostowzeff (1903), Tab. ii. 17 (picture of a *collegium pontif* performing an *adrogaio).*

s. 247. Mommsen, *Staatsrecht,* iii. 38; Wissowa, *Religion und Kultus der Römer* (1912), 512.

s. 249. Mommsen, *Staatsrecht,* iii. 36; *W.* Erbe, *Die Fiducia* (1940), 170 ff.*

s. 250. 3. G. Beseler, 'Die adrogatio impuberis in klassischer Zeit', *Subsiciva* (1929), 1 ff.

s. 253. Windscheid, *Pand.* iii (1906), §§ 522—524; Bergman, l.c. 1 ff.; Castelli, *Scritti giur.* (1923), 165 ff. *(adrogatio feminarum),* 179 ff., 189 ff. (*adrogatio per rescriptum);* Monier, *St. Albertoni,* i (1935), 235 ff. (*adoptio plena*); Albertario, 'La donna addottante', *Mnemosyna Pappoulia* (1934), 17 ff. = *AG* cxii (1934); Bellelli,

SD iii (1937), 140; H. Janeau, *Recherches sur la légitimation en droit romain; de l'adrogation des liberi naturales à la légitimation par rescrit du prince* (1947); Lavaggi, 'Una riforma ignorata di Giustiniano. Adrogatio plena e minus piena', *SD* xii (1946), 45 ff.

三、家父对孩子的人身的权利

古典时期家父支配权的古老特征被父亲对其支配权下的孩子的巨大权利揭露得一览无遗。西塞罗说(*pro Plancio,* 12. 29)，父亲必须被其孩子像神那样敬畏(“必须像神一样敬畏，因为父母对于女子而言与神没有太大区别”〔quem veretur ut deum, neque enim multo secus est parens liberis〕)。就像莎士比亚在《仲夏夜之梦》当中所说的那样(他遵从西塞罗的观点)(*Midsummer Night's Dream*, Ⅰ. i. 46 ff.)： 254. 古老的特征

忒修斯：赫米娅，你说什么？请明智一点，漂亮的姑娘！
对你而言，你的父亲应是一位神明；
你的美貌是他赋予的，
对他而言，你就像由他压印的一块蜡，
他有权塑造或毁灭它。

处于支配权下的孩子的身份实际上类似于奴隶。家父支配权绝不是一种监护权。在孩子长大之后，只要家父还活着，它就会继续存在。除非他通过一种特别的行为(emancipatio)使得孩子脱离

父权。然而，这项广泛并且几乎无限制的权力，并不是罗马特有的，当然，盖尤斯宣称（Gai. 1. 55）：

> “这是罗马市民特有的法，（因为几乎没有其他人像我们一样对自己的子女享有这样的支配权），被尊奉为神的哈德良的一项告示表明了这点。这项告示是为那些为自己和自己的子女寻求罗马市民权的人做出的。[我并非不知道，迦拉太人认为子女处于直系尊亲属的支配权下。]”
>
> （Quod ius proprium civium Romanorum est〔fere enim nulli alii sunt homines, qui talem in filios suos habent potestatem, qualem nos habemus〕idque divi Hadriani edicto, quod proposuit de his, qui sibi liberisque suis ab eo civitatem Romanam petebant, significatur. [nec me praeterit Galatarum gentem credere in potestate parentum liberos esse.]）

关于希腊法，这是正确的，但是盖尤斯当然没有关于原始时期的法律的知识。“迦拉太的法律有类似的支配权”这句话，可能是一个后古典时期的注释者加上的。实际上，他心里想的是高卢（Galli）的法律（而不是小亚细亚的迦拉太的法律，圣保罗曾经有一封信是写给它的），因为他记起了恺撒的话（*Bell. Gall*. 6. 19. 3）：

> “男人对妻子像对子女那样拥有生杀支配权。”
>
> （Viri in uxores sicut in liberos vitae necisque habent potestatem.）

此外，日耳曼家父支配权的严厉和僵化程度并不亚于罗马家父支配权，因此，让人意外的不是罗马家父支配权无限制的严厉，而是尽管罗马发生了人文主义运动，它仍然能在古典时期得到保留（有一些缓和）。实际上，这需要一个解释，仅仅求助于罗马人众所周知的保守主义还不够。真正的罗马人对权威和纪律的感情鼓舞了罗马法学家。罗马家庭对他们而言是学习罗马“纪律”（disciplina）的高等学校，而无限制的家父支配权则是一项不可或缺的要求。此外，罗马法对个人自由的尊重使得他们不愿意去干涉罗马家庭的内部管理。无论如何，罗马私法止于罗马家庭的门口：“我的家是我的堡垒”，或者，像西塞罗所说的（*In Vatinium,* 9. 22）：家是流放地（domus exsilium est）。

现在让我们转向细节。

家庭纪律掌握在家父手里，这甚至蕴含着在管理家庭事务的过程中杀死孩子的权力。这种在《十二表法》（iv. 2）中被明确提到的“生杀支配权”（potestas vitae necisque）对法学家而言，是罗马家父支配权的核心，就像古老的自权人收养程式所清楚表明的那样（上文边码 244）。它在整个古典时期都得到维持，甚至君士坦丁仍提到它是有效的；最终它被瓦伦提尼安（Valentinian）和瓦伦斯（Valens）废除。古典时期的皇帝偶尔也会干涉它的实施。当一个父亲因儿子“违背虔诚”（contra pietatem）而严惩他时，图拉真曾强迫这位父亲将其儿子脱离父权。哈德良曾惩罚一位父亲，因为他在打猎过程中（而不是在家庭程序中）以“驱逐”（relegatio）的方式杀死了他的儿子。 255. 生杀支配权

父亲有权抛弃或杀死他的新生孩子。到瓦伦提尼安才禁止这 256. 新生的孩子

种行为。

257. 将孩子出卖　原本父亲有权出卖他的孩子。如果他把孩子卖到国外（就像古老的说法那样，卖到“台伯河对岸”〔trans Tiberim〕），那么孩子就会变成奴隶，但这种出卖很早就没有实践了，以至于君士坦丁（错误地）宣称，“我们的祖先从不允许一个父亲剥夺其孩子的自由”。如果一位父亲把他的孩子卖到罗马国家的边界之内，那么孩子会获得一种特殊的身份（处于要式买受权下〔in mancipio est 或者 in causa mancipii est〕）。孩子“在公法上”（quoad ius publicum）是自由人，尤其是他仍然是罗马市民，但“在私法上”（quoad ius privatum）他的身份类似于奴隶。在古典时期，这样的买卖仅仅发生在“损害投偿”的情况下（上文边码 73.3）。除此之外，它只会“在形式上”（dicis causa）被实践，例如，为了实行他权人收养（上文边
224 码 249）。因此，在这点上来说，人文主义是胜利的，但在后古典时期，新生儿的买卖又复活了。

258. 为孩子订婚和让其结婚的权利　原本父亲有权为其孩子订婚并让其结婚，即使未经过他们的同意，就像上文所述（边码 183、186）。人文主义在古典法中废除了这项权利，此时要求孩子的同意。后古典时期在这个问题上表现出相反的发展方向；父亲可以为其女儿订婚并让其结婚，只要丈夫不是一个不合适的人。

259. 解散婚姻的权利　父亲有权解散其孩子的婚姻，这种权利到安敦尼·庇护或马可·奥勒留才被废除（上文边码 226）。

260. 监护人的指定和未适婚人的替代继承　父亲有权为其孩子指定监护人或继承人。这将在下文讨论（边码 286、458）。

最后，必须再次强调（上文边码 254），家父支配权不是一种监

护权，父亲肯定不能被视为孩子的法定监护人。因此，处于权力之下的“未适婚的儿子”（filius impubes）没有能力通过法律行为约束自己，即便经过其父亲的同意，因为不存在像“父亲同意的做出”（interpositio auctoritatis patris，下文边码 302）这样的东西。父亲也无权作为其孩子的法律上的代表人。 261. 父亲不是法定监护人

原始文献

s. 255. Read *C. Th.* (4.8) 6, pr. cf. *C. Iust.* (8. 46) 10; *D.* (37.12) 5, first sentence; (48. 9) 5.

s. 256. Read *C. Th.* (9. 14) 1.

s. 257. Read Gai. 1. 116, 117, 138, 141; even if 1. 141 were spurious (Solazzi, 'Glosse a Gaio I', *St. Riccobono,* i. 164; Beseler, *St. Albertoni,* i. 435), the words *sed ... mancipantur are* substantially classical. *C.* (7. 16) 1; *C. Th.* (4. 8) 6 pr.

s. 261. Read *D.* (45. 1) 141, 2; *Inst. Iust.* (3. 19) 10, last sentence; *D.* (50. 12) 2. 1 [*sine ... auctoritate*]; (37. 1) 7. 2 [*et ... filio*]; [*aut pater*].

参考文献

ss. 254 ff. Cornil, 'Contribution à l'étude de la *patria potestas*', *NRH* xxi (1897), 416 ff.; Wenger, 'Hausgewalt und Staatsgewalt im röm. Altertum', *Miscellanea F. Ehrle,* i (1924), 33 ff.; Schulz, *Principles,* 198; Kaser, *Z* lviii (1938), 62 ff.; Roberti, *St. Albertoni,* i (1935), 259.

s. 254. On Germanic law see A. Heusler, *Institutionen des deutschen Privatrechts,* ii (1886), 431; see further Westrup, *Introduction to Early Roman Law,* iii. 1 (1939), 143 ff., 162 ff.

s. 255. Albanese, 'Note sull' evoluzione del ius vitae ac necis', *Scritti Ferrini,* iii (1948), 343 ff. (not convincing); Volterra, 'Il pretese tribunale domestico in diritto romano', *Riv. It.* 1948, pp. 103 ff.; Düll, *Z* lxiii (1943), 52 ff.

s. 257. Mommsen, *Schr.* iii. 5 ff.; Pampaloni, *Bull.* xvii (1905), 123 ff.; Steinwenter, *RE* xiv. 1010; Schulz, *Principles,* 199.

s. 261. On the father as the 'natural guardian' of the child see Windscheid-Kipp, *Pand.* iii (1906), p. 62; Lee, *Introduction to Roman-Dutch Law* (1946), 37.

四、处于权力下的孩子在财产上无能力

262. 不存在家庭共同体

处于权力下的孩子，像奴隶一样，不能拥有财产，他取得的任何东西自动归父亲所有。当然，有可能在史前时期在罗马像在其他地方那样存在家庭共同体，父亲和孩子被视为家庭财产的共同所有人。然而，即使曾经有这样的共同体存在，它也早就消失了，因为古典法学家从未提起过它。

263. 古典教义和父予特有产

处于权力下的孩子不能拥有财产，这项教义完全统治着共和国晚期和元首时期法学家的头脑，尽管它在共和国末期已经过时，因为它显然与生活现实有冲突。孩子在财产上无能力对法学家而言变成了一个信念。他们最多只能采取折中的方法妥协，这不可避免

地使法律变得高度复杂；但是他们宁愿接受不自然的状况，也不愿意抛弃这项神圣的教义。因此，把这项迟到很久的改革留给后古典时期。如果一个成年的儿子不再住在他父亲的家里，那么后者不得不给他的儿子一份单独的财产，尤其是他儿子通过自己的工作获得的财产。儿子可以像所有权人那样管理这些单独的财产（“特有产”〔peculium〕，字面上是“对牲畜的财产权”），甚至可以处置它们或者为债务进行担保，但父亲是唯一的法律上的所有权人，他可以根据自己的判断剥夺其儿子的特有产，即使这些特有产是通过儿子的工作获得的（adimere peculium）。当父亲死亡时，“特有产”会简单地成为其财产的一部分；如果儿子死亡，那么他不能有继承人，无论是遗嘱继承人还是法定继承人都不能有。这项人为的、在细节上复杂的制度在共和国时期就存在了。

264. 军营特有产

在元首时期，由于存在大规模的常备部队，这个体系通过承认一种特别的“军营特有产”（peculium castrense）而得到补充。（与之相对应，我们刚提到的特有产通常被称为“父予特有产”〔peculium profecticium〕，但这个术语是后优士丁尼时期的。）一个处于权力下的儿子，如果参军并要在漫长的服役期内远离罗马和意大利生活，那么“父予特有产”可能满足不了他的需要；因此，皇帝的谕令开始了一项改革，这项改革由法学家去贯彻。士兵在服役期取得的财产（以及在塞维鲁之后，因服役而对他的赠与）构成一项特别的财产，儿子对其的控制比“父予特有产”完整得多。“军营特有产”的所有权人还是父亲，正统的教义在这个意义上得到维持。然而，儿子可以管理这些财产，并且可以自由地处置它们，不管是在生者之间还是通过遗嘱（这点与“父予特有产”不同）来处置；父亲无权从儿子那剥夺这笔财产（这点也与“父予特有产”不同）。因此，父亲的所有权通常仅仅是一项“虚权”（nudum ius），但它在以下情形中会变得具有实践意义：(1) 当儿子不再当兵时，因为此时“军营特有产”便不再存在；只有哈德良把“军营特有产”扩展适用于退役的士兵；(2) 当士兵在无遗嘱的情况下死亡时，“根据特有产的法律”（iure peculii）财产归父亲所有，而不归士兵的无遗嘱继承人所有。

这种人为的折中是古典法学家可以做出的最大限度的让步了。把“军营特有产”的所有权归士兵所有其实是件很容易的事情，而且法学家们从哈德良时期开始有足够的力量通过皇帝的谕令去实施这项改革，但他们的教条主义态度不允许他们这么做。

265. 后古典的发展

在后古典时期，古典法逐步遭到改革，古老的原则最终被抛弃。在优士丁尼法中，处于权力下的孩子的财产能力最终得到承认。孩子此时成为其取得的财产的所有权人，尽管父亲通常有权去管理它并对它享有用益权。孩子从父亲处获得的财产像古典法一样变成“父予特有产”。“军营特有产”仍然存在，甚至得到一种“准军营特有产”（peculium quasi castrense）的补充。详细描述这项发展不属于本书的范围。

原始文献

s. 263. Read Gai. 2. 86—87.

s. 264. Read *Epit. Ulp.* 20. 10; *D.* (49. 17) 2; *Inst. Iust.* (2. 12) pr. to *numerantur.*

参考文献

ss. 263 ff. G. Mandry, *Das gemeine Familiengüterrecht,* i (1871); ii (1876), out of date but still very valuable; Windscheid, *Pand.* iii (1906), §§ 515 ff.; Micolier, *Pécule et capacité patrimoniale,* ii (1922); Kaser, *Z* lviii (1938), 85 ff.

s. 263. Albertario, 'Libera administratio peculii', *Studi,* i (1933), 139 ff.; G. Longo, 'Libera administratio peculii', *Bull.* xxxviii (1930), 29 ff.

s. 264. H. Fitting, *Das castrense peculium* (1871); Appleton, *NRH* xxxv (1911), 593 ff.; Albertario, *Studi,* i (1933), 159 ff.; Guarino, 'L'oggetto del castrense peculium', *Bull.* xlviii (1941), 41 ff.

s. 265. Archi, 'In tema di peculio quasi castrense', *St. Besta,* i (1939), 117 ff.

五、处于权力下的孩子的债务

孩子无能力拥有自己的财产，并不必然意味着他无能力在法律上受约束。这很容易理解，因为孩子在财产上无能力的效果是，孩子取得的一切都自动归父亲所有，而他没有能力成为债务人并不包含其父亲受其行为约束的效果。然而，如果孩子不能成为财产的所有权人，那么使其免受债务的约束看起来是很自然的事情。这实际上是共和国时期和古典时期的原则，但有个重要的例外。 266. 原则

1. 原先，处于权力下的孩子不能通过合同约束自己。在古典法 267. 合同责任

中，这项规则对于家女（filia familias）仍然有效，而此时，处于权力下的儿子是有能力通过合同约束自己的。儿子甚至可以被起诉，并且在民事诉讼中被判罚，但执行（包括对他进行人身执行，上文边码 43）是不可能的，除非他有“军营特有产”。

268. 侵权责任 2. 处于权力下的孩子像奴隶一样，由于“仍处于支配权下”（manente potestate），所以他们不对其侵权行为承担责任。

在这两种情况下，诉讼都要对其父亲提起。

269. 增加诉讼 1. 由于家子（filius familias）的合同债务，裁判官（在一定条件下）赋予债权人一项针对父亲的诉讼，让我们以“特有产诉讼”（actio de peculio）为例。

如果一位父亲赋予其儿子一项“父予特有产”，那么前者就像上文所说的那样（边码 263），父亲仍然是这笔财产的所有权人。现在假设儿子通过要式口约向某人允诺要支付 100 赛斯特提乌斯，那么债权人可以起诉儿子，但由于支配权的存在（durante potestate），不能执行。因此，裁判官在这个诉讼上增加一项针对父亲的诉讼（adiecit actionem），通过这项诉讼，后者可以“在特有产的限度内”（dumtaxat de peculio）被判罚。其程式可能是这样的：

> “如能证明处于努梅里乌斯·内格底乌斯的支配权下的鲁齐乌斯·提提乌斯应向奥鲁斯·阿格里乌斯支付 100 赛斯特提乌斯，审判员应判罚努梅里乌斯·内格底乌斯向奥鲁斯·阿格里乌斯在特有产的限度内支付 100 赛斯特提乌斯。……”
>
> （Si paret L. Titium, qui in potestate Numerii Negidii est, Aulo Agerio centum dare oportere, iudex Numerium Negidium

Aulo Agerio centum dumtaxat de peculio condemnato, etc.)

裁判官告示赋予了几项这样的诉讼。如果儿子通过合同使自己受约束，那么债权人可以通过这些诉讼起诉父亲。从注释法学家时期起，这些诉讼被称为“增加性诉讼”（actiones adiecticiae qualitatis）或者“增加诉讼”（因为被增加到对儿子的诉讼上）。以这些诉讼为基础，古典法学家发展出了一套精细而复杂的规则，对此，我们将不在这里描述。

270. 损害投偿诉讼

2. 父亲对其权力下的孩子的侵权行为负责，但这只是一种损害投偿责任，对此，我们已经在上文描述过（边码 73）；“被投偿的人”（noxae datus）此时“处于要式买受权下”（上文边码 257）。对女儿进行的损害投偿显然在古典时期因为人文主义而不再被实践，当然，盖尤斯只提到儿子的损害投偿。

271. 父亲和孩子之间的债

在父亲和孩子之间，原则上不存在可提起诉讼的债务，但是自从公元二世纪以后，相互抚养的责任得到皇帝谕令的承认，非常诉讼程序可以用来执行这样的债务。然而，在古典法当中，父亲没有义务向女儿的丈夫转移嫁资。

原始文献

s. 267. Gai. 3. 104; *Fr. Vat.* 99; *D.* (44. 7) 39; (45. 1) 1, 141,2 [*impubere*].

s. 268. Gai. 4. 77, first sentence. *D.* (44. 7) 14 and (5. 1) 57 are interpolated.

s. 271. Read Gai. 4. 78 to *nasci potest.*

参考文献

s. 267. Perozzi, *Ist.* i (1928), 428 f.; Siber, *Röm. Privatrecht* (1928), 310.

s. 268. Siber, *Naturalis obligatio* (1925).

s. 269. Kunkel, §§ 165 ff.; Lenel, *Edict.* (1927), §§ 101 ff.

s. 271. Mandry, l.c. i. 279 ff.; Albertario, *Studi,* i (1933), 251 ff.; Kunkel, § 184. 6; Castelli, *Scritti giur.* (1923), 129 ff.

六、家父支配权的终止

家父支配权在以下情形下终止：

232 1. 父亲或孩子死亡或人格减等时（上文边码 123）。然而，仅仅失踪不会导致支配权终止。

272. 终止

2. 对女儿的支配权因她成为“维斯塔贞女”（Vestal virgin）而终止，对儿子的支配权因他成为“朱比特祭司”而终止。

3. 对女儿的支配权在她开始处于夫权下时终止。夫权和支配权同时在她身上存在是可以想象的，但是被法学家们拒绝了。其后果是，如果某个处于夫权下的妻子的丈夫死亡，妻子会变成自权人，而不会回到其父亲的支配权下。

4. 对女儿的支配权可以通过将其出卖、使其处于“要式买受权”下的方式终止；对儿子的支配权通过将其出卖三次的方式终止（上文边码 249）。因此，在第一次和第二次出卖之后，儿子同时处于“要式买受权”和“家父支配权”下。然而，这种两项权力同时存在的情形与古典的倾向不大和谐，以至于萨宾学派认为，在“要式买受权”意味着一项真正的权力而不仅仅是一项手续的唯一情形当中，也就是说，在损害投偿（noxae datio，上文边码 257）的情形当中，家父对儿子的支配权在第一次出卖时就终止了（Gai. 4. 79）。

5. 最后，家父支配权因收养和脱离父权（emancipatio）而终止，因为两者都是通过将孩子出卖（儿子是三次）、使其处于“要式买受权”下的方式而达成的。关于脱离父权，儿子通常在第三次“要式买卖”之后再被买者通过“要式买卖”卖回给父亲。然后，父亲通过解放行为（manumissio）将其儿子解放，因此，父亲成为其脱离父权的儿子的恩主（parens manumissor）。

273. 法律效果

关于家父支配权终止的法律效果，有三种可能性：

1. 孩子开始处于新的支配权下或处于夫权下。在收养的情况下，孩子此时“处于养父的支配权下”（in potestate patris adoptivi）。如果孩子处于其祖父的支配权下，而后者死亡，如果孩子的父亲还活着并且没有被祖父脱离父权，那么他开始处于其父亲的支配权下。

2. 或者，如果孩子此时从支配权中解脱，就像罗马人所说的那样，他将获得对自己的支配权，“处于自己的监护和支配权下”（in suam tutelam et potestatem pervenit）。他此时是自权人（sui iuris=suae potestatis）。

3. 或者，这些情形都不发生，也就是说发生儿子死亡或遭受人格最大减等或中减等（上文边码 123）的情形。

274. 合同责任和侵权责任

最后，我们将对孩子在之前的支配权下签订的合同和犯下的侵权行为的责任问题作一些说明。

1. 就像上文（边码 267）说过的那样，家子（不包括家女）要对合同债务负责。如果家子变成了自权人，那么他可以因为这些合同债务而被起诉（如果债因为人格减等而消灭，那么可以通过“回复原状”来恢复），甚至执行在此时也是可能的；但人身执行有时候是被禁止的（所谓的“保留生活财产的恩惠”，参见下文边码793）。

2. 如果处于权力下的孩子（儿子或女儿）犯下侵权行为，就像前面所说的那样（上文边码268），他们因为支配权的存在而不负责任，但是如果他们变成了自权人，那么根据“损害跟着人走”（noxa caput sequitur）规则，他们开始要承担责任。

3. 针对前家父的“增加诉讼”（actiones adiecticiae，上文边码269）不会受支配权终止的影响。但在“特有产诉讼”的情况下，是有时间限制的（“一年的特有产诉讼”〔actio de peculio annalis〕，参见上文边码82以下）。

4. 损害投偿诉讼因支配权终止而消灭；如果这个孩子处于新的支配权下，那么这项诉讼此时可以针对新的家父提起“损害跟着人走”。

原始文献

s. 272. Read Gai. 1. 127, first sentence; 1. 128; *D.* (23. 2) 10, entirely spurious; Gai. 1. 130; 1. 136; 1. 132; 4. 79 (Gai. 1. 138 is inaccurate); 1. 134.

s. 273. Read Gai. 1. 127.

s. 274. Read *D.* (14. 5) 5 pr.; Gai. 4. 77.

参考文献

s. 272. W. Erbe, *Die Fiducia* (1940), 170 ff.; Lévy-Bruhl, *Nouvelles Études* (1947), 80 ff.; Goethe, *Faust* Ⅰ: 'Du must es dreimal sagen'; Grimm, *Deutsche Rechtsaltertümer,* i (1899), 286.*

s. 274. Mandry, l.c. i. 414 ff. On *beneficium competentiae* see Lenel, *Edict.* (1927), 278; A. Levet, *Le Bénéfice de compétence* (1927), 61 ff.

七、父母和孩子除家父支配权之外的关系

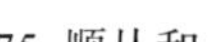

(一)合法的孩子

孩子有义务对其父母表示顺从(obsequium)和虔敬(pietas)。这导致如下法律规则：

275. 顺从和虔敬

1. 未经裁判官的允许，孩子不能召唤其父母(父亲和母亲)到庭。

2. 孩子不能对其父母提起名誉诉讼(上文边码 79)。

3. 孩子不能对双亲中的任何一个进行人身执行(所谓的“保留生活财产的恩惠”，参见下文边码 793)。

276. 教育

我们的原始文献似乎没有单独提到父亲教育孩子的权利。关于母亲的这项权利，皇帝安敦尼·庇护说，如果孩子在父亲的家里不能得到很好的照顾，母亲可以自己照顾孩子。实际上，教育在很大程度上是由母亲进行的，尤其是在父亲去世之后，但在法律上她需要经过有权教育孩子的人的同意，尤其是监护人的同意。

277. 抚养 从公元二世纪起，父母和孩子之间的抚养请求权得到承认。

（二）非法的孩子

278. 非法的孩子 非法的孩子（私生子）和他们的母亲之间的关系似乎与合法的孩子一样。非法的孩子和他们的父亲之间的法律关系，原则上是不被承认的；尤其是，父亲没有义务去抚养非法的孩子。优士丁尼最终使父亲有义务抚养他的同居女人所生的孩子。哈德良把“无遗嘱遗产占有”（bonorum possessio ab intestato，下文边码 415）赋予士兵的非法的孩子。显然，非法的孩子还不是一个社会问题。重要的是，奥古斯都不允许非法的孩子进行出生登记。只有到马可·奥勒留的时候才允许他们进行登记（上文边码 126）。甚至所谓的“食物基金会”（alimentary foundations）也很少关注他们。《维莱亚表》（tablet of Velleia）开头提到的基金会支持 245 个合法的男孩、34 个合法的女孩、1 个非法的男孩和 1 个非法的女孩。古典法学家几乎从未认真考虑过这个明显完全超出其领域的问题。优士丁尼的说法（*Novella* 89 praef.）是非常正确的：“之前，罗马的立法从未关注过自然出生的孩子，也没有对他们表示过任何人文关怀，他们被国家视为完全陌生的东西。”

原始文献

s. 276. Read *D.* (43. 30) 1. 3 and 3. 5.

s. 277. Read *C.* (5. 25) 1—4.

s. 278. Hadrian's *epistula: FIRA* i, no. 78 with Berger, *Journal of Juristic Papyrology,* i (1945), 28; Foundation of Velleia: Bruns, *Fontes,* no. 145*a*; *FIRA* iii, no. 116.

参考文献

s. 275. Bonfante, *Corso,* i (1925), 278.

s. 276. Taubenschlag, *Law of Greco-Roman Egypt* (1944), 113 ff.; Jolowicz, *JRS* xxxvii (1947), 87.

s. 277. Albertario, *Studi,* i (1933), 251 ff.; Taubenschlag, *St. Riccobono,* i (1936), 507 ff.; *Law of Greco-Roman Egypt,* 107, 114.

s. 278. E. Weiss, *Z* xlix (1929), 260 f.; *PW* iiia, 1889; H. J. Wolff, 'The background of the post-classical legislation on illegitimacy', *Seminar,* iii (1945), 21.

第五章　监护

一、导论

279. 评价

古典监护法不应遭受那些对什么是真正的古典法没有完整知识的学者提出的批评。作为一个整体去考虑的话，它远远不是一项可蔑视的成就；它的设计是细致、明智的；它考虑了多重不同的利益；它是人文的、自由的，非官僚主义的。这些是古典监护法的显著特征。它由三个主导性原则统治着。

280. 原则 1. 古典监护的理念是对需要保护的人要进行无私的照顾。起初，在罗马法中，监护人行使的是一种权力，这种权力是为了他自己和他的家庭的利益而赋予他的，但这项原则在晚期共和国已经丧失，在古典法中只留下少量残余在提醒着我们，罗马的监护人曾经也拥有这种原始的“监管权”（munt）（在这里我们使用条顿法的术语）。在很早的时期，赛尔维乌斯·苏尔皮修斯（Servius Sulpicius，公元前51年的执政官）把“监护”（tutela）定义为：“对自由人人身的权力和支配权，以便保护由于年龄或性别而不能自我保护的人”（vis ac potestas in capite libero ad tuendum eum qui propter aetatem sexumve sua sponte se defendere nequit）。这个定义的重要部分是包含“种差”（differentia specifica）的部分：“以便保护……”（ad tuendum rel.）。家父支配权也是“对自由人人身的权力和支配权”（vis ac potestas in capite libero），但它是一种为自己的利益而行使的权力，而古典的“监护”则具有无私的特征。

2. 古典的监护人是一个私人，而不是公仆；他履行自己的职能原则上不受公共权力的干涉。这个非官僚主义的体系符合在罗马私法中占据统治地位的自由主义。监护人通常是家庭的近亲属或朋友；职业监护人的观念没有被法学家考虑过，因为非法的孩子还不是一个社会问题（上文边码278）。

3. 有为了保护受监护人而设立的法庭，其首要任务是在法律要求的时候提供一名监护人。

确实，古典监护法表现出几个重大的缺陷。一些部分具有古老的特征，尤其是女性监护（tuleta mulierum），很不幸，古典法学家并没有废除它。另一项严重的缺陷是不允许女性担任监护人，尽管她们显然是未适婚人的天然监护人。因此，寡妇不能担任其孩子的监护人，而且，因为不存在母亲支配权（上文边码240），所以必须由另一个人担任监护人。最后，古典法在法技术方面太过复杂。不同的“层面”（strata）——《十二表法》和其他后来的制定法、裁判官法和执政官法、元老院决议和皇帝谕令——需要被融合在一起。然而，这些缺陷在后古典时期得到了很大程度的补救。在整体上，《市民法大全》大大优于中世纪的日耳曼法。在欧洲法学自十三世纪以后的发展当中，罗马的影响到处可见，这并不意外。

281. 术语

在古典法律语言中，没有一个总括性的术语可以用来涵括我们今天所说的“监护人”（guardian）；古典法把我们今天所说的“监护人”分为两种类型，一种是“监护人”（tutor），对应的制度是“监护”（tutela）；另一种是“保佐人”（curator），对应的制度是“保佐”（cura）。在下面的论述中，必须仔细区分这两种制度。

282. 原始文献的状况和现代研究　从现在可用的文献中查清古典监护法不是一个容易的任务，尽管盖尤斯的《法学阶梯》当中的冗长描述几乎完整地被保留给我们。古典法的不同法源——法律、元老院决议、元首谕令——并不在我们手中；引用的内容通常缺乏准确性，而重要的细节可能已经因为后古典时期对古典文本进行简化处理而丢失。此外，后古典法在很大程度上对古典法进行了改革，这不可避免地导致古典文本因为篡改而被毁坏。因此，只有通过对文本进行仔细的批判性考察，才能重现古典法。在最近五十年间，这项工作的很大一部分已经被完成，尤其是由西罗·索拉齐（Siro Solazzi）在大量的书和文章中完成的。在下面的论述中，我们仅限于描述古典监护法的主要特征。

原始文献

s. 280. 1. Read *D.* (26. 1) 1 pr. The text is corrupt (the compilers have eliminated *tutela mulierum*) and the original cannot be restored with certainty. The words *ad tuendum* ... *nequit* must not be cancelled since that would render the definition trivial, *patria potestas* being also a *potestas in capite libero.* See Kübler, *St. Besta,* i (1939), 75; *Z* lix (1939), 562; H. J. Wolff, *St. Riccobono,* iii (1936), 461, n. 124; Beseler, *Scritti Ferrini,* iii (1948), 284.

参考文献

ss. 279 ff. Rudorff, *Das Recht der Vormundschaft,* i (1832); ii (1833); iii (1834); Windscheid, *Pand.* iii (1906), 113 ff. Modern literature: Bonfante, *Corso,* i (1925), 403 ff.; E. Sachers, *PW* viia, 1497 ff. (a very useful survey with full references); R. Taubenschlag, *The Law of Greco-Roman Egypt* (1944), 119 ff.

s. 280. 1. Solazzi, *Istituti tutelari* (1929), 1 ff.; A. Heusler, *Institutionen des deutschen Privatrechts,* ii (1886), 480 ff.; Pollock and Maitland, *History,* i (1911), 323; ii (1911), 444; H. Mitteis, *Z* (germ. Abt.), lxiii (1943), 179 ff.; Molitor, *Z* (germ. Abt.), lxiv (1944), 112 ff.

s. 281. On the Roman goddess *Tutela* see *PW* viia. 1599 ff.

二、未适婚人

不处于这三种古典权力（支配权、夫权、要式买受权）之下的未适婚人（impuberes）需要有一位监护人，这名监护人被称为“监护人”（tutor）。“pupillus”（小娃娃，来自拉丁语的“pupus”）这个术语有时被用作未适婚人（impubes）的同义词，有时用来指一个有或者应当有一名“tutor”（监护人）的“未适婚人”（impubes）。283. 未适婚人

未适婚人（impuberes）在古典法中是指未达到适婚年龄的人。女孩在法律上成为适婚人（puberes）是在她们年满 12 岁时；如果是男孩，根据罗马人的习惯，适婚是一件由家庭来承认的事情，会通 284. 适婚

过一个家庭宴会来庆祝，男孩在宴会上穿上“成年人的托加”（toga virilis）。有时候，他会被登记在一个公共登记簿上。在共和国末期，有一种趋势是认为男孩年满 14 周岁便成为适婚人，这被普罗库鲁斯学派采纳，而萨宾学派则捍卫古老的习惯。从公元二世纪开始，出现了第三种理论，认为一个男孩在既满 14 周岁又实际上已经适婚时，他在法律上才是适婚人（pubes）。显然，这些相互冲突的观念一直到优士丁尼时期都有支持者，但实践显然遵从第三种理论（甚至萨宾学派的盖尤斯有时也支持 14 周岁的观点）；最后普罗库鲁斯学派的理论得到优士丁尼的确认。

原始文献

s. 283. Read Gai. 1. 142, 189.

242 s. 284. Read Gai. 1. 196; 1. 40; 2. 112, 113; *Epit. Ulp.* 11. 28; cf. *lex Urson.* cap. 98; *lex Pap. Pop., Epit. Ulp.* 16. 1*a*; *C. Th.* (2. 17) 1. 1 (N.B. *viros non sera pubertate); C. Iust.* (5. 60) 3; *Inst. Iust.* (1. 22) *pr.*; *Michigan Papyri,* vii (1947), no. 433: registration of boys who had assumed the *toga virilis.*

参考文献

ss. 283, 284. Pernice, *Labeo,* i (1873), 206 ff.; Rotondi, *Scritti giur.,* iii (1922), 488.

三、三种未适婚人监护

古典法根据其产生的方式区分三种未适婚人监护： 285. 三种未适婚人监护的术语

(1) 遗嘱监护（tutela testamentaria）。在这种情况下，监护人是由孩子的父亲在遗嘱中指定的。

(2) 法定监护（tutela legitima）。在这种情况下，监护人是直接由《十二表法》指定的。

(3) 法令监护（tutela decretalis）。在这种情况下，监护人是由执法官通过命令指定的。

遗嘱监护、遗嘱监护人（tutor testamentarius）、法令监护、法令监护人（tutor decretalis）不是古典术语，但它们对于接下来的讨论是必不可少的。优士丁尼用“指定监护人”（tutor dativus）这个术语来表示由执法官任命的监护人（*C.* 1. 3. 51 pr.；在优士丁尼《法学阶梯》中没有使用这个术语），这是一个不适当的术语，应完全避免使用。盖尤斯（Gai. 1. 154）把丈夫在遗嘱里通过指名的方式指定的女性监护人（tutor mulieris）称为“指定监护人”（tutor dativus）（与“选择监护人”〔tutor optivus〕相对应，参见下文边码 314）。后古典的《乌尔比安摘录》的作者误解了盖尤斯，他把任何通过遗嘱指定的监护人（tutor）都称为“指定监护人”（tutor dativus, *Epit. Ulp*. 11. 14）。

产生的方式基本上确定了各种监护的特征，因此，对各种监护的描述应与其不同的产生方式紧密地联系在一起。

1. 未适婚人遗嘱监护（tutela impuberum testamentaria）

286. 未适婚人遗嘱监护

父亲通过遗嘱为其权力下的孩子指定监护人的权利是法学家根据《十二表法》建立的；母亲没有这样的权利，因为不存在母亲支配权（上文边码 240）。父亲不能干涉另一个人的支配权。假设 A 有一个儿子 B 和一个孙子 C（B 的儿子）在其权力之下。那么 A 不能为 C 指定监护人，因为在 A 去世后，C 将处于 B 的权力之下（上文边码 273）。通过遗嘱指定监护人时，父亲必须使用特定的程式，以“直接遗赠”（legatum per vindicationem，下文边码 555）或者“继承人的指定”（heredis institutio，下文边码 443）的程式为模板。被指定的人在遗嘱生效时自动成为监护人，不需要得到官方的确认，也不需要被指定的人表示接受。然而，后者有权拒绝监护。这种监护在一定程度上保留了古代“监管权”（munt，上文边码 280）的特征，因为它让监护人享有监护的权利，但不相应地让他承担履行监护人职责的义务。从克劳狄乌斯时期开始，遗嘱监护人有义务履行自己的职责，他不再享有之前的“拒绝权”（ius se abdicandi），取而代之的仅仅是一项“推托权”（ius se excusandi，下文边码 292）。

2. 未适婚人法定监护（tutela impuberum legitima）

287. 未适婚人法定监护

在没有遗嘱监护人的情况下，《十二表法》把监护委托给该法规定的未适婚人最近的男性继承人（法定继承人，下文边码 389 以下）。

英国和法国的法学家们强烈指责这项规则，其理由是，任命未适婚人最近的继承人为其监护人“就好像是把羊交给狼吞噬”。这是担心监护人会滥用其监护人地位去谋杀未适婚人以便成为其继承人，然而，这种担心并无事实根据，似乎只有佩尔苏斯（Persius, 2.

12）曾经提出过。我们在大陆普通法和其他法律中都能看到这项罗马规则，英国人的担忧（在我知道的范围内）被证明是没有根据的。

法定监护人在未适婚人需要监护人时自动成为监护人。与遗嘱监护人不同，他从不享有拒绝监护的权利，尽管他可以通过“拟诉弃权”把监护转让给另一个人。这项规定肯定是产生在还不存在法令监护的时候，或者至少在法令监护还未作为当然之事实施的时候。因为那时候的法律希望能保证在任何情形下都有监护人，所以它不允许法定监护人拒绝，而只允许他把监护转让给另一个人。如果他找不到这么一个人，那么他必须继续担任监护人。这不会对他造成困扰，因为他没有义务像监护人那样行事，法定监护——遗嘱监护原先也是如此——就像是一种监管权（上文边码 286）。这种古老的法定监护，不像遗嘱监护，在整个古典时期都维持不变；法定监护人显然仍然不享有“拒绝权”。赋予他这种权利以便为更现代的法令监护提供更多的空间，与那个时代的趋势是吻合的，但这似乎没有发生。法定监护人也不享有“推托权”，因为他没有义务履行自己的职责。

对女性未适婚人的法定宗亲监护（tutela legitima adgnatorum）被克劳狄乌斯废除。因此，只有恩主对其女解放自由人的法定监护仍然存在（下文边码 395）。此外，男性未适婚人的“法定监护人”（我们不知道在什么时候）丧失了通过“拟诉弃权”将监护转让给另一个人的权利。

3. 未适婚人法令监护（tutela impuberum decretalis）

288.《阿提利亚法》之前的法令监护

根据《十二表法》，如果没有遗嘱监护人和法定监护人，那么未适婚人就没有监护人。我们不知道，在这种情况下，执政官和后来的城市裁判官会不会介入并任命一位监护人，但这似乎不大可能。有人主张，这样的任命肯定会被做出，因为未适婚人不能处于无保护的状态。然而，中世纪的德意志直到十三世纪，都有大量的未成年人实际上是没有监护人的，而同样的事情发生在罗马共和国早期并非全然不可能。

289.《阿提利亚法》 不管早期的情况如何，《阿提利亚法》(*lex Atilia*)命令城市裁判官在未适婚人既没有遗嘱监护人也没有法定监护人时给他任命一个监护人。这样任命的监护人被称为“阿提利亚努斯监护人”(tutor Atilianus)。

《阿提利亚法》可能是一项平民会决议，阿提利乌斯(Atilius)是一位平民保民官(tribunus plebis)。该法的日期不详，但因为李维在讨论《巴卡那里布斯元老院决议》(*SC de Baccanalibus*，公元前186年)时提到“阿提利亚努斯监护人”(39. 9. 7)，所以《阿提利亚法》肯定是早于公元前186年的。众所周知，李维的报告是以非常好的原始资料为基础的。

290.《尤利亚和提提亚法》 一部《尤利亚和提提亚法》(*lex Iulia et Titia*，公元前31年)把《阿提利亚法》扩展到行省，授权行省总督任命监护人。

今天，从纸莎草文献来看，毫无疑问的是，“《尤利亚和提提亚法》”这个表述是指一部由执政官尤利乌斯(Iulius)和提提乌斯(Titius)提议的法律，而不是两部法律(一部《尤利亚法》和一部《提提亚法》)。在公元前31年，屋大维(因为他被恺撒收养，所以他的正确的名字是“盖尤斯·尤利乌斯·恺撒”〔C. Iulius Caesar〕）第三次担任执政官。同年，马尔库斯·提提乌斯（M. Titius L. F.）从五月到十月是“补任执政官”（consul suffectus），所以必须认为公元前31年是该法通过的年份。在引用该法时，有时将其简称为“《提提亚法》”或者“《尤利亚法》”也并不奇怪。Theoph. *Paraphras*, Ⅰ, 20 pr. 这个片段完全是想象出来的。

291.《萨尔彭萨法》和《乌尔索法》

我们手上既没有《阿提利亚法》也没有《尤利亚和提提亚法》，尽管Gai. 1. 185提供了它们的一个内容摘要。然而，幸运的是，我们拥有《萨尔彭萨法》（*lex Salpensana*）第29章——在图密善治下获得承认的拉丁自治市萨尔彭萨（Salpensa）——这章涉及监护人的指定。此外，相应的《尤利乌斯母神殖民地法》（也叫*lex coloniae Genetivae Iuliae sive Ursonensis*〔《乌尔索法》〕）第109章最近被发现，该法是在恺撒死后由安东尼颁布的。这两部制定法显然都是以《阿提利亚法》为模板制定的。在这些材料的帮助下，我们可以查清《阿提利亚法》和《尤利亚和提提亚法》提供的规则。

292.《阿提利亚法》和《尤利亚和提提亚法》的规则

（1）如果一个未适婚人没有监护人或者在法律上不确定他是不是有监护人，那么必须为他指定一名监护人（Gai. 1. 187）。

（2）只有在“人民中的任何一个人”（quivis ex populo）提出申请（postulare），并提名某个人（nominare）的情况下，才能任命监护人。

（3）根据《阿提利亚法》，监护人必须“由城市裁判官根据平民保民官的多数意见”任命；根据《尤利亚和提提亚法》，监护人由行省总督任命。执法官在对案件进行审查之后必须宣布其命令，可能——就像《萨尔彭萨法》规定的那样——必须在十天之内宣布。

(4) 埃及的文献提供了命令的形式，执法官宣布“我指定他为监护人”(illum tutorem do)，加上“这不剥夺正当监护人的监护权”(quo ne ab iusto tutore tutela abeat)。最后这句话——这句话完全遵从“法律”(leges)的用语，就像《萨尔彭萨法》和《乌尔索法》表明的那样——的意思是，如果已经有遗嘱监护人或者法定监护人，那么他不会因此次任命而被剥夺监护权。在这样的情况下，这项命令也是有效的，否则的话没有人会和一个“法令监护人”进行任何交易。但是，一旦执法官认识到存在遗嘱监护人或法定监护人，就会撤销他任命的监护人。

(5) 法令监护人“像最近的宗亲担任的监护人那样是正当监护人”，也就是说，就好像他是一个法定监护人一样。在一份埃及的文件中，执法官相应地宣布，“我指定马尔库斯·隆古斯为法令监护人”(M. Longum legitimum tutorem do)。为什么这部制定法不简单地宣布“他是正当监护人”(iustus tutor esto)呢？因为那时候遗嘱监护人仍然有“拒绝权”(上文边码 286)，而立法者不希望赋予法令监护人这项权利。确实，法令监护人的地位，除了制定法的用语之外，和法定监护人也不大相同。后者没有“拒绝权”，但另一方面，他又没有义务履行自己的职责(上文边码 287)。然而，法令监护人从一开始就有义务要像监护人那样行事，因为任命的目的当然不仅仅是授予一个头衔。出于这个原因，执法官想要任命的人可以通过提出一些理由(causae excusationis)来作为托辞(se excusare)，由执法官来查验并决定是否接受。甚至已经被任命的监护人也可以提出托辞，如果执法官同意，则免除其职务。

无论是《阿提利亚法》还是《尤利亚和提提亚法》都在整个古典时期保持有效；优士丁尼的《法学阶梯》提供的信息是错误的（I. 1. 20. 3），就像埃及的文件表明的那样。然而，在城市裁判官之外，执政官（从克劳狄乌斯时期开始）也有权任命监护人。此外，（从马可·奥勒留时期开始）存在一种特别的“监护裁判官”（praetor tutelarius，“tutelaris”是一个后古典的术语）；“意大利司法官”（Italici iuridici）也被马可·奥勒留赋予这样的职权。在拉丁自治市（上文边码 134），最高执法官（duoviri）有权任命监护人，而在罗马自治市，自治市执法官通常仅限于提出建议；但在乌尔索（Urso，是罗马市民殖民地〔colonia civium Romanorum〕）最高执法官有权任命监护人，就像最近发现的片段清楚地表明的那样。在行省，总督可以把任命监护人的职权委托给其他官员。其细节更应属于行政管理法史，而不是监护法。 293. 古典的执法官

在古典时期，关于在执法官面前的程序的规则是逐渐发展起来的，尤其是关于推托权的规则。尽管这些规则的精细脉络在很多方面很有趣，但我们在这里只能绕过。 294. 在执法官面前的程序

《阿提利亚法》和《尤利亚和提提亚法》只命令在没有遗嘱监护人和法定监护人时才由执法官任命一个监护人。但是“法令监护”并非仅限于这些情形；“不会再为有监护人的人定指监护人”（tutorem habenti tutor non datur）这句格言不是古典的。在共和国时期，城市裁判官认为，即便已经有法定监护人或遗嘱监护人，他仍然有权再任命一名监护人，但是我们只知道他在一种情况下使用过这项权利，即监护人希望起诉被监护人或者相反的情况下。这样 295.《阿提利亚法》和《尤利亚和提提亚法》之外的法令监护

的监护人被称为“裁判官监护人”（tutor praetorius），因为他是由裁判官任命的，未获得任何制定法的授权。在古典时期，执法官在没有法律、元老院决议或者元首谕令授权的情况下无权任命监护人。根据一项元老院决议，在遗嘱监护人被免除职务或者自己辞职时，城市裁判官可以任命一名监护人。法定的监护人不允许介入，因为立遗嘱人通过其指定清楚地表明，他不希望他成为监护人；除此之外，我们已经观察到了要把过时的法定监护推到幕后的趋势（上文边码 287）。这个趋势导致遗嘱中的无效指定可以被认可。如果一位父亲订立了一份有效的遗嘱，但其中包含了一项无效的监护人指定（datio tutoris）（因为该父亲没有遵守要求的形式），那么这项指定可以由执法官根据皇帝的谕令进行认可。这种监护人实际上是一种法令监护人，而不是遗嘱监护人，但他像遗嘱监护人一样会排挤法定监护人。尽管法定监护人的监护权不会被剥夺，但不允许他行使管理权；管理权只能由“被认可的监护人”（tutor confirmatus）进行。至于在什么情况下允许对指定进行认可，并不是由抽象的规则决定的。皇帝会在个案中允许认可，执法官和法学家一起通过解释来对皇帝的决定进行一般化和补充。

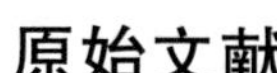

原始文献

s. 285. *Tutela legitima* and *tutor legitimus* are classical terms: Gai. 1. 155, 165. The terms *tutela testamentaria* and *tutor testamentarius* never occur in Gai. *Inst.* (cf. Gai. 1. 155 *tutor testamento datus)*; the passages in the *Digest* which contain them *(Voc. Iur. Rom.* v. 1021. 14 ff.) are spurious. *Tutor dativus* occurs in the *Digest* only once *(Voc. Iur. Rom.* ii. 18. 24): *D.* (46. 6) 7, interpolated.

s. 286. Read *Epit. Ulp.* 11. 14; Gai. 1. 144, 146, 189. Form of *datio tutoris*: Gai. 1. 149; 2. 289; cf. Gai. 2. 117, 193. *Abdicatio* and *excusatio*: *BGU* 1113, 1.8 (Mitteis, *Chrest.* no. 169; *FIRA* iii, no. 31 with a Latin translation); Gai. 1. 182 (N.B. referring to *tutela testamentaria* only); *Fr. Vat.* 223 i.f., cf. *FIRA* iii, no. 30 (*excusatio tutoris testamentarii).*

s. 287. Read Gai. 1. 155, 164, 165. *In iure cessio*: Gai. 1. 168, 169; *Epit. Ulp.* 11. 17 (referring to *tutela mulierum* only). *Lex Claudia*: Gai. 1. 157, 171.

ss. 289, 290. Read Gai. 1. 185.

s. 291. Ch. 29 of the *lex Salp.* (Bruns, *Fontes,* no. 30; *FIRA* i, no. 23) is difficult to understand since its author clumsily re-elaborated a model (*lex Atilia* or *lex Urson.*); see O. Gradenwitz, 'Die Stadtrechte von Urso, Salpensa, Malaca' *(Heidelberg. SB,* Phil. hist. Kl. 1920. 17. Abhandl.); F. Schulz, *St. Solazzi* (1948), 451 ff. Engl. translation: Hardy, *Three Spanish Charters* (1912), 83 ff. For the new fragments of the *lex Ursonensis* see d'Ors, 'Los bronces de El Rubrio', *Emerita, Boletin de linguistica y filologia class.* ix (1941), 138 ff.; J. Mallon, 'Les Fragments de El Rubrio et leur appartenance à la lex Coloniae Genetivae Iuliae, *Emerita,* xii (1944), 1 ff.; the texts were reprinted in *Rev. Archaeol.* xxvi (1946), nos. 120—122 and *Année épigr.* See Schulz, l.c.

s. 292. Read *P. Oxy.* iv 720 (= *FIRA* iii, no. 24); further, the document published by Sanders, *Z. f. d. neutestamentliche Wissenschaft* xxxvii (1938, published 1939), pp. 191 ff. (Sanders's remarks on *legitimus* are wrong) = *L'Année épigr.* 1947, no. 12; cf. *FIRA* iii, no. 25. These documents deal with *tutor mulierum,* but the form of a *datio tutoris impuberum* was the same.

s. 294. Read *Fr. Vat.* 149, 150 (cf. *D.* 27. 1, 6. 2 and 12 with Schulz, *History,* 273, n. 12); *Fr. Vat.* 186, [*vel ... curator*], 189.

s. 295. *D.* (26. 1) 6. 2; Gai. 1. 184; 1. 182 (referring only to *tutela testamentaria); D.* (26. 3) 1 pr. § 1.

参考文献

s. 285. Solazzi, *Studi sulla tutela,* i (1925), 1 ff.

s. 286. Solazzi, *Istituti tutelari* (1929), 12 ff., 155 ff.; Bonfante, *Corso,* Ⅰ (1925), 427; Beseler, *Z* l (1930), 443 (not acceptable); Sachers, *PW* viia. 1508, 1532; Lévy-Bruhl, *St. Solazzi* (1948), 318 ff.; Guarino, ibid. 31. On *BGU* 1113 see Solazzi, 'L'abdicatio tutelae e BGU 1113', *Rend. Lomb.* xlviii (1915), 985 ff.*

s. 287. Sachers, l.c. 1505, 1533, 1534; Solazzi, *La legge delle XII Tavole sulla tutela* (1928). On the English criticism see *Leges Henrici,* 70, 19; Liebermann, *Gesetze der Angelsachsen* i (1903), 589 with ref.; Fortescue, *De laudibus legum Angliae* (ed. Chrimes, *Cambridge Studies in English Legal History,* 1942), c. 44; Coke, *Inst.* i. 886 (ed. 1794, i, s. 123); Blackstone, *Commentaries,* bk. i, ch. 17, no. 1; Jolowicz, *JRS* xxxvii (1947), 88.

s. 288. Mitteis, *RP* i (1908), 41 n. 4 (wrong); A. Heusler, *Institutionen des deutschen Privatrechts,* ii (1886), 484.

s. 289. Kübler, 'Privatrechtliche Competenzen der Volkstribunen in der Kaiserzeit', *Festschrift zu O. Hirschfelds 60. Geburtstag* (1903), 51; Solazzi, 'La lex Atilia nel Digesto', *Studi sulla tutela,* i (1925), 29 ff.; Sachers, l.c. 1512.

s. 290. On the modes of citing Roman *leges* see Mommsen, *Röm. Staatsrecht,* iii (1887), 315; on Octavianus' third consulate see Fitzler-Seeck, *PW* x. 327; on Titius' consulate see Hanslik, *PW* via, 1561; *ILS* 891, 6123. On the whole question whether *lex Iulia et Titia* means a single *lex* or two *leges* see Taubenschlag, *PW* xii. 2392; *Law of Greco-Roman Egypt* (1944), 131; Biondi in *Acta divi Augusti,* i (1945), 199, full references.

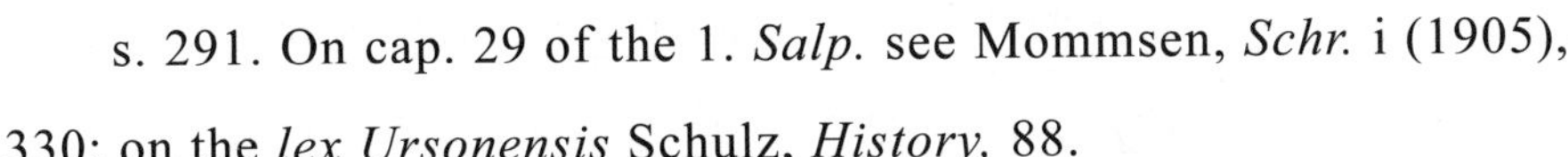

s. 291. On cap. 29 of the 1. *Salp.* see Mommsen, *Schr.* i (1905), 330; on the *lex Ursonensis* Schulz, *History,* 88.

s. 292*a*. Mommsen, l.c. 233.

s. 292*d*. Mommsen, l.c. 233 (wrong).

s. 293. P. Joers, *Untersuchungen zur Gerichtsverfassung der röm. Kaiserzeit* (1892), 4 ff., 31 ff., 66 ff.; Solazzi, 'Console e pretore urbano nella datio tutoris', *AG* lxxxv (1921), 279 ff.; *Istituti tutelari* (1929), 54 ff.: Sachers, *PW* viia, 1513 ff.; D'Ors, *Emerita,* ix (1941), 145, with references; K. Schneider, *PW* vii 1608; on the term *praetor tutelarius* see Schulz, *History,* 247.

s. 294. Sachers, l.c. 1534 ff.

s. 295. Beseler, *Z* 1 (1930), 443; Solazzi, 'Sulla regola *tutorem habenti tutor dari non potest*', *Rend. Lomb.* 1919, pp. 227 ff.; 'La conferma del tutore', *Rend. Lomb.* 1920, pp. 359 ff.; *Istituti tutelari* (1929), 54 ff.; Sachers, l.c. 1511 f., 1520 f., 1524.

四、未适婚人监护人的职能

296. 监护人的自由

原先遗嘱监护人和法定监护人都可以根据自己的判断来履行自己的职务，而无须受执法官的控制或指示。然而，在《阿提利亚法》下，裁判官只要收到对法令监护人的投诉，就会干涉，并且最终他无疑也这么对待遗嘱监护人和法定监护人。在古典时期，发展
254 出了监护人必须遵守的监护规则，但其数量似乎仍很少，而且执法官的控制是微弱的。这符合古典时期要使监护人不受约束的自由主义倾向。后古典时期的官僚主义倾向逐步限制了监护人的自由。

297. 监护人对被监护人人身的权力

监护人对被监护人的人身有法律上的权力，但其与家父支配权有很大的不同。按照古典的说法，处于监护下的被监护人并不处于支配权下，而是自权人（=suae potestatis，参见上文边码 273），而共和国时期的法学家毫不犹豫地把监护称为支配权（上文边码 280）。监护人没有生杀支配权，也没有出售权（上文边码 255 以下）。他不能让被监护人被收养，他甚至不能对被监护人的自权人收养表示同意。因此，对被监护人的人身的权力仅仅意味着决定被监护人的住所，对他进行教育和抚养。被监护人如果对监护人的这部分管理工作不满，则可以向执法官提出，但非常重要的是，《学说汇纂》处理

这一主题的标题下（27. 2）在很大程度上包含了后古典的材料（Fr. 1原先根本就不是关于监护的），而且优士丁尼《法典》的相应标题下（5. 49和5. 50）只包含少量批复，全都属于公元三世纪。此外，监护人必须根据如下规则管理被监护人的财产。

298. 被监护人财产安全担保

1. 如前所述（上文边码286），法定监护人没有义务自己进行管理。如果他希望自己进行管理，那么执政官（上文边码293）在允许他进行管理之前会要求他通过一项"被监护人财产安全担保"（cautio rem pupilli salvam fore）来担保财产的安全。裁判官告示并不要求法定监护人提供这样的担保（cautio），这意味着是执政官而不是城市裁判官首先对法定监护人强加这种担保；但其他受托对监护进行监控的执法官（上文边码293）看起来已经遵循执政官的范例。对遗嘱监护人不要求这样的担保，因为他是父亲出于信任而指定的人。然而，裁判官在其告示中宣布，如果父亲指定了数个监护人，那管理权将交给准备提供担保的人。法令监护人通常也免于提供担保，因为执法官在任命之前有大量的机会可以考察监护人的诚信。《阿提利亚法》（就像《萨尔彭萨法》表明的那样）因此没有提到这种担保。

299. 监护人的自由

2. 监护人有权根据自己的判断"以所有权人的身份"（domini loco）管理和处置被监护人的财产（如果执法官已经允许他管理的话）。他可以通过要式买卖和交付转让被监护人的财产：米泰斯（Mitteis）认为他不能进行要式买卖，这个观点肯定是错误的。他也可以收取别人欠被监护人的钱，以及起诉被监护人的债务人。监护人应当遵守的确定规则还不存在；法学家们只讨论个案。当然，他必须以尽可能盈利的方式投资，但他没有义务投资土地。监护人在开始管理时制作被监护人财产清单的义务，看起来是古典的。

300. 塞维鲁的演说

公元195年塞普蒂米乌斯·塞维鲁治下的一份元老院决议开启了一个新的趋势。塞维鲁的“演说”（oratio）被保留给我们。监护人被禁止转让或抵押属于被监护人的“乡村或城郊的土地”（praedia rustica vel suburbana），除非父亲已经在遗嘱中同意转让。如果为了偿还被监护人的债务，转让和抵押是必须的，那么监护人必须向城市裁判官申请特别许可。监护人可以转让“城市土地”（praedia urbana），因为考虑到火灾的危险，它不被认为是完全安全的投资。我们将不详细描述进一步的发展。君士坦丁于公元326年颁布的一份法令标志着官僚主义的最终胜利。此时，监护人完全不能在未经官方同意的情况下转让被监护人的财产（除非是价值很低的多余的东西）；根据优士丁尼的制定法，他也不能在没有官方命令的情况下收取他人欠被监护人的债。

256

301. 间接代理原则

3. 关于被监护人财产管理的技术方面的问题，必须牢记的是，古典法没有直接代理；因此，监护人的法律行为只能对监护人的法律地位产生效果。例如，当监护人出售一件属于被监护人的物品时，是监护人而不是被监护人因合同受约束并取得权利；当监护人为被监护人购买某物时，同样是监护人而不是被监护人成为该物的所有权人。在监护终止时，这些权利义务必须通过特别的行为转移给被监护人。这是古典的“间接代理原则”，对此在古典时期没有例外；如果我们在原始文献中遇到这样的例外，那么它们应当被判断为后古典的。

4. 然而，有三种方式可以导致权利义务直接发生在未适婚人身上：

(1) 监护人命令被监护人的奴隶进行某种法律行为。奴隶取得的任何东西自动归被监护人所有（上文边码 262）；对产生自奴隶的合同债务，存在“增加诉讼”（上文边码 269）。 301a. 被监护人的奴隶的行为

(2) 被监护人经监护人同意可以自己进行法律行为。只需要一项非要式的同意就足够了，但它必须在进行法律行为时被宣布。例如，如果被监护人经过监护人同意签订了一份买卖合同，那么因该合同而产生的诉讼（买物之诉、卖物之诉）以被监护人的名义提起或者针对被监护人提起。然而，这种方式只有在被监护人不再是“幼儿”（infans）的情况下才可以使用。在古典法中，“幼儿”是指还不能说话的孩子；优士丁尼把不满 7 周岁的孩子称为“infantes”，这当然是一个荒谬的用法。未适婚人和“大儿童”（infantia maiores）（“近幼儿”〔infantiae proximi〕或“近适婚人”〔pubertati proximi〕）的区分不是古典的。 302. 被监护人经监护人授权的行为

(3) 甚至在能给被监护人带来法律上的利益的范围内，被监护人在未经监护人同意时也可以进行法律行为。但在这种情况下也要求被监护人应为“大儿童”（尽管我们不能理解，为什么法律上不允许转让一个苹果给一个还不会说话的孩子）。如果该行为同时给被监护人导致了利益和不利益，古典法如下： 303. 被监护人未经同意的行为

i. 被监护人的一个债务人未经监护人同意向被监护人偿还债务，那么被监护人成为这笔钱的所有权人，但债务人的债务仍然存在。如果监护人此时起诉债务人，那么后者只能在被监护人仍然因第一次支付而获利的范围内拒绝进行第二次支付。

ii. 某人未经监护人同意向被监护人提供一笔贷款（mutuum），被监护人成为这笔钱的所有权人，但合同是无效的，不能对被监护

人提起合同诉讼。

iii. 如果被监护人未经监护人同意购买物品，那么他享有“买物之诉”，但不对价款负责，卖方不享有“卖物之诉”（所谓的“瘸腿交易”〔negotium claudicans〕）。如果监护人起诉卖方要求交付物品，后者在价款支付之前可以拒绝交付。如果卖方已经交付物品但没有获得价款，那么他不享有合同救济。

至于在这种情况下卖方在何种程度上可以起诉被监护人要求返还得利的问题，仍然“有待判断”（sub iudice），因为可用的原始文献遭受了严重的篡改。古典法学家不愿意提供这样的诉讼，这是非常确定的，并且有很好的理由：未经监护人同意，人们不应与未适婚人进行交易。

原始文献

s. 298. Read Gai. 1. 199, 200 (hardly genuine, but substantially on the whole classical).

s. 300. Read *D.* (27. 9) 1 pr.2.

s. 301. Read Gai. 2. 95; *C. Iust.* (5. 37) 26. 3; *D.* (41. 1) 13. 1 [*Et tutor ... ignorantibus*].

s. 302. Read Gai. 3. 107, 109 [*et qui ... est*]; [*sed in his ... facta est*]; *D.* (26. 8) 3; (26. 8) 9. 5—6.

s. 303. Read Gai. 2. 83, 84; 3. 91; *Inst. Iust.* (1. 21) pr.

参考文献

s. 297. Kübler, ‘Die vormundschaftliche Gewalt im röm.

Recht', *St. Besta,* i (1939), 75 ff.; Sachers, *PW* viia. 1543; Beseler, *Scritti Ferrini,* iii (1948), 284.

s. 298. Lenel, *Edict.* (1927), §§ 121, 288; Solazzi, *Istituti tutelari* (1929), 88 ff.; Sachers, l.c. 1569.

s. 299. Pernice, *Z* xix (1898), 123; Kübler, l.c. 77 ff., 81 ff. (against Mitteis, *RP* i. 208); Sachers, l.c. 1544 ff.

s. 300. Bachofen, 'Das Veräusserungsverbot der oratio Severi', *Ausgewählte Lehren des röm. Civilrechts* (1848), 119 ff.; Sachers, l.c. 1550; Brasiello, *St. Solazzi* (1948), 689; reconstruction of the *oratio* p. 723 (hardly acceptable).

s. 301. Kübler, l.c. 84 ff. with references; Kunkel, § 58; Sachers, l.c. 1549.

s. 302. On *infantes* see Windscheid, *Pend,* i (1906), § 54 note 4. 5 with references; Tumedei, *Distinzioni postclassiche riguardo all' età. Infantiae proximus e pubertati proximus* (1922); Albertario, *Bull.* xxxiii (1933), 81 ff., (1923), 71 f.; 'Infanti proximus e pubertati proximus', *Studi,* i (1933). 81 ff.*

s. 303. On *negotia claudicantia* see Windscheid, *Pand.* ii (1906), § 321, n. 23. Actions against the ward on account of his enrichment: H. Siber, *Röm. Privatrecht* (1928), 45, 222, 316 (probably right); 'Das angebliche rescriptum divi Pii über Bereicherungsklagen gegen Mündel', *Z* liii (1933), 471; G. H. Maier, *Praetorische Bereicherungsklagen* (1932), 3 ff., 5 (not helpful); Albertario, *Studi,* iv (1946), 339. See further van Oven, 'Handelingen door den pupil zonder bijstand van den voogd verricht', *Tydskrif vir hedendaagse Romeins-Hollandse Reg,* 1939, pp. 87—129.

五、未适婚人监护人的责任

针对未适婚人的监护人，古典法有五种不同的救济。

（一）嫌疑监护人控诉（accusatio suspecti tutoris）

304. 嫌疑监护人控诉

这是一种民众诉讼（actio popularis，上文边码 76），仅针对遗嘱监护人；如果怀疑得到证实则监护人被免职。遗嘱监护人可以拒绝监护（上文边码 286）；相应地，他也可以被免职。这项诉讼是古典法学家在《十二表法》的基础上建立的。

（二）提供账目之诉（actio rationibus distrahendis）

305. 提供账目之诉

这是一种双倍的惩罚诉讼，只针对法定监护人。“rationes distrahere”这个术语只出现在法律文献中，其含义可能只是简单的“控制账目”。法定监护人没有“拒绝权”（上文边码 287），相应地也不能被免职；但被监护人可以通过这个诉讼要求他提供账目。如果证实监护人把被监护人财产转为己用，那么他会被判罚双倍的损害赔偿。这种诉讼也可追溯至《十二表法》。

（三）监护之诉（actio tutelae）

306. 监护之诉

原本没有特别针对法令监护人的诉讼。《阿提利亚法》对这个问题保持沉默（就像《萨尔彭萨法》表明的那样）；可能是认为任命之前的“情况调查”（causae cognitio）可以保护被监护人不受不诚信的监护人的损害。然而，从公元前最后一个世纪开始，我们知道一种新的诉讼被称为“监护之诉”（arbitrium tutela 或者 actio tutela）。这种诉讼不可能比引入程式诉讼的《艾布提亚法》（上文边码 26）还早；它也不会比《阿提利亚法》（上文边码 289）还早，因为它原本只针对法令监护人；在古典法当中，它也针对遗嘱监护人。它是否针对法定监护人，从原始文献来看是有疑问的。这种诉讼以“监护人的管理行为”（gestio tutoris）为条件，出于这个原因，比较接近无因管理之诉（actio negotiorum gestorum，参见下文边码 1064）；如果监护人导致被监护人发生损害仅仅是以完全不参与管理的不作为方式导致的，那么这种诉讼不适用。这种诉讼的程式包含“根据诚信”这个短语（上文边码 60 以下），这不可避免地涉及监护人对故意（dolus）和过失（culpa，包括“作为的过失”〔culpa in faciendo〕和缺乏必要的“谨慎”〔diligentia〕）的责任，然而，古典法学家可能已经明确表达了它。

（四）扩用监护之诉（actio tutelae utilis）

307. 扩用监护之诉

监护之诉以管理行为（gestio）为前提，如果监护人完全没有行为则不存在这种诉讼。然而，从马可·奥勒留时期起，存在一种针对“不作为的监护人”（tutor cessans）的扩用监护之诉，但只有在他是遗嘱监护人或者法令监护人的时候才适用，因为法定监护人没有义务参与管理（上文边码 287）。

（五）监护人的免职

308. 未适婚人的监护人的免职

法令监护人可随时被任命他的执法官免职。遗嘱监护人可因“嫌疑监护人控诉”而被免职（上文边码 304），但可能也会被执法官通过一个简单行为（即“免职”〔remotio〕）免职。法定监护人不能被免职，但会因为“未适婚人保佐人”（curator impuberis）或者“增加的监护人”（tutor adiunctus）的任命而变得没有作用；法定监护人的监护权因此变成一项“虚权”。当然，不存在“保佐人同意的做出”（interpositio auctoritatis curatoris）这样的东西，监护之诉也不针对这样一个保佐人，但无因管理之诉是一个充分的替代，在有法定监护人时，“增加的监护人”的任命只有在法律、元老院决议或元首谕令授权时才会发生（上文边码 295）。

原始文献

s. 304. Read Gai. 1. 182, referring only to the *tutor testamentarius*.

s. 305. Read Paul. *Sent.* (2. 30) 1; *D.* (27. 3) 2 [*per quam ... poena est*], see above, s. 73, 4.

s. 306. Read Gai. 1. 191; 4. 62.

参考文献

s. 304. R. Taubenschlag, *Vormundschaftsrechtliche Studien* (1913), 27 ff.; Berger, *Z* xxxv (1914), 39 ff.; Solazzi, *Istituti tutelari* (1929), 207 ff.; Sachers, viia, 1556 ff.

s. 305. Sachers, l.c. 1563.

s. 306. Lenel, *Edict.* (1927), § 124; Lauria, ‘Periculum tutoris’, *St. Riccobono,* iii (1936), 285 ff.; Solazzi, *SD* iv (1938), 135 ff.; Sachers, l.c. 1565 ff.; Pflüger, *Z* lxv (1947), 162 ff.*

s. 307. Lenel, *Edict,* p.318 n. 10; Sachers, l.c. 1568.

s. 308. On simple *remotio see* Sachers, l.c. 1561; on *tutor adiunctus* and *curator impuberis* see Sachers, l.c. 1524 and 1526; Solazzi, *Curator impuberis* (1917).

六、古典女性监护的非理性

对既不处于家父支配权下也不处于夫权或要式买受权下的女性适婚人的监护（我们简要地称其为“女性监护”）在整个古典时期都存在，就像可用的文献清楚表明的那样。它在戴克里先治下仍然有效，但在第四或第五世纪被废除，因此，《狄奥多西法典》和优士丁尼的《市民法大全》中都没有规定；优士丁尼的汇编者们要么在遇到女性监护时将其从古典文本中删掉，要么用未适婚人监护（tutela impuberum）来替代它。因此，可用的资料相对贫乏，但它们足够确定古典法的所有重要细节。 309. 女性监护的概念和原始文献

古典的女性监护对法律史学家们具有特别的吸引力。诚然，女性监护发生在许多其他民族的法律中，例如，在希腊法和日耳曼法中；但把希腊的“lord”（κύριος）、日耳曼的“Vogt”或“Muntwalt”和罗马的“protector”（tutor）相比较，马上就会显示出女性监护真正的罗马特征。罗马女性（与希腊和日耳曼女性相比）较高的社会地位甚至在共和国早期就影响着这项制度，人文主义运动（上文边码 180）对其进一步自由化起到了促进作用。我们可以恰当地提出这样的问题，这种监护尽管在共和国末期就应该废除了，但它如何能够在整个古典时期存活下来？在共和国晚期动乱不安的时期，罗马人没有时间去废除它，当然也不能期望奥古斯都的反向立法会这么做。相反，女性监护此时“锚定”在《尤利亚法》和《帕比亚波派亚法》当中：一个女性如果生了三个孩子就可以从“监护”中解放（或者如果是女解放自由人并处于法定监护下，则生了四个孩子就可以 310. 女性监护和多子权

从“监护”中解放)。这就使得女性监护和这些因人口政策而制定的规则之间产生了紧密的联系，正是这种联系使得这项古老的制度可以在整个古典时期保持活力，尽管这些规则收效甚微(上文边码182)，而且皇帝经常把“多子权”(ius liberorum)作为一项特权来赏赐，从而豁免了这些规则的适用。在基督时期，奥古斯都的人口政策在基督教禁欲主义婚姻理念的影响下被废除，至此，女性监护丧失了其最后的思想支持。

311. 性别柔弱　关于女性监护背后的理性，我们在西塞罗的演说《为穆雷那辩护》(*pro Murena*, 12. 27)当中遇到如下说法：“我们的祖先考虑到女性心智柔弱，决定让所有的女性都处于监护人的支配权下”(Mulieres omnes propter infirmitatem consili maiores in tutorum potestate esse voluerunt)。这个说法可能起源于希腊哲学，因为它听起来像是亚里士多德的一句名言的翻译：

> *Politica* 1260a (Ⅰ, cap. v): ὁ μὲν γὰρ δοῦλος ὅλως οὐκ ἔχει τὸ βουλευτικόν, τὸ δὲ θῆλυ ἔχει μέν, ἀλλ᾽ ἄκυρον, ὁ δὲ παῖς ἔχει μέν, ἀλλ᾽ ἀτελές.

让我们来把它翻译成拉丁语(可找到的英文翻译几乎不可理解)：“奴隶完全没有心智；女性心智柔弱；男孩心智不成熟”(servus nullum omnino consilium habet; femina habet quidem sed infirmum; puer habet quidem sed immaturum)。显然，西塞罗的“心智柔弱”(infirmitas consilii)是“βουλευτικόν ἄκυρον”的翻译。

这句话对于西塞罗时期的罗马女人而言是错误的，西塞罗本人对此非常清楚；他自己的妻子就非常独立地管理她自己的财产。然而，它却被修辞学作者不断地复述（Val. Max. 9. 1. 3: “imbecillitas mentis”〔心性柔弱〕; Seneca, Controv. 1. 6. 5: “imbecillitas”〔柔弱〕; Seneca *ad Marciam* in princ.: “infirmitas muliebris animi”〔女性的心智柔弱〕），盖尤斯也复述它（Gai. 1. 144: “propter animi levitatem”〔由于心智轻率〕）。然而，在《尤利亚法》和《帕比亚波派亚法》之后，这个理由就真的变得荒谬了。如果“性别柔弱”（infirmitas sexus）是一项事实，那么“多子权”就是一项惩罚而不是奖赏，因为赋予“多子权”并不能消除这项弱点。因此，盖尤斯的《法学阶梯》的另一个段落（Gai. 1. 190）明确地拒绝了这个传统的理由，尽管盖尤斯是不是这个段落的真实作者是有疑问的，但这个文本说出了真相，并且更值得注意，因为在后古典时期，旧的说法被一次又一次地重复。当然，这个时候受到基督教东方对女性的评价的影响。

312. 女性的舞台在家中

因此，在共和国最后一个世纪和古典时期，女性监护的动因并不是“性别柔弱”的观点。《十二表法》的立法者的决定性动因也不是这个；这些人不可能去考虑女性“天生”有能力还是无能力管理她的财产。另一方面，对家庭利益的考虑也不是主要动因，就像遗嘱监护清楚地表明的那样（下文边码 314）。女性看起来像未适婚人那样需要保护，因此可以获得一名保护者（tutor），这名保护者原本拥有像未适婚人监护人一样的权力。女性确实需要保护，但不是出于“天性”（φύσει），而是“社会秩序”（θέσει）的结果。女人的舞台在家中，她们不应参与公共生活，这是古罗马道德法典的一项不可改变的教义。出于这个原因，她们被排除在民众会议、元老院和执法官职位之外。即便是在《十二表法》时期，罗马女性实际上也并不（像高贵的希腊女性那样）被排除在社会生活之外；法律上既没有禁止她们参与商业生活，也不禁止她们在法庭上进行诉讼。然而，传统的礼仪要求女性不参与公共生活，而当这项礼仪规则实际上被遵守时，女性当然会缺乏商业生活的经验，尤其是不了解法律。她们不了解法律，并不是因为“天性”（φύσει）决定她们不具有掌握法律的智力，而是因为一般认为她们学习法律是一种不适当的行为。就像罗马古老习惯的捍卫者监察官加图（Cato Censorius）所说的那样：“如果女性保持在她们的正确范围内，她们就完全不会在乎立法”。

李维《建城以来史》（Livy, 34. 2. 8 f.）：“不久前我从一群女人中间穿过，去往会堂，我并非没有感到羞愧。因为如果不是出于对她们中的某个人而不是她们整体的尊严的尊重使我保持沉默的话，她们多半会受到执政官的斥责。我那时候应该说：跑到公共场合、拥堵道路并且和别人的丈夫说话，这是一种什么样的作风？你们在家里不能对你们自己的丈夫提出同样的要求吗？……而你们在家里不需要关心在这里提议制定什么法律或者提议废除什么法律，如果得体的行为标准可以把女主人限制在其自身权利的范围之内的话。”（N.B.）

这是罗马女性监护的基础，不是“性别柔弱”或者这种“柔弱”存在的信念，而是古老的罗马习惯的这个信条：公共生活仅仅是男人的事情；这构成其“责任”（officium）的一部分。非常重要的是，（尼禄治下的）《维莱阿努元老院决议》（*S.C. Vellaeanum*）禁止女性担任担保人，给出的理由是：因为这是男人的责任所以不能被同等履行(cum eas virilibus officiis fungi non sit aequum)；提到“性别柔弱”的只是一个后古典的注释者。

然而，公元前最后一个世纪的女性解放导致这项古老的罗马习惯被推翻。罗马女人不再满足于坐在纺纱杆旁、织造间内或者做家务活(οὐ ταλααίαν οὐδὲ οἰκουρίαν Φρονοῦσαι, Plutarch, *Antonius*, 10. 5)。她们参与公共生活，尽管她们仍被排除在民众会议、元老院和执法官职务之外。我们只需要参考特伦提娅在镇压喀提林的过程中的活动就足够了。甚至在谋反恺撒时，有一位女性波尔西娅(Porcia)被允许知道这个秘密。凯齐纳·塞维鲁(Caecina Severus)在公元20年作了一个反对行省总督妻子从事政治活动的慷慨激昂的讲话(Tacitus, *Ann*. 3. 33)。此外，女性开始担任诉讼代理人，她们被允许这么做直到公元前最后一个世纪中叶。甚至有一部提提尼乌斯(Titinius，可能比泰伦斯〔Terence〕早)的喜剧的标题是“女法学家”(iuris perita)，不幸的是，这部喜剧只有一些不重要的片段被保留给我们。然而，女诉讼代理人阿弗兰尼娅(C. Afrania，于公元前48年去世)导致城市裁判官整体排除女性“为他人提起诉讼”(postulare pro aliis)(Lenel, *Edict*, § 15)。无论如何，女性此时开始进入商业生活。西塞罗的妻子特伦提娅又是一个很好的例子；她在一个解放自由人的帮助下非常独立地管理她自己的财产。她不处于夫权之下，但她的监护人从未被提到过。因此，女性监护的古老基础已经消失，用“性别柔弱”来作为其正当理由，从共和国末期的罗马生活来看，是荒谬的。在和恺撒开始内战时，西塞罗写信给特伦提娅(*Ad. fam*. 14. 7. 2)：“如果我不知道你比任何男人都勇敢的话，我会劝你勇敢”。图莉娅(Turia)的丈夫宣称(2. 15)：

313. 女性解放

“当意外的消息使我面对现实和紧迫的危险时，是你的聪慧拯救了我。”

（Repentinis nuntiis ad praesentia et imminentia pericula evoctatus tuis consiliis conservatus sum.）

这是罗马生活的现实，与希腊哲学家和修辞学家的学者派头的智慧形成对比。在共和国时期，女性监护是一项非理性的制度；古典法学家认识到了这一点（Gai. 1. 190），并做出了相应的处理，不理会那些保守的庸人和希腊学者。

原始文献

s. 309. Read *Fr. Vat.* 325, first sentence (Diocletian); *D.* (18. 1) 27 which originally dealt with *tutela mulieris* as *Fr. Vat.* 1 shows; *D.* (26. 2) 1 pr., *tutor mulieris* has been cancelled as Gai. 1. 144, *Fr. Vat.* 229, first sentence, show.

s. 310. Read Gai. 1. 145, 194.

s. 311. Read Gai. 1. 144, 190; *Epit. Ulp.* 11. 1.

s. 312. Read Corn. Nepos praef, 6—7; *ILS* 8403; Laudatio Murdiae, ll. 20 ff., *CIL* vi, 10230; *ILS* 8394; *D.* (16. 1) 2. 1 and 2; § 2 is spurious, s. 313. On C. Afrania: Val. Max. 8. 3. 2; *D.* (3. 1) 1. 5.*

参考文献

ss. 309 ff. On *tutela mulierum* see Bonfante, *Corso,* i (1925), 407 ff. Taubenschlag, *Vormundschaftsrechtliche Studien* (1913), 69 ff.; *Archives d'histoire du droit oriental,* ii (1938), 293 ff. (materials); *Law of Greco-Roman Egypt* (1944), 128 ff.; Sachers, *PW* viia. 1588 ff.

s. 309. Savigny, *Vermischte Schriften*, 262 ff.; Mitteis, *Grundzüge* (1912), 252; Taubenschlag, *Vormundschaftsr. Studien,* 85; Solazzi, *Rend. Lomb.* li (1918), 586 ff.; 'Sulle tracce del tutor mulieris', *Studi sulla tutela* (1925), 16 ff.; Sachers, l.c. 1598.

s. 310. Kübler, *Z* xxx (1909), 154 ff.; xxxi (1910), 176 ff.; Steinwenter, *PW* x. 1281; Sachers, l.c. 159S; Biondi in *Acta divi Augusti* i (1945), 179.

s. 311. Solazzi, 'Infirmitas aetatis e infirmitas sexus', *AG* civ (1930), 1 ff. On Gai. 1. 190, Solazzi, 29; Beseler, *Beiträge,* v (1931), 2 f. On *fragilitas sexus* see materials in *Thes. L. L.* vi. 1230. 65; on *imbecillitas sexus* ibid. vii. 415. 43. On *fragilitas sexus* in the papyri see Taubenschlag, *Formundschaftsrechtl. Studien,* 85.

s. 312. Gide, *Étude sur la condition privée de la femme* (1885); Warde Fowler, *Social Life at Rome in the Age of Cicero* (1908); Schroff, *PW* xiv 2300 ff.; *W.* Kroll, *Die Kultur der Ciceronischen Zeit,* ii (1930), 26 ff. On the *senatusconsultum Vellaeanum* see Albertario, 'Providentia', *Athenaeum,* vi (1928), 171; Beseler, *Beiträge,* ii (1911), 106; Solazzi, 'Infirmitas aetatis', l.c. 19.

s. 313. W. Kroll, l.c. 26 ff., 32 ff.; on C. Afrania see Münzer, *PW* iii. 1589; on Titinius' comedy see Schanz-Hosius, *Geschichte der röm. Literatur,* i (1927), 142 ff.; Weinstock, *PW* via. 1540 ff.; on

Terentia Weinstock, *PW* va. 710 ff.

七、女性监护的三种类型

女性监护来源于三种方式之一：或者是通过遗嘱被创立，或者是直接来自《十二表法》的规定，再或者是由一个官方指定引起的。

（一）遗嘱女性监护（tutela mulierum testamentaria）

314. 遗嘱女性监护

父亲可以依靠其家父支配权通过遗嘱指定一名监护人，丈夫也可以为处于其夫权下的妻子指定监护人。只有后者可以指定一名不特定的监护人："我赋予我的妻子提提娅选择一名监护人的权利"（Titiae uxori meae tutoris optionem do）（"选择监护人"〔tutor optivus〕）。根据这样一种指定，妻子有权选择一名监护人来处理任何她需要取得"同意"（auctoritas）的事情，或者处理特定类型的事情，或者仅仅处理一件事情。我们不知道何时，通过何种方式引入了这种"选择监护"（tutela optiva），但是它在公元186年肯定存在。显然，女性会选择一个她可以信赖的、在做出"同意"的问题上不会有困难的人；尤其是，在她选择一个"一件事情的监护人"（tutor in unam rem）的时候，她会选择一个提前允诺会做出"同意"的人。遗嘱女性监护人有"拒绝权"，而且与未适婚人遗嘱监护人（上文边码286）不同的是，他在整个古典时期都享有这种权利。出于这个原因，他不需要一项"推托权"。

（二）法定女性监护

315. 法定女性监护

在没有遗嘱监护人的情况下，女性的最近的继承人（最近的宗亲或者她的恩主）是其法定监护人。因为"处于夫权下的女性"处于“女儿的地位”（filiae loco，上文边码 197），她的儿子可能是“最近的宗亲”，并因此（像希腊和日耳曼法那样）是她的监护人。法定监护人没有拒绝权，但他可以通过“拟诉弃权”把监护转让给另一个人，他在古典时期一直享有这项权利，这再次与未适婚人法定监护人不同（上文边码 287）。克劳狄乌斯取消了“宗亲监护”（tutela adgnatorum），但不取消“恩主监护”（tutela patroni，上文边码 287）。

（三）法令女性监护（tutela mulierum decretalis）

316. 女性监护人和《尤利亚和提提亚法》

在没有遗嘱监护人和法定监护人时，必须由执法官根据《阿提利亚法》和《尤利亚和提提亚法》（上文边码 289 以下）任命一名监护人。

就像新近发现的《乌尔索法》片段所表明的那样，《阿提利亚法》明确提到女性监护。《萨尔彭萨法》第 29 章也包含女性监护，尽管其作者起草文本时非常笨拙，以至于现代读者有时候被误导，以为女性监护被故意忽略。

在我们的埃及文献当中，女性监护人总是“根据《尤利亚和提提亚法》和元老院决议”任命，其中的元老院决议可能指的是盖尤斯（Gai. 1. 173—182）提到的元老院决议。也只有向执法官提出申请时，女性监护人才会被任命，但只有女性本人有权提出申请，而不是“人民中的任何一个人”（上文边码 292）。

317. 增加的监护人

女性监护人（像未适婚人监护人一样，参见上文边码 295）不仅仅在没有遗嘱监护人或法定监护人时被任命，而且（除了裁判官监护人之外，参见上文边码 295）还可以单纯根据法律、元老院决议或元首谕令的特别授权而任命。因此，根据《关于不同等级之间结婚的尤利亚法》和一项元老院决议，如果法定监护人是未适婚人、哑巴或者精神病人，可以由城市裁判官任命一名“为安排嫁资而设的监护人”（tutor dotis constituendae causa）。我们在这里遇到了没有监护能力的监护人，这是原始的“监管权”（上文边码 280）的有趣残留，它在未适婚人监护领域早就消失了（Gai. 1. 157. verb. puberem）。特别重要的是，元老院允许女性在监护人不在时申请一名监护人。这意味着监护的进一步淡化，因为法学家非常自由地解释这项规则，认为甚至短暂的不在就足够了。因此，一名女性可以出现在法庭上，宣称她的监护人不在，并要求执法官任命一名监护人，并提议让一个事先向她允诺会做出“同意”的男人担任监护人。这样一种解释方式只有这样才可以理解：我们认为古典法学家认识到女性监护的非理性（上文边码 309 以下）并尽其所能地使其变成单纯的形式。在所有这些情形下，旧的监护人不会因为任命了一个监护人而被剥夺监护权，新任命的监护人是一个“增加的监护人”（上文边码 308）。

原始文献

s. 314. Read Gai. 1. 144, 145, 148—154; *Epit. Ulp.* 11. 1 (post-classical text, but substantially classical); *Epit. Ulp.* 11. 17 (referring to *tutela mulierum* only).

s. 315. Read Gai. 1. 155, 157, 165, 168, 171; *Epit. Ulp.* 11. 17.

s. 316. Read Gai. 1. 185; *Epit. Ulp.* 1. 18. On *lex Salp.* and the new fragments of tue *lex Ursonensis* see above, s. 291. Read *FIRA* iii, nos. 24, 25 and the document published by Sanders, *Z. f. d.*

neutestamentliche Wissenschaft, xxxvii (1938, published 1939), 191 ff. = *U Année épigr.* 1947, no. 12.

s. 317. Read Gai. 1. 173 [*quo ... desinit*]; 174, 176-81; *D.* (26. 1) 6. 2.

参考文献

ss. 314 ff. Sachers, *PW* viia. 1590 ff. with references.

s. 314. Solazzi, *Aegyptus,* ii (1921), 174.

s. 316. On *lex Salp.* c. 29 see Mommsen, *Schr.* i. 330 ff.; erroneously D 'Ors, *Emerita,* ix (1941), 145. For documents see Taubenschlag, *Studi Bonfante,* i (1930), 390; *Law of Greco-Roman Egypt* (1944), 131; Solazzi, 'Il consenso del tutor mulieris alla sua nomina nei papiri e nei testi romani', *Aegyptus,* ii (1921), 155 ff.

s. 317. On Gai. 1. 173 see Solazzi, *Istituti pupillari* (1929), 15; 'Glosse a Gaio', *St. Riccobono,* i (1936), 184; Beseler, *Z* l (1930), 443. On *tutor impubes* see Solazzi, 'L'età del tutore', *Riv. It.* lxiv (1920); Bonfante, *Corso,* i (1925), 408, 429. Solazzi, *Aegyptus,* l.c.

八、女性监护人的功能

原先女性监护人的功能和未适婚人监护人无异，但在古典时期，这两种监护之间的差异是非常大的。女性监护人对女性的人身及财产无权力，但对于特定的法律行为，她需要他的“同意”；“同意的做出”（auctoritatis interpositio）此时是他唯一的职责。但即使在“同 318. 同意的做出意”问题上，女性的地位也相对优于未适婚人。她在转让“非要式物”（res nec mancipi）时不再需要“同意”（下文边码 605），如果转让的方式是非要式的。因此，她可以不经监护人的同意提供“消费借贷”（mutuum），因为这种合同通过“非要式物”的“交付”来履行；如果她的债务人向她偿债，不仅她可以取得所有权，而且债务人也能因此免除债务，因为她的请求权属于“非要式物”。女性还可以经监护人的同意订立遗嘱，而未适婚人即使经过监护人的同意也不能订立遗嘱。

319. 信托监护人

女性监护人的有限功能还因为允许女性在监护人拒绝做出“同意”时向执法官提出申请，而进一步受限制。执法官可以强迫监护人做出“同意”，如果存在重大理由的话，甚至可强迫法定监护人做出“同意”。当女性希望进行共食婚或买卖婚时（上文边码 194 以下），这样的官方压力甚至在共和国早期也会发挥作用。“考特拉法学”通过利用这点创造了一项救济，女性可以通过它轻松摆脱一个烦人的监护人。

女性可以和一个男人“在形式上”（dicis causa）进行买卖婚；如果她的监护人拒绝“同意”，那么她可以向执法官提出申请，执法官有权强制他做出“同意”。通过这项买卖婚，该女性进入这个男人的夫权下，因此监护终止（上文边码 309）。此时，这个男人通过“要式买卖”把她转让给 B（当然是她提前选好的），因此她此时“处于要式买受权下”（in causa mancipii，上文边码 257）；B 将她解放并因此成为她的恩主并且因此成为她的法定监护人（上文边码 287、315）。这个程序有点老共和国法学的味道，肯定起源于执法官还没有把强制“做出同意”当成理所当然之事的时代。

考虑到所有这些，情况就很清楚了：在古典时期，“同意的做出”已经变成了一个单纯的形式。当监护人知道如果他拒绝做出同意执法官就会强制实施它时，他就会盲目地去做出同意。只有法定监护人的同意仍具有某些意义，因为执法官只有“出于重大理由”(ex magna causa)才会强制他做出同意。出于这个原因，《维莱阿努元老院决议》(尼禄治下的，下文边码975)禁止女性担任保证人，而不区分女性处于监护之中还是免于监护(即基于“多子权”，上文边码310)。女性监护不再意味着保护女性，因为监护人把做出同意视为理所当然之事。 320.“同意的做出”流于形式

原始文献

s. 318. Read Gai.2. 80—85; 1. 192; 2. 113, 118; *Fr. Vat.* 45; *Epit. Ulp.* 11. 27.

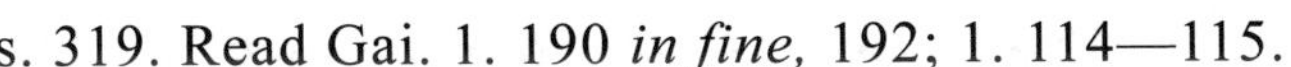

s. 319. Read Gai. 1. 190 *in fine,* 192; 1. 114—115.

参考文献

s. 318. Solazzi, ‘Glosse a Gaio, Seconda Puntata’, Studi Pavia, *Per il XIV centenario delle Pandette e del Codice di Giustiniano* (1933), 319 ff.; Sachers, *PW* viia. 1596 f.; Volterra, ‘Sulla capacità delle donne a far testamento’, *Bull.* xlviii (1941), 74 ff.

九、女性监护人的责任

嫌疑监护人控诉和提供账目之诉(上文边码304以下)均被排 321. 无责任

除，因为女性的财产的管理不掌握在监护人手中。监护之诉（上文边码 306）应该可以针对他才对，以使他对做出同意时的疏忽负责，但实际上这并没有发生。法学家希望使监护人更容易做出同意，并且出于这个原因而免除他一切责任；因此，他可以安心地做出同意，因为他不会因为做出同意而负责任。法学家们降低女性监护这项古老制度的意义的倾向再次清楚地表现出来，当然，一般的诉讼，例如，欺诈之诉或者“阿奎利亚法诉讼”，可针对监护人提出，就像可以针对任何其他人一样。

原始文献

s. 321. Read Gai. 1. 191.

参考文献

276

s. 321. Taubenschlag, *Law of Greco-Roman Egypt* (1944), 133.

十、未成年人保佐

322. 保护未成年人的需要

对男性的监护在他们成为适婚人时终止（上文边码 284）；在古典法当中这通常发生在他们年满 14 周岁时。因此，不处于家父支配权下的年轻人在法律上很早就独立了，根据现代的观念，这太早了。但这项规则源自比较早的时期，在一个比较原始的时代，一个 14 周岁的年轻人被认为是成年人是非常合理的。在中世纪的条顿法当中这个年龄更小，例如，在晚期盎格鲁－撒克逊法中是 12 周岁；在早期盎格鲁－撒克逊法中甚至是 10 周岁。在一个商业生活复杂、高度发展的文明当中，14岁的年龄肯定不再适合作为成年的年龄；尽管罗马人很早就认识到这点，但自由主义思想还是使得他们不愿意提高年龄；他们通过其他手段来达成对未成年人（minor）的保护。

一部《莱托里亚法》（*lex Laetoria*）在公元前二世纪第一个十年赋予"未满25周岁的人"一项特别的法律保护；在下面的讨论中我们将简称其为"未成年人"（"minores"或者"minors"）。 323. 是《莱托里亚法》而不是《普莱托里亚法》

这部制定法的真正的名称是"*lex Laetoria*"，而不是现代学者通常称呼的"*lex Plaetoria*"。我们知道一部《关于管辖权的普莱托里亚法》（*lex Plaetoria de iurisdictione*）（Bruns, *Fontes*, p. 45; *FIRA* i, p. 80; G. Rotondi, *Leges publicae*, p. 245）和一部《关于圣礼的普莱托里亚法》（*lex Plaetoria de dedicatione*）（*CIL* vi. 3732; *Rotondi*, l. c. p. 478），但这部关于"未成年人"（minores）的制定法只被称为"*lex Plaetoria*"一次，也就是在所谓的《尤利亚自治市法》（*lex Iulia municipalis*）当中（Bruns, l. c. no. 18, l. 112; *FIRA* i, p. 149）。所有其他提到这部制定法的名称的段落——其中包括*Cod. Theod*. 8. 12. 2和官方文件（参见R. Taubenschlag, *Law of Greco-Roman Egypt*, p. 135）——都称其为"*lex Laetoria*"；如果你在《论神性》（Cicero, *De nat. deor*. 3. 30. 74）和《论义务》（*De off*. 3. 15. 61）中遇到"*Plaetoria*"，那是因为粗心的编辑把他的手稿中的"Laetoria"换成了"*Plaetoria*"。在这种情况下，明智的批判不可避免地会导致我们放弃"*Plaetoria*"这个名称。《尤利亚自治市法》——是安东尼从恺撒的文件里找出来公布的一份草案，有很多错误和不准确的地方——对于这样一个问题不具有权威性；仅仅根据这块铭

文就“更正”所有其他段落中的名称，将会是荒谬的。

324. 不满25岁的含义　《莱托里亚法》保护所有未满25周岁的人；因此包括虚岁25岁的人。这之前有过争议，但现在被一份《克劳狄乌斯的演说》（*oratio Claudii*）（*FIRA* i, p. 286）确认了。

325. 术语　达到适婚年龄但未满25周岁的人通常被法学家称为“minores viginti quinque annis”（比较夺格〔Ablativus comparationis〕）或者“minores viginti quinque annorum”（比较属格〔Genetiv comp.〕）。告示的标题用“De minoribus XXV annis”，但告示本身是以这句话开头的：“Quod cum minore quam viginti quinque annis natu gestum esse dicetur”（如果被声称与不满25岁的人进行交易）。相应地，法学家有时会说“minores quam XXV annis”。用“iuvenis”“adulescens”“adultus”替代“minor XXV annis”是后古典的用法。“25岁”在我们的原始文献中被称为法定年龄（aetas legitima）。这个术语在古典时期就使用了（参见 *Fr. Vat.* 69，由一个立遗嘱人使用），但古典法学家（如果有的话）很少使用它。

326. 莱托里亚法诉讼　《莱托里亚法》为所有未成年人提供保护，无论是男性还是女性，自权人还是处于支配权下的人，而且对于女性未成年人，不考虑其是否处于监护之下。该法为未成年人提供的救济是一项特别的诉讼，针对任何欺骗性地利用未成年人缺乏经验的弱点的人（circumscribere）。这项诉讼在古典时期仍然存在，是一项民众惩罚性诉讼（上文边码72以下），并因此是一项损害投偿诉讼（上文边码73），判罚涉及不名誉。这就是我们知道的关于这种诉讼的全部。当然，裁判官肯定在其告示中公布了一项程式，而且法学家们肯定在其告示评注中讨论过它，但是汇编者们仔细地消除了这些讨论，以至于我们甚至不知道该程式在告示中被公布在什么地方。

327. 两种莱托里亚法诉讼？

所谓的《尤利亚自治市法》看似提到两种诉讼，l. 112：“对于已经违反或者将来违反《尤利亚自治市法》的行为，根据该法被判罚或者将被判罚”（queive lege Plaetoria ob eamve rem, quod adversus eam legem fecit fecerit, condemnatus est erit）。然而，两种实质上不同的诉讼是很难想象的。最有可能的是仅指一种诉讼，而其表述是同义反复。如前所述，该法是一份仓促颁布的草案。

“莱托里亚法诉讼”（actio legis Laetoriae）是该法唯一赋予的救济。裁判官增加了另外两种救济：

328. 莱托里亚法抗辩

1. 一种针对欺诈性利用未成年人无经验的弱点的人的抗辩。这种抗辩没有明确写在告示当中，但包含在一般的抗辩“如果在此事当中没有违反法律或者元老院决议行事”（si in ea re nihil contra legem senatusve consultum factum est）（Lenel, *Edict.* § 279）当中。法学家们肯定讨论过这种“莱托里亚法抗辩”（exceptio legis Laetoriae），但是他们的讨论完全没有保留下来。

329. 回复原状

2. 裁判官在告示中允诺了一项回复原状（in integrum restitutio，上文边码 117），他根据自己的判断提供这种救济，而不仅仅在欺诈的情形中提供。告示是这样写的：“如果某人被指与不满 25 周岁的人进行了交易，那么我会审查这个事情是如何发生的”（Quod cum minore viginti quinque annis natu gestum esse dicetur, uti quaeque res erit, animadvertam）。

330. 这些救济的缺点

这三种救济（诉讼、抗辩和回复原状）对未成年人有一个严重的不利之处；他们破坏或者至少损害了其信用，因为很多人可能会犹豫该不该与未成年人交易。因此，在普劳图斯的《说谎者》（Plautus,

Pseudolus v. 303)(第一次表演是在公元前 191 年)当中，一个未成年人抱怨说：

> 该死，关于 25 岁的法律害了我，
> 所有人都害怕借钱给我。
> (Perii, annorum lex me perdit quinavicinaria,
> Metuunt credere omnes.)

331. 未成年人保佐的引入

然而，这些救济仍然有效，只是由皇帝马可·奥勒留为未成年人提供了一项更好的救济措施。从此以后，他可以向裁判官(在行省的话，向总督)申请一个保佐人(curator)。当然有可能在马可·奥勒留之前裁判官偶尔也会提供一个这样的保佐人，但只是通过马可·奥勒留的一项谕令，未成年人保佐才成为一项法律制度。

332.《马可·奥勒留传》当中的棘手文本

我们关于未成年人保佐的引入的唯一信息是所谓的《罗马君王传》(*Scriptores Historiae Augustae*)当中卡皮托利努斯写的《哲学家马可·安东尼努斯传》(Capitolinus, *Marcus Antoninus Philosophus*, 10. 12)。其作者——后古典时期的非法律作者——在细节上是不能信赖的，尤其是涉及法律的时候，但是他的信息当中通常包含了真相的核心内容。该文本是这么写的：

> ……然而，之前保佐人只根据《莱托里亚法》因为浪费或者精神病而被提供，因此他规定，所有的未成年人都可以获得保佐人，不会驳回案件。
>
> (... De curatoribus vero, cum ante non nisi ex lege

Laetoria vel propter lasciviam vel propter dementiam darentur, ita statuit, ut omnes adulti curatores acciperent non redditis causis.)

对于每一个没有偏见的读者，其含义是：

在马可·奥勒留之前，保佐人只根据《莱托里亚法》被提供给未成年人，但未成年人必须是精神病人或过度挥霍的人。根据马可·奥勒留的谕令，只要提出要求，无论如何都要为未成年人提供一名保佐人，“案件不会被驳回”（non redditis causis），也就是说，即使申请人没有以精神病或者过度挥霍为由，也不会驳回案件。

作者的错误在于，他认为精神病人保佐人（curator furiosi）和浪费人保佐人（curator prodigi）是“根据《莱托里亚法》”提供的，但除了这点之外，他的说法是正确的：在马可·奥勒留之前，保佐人只提供给精神病人或过度挥霍的未成年人，而马可·奥勒留规定，保佐人在其他情形中也提供。对这个文本的任何其他解释都与其表述有明显的冲突。

古典的未成年人保佐和监护有着根本上的不同。

333. 选择性的未成年人保佐

1. 首先，保佐总是选择性的，从不像监护那样是强制性的。只有未成年人提出申请时才会任命保佐人：“不会违背未成年人的意愿提供保佐人”。显然，这项规则在古典时期没有例外，甚至在有人要起诉一个未成年人时，也不会违背他的意愿为其任命一个保佐人。原告或执法官可以催促他申请一个保佐人，但是如果他仍不申请，就没有办法了。原告可以起诉未成年人，即使他没有保佐人。

334. 处于监护下的女性的保佐人

2. 处于监护之下的女性也可以申请一名保佐人。女性的监护已经变成了一个单纯的形式（上文边码 319、320），但女性有时在其商业事务上需要实质性的帮助。

335. 保佐人的同意

3. 不存在“保佐人同意的做出”（auctoritatis interpositio curatoris，上文边码 302）这样的东西。男性未成年人享有完整的法律上的能力，即使他有保佐人；对于一个处于监护中的女性未成年人则存在我们前面提到的限制（上文边码 318）。但未成年人可以在其想要进行某个交易时向保佐人咨询并要求他做出“同意”。尽管所有提到这种“同意”的段落看起来都是伪造的，但这样一种“同意”是不能缺少的，否则的话，未成年人保佐就没有任何内容了。法学家有提到它，但是很少，因为它没有法律效力。即使保佐人做出了“同意”，执法官仍然可以自由地赋予诉讼、抗辩和回复原状。但是，实际上，在有保佐人做出“同意”的情况下，他一般会拒绝提供这些救济。正是通过这样一种实践，未成年人的信用才得以恢复。

336. 保佐人作为财产管理人

4. 保佐人无权管理未成年人的财产，否则的话未成年人保佐就是一种“准监护”（quasitutela）了。一般的观点认为女性保佐人无论如何都有权管理，但这看起来甚至最不可能。法学家们已经将女性监护的效果最小化，而且在古典时期女性的监护人被禁止管理她的财产。我们没有发现在古典时期有反方向的发展，出于这个原因，女性的保佐人不可能自动成为她的财产管理人。但是，当然，未成年人可以委托保佐人管理其全部或部分财产。执法官也可以根据未成年人的申请命令他进行管理。尤其是因为太缺乏知识而不能单独管理自己财产的行省女性，可能经常会委托保佐人进行管理。出于这个原因，女性的保佐人的管理活动不断地被我们的原始文献提到。提到男性未成年人的保佐人管理财产的文本，部分明显是伪造的，部分至少是值得怀疑的。然而，男性未成年人肯定也有权将财产管理委托给保佐人（可能在执法官的帮助下），并且肯定使用过这项权利；否则的话，后古典的发展（对此我们马上就要说到）将仍然无法理解。有人反对说，未成年人的保佐人不能没有财产管理权，因为没有它的话“未成年人保佐”将是一件可怜的事情；但这样一种观点源自一种官僚主义的态度。当然，官僚主义很渴望去干预、去忙碌，并去表明一项工作的重要性。然而，古典时期并不是官僚主义的时代，而且古典保佐人不是一个官僚。可以说，他
是一个官方任命的“好舅舅”或者“密友”（prochein amy）（Pollock 337. 保佐人的责任
and Maitland, ii. 441），他非常满足于偶尔接受被保佐人的咨询，或者在其要求下管理一下财产。

5. 关于保佐人的责任，针对未适婚人监护人的诉讼（上文边码
304 以下）不能用来针对保佐人。如果他担任管理人，他会承担无 283
因管理之诉或者委托之诉（actio mandati）的责任。

这是古典的和真正罗马的未成年人保佐。在非常早的时候，让 338. 古典保佐的特征和后古典的发展
年轻人免于监护（尽管满 14 周岁在古典时期当然太早了）并根据他的选择给他一个“照管人”（care-taker）或者“密友”，可以为其提供建议，如果他要求的话，还可以管理他的财产：这实际上是一种天才的想法，在此揭示了罗马法当中无法抑制的个人主义精神。然而，还是出于这个原因，官僚主义的后古典时代不懂得欣赏这项古典的制度。未成年人保佐不断地被未适婚人监护吸收，尽管一种“准监护”持续到年满 25 周岁是荒谬的。未成年人监护此时不再是选择性的；《盖尤斯摘录》（*Epitome Gai*. 1. 8）清楚地揭示了公元五世纪的法律。优士丁尼的汇编者们也希望未成年监护是强制性的，

他们在 *D.* (4. 4) 1.3 中的篡改不可争辩地证明了这点，肯定是因为他们没注意，才会毫不修改地留下相互冲突的古典文本。值得注意的是，《法学阶梯》(*Inst.* 1, 23, 2) 的汇编者们保留了这个基本的古典原则："不会违背未成年人的意愿提供保佐人"。未适婚人监护和未成年人保佐并没有达到完全的融合，看起来好像也没有人这样尝试过，但古典文本遭到了严重的篡改。在很大的程度上，这些篡改不能归到优士丁尼的汇编者们的头上，而应归到后古典的法学派的头上（公元三世纪末和四世纪初）。因此，我们的原始文献的状况是非常糟糕的，只有通过有条不紊的批判才能重构古典法；不幸的是，盖尤斯的《法学阶梯》当中包含"保佐"的讲解的那一页没有留传给我们。这个领域的先锋是埃米利奥·阿尔贝达里奥（Emilio Albertario）和西罗·索拉齐（Siro Solazzi）。对后古典发展的详细描述不在本书的范围之内。

原始文献

s. 329. Read *D.* (4. 4) 27. 2.

s. 333. Read *C.* (5. 31) 1 and 6.

s. 336. Read *C.* (5. 37) 12 [*vel ... curatoribus*]; *Fr. Vat.* 110.

s. 338. Read *Epit. Gaii* 1. 8; *D.* (4.4) 1 [*Hoc edictum ... opitulationem*]; [*Apparet ... gerentibus*]; *C.* (2. 21) 3 [*hunc contractum ... fecisti*].

参考文献

ss. 322 ff. Modem standard work: S. Solazzi, *La minore età*

(1912); Berger, *PW* xv. 1860 ff. with references.

s. 322. Gierke, *Deutsches Privatrecht,* i (1895), 382; Heusler, *Institutionen des deutsch. Privatrechts,* i (1885), 55; F. Liebermann, *Gesetze der Angelsachsen,* ii. 1 (1906), 589.

s. 323. Weiss, *PW,* Suppl. v. 578 ff.; Berger, l.c. 1867.

s. 324. Berger, l.c. 1865.

s. 325. Berger, l.c. 1860 f.; Weiss, l.c. 579; Solazzi, l.c. 285 (*adultus*); Albertario, *Studi,* i (1933), 513 ff.

ss. 326, 327. Savigny, *Vermischte Schriften,* ii (1850), 336; Duquesne, *Mélanges Cornil,* i (1926), 217 ff.; Debray, *Mélanges Girard,* i (1912), 265 ff., 305; Lenel, *Edict.* (1927), 80.

s. 328. Debray, l.c. 282 ff.; Lenel, *Edict.* 513.

s. 329. Lenel, *Edict.* 116.

s. 330. Costa, *Bull.* ii (1889), 72 ff.

ss. 331, 332. Berger, l.c. 1869 with references.

s. 335. Berger, l.c. 1875 ff., 1880.

s. 336. Berger, l.c. 1873 with references.

s. 337. Lenel, *Edict.* 319.

s. 338 Solazzi, *Minore età* (the whole book, especially 239 ff.); Albertario, *Studi,* i (1933), 407 ff., 427 ff., 475 ff., 499 ff., 511 ff.; Archi, *L'Epitome Gai* (1937), 221 ff.; Berger, l.c. 1871 ff., 1876, 1881 ff., 1884.

十一、精神病人保佐

339. 特征和原始文献　关于精神病人的古典法仍然是非常原始的。不幸的是，它并不完全为我们所知，因为盖尤斯的《法学阶梯》当中相关的那页没有保留下来，但罗马法这部分的原始特征还是相当明显的。

340. 法定保佐　根据《十二表法》，精神病人（furiosus）的人身和财产都处于"最近的宗亲"或者"氏族"（gens）的支配权下（in potestate）。古典法学家在这种情况下避免使用"支配权"（potestas）和"监护"（tutela）这两个术语（上文边码 297），并明确地把"最近的宗亲"称为"精神病人保佐人"（curator furiosi）（"氏族"的保佐已经消亡）。并不存在官方宣布一个人为精神病人的程序；精神病人自动进入"宗亲"（adgnatus）的支配权下，而当他恢复健康后则从该支配权下解脱。处于家父支配权或监护之下的精神有疾病的人并不处于精神病人保佐之下。

286

341. 法令保佐　如果没有法定保佐人（并不存在精神病人的遗嘱保佐〔cura furiosi testamentaria〕），裁判官（在行省则是总督）可以任命一个保佐人。尽管可用的原始文献处于一种不能令人满意的状态，但这样的"精神病人法令保佐"（cura furiosi decretalis）（参见上文边码 285）肯定是存在的，尽管不存在像《阿提利亚法》（上文边码 289）这样规定保佐人的任命的制定法。执法官可以根据自己的判断行事，经常发生的是精神病人没有保佐人：原始时期对精神病人很少表现出同情，他们仅被视为一种负担；他们被留给他们的亲属或朋友来照顾，如果他们是危险的，则会被投入监狱，因为原始社会不存在精神病院。

342. 法定保佐人的管理行为

精神病人的保佐人必须照顾精神病人的人身和财产。像未适婚人监护人那样（上文边码 299），法定保佐人“类似于所有权人”（vice domini），因此有权根据市民法（iure civili）处置精神病人的财产。然而，被视为财产所有权人的是精神病人而不是保佐人。保佐人作为受托人的观念在罗马人的思维中仍不存在（上文边码 213）。西塞罗的说法（Tusc. 3. 5. 11）：“《十二表法》禁止精神病人作为其自己的物的所有权人”（furiosum dominum esse rerum suarum vetant duodecim tabulae），像通常那样，是修辞学的说法，在法律上并不准确。

343. 法令保佐人的管理行为

精神病人法令保佐人（curator furiosi decretalis）只能根据裁判官法（iure praetorio）处置精神病人的财产。

344. 精神病人无行为能力

精神病人在法律上完全没有行为能力，不管他有没有保佐人。任何由他进行的“交易”（negotium）在市民法上都是无效的，即使另一方不知道他的状况。他的侵权行为也不会使他遭受罚金或损害赔偿责任，尽管这项规则在古典时期只是不情愿地被承认。

345. 谁是精神病人？

因此，对精神有疾病的人和与其进行法律接触或有冲突的人的保护是不足的。首先，法学家对于精神疾病显然没有清楚的概念。尽管古典时期的希腊医生已经拥有大量的知识，而且他们的著作在罗马也为人所知，但法学家们显然对它们并不关注。一个人什么时候被认为是精神病人？这个基本问题从来没有被他们讨论过，只是简单地留给执法官和审判员去处理。在古典法学家的眼中，这是一个“事实问题”（quaestio facti），他们仍然忠于共和国时期“法学家”（iurisconsulti）的原则。该原则被阿奎利乌斯·加鲁斯（Aquilius

Gallus）表述如下：

> "'这与法律无关；与西塞罗有关'，当有人求助他，对事实有争议时该怎么办时，我们的加鲁斯就这么说。"
>
> （"Nihil hoc ad ius; ad Ciceronem",inquiebat Gallus noster, si quis ad eum quid tale rettulerat, ut de facto quaereretur.）（Cicero, *Topica*, 12. 51）

因此，这个重要的问题实际上是由"西塞罗"来讨论的，也就是说，由法律演说家来讨论的，"谁是精神病人"（Quid sit dementia？）是修辞学校里用来讨论的库存问题。这些讨论不会带来什么好的东西，尽管修辞学家了解并利用医学文献。古典法学家通常不会注意它们，但一些后古典的篡改明显受它们的影响。

346. 清醒的间隙

医生们很清楚，在某些类型的精神病中，会有清醒的间隙。

塞利乌斯·奥雷利安努斯：《论急性和慢性疾病》（Caelius Aurelianus, *De morbis chronicis*, 1. 5. 151）（这是一部索拉努斯〔Soranus〕写于公元二世纪上半叶的希腊语作品的拉丁文译本）："疯癫或精神病有时会持续有时会暂时减轻"（Est autem insania sive furor nunc iugis nunc temporis interiecti requie levigatus）。

Aretaeus 1. 7 (p. 79 ed. Kühn): μανίη δὲ καὶ διαλείπει.

相应地，修辞学家教他们的学生去主张："这种精神病是有间隙的"。无论我们在原始文献的什么地方遇到这种观念，其文本要么是起源于后古典时期要么就是经过篡改的。这个说法并不意味着清醒的间隙在古典时期的实践中不被考虑，而只是说，古典法学家不在他们的著作中讨论这个主题。

347.dementia 和 furor

此外，我们在修辞学著作当中遇到“dementia”和“demens”一起使用，或用来替代“furor”（精神病人）和“furiosus”（有精神病的人）。这个用法被插入古典法律作品当中，并导致人们错误地认为，古典法学家知道两种精神病。实际上，他们只使用“furor”和“furiosus”这两个术语。在《市民法大全》以外的法律文本中，“dementia”和“demens”这两个术语只在 *C. Th.* (9. 43)1 中出现过（它们在少数其他文本中只被比喻性地使用）。在《优士丁尼法典》当中，它们只出现在优士丁尼的法令当中。这本身就是质疑《学说汇纂》当中包含这两个术语的少数段落的古典性的有力证据。可以证明它们当中的一些是经过篡改的：我认为那是可以合理要求的最多的证据了。古典法学家也避免使用“mente captus”（精神衰弱者）。

348. 法定保佐的消失

在后古典早期，法定保佐消失，因为“宗亲”此时需要官方的确认。

原始文献

s. 340. Read Ⅻ Tab. v. 7*a* and 7*b*.

s. 341. Read *D.* (27. 10) 13; (1. 18) 13. 1.

s. 342. Read Gai. 2. 64; *D.* (47. 2) 57. 4, interpolated [*sed et ... possunt*] but substantially classical; (40. 1) 13 [*tradendum*]<*mancipandum*>, [*traditus*] <*mancipatus*>.

s. 344. Read Gai. 3. 106; *D.* (44. 7) 1. 12; (44. 4) 16 [*quem ... existimabat*] [*in id ... processit*]. Delicts: *D.* (9. 2) 5. 2 to *verissimum*; (1. 18) 14 to *pertinebit*.

s. 346. Read Paul. *Sent.* (3. 4*d)* 5; *Epit. Gai.* (2. 2) 3; *D.* (5. 1) 12. 2 [*perpetuo*]*; C.* (5. 70) 6 *(antiquitas* means post-classical jurisprudence).

s. 347. Read *D.* (4. 8) 27. 5 [*vel demente*]*,* cf. *D.* (4. 8) 47. 1—49 pr.; (5. 2) 2 [*vel demens*]*,* cf. *Inst.* (2. 18) pr.

s. 348. Read *Epit. Ulp*. 12. 1 (N.B. *dantur*).

参考文献

ss. 339 ff. Audibert, *Études sur l'histoire du droit Romain,* Ⅰ. *La Folie et la prodigalité* (1892); H. Krüger, *Z* xiv (1893), 260; Bonfante, *Corso,* i (1925), 473 ff.*

s. 340. De Visscher, 'Potestas et Cura', *St. Perozzi* (1925), 399 ff. = *Études de droit Rom.* (1931); Guarino, *SD* x (1944), 374 ff., 406 ff.

s. 344. Beseler, *Z* lvii (1937), 12 ff.; Pernice, *Labeo,* i (1873), 238 f.

s. 345. I. L. Heiberg, *Geisteskrankheiten im klass. Altertum* (1927).

s. 346. Solazzi, 'I lucidi "intervalla" del furioso', *AG* lxxxix (1923); Lenel, 'Intervalla insaniae', *Bull.* i (1924), 227 ff.; Lanfranchi, *Il diritto nei retori Romani* (1938), 197 ff.; De Francisci, *Bull.* xxx (1921), 154 ff.

s. 347. Solazzi, 'Furor vel dementia', *Rivista di antichità Μουσεΐον,* ii (1924); Lenel, *Z* xlv (1925), 514 ff.; Lanfranchi, l.c.*

s. 348. Audibert, 'Comment la curatelle légitime se transforma en curatelle dative', *NRH* xv (1891), 310 ff.; Solazzi, 'Interpolazioni in Ulp. Ⅻ', *Rend. Lomb.* lv (1922); Bonfante, *Corso,* i. 479.

十二、浪费人保佐

从可用的原始文献中不能完全确定地查清关于浪费人的古典 349. 原始文献
法。盖尤斯在其《法学阶梯》当中的阐述没有保留给我们；后古典的《乌尔比安摘录》（*Epitome Ulpiani*, 12. 1—3）的文本远远不是古典的；后古典的《保罗意见集》（*Sententiae Pauli*, 3. 4a. 7）的段落很短且不充分；《市民法大全》中的相关文本遭到严重的篡改。如果没有新的原始文献出现，完全的确定性是不可能达到的，但古典法非常有可能是如下这样的。

1.《十二表法》规定（原文没有保留给我们），如果一个人挥霍 350.《十二表法》
其通过无遗嘱继承从其父亲或祖父那里继承来的财产，那么在执法官（原先是执政官，后来是城市裁判官和行省总督）证实其为"浪费人"（prodigus）之后，他将处于"最近的宗亲"或者"氏族"的支配权下。执法官通过颁布一项财产禁令（interdictio bonorum）进行证实："我禁止你交易该物"（tibi ea re commercioque〔一个所谓的组合字〕interdico）。在古典法中，这个"最近的宗亲"被称为"浪费人保佐人"（上文边码 340），他是法定保佐人。

2. 后来（我们不知道从什么时候开始）裁判官在如下两种情形 351. 裁判官法
中也颁布财产禁令：(1) 在一个解放自由人挥霍其财产时（这项规则显然考虑的是恩主的继承权）；(2) 在一个"生来自由"（ingenuus）

挥霍他通过遗嘱从他的父亲或祖父那里继承的财产时。在这两种情况下，裁判官可根据自己的判断任命一名保佐人；这是荣誉法保佐人（curator honorarius）。

352. 安敦尼·庇护 3. 最后安敦尼·庇护规定，在其他挥霍的情形中也应提供一名保佐人。裁判官因此颁发一项财产禁令并任命一名保佐人。这种保佐也是荣誉法保佐（cura honoraria）。

353. 法定保佐的效果 法定保佐人——像精神病人法定保佐人一样——“在市民法上处于类似于所有权人的地位”，并因此有权管理和处置财产。浪费人本身不能转让他的财产。他也被禁止订立遗嘱以及订立任何约束他自己的合同。甚至经过保佐人的同意他也不能这么做，因为不存在像“保佐人同意的做出”（interpositio auctoritatis curatoris，上文边码 302、335）这样的东西。很有可能的是，他也被禁止接受遗产，因为这意味着承担法律义务的可能性。进一步的细节仍不清楚。例如，如果一个“浪费人”签订了一份买卖合同，这是一个“瘸腿交易”吗？（上文边码 303）“浪费人”是否可以订立所谓的“裁判官遗嘱”？（下文边码 436）

354. 荣誉法保佐的效果 荣誉法保佐人也有权管理和处置财产，但只是根据裁判官法进行管理和处置。浪费人本身的法律行为在市民法上是有效的，但转让行为和导致他在法律上受约束的合同在裁判官法上是无效的。

355. 浪费人保佐的终止 在浪费人不再是一个“浪费人”时，无论如何浪费人保佐都不会自动终止，而是只有在执法官取消财产禁令时才会终止。

356. 谁是浪费人？ 在什么情况下一个人可以被视为“浪费人”？这个基本并且困难的问题显然从来没有被古典法学家讨论过，在他们眼中这是一个事实问题，不在他们的活动范围内（上文边码 345）。

后古典时期有人尝试去融合市民法和荣誉法，这通常带来的后果就是古典文本的混乱。法定保佐——像精神病人法定保佐那样（上文边码 348）——在后古典早期便消失了，因为“最近的宗亲”此时需要执法官的确认。 357. 后古典的发展

原始文献

Read Gai. 1. 53; Paul. *Sent.* (3. 4a) 7; *Epit. Ulp.* 12. 1—3; 20. 13; *D.* (45. 1) 6 [*tradere*] <*mancipare*>; <*lege*> *bonis*; (29. 2) 5. 1 (spurious); (27. 10) 1 pr. [*quod ... curatorum*]; (26. 5) 12. 2.

参考文献

Audibert, *Études sur l'histoire du droit Romain,* Ⅰ. *La folie et la prodigalité* (1892); 'Comment la curatelle légitime se transforma en curatelle dative', *NRH* xv (1891), 310 ff.; H. Krüger, *Z* xiv (1893), 260 ff.; Ivo Pfaff, *Zur Geschichte der Prodigalitätserklärung* (1911); Mitteis, 'Zu der Stelle des Ulpian, 27. 10. 1 pr.', *Berichte der Verhandlungen der Kgl. Sächs. Gesellschaft der Wiss. Phil.-Hist. Klasse,* lxii (1910), 265; Beseler, *Beitr.* ii. 99 f.; E. Weiss, *Z* xxxiii (1912), 488; De Visscher, 'Potestas et Cura', *Studi Perozzi* (1925), 399 ff. = *Études de droit Romain* (1931). 5 ff.; 'La Curatelle et l'interdiction des prodigues', *Mélanges Cornil,* ii (1926), 539 ff.; *Études,* 21 ff.; Collinet, 'L'Origine du decret de l'interdiction des prodigues', *Mélanges Cornil,* i (1926), 147 ff.; Solazzi, 'Inter polazioni in Ulp. XII', *Rend. Lomb.* lv (1922); 'Interdizione e cura del prodigo nella legge delle XII tavole', *St. Bonfante,* i (1930), 45 ff.; Beseler, *Byzantinisch-Neugriechische Jahrbücher,* vi (1928), 554 f.; Berger, *St. Riccobono,* i (1936), 597.*

第三部分

死因继承法

导　论

一个人的权利义务通常不随着他的死亡而消灭。这项规则存在例外：家父支配权和夫权会随着家父和丈夫的去世而消灭；用益权也因用益权人去世而消灭；惩罚性诉讼（上文边码 73）因债务人去世而消灭；因“庄重允诺”（sponsio）和“诚信承诺”（fidepromissio）产生的附属债务因担保人去世而消灭（Gai. 3. 120）。然而，这些例外的数量如果跟权利义务主体去世之后仍然存续的大量权利义务相比，则是很少的。规制权利义务主体去世之后权利义务的法律命运的规则，我们称之为“死因继承法”或简称为“继承法”。

358. 继承法的概念

我们首先在盖尤斯的《法学阶梯》中（Gai. 2. 97—3. 87）遇到把继承法作为一个体系单元的观念，尽管这样的阐述显示出很大的体系缺陷，但作为一个最初的尝试，它是值得注意的。优士丁尼的《法学阶梯》（Ⅰ. 2. 6—3. 12）遵从盖尤斯设计的体系，进一步的发展并没有达成，直到自然法学（十七和十八世纪），它最终把“死因继承法”与家庭法紧密联系起来。

古典法学在讨论“死因继承法”时带有明显的偏爱，并同时具有令人钦佩的精致性。一个现代的观察者在思考这件巨大的法律创造品时会产生混乱的感觉。古典法的这一部分是高度复杂的，在

359. 技术特征；原始文献

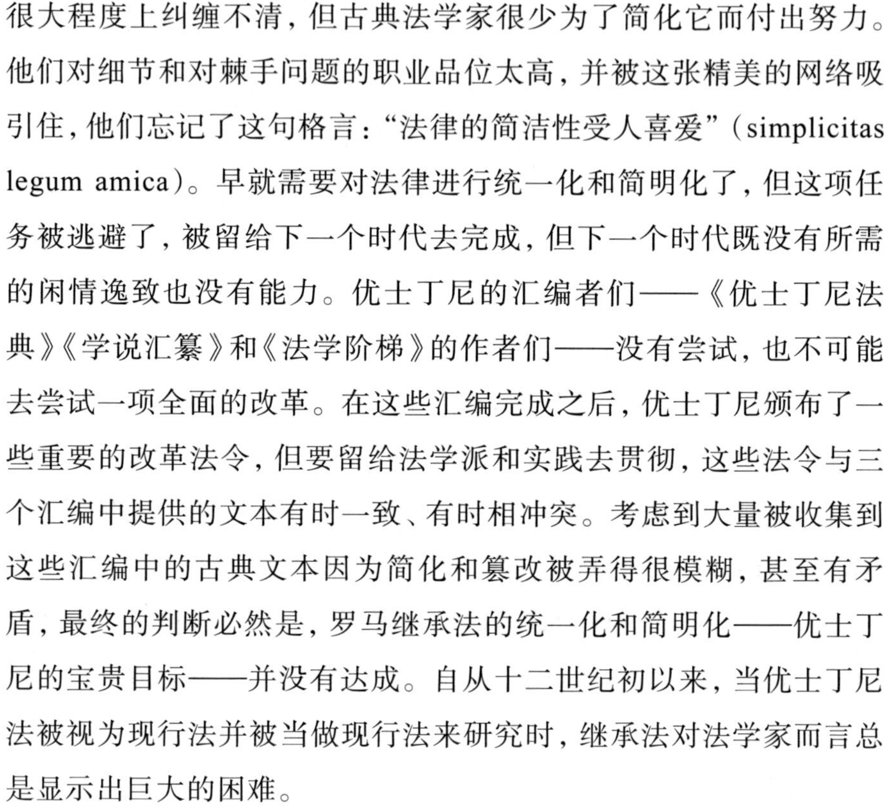

很大程度上纠缠不清，但古典法学家很少为了简化它而付出努力。他们对细节和对棘手问题的职业品位太高，并被这张精美的网络吸引住，他们忘记了这句格言：“法律的简洁性受人喜爱”（simplicitas legum amica）。早就需要对法律进行统一化和简明化了，但这项任务被逃避了，被留给下一个时代去完成，但下一个时代既没有所需的闲情逸致也没有能力。优士丁尼的汇编者们——《优士丁尼法典》《学说汇纂》和《法学阶梯》的作者们——没有尝试，也不可能去尝试一项全面的改革。在这些汇编完成之后，优士丁尼颁布了一些重要的改革法令，但要留给法学派和实践去贯彻，这些法令与三个汇编中提供的文本有时一致、有时相冲突。考虑到大量被收集到这些汇编中的古典文本因为简化和篡改被弄得很模糊，甚至有矛盾，最终的判断必然是，罗马继承法的统一化和简明化——优士丁尼的宝贵目标——并没有达成。自从十二世纪初以来，当优士丁尼法被视为现行法并被当做现行法来研究时，继承法对法学家而言总是显示出巨大的困难。

然而，正是罗马继承法的这个特点，使得其成为法律史学者特别感兴趣的一个领域。这些像迷宫一样的法律迫切需要历史分析；可用的资料不同寻常地丰富；罗马法律进化过程中的全部要素都清晰可见，尤其是罗马法学的优势以及其局限和缺点，彭梵得的话并不夸张：

> “罗马法当中没有哪个制度能更加清楚地反映法的机体特征。遗产正是原则和例外角力的战场，也是研究原则与例外的好地方。”

(Nessun istituto del diritto romano rispecchia più luminosamente il carattere organico del diritto. L'eredità è il vero campo di battaglia e di studio dei principi generali e eccezionali.)

罗马继承法实际上是罗马人的法律意志的焦点。

360. 罗马继承法的自由特征

我们已经从技术的视角描述了古典继承法的特征，我们现在将刻画其基本理念。它具有一种直言不讳的自由主义特征，出于这个原因，它在十九世纪大陆自由主义运动中起到一种具有推动力的典范作用。自由主义在适用于继承法时产生如下原则。

361. 遗嘱的主导地位；立遗嘱人的自由

遗嘱(testamentum)出现在罗马法律史的一个很早的时期，因为它在《十二表法》当中就有了。这部罗马法典肯定受到雅典法的启发，因为阿提卡的法律，至少从梭伦立法的时期(公元前594 299 年)开始就知道通过遗嘱处理遗产了。但是，虽然这个观念起源于希腊，但它是以真正的罗马风格实施的。梭伦的法律只在没有合法孩子的情况下才允许使用遗嘱。这个限制没有被罗马立法者采纳，但立遗嘱人的自由被限定于有弹性的范围之内。原先的罗马遗嘱是“会前遗嘱”(testamentum calatis comitiis)；这样一种遗嘱只能以大祭司在民众会议上提出动议的方式进行，如果祭司不同意遗嘱，他就会拒绝提出动议(上文边码244)。但这些限制消失得相对较早，从公元前三世纪起，罗马市民享有几乎没有限制的通过遗嘱处理财产的自由。罗马人的习惯慢慢在“好家父”的心里形成了这样的观念：要利用这种自由，而且在达到适婚年龄之后，不能在没有遗嘱的情况下生活一天。法学家尽其最大的努力去维护遗嘱，甚至不惜通过勉强的解释来达到这个目的(有利于遗嘱原则〔favor testamenti〕)。其观念是尽可能用遗嘱继承来取代无遗嘱继承,因为后者必然是固定不变的,而前者可以考虑具体的情况。如果比较一下遗嘱和遗嘱自由在条顿法中的缓慢发展,就会发现,罗马人的这种(远非必然的)态度清楚地揭示罗马人强烈的个人自由主义。禁止属于财产调查第一阶层的人将女性设立为继承人的《沃科尼亚法》(*lex Voconia*,公元前169年)代表了一项反自由主义的反向运动(这是监察官加图〔Cato Censorius〕支持的)。这部法律在古典时期仍有效,但其效果被法学家们故意最小化了,他们允许为女性的利益进行整个遗产的遗产信托(fideicommissum hereditatis),这和继承人的指定只存在技术上的不同。遗赠自由受到各项不同的制定法限制,最终由不幸的《法尔齐迪亚法》(*lex Falcidia*,公元前40年)进行限制,该法允许的最大遗赠比例是财产的3/4。在共和国最后几十年,立遗嘱人的自由通过赋予特别的近亲属一个合理份额的方式受到限制。立遗嘱人不能通过遗嘱剥夺他们的这个份额(必要份额)。在古典时期,这个份额是他们的无遗嘱继承份额的1/4。《帕比亚波派亚法》(上文边码182)引入了更多的限制,但在整体上,这种自由在古典法中是非常大的。在优士丁尼法中,这个"必要份额"(pars debita)更高;但另一方面,《帕比亚波派亚法》不再存在,因此,在《市民法大全》中,立遗嘱人的自由仍然是罗马继承法最明显的特征之一。

362. 关于继承的协议

在古典法中,关于继承的协议没有约束力;安排死因继承的自由无论如何也不能损害。这种自由主义的原则毫无例外地被贯彻。

(1) 假设A和B达成协议,约定A指定B或者C作为其继承人或受遗赠人(或者A和B相互指定为继承人或受遗赠人),那么这个协议是无效的。这项规则格外引人注目,因为在希腊法下,这种协议是被认可的,尤其是婚姻和收养的协议。同样重要的是,"要式买卖遗嘱"(mancipatory will,下文边码432),尽管是一种真实的继承协议,但从不包含着对立遗嘱人的约束,他可以不经对方(家产购买人〔familiae emptor〕)同意随时撤销。

(2)允诺订立或不订立、撤销或不撤销一份遗嘱的合同是无效的。

(3)共同遗嘱是禁止的。这种遗嘱当中包含的条款有时是相互依存的,因此如果其中一个立遗嘱人死亡,另一个就不能再撤销他的安排了。正是出于这个原因,共同遗嘱在古典法下是不允许的。

363. 继承人和受遗赠人的自由

自由的个人主义努力去赋予继承人和受遗赠人完全的自由。

(1)如果存在共同继承人,那么他们当中的每一个都可以在任何时候要求分割共同财产。立遗嘱人既不能排除也不能限制这种权利。

(2)继承人和受遗赠人都可以非常自由地处置继承的财产;立遗嘱人在遗嘱中设立的禁止性条款是无效的。尤其是立遗嘱人不能禁止转让遗产。

(3)替代继承(substitutions)被保持在非常狭小的范围内。立遗嘱人不能以如下方式指定提提乌斯为继承人并指定塞尤斯作为替代继承人:"提提乌斯应为我的继承人;在提提乌斯死后(或者在十年后)塞尤斯应为我的继承人"(Titius heres meus esto; post mortem Titii〔或者 post decem annos〕Seius mihi heres esto)。在古典法下,立遗嘱人可以通过"整个遗产的遗产信托"约束提提乌斯把继承的财产交给塞尤斯，但他不能创设一种家庭遗产信托（fideicommissum familiae）。以如下方式进行的安排在古典法中是无效的：“A 应为我的继承人；在他死后财产应转移给他年龄最大的儿子，在后者死后应将财产转给他年龄最大的儿子，等等”，因为遗产信托受益人（fideicommissarius）必须是特定的人（persona certa，下文边码 561），并且在立遗嘱人死亡时要活着。当然，像“限定继承”（entails）和“信托”（trusts）这样的东西是完全没有的。因此，古典法完全满足了法国革命的激进自由主义者的要求，后者热情地反对替代继承并最终废除了它（*Code* civ. 896）。

参见 Portalis, *Discours* (Locré, *La Législation civile, commerciale et criminelle de la France*, i〔1827〕, 314)：“毫无疑
302 问，为了流通自由和农业财产，人们适当地废除这种荒谬的替代继承，它使得活着的人的利益屈从于已经死去的人的任性，并且在其中，由于已经不再存在的一代人的意愿，仍然存在的一代人感觉到要不断地为已经不存在的一代人做出牺牲。要谨慎地把这些规则适用到立遗嘱的权利上，并确定其界限。”进一步参见 Exposé des motifs' (Locré, l. c. xi. 1827, 358 ff.)。

364. 平等原则

自由主义的平等原则（“la loi inviolable de l' égalité”〔不可侵犯的平等法则〕——米拉波〔Mirabeau〕），拒绝在无遗嘱继承中让男性相对于女性具有任何优势地位，并排斥长子继承制以及类似的制度（例如，第二个儿子的特权）。它进一步要求，遗产的一个合理的份额应被留给特定的近亲属，因此在这个范围内是与遗嘱安排自由相冲突的。《十二表法》确定的关于无遗嘱继承的规则并没有区别对待男性和女性。儿子和女儿可以从其父亲的遗产中获得同样的份额。如果与中世纪大陆非罗马的法律相比较，就会发现这项制度的进步性是令人惊讶的。长子继承制和类似的制度总是保持在罗马法之外。一部共和国时期的制定法，可能是《沃科尼亚法》，减少了女性的权利，但仅仅在无遗嘱继承的第二顺位之内（下文边码392）。在平等原则和遗嘱自由原则的冲突当中，后者获得了胜利，而只是在共和国末期，“必要份额”才被赋予特定的近亲属（下文边码480）。

365. 遗产税

最后，罗马人对设立遗产税的不情愿态度是符合自由主义的。这样一种税是由奥古斯都引入的，但他必须压制住强烈的反对意见。这项税的税率达到5%，但近亲属和小额遗产仍然是免税的。

366. 罗马继承法的经济效果

在法国大革命之后对欧洲立法影响越来越大的自由主义继承法有时候也会导致不好的后果：地产必须被分成若干部分或者承受抵押的负担，二者最终导致小农场主的消灭和大地产的形成。

假设一个农民有四个儿子。根据罗马法，他可以指定其中一个儿子为继承人，但他必须留给其他儿子“必要份额”（根据优士丁尼法是无遗嘱继承份额的1/3）。因此，如果遗产的价值是120，继承人必须向他的每一个兄弟支付10。如果他没有钱支付，他要么卖掉一小部分地产，要么用它来抵押。如果他不选择这两种方式，那么他就要卖掉整个地产，这样的话，他通常就不再是一个独立的农民。如果父亲未订立遗嘱，那么他的四个儿子变成了地产的共同所有人（每个人1/4的份额）。如前所述（上文边码363），每个人都可以随时要求分割。如果因为土地分割了之后会变得过小而导致分割不可行，那么其中一个儿子会接手整个地产，但他要向他的兄弟们支付份额的费用，加起来有90的巨大数额，即整个地产的3/4。不可避免的后果是，地产被分割或被抵押或流入大资本家的手里。

我们不知道罗马继承法在古代是否也引起了类似的效果。只要不要求“必要份额”，农民就可以把一个孩子设立为继承人，并剥夺其他孩子的继承权，并只给他们少量的遗赠。但有疑问的是，一个中等的农民是否真的会像“经济人”（homo oeconomicus）那样行事，而不是像一个父亲那样，不希望偏爱自己的任何一个孩子。在规定“必要份额”之后，这种危险变得更加严重。自由主义的罗马法可能——至少在意大利——是导致小农场主消灭并导致大地产（latifundia）增加的一个因素。到目前为止，我们还不知道罗马继承法的经济效果，空洞地宣称大地产的增加不能为我们提供任何信息；罗马法学家像通常那样，根本不关注这样的问题。但罗马政府似乎也没有认识到继承法中隐藏的经济危险。关于罗马帝国经济史的文献很少涉及这个问题。

原始文献

s. 361. Read Twelve Tables, v. 3; on *lex Voconia* Gai. 2. 274. Gellius 20. 1. 23. Read further Plutarch, *Cato maior,* ix. 6.

s. 362. Read *D.* (17. 2) 52. 9; (38. 16) 16; (45. 1) 61; *C.* (2. 3) 15; (2. 4) 34 i.f.; (5. 14) 5; (6. 20) 3; (8. 38) 4. Joint will permitted to soldiers by Diocletian *C.* (2. 3) 19.

s. 363. Read Gai. 2. 238, 287.

参考文献

ss. 358 ff. A modern comprehensive exposition of the whole law of succession does not yet exist. Indispensable are still Vangerow, *Lehrbuch der Pandekten*, ii (1876); Windscheid, *Lehrbuch des Pandektenrechts*, iii (1906), 184 ff. Manigk, *PW* viii. 622 ff. is insufficient.*

s. 358. On the systematic question see Schwarz, *Z* xlii (1921), 604, 606.

s. 359. Bonfante, *Corso,* vi (1930), 78.

s. 360. Schulz, *Principles,* 156; Hedenann, *Die Fortschritte des Zivilrechts im XIX. Jahrh.* ii. 1 (1930), 47 ff.

s. 361. On Solon's law see Beauchet, *Histoire du droit privé de la république Athénienne,* iii (1897), 426; Kübler, *PW* va. 968. On the *lex Voconia* see Steinwenter, *PW* xii. 2418. On the predominance of will Schulz, l.c.*

s. 362. Windscheid, *Pand.* iii, §§ 529 n. 2; 564 n. 3; 568; Vismara, *Storia dei patti successori,* 2 volumes (1941); Re, 'Del patto successorio. Studio di legislazione comparato', *Studi e documenti di storia e diritto,* vii, viii. On Greek law see Mitteis, *Grundzüge* (1911), 241 ff.; Kreller, *Erbrechtliche Untersuchungen* (1920), 223 ff.; Taubenschlag, *Law of Greco-Roman Egypt* (1944), 156.

s. 363*a*. Schulz, *Principles,* 150 f.; Hedemann, l.c. 62.

s. 363*b*. Windscheid, *Pand.* iii, § 678. 3.

s. 363*c*. Windscheid, *Pand.* iii, §§ 554. 4, 637; Hedemann, l.c. 53 ff.

s. 364. Hedemann, l.c. 66 ff.; v. Woess, *Das röm. Erbrecht und die Erbanwärter* (1911), 65 ff.; Kübler, *Z* xli (1920), 15 ff.

s. 365. On Augustus' *lex de vicesima hereditatum* see Biondi in *Acta divi Augusti,* i (1945), 219, with references; De Laet, *L'Antiquité classique,* xvi (1947), 29.

s. 366. Hedemann, l.c. 79 ff.; Max Weber, *Die röm. Agrargeschichte* (1891), 67 f.

第一章　基本概念

一、继承人、继承

367. 古典的继承概念

动词“succedere”（继承）在古典法律用语当中，像英语的“to succeed”一样，是指“替代之前由另一个人或物所占据的位置”，尤其是“一名继承人接替死者的地位或权利”（in locum defuncti 或者 in ius defuncti）。如果在后一种意义上（狭义上）使用，它是指继承人（heir）取得了死者（defunctus）的法律地位；在私法上（本书仅考虑私法），它意味着“successor”（继承人）在整体上继承了“de cuius”[①]（被继承人）的权利义务，只要这些权利义务在“de cuius”（被继承人）死后仍继续存在（上文边码 358）。

368. 盖尤斯的概念

盖尤斯在其《法学阶梯》（Gai. 2. 18 ff.）中讲述物的取得时，区分单个物的取得（Gai. 2. 97：quemadmodum singulae res adquirantur）和多个物的整体取得（Gai. 2. 97, 191：quibus modis per universitatem res nobis adquirantur）；后一种方式被他描述为

① De cuius，在英语、法语、意大利语和西班牙语的法律语言中，当前这个术语是指 defunctus，是 de cuius hereditate quaeritur（或者 agitur）的缩写；参见 *I*. 3. 2. 6; *D*. (38. 8) 1. 11; (38. 6) 5 pr.

"successio"（Gai. 2. 157; 3. 77; 3. 82）。在这个"successio"（继承）的概念之下，他作了如下进一步的划分：(1)继承人根据市民法和根据裁判官法的继承；(2)整体取得（adquirere per universitatem）的其他情形，例如，养父因自权人收养取得养子的财产的情形（Gai. 3. 82 及上文边码 252）。现代学者用"死因继承"（successio mortis causa）和"生者间继承"（successio inter vivos）来指称这两种继承类型，但盖尤斯并没有使用这些术语。显然，继承在这里被盖尤斯用来表示取得物的一种方式（即整体取得），并不意味着义务的承担，因为养父并不继承养子的债务。然而，这个"successio"（继承）的概念是古典法学家之间流行的还是盖尤斯特有的，是有疑问的；无论如何它几乎可以说是不恰当的。假设某人把存在一个仓库里的所有货物出售并通过把钥匙交给买方的方式转移所有权，后者"通过一个行为"（uno actu），"整体"（en bloc, par universitatem）取得这些货物，但盖尤斯不大可能想把这种方式也归为"successio"（继承）。

369. 不存在个别继承　另一件事情是非常确定的。如果一个人通过买卖（要式买卖或交付）、赠与、遗赠或"时效取得"（usucapio）取得单个物或数个物的所有权，那么古典法学家从不会把这种取得称为"successio"（继承）。他们从来不说，在这种情况下新的所有权人"继承"了之前的所有权人。

370. 后古典的继承概念　然而，后古典法学家似乎受到了盖尤斯的影响，把继承（successio）这个术语也用到"取得单个的物"（adquirere singulas res）上。他们毫无顾虑地把买方、受遗赠人等视为"继承人"，并把这种继承称为"对单个物的继承"（successio in unam rem）；盖尤斯简单称为继承（successio）的东西，他们称之为“整体权利的继承”（successio in universum ius）、“整体继承”（successio in universitatem）或一些类似的表达。相应地，当代法学家区分概括继承和个别继承。这些概念和术语是完全不为古典法学家所知的；它们从未出现在盖尤斯的《法学阶梯》当中，如果我们在原始文献中遇到它们，那么相关文本不是起源于后古典就是经过篡改的。通常新的术语的建立不会具有任何全面性（严密性），在《市民法大全》的许多段落中，甚至在被篡改过的段落中，“successor”仅指继承人（heir）。最后，我们可以强调，后古典的“继承”（successio）概念和概括继承与个别继承的区分，既不清晰也无必要。

原始文献

s. 367. Read Gai. 4. 34 to *directas actiones* (Ambrosino's suggestion, l.c. p. 96, is unacceptable); *D.* (50. 17) 42.

s. 368. Read *D.* (41. 1)62 [*ad heredem*]; (23. 5) 1. 1 [*secundum ... est*].

s. 370. Compare Gai. 3. 82 with *Inst. Iust.* (3. 10) pr.; Gai. 3. 77 with *Inst. Iust.* (3. 12) pr. Read further *D.* (43. 3) 1. 13 [*in locum ... successum*], (39. 2) 24. 1*a* [*successores ... continentur*].

参考文献

C. Longo, 'L'origine della successione particolare nelle fonti di diritto romano', *Bull.* xiv (1902), 127 ff., 224 ff.; xv (1903), 283 ff.; Bonfante, *Scritti giuridici,* i (1916), nos. v—ix, xv; *Corso,* vi

(1930), 1 ff.; Rightly, against Bonfante, Ambrosino, 'Successio in ius, successio in locum', successio, *SD* xi (1945), 64—192; Catalano,'Successio in universum ius', *Ann. Catania,* i (1946—1947), 314 ff., rightly against Ambrosino's exaggerations. For materials see *VIR* v. 732, 734 ff.; *Ergänzungsindex,* 188 f. On succession in general see Windscheid, *Pand.* i (1906), § 64. 2.*

二、继承人、遗产或继承

371. 继承人的概念

在古典法中，"heres"（继承人）是"市民法上的死因继承人"（successor mortis causa ex iure civili）。他"通过一个行为继承死者的地位"（uno actu in locum defuncti）。这在私法上意味着他继承"被继承人"（de cuius）的全部在其死后仍存续的权利义务。可能存在多个继承人，但每个仅涉及特定的遗产份额（例如，A 1/3; B 2/3）；将某一个继承人限定于继承遗产中的特定的物的做法与罗马法的"继承人"概念是不相容的，例如，立遗嘱人不能把 A 指定为土地财产的继承人，把 B 指定为金钱的继承人。继承人不可避免地要承担"被继承人"的债务；如果有数名继承人，那么每一个继承人承担一部分债务。例如，A 是 1/3 份额的继承人，B 是 2/3 份额的继承人，"被继承人"欠负 90，那么 A 承担 30，B 承担 60。对继承人的责任的其他限制是不符合古典"继承人"概念的。立遗嘱人不能指定 A 为继承人，但仅对特定类型的债务承担责任。尤其重要的是，一名继承人的责任不能仅限于其所继承的财产的数额。例如，如果 A 是唯一的继承人，而"被继承人"欠了 100，那么 A 要对 100 负责，即使他所继承的财产的价值只有 60；在古典法下，A 没有办法把其责任限定在遗产的数额上。

关于古典继承人的无限责任的这项严苛而又不可避免的规则显然是非常独特的。在其他国家的法律当中，我们会遇到被继承人的债务是遗产上的负担这种观念。相应地，继承人从不需要支付超出遗产价值的部分债务。因此，这项古典的规则需要特别的解释。彭梵得和他的追随者尝试将其理解为史前罗马法的残留。据说，在史前时期，罗马继承人继承的是氏族或家庭的首领，首领拥有对氏族或家庭的一种公共的最高统治权。继承人继承这种统治权，并且出于这个原因也继承之前的统治权的债务。“然而，这是一种猜测，被顽固地流传下来”（sed hoc divinare est et relinquatur pertinacibus）。这个得到彭梵得热情辩护的理论，至少可以说，没有得到证实，而且利用现有的资料也无法证实，因为所有被认为是“古代存留”的法律规则都可以作不同的解释并且太过简单。即使这个理论是正确的，它也不能解释无限责任如何可以在史前秩序消失之后还能保留这么久。在这里，用“惰性”（vis inertiae）和罗马人的保守主义也不足以解释。这种责任必须在古典法的框架内解释。 372. 对债务的无限责任

实际上，继承人的这种引人注目的责任，不借助于猜测也能得到解释。使现代观察者感到迷惑的是如下考虑。

如果被继承人还活着，那么他的债权人可以请求从其财产中获得清偿，而如果财产不足以清偿，那么他们便面临损失。为什么债务人的死亡导致债权人产生收益呢？继承人的无限责任意味着这样一种无正常理由的得利，因为此时债权人不仅可以从遗产获得清偿，而且还可以从继承人的财产中获得清偿。因此我们必须要为这

种奇怪的责任找到一种解释。

从现代法的视角来看，这种论证方式是非常正确的，但从共和国时期的法律和古典法的视角来看，则是错误的。因为对债务人人身执行的可能性（上文边码 43）被忽略了。债务人会因其债务遭受人身执行，例如，如果他欠了 100，因这 100 的数额他要遭受人身执行，他不能提出反对意见说他的财产价值只有 60。现在假设这个债务人死亡，并且有一个继承人“取代他的位置”（in locum defuncti）。从逻辑上说，这个继承人和被继承人应该在同样的范围内（即债务的金额）遭受人身执行；这就意味着要承担无限责任。如果对继承人人身的执行仅限于其继承的财产（“在遗产的限度内”），那么他的责任就少于先前的债务人，那么债权人的地位会因为原先的债务人的死亡而变坏。继承人的责任不限于其所继承的遗产这个事实因此得到了充分的解释：只要人身执行还是基本执行方式，那么这就是“取代死者地位的继承人”（successor in locum defuncti）这个概念符合逻辑的、不可避免的结果。实际上，人身执行在共和国时期和古典时期都是普通诉讼程序的基本执行方式（上文边码 43）。当然，古典法学家可能已经把人身执行推到幕后。根据奥古斯都的《关于财产交出的尤利亚法》（*lex Iulia de cessione bonorum*），债务人（在特定的范围内）有权通过将其财产交给债权人的方式逃避人身执行。继承人可能也被允许通过放弃遗产的方式避免因被继承人的债务而遭受人身执行。但这不能通过对这部《尤利亚法》的自由解释而达到；它需要一部制定法（法律、元老院决议或者皇帝谕令），但是这部制定法从未被颁布过。《尤利亚法》的“财产交出”（cessio bonorum）被视为一种例外的特权，而不被

视为“执行法”的一个新发展的起点。人身执行看起来仍非常重要，以至于不能允许它受到更多的限制。只有优士丁尼才通过赋予“遗产清单恩惠”（beneficium inventarii）的方式开创了一条将责任限制于所继承遗产数额上的道路，但在优士丁尼法下，“财产交出”被提升到了将人身执行推向幕后的程度；后者在《市民法大全》中几乎没有被提到。

373. 继承人的指定和利益的分配

根据前面所说的，很明显，“继承人的指定”并不必然意味着一种利益的分配。假设立遗嘱人完全没有财产而只有债务，即使在这样的情况下，“继承人的指定”也是完全有效的：被指定的人继承“死者的地位”（in locum defuncti），并且遗嘱中的所有其他安排——监护人指定、遗嘱解放——都会生效。偶尔在我们的原始文献中也会说到未能从遗产中获得利益的继承人只有“继承人的空名”（inane nomen heredis, Gai. 2. 224; *C.* 3. 29. 3），但这是一个误导性的表述。如果一个立遗嘱人希望把一项纯粹的利益分配给某人，那么他肯定不指定其为继承人，因为继承人总是至少会对被继承人的债务承担潜在的责任。他必须选择另一种处理方式：遗赠、遗产信托（fideicommissum）、死因赠与（donatio mortis causa）、要求（modus）、遗嘱解放（manumissio testamento）。在这些情形下（对此我们将随后论述），接受者（除了不寻常的“整个遗产的遗产信托”）不对死者的债务承担责任。

374. 继承人既不是死者的存续者也不是其代表

在原始法中有种广为流传的观点：父亲在其儿子们身上存续，这类似于说，他们是他的继承人，他在他的继承人身上存续。可以说，继承人再现了这个父亲，在他自己的身体中体现并存续父亲的人格。在罗马继承法的发展过程中，这个观念没有起到什么作用。

如前所述（上文边码 361），主流的做法是通过遗嘱指定继承人，这样的继承人被视为立遗嘱人人格的存续者将是荒谬的。在我们的原始文献中，这种观念只出现了一次，是在优士丁尼的一项新律中（Nov. 48 praef.），在这里，它只是一种空洞的修辞学说法。在十九世纪，黑格尔主义试图复兴这种古老的观念。这个观念甚至在今天偶尔还能找到拥护者。一种相似的观念是把继承人视为被继承人的代表人，但这也是完全不为罗马法学家所熟悉的。

375. hereditas（遗产或继承）

“hereditas”这个术语被古典法学家在两种意义上使用：(1)“市民法上的死因继承”，即继承本身和“继承权”（ius successionis）；(2)死者的遗产（bona defuncti）。对于这两种含义我们都拥有可靠的文本，但古典法学家从不用“hereditas”这个术语来表示同时包含被继承人的财产和债务的单元。

继承意义上的“hereditas（=successio）”分为遗嘱继承、无遗嘱继承或者“违反遗嘱继承”（hereditas contra testamentum）；我们将在下文讲解继承的这些种类（边码 381、426、459）。

376. deferre hereditatem（提供遗产）和 adire hereditatem（接受遗产）

继承人有时在被继承人死亡时或在打开他的遗嘱时自动继承；有时要求有一项特别的接受行为。在后一种情形中，古典法学家区分“deferre hereditatem”（提供遗产）和“adire hereditatem”（接受遗产）。

我们的教科书区分“delatio hereditatis”（遗产的提供）和“adquisitio hereditatis”（遗产的取得），这是完全非古典的术语。“delatio hereditatis”和“adquisitio hereditatis”没有出现在古典文献当中。“deferre hereditatem”（提供遗产）是古典的。“adquirere hereditatem”（取得遗产）也是古典的，但并非意指与“提供”

（delatio）相对应的“取得”。“accipere hereditatem”并不是指“接受一份被提供的遗产”而是指“去获取一份遗产”。

原始文献

s. 375. For *hereditas* = *successio*, see Gai. 2. 14; *D*. (50. 17) 62 [*universum*]; (50.16) 24 [*universum*]; for *hereditas* = *bona defuncti* see Cicero, *Topica*, 6. 29; *D*. (36. 3) 5. 3; (26. 7) 39. 3.

s. 376. *Adquisitio hereditatis* occurs *D*. (36. 1) 67 pr., but the text is spurious: Beseler, Beitr. iv (1920), 187; *Z* xlvi (1926), 141; lii (1932), 42; liii (1933), 38. For the classical usage see *D*. (50. 16) 151; (41. 1) 10. 1; (28. 7) 13.

参考文献

s. 372. Bonfante's writings, see above, ss. 367—70, Bibliography. Further Rabel, *Z* l (1930), 295 ff.; Korosec, *Die Erbenhaftung nach röm. Recht*, i (1927); Siber, 'Geschichtliches und Rechtsvergleichendes über die Haftung für Nachlaßschulden', *Acta Academiae Universalis Jurisprudentiae Comparativae*, i (1928), 986 ff. Rightly against Bonfante Ambrosino, *SD* xi (1945), 184; Volterra, *Bull*. xlviii (1941), 76. For the execution on the person see v. Woess, *Z* xliii (1922), 485 ff. On Justinian's *beneficium inventarii* see Windscheid, *Pand.* iii (1906), § 606. On Greek law see Pringsheim, *Z* xli (1920), 349 ff.; Taubenschlag, *Law of Greco-Roman Egypt* (1944), 163, with references; on Germanic law Gierke,

'Grundzüge des deutschen Privatrechts', § 117 (Holtzendorff-Kohler, *Enzyklopädie der Rechtswissenschaft*, i, 1915, 291).*

s. 374. Windscheid, *Pand.* iii (1906), § 528; Mitteis, *RP* i (1908), 93 ff.; Bonfante, *Scritti*, i (1916), 158 ff.; Solazzi, 'Contro la rappresentanza del defunto', *Riv. It.* 1916; Saleilles, 'Le Principe de la continuation de la personne du défunt par l'héritier en droit romain', *Festschrift für Otto Gierke* (1911), 1015 ff.; Planiol, *Traité élémentaire de droit civil*, iii (1946), s. 2213 with references; Solazzi, Diritto ereditario romano, i (1932), 199 ff.

三、遗产占有人、遗产占有

377. 遗产占有的概念

在古典法下，遗产占有人（bonorum possessor）是指“裁判官法或者荣誉法上的死因继承人”（successor mortis causa ex iure praetorio〔honorario〕）。这个术语有些混淆，因为这种占有人不是“物的占有人”（possessor rerum，下文边码 751）；他是一个由裁判官赋予“裁判官法继承权”（successio iuris praetorii）的人。遗产占有人可以通过将遗产归入其实际权力之下的方式取得对物的占有，但他是直接根据裁判官的法令取得“遗产占有”的。像继承人一样，遗产占有人也是“死因继承人”（successor mortis causa）并“通过一个行为继承死者的地位”（uno actu in locum defuncti）。但是遗产占有人仅仅是“裁判官法上的继承人”（successor iure praetorio），这意味着有很多技术上的特殊性。

假设森普罗尼乌斯（Sempronius）向提提乌斯提供了 100 的贷

款；然后森普罗尼乌斯去世了。如果塞尤斯是森普罗尼乌斯的继承人，那么他可以用通常的“特定借贷金额程式”（上文边码 30）起诉提提乌斯：“如能证明提提乌斯应向塞尤斯支付 100，等等”（Si paret Titium Seio centum dare oportere, etc.）。如果塞尤斯不是继承人而是遗产占有人，那么他不能通过这个程式起诉提提乌斯，因为塞尤斯在市民法上不是债权人。因此，他必须使用一种“拟制程式”（formula ficticia，上文边码 49）：“假设塞尤斯是森普罗尼乌斯的继承人的话，那么如能证明提提乌斯应向塞尤斯支付 100，等等”（Si Seius Sempronio heres esset, tum si pareret Titium Seio centum dare oportere, etc.）。

378. 遗产占有的类型

裁判官可以把“遗产占有”赋予一个继承人，这样他就同时享有裁判官的救济和市民法提供给他的救济；在这种情况下，裁判官授予遗产占有是“为了支持市民法”（adiuvandi iuris civilis gratia）。裁判官也可以把遗产占有赋予非继承人，这样后者就只享有裁判官救济。如果在后一种情形下不存在继承人，那么裁判官仅仅是“为了补充市民法”（supplendi iuris civilis gratia），但如果存在继承人（A 是继承人，B 是遗产占有人），那么就有两种相互冲突的权利，在这种情况下，有时候遗产占有人在法律上优于继承人（这种情况下的遗产占有被称为“可胜诉的遗产占有”〔bonorum possesio cum re〕，在这种情况下，裁判官的行为就是“为了纠正了市民法”〔corrigendi iuris civilis gratia〕）；有时候继承人优于遗产占有人（这种情况下的遗产占有被称为“不可胜诉的遗产占有”〔bonorum possessio sine re〕）。我们后面将会指出遗产占有“可胜诉”（cum rem）和“不可胜诉”（sine re）的情形，但必须从一开始就要指出，“不可胜诉”并不意味着“没有效力”(sine effectu)，就像《乌尔比安摘录》(*Epitome Ulpinai*, 23. 6)的后古典作者所认为的那样。“不可胜诉的遗产占有”也授予占有人裁判官救济。

遗产占有按三种方式提供：(1)根据遗嘱蜡板(secundum tabulas testamenti)提供，也就是说，赋予在遗嘱中被指定为继承人的人；(2)如果没有遗嘱蜡板，则按无遗嘱的方式提供；(3)“以违反遗嘱蜡板的方式”(contra tabulas testamenti)提供。具体的细节将在后面讲述(下文边码436、404、468)。遗产占有从不像遗产那样有时会自动归到某个人头上(上文边码376)；遗产占有只能先由申请人提出申请，然后再由裁判官通过法令赋予。出于这个原因，法令遗产占有(bonorum possessio decretalis)和告示遗产占有(bonorum possessio edictalis)的区分不可能是古典的；实际上“法令遗产占有”这个术语只出现过一次，是在一个经过篡改的文本当中。

379. 古典术语

“petere (adgnoscere) bonorum possessionem”是指“向执法官申请遗产占有”。“adgnitio bonorum possessionis”(遗产占有的申请)这个名词在古典文献中只出现一次：*D.* (38. 15) 5 pr.(伪造的)。“提供遗产占有”(deferre bonorum possessionem)对应于“提供遗产”(deferre hereditatem，上文边码376)。“Dare bonorum possessionem”是指“通过法令赋予遗产占有”。“bonorum possessio decretalis”(法令遗产占有)只在一个段落中出现——*D.* (38. 9) 1. 7，这个段落显然是被添加了“Decretalis”这个词；“nondum...quia”，这个术语没有出现在 *Inst. Iust.*, *C. Iust.*, *C. Theod.*, *Nov. Posttheodosianae*，以及“补充索引”(Ergänzungs-

Index）的材料中。“Bonorum possessio edictalis”（告示遗产占有）只出现过两次：*D*. (29. 2) 30. 1 和 *D*. (38. 6) 1. 4；这两个片段都是伪造的。

在下文中，我们仅限于尤里安和哈德良（上文边码 25）编纂的“裁判官告示”下的遗产占有制度。关于更早时期的法律以及其历史发展的知识，我们掌握得非常少；后古典的发展急需批判分析。 380. 共和国时期的法和后古典法

原始文献

s. 377. Read Gai. 3. 32; 4. 34; *D*. (50. 17) 117; (37. 1) 2; (50. 16) 119; (37. 1) 3. 1 [*Hereditatis...bonorumve*] <*Bonorum*>.

s. 378. Read *D*. (1. 1) 7. 1; Gai. 3. 33*b*, 34 (*remota bonorum possessione* = *bonorum possessio* set aside); 3. 35, 36; *Epit. Ulp*. 28. 1.

s. 379. Read *D*. (37. 1) 3. 3.

参考文献

A modern (critical) work on the whole law of *bonorum possessio* does not yet exist. K. F. Fabricius, *Histor. Forschungen* Ⅰ. *Ursprung und Entwicklung der bonorum possessio bis zum Aufhören des ordo iudiciorum privatorum* (1837); B. W. Leist, *Die bonorum possessio*, 2 vols. (1844, 1848); Glück-Leist, *Erläuterung der Pand*., Serie der Bücher, 37—38, i—v (1870—1879); Alibrandi, *Opere*, i. 65 ff.; C. Arnò, ‘La bonorum possessio sine re’, *Memorie della R. Accademia di scienze, lettere ed arti in Modena*, Serie Ⅲ, vol. xii (Sezione scienze), 1914; Bonfante, *Corso*, vi (1930), 416 ff.; Lenel, *Edict*. (1927), 342 ff. For documents containing an adgnitio bonorum possessionis see Taubenschlag, *Law of Greco-Roman Egypt* (1944), 162. On *bonorum possessio decretalis* see Solazzi, *AG* c (1928), 17 ff.

第二章　无遗嘱继承

一、导论

381. 相关时刻

当在法律上确定不存在有效的遗嘱时，便会发生无遗嘱继承。在这个时刻（我们将简称为“相关时刻”），遗产和遗产占有会被提供给一个或多个特定的人。

假设被继承人留下一份有效的遗嘱，在这份遗嘱当中，他指定A和B为其继承人。在被继承人去世后，A拒绝遗产，B在数天之后也同样拒绝。在B拒绝的时候，可以确定不存在有效的遗嘱，遗产会被提供给无遗嘱继承人。

如果一个人在“相关时刻”不再存在，那么他或她就不能是无遗嘱继承人。

假设立遗嘱人有一个儿子A和一个兄弟B；他把他的朋友F设立为继承人。在这个立遗嘱人死亡四个星期后，F拒绝遗产。A在他的父亲死亡时还活着，但在三个星期后死亡，没有留下孩子，那么唯一的无遗嘱继承人是B。A的继承人不能主张遗产。

诚然，即使存在有效遗嘱，也可以申请并获得“无遗嘱遗产占有”，但这只是“不可胜诉的遗产占有”（Gai. 3. 35, 36；上文边码

378)。

382. 法源　古典法源自非常不同的几个法源，即《十二表法》《沃科尼亚法》(公元前169年)、裁判官告示、两项元老院决议和《关于不同等级之间结婚的尤利亚法》。我们在这里不考虑《十二表法》规则的原初含义，它们可能与后来的法学赋予它们的含义不同；我们像古典法学家所理解的那样去理解它们。关于告示，我们仅限于哈德良编纂的告示(上文边码25)，因为我们只对它具有足够的知识。

参考文献

La Pira, *La successione ereditaria intestata e contro il testamento in diritto romano* (1930).

二、《十二表法》和《沃科尼亚法》下的无遗嘱继承

383. 法定继承人　由《十二表法》规定为“无遗嘱继承人”的人被称为法定继承人，他们分为三个顺位。

(一)自家继承人

384. 自家继承人　自家继承人(sui heredes)是指，如果被继承人还活着的话，应处于他的支配权或夫权下的人。并不要求与被继承人之间有血缘关系，血缘关系本身也不是自家继承人的充分条件：处于夫权下的妻子和养子属于自家继承人，但与被继承人没有血缘关系；另一方面，被继承人的已经脱离父权的儿子跟他有血缘关系，但不是自家

继承人。如前所述(上文边码 364),《十二表法》没有规定男性和女性在继承上有区别,后来的制定法也没有,甚至《沃科尼亚法》也不敢偏离这种自由主义的法。

385. 代表原则

如果有多个自家继承人,那么就适用所谓的“代表原则”,它是指被继承人的儿子的后代会因他们的父亲而被排除继承,但如果他们的父亲在相关时刻不是自家继承人或不再活着,那么他们就代表他进行继承。

以下面的情形为例:

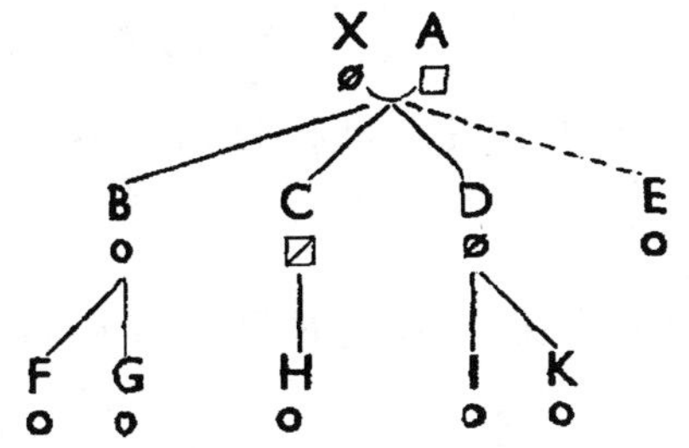

在被继承人 X 死亡时,如下几个人活着:处于其夫权下的妻子 A;他的儿子 B 和 B 的儿子 F 和 G;他的已经去世的女儿 C 的儿子 H;他的已经去世的儿子 D 的儿子 I 和 K;他的已经脱离父权的儿子 E。此时 A 处于“女儿的地位”(filiae loco,上文边码 197),因此是自家继承人;F 和 G 因他们的父亲 B 而被排除;H 不是被继承人的自家继承人,而是 C 的丈夫的自家继承人。E 脱离父权,因此不再是自家继承人。因此 ABIK 是法定继承人,A 和 B 每人 1/3,I 和 K 每人 1/6。

我们不知道这个“代表原则”是否在《十二表法》时期就适用了,因为这部法典没有提到它。无论如何,它是非常古老的,在后来的

时期也得到了坚定的维护。

386. 已受孕的自家继承人视为已出生

一个自家继承人只有在被继承人死亡时已经存在才能是法定继承人，但如果在那个时候他或她“在母亲的腹中”并且随后活着出生就足够了：“已受孕的后生自家继承人视为已出生”（postumus suus conceptus pro iam nato habetur，上文边码124）。

387. 无需接受，不能拒绝

自家继承人自动成为继承人，不需要“接受遗产”（aditio hereditatis，上文边码376）；他们也无权拒绝遗产，我们将在后面论述这项规则（下文边码488）。

388. 女性没有自家继承人

如果被继承人是女性，那么第一顺位的继承人不存在，因为女性不能有自家继承人，不能行使支配权（potestas，上文边码240）。

（二）最近的宗亲和恩主

如果被继承人是个生来自由人并且不存在自家继承人，那么“最近的宗亲”是其“法定继承人”。

389. 最近的宗亲

390. 宗亲的概念

在罗马人的意义上，宗亲（adgnati）是和被继承人一起源自同一个男性祖先，并且如果这个共同的祖先在“相关时刻”还活着的话，他们会处于同一个家父支配权下。被收养的人被视为“处于宗亲的地位”，处于夫权下的妻子“处于女儿的地位”（上文边码197）。宗亲这个概念包含自家继承人，但《十二表法》的规则只涉及非自家继承人的宗亲。

391. 按人头继承

在这个顺位中不适用代表原则；在“相关时刻”，亲等最近的宗亲排除所有其他宗亲。同一个亲等的几个宗亲“按人头”（per capita）继承，而不像第一顺位那样“按宗”（per stirpes）继承。

以下述情形为例：

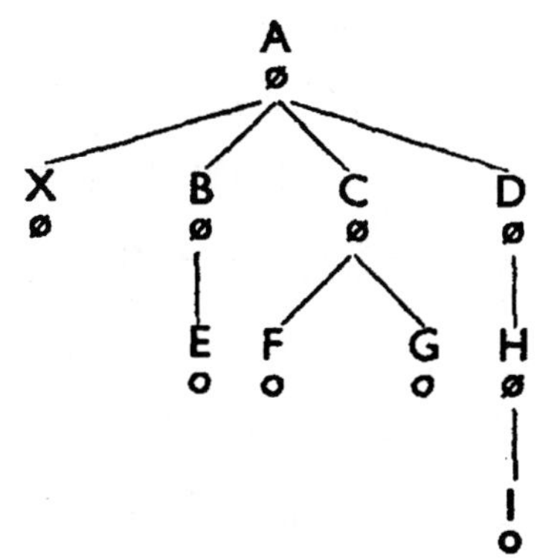

在被继承人 X 死亡时，以下这些人活着：E，已故兄弟 B 的儿子；F 和 G，已故兄弟 C 的儿子；I，已故兄弟 D 的孙子。他们全都是宗亲，因为如果他们的共同祖先 A 还活着的话，他们都处于 A 的家父支配权下。EFG 是法定继承人（第三亲等的），I 被排除，因为他是第四亲等的。EFG 是“按人头继承的继承人”，每人 1/3。

在《十二表法》下，在这个第二顺位中，男性和女性是同等的。然而，后来的一部制定法规定，只有在女性宗亲是被继承人的姐妹时才允许其继承。这部制定法可能是公元前 169 年的《沃科尼亚法》。 392. 女性宗亲

后古典时期的《保罗意见集》（*Sententiae Pauli*, 4. 8. 20）提到：

“超出兄弟姐妹范围的女性不允许继承无遗嘱的遗产，这在市民法上被认为是由‘沃科尼亚的理由’设立的规则。但《十二表法》允许宗亲毫无性别差异地继承无遗嘱的遗产。”

这个非常有争议的文本的用语不应被过分强调；更应当牢记的是，作者是一个后古典时期的法学家。他可能完全不知道这项规则的起源，他对《沃科尼亚法》的引用仅仅是推测；他也可能知道《沃

科尼亚法》是它的法源，“Voconiana ratione”（沃科尼亚的理由）仅仅是“lege Voconian”（《沃科尼亚法》）的修辞学变体。我们知道共和国法学面对“法律”（leges）时的怯懦态度，法学家们不大可能在没有制定法的明确命令的情况下敢于引入这样一项对抗《十二表法》的创新。

393. 已受孕的宗亲不视为已出生

宗亲只有在被继承人死亡时活着才能成为继承人；“已受孕视为已出生”规则对于这个顺位不适用，这点与第一顺位不同。

394. 不存在亲等之间的接替

最近的宗亲——与自家继承人不同（上文边码 387）——并不自动成为继承人，他只有通过“接受遗产”才能成为继承人。如果他拒绝，那么遗产不会提供给下一个亲等的宗亲。

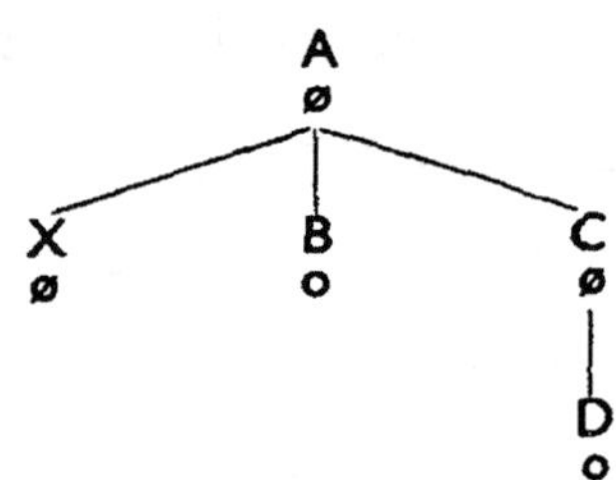

B 是最近的宗亲，如果他拒绝遗产，那么遗产不会被提供给 D。

395. 恩主作为法定继承人

如果被继承人是一个解放自由人，那么他没有宗亲；如果他有自家继承人，则自家继承人是其法定继承人。如果没有自家继承人，那么遗产根据《十二表法》归恩主所有，如果恩主已经去世，则归恩主的宗亲后代。应当牢记的是，如果一个父亲使其孩子脱离父权，那么他通常会成为他的恩主（parens manumissor；上文边码 272）。

（三）氏族（gens）

396. 氏族的继承

《十二表法》（v. 5）规定：“如果没有宗亲，遗产归氏族成员们所有”（Si adgnatus nec escit, gentiles familiam habento）。“gentiles”是指一个氏族的组织成员，即作为一个整体（合手）的氏族，例如“自治市市民们”（municipes）意指“自治市”（municipium）（上文边码157）。遗产正是归这个整体所有，“如果没有宗亲的话”（si adgnatus non est）。如果你逐字读这句话，它是荒谬的，因为氏族是宗亲的联合，没有宗亲便没有氏族。因此，这个简短的句子的真正意思肯定是，如果最近的宗亲拒绝遗产，它则归氏族所有。

397.“接替不能发生在法定的遗产继承上”规则

大多数学者拒绝这种解释，他们认为这与《十二表法》的文字和“接替不能发生在法定的遗产继承上”（in legitimis hereditatibus successio non est）规则不相容。然而，这项规则仅出现在一个后古典的文本（*Epit. Ulp*. 26. 5）当中，所涉及的是第二顺位的继承人。在后古典时期，这项规则是非常正确的。氏族的继承已经消失，而且在第一顺位当中，该规则所涉及的接替是不可能的，因为自家继承人不能拒绝遗产。因此，在后古典时期，这项所谓的一般规则只能涉及第二顺位。主流的观点会让人走向一个荒谬的结论：如果最近的宗亲拒绝遗产，它就会变成无主物，可以由任何人先占；而这发生在氏族力量鼎盛的时期！这是无法让人相信的。此外，根据主流的解释，根本不存在氏族可以继承的情形。

398. 氏族继承的消失

氏族继承在共和国末期还存在，古典法学家可能在他们的著作中把它当做一种仍然存在的制度去讨论。然而，实际上，它消失在古典时期内，因为有组织的氏族已不再存在了，出于这个原因，后古典的作者宣布它不再适用。

盖尤斯在其《法学阶梯》的两个段落中说，氏族继承不再是现行法。只有其中一个段落被保留给我们（Gai. 3. 17），但他的古怪措辞让人怀疑它是不是盖尤斯写的。后古典的《单项规则》(liber singularis regularum)(被归到乌尔比安头上)同样宣称氏族继承已经过时(*Coll.* 16. 4. 2)。在后古典的《乌尔比安摘录》当中，氏族继承被故意省略了。后古典的《保罗意见集》(*Sententiae Pauli*, 4. 8. 3)提到：

> “根据《十二表法》，无遗嘱遗产首先由自家继承人继承，然后是宗亲，最后是氏族成员们”。
>
> (Intestatorum hereditas lege duodecim tabularum primum suis heredibus, deinde agnatis et aliquando quoque gentilibus deferebatur.)

“Aliquando”在这里是指“最后”的意思。

(四)法定继承的一般特征

399. 法定继承的宗亲特征

前面的描述清晰地表明无遗嘱继承法是纯粹的宗亲法。仅血亲关系不会带来继承权。一个脱离父权的人不能成为三个顺位当中任何一个顺位的继承人。母亲(如果她不是处于夫权下的妻子)就不能是她的孩子的继承人，而孩子们也不能成为他们的母亲的继承人。此外，丈夫和妻子之间的继承是不存在的。处于夫权下的妻子是处于女儿的地位，因此可以作为一个自家继承人继承其丈夫的遗产。对处于夫权下的妻子的遗产的继承是不可能的，因为她不能拥有财产(上文边码 199)。

原始文献

s. 383. Read *D.* (38. 16) 11.

s. 384. Read Ⅻ *Tab*. v. 4; Gai. 3. 1—3.

s. 385. Read Gai. 3. 7—8.

s. 386. Read Gai. 3. 4; *D.* (38. 16) 6 [*neque*]; [*neque* ... *cognatus*]; <*non*> *potest*; (38. 16) 3. 9, first sentence; (38. 16) 4; *Epit. Ulp*. 26. 3.

s. 389. Read Ⅻ *Tab*. v. 4; Gai. 3. 9.

s. 390. Read Gai. 1. 156; 3. 10.

s. 391. Read Gai. 3. 11; 3. 15—16.

s. 392. Read Gai. 3. 14.

s. 394. Read Gai. 3. 12.

s. 395. Read Ⅻ *Tab*. v. 8; Gai. 3. 40.

s. 396. Read Ⅻ *Tab*. v. 5.

参考文献

ss. 383 ff. Michon, 'La Succession ab intesat dans le plus ancien droit romain', *NRH* xlv (1921), 119 ff.; La Pira, *La successione ereditaria intestata e contro il testamento* (1930), 163 ff.

s. 383. Mommsen, *Schr,* iii (1907), 361; Lenel, *Z* xlvi (1926), 31; Beseler, *Bemerkungen zu Z* 1927 (1927), 4.*

s. 384. Kirk, 'Suus heres', *Z* lviii (1938), 161; Lepri, *St. Solazzi*

(1948), 299, with references; v. Woess, *Das röm. Erbrecht und die Erbanwärter* (1911), 65 ff.; Kübler, 'Das Intestaterbrecht der Frauen im alten Rom', *Z* xli (1920), 15 ff.; Brassloff, *Studien zur röm. Rechtsgeschichte,* i (1925), 35 ff.

s. 386. Albertario, 'Conceptus pro iam nato habetur', *Bull.* xxxiii (1923), 12 ff. = *Scritti,* i (1933), 16 ff.*

s. 389. Lenel, 'Die Rechtsstellung des proximus adgnatus und der gentiles im altröm. Erbrecht', *Z* xxxvii (1916), 129 ff.; Carcaterra, *La successione intestata dell' adgnatus proximus nella legge delle XII Tavole* (1939, inaccessible).

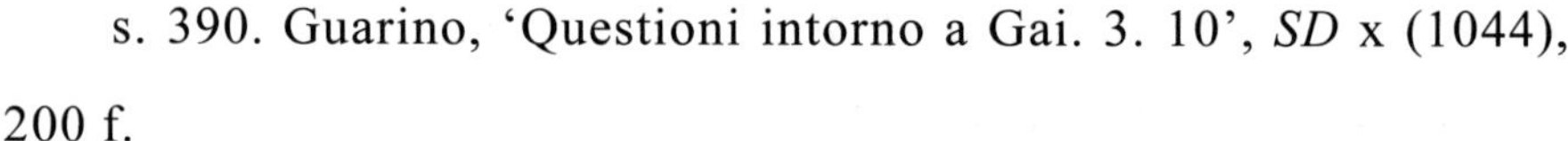

s. 390. Guarino, 'Questioni intorno a Gai. 3. 10', *SD* x (1044), 200 f.

s. 392. Kübler, l.c. 24.*

s. 396. Lenel, l.c.; Kübler, *PW* vii. 1176 ff.

s. 398. Beseler, *Scritti Ferrini,* iii (1948), 269; *Z* lxvi (1948), 381.

三、《特土良元老院决议》和《奥尔菲提安元老院决议》

400.《特土良元老院决议》 根据《特土良元老院决议》(*S. C. Tertulianum*，哈德良时期颁布的)的规则，被继承人的母亲，如果不属于宗亲(即母亲不在被继承人的父亲的夫权下)并且享有多子权(ius liberorum，上文边码310)，则被放在无遗嘱继承人的第二顺位(上文边码389)。其中的细节非常复杂，不能在这里描述。整个事情需要重新检验。

如前所述（上文边码 388），女性不能有自家继承人（上文边码 384 以下）。

401.《奥尔菲提安元老院决议》

《奥尔菲提安元老院决议》（*S. C. Orfitianum*，公元 178 年）允许孩子以第一顺位继承人的身份继承其母亲的遗产（上文边码 384）；这项特权没有延伸到孙子女。

402. 古典和后古典的术语

由这些制定法确立的法“相当于市民法”（vice iuris civilis, Gai. 1. 4），但是古典法学家从不把这种继承称为法定继承（相应的继承人也不被称为法定继承人）。这个术语仅限于《十二表法》的无遗嘱继承（上文边码 384），只有后古典时期的法学家才在大量的篡改中把这些元老院决议下的继承称为法定继承。

403. 古典的保守主义

关于这两项元老院决议，迷惑我们的不是继承被提供给血亲，而是这件事做得这么不情愿和不完整。如果一个孩子根据《奥尔菲提安元老院决议》可以“在市民法上”继承其母亲的遗产，为什么一个脱离父权的孩子不能继承其父亲的遗产呢？古典法学家可能会回答说，脱离父权的孩子可以申请遗产占有（下文边码 405）；但这似乎不大可能是个令人满意的答案。

原始文献

s. 400. Read *Epit. Ulp.* 26. 8.

s. 401. Read *Epit. Ulp.* 26. 7. In 178 consuls were Ser. Scipio Orfitus (with *f* and not with *ph*) and D. Velius Rufus; see *CIL* xvi (*Diplomata Milit.* ed. Nesselhauf), no. 128, p. 114; *CIL* xiii. 6629, 6630.

s.402. The interpolation of *legitimam* is clear in *D.* (38. 17) 1. 8; likewise the interpolation *of legitima* in *D.* (38. 17) 1. 9, first sentence; but the non-classical usage occurs already in the post-classical *Epit. Ulp.* 26. 7 and 8 and in the post-classical *Sententiae Pauli,* iv. 9 and 10.

参考文献

Vangerow, *Pand.* ii (1876), § 408; La Pira, *La successione etc.* (1930), 277 ff.; Beseler, *Bemerkungen zu Z* 1927 (1927), 4; Lavaggi, 'La successione della libertà e il SC. Orfitiano', *SD* xii (1946), 174 ff.*

四、无遗嘱遗产占有

332

404. 下文论述的范围

在"市民法上的"无遗嘱继承旁边，在古典时期还存在"荣誉法上的"无遗嘱继承。我们对这项制度的发展知道得很少，必须仅限于尤里安和哈德良编纂的告示当中包含的规则（上文边码 25）。在"如果不存在遗嘱蜡板"标题下（Lenel, *Edict.* p. 355），城市裁判官（在行省则是行省总督）承诺提供遗产占有，他区分以下几个顺位的继承人。

第一顺位

405. liberi（子女）的概念

在第一顺位，遗产占有被赋予被继承人的"liberi"（子女）。告示的用语没有被保留下来，但它不大可能用"liberi"这个术语。古典法学家讨论告示的这个条款时在一种技术性的、非常人为的意义上使用“liberi”这个术语。“liberi”在这个意义上是指被继承人的自家继承人（上文边码 384）以及假如不受“人格减等”（上文边码 123）影响的话会是自家继承人的人（但前提是他们不能处于另一个人的支配权下）。法学家把这种遗产占有称为“子女的遗产占有”（bonorum possessio unde liberi），是“bonorum possessio ex illa parte edicti unde liberi ad bonorum possessio vocantur”（根据告示的这个部分提供的遗产占有，在这个部分中，子女被召唤去获得遗产占有）的缩写（“unde”在官方语言中尤其常见）。

以下面这种情况为例：

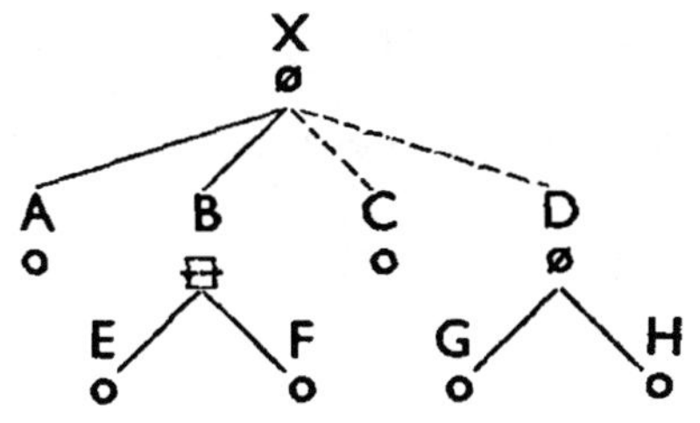

在被继承人 X 死亡时有如下这些人活着：A，被继承人 X 的儿子，在他的支配权下；E 和 F，已故的女儿 B 的儿子；C，脱离父权的儿子；G 和 H，一个脱离父权的已故儿子 D 的儿子。现在 A 是自家继承人，并因此属于“liberi”（子女）；E 和 F 既不是自家继承人也不是“liberi”（子女）；C 不是自家继承人，但如果不因脱离父权而遭受人格减等的话他是自家继承人，因此，他属于“liberi”（子女）；G 和 H 不是 X 的自家继承人，但如果他们的父亲 D 不因脱离父权而遭受人格减等的话，他们便是自家继承人，因此，他们属于“liberi”（子女）。

如果被继承人是女性，则不存在“子女的遗产占有”，因为女性

406. 女性不能有 liberi（子女） 不能有自家继承人，因此（荒谬地）不能有“liberi”（子女）。甚至在《奥尔菲提安元老院决议》（上文边码 401）下，孩子也不能主张“子女的遗产占有”，而只能主张“法定继承人的遗产占有”（bonorum possessio unde legitimi，下文边码 414）。

407. 继承的方式 “liberi”（子女）的继承规则类似于法定继承中的自家继承人的规则（上文边码 384 以下）。因此，男性和女性是一样的，代表原则也适用。但是，“liberi”（子女）从不“自动”（ipso iure）获得遗产占有（上文边码 378），而自家继承人则“自动”获得遗产。代表原则的一个例外由告示当中的一个条款确立，该条款叫作“尤里安关于结合子女脱离父权的新条款”（nova clausula Iuliani de coniungendis cum emancipato liberis eius）（Lenel, *Edict*, § 146）。

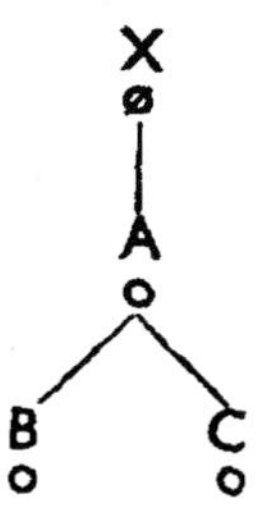

408. 尤里安的新条款 假设 X 使其儿子 A 脱离父权，但把孙子 B 和 C 留在他自己的支配权下，B 和 C 是 X 的自家继承人，A、B 和 C 是他的“liberi”（子女）。根据代表原则，A 单独有权获得遗产占有并排除他的儿子 B 和 C。根据尤里安的新条款，所有三个人都可以获得遗产占有。A 一半，B 和 C 各 1/4。这个例外的“理由”（ratio），在我们的原始文献中找不到，但可能是下面所述的理由。“子女的遗产占有”原先是“不可胜诉的”（上文边码 378），但在共和国晚期或元首制初期，它已经变成“可胜诉的”了；只有在尤里安的情形下，赋予脱离父权的 A 的遗产占有仍然是“不可胜诉的”的，否则他的遗产占有就会完全剥夺“市民法继承人”B 和 C 的权利。尤里安赋予脱离父权的 A 一项“可胜诉的遗产占有”，但只有一半的份额，另一半留给自家继承人 B 和 C。这样避免了完全排除“市民法继承人”的结果。相反的情形表明，这就是这个条款的“理由”。假设 X 使他的孙子 B 和 C 脱离父权，并把 A 保留在其支配权下。在这种情况下，遵从代表原则，遗产占有只赋予 A，因为这项遗产占有并不排除“市民法继承人”；B 和 C 被排除，但他们不是自家继承人。

在赋予“不属于自家继承人的子女”（liberi non sui）的遗产占有变成“可胜诉的”之后——可能没过很久——就发展出了财产匀付（collatio bonorum）制度。在自家继承人和“不属于自家继承人的子女”一起主张“子女的遗产占有”时，如果无条件地将遗产占有赋予非自家继承人的话，有时候会对自家继承人造成很大的不公。假设被继承人有两个儿子，A 和 B；他使 B 脱离了父权，而把 A 保留在其支配权下。那么 A 是自家继承人，B 不是自家继承人，但两者都是“liberi”（子女），所以他们每个人都可以要求 1/2 的遗产占有。此时，只要他的父亲还活着，A 就没有财产能力，因为他在他的支配权下（上文边码 263）：不管他取得什么都自动归其父亲所有，如果这些取得的东西在他的父亲死亡时还存在，则成为遗产的一部分（让我们先不管军营特有产，上文边码 264）。这样，脱离父权的 B 将会分到之前由 A 取得的财产，但是 A 不会分到 B 在脱离父权之后取得的财产。这实际上是不公平的。出于这个原因，裁判官在其告示的“关于财产匀付”标题下（Lenel, *Edict*. § 144）宣布，他不会赋予 B 遗产占有，除非他向 A 允诺把他（B）在其父亲去世 409. 财产匀付

时占有的财产的一个合理的份额交给 A。他必须以要式口约的形式做出允诺："无论在父亲死亡时你拥有多少财产，你都将根据一个正直的人的判断向我匀付它吗？"（quidquid moriente patre in bonis habui id boni viri arbitratu me collaturum）。对于这种允诺（关于匀付财产的担保〔cautio de conferendis bonis〕），告示的"裁判官要式口约"（stipulationes praetoriae）中包含一个先例（Lenel, *Edict.* § 283 和上文边码 114）。这项财产匀付的细节在告示当中没有详细的讲解，但法学家们按如下方式解释告示：B 通过遗产占有损害了 A 的市民法权利，因此有义务去向 A 允诺匀付一部分他自己的财产；这个比例与 A 的遗产占有份额相一致。在现在这个例子当中，A 要求 1/2 的遗产占有，相应地，B 必须向他允诺匀付 B 在其父亲死亡时所拥有的财产的一半。如果有多个脱离父权的人（例如，A 是自家继承人，B 和 C 是脱离父权的人），那么它们当中的每一个都要向 A 做出这样的允诺；在确定他们各自应允诺的比例时，另一个脱离父权的儿子被视为不存在，因此在这第二种情形下，B 和 C 都要向 A 允诺匀付其各自财产的一半。这是古典的财产匀付的概念。学生们应被明确警告，不要认为脱离父权的人在和自家继承人分享遗产之前，要先把他们自己的财产放入遗产中去。

336

让我们来考虑另一种情形，即有两个自家继承人和两个脱离父权的人的情形。假设被继承人有四个儿子：其中的两个 A 和 B 仍在父亲的支配权下，而 C 和 D 脱离了父权。在父亲死亡时，C 有 90 财产，D 有 60，父亲的遗产价值是 400。A、B、C 和 D 都是"liberi"（子女），每个人都可要求 1/4 的遗产占有。但 C 和 D 不能获得遗产占有，除非他们分别向 A 和 B 允诺他们各自财产的 1/3。这样，最后我们得到如下结论：

A 获得 1/4 遗产（=100）；此外，从 C 获得 C 的 1/3 财产（=30），并从 D 获得 D 的 1/3 财产（=20）；因此他总共获得 150。

B 也获得 1/4 遗产（=100）；此外，从 C 获得 C 的 1/3 财产（=30），并从 D 获得 D 的 1/3 财产（=20）；因此他总共获得 150。

C 获得 1/4 遗产（=100）；他保留他自己的财产 90−60（=30）；这样他总共获得 130，因此从遗产占有中获得了 40。

D 获得 1/4 遗产（=100）；他保留他自己的财产 60−40（=20）；这样他总共获得 120，因此从遗产占有中获得了 60。

通过这种财产匀付，有可能发生脱离父权的人因遗产占有而遭受损失的情况；但在这种情况下他应该不会主张遗产占有。如果他因不注意而提出了申请，“他应当自己调查清楚：法是为谨慎的人书写的”（de se quaeri debet: iura vigilantibus scripta sunt）。

假设一个父亲有三个儿子：A 处于其支配权下，B 和 C 脱离了父权。在父亲死亡时 B 有财产 80，C 没有财产；父亲的财产是 90。A、B 和 C 都是“liberi”（子女），都可以要求 1/3 的遗产占有。但 B 必须向 A 允诺匀付其财产的一半。我们得到如下结果：

A 获得 1/3 的遗产（=30）；此外，他从 B 获得 B 的一半财产（=40）；这样他总共得到 70。

B 获得 1/3 的遗产（=30），并保留他自己的财产 80−40（=40）；这样他得到 70，也就是说，损失了 10。

C 获得 1/3 的遗产（=30）。

这样，古典财产匀付（collatio bonorum）的“理由”非常清楚：如果一个自家继承人的市民法权利因一位脱离父权的人 410. 嫁资匀付

(emancipatus)而受到损害，那么后者有义务通过允诺匀付他自己的一部分财产而对自家继承人进行补偿。同样的观念也隐藏在古典的嫁资匀付(collatio dotis)当中，这由告示当中一个特别的标题“关于嫁资匀付”(de collatione dotis)(Lenel, *Edict*. §§ 145, 283)规制。很不幸，可用的原始文献不能令人满意。

古典的规则非常有可能是下面这样的。假设被继承人有一个儿子 A 在其支配权下，一个女儿 B 已经脱离父权。B 在其父亲活着的时候结婚(自由婚姻，上文边码 180)，并且有一份嫁资由她的父亲或者她自己或者其他人给付她的丈夫。在她的父亲去世时，她的婚姻仍然存续。B 可以主张 1/2 的“子女的遗产占有”；如果她有自己的财产，她必须根据我们刚描述的规则允诺匀付她自己的财产的一半。但嫁资不属于她的财产：嫁资的唯一所有权人是她的丈夫(上文边码 213)，嫁资也不“处于妻子的裁判官所有权中”(in bonis uxoris)。因此，在告示的“关于财产匀付”标题下，B 没有义务“匀付嫁资”(conferre dotem)。另一方面，B 在她的父亲死亡时对嫁资享有一种期待，因为如果后来婚姻因离婚或丈夫死亡而解散的话，她可以要回这笔嫁资(上文边码 218)。出于这些原因，裁判官在“关于嫁资匀付”标题下宣布，脱离父权的女儿有义务向自家继承人提供“关于匀付嫁资的担保”(cautio de conferenda dote)。她必须允诺“将根据一个正直的人的判断向我匀付嫁资”(me dotem meam boni viri arbitratu collaturam)，这是指，如果她后来实际获得了嫁资，那么她必须把她的一部分嫁资(当前的这个案例中是 1/2)交付给自家继承人。如果这个女儿仍处于家父的支配权下，则该告示不适用。考虑如下案例。被继承人有一个儿子 A 和

女儿B；两者都在他的支配权下。B在她的父亲活着的时候结婚（自由婚姻），而且她的丈夫收到一笔嫁资。A和B都是自家继承人和“lieberi”（子女），每个人都可主张1/2的“子女的遗产占有”。B没有义务“匀付嫁资”，并且这是有很好的理由的，因为在这种情形下B的遗产占有不会损害A根据市民法享有的权利。然而，根据安敦尼·庇护的一项批复，B根据市民法有义务“匀付嫁资”：负责遗产分割的审判员（遗产分割审判，上文边码86）会为B设定向A提供“关于匀付嫁资的担保”的义务。这项皇帝的“嫁资匀付”的“理由”和裁判官的“嫁资匀付”不一样。当然，在这种情况下，B“在父亲活着的时候”也取得一项期待，就像在第一种情形下一样，但皇帝的“嫁资匀付”的目的不是要使自家继承人免受因B的遗产占有而造成的损失。告示在安敦尼·庇护的批复之后也没有增加内容，也没有提出这样的要求。如果在当前这种情形中，B要求遗产占有，那么裁判官不要求“担保”便会提供。但是如果此时B要求作为遗产占有人分割遗产，即通过“拟制的遗产分割之诉”（actio familiae erciscundae ficticia）要求分割，那么审判员就会为她设定提供“关于匀付嫁资的担保”的义务。

一个孩子必须交出他或她“在生者之间”（inter vivos）从其父亲那里获得的东西的观念仍完全不属于古典法。如果两个儿子（A和B）的父亲，让B脱离父权并把特定的财产转让给他，那么和A一起主张“子女的遗产占有”的B必须从这项财产（在其父亲死亡时仍存在）中交出一部分，就像他在脱离父权之后获得的财产一样；但如果A和B都脱离了父权，那么后者就没有义务“匀付赠与”（conferre donationem）。这是非常正确的。如果父亲把这份赠与视 411. 赠与匀付为 B 将来的遗产份额的提前支付，他应当通过遗嘱进行充分的安排。相应地，女儿在古典法下从不负有义务把她的“转移嫁资”（dos profecticia，上文边码 211）匀付给她的脱离父权的兄弟。

412. 后古典的匀付　在后古典时期，古典的匀付丧失了其合理基础，因为处于权力下的孩子的财产无能力状况消失了；但我们不能在这里描述后古典的历史。

413. 第一顺位的恩主　关于“子女的遗产占有”就说这么多。如果被继承人是一个解放自由人，那么恩主有时可以和其“liberi”（子女）一起要求遗产占有，也就是说，在“liberi”（子女）是“非自然的子女”（liberi non naturales）（养子和处于夫权下的妻子）的情况下。在这种情况下，恩主可以要求“非自然的子女”的一半的遗产占有份额。

假设一个解放自由人有一个儿子 A 和一个养子 B，恩主可以要求 1/4 的遗产占有，A 可以要求 1/2，B 可以要求 1/4。

第二顺位

414. 法定继承人的遗产占有　如果不存在“liberi”（子女），或者如果“liberi”（子女）不主张遗产占有，那么裁判官会把遗产占有赋予法定继承人，即赋予根据《十二表法》的规则是继承人的人（“法定继承人的遗产占有”，参见上文边码 384 以下）。在《特土良元老院决议》和《奥尔菲提安元老院决议》下是继承人的人（上文边码 400、401）不是法定继承人（上文边码 402），但裁判官也会为他们提供“法定继承人的遗产占有”（bonorum possessio unde legitimi），也就是说“通过告示中召唤法定继承人获取遗产占有的部分”（ex ea parte edicti unde legitimi ad

bonorum possessionem vocantur）提供。

第三顺位

第三顺位包括被继承人的“cognati”，即血亲；他的宗亲如果不是血亲（上文边码 390），则“处于血亲的地位”（cognatorum loco）。“血亲的遗产占有”（bonorum possessio unde cognati）被赋予“最近的血亲”（proximus cognatus）直到第六亲等；只有在血亲的父母和被继承人是兄弟姐妹的孙子女时才到第七亲等。 415. 血亲的遗产占有

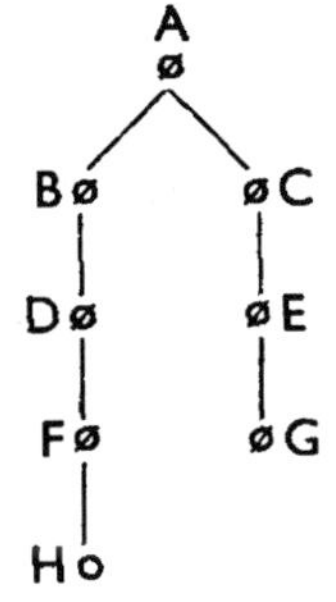

如果 G 是被继承人，H 可以要求“血亲的遗产占有”。H 是第七亲等，但他的父母 F 和被继承人 G 是兄弟（B 和 C）的孙子女。如果被继承人是 E，那么 H 的儿子不能主张遗产占有，尽管他也是第七亲等。

限制遗产占有的赋予当然是合理的，但裁判官太过自由了（他受到《秦奇亚法》〔*lex Cincia*〕和《富利亚遗嘱法》〔*lex Furia testamentaria*〕的限制）；他应当止步于第四亲等，然而，罗马人的自由主义不愿让遗产归国家所有。根据哈德良的一封书信，“血亲的遗产占有”被赋予一个士兵的非法的孩子（上文边码 278）。

第四和第五顺位

416. 恩主家庭的遗产占有；“恩主的恩主”的遗产占有”　第四顺位是恩主和他的家庭（familia patroni），如果他们因为遭受了人格减等（上文边码 123）而不属于法定继承人的话。第五顺位是“恩主的恩主”（patronus patroni）。

第六顺位

417. 夫妻的遗产占有　在这个顺位中，遗产占有被赋予被继承人的丈夫或妻子（“夫妻的遗产占有”〔bonorum possessio unde vir et uxor〕）。

第七顺位

最后一个顺位是恩主的血亲（cognati）。

342

一般规则

418. 恩主的血亲的遗产占有

419. 已受孕视为已出生　关于第一顺位的裁判官继承人，裁判官适用“已受孕视为已出生”原则（上文边码 124、386）。因此，这些人在被继承人死亡时“已经受孕”就足够了。在后古典法下，这个原则也适用于其他顺位。

420. 时间限制　被赋予“无遗嘱遗产占有”的人，必须在特定的时间内提出申请，通常是“从知道并可以提出申请之日起 100 天内”；被继承人的父母和子女则是 1 年。这个时间限制是明确规定在告示当中的（Lenel, *Edict.* § 165）。

421. 顺位继承　如果某一顺位的成员没有利用提供给他们的遗产占有，那么遗产占有将被提供给下一个顺位的成员，只要他们不属于之前的任何一个顺位（所谓的“顺位继承”）。规定这项规则的告示条款被称为“关于继承人的告示”(edictum successorium)(Lenel, *Edict.* § 165)。

假设被继承人只有一个孩子A处于他的支配权下。“子女的遗产占有”是提供给他的，但是他“在1年内”没有提出主张。那么此时遗产占有会被提供给法定继承人。A作为自家继承人也是法定继承人：遗产占有要第二次提供给他吗？如果A又不主张，那么遗产占有将会提供给血亲；A是最近的血亲：遗产占有要第三次提供给他吗？主流观点对这些问题的回答是肯定的，但对它们必须要做出否定的回答。这样一种重复提供遗产占有的做法缺乏正当理由，并且明显与告示的表述有冲突。裁判官在“关于继承人的告示”中明确宣布：

> “根据告示可以被赋予遗产占有的人当中，如果有某个人不希望遗产被赋予他或者在知道并且能够提出申请之后100天内没有申请，那么我将把遗产占有赋予之前没有被提供过(注意！)的其他人(注意！)。”
>
> [Quibus ex edicto bonorum possessio dari potest, si quis eorum aut dari sibi noluerit aut intra dies centum quibus scierit potueritque non admiserit, tunc ceteris (N. B.) bonorum possessionem perinde dabo ac si prior ex eo numero non fuerit (N. B.)]。

流行但不正确的观点要归因于*D.* (38. 9) 1. 11，它显然是伪造的。

在第三顺位中还存在一种按照亲等顺序进行的继承(“亲等继 422. 亲等继承

承”）；如果最近的血亲不主张遗产占有，那么就会把遗产占有提供给下一个亲等的血亲。

423. 可胜诉的遗产占有和不可胜诉的遗产占有

最后，必须特别强调的是，根据告示赋予的“无遗嘱遗产占有”通常是“不可胜诉的遗产占有”（上文边码378），也就是说不能对抗继承人。只有“子女的遗产占有”是“可胜诉的”（cum re），可以对抗法定继承人（上文边码420）。

假设被继承人有两个儿子A和B，前者是自家继承人，后者是“脱离父权的人”（emancipatus）。B可以获得1/2的遗产占有，针对A是“可胜诉的”。假设被继承人只有一个脱离父权的儿子，他获得了“子女的遗产占有”；这个遗产占有针对最近的宗亲也是“可胜诉的”。另一方面，假设只有一个自家继承人，他没有申请“子女的遗产占有”。在一年期限届满后（上文边码420），最近的宗亲主张并获得法定继承人的遗产占有。那么这项遗产占有是“不可胜诉的”（sine re），因为自家继承人可以通过“请求遗产之诉”（hereditatis petitio）主张遗产。

让我们来考察下面的情形：“liberi”（子女）不存在，最近的宗亲通过“接受遗产”（aditio），根据市民法取得遗产（上文边码376），但没有申请法定继承人的遗产占有。在100天之后（上文边码420）最近的血亲可以主张并获得“血亲的遗产占有”，但是是“不可胜诉的”，因为最近的宗亲可以根据市民法通过“请求遗产之诉”主张遗产。

原始文献

ss. 405—407. Read Gai. 3. 26; *Epit. Ulp.* 28. 8; *D.* (38. 6) 5. 1.

s. 409. Read *Coll.* 16. 7. 2 (cf. Gai. 3. 20 and above, s. 242); *Paul. Sent.* (5. 9) 4; *D.* (37. 6) 1. 24; (37. 6) 2. 5; (37. 6) 3. 2 [1. 24 and 3. 2 are non-classical texts but substantially classical].

s. 410. Read *D.* (37. 7) 1 pr. (a post-classical paraphrase).

s. 411. Read *C.* (6.20) 4 [*dotem in medium*]; si <*bonorum possessionem*>; [*succedant*]; [*seu adventiciam*]; [*a patre ... constitutam*]; [*his etenim ... placuit*].

s. 413. Gai. 3. 40, 41.

s. 414. Read *Epit.Ulp.* 28. 7; *D.* (38. 7) 2. 4 [*legitimum*]; [*legitimam*]; read the *agnitio bonorum possessionis* in a papyrus of A.D. 249, *Z* xxxii (1911), 278; *FIRA* iii, no. 61.

s. 415. *Epit. Ulp.* 28. 7 and 9; *D.* (38. 8) 1. 3. For the *lex Cincia* see *Fr.Vat.* 298; for the *lex Furia Fr. Vat.* 301. *Epistula Hadriani*: Mitteis, *Chrest.* no. 373; *FIRA* i, no 78, with Berger, *Journal of Juristic Papyrology*, i (1945), 28.

ss. 416—418. Read *Epit. Ulp.* 28. 7.

ss. 420—421. Read *D.* (38. 9) 1. 10, 11 with Beseler, *Beiträge,* iv (1920), 158; v (1931), 66.

s. 422. See Gai. 3. 28: *successio graduum* in class II?

s. 423. Read Gai. 3. 37.

参考文献

ss. 404 ff. Lenel, *Edict.* (1927), 155 ff.; La Pira, *La successione ereditaria intestata* (1930), 227 ff.

s. 408. Cosentini 'Breve nota sull' origine dell' edictum de coniungendis cum emancipato liberis eius' (disputing Julian's authorship), *St. Solazzi* (1948), 219 ff. with references.

s. 409. Windscheid, *Pand.* iii (1906), § 609, with references; Guarino, *Collatio bonorum* (1937); 'Sul modo di attuazione della *collatio emancipati', SD* iv (1938), 521 ff.; 'Über den Begriff der Kollation', *Z* lix (1939)' 509 ff.; Beseler, Scritti Ferrini, iii (1948), 303 f. is not acceptable.

s. 410. Lenel, Edict. § 145; Guarino, 'Collatio dotis', Bull. viii-ix (1947), 259, hardly acceptable.

s. 411. Pringsheim, 'Die *Collatio dotis* an die *emancipati', SD* iv (1938), 533; Guarino, *Z* lix (1939), 533.

s. 412. Windscheid, l.c. §§ 609 ff.; Guarino, ll. cc. *passim.*

s. 414. On the *heredes ex senatusconsulto Tertulliano and Orfitiano* see above, s. 402, and Beseler, *Bemerkungen zu Z* 1927 (1927), 4 f. On the text of the Edict see Lenel, *Edict.* § 157; Solazzi, *Studi Besta,* i (1939), 210.

s. 419. Albertario, 'Conceptus pro iam nato habetur', *Bull.* xxxiii (1923), 14 f., modified in *Scritti,* i (1933), 18f.

s. 420—421. Beseler, *Beiträge,* iv (1920), 158; v (1931), 66.

s. 423. C. Arnò, 'La bonorum possessio sine re', *Memoria della R. Accademia di scienze, lettere ed arti in Modena,* Serie Ⅲ, vol. xii (sezione scienze), Estratto, pp. 18 ff.

五、无人继承的遗产

如果一份遗产既没有被根据市民法主张，也没有被根据荣誉法主张，那么在奥古斯都的《关于不同等级之间结婚的尤利亚法》下，这笔遗产作为“无人继承的遗产”（bona vacantia）归“罗马人民的金库”（上文边码 148）。后来，显然在提比略治下（Tacitus, *Ann*. 2. 48）这种财产就已经归“财库”（上文边码 152）。“金库”和“财库”都不被视为继承人，但他们的地位类似于继承人。有时候，无人继承的遗产因为特权而归自治市所有。 424. 无人继承的遗产

原始文献

Read Gai. 2. 150; *Epit. Ulp*. 28. 7 in fine; Pliny *Epist. ad Traianum,* 84; *Edictum Claudii de civitate Volubilitanorum,* Chatelain, *Inscr. Lat. de Maroc,* i (1942), no. 116 = *FIRA* i, p. 416.

参考文献

Vangerow, *Pand.* ii (1876), § 564; Biondi in *Acta divi Augusti,* i (1945), 195, with references; Fitzler-Seeck, *PW* x. 354 n. 2; Weiss, *PW* xii. 2363; *Z* liii (1933), 256; Beseler, *Z* xlv (1925), 548; O. Hirschfeld, *Die Kaiserlichen Verwaltungsbeamten* (1905), 116; *FIRA* i. 471 (concerning the *Forma Idiologi,* § 4).

六、后古典的无遗嘱继承

425. 后古典的无遗嘱继承　在后古典时期，古典的无遗嘱继承受到了相当大的修改，尤其是，市民法和荣誉法越来越相互同化和融合；但在东部帝国，两种法仍然继续存在，至少在原则上存在。关于公元533年优士丁尼法的概要，在优士丁尼的《法学阶梯》(3.1—9)中有提供。然而，公元533年的这些法律被优士丁尼在《新律》(*Novella* 118)(公元543年、公元548年的 *Novella* 127也有一些补充)中进行了剧烈的改革。这项后古典的发展需要特别的描述，这不在本书的范围内。

参考文献

Windscheid, *Pand.* iii (1906), §§ 569 ff.; La Pira, *La successione ereditaria* (1930), 296 ff.; Archi, *L'Epitome Gai* (1937), 317 ff.; Bossowski, 'Die Novelle 118 Justinians und deren Vorgeschichte', *Festschrift P. Koschaker,* ii (1939), 277 ff.

第三章　遗嘱继承

一、导论

在古典法下，"遗嘱"（testamentum）是一项法律行为，在其中，某人被指定为继承人，除了"继承人的指定"（institutio heredis）之外，遗嘱可能还包含其他内容（遗赠、排除继承权、指定监护人、解放奴隶），但这些内容仅被视为继承人指定的补充和附加。对于一项有效遗嘱的存在而言，只有继承人指定才是实质性的："继承人的指定被认为是整个遗嘱的开端和基础"（caput et fundamentum intellegitur totius testamenti heredis institutio）（Gai. 2. 229）。如果没有指定继承人，则不存在有效的遗嘱，而且如果被指定的继承人都不接受遗产，那么整个遗嘱（不仅仅是继承人的指定）都会变为无效。另一方面，如果遗嘱当中的一项遗赠无效，这不会影响到继承人的指定。一项遗嘱可以只包含继承人的指定，但不能只包含遗赠。如果一个人希望对某人进行一项死因赠与而不改变无遗嘱继承，他可以通过死因赠与或在"遗嘱附书"（codicilli，下文边码543、549、574）当中这么做，但这样的行为不构成遗嘱。 426. 遗嘱的古典概念

这个简单的遗嘱概念在共和国早期就存在了；实际上，几乎不 427. 共和国的概念

可信的是：在《十二表法》下，遗嘱只能包含遗赠。无论如何，我们对于这样的遗嘱的存在没有任何可靠的证据，并且在这里也不需要讨论这个问题。

428. 遗嘱的词源学

通常，词源学告诉我们的东西很少。“testamentum”（遗嘱）源自“testari”（证实）和“testis”（证人），但它并不意味着“一项由证人证明的法律行为”。就像“ornamentum”（装饰）意指某个用来“ornat”（装饰）的东西，“documentum”（文件）是指“docet”（表明）某事的东西，“monumentum”（纪念碑）是指 monet（纪念）某事的东西，“testamentum”（遗嘱）是指证实、表明、证明、宣告某事的东西（一项口头宣告或一份文件）。“testator”（立遗嘱人）是指进行宣告的人，而不是证人。

我们在原始文献中遇到的遗嘱的定义是不能令人满意的；罗马法学家的力量不在于他们的定义。

350

429. 遗嘱的罗马定义

在遗嘱的定义上，我们只需要把遗嘱当做继承的一个基础来对待，也就是说在有关“继承人的指定”的问题上考虑遗嘱的定义。

430. 第三章的范围

因此，我们接下来将描述遗嘱的不同形式、遗嘱的撤销、继承人指定的类型。指定继承人的遗产取得必须和无遗嘱继承人的遗产取得一起讨论。遗嘱的其他可能的内容尤其是遗赠，也需要单独描述（下文边码 539 以下）。

原始文献

s. 429. Read Gellius, 7. 12. 1 (Servius Sulpicius); *Epit. Ulp.* 20. 1; *D.* (28. 1) 1.

参考文献

ss. 426 ff. Windscheid, *Pand.* iii (1906), § 538 ff.; Kübler, *PW* va. 985 ff.; Biondi, *Successione testamentaria (Trattato di diritto romano,* ed. E. Albertario, vol. x, 1943).*

s. 426. Biondi, l.c. 17 ff., 179 ff.; Sanfilippo, *Studi sulla hereditas*, i (1937), 142 ff. (Estratto dal vol. xvii degli *Annali Palermo);* Vismara, *St. Besta,* iii (1939), 303 ff.

s. 427. Lenel, 'Zur Geschichte der heredis institutio' in *Essays in Legal History,* ed. P. Vinogradoff (1913); Solazzi, *Diritto ereditario romano,* i (1932), 89 ff.; Bonfante, *Corso,* vi (1930), 64 ff.

s. 429. Biondi, l.c. 19 ff.; Vismara, *St. Besta,* iii (1939), 358 ff.

二、铜块和秤式遗嘱

431. 会前遗嘱和战前遗嘱

上文已经说过(边码 361),《十二表法》已经知道遗嘱了。存在两种形式：会前遗嘱(testamentum calatis comitiis)和战前遗嘱(testamentum in procinctu)。前者像自权人收养那样(上文边码 244),其订立方式是：由大祭司提出动议，然后由库里亚民众会议通过法令。因为由祭司决定是否提出动议，所以他对这种遗嘱的起草有很大的影响力。没有立遗嘱人的同意，祭司不会提出动议；另一方面，立遗嘱人也需要祭司的同意，因为否则的话祭司会拒绝提出动议。因此，在继承人指定上，至少要遵守一些由祭司的“考特拉法学”发展而来的规则。战前遗嘱是一种军人遗嘱，因为“in procinctu”是指“in acie procincta”（在准备就绪的战争部队中）。它在战斗开始前的一项神圣仪式的框架内订立；立遗嘱人对站在其旁边的战友以非要式的口头方式宣布就足够了。这些类型的遗嘱都没有被废除，但在实践中，它们被“铜块和秤式遗嘱”（testamentum per aes et libram）取代了，甚至军人遗嘱也不使用了，因为它和一项古老的仪式紧密联系，这项仪式在公元前二世纪时就被废弃了。在公元前最后一个世纪，士兵们适用通常的“铜块和秤式遗嘱”（Caesar, *Bell. Gall*. 1. 39. 4，尽管文本是被篡改过的）；古典时期的军人遗嘱和战前遗嘱没有直接联系。

432. 铜块和秤式遗嘱的原本特征

《十二表法》并不知道“铜块和秤式遗嘱”。盖尤斯明确地说（Gai. 2. 101）：“起初”（initio），只有我们刚刚描述过的两种遗嘱，“后来出现了”（accessit deinde）“铜块和秤式遗嘱”。“起初”只能是指“在《十二表法》当中”，因为盖尤斯不可能知道任何比该法更早的法律。“铜块和秤式遗嘱”是早期罗马“考特拉法学”的人为创造物，它以如下方式做出：立遗嘱人通过“以一块钱的名义进行的要式买卖”（mancipatio nummo uno）把他的全部财产，包括现在的和将来的，转让给另一个人（“家产购买人”〔familiae emptor〕），这个人因此在立遗嘱人死亡时成为其财产的所有权人。在进行转让时，立遗嘱人就其死亡后财产的分配问题向家产购买人做出指示；这种指示或者在“宣言”（nuncupatio）中以口头方式做出或者在“宣言”当中提到的“遗嘱蜡板”（tabulae testamenti）中做出。

当事人在做出这个要式买卖时所说的套语在盖尤斯的《法学阶梯》（Gai. 2. 104）中保留给了我们。“familia pecuniaque”简单地指

"财产"，"familiae emptor"是指"emptor familiae pecuniaeque"，即整个财产的购买者。参见 Beseler, *Z* liv (1934), 323。

严格来讲，这项要式买卖根本就不是遗嘱，因为它并不意味着继承人的指定。家产购买人不是继承人（Gai. 2. 103 明确地说："取得继承人的地位"〔heredis locum optinebat〕）；家产购买人根据立遗嘱人的指示把某物提供给某个人或某几个人，后者更不是继承人。另一方面，这项要式买卖不是被作为一种"生者之间的"（inter vivos）行为，而是"死因"（mortis causa）行为，因为在立遗嘱人死亡之前不会生效。这是绝不能改变的。立遗嘱人应把他的全部现有的和将来的财产转让给某人，且立即生效，这是不可想象的：如果这样的话，他接下来要完全依赖于家产购买人的善意。实际上，这项要式买卖通过"为了让你可以合法地订立遗嘱"（quo tu iure testamentum facere possis）条款而以立遗嘱人的死亡为条件；在把这个行为描述成一项遗嘱时，非常明确的是，这项要式买卖应在立遗嘱人死亡时生效，而不是在更早的某个时候生效。这个条款进一步意味着，立遗嘱人可以根据自己的判断撤销这项要式买卖。在立遗嘱人死亡时，家产购买人成为遗产的所有权人，但仅作为一个受托人，这是由"我宣布，你的家产和钱财因你的托付由我照管"（familiam pecuniamque tuam endo mandatela tua custodelaque mea esse aio）的表述明确表达出来的；家产购买人必须按立遗嘱人的指示行事，并保护财产，这意味着他无权为自己的利益使用这些财产。

433. 晚期共和国的铜块和秤式遗嘱

这是"要式买卖遗嘱"的原初特征。实际上，这是一种死因让与，家产购买人通过它被任命为受托人，并且必须执行立遗嘱人的指示。这个受托人的法律地位类似于一个执行人。如果共和国法学家保留并进一步发展这个观念，他们可能最终会达到现在的英国继承法的状态。然而，实际上，相反的事情发生了。要式买卖被剥夺了其原初的效果；它不再把财产转让给家产购买人，后者因此也不再是受托人和执行人，而实质上只是个证人。要式买卖退化成了单纯的形式（dicis causa），并且执行人的观念也完全消失，以至于它完全不被古典正统理论所知（下文边码 576）。另一方面，立遗嘱人的“宣言”和“遗嘱蜡板”此时同化于会前遗嘱。“要式买卖遗嘱”此时必须包含继承人的指定，其地位与会前遗嘱中指定的继承人没有任何不同。盖尤斯描述了这项发展（Gai. 2. 103）。不幸的是，没有提供细节和准确的日期。然而，必须牢记的是，原本的“要式买卖遗嘱”不为《十二表法》所知（上文边码 432），而且其晚期的形式也许要归到公元前二世纪，而不是更早的时期，因为否则的话盖尤斯就应该几乎不知道原本的形式了。

434. 古典的普通遗嘱

在共和国最后一个世纪，“要式买卖遗嘱”是唯一的罗马遗嘱，在古典时期是唯一的普通遗嘱（关于非常的军人遗嘱，参见下文边码 435）。在非法学家的眼里，它仅仅是立遗嘱人在七个证人面前（在每项要式买卖中都要求五名证人，一个司秤和一个家产购买人）做出的一项宣告：他的遗嘱被刻在一块或多块蜡板中。有时候（但非必须）他会把遗嘱的内容念给他们听。对于像西塞罗这样的非法学家来讲，这项行为就是这样的。然而，法学家在认识到这项要式买卖此时仅仅是一场古老的戏剧时（Gai. 2. 103：“形式上模仿古老的法律”〔dicis causa propter veteris iuris imitationem〕），仍然恭敬地保留传统的形式：司秤必须出现，家产购买人必须宣布古老的套语，就好像他们仍然像以往一样是立遗嘱人的受托人。简而言之，整个仪式必须被一丝不苟地执行，如果其任何重要的部分被忽略，遗嘱就会被坚定地判为“在市民法上”无效。至少会被在罗马的正统法学家判为无效。然而，可能有疑问的是，这种“死因要式买卖”（mancipatio mortis causa）——尤其是在行省并在公元 212 年的《安东尼谕令》颁布之后（上文边码 136）——是否实际上还被执行。在这点上，我们的文献没有提供可靠的证据：它们可能会记录一项行为已经进行，但实际上根本没有进行。戈尔迪安（Gordian）公元 242 年的法令（*C.* 6. 11. 2）似乎暗示着，根据市民法，遗嘱可以通过在七名证人面前口头宣布的方式订立。我们拥有一些“要式买卖遗嘱”，部分是拉丁文、部分是希腊文翻译的，尤其重要的是，五块保存得特别好的蜡板，上面写着骑兵安东尼乌斯·斯尔瓦努斯（Antonius Silvanus）在公元 142 年订立的遗嘱。

原始文献

s. 431. Read Gai. 2. 101; for the ritual to which *test. in procinctu* belonged see *Schol. Veron. ad Vergil. Aen.* 10. 241 in *Servii grammatici quae feruntur in Verg. carm. commentaria,* ed. Thilo-Hagen, iii. 2 (1902), 446; Bruns, *Fontes,* ii (1909), 77 f.; cf. Plutarch, *Coriol.* 9.

s. 432. Read Gai. 2. 102, 104.

s. 433. Read Gai. 2. 103.

s. 434. Read *C.* (6. 11) 2 [*bonorum possessionem*] *<hereditatem> deferri.*

参考文献

s. 431. Kübler, *PW* va. 985 f.; *FIRA* i. 37, with references; Biondi, *Successione testamentaria* (1943), 35 ff.; Kaser, *Altröm. Jus* (1949), 148.

s. 432. Weiss, *Z* xlii (1921), 102 ff.; Beseler, *Z* xliii (1922), 535; Solazzi, *Diritto ereditario, i* (1932), 89 ff.; *Glossae a Gaio,* ii (1933), 404; Kübler, l.c. 987, 996 ff.; Biondi, l.c. 39 ff.; Kaser, 149.*

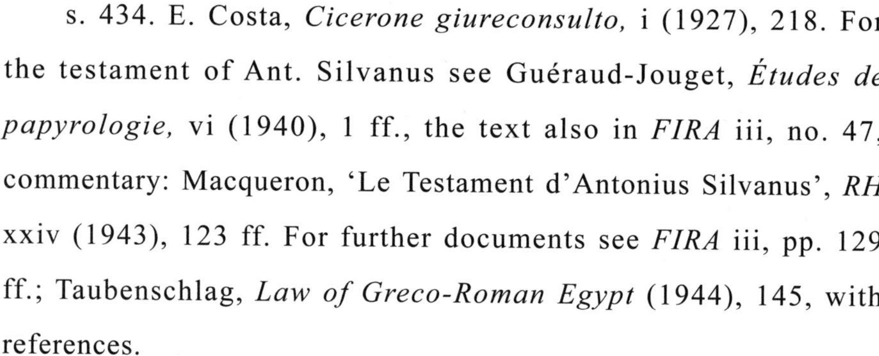

s. 434. E. Costa, *Cicerone giureconsulto,* i (1927), 218. For the testament of Ant. Silvanus see Guéraud-Jouget, *Études de papyrologie,* vi (1940), 1 ff., the text also in *FIRA* iii, no. 47, commentary: Macqueron, 'Le Testament d'Antonius Silvanus', *RH* xxiv (1943), 123 ff. For further documents see *FIRA* iii, pp. 129 ff.; Taubenschlag, *Law of Greco-Roman Egypt* (1944), 145, with references.

三、古典的军人遗嘱

435. 军人遗嘱　士兵当然可以订立普通的"铜块和秤式遗嘱"，我们刚刚提到的斯尔瓦努斯的遗嘱就是这样的遗嘱。但从尤利乌斯·恺撒开始，士兵们就经常被皇帝授予订立遗嘱的特权，因为古老的战前遗嘱很久以前就已经消失了（上文边码 431）。我们只拥有图拉真的一项谕令的文本（或者其中的一部分），根据这项谕令，士兵在订立遗嘱时不需要遵守任何形式。这是一项危险的自由，因为有时候很难区分一项真实的遗嘱和临时的陈述。图拉真认识到这个危险，但没有提供一个可操作的区分方法。无论如何，当“光荣退役”（missio honesta）之后一年期限过后以及在“非光荣退役”（missio inhonesta）之后，军人遗嘱就会失效。

原始文献

Read *D.* (29. 1) 1 pr.; *P. Fay.* x, to be used not in the ed. princeps (1900) but in Ferrini, *Scritti,* i (1929), 454.; Gai. 2. 109, 114 *in fine*; *D.* (29. 1) 24.

参考文献

Arangio-Ruiz, *Bull.* xviii (1906), 157 ff.; Calderini, *Atene e Roma* xviii (1915), 259 ff.; Kübler, *PW* va. 1ooo; Biondi, *Successione testamentaria* (1943), 73 ff. with references; Levy, *Z* lii (1932), 526; Guarino, ‘Sull’ origine del testamento dei militari’, *Rend. Lomb.* lxxii (1938—1939). On Gai. 2. 109 see Beseler, *Z* lvii (1937), 44; Sokzzi, *Glosse a Gaio,* ii (1933), 413 ff. On Gnom. Idiol. see *FIRA* i. 475, with references.

四、所谓的裁判官遗嘱

裁判官在其告示（Lenel, *Edict.* §§ 149, 155）当中承诺，将根据遗嘱提供遗产占有（“根据遗嘱提供的遗产占有”〔bonorum possessio 436. 裁判官遗嘱

secundum testamentum〕,上文边码 378),即提供给“要式买卖遗嘱”或军人遗嘱中指定的继承人，关于后者，裁判官只是简单地提到皇帝谕令(关于这点，告示的文本没有保存下来)。关于“要式买卖遗嘱”，裁判官宣布，如果“由不少于七名证人封印的遗嘱蜡板”被提交到他面前，他就会向遗嘱指定的继承人提供遗产占有。告示的术语非常重要，因为裁判官要求的七名“证人”是要式买卖中要求的五名证人加上司秤和家产购买人。通过把司秤和家产购买人描述成证人，裁判官清楚地揭示，他不再关注古老的仪式，并且即使要式买卖根本没有发生，他也会提供遗产占有。因此，我们可以说这是一种裁判官遗嘱(praetorian will)，要求一份包含继承人指定并由七名证人封印的文件。这种遗嘱在西塞罗时期已经存在；但在没有有效的要式买卖发生时，所提供的遗产占有是一种“不可胜诉的遗产占有”(上文边码 378)，因此，面对可以根据市民法通过“请求遗产之诉”(hereditatis petitio)主张遗产的继承人时不受保护。最终，安敦尼·庇护为遗产占有人提供了一项“欺诈抗辩”(exceptio doli),这样把“不可胜诉的遗产占有”变成了“可胜诉的遗产占有”。在整个古典时期，这种遗产占有都只根据遗嘱蜡板提供。因此，如果一份遗嘱是在七名证人面前口头做出的，那么继承人不能申请遗产占有；戈尔迪安(Gordian)的包含相反内容的法令(*C*. 6. 11. 2)显然是被篡改过的。

原始文献

Read Gai. 2. 119, 120, 149*a*; *Epit. Ulp*. 28. 6; *C*. (6. 11) 2 [*bonorum possessionem*] <*hereditatem*> *deferri*.

参考文献

Lenel, *Edict.* (1927), § 149; Kübler, *PW* va. 989; Biondi, *Successione testamentaria* (1943), 49 ff.*

五、公证遗嘱的缺乏；后古典的形式

436a. 不存在公证遗嘱

古典法并不知道所谓的“公证遗嘱”（public will），即在一个官方机构面前订立的遗嘱。尽管遗嘱法已经非常复杂，以至于非法学家不大可能完全掌握，但法学家坚持这个自由主义的观点：非法学家应当在法学家的帮助下订立遗嘱。如果他忽略这项帮助，那么他将自担风险。实际上，在法学家的帮助下订立遗嘱是一项根深蒂固的罗马习惯。赛尔维迪乌斯·斯凯沃拉（Cervidius Scaevola）（*D.* 31. 88. 17）在报告一个案件时带有不加掩饰的快乐。在这个案件中，一名立遗嘱人断然声称在订立一份遗嘱时，“没有求助于法学家，更愿意遵从自己的理性，而不是过分且烦人的严谨”（sine iuris consulto, rationem animi mei potius secutus quam nimiam et miseram diligentiam），这份遗嘱最终被证明是无效的。

437. 后古典的形式

在后古典时期，“要式买卖遗嘱”最终被抛弃，市民法和裁判官法融合在一起。在优士丁尼法下，普通的私人遗嘱必须以口头形式或书面形式在七名证人面前公布。然而，“根据遗嘱蜡板提供的遗产占有”（bonorum possessio secundum tabulas）被保留，但此时即使是没有遗嘱蜡板，仅仅在七名证人面前口头宣布也可以获得这种遗产占有。除了军人遗嘱之外，其他类型的非常遗嘱也得到发展，此外，还有公证遗嘱（“委托给元首的遗嘱”〔testamentum principi oblatum〕和“在当局面前订立的遗嘱”〔testamentum apud acta conditum〕）。后古典的发展不能在这里描述。

原始文献

s. 437. Read *C.* (6. 11) 2 [*bonorum possessionem*] <*hereditatem*> *deferri.*

参考文献

s. 437. David, *Z* lii (1932), 314 ff.; Kübler, *PW* va. 990, 1002; Kunkel, § 202; Biondi, *Successione testamentaria* (1943), 52 ff.

六、遗嘱的撤销

438. 遗嘱的撤销　如前所述（上文边码 362），罗马人的遗嘱可以由立遗嘱人随时撤销，但是由两个部分组成的遗嘱法（市民法和裁判官法）使得这个问题有点复杂。

1. 一份有效的要式买卖遗嘱只能被另一份有效的“要式买卖遗嘱”撤销（下文边码 446）。如果立遗嘱人故意毁坏遗嘱蜡板，那么根据市民法，遗嘱仍然是有效的。“铜块和秤式遗嘱”在法律上是口头遗嘱，遗嘱蜡板纯粹是证据性的，仅服务于简化口头“宣言”（也就是说，“宣言”只需要说明遗嘱的内容在这份文件中即可）。但在这种情况下，“无遗嘱遗产占有”（上文边码 404 以下）可能由无遗嘱继承人获得，这种遗产占有在安敦尼·庇护的批复颁布之后（上文边码 436）变成了“可胜诉的”，并因此面对“遗嘱中指定的继承人”受保护。

2. 如果一项有效的要式买卖遗嘱被一项裁判官遗嘱撤销，那么前者根据市民法仍然是有效的，但裁判官遗嘱中指定的继承人可以主张“根据最优的遗嘱蜡板提供的遗产占有”（bonorum possessio secundum tabulas supremas）（也就是说，根据这项裁判官遗嘱）。这种遗产占有从安敦尼·庇护时期开始是“可胜诉的”遗产占有，即面对第一份遗嘱指定的继承人时是受保护的。

3. 裁判官遗嘱当然可以因为立遗嘱人故意毁坏遗嘱蜡板而被撤销，因为遗产占有只能根据遗嘱蜡板提供给遗嘱中指定的继承人。但是如果遗嘱蜡板被立遗嘱人不小心毁灭或被另一个人毁灭或在事故中丢失，同样的效果也不可避免地会发生。如果没有遗嘱蜡板，“根据遗嘱蜡板提供的遗产占有”是不可能的。这是逻辑的简单要求，有相反内容的本文不可能是古典的。

我们将不细述关于遗嘱撤销的后古典理论。

原始文献

s. 438. 1. Read Gai. 2. 151, 151*a*.

s. 438. 3. Read *D.* (37. 11) 1. 10 and 11. The texts are heavily interpolated and the original wording cannot be recovered; substantially, Ulpian declined *bonorum possessio*; cf. Beseler, *Z* xlv (1925), 477 (reconstruction hardly acceptable).

参考文献

Biondi, *Successione testamentaria* (1943), 591 ff.*

七、继承人指定规则的一般特征

439. 这些规则的起源　立遗嘱人在指定继承人时必须遵守一些规则，这些规则非常具有罗马法的一般特征和罗马继承法的特别特征。它们不是由制定法确立的，而是由共和国时期的“考特拉法学”创造的，在相当大的程度上是由祭司创造的。在订立一份会前遗嘱时，祭司必须提交一份遗嘱的草案。这当然实质上是由立遗嘱人起草的，但必须经过祭司的批准。出于这个原因，祭司可以要求遵守特定的规则。这些
362 规则被适用于要式买卖遗嘱，并由后来的“考特拉法学”补充。这样发展出了一套古典法学家不敢抛弃的规则。

440. 对这些规则的批判　现代学者对这些规则的评价是：严格、古老、不公平，并且有些部分不可理解，但这些批评是没有道理的。我们可以从中察觉到真正的罗马人对简单、清晰和自由的喜好。对整个遗嘱而言至关重要的“继承人指定”（上文边码 426）应尽可能明白无误地被表达出来。赋予立遗嘱人完全的自由并要求审判员去查清立遗嘱人的真实意图（经常隐藏在模糊的表述当中），肯定会导致争议和昂贵的诉讼。这些罗马规则的创造者们希望通过间接的手段强制立遗嘱人在法学家的帮助下订立遗嘱。这些规则仅仅对无视它们并因此订立无效遗嘱的人而言是严苛的，对于得到法学家建议的立遗嘱人而言则是有益的，因为它们强制他去适用简单、典型并且毫不含糊的

术语。从这个视角来考虑这些规则，我们只能佩服那些塑造它们的人的智慧和政治感。

订立军人遗嘱的士兵不需要遵守这些规则，因为人们不能期待他们向法学家咨询。当然，图拉真的法令（上文边码 435）首先希望的是让士兵们免除要式买卖仪式，但士兵们也同样可以免受其他规则的约束。古典法学家在这方面走得多远，现在很难说，因为可用的原始文献不是很可靠。但无论如何，非常清楚的是，有些规则，甚至士兵在订立军人遗嘱时也是要遵守的。在下面的讨论中，我们将只注明士兵在订立军人遗嘱时毫无疑问可以豁免的那些规则。 441. 军人遗嘱

我们现在将要考察这些规则的细节。

参考文献

s. 439. Schulz, *History of Roman Legal Science* (1946), 19.

s. 441. Kübler, *PW* va, 1001; Levy, *Z* lii (1932), 526, with references; Biondi, l.c. 74 ff.

八、继承人指定所用的套语

继承人的指定必须用拉丁语进行并应包括“heres”（继承人）这个词。这个词的翻译是不允许的，因为它们会导致对立遗嘱人是否真的想要指定继承人产生疑问。因此，“提提乌斯应拥有我的全部财产”是一种不适当的说法，因为继承人必须也继承立遗嘱人的债务（上文边码 571）。法学家们的观念是，立遗嘱人应当遵从法学家们在他们的著作中提供的良好示例，并遵守“词语的特点” 442. 共和国时期的法

(proprietas verborum)，即用毫不含糊的技术性术语来指称一个东西。

443. 古典法和后古典法　在这些限制之内，古典法学家就允许的变化进行了争论，但传统的表达方式“Titius heres mihi esto”（提提乌斯应为我的继承人）仍然是常用的措辞。在《安东尼谕令》之后（上文边码 136），这个形式上的要求没有办法继续维持下去了。亚历山大·塞维鲁允许用希腊语指定继承人，这个规则可能一般性地适用，也可能仅适用于帝国的某个部分。君士坦丁完全取消了形式主义，并宣布任何表达都是可以的。

原始文献

s. 442. Read Gai. 2. 117, 281; *Epit. Ulp*. 21; 25. 9; Gnom. Idiol. § 8 (*FIRA* i. 471); *D*. (28. 5) 1. 3; 1, 5—7, interpolated see *Index Interp*.

s. 443. For Alexander's constitution read the text given by Mitteis, *RP* i (1908), 282 n. 60, or *Studien zur Palaeographie u. Papyruskunde,* ed. C. Wessely, xx (1921), no. 35. Constantine's constitution: *C*. (6. 23) 15.

参考文献

ss. 442, 443. Kreller, *Erbrechtliche Untersuchungen* (1919), 331; Uxkull-Gyllenband, *EGU* v. 2, p. 29 f.; *FIRA iii,* no. 51, with references; Maschi, ‘La solennità della heredis institutio’, *Aegyptus,* xvii (1937), 197 ff., 226 ff.; Sanfilippo, *Studi sulla hereditas,* i (1937), 142 ff.; Biondi, *Successione testamentaria* (1943), 58, 215 ff. On Hadrian' s privilege *(graece testari)* granted to the *schola Epicurea* at Athens see Schulz, *History* (1946), 121.

九、继承人指定在遗嘱文本中的位置

444. 继承人指定在遗嘱的开头

古典的遗嘱必须以“继承人指定”开头。遗嘱当中的其他内容都被视为仅仅是继承人指定的补充和修改，它们的效力取决于继承人指定。可以说，继承人指定是遗嘱的基石，所以一份遗嘱的订立必须先从埋下这块石头开始。这是共和国时期的设计者们非常原始的论证，他们的习惯用法最终变成一项法律规则。这项法律规则在古典时期仍被遵守。继承人指定之后的内容显然也包括在遗嘱中，因此毫无疑问属于遗嘱的一部分。继承人指定之前的内容显然不是遗嘱的一部分，并且出于这个原因是无效的。如果立遗嘱人希望指定他自己的奴隶为继承人，他当然可以以解放他为开头，“我的奴隶斯蒂库斯应是自由的并应为我的继承人”（servus meus Stichus liber et heres mihi esto）；但这不是这项规则的例外，因为解放是继承人指定不可或缺的一部分。通过遗嘱进行的其他类型的解放（即不把奴隶指定为继承人）不能放在继承人指定之前。拉贝奥和普罗库鲁斯（Proculus）主张，监护人的指定（上文边码 285）可以写在继承人指定之前，“因为监护人的指定不会使得任何东西被从遗产中拿走”（quod nihil ex hereditate erogatur tutoris datione）（Gai. 2. 231），但是他们的观点显然被大多数法学家拒绝。据说图拉真允许在遗嘱开头写“继承权的排除”（exheredatio，下文边码

464)，但我们唯一拥有的文本可能是伪造的。

当然，君士坦丁抛弃了老规则(上文边码 443)；后古典时期对法律体系结构毫无品位。

原始文献

Read Gai. 2. 229—231; *Inst. Iust.* (2. 20) 34; Gai. 2. 186; *D.* (28. 5) 9. 14; (28. 5) 1 pr. interpolated.

参考文献

Biondi, *Successione testamentaria* (1943), 188 ff.; Maschi, *Aegyptus,* xvii (1937), 223 ff.; G. Vismara, 'Appunti intorno alla heredis institutio', *St. Besta,* iii (1939), 301 ff.*

十、遗嘱的完整性

在继承人指定问题上，遗嘱必须完整。这项原则导致了如下重要规则：

(一)遗嘱附书不能替代遗嘱

445. 遗嘱附书不是继承人指定的正确地方

继承人指定的正确位置是在遗嘱本身之中，而不是在遗嘱附书(下文边码 543)当中。即使立遗嘱人在遗嘱中提到具体的遗嘱附书，该遗嘱附书中的继承人指定也是无效的。在古典法下，在遗嘱中进行的古怪的指定是无效的，例如，"我在遗嘱附书中指定谁为继承人，谁就是继承人"(quem heredem codicillis fecero, heres esto)(所谓的"秘密遗嘱"〔testamentum mysticum〕)。

（二）不存在多份遗嘱

1. 一份在市民法上有效的遗嘱会被随后的一份同样在市民法上有效的遗嘱“毁坏”（rumpitur）。这是很好的规则，如果两份都有效，并且前一份只在与后一份有冲突的范围内被废除，那么审判员就要去确定前一份与后一份可相容的范围。这有时是一件困难的事情（我知道有一个案件，一位立遗嘱人订立了超过二十份额外的遗嘱），对此，立遗嘱人无论如何都能比审判员完成得更快、更好。认为这项规则很古老并要求将其抛弃的现代法学家，没有认识到其背后的法政策。 446. 任何人都不能留下两份遗嘱

假设立遗嘱人在他的第一份遗嘱中宣布：

“提提乌斯应为继承人并应向普布利乌斯间接遗赠 100；塞尤斯应为继承人并应向森普罗尼乌斯间接遗赠 20”（Titius heres et dare damnas esto centum Publio ; Seius heres et dare damnas esto viginti Sempronio）。

在随后的一份遗嘱中，立遗嘱人又宣布：

“科尔内利乌斯应为继承人并应向我的姐姐阿提娅间接遗赠 30”（Cornelius heres et dare damans esto triginta sorori meae Attiae）。

第二份遗嘱的意思是什么呢？提提乌斯和塞尤斯被科尔内利乌斯替代了吗？还是说，科尔内利乌斯作为提提乌斯和塞尤斯的共同继承人？在古典法下，这些尴尬的问题根本不会发生；因为只有第二份遗嘱是有效的，科尔内利乌斯成为唯一的继承人。如果立遗嘱人希望做不一样的安排，那么他应该稍微麻烦一下重新写第一份遗嘱。这是罗马人的“纪律”（disciplina）所教导的东西。

2. 如果在一份在市民法上有效的遗嘱后面，又有一份裁判官法遗嘱，那么第一份遗嘱不会被“破坏”；裁判官仅仅“根据最优的遗嘱赋予遗产占有”（bonorum possessio secundum supremas tabulas）（就像告示当中明确所说的那样）。这种遗产占有从安敦尼·庇护的那个批复开始是“可胜诉的”（上文边码 436）。

3. 如果一份裁判官遗嘱后面又有一份有效的“要式买卖遗嘱”，那么前者不会被“破坏”，但裁判官只会把遗产占有赋予“要式买卖遗嘱”当中指定的继承人（“根据最优的遗嘱”〔secundum supremas tabulas〕）。

4. 如果在一份裁判官遗嘱后面又有一份裁判官遗嘱，那么前者不会被“破坏”，但裁判官仅仅“根据最优的遗嘱”提供遗产占有。

5. 即使后面的遗嘱是有效订立的但最终没有生效，这些规则也适用，尤其是，如果第二份遗嘱指定的继承人拒绝接受遗产的情况下。在这种情况下裁判官不会把遗产占有赋予第一份遗嘱指定的继承人，因为他只“根据最优的遗嘱”提供遗产占有。

这些规则不适用于军人遗嘱。

当然，不可能在同一时间订立两份遗嘱。一个立遗嘱人可以把他的遗嘱写在两块或更多的遗嘱蜡板上，但它们仅构成一份遗嘱，由同一项“宣言”将它们包括在一份要式买卖遗嘱中。

447. 份额的校正；任何人都不能一部分遗产用遗嘱安排一部分遗产留给无遗嘱继承

（三）继承人被指定继承的遗产份额的总额必须是整个遗产

如果立遗嘱人指定各继承人分别继承一定的份额，那么这些份额要穷尽整个遗产。如果这些份额的总和不是整个遗产，那么他们将会被通过法律解释的方式进行校正（增加或减少）。尤其必须指出的是，如果总额少于整个遗产，那么剩余的部分不会由无遗嘱继承人继承，而是由遗嘱指定的继承人继承。最后，这项规则在后古典时期被塑造成了法律格言的形式："任何人都不能一部分遗产用遗嘱安排一部分遗产留给无遗嘱继承"（nemo pro〔ex〕parte testatus, pro〔ex〕parte intestatus decedere potest）。古典法学家不使用这个格言；在古典法下，这不是非常准确，因为"违反遗嘱的继承"（下文边码 483）有时会导致无遗嘱继承和遗嘱继承的结合。西塞罗《论发现》（Cicero, *De inventione*, 2. 21. 63）：

> "遗产中可能包含这样的理念：一笔财产可能会因为不同的原因而没有继承人，此时绝不会发生，同一笔财产的一部分根据遗嘱归继承人所有，另一部分根据法律归继承人所有。"
>
> （Supponatur enim ab heredibus haec ratio: Unius pecuniae plures dissimilibus de causis heredes esse non possunt, nec umquam factum est, ut eiusdem pecuniae alius testamento alius lege heres esset.）

这显然不是从法律书籍中找来的法律规则，而是一方当事人在诉讼中提出的虚设的主张。

在优士丁尼的格言汇编中（*D*. 50. 17. 7）我们可以读到如下文本：

> "在市民生活中，我们的法律不允许同一个人在死亡时既适用遗嘱继承又适用无遗嘱继承：订立遗嘱和未订立遗嘱在自然上是相互对反的。"

(Ius nostrum non patitur eundem in paganis et testato et intestato decessisse, earumque rerum naturaliter inter se pugna est ‘testatus’ et ‘intestatus’.)

这个文本的巴洛克风格和修辞学形式揭示了它的后古典来源（使用了“in paganis”来表示“非军人的”；用“decessisse”替代“decedere”；使用了“naturaliter”，尽管这项规则远远不是自然的；使用了“pugna”），参见 *Index interp.*; David, *Studien zur heredis institutio ex re certa* (1930); 34. *Inst. Iust.* (2. 14) 5，可能源自这个文本：

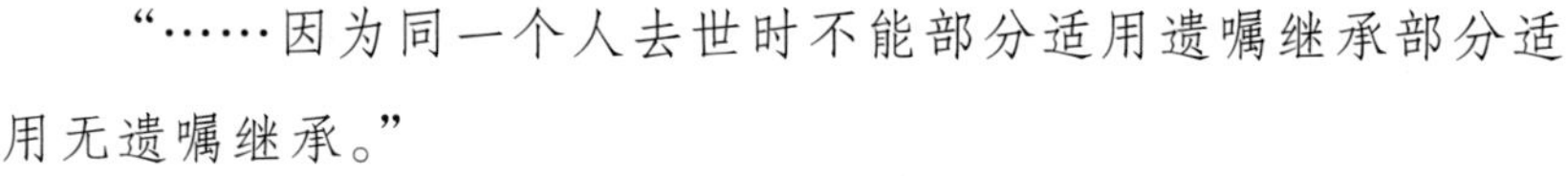
“……因为同一个人去世时不能部分适用遗嘱继承部分适用无遗嘱继承。”

(...neque enim idem ex parte testatus et ex parte intestatus decedere potest.)

“士兵去世时可部分适用遗嘱继承部分适用无遗嘱继承”(miles pro parte testatus pro parte intestatus decedere potest)，这项规则也同样是伪造的：*D.* (29. 1), 6，参见 Beseler, *Studi Riccobono*, i. 297; *D.* (29. 1) 19 pr. [hoc est... decedere]; *D.* (49. 17) 19. 2，参见 Beseler, l. c. 299。“Miles pro parte testari potest”（士兵可以就一部分遗产立遗嘱）*D.* (29. 1) 37 或者“miles ex parte heredem instituere potest”（士兵可以就一部分遗产指定继承人）*D.* (29. 1) 19 pr., 是非常正确的。

古典法只知道一项关于继承人指定的规则：(一个或多个)继承人的指定必须彻底地处理继承的事宜。一个人一旦订立了会前遗嘱或者铜块和秤式遗嘱，他就应该彻底地做完这项工作。他不能说，提提乌斯应作为我的一半遗产的继承人，并对另一半遗产保持沉默(他这么做的意图是将其留给无遗嘱继承人)。让无遗嘱继承介入就会引起不必要的麻烦，因为关系必须被证明。如果立遗嘱人希望无遗嘱继承人继承他的一半遗产，那么为什么他不能适当地将他们指定为继承人呢？正是出于这个原因，法学家们通过增加被指定的继承人的份额来完全排除无遗嘱继承人。这样，在对遗嘱进行法律解释时，提提乌斯被视为“整体的继承人”(heres ex asse)。当然，这个结果与立遗嘱人的意图不一致，但法学家们故意忽略它，以便可以迫使他避免做出这样的指定。法学家的这项规则一旦确立，这个极端的案件便几乎不会发生了，因为任何一个职业的遗嘱书写员(更不用说法学家了)都会知道这项规则，并会阻止立遗嘱人做出这样的安排。仍然会发生的情形是，因为疏忽而导致份额没有穷尽整个遗产，但在这种情况下，法学家们的解释并不与立遗嘱人的意图相冲突。

让我们来考虑以下情形：

1. 立遗嘱人有三个儿子处于其支配权下。在没有提到他们的情况下，他指定他的四个朋友为继承人，其中 A1/3，B1/4，C1/5，D1/5。由于疏忽他没有认识到这些份额的总额是 59/60，而不是整个遗产。把剩余的 1/60 的份额赋予无遗嘱继承人不是正当的吗？答案是，根据共和国时期和古典时期的法律，这份遗嘱是无效的，因为立遗嘱人(就像我们后面将要看到的那样，参见下文边码 460)

必须明确剥夺其自家继承人的继承权。因此，在这个情形当中，整个遗产都由无遗嘱继承人（即自家继承人）继承。

2. 假设第一个案例中，立遗嘱人剥夺了其自家继承人的继承权，并指定ABCD四人为继承人。那么剩余的1/60的份额会怎么样呢？应当由"无遗嘱继承人"继承吗？但如果这样的话会意味着它由立遗嘱人明确排除继承权的自家继承人来继承。法学家们的做法是增加"被指定的继承人"的份额比例，这样A获得20/59，B获得15/59，C获得12/59，D获得12/59。这个解释很可能跟立遗嘱人的意图相一致。

3. 假设立遗嘱人没有孩子，并且像上面那样将其朋友指定为继承人。法学家们再次增加他们的份额。这样相比于把1/60的遗产给最近的宗亲（可能是远亲）继承更加接近立遗嘱人的意图。

这样，这项著名的规则"任何人都不能一部分遗产用遗嘱安排一部分遗产留给无遗嘱继承"得到了完全的解释，并且——在共和国法和古典法下——是完全合理的。这项规则曾被指责为明显不公平并令人疑惑；出现了大量关于它的著作；史前法也被用来解释它；所有这些都是因为忽视了共和国法学家的基本态度。这些法学家不仅仅是制定法的辩证解释者，更是政治人物，他们觉得自己有发展法律的使命。他们希望教育立遗嘱人订立清晰完整的遗嘱，以便避免麻烦和成本。出于这个原因，法学家们没有在极端的案例面前退缩。如果立遗嘱人指定A为1/2份额的继承人，但对另外1/2闭口不提，那么根据这些法学家的解释，A为全部遗产的继承人。这种情形可能很少发生，法学家们并不是要去为极端和例外的情形设计法律。即使它发生了，也会产生一种威慑的效果，这是这些法学家希望看到的。

士兵们订立军人遗嘱时不需要遵守这项规则。

原始文献

s. 445. Read Gai. 2. 273. Interpolated: *D.* (28. 5) 78; (28. 7) 10 pr.

s. 446. Read Gai. 2. 144; *Inst. Iust.* (2. 17) 2.

s. 447. Read *D.* (28. 5) 13. 1—4; (28. 5) 79. 1; *Inst. Iust.* (2. 14) 5 and 7.

参考文献

s. 445. Windscheid, *Pand.* iii (1906), § 546 n. 10; Beseler, *Z* xliii (1922), 437; *Beiträge* v (1931), 47; Biondi, *Successione testamentaria* (1943), 620; Vismara, *St. Besta,* iii (1939), 343 ff.

s. 446. Windscheid, l.c. § 565; Sanfilippo, *Studi sulla hereditas* i (1937), 73 ff.; Biondi, l.c. 33.

s. 447. Windscheid, l.c. §§ 537, 552; Lenel, 'Zur Geschichte der heredis institutio' in *Essays in Legal History,* ed. P. Vinogradoff (1913), 127 f.; Bonfante, *Scritti,* i (1916), 140; *Corso,* vi (1930), 81 ; Rabel, *Z* l (1930), 306, 308; Solazzi, *Diritto ereditario romano* i (1932), 212 ff.; Sanfilippo, l.c. 187 ff.; Sciascia, 'Miles pro parte testatus pro parte intestatus decedere potest', *Seminar,* v (1947), 31 ff.*

十一、特定物的继承人指定

448. 特定物的继承人　如果立遗嘱人按如下方式指定一个继承人："提提乌斯应为我的科尔内利安的土地的继承人"（Titius mihi heres esto ex fundo meo Corneliano），那么这样的指定尽管本身不荒谬，但对继承的处理是不完整的，因为立遗嘱人对他的其他财产以及其债务的承担问题没有发表意见。如果立遗嘱人按如下方式指定提提乌斯和塞尤斯为继承人："提提乌斯应为我的土地财产的继承人，塞尤斯应为我的其他财产的继承人"，那么这样指定同样没有完整地处理继承问题，因为没有提到立遗嘱人的债务。在后一种情况下，遗嘱可以通过解释来补充；不动产的价值作为一方面，动产的价值作为另一方面是可以确定的。两项财产的价值的比例可以视为提提乌斯和塞尤斯承担立遗嘱人的债务的比例。但这样的解释将会涉及技术上的困难：要制作一份财产清单，并要确定两个部分财产的价值。共和国的法学家在这种情况下，就像在其他情况下一样，不准备去处理不必要的麻烦。立遗嘱人只要尽一点点注意就可以省掉这些麻烦。立遗嘱人——这是他们的观念——应当考虑清楚并按份额指定继承人，这样就可以使整个法律形势简单清晰。"继承人指定"和遗赠是根本上不同的条款——前者，不像后者，不是一种赠与（上文边码373）——它们不应被混淆。如果在第二种情形下，立遗嘱人希望把不动产留给提提乌斯，那么他应当通过遗赠留给他（"给继承人的遗赠"，下文边码555）。正是出于这些原因，在共和国法下不允许对"特定物"（ex re certa）指定继承人。如果立遗嘱人做

出了这样的安排，整个遗嘱可能会被早期共和国法学家视为完全无效，但到西塞罗时期，这种“继承人指定”由于“尽量维护遗嘱有效的倾向”（favore testamenti）而被保留，只有涉及特定物的那个部分被视为无效。这项规则显然也具有教育特征，因为法学家们当然认识到，他们的解释并没有贯彻立遗嘱人的意图。共和国的这项规则在整个古典时期都得到维持，古典法学家只关心其贯彻并在细节上完善它。

古典法可以通过以下示例得到说明。

1. 立遗嘱人指定一名继承人：“提提乌斯应为我的科尔内利安土地的继承人”（Titius mihi heres esto ex fundo Corneliano）。法学家们认为“科尔内利安土地的”（ex fundo Corneliano）这几个词就像没有写一样：提提乌斯成为全部遗产的继承人。考虑到“任何人都不能一部分遗产用遗嘱安排一部分遗产留给无遗嘱继承”规则（上文边码 447），任何其他解决方案都是不可能的。

2. “提提乌斯应为我的科尔内利安土地的继承人，塞尤斯应为尤里安土地的继承人”（Titius ex fundo Corneliano mihi heres esto, Seius ex fundo Iuliano）。提提乌斯和塞尤斯被视为继承人，每个人的份额是整个遗产的一半。

3. “提提乌斯应为我的科尔内利安土地的 1/3 份额的继承人，塞尤斯应为该土地 2/3 份额的继承人”（Titius mihi heres esto ex parte tertia fundi Corneliani, Seius ex besse eiusdem fundi）。提提乌斯被认为是整个遗产的 1/3 份额的继承人，塞尤斯则被认为是整个遗产的 2/3 份额的继承人。

4. “阿提乌斯应为我的科尔内利安土地的继承人，提提乌斯两兄弟应为我的尤利亚土地的继承人”（Attius mihi heres esto fundi Corneliani, duo Titii fundi Iuliani heredes mihi sunto）。阿提乌斯被视为被指定为整个遗产的1/2份额的继承人，两个兄弟每人是1/4份额的继承人。

5. “提提乌斯应为我的继承人，但科尔内利安的土地除外”（Titius heres mihi esto exceptio fundo Corneliano）。排除的这个部分被无视，提提乌斯被视为整个遗产的继承人。

449. 军人遗嘱　在军人遗嘱中，限定于特定物的内容同样是无效的，但如果指定了数个继承人，则被作为遗赠来维持。如果一个士兵订立了如下遗嘱：“提提乌斯应为我的军营财产（bona castrensia）的继承人，塞尤斯为其他财产的继承人”，尤里安提出了一个更复杂的解决方案：提提乌斯取得军营财产，塞尤斯取得其他财产；提提乌斯对与军营财产有关的债务负责，塞尤斯对其他财产的债务负责。这个观念看起来是主流的。

376

449a. 后古典法　在后古典时期，古典的理论在细节上遭到修改；尤其是，关于限定于特定物的内容，在有多个继承人时，被解释为“遗产分割审判员”（iudex familiae erciscundae）应当遵守的安排（上文边码86）。在古典著作中，包含这种解释的段落都是经过篡改的。

原始文献

s. 448. Read *D.* (28. 5) 11 (genuine); (28. 5) 9. 13, evidently interpolated [*quasi sine partibus*], [*si modo ... refragatur*]; (28. 5) 75 [*excepto usu fructu*]; [*ea re*] <*exceptione*>; (28. 5) 1. 4 *Si* <*quis*>; [*aliquis solus*]; *Cod. Greg.* (3. 8) 1. 1— preserved to us by the *lex*

Romana Visigothorum of A.D. 506 (N.B.)— [*sane ... potuisset*]; the *interpretatio* knows nothing of these words (N.B.); read text and *interpretatio* in Mommsen, Krüger, Studemund, *Collectio librorum iuris anteiustiniani,* iii (1890), 229 f.

参考文献

ss. 448, 449. M. David, *Studien zur heredis institutio ex re certa im klassischen römischen und justinianischen Recht* (1930); Kunkel, *Z* li (1931), 535 ff.; Beseler, *St. Riccobono,* i (1936), 294 ff.; Sanfilippo, *Studi sulla hereditas,* i (1937), 227 ff.

十二、特定的人

只有“特定的人”（certa persona）可以被指定为继承人，即立遗嘱人在订立遗嘱时对其个体性有或可能有一个清晰的概念的人。因此，如下指定是无效的：“第一个来到我的葬礼的人应为我的继承人”（Qui primus ad funus meum venerit heres mihi esto）。另一方面，按如下方式指定是有效的：“在我现有的血亲当中，第一个来到我的葬礼的人应为我的继承人”（Ex cognatis meis qui nunc sunt, qui primus ad funus meum venerit heres mihi esto）。当然，这些情形主要具有学术上的利益，但由这项规则得出的如下必然结论揭露了其显著的实践性。 450. 特定的人

1. 所谓的法人不能被指定为继承人。如前所述（上文边码146），我们今天所说的法人被古典法学家视为一个可变的合手：法 451. 法人

人权利的所有权人是可变化的成员。在这种情况下，很显然立遗嘱人也许可以知道法人现在的成员，尽管通常成员的数量很大，以至于几乎不可能知道全部成员，例如自治市的情形。但是即使立遗嘱人实际上知道遗嘱订立之时的全部成员，也是不够的，因为指定一个法人为继承人并不意味着指定现在的成员为继承人，而是指定遗产被取得时的成员为继承人。因此，指定一个法人就是指定了不特定的人，因此是无效的。在古典法下有一个例外，即自治市的解放自由人可以指定该自治市为继承人，这是由一项元老院决议（上文边码 159）引入的个案。个别法人也可能因为享有特权而获得被指定为继承人的能力（上文边码 176）。此外，罗马人民和“财库”可以被指定为继承人，但这不在私法的范围之内（上文边码 149）。

452. 后生子

2. 同样重要的是另一个必然结论：一个人只有在被指定时已经 378 存在才能被指定为继承人。“后生子”（postumi）——这个术语在无遗嘱继承中有不同的含义（上文边码 386）——通常不能被指定为继承人。市民法为立遗嘱人的“后生自家继承人”（postumi sui，上文边码 384），裁判官法为立遗嘱人的子女（上文边码 405）设立了例外，但他们在遗嘱被订立时必须“已经受孕”。这些例外是必要的，就像我们后面将要指出的那样（下文边码 462），但其细节太过复杂，所以在这里不能描述；现有的文本遭到了严重的篡改。

453. 这项要求的实践目的

“特定的人”的要求不是共和国法学家为了理论而引入的，而是为了实践引入的。这些法学家不希望法人成为继承人，积累财富，并因此发展成国家当中强有力的危险组织。罗马人传统上对法人的畏惧（上文边码 167）确实有点夸张，但现代法有时也仅赋予法人有限的取得遗产的能力。此外，法学家们希望控制“替代继承”

(substitutiones)；我们将马上回到这个问题。

后古典法完全抛弃了这项古典规则。"后生子"此时可以被随意指定为继承人，只要他们在被指定时"已经受孕"。法人只能根据特权被指定为继承人。 454. 后古典法

原始文献

s. 4.50. Read Gai. 2. 238; *Epit. Ulp.* 22. 4.

s. 451. Read *Epit. Ulp.* 22. 5.

s. 452. Read Gai. 2. 242; 1. 147.

s. 454. Read *Inst. Iust.* (2. 20) 25—28; *C.* (6. 48) 1.

参考文献

ss. 450 ff. Windscheid, *Pand.* iii (1906), §§ 547 n. 2; 535. 2; Biondi, *Successione testamentaria* (1943), 113 ff.

s. 451. Biondi, l.c. 121 ff.

s. 452. Siber, *Röm. Privatrecht* (1928), 344; Albertario, 'Conceptus pro iam nato habetur', in *Scritti,* i (1933), 14 f., 18. 50 (in this revised edition of his paper, originally *Bull.* xxxiii, 1923, 1 ff., Albertario has accepted Siber's view); La Pira, *La successione ereditaria intestata e contro il testamento* (1930), 67 ff.; Robbe, *I postumi nella successione testamentaria romana* (1937); Biondi, l.c. 114 ff.*

十三、替代继承

(一)通常替代继承

455. 通常替代继承

立遗嘱人可以在附带未决条件的情况下指定某个人为继承人,例如:“提提娅应为继承人,如果她和森普罗尼乌斯结婚的话”(Titia heres esto si Sempronio nupserit)。附条件指定的一个特别类型是“通常替代继承”(substitutio vulgaris)。立遗嘱人指定 A 为第一顺位的继承人,并附条件指定 B 为第二顺位的继承人,所附条件是:A 因以下两种原因没有成为继承人:(1)因为他不能成为继承人(例如,因为他在立遗嘱人之前死亡);(2)因为他不希望成为继承人并因此拒绝遗产。对 B 的指定叫作“通常替代继承”,因为这样的指定在任何情况下都是允许的。与之相对的是“未适婚人替代继承”(substitutio pupillaris),对此我们马上要进行描述(下文边码 459)。“通常替代继承”的古典套语通常如下:

> “鲁齐乌斯·提提乌斯应为继承人,并且应在知道并且能够做出决定的 100 天之内决定继承。如果没有在这个时间内决定继承,他就不再是继承人。那么麦维乌斯应为继承人,并应在知道并能够做出决定的 100 天之内决定继承。”
>
> (L. Titius heres esto cernitoque in diebus centum proximis quibus scierit potueritque. Quod ni ita creverit, exheres esto. Tum Maevius heres esto cernitoque in diebus centum quibus scierit potueritque.)

“决定继承”（cernere hereditatem）是指通过一项正式的宣告来接受遗产（下文边码 497）。如果提提乌斯没有及时做出“继承决定”（cretio），那么他会被“如果没有在这个时间内决定继承，他就不再是继承人”（quod ni〔= si non；参见 Stolz-Schmalz, *Lat. Grammatik*, 1928, § 342〕ita creverit, exheres esto）这句话排除继承，同时麦维乌斯的替代继承生效。

假设立遗嘱人删除了“如果没有……不再是继承人”（quod ni...exheres esto）这句话，而提提乌斯没有做出“继承决定”，但通过非要式的“接受遗产行为”接受了遗产（下文边码 496）。对用语的非常狭义的解释使得古典法学家达成如下结论：(1) 提提乌斯已经成为继承人；(2) 替代继承生效，因为条件（“如果没有决定继承”）已成就；(3) 因此，提提乌斯和麦维斯都成为继承人，每人一半的份额（Gai. 2. 177）。只有到皇帝马可·奥勒留才把全部遗产赋予提提乌斯（*Epit. Ulp*. 22. 34）。

因为在没有继承人接受遗产时整个遗嘱便没有效力（上文边码 426），这种替代继承经常在罗马人的遗嘱当中出现。还可以为替代继承人指定替代继承人，依此类推。（A 应为我的继承人，如果 A 没有成为我的继承人，那么 B 应为我的继承人……如此下去）。

（二）“一旦是继承人，永远是继承人”

456.“一旦是继承人，永远是继承人”

立遗嘱人指定继承人不能附带解除条件，也不能指定一定时间内的继承人；当代研究者因此形成了这样的格言（我们的法源中没有，不过可以参考 *D*. 28. 5. 89）：“一旦是继承人，永远是继承人”（semel heres, semper heres）。如果一个立遗嘱人宣布：“提提乌斯应为我的唯一的继承人，但仅限于 10 年”，那么这与“任何人都不能一部分遗产用遗嘱安排一部分遗产留给无遗嘱继承”规则相冲突（上文边码 446）。但“一旦是继承人，永远是继承人”规则的明确目的在于阻止以下替代继承：即指定一名继承人在第一顺位的继承人成为继承人一段时间之后替代他。

在古典法下，如下替代继承是不允许的：

1.“我的妻子应为我唯一的继承人，在她去世后，我的孩子应为我的继承人”。

2.“我的妻子应为我唯一的继承人，我的孩子在达到 25 岁时应为我的继承人”。

当法兰西的自由主义者热情地与“替代继承的烦扰”做斗争时（上文边码 363），他们心里想的正是这种替代继承。共和国法学家的智慧保护共和国法和古典法不受这样的烦扰。将在遥远的将来生效的替代继承已经被“特定的人”的要求所排除，但即使替代继承人是特定的人，这种替代继承也是不允许的：共和国的自由主义希望为继承人保留完全的处置自由，如果这样的替代继承被承认，那么这种自由便不可避免地要让步。

457. 遗产信托式的替代继承

然而，在这方面，罗马自由主义太过彻底。特定的人的“替代继承”不会涉及严重的危险，并且几乎是不能完全避免的。古典法学家认识到这点，但由于太过保守而不能完全抛弃旧的规则，他们创立了“遗产的遗产信托”（fideicommissum hereditatis，下文边码 561）这种混合制度。此时，立遗嘱人可以指定 A 为继承人，并在其身上增加一项遗产信托，让其在特定或不特定的时间（例如，十年后，在 A 死亡后，在 B 成年后，等等）把财产交给 B。严格来讲，B 不是继承人，而只是遗产信托的接受者，但是他的法律地位类似于继承人(下文边码 568)。但即使这个时候,“替代继承的烦扰”也不能得到发展,因为特定的人的要求也适用于遗产信托(Gai. 2. 287)。

“一旦是继承人,永远是继承人”规则不适用于军人遗嘱。

(三)未适婚人的替代继承

未适婚人(上文边码 283)即使经过监护人的同意也不能订立遗嘱。因此,如果他在成为适婚人之前死亡,那么不可避免地会发生无遗嘱继承,如果罗马人对无遗嘱继承的厌恶(上文边码 361)没有导致一种权宜之计——“未适婚人的替代继承”产生的话。它在西塞罗时期便广为人知。根据家父支配权,父亲可以为其未适婚的儿子指定继承人,这种指定以儿子在成为适婚人之前死亡为条件。 458. 未适婚人的替代继承

起初,这样的替代继承是把“未适婚人的替代继承”和“通常替代继承”(上文边码 455)结合在一起的。因此,共和国“考特拉法学”(因为这种替代继承不是由制定法引入的)起草的最早格式如下:

> “我的儿子提提乌斯应为我的继承人。如果我的儿子不成为我的继承人,或者他成为我的继承人但在其开始自我监护之前去世,那么塞尤斯应为继承人。”
>
> (Titius filius meus mihi heres esto. Si filius meus mihi heres non erit sive heres mihi erit et is prius moriatur quam in suam tutelam venerit, tunc Seius heres esto.)

这个格式包含不同的条款:(1)未适婚人无条件地被指定为其

父亲的继承人；(2)塞尤斯被指定为父亲的继承人，但所附条件是，儿子因为先于立遗嘱人死亡而没有成为继承人；(3)同一个塞尤斯被指定为未适婚人的继承人，所附条件是儿子成为父亲的继承人，但在成为适婚人之前死亡。

在进一步发展的过程中，“未适婚人的替代继承”独立了。立遗嘱人可以省略“通常替代继承”，并最终甚至可以通过明确剥夺其继承权的方式省掉“未适婚人指定”。此时，未适婚人的替代继承以如下纯粹的方式出现：

> “我的儿子提提乌斯被排除继承权。如果我的儿子在开始自我监护之前去世，那么塞尤斯应为继承人”。
>
> (Titius filius meus exheres esto. Si filius meus prius moriatur quam in suam tutelam venerit, tunc Seius heres esto.)

未适婚人的替代继承此时通常被写在一块特别的遗嘱蜡板上(“secundae tabulae”〔第二块遗嘱蜡板〕，当然不能被理解为“第二份遗嘱”，参见上文边码446)；立遗嘱人在他的“第一块遗嘱蜡板”(primae tabulae)中宣布，“第二块遗嘱蜡板”在他的儿子活着时以及成为适婚人之前不要打开，立遗嘱人担心替代继承人在知道替代继承时会危害未适婚人的生命。

关于“未适婚人的替代继承”的具有一惯性的古典理论，在盖尤斯的《法学阶梯》(Gai. 2. 179 ff.)中有清晰的讲解。替代继承人是未适婚人的继承人而不是别人的继承人；他并非同时是儿子和父亲的继承人。很明显，在父亲剥夺未适婚人的继承权时，替代继承人仅仅是未适婚人的继承人。但是，如果父亲指定他的儿子为继承人并指定了一位未适婚人的替代继承人，那么后者仍然仅仅是未适婚人的继承人，而不是父亲的继承人。当然，在后一种情况下，只要父亲的遗产仍存在于未适婚人的遗产中，替代继承人就能取得父亲的遗产，但这并不使得其成为父亲的继承人。作为未适婚人的继承人，替代继承人自然获得未适婚人死亡时所拥有的全部财产，包括他在他的父亲死亡后取得的财产。这是古典的理论，非常有可能也是共和国法学家们的理论。实际上，我们并不拥有任何文本表明共和国的理论和盖尤斯的《法学阶梯》提供的理论有不同。

1. 在共和国和古典时期，未适婚人的替代继承人有时是按以下表述指定的："如果我的儿子在成为适婚人之前死亡，那么塞尤斯应为我的继承人"（Si filius meus intra pubertatem decesserit, tunc Seius mihi heres esto）。"mihi"（我，与格）在这里并不表明替代继承人原本被视为父亲的继承人。"未适婚人的替代继承"的原本形式是把"通常替代继承"和"未适婚人的替代继承"结合在一起（上文边码 458），因此"mihi"是合理的。在未适婚人替代继承的纯粹形式中，"mihi"尽管无害，但肯定是不准确的，就像古典法学家明确表达的那样。出于这个原因盖尤斯正确地删掉了"mihi"。

2. 这种替代继承人被称为"第二继承人"，就像"通常替代继承"那样。这个用法也不表明未适婚人的替代继承人被视为父亲的继承人。"第二继承人"是指"在第二的位置被指定的继承人"（heres secundo loco institutus），因为一份遗嘱不能以替代继承开头。出于同样的理由，未适婚人的替代继承人被称为"substitutus"，即"sub-institutus"或"secundo loco institutus"（在第二的位置被指定的人）。

3. 父亲可以在未适婚人的替代继承人身上附加遗赠。尽管规则是立遗嘱人只能让自己的继承人负担遗赠。当然，这是这项规则的一个例外，但是整个“未适婚人替代继承”是立遗嘱人“只能为自己的财产指定继承人”规则的例外。这项关于遗赠的例外是因为“未适婚人的替代继承”和“通常替代继承”原先的混合而被提出的（上文边码 458）。重要的是，如果父亲剥夺了他的儿子的继承权并因此使得“通常替代继承”变得不可能，那么他就不能把遗赠强加在未适婚人的替代继承人身上。

原始文献

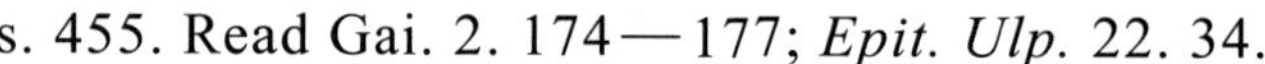

s. 455. Read Gai. 2. 174—177; *Epit. Ulp*. 22. 34.

s. 456. Read Gai. 2. 184; 2. 287; *D*. (28. 5) 34.

s. 458. Read Gai. 2. 179—182; *D*. (37. 11) 8. 1.

参考文献

s. 455. Windscheid, *Pand*. iii (1906), § 557; Biondi, *Successione testamentaria* (1943), 245.*

s. 456. Windscheid, l.c. §§ 554. 4; 561; Biondi, l.c. 48; Guarino, *St. Solazzi* (1948), 45.

s. 458. Windscheid, l.c. § 558; Costa, *Bull*. vi (1893), 245 ff; La Pira, *St. Bonfante,* iii (1930), 273 ff.; H. J. Wolf, *St. Riccobono,* iii (1936), 437 ff.; Vážný, *Bull*. xlvi (1939), 67 ff.; xlvii (1940), 31 ff.; Biondi, l.c. 252.*

后古典法学家搞混了这个简单的古典理论，尤其是，在这个古典理论当中引入了如下观念：如果未适婚人成为其父亲的继承人，那么替代继承人也是父亲的继承人。受到严重篡改的文本不能在这里进行分析，优士丁尼的“未适婚人的准替代继承”（substitutio quasi pupillaris）不在本书的范围内。

第四章　违反遗嘱的继承

一、导论

459. 古典救济方式的考查

古典的违反遗嘱继承法有点复杂，因为有三项不同的制度必须区分开：

1. 自家继承人被忽略时根据市民法进行的继承；

2. 违反遗嘱的遗产占有（bonorum possessio contra tabulas testamenti，上文边码 378）；

3. 不合义务遗嘱之控诉（querella inofficiosi testamenti）。

所有这三种制度都表明了限制立遗嘱人处分自由的趋势：目标是一致的，达到目标的法律途径是不同的。公元二三世纪的法学家应该已经通过融合三种制度的方式总结了历史发展，但和别的地方一样，他们不愿意去处理法律的统一和简化的问题。即使在优士丁尼的汇编（《法典》《学说汇纂》和《法学阶梯》）当中，也没有认真地尝试过统一，只有优士丁尼的《新律》（*Nov*. 115）（公元 542 年）最终达到了这个目标。

参考文献

Windscheid, *Pand.* iii (1906), §§ 575 ff. with references; F. v. Woess, *Das römische Erbrecht und die Erbanwärter* (1911), 131 ff.; La Pira, *La successione ereditaria intestata e contro il testamento* (1930), 309 ff., 67 ff., 95 ff.

二、自家继承人被忽略时根据市民法进行的继承

460. 对自家继承人的忽略

如果立遗嘱人没有指定其自家继承人（上文边码 384）为继承人或者剥夺其继承权，那么遗嘱要么完全无效，要么被按照有利于被忽略的自家继承人的方式进行修改。

关于进一步的细节，必须区分三类自家继承人。

1. 在订立遗嘱时处于立遗嘱人的支配权下的儿子，必须被指定为继承人或被“以指名的方式”（nominatim）剥夺继承权。“指名的方式”是指“称呼该儿子的名字”：“我的儿子提提乌斯应被剥夺继承权”（Titius filius meus exheres esto）。只有在立遗嘱人只有一个儿子时，才可以说：“我的儿子应被剥夺继承权”（filius meus exheres esto），不用加上儿子的名字。如果处于支配权下的儿子既没有被指定为继承人也没有被正确地剥夺继承权，那么根据市民法整个遗嘱都是无效的，因此按无遗嘱继承进行。

2. 立遗嘱人支配权下的女儿和孙子女可以通过一般条款来剥夺继承权，不需要指名提到：“其他所有的人都应被剥夺继承权”

(ceteri omnes exheredes sunto)。如果他们既没有被指定为继承人也没有被剥夺继承权，那么遗嘱虽然有效，但他们会取得一个遗产份额（“从被指定的继承人那里增加一定的份额”）。如果被指定的继承人是自家继承人，那么这个份额是无遗嘱继承的份额；如果被指定的继承人不是自家继承人，而是“家外人”(extranei)，那么这个份额是遗产的一半。

461. 增加一定的份额的具体情形　盖尤斯(Gai. 2. 124)的论述非常简短而不是很清晰，但其含义可能如下：

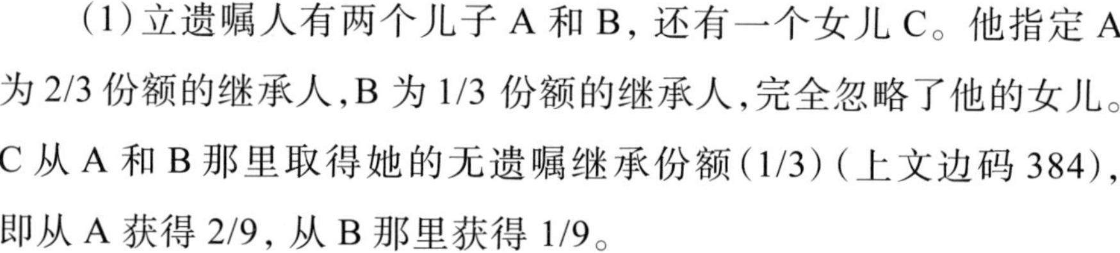

(1)立遗嘱人有两个儿子A和B，还有一个女儿C。他指定A为2/3份额的继承人,B为1/3份额的继承人,完全忽略了他的女儿。C从A和B那里取得她的无遗嘱继承份额(1/3)（上文边码384），即从A获得2/9，从B那里获得1/9。

(2)立遗嘱人只有一个女儿在其支配权下。他把他的朋友F指定为全部财产的继承人，而忽略了他的女儿。女儿从F获得1/2的遗产份额，即少于她的无遗嘱继承份额（即100%）。

(3)立遗嘱人有一个儿子A和一个女儿B，两个人都在他的支配权下。他指定A和他的朋友F为继承人，每人的份额是一半，而忽略其女儿。她从A处获得一半无遗嘱继承份额，即1/4，并从F处获得他的份额的一半，即1/4。这样她总共获得她的全部无遗嘱继承份额（即整个遗产的一半）。

(4)立遗嘱人有两个儿子A和B，还有一个女儿C。他指定A为1/4份额的继承人，B为1/4份额的继承人，他的朋友F为1/2份额的继承人，而C被忽略。C从A和B处获得她的无遗嘱继承份额(1/3)，即从A获得1/12，从B获得1/12。从F那里，她获得他的份额的一半，即 1/4。这样，C 获得整个遗产的 5/12。这比他的无遗嘱继承份额（1/3=4/12）多。

（5）立遗嘱人有一个儿子 A 和两个孙子 C 和 D。C 和 D 是他已故的儿子 B 的儿子。他指定 A 和 C 为继承人，每人 1/2 的份额，D 被忽略。D 从 C 处获得他的无遗嘱继承份额 1/4（C 的份额的一半）。

在这些“增加一定的份额”的情形下，实质上存在遗嘱继承和无遗嘱继承的混合，这样构成了“任何人都不能一部分遗产用遗嘱安排一部分遗产留给无遗嘱继承”（上文边码 447）这句格言的一个例外，但是法学家们显然把这种“增加的自家继承人”（sui adcrescentes）视为“准遗嘱继承人”（quasi scripti heredes）；无论如何，他们有义务支付遗赠（*C.* 28. 4. 1）。

462. 后生自家继承人

3. 第三种由立遗嘱人的“后生自家继承人”（postumi sui）构成，即在遗嘱订立时“已经受孕”并随后出生的自家继承人（上文边码 452）。如果立遗嘱人没有指定其为继承人或剥夺其继承权，那么不管“后生子”是男性还是女性，遗嘱都无效（“遗嘱因后生子的出生而被破坏”〔adgnatione postumi rumpitur testamentum〕）。我们不需要讨论复杂的细节。

463. 这些规则的历史

这些奇怪并复杂的规则需要一个简短的解释。不幸的是我们对其起源一无所知，因为即使是优士丁尼的话 [*C.* (6. 28). 4. 2] 也几乎不能暗示着，原先“在其他人当中一起剥夺继承权”（exheredatio inter ceteros）就足以剥夺儿子的继承权，就像女儿和孙子女那样。在整体上，这些规则看起来很古老，尽管它们肯定不能回溯到《十二表法》。我们必须首先问我们自己，为什么如此强调父亲对其自家继承人的指定或对其继承权的剥夺。为什么他不能选择“默默地忽略他们”这种更为温和的方式呢？

464. 巴托鲁斯的理论

首先，自巴托鲁斯（Bartolus）以来被不断重复的解释要被完全抛弃。这种解释认为，原先自家继承人和其父亲一起是家庭财产的共同所有权人。出于这个原因，父亲有义务通过一项特别的行为剥夺他们的所有权，也就是说，以明示或者默示的方式剥夺他们的继承权。明示的方式是在遗嘱当中明确地“剥夺继承权”（exheredatio）；默示的方式是把他们指定为继承人，但继承的份额设定得比他们的无遗嘱继承份额小。实际上，在这些规则被制定时，家庭财产的观念早就消失了。如果“剥夺继承权”意味着是剥夺所有权，那么它的正确位置应该是在遗嘱开头的地方，以便可以为继承人的指定扫清道路；然而，实际上，“剥夺继承权”必须被放在“继承人指定”的后面。此外，就像我们将要说明的那样（下文边
392 码 468），对于那些绝对不会是家庭财产的共同所有权人的“liberi”（子女），裁判官也要求明确指定他们为继承人或排除其继承权。因此，求助于史前法的做法再次被证明是无效的。

465. 指定或剥夺的尊重

另一个广为接受的理论也应当被最终抛弃。这个理论说，父亲有义务要么指定自家继承人为继承人，要么剥夺他们的继承权，这是他尊重他们的一个象征（“指定或剥夺的尊重”〔honos institutionis vel exheredationis〕），忽略他们就是当他们根本不存在一样，是对他们的冒犯。这是一个奇怪的想法，因为实际上这种个别注意对于自家继承人而言没有任何利益。相反，任何一个儿子都宁愿被默默地忽略，也不愿遭受“被指名剥夺继承权”（exheredatio nominatim facta）的侮辱。因此，这个解释也应当被拒绝。

466. 真正的解释

实际上，共和国和古典法学家从未有这样的观念：父亲有义

务指定自家继承人为继承人或剥夺其继承权。“自家继承人应被指定为继承人或者被排除继承权”（sui heredes instituendi sunt vel exheredandi）这句格言是《乌尔比安摘录》（*Epitome Ulpiani*, 22. 14）的后古典作者写的，他看到了 Gai. 2. 123，但是盖尤斯这个文本的内容是不一样的。因此，“违反遗嘱的继承”不是因为父亲未履行一项义务而用来惩罚他的。共和国法学家有着非常自然的为自家继承人保留遗产的欲望，但不会冒险去公然责难父亲的遗嘱。出于这个原因，如果他将他们指定为继承人或剥夺其继承权，法学家们便不去干涉；但如果遗嘱没有提到他们，法学家们就敢去帮助他们。如果一个儿子被忽略（这对于古老的法学家而言似乎是最重要的情形），那么他们就会使整个遗嘱无效；在其他情形下，他们满足于做出折中。这样来看，关于对自家继承人的“忽略”（praeteritio）的这些规则就完全可以理解了。它们代表了一个发展过程的一个阶段，这个发展过程最终导致了“不合义务遗嘱之控诉”（querella inofficiosi testamenti）的产生。这两种制度表明了限制立遗嘱人处分自由的同样趋势。

467. 形式的必要继承权和实质的必要继承权

流行的解释没有认识到关于“控诉”（querella）和“忽略”的法律在思想上的关联，而是反过来，将两者作为强烈的对比。

它说，根据“控诉”的规则，立遗嘱人有义务为其最近的亲属提供一个实质性的遗产份额（“实质的必要继承权”〔materielles Noterbrecht〕）；而在“忽略”的规则下，立遗嘱人必须对他们做出纯形式上的表示，即“指定或剥夺的尊重”（honos institutionis vel exheredationis）（“形式的必要继承权”〔formelles Noterbrecht〕）。这样导致立遗嘱人的义务怎么都解释不通。实质和形式的必要继承权的区分是误导性的，应被抛弃。

原始文献

ss. 460, 461. Read Gai. 2. 123, 124, 127, 128; *Epit. Ulp.* 22. 16, 17; Paul. *Sent.* 3. 4*b*. 8.

s. 462. Read Gai. 2. 130.

s. 464. Place of *exheredatio* within the will: Gai. 2. 128. *D.* (28. 5) 1 pr. is interpolated (above, s. 444).

参考文献

ss. 460 ff. Windscheid, l.c. § 576; Karlowa, *Röm. Rechtsgeschichte* ii (1901), 885 ff.; v. Woess, l.c. 131 ff.; Beseler, *Beiträge,* ii (1911), 33 f.; Kübler, *Z* xli (1920), 28 ff.; La Pira, l.c. 67 ff., 95 ff.; Solazzi, *Diritto ereditario rom.* i (1932), 220 ff., 227 ff.; Sanfilippo, *Studi sull' hereditas*, i (1937), 215 f.

s. 462. La Pira, l.c. 67 ff.; Robbe, *I postumi nella successione testamentaria romana* (1937), 21 ff., 211 ff., 263 ff.; Solazzi, *Athenaeum,* viii (1930). 45.

s. 463. v Woess, l.c. 152 ff. (wrong). In truth the words *scimus etenim,* etc in *C.* (6. 28) 4. 2 mean: 'males and females could be equally disinherited, whereas the *centumviri* granted a *querella* if the disinheritance was not justified' (below, s. 477).

s. 464. Bartolus ad *D.* (28. 2) 11; Karlowa, l.c. 886, with references; v. Woess, l.c. 138, with references; Westrup, *Introduction* *to Early Roman Law,* ii (1934), 85; iii. 1 (1939), 259.*

s. 465. v. Woess, l.c. 140 ff.; Karlowa, l.c. 888. Woess's own theory is mere fantasy, in historical times an *exheredatio inter ceteros* is no condition of a valid will.

s. 467. Windscheid, l.c. 370.

三、违反遗嘱的遗产占有

（一）赋予"liberi"（子女）的遗产占有

468. 原则

裁判官在他的告示（Lenel, *Edict.* § 142）当中承诺会为被立遗嘱人忽略的"liberi"（子女）（即既没有被指定为继承人也没有被正确剥夺继承权的"liberi"；上文边码 405）提供"违反遗嘱的遗产占有"（bonorum possessio contra tabulas testamenti）（根据告示，对于男性"liberi"，包括孙子在内，都必须以指名的方式剥夺其继承权）。这种遗产占有起源于共和国末期，裁判官在确立它们时肯定不是受到任何史前家庭共同体记忆的鼓舞。就像我们刚刚描述的规则（上文边码 466）的创造者们一样，裁判官希望为立遗嘱人的孩子保留遗产。他的告示表明了这个发展过程的第二个阶段，因为共和国末期的裁判官在追求其目标时，其顾虑比更早时候的先行者们少得多。让我们来具体考察其规则。

469. 裁判官法的细节

1. 要是对"liberi"（子女）的"忽略"使得遗嘱根据市民法是无效的（即当一个处于支配权下的儿子被忽略时，上文边码 460），那么裁判官会遵从市民法，因为这样与他自己的政策是一致的。因此，他会提供"子女的无遗嘱遗产占有"（bonorum possessio ab

intestato unde liberi，上文边码 405)，而不会提供“违反遗嘱的遗产占有”(bonorum possessio contra tabulas)。

2. 如果根据市民法，“忽略”不会使得遗嘱无效(即权力下的女儿或孙子女被忽略)，那么他会按照“子女的遗产占有”(bonorum possessio unde liberi)的份额赋予他们“违反遗嘱的遗产占有”，而完全排除不是“liberi”(子女)的“被指定的继承人”。他也以同样的方式保护不是自家继承人的“liberi”(子女)(上文边码 405)。然而，应当记住的是(上文边码 406)，女性不能有“liberi”(子女)(在该词被法学家在这种情形中使用的意义上)；因此，“违反母亲的遗嘱的遗产占有”(bonorum possessio contra tabulas matris)是不可能的。

3. 一个立遗嘱人指定了他的儿子为继承人，但忽略了他的女儿，那么这个儿子无权享有“违反遗嘱的遗产占有”，但如果这个女儿获得了遗产占有，那么这个儿子在其无遗嘱继承份额的范围内也可以获得遗产占有，“由于告示因另一个人而适用”(commisso per alium edicto)，即因为另一个人(他的姐姐)而使得告示适用于他。

4. 裁判官在赋予“违反遗嘱的遗产占有”时会保留剥夺继承权的安排；被剥夺继承权的孩子，在涉及遗产占有的问题上，被视为不存在。因此，很显然，尽管“违反遗嘱的遗产占有”根据“无遗嘱遗产占有”的份额来赋予，但它有时会导致一个不同于“子女的遗产占有”的结果；获得“违反遗嘱的遗产占有”的人有时候获得的会比他通过“无遗嘱遗产占有”获得的多，因为他分享了被剥夺继承权的孩子的份额。

5. 在告示的一个特别条款当中，裁判官保留了立遗嘱人留给其近亲属、妻子或儿媳妇的遗赠（“关于应当履行的遗赠”〔De legatis praestandis〕；参见 Lenel, *Edict.* § 143）。

6. 违反遗嘱的遗产占有总是“可胜诉的”的（上文边码 378）。

因此，说裁判官完全取消了遗嘱，无论如何也不是正确的。根据他的规则进行的继承毋宁说是遗嘱继承和无遗嘱继承的一种结合，是“任何人都不能一部分遗产用遗嘱安排一部分遗产留给无遗嘱继承”规则（上文边码 447）的另一个例外。乍一看，裁判官的这项法律看起来可能是非常错综复杂的，但是在考察如下情形之后，你将会立刻看到，它实际上非常简单，并且设计得非常明智，只要你记住前面所说的关于“子女的遗产占有”的内容。 470. 遗嘱继承和无遗嘱继承的结合

如果立遗嘱人忽略了处于其权力之下的儿子，那么遗嘱根据市民法是无效的，裁判官因此会赋予“子女的无遗嘱遗产占有”（bonorum possessio ab intestato unde liberi）。这无论如何也不会引起什么困难。现在思考如下“违反遗嘱的遗产占有”的情形。

（1）立遗嘱人有一个儿子 A 和一个女儿 B，两者都在其权力之下。在忽略女儿的情况下，他指定 A 为 1/4 份额的继承人，朋友 F 为 3/4 份额的继承人。根据市民法（上文边码 460），B 将获得她的兄弟的份额的一半，即 1/8 的遗产，并从 F 处获得 F 的份额的一半，即 3/8 的遗产；这样她总共获得一半的遗产，即她的全部无遗嘱继承份额，而她的兄弟只获得 1/8 的遗产。然而，如果女儿获得了“违反遗嘱的遗产占有”，那么 F 什么也得不到，女儿 B 获得一半的遗产，她的兄弟 A（“由于告示因另一个人而适用”）获得另外一半。

（2）立遗嘱人有一个儿子 A 和两个孙子 C 和 D（是其已故的儿子 B 的儿子）。他指定 A 和 C 为继承人，每人一半的份额，D 被忽

略。如果 D 获得“违反遗嘱的遗产占有”，那么他将获得 1/4 的遗产，C 获得 1/4，A 获得 1/2，因为这是按照“子女的遗产占有”（上文边码 407）分配的。

(3) 立遗嘱人有一个儿子 A 和两个孙子 C 和 D（是他已故的另外一个儿子 B 的儿子）。他剥夺 A 的继承权，并指定朋友 F 为全部遗产的继承人，忽略 C 和 D。C 和 D 有权获得“违反遗嘱的遗产占有”，每个人获得一半的份额，因为 A 被视为不存在。

最后必须作两点说明：

471. 匀付 1. 如前所述，“违反遗嘱的遗产占有”是根据“子女的遗产占有”的份额赋予的。关于财产匀付和嫁资匀付的规则（我们在上文讲述“子女的遗产占有”时已经讲解过，参见上文边码 409 以下）也适用于“违反遗嘱的遗产占有”。

398 事实上，在告示当中，“关于遗产占有”（De bonorum possessionibus）这个标题的第一部分内容是“违反遗嘱的遗产占有”，并在此关系中规定财产匀付和嫁资匀付（Lenel, *Edict*. pp. 342 ff.）。后面在“子女的遗产占有”（unde liberi）标题下，告示参引了之前提供过的关于匀付的规则。在本书当中，我们采用相反的顺序，先讲“子女的遗产占有”（上文边码 405 以下），因为如果不首先掌握“子女的遗产占有”，就不能正确掌握“违反遗嘱的遗产占有”。

472. 需要提出申请 2. 像任何其他遗产占有一样（上文边码 378），只有在权利人提出申请的情况下，“违反遗嘱的遗产占有”才会被赋予。这项申请必须在特定的时间内提出，就像我们已经说过的那样（上文边码 420）。

（二）赋予立遗嘱人的恩主的“违反遗嘱的遗产占有”

我们已经提到过（上文边码 413）“无遗嘱遗产占有”会被赋予恩主。如果一个解放自由人订立了遗嘱，但没有在遗嘱中将其一半的遗产留给恩主，那么后者可以要求一半份额（dimidia pars）的“违反遗嘱的遗产占有”，但不能与立遗嘱人的自然的“子女”（liberi）相竞争（区别于“养子”以及处于“女儿地位”的“夫权下的妻子”，上文边码 197）。 473. 一半份额

假设一个解放自由人只有一个儿子，他把他的朋友 F 指定为全部遗产的继承人，并剥夺其儿子的继承权，也没有留下任何其他东西给他的恩主。恩主可以主张一半遗产的遗产占有，另一半仍由 F 继承。

一个解放自由人有两个女儿 A 和 B。他把朋友 F 指定为全部遗产的继承人，忽略其女儿们，也没有留下任何遗产给恩主。A 和 B 可以主张“违反遗嘱的遗产占有”，每个人可以主张一半的份额，如果她们这么做，恩主则被排除。如果她们没有及时这么做，那么恩主可以主张一半份额的“违反遗嘱的遗产占有”，另一半的份额仍由 F 继承。

这种遗产占有起源于共和国最后一个世纪，可能比赋予子女的遗产占有稍微早一点。作为发展进程中的另一个阶段，它是非常有意思的。裁判官把解放自由人的遗产的固定份额（一半份额）赋予恩主，即使在解放自由人明确剥夺其继承权或指定其为少于 1/2 份额的继承人时，他也可以主张这个份额。“固定的份额必须被留给特定的人”这种观念被“不合义务遗嘱之控诉”所采用，就像我们马上就要看到的那样（下文边码 480）。 474. 特征

475.《帕比亚法》；必要份额

后来《帕比亚法》（*lex Papia*）增加了恩主的权利（Gai. 3. 42），但我们可以把它放在一边。然而，必须指出的是，优士丁尼的汇编者们原则上篡改了“必要份额”（debita pars），用它来替代“一半份额”，因为在这方面优士丁尼法和古典法不同（*I*. 3. 7. 3）。

原始文献

s. 468. Read Gai. 2. 135, 125; *Epit. Ulp*. 22. 23.

s. 469. 1. Read *D*. (28. 2) 32; (38. 6) 1. 9.

s. 469. 2. Read Gai. 2. 124, 125.

s. 469. 2, 3. Read *D*. (37. 4) 8. 14; (37. 4) 11. 1.

s. 4.69. 4. Read D. (37. 4) 8 pr. 10. 5.

s. 469. 5. Read *D*. (37. 5) 1 pr. (Post-classical text but substantially classical.)

s. 473. Read Gai. 3. 39—41; (38. 2) 1 [*certae*] <*dimidiae*>.

s. 475. Gai. 3. 42. Read *D*. (38. 2) 20. 5 [*debitae*] <*dimidiae*>. Justinian's law. *Inst. Iust*. (3. 7) 3.

参考文献

ss. 468 ff. Lenel, *Edict*. (1927), § § 142 ff.; Windscheid, *Pand*. iii, § 577; La Pira, l.c. 311 ff.; Sanfilippo, l.c. 219 ff.

ss. 473 ff. Ad. Schmidt von Ilmenau, *Das Pflichtteilsrecht des Patronus und des Parens Manumissor* (1868); La Pira, l.c. 376 ff.

四、不合义务遗嘱之控诉

在罗马法上，这种救济标志着发展进程的最后一个阶段。不幸的是，我们对这种古典的“控诉”（querella）知之甚少。盖尤斯的《法学阶梯》没有提到它。后古典的《保罗意见集》（*Sententiae Pauli*, 4. 5）的简短内容和《狄奥多西法典》（*Codex Theodosianus*, 2. 19）的“不合义务遗嘱”（De inofficioso testamento）标题下保留给我们的内容不能给我们提供太多帮助。因此，我们几乎只能依靠优士丁尼的法律汇编，但是这些汇编是经过严重篡改的。因此，解开这团乱麻的不断尝试没有取得完全成功，这并不奇怪。应当认识到，利用现有的资料是不可能达到绝对的确定性的，并且重要的问题肯定永远都存疑，除非有新的原始文献能为我们提供进一步的线索。在下面的描述中，我们仅限于描述我们——多少有点自信地——认为属于古典时期的内容，完全不讨论后古典的发展。 476. 原始文献

我们对这种“控诉”的历史知之甚少，它的起源肯定不早于共和国末期，并且可能相当晚。无论如何，在图拉真时期它已经作为一项广为接受的制度存在。似乎是在“百人法庭”（centumviri）实践中发展起来的。 477. 历史

出发点是“不合义务遗嘱”，即一项遗嘱，在其中，立遗嘱人因为没有为其最近的亲属，尤其是他的孩子，提供遗产，而违反了他的“虔诚义务”（officium pietatis）。简而言之，这是一种被公共观点指责为不尽义务的遗嘱。在这种情况下，法律通过赋予被侵害的亲属一项针对遗嘱指定的继承人的救济（“控诉”），以惩罚这种违 478. 不合义务遗嘱的概念

背道德的行为。其发展的细节不可能从现有的资料中查清，我们必须满足于讲解在塞维鲁时期（公元三世纪上半叶）被承认的规则。

479. 谁可以提起这种“控诉” 1. 关于有权提起这种“控诉”的亲属，非常肯定的是，这项救济可以由立遗嘱人的后代提起，而不仅限于法学家们在与告示有关的情形当中所使用的意义上的“liberi”（子女）（上文边码 405、406）。这意味着，像父亲的遗嘱一样，母亲的遗嘱也会因她的后代而受控诉。不太确定的是，在古典时期立遗嘱人的长辈及其兄弟姐妹是否已经得到这种救济的保护。后古典的《保罗意见集》只知道一种“liberi”（子女）的“控诉”，在“关于不合义务的控诉”（De inofficiosi querella〔4. 5〕）标题下以如下定义开头：

“遗嘱被认为是不合义务的，是因为它无故剥夺子女的继承权因而被认为不是依据虔诚义务拟定的。”

（Inofficiosum dicitur testamentum, quod frustra liberis exheredatis non ex officio pietatis videtur esse conscriptum.）

这几乎不具有决定性，因为我们只拥有《保罗意见集》的西哥特摘录。实际上，看起来有可能在古典时期立遗嘱人的先辈和兄弟姐妹也可以提起这种“控诉”。

480. 四分之一份额 2. 如果立遗嘱人已经把其亲属的无遗嘱继承份额的 1/4 留给他们，这么这种“控诉”被排除适用。他没有义务把他们指定为该 1/4 份额的继承人；他可以通过遗赠或者死因赠与（上文边码 473）将其价值留给他们，就好像解放自由人可以把“一半份额”通过遗赠或死因赠与留给他的恩主一样（上文边码 473）。古典法学家没有特别的术语来指称这个“四分之一”；尤其是，他们从不称其为“法定份额”，其原因很简单：这个数额是由法庭实践而不是由“法律”（lex）确定的。因此，后古典的术语“portio legitima”和英语的术语“the legitim”在涉及古典法时都应当被避免使用。

481. 非古典的术语

“legitima portio”（法定份额）或“legitima pars”（法定部分）在古典著作中是指“根据《十二表法》确定的无遗嘱继承份额”，而不是其他东西（上文边码 383）。古典法学家不会把“合理的份额”称为“quarta legitimae partis”（法定份额的四分之一）（优士丁尼的《法学阶梯》*I*. 2. 18. 3 这样称呼），因为脱离父权的孩子以及《奥尔菲提安元老院决议》和《特土良元老院决议》（上文边码 402）规定的继承人不是法定继承人。他们不会称其为“quarta debitae portionis”（必要份额的四分之一）（*D*. 5. 2. 8. 8 这样称呼），因为无遗嘱继承份额不是“必要份额”。最后，他们几乎也不会称其为“pars debita”（必要份额），德国的“Pflichtteil”（必要份额）就是从这个术语而来。“pars debita”（必要份额）经常出现在《学说汇纂》当中与被赋予恩主的违反遗嘱的遗产占有（上文边码 473）相关的地方，但就像前面已经说过的那样（边码 475），它在这种情况下总是被篡改以替代“dimidia pars”（一半份额）。

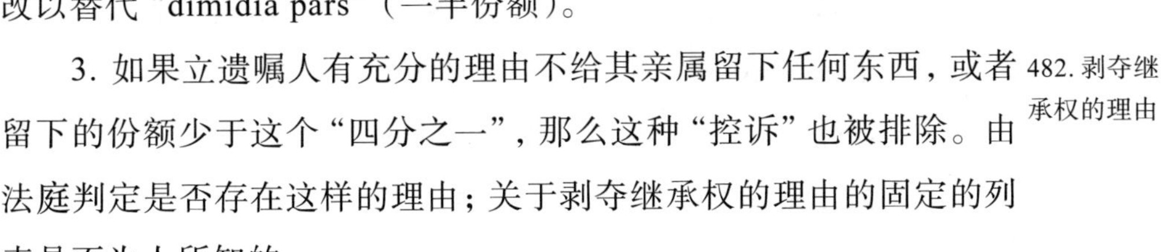

482. 剥夺继承权的理由

3. 如果立遗嘱人有充分的理由不给其亲属留下任何东西，或者留下的份额少于这个“四分之一”，那么这种“控诉”也被排除。由法庭判定是否存在这样的理由；关于剥夺继承权的理由的固定的列表是不为人所知的。

483. 遗嘱继承和无遗嘱继承的结合

4. 如果法庭宣布一份遗嘱是不合义务的，那么它不会完全废除它。另一方面，原告此时可以获得他的全部无遗嘱继承份额，而不仅仅是“四分之一”(有人可能预期的是这么多)。可以说，遗嘱只有在赋予他这个无遗嘱继承份额的范围内被废除。在这方面，这种“控诉”遵从了“违反遗嘱的遗产占有”的典范。即使立遗嘱人已经留给原告低于“四分之一”的份额，原告仍然可以主张其全部无遗嘱继承份额；他享有的不仅仅是“补足四分之一的控诉”(querella ad supplendam quartam)。

484. 案例

(1) 立遗嘱人有三个儿子 A、B、C。他指定 A 和 B 分别为一半份额的继承人，并在无充分理由的情况下剥夺了 C 的继承权。C 可以用这种“控诉”起诉 A 和 B，并获得其无遗嘱继承份额(1/3)，即从 A 处获得其份额的 1/3=1/6 的遗产，从 B 获得其份额的 1/3=1/6 的遗产。如果 C 这么做，那么三兄弟每个人都获得他们的无遗嘱继承份额(1/3)。但 C 满足于仅起诉 A，那么他从 A 获得 1/6 的份额，B 保留 1/2 的遗产。

(2) 立遗嘱人有两个儿子 A 和 B。他“无正当原因”(sine iusta causa)剥夺了 A 和 B 的继承权并把朋友 F 指定为其全部遗产的继承人。A 和 B 都可以通过这种“控诉”起诉 F。如果他们这么做，每个人都可以获得其无遗嘱继承的份额，即一半的遗产；F 什么都得不到。但假设只有 A 起诉 F，B 尊重其父亲的遗嘱，那么 A 获得其全部无遗嘱继承份额，即一半的遗产；另一半由 F 保留。

485. 指责对方精神不正常的策略

如前所述(上文边码 477)，古典的这种“控诉”是在“百人法庭”的实践中发展起来的，在公元一二世纪，像在共和国末期一样，这个法庭是修辞学大师的舞台。这些人原则上不会用事物的正确名称来称呼它们。他们被训练去夸大、歪曲和制造混乱。因此，在“不合义务遗嘱之控诉”中为原告进行诉讼时，他们喜欢把一个不合义务的遗嘱描述成心智不稳定的立遗嘱人所订立的遗嘱（“精神病人做出的”），就像在其他地方一样，这是模仿希腊的做法。他们把这称为“采用指责对方精神不正常的策略进行诉讼”（“agere colore insaniae”或者“agere colore non sanae mentis”；“color”在修辞学的俚语里是指“争辩、托词、策略”；参见 *Thes. Linguae Lat.* iii. 1721, 47 ff.; 1722, 23 ff.）。这样的用语会给法庭的非法律成员留下深刻的印象。因此，演说家们毫不犹豫地使用它们。

> “演说家可以使用错误的、大胆的、机敏的、欺骗性的、诡辩的句子，只要和真实的方式相似并且可以打动人的心灵，什么招数都可以引入。”
>
> （Rhetori concessum est sententiis uti falsis, audacibus, versutis, subdolis, captiosis, si veri modo similes sint et possint movendos hominum animos qualicumque astu inrepere.）（Gellius 1. 6）

然而，法学家不会受这样的修辞学素材影响，因为他们非常清楚地知道，“不合义务的遗嘱”和“精神病人订立的遗嘱”是根本不同的东西。像通常那样，他们无视这项修辞学智慧。但在后古典时期，修辞学的有害杂草爬进了古典著作；在一些《学说汇纂》的段落中（在《保罗意见集》和狄奥多西法典中从来没有过）我们遇到了“指责对方精神不正常的策略”，但它们显然全部都是经过篡改的。大多数学者都被这些文本误导了，并仍然相信修辞学家对罗马法学家的深远影响。实际上，法学家，在这里和在别的地方一样，并未对演说家和修辞学校的伪智慧有任何敬意："因为天生的厌恶不能忍受这种人的愚蠢和无聊，并且愤怒地拒绝"（ineptias ac stultitias non ferebant iracundiusque respuebant ingenuo liberoque fastidio）（Cicero, *Brutus*, 67. 236）。

后古典的发展显然受到修辞学俚语的影响，但我们在这里将不讨论这个问题。

486. 不合义务的赠与之控诉　“不合义务的赠与之控诉”（querella inofficiosae donationis）尽管起源于古典晚期（亚历山大 · 塞维鲁），但只是在后古典时期才得到完全的发展，因此在这里可以忽略。

原始文献

s. 479. Read *D.* (5. 2) 1, completely spurious.

s. 480. Read *D.* (5. 2) 8. 6, cf. *D.* (38. 2) 3. 15 and 17; doubtful texts see Beseler, *T* x (1930), 236 f., read further *D.* (5. 2) 8. 8 [*et si dicam ... petere*].

s. 483. Read *C.* (3. 28) 22; Paul. *Sent.* 4. 5. 7 (spurious),

s. 484. Read *D.* (5. 2) 15. 2; *C.* (3. 28) 13; *D.* (5. 2) 23. 2, corrupt text, probably *<non> adcrescit.*

s. 485. Read *D.* (5. 2) 2, completely spurious; *D.* (5. 2) 5 [*resque ... ordinaret*].

参考文献

ss. 476 ff. Windscheid, *Pand.* iii (1906), §§ 575, 578 ff., with references; Eisele, *Z* xv (1894), 256 ff.; Brugi, *Mélanges Fitting,* i

(1907); v. Woess, *Das röm. Erbrecht und die Erbanwärter*(1911), 178 ff.; Beseler, *Beiträge,* ii (1911), 34; H. Siber, *Röm. Privatrecht* (1928), 374 ff.; La Pira, *La successione ereditaria* (1930), 412 ff.; H. Krüger, *Z* lvii (1937), 94 ff.; *Festschrift P. Koschaker,* ii (1939), 256 ff.; *Bull.* xlvii (1940), 63 ff.; Timbal, *RH* xix/xx (1940/1), 386 ff.; Renier, *Étude sur l'histoire de la querella inofficiosi testamenti en droit romain* (1942).

s. 477. See H. Krüger, *Festschrift Koschcker,* 256 ff. For the court of the *centumviri* see Wlassak, *PW* iii. 1935; Wenger, *CP* (1940).

s. 481. On the term *portio legitima* see H. Krüger, *Bull.* xlvii. 72.

s. 483. Windscheid, l.c. § 584; La Pira, l.c. 449 ff.; Solazzi, *Diritto ereditario,* i (1932), 229 ff.; Sanfilippo, *Studi sull' hereditas,* i (1937), 194 ff. For the *actio ad supplendam quartam* see Windscheid, § 584 n. 1; La Pira, l.c. 470; Seckel-Kübler in their edition of *Paul. Sent,* ad 4. 5. 7; Beseler, *Beiträge,* ii (1911), 33; v. Woess, l.c. 253 (wrong).

s. 484. Windscheid, l.c. § 584 nn. 20 ff.

s. 485. v. Woess, l.c. 191 ff. (uncritical); Beseler, *St. Bonfante,* ii(1930), 82; Schulz, *Principles* (1936), 129 f.; La Pira, l.c. 531 ff. On the attitude of the republican and classical lawyers towards rhetoric see Schulz, *History,* 54 f., 1 19, 125, 259. On post-classical law, La Pira, 456 ff.

s. 486. Windscheid, l.c. § 586; Donatuti, 'L'origine della *querella inofficiosae donationis', St. Riccobono,* iii (1936), 427 ff.; H. Krüger, *Z* lx (1940), 83 ff.

第五章　遗产的取得和拒绝

一、导论

487. 概览

在这一部分的前面三章，我们揭示了所有遗产取得所依赖的条件，本章的范围是要描述取得本身以及与其相关的遗产拒绝行为。

首先，我们必须再次区分遗产（hereditas）和遗产占有（bonorum possessio，上文边码 377 以下）。关于后者，只需要作一些附加的说明，因为我们已经反复强调过，在古典法下，任何遗产占有都需要裁判官或行省总督的法令。出于这个原因，严格来讲，不会存在遗产占有的拒绝，而只存在通过不向执法官提出申请的方式而放弃它。

关于遗产的取得和拒绝，我们必须区分无遗嘱遗产（hereditas ab intestato）和遗嘱遗产（hereditas a testamento）。尽管两者有很多共同点，但分别处理它们是很方便的。“违反遗嘱的继承”（上文边码 459 以下）不需要进一步的讨论。在“不合义务的遗嘱之控诉”当中胜诉的原告通过法庭的判决获得他的无遗嘱继承份额（上文边码 483）。无遗嘱继承和遗嘱继承的规则涵括了基于“忽略”的继承（上文边码 460）。

因此，我们获得以下四个部分：

1. 无遗嘱遗产的取得和拒绝；

2. 遗嘱遗产的取得和拒绝；

3. 从被继承人死亡到取得待继承遗产（hereditas iacens）之间这段时间内的遗产；

4. 遗产占有的取得。

二、无遗嘱遗产的取得和拒绝

488. 原则

（一）自家继承人

自家继承人（上文边码 384）在法律上确定不存在一份有效遗嘱时（上文边码 381）自动取得他们的父亲或祖父的遗产。这个时间可能是被继承人死亡时，但也可能是晚一点的时间。

410

假设立遗嘱人订立了一份遗嘱，指定他的朋友 F 为继承人，并剥夺其唯一的儿子 A 的继承权。在立遗嘱人死后，F 拒绝遗产，因此使得该遗嘱无效。此时，自家继承人 A 依无遗嘱继承取得遗产。

在 F 拒绝遗产时以及立遗嘱人死亡时，自家继承人必须活着（至少已经受孕）。如果 A 在他的父亲死亡时活着，但在 F 拒绝遗产之前去世，那么遗产由假如 A 从未存在过的话会成为无遗嘱继承人的人继承。假设 B 是立遗嘱人的孙子（A 的儿子），他在立遗嘱人死亡时还不存在。在 F 拒绝遗产时，B 存在了，但他的父亲 A 已经去世了，那么 B 不能继承其祖父的遗产。

489. 自家必要继承人

因为自家继承人自动取得遗产，即便他是“幼儿”（infans，上文边码 302）或者“精神病人”（furiosus，上文边码 344）也可以取得。另一方面，这种取得是确定的，自家继承人是无权拒绝遗产的；“一旦是继承人，永远是继承人”（上文边码456）。出于这个原因，“自家继承人”也被称为“自家必要继承人”（sui et necessarii heredes）。如果你记得：古典的继承人要对被继承人的债务负责（“其数额甚至超过遗产的价值”）（上文边码371）以及存在对债务人的人身执行（上文边码43、372），那么这项规则的严苛性是显而易见的。这项古老的共和国法律的目标明显是尽可能地为父亲提供一名继承人，而不考虑自家继承人的利益；在这种情形下，严苛的家父支配权甚至在父亲死后仍在起作用。

490. 拒绝遗产恩惠

然而，这项严苛的市民法规则在很大程度上被裁判官缓和了。我们不知道他初次进行干预的时间，但不大可能早于共和国最后一个世纪。裁判官允许自家继承人不去继承遗产，并且因此免于承担其父亲的债务。现代研究者们习惯把这种权利称为“拒绝遗产恩惠”（beneficium abstinendi），但古典法学家们对此还没有一个固定的术语。

“Facultas abstinendi”：*D*. (29. 2) 57 pr.；“Potestas abstinendi”：Gai. 2. 160, 163；“Ius abstinendi”：*D*. (28. 5) 87. 1；“Beneficium abstinendi”在古典文献中仅出现一次：*D*. (29. 2) 71. 4。

如果自家继承人利用了这项“恩惠”（未适婚人监护人和精神病人保佐人可以为其被监护人或被保佐人主张这项权利），那么裁判官会通过“拒绝赋予诉讼”（上文边码17）来保护他免受债权人起诉；另一方面，裁判官也否认自家继承人享有随着遗产转移给他的诉讼。遗产被交付给债权人，他可以进行“遗产出售”（bonorum venditio，上文边码 43）。债权人可以要求自家继承人宣布他是否希望利用这项“恩惠”；如果需要的话，自家继承人可以要求裁判官确定一个“考虑期”（spatium deliberandi）。如果自家继承人“染指遗产”（se immiscere bonis hereditariis），也就是说，如果他做了可以被称为“像继承人那样行事”（pro herede gestio，下文边码 496）的事情，那么他就不能主张这项“恩惠”了；而且如果他这么做了，那么即便他已经取得这项“恩惠”，也会丧失它。唯一的例外是，裁判官为了未适婚自家继承人的利益而做出的（Lenel, *Edict*. §§ 209, 210）。

我们可以把这项“拒绝权”（ius abstinendi）描述为一项可以拒绝遗产的裁判官权利，但是我们要记住，市民法不因这项权利而被改变。如果一个自家继承人不去继承遗产，他仍然是“市民法上的继承人”。重要的后果是，遗产不因他不继承而转由下一个无遗嘱继承人继承。假设被继承人只有一个自家继承人，而他利用了这项“恩惠”，那么遗产不会提供给最近的宗亲，例如，父亲的兄弟。在后古典时期，市民法和荣誉法的融合导致了相反的结果，就像一项（可能经篡改的）戴克里先的批复所表明的那样（*C*. 6. 58. 6）。“拒绝遗产的自家继承人”（suus abstentus）仍然是继承人，此时被视为仅仅是一个用语问题（“继承人的虚名”〔nudum nomen heredis〕）。

491. 家庭财产理论

只有自家继承人自动获得遗产；所有其他无遗嘱继承人都只能通过一项特别的接受行为获得遗产。应该如何解释这种不同的对待方式呢？再次有人尝试通过史前法来寻求解释。据说，原先自家继承人和他们的父亲一起是家庭财产的共有人。因此，在父亲去世时，自家继承人不获得遗产，而是仍处于之前的身份，即共同所有权人，只有此时他们才从他们的父亲的支配权中解脱出来。据说，这种观念甚至在家庭财产观念消失很久以后仍然保留着，并导致产生自家继承人自动获得遗产的规则。这种解释应当被拒绝。实际上，共和国和古典法学家们受到一个愿望的引导：为父亲提供一个不能拒绝遗产的继承人。只有自家继承人在其考虑范围之中。因此，法学家们把自家继承人视为“必要继承人”（heredes necessarii），这意味着他们“自动”（ipso iure）获得遗产。因为要求一个不能拒绝遗产的人接受遗产是荒谬的。这是主流的观念，因如下事实显得足够清晰：“被指定为继承人并附带解放的奴隶”（servus cum libertate heres institutus）也是“必要继承人”（下文边码 502），并因此“自动”获得遗产。这样一个解放自由人当然从来都不是家庭财产的共同所有权人。

（二）自愿继承人

492. 自愿继承人

除了自家继承人之外，所有其他（市民法上的）无遗嘱继承人都要通过一项被称为“接受遗产”（aditio hereditatis；adire hereditatem=接近遗产）的特别行为取得遗产。因为这些人可以自由选择接受或是拒绝遗产，所以他们被称为（尽管可能时间上没有古典时期那么早）“自愿继承人”（heredes voluntarii）。

这个术语似乎不为盖尤斯所知，导致他做出了“必要继承人”和“家外人”（Gai. 2. 152）这个不合逻辑的区分。只要这个术语出现在古典著作中，那么相关的文本都是值得怀疑的，包括 Papin. Fragmenta Paris. § 18 ——一个由帕比尼安的《解答》（*Responsa*）的后古典编辑者加上的注释(Schulz, *History*, 219 ff., 237)。

不考虑“氏族”(上文边码396),这一类继承人包括“最近的宗亲”(上文边码389)、《特土良元老院决议》(上文边码400)规定的继承人,以及《奥尔菲提安元老院决议》(上文边码401)规定的继承人。他们都不是自家继承人,并且在这个意义上是“家外人”。

493. 被提供的遗产 自家继承人在遗产被提供给他时获得遗产,关于自愿继承人,我们必须仔细地区分遗产被提供给他们的时刻和他们获得遗产的时刻;现代研究者们习惯说“在‘遗产提供’(delatio hereditatis)和‘遗产取得’(adquisitio hereditatis)之间”,但这个术语不是古典的(上文边码376)。继承人在遗产被提供给他之前,既不能接受也不能拒绝遗产。

414 当确定不存在一份有效的遗嘱并因此将进行无遗嘱继承时(上文边码381),遗产会被提供给“无遗嘱自愿继承人”(heres voluntarius ab intestato)。通常这发生在被继承人死亡时,但有时也发生在后来的某个时间,即遗产被一个继承人拒绝后,由另一个继承人来继承。

《奥尔菲提安元老院决议》(上文边码401)明确地规定,如果孩子拒绝其母亲的遗产,那么将会适用“古代的法律”(ius antiquum)(Bruns, *Fontes*. no. 64),即遗产由母亲的最近的宗亲继承。《特土良元老院决议》可能包含了一个类似的条款。如果最近的宗亲拒绝了遗产,那么遗产不会被提供给下一个宗亲(上文边码394)。

像自家继承人那样,自愿继承人必须在被继承人死亡时和遗产被提供给他时活着(上文边码488);“将来出生的人被视为已出生”

规则在这里不适用(上文边码 393)。

在遗产被提供给自愿继承人时,他还没有取得遗产,只是取得了取得(或拒绝)遗产的权利。他可以通过“拟诉弃权”把这项权利转让给他人,但如果这个继承人死亡并且还没有行使他的这项取得遗产的权利,那么他的继承人无权这么做。只有优士丁尼才允许继承人的继承人在特定条件下取得遗产。 494. 被提供的遗产的转让

在古典法下,有两种“接受遗产”的方式:“像继承人那样行事”(pro herede gestio)和“继承决定”(cretio)。 495. 接受遗产

原先只有一种方式:“像继承人那样行事”。“gerere pro herede”是指“像一个继承人那样行事”。因为接受是以继承人知道被继承人死亡为条件的,继承人涉及遗产的任何行为通常都可以构成“像继承人那样行事”。例如,如果继承人向裁判官申请无遗嘱遗产,或者如果他起诉遗产债务人或出售遗产中的财产,那么将构成“像继承人那样行事”。原始文献在这个主题上为法律的精细性提供了丰富的储备。 496. 像继承人那样行事

在古典法下,无遗嘱遗产也可以通过“继承决定”来接受(Gai. 2. 167),即通过正式的包含“接受遗产并决定继承”(hereditatem adeo cernoque)这句话的宣言。 497. 继承决定

“cernere”的使用对法律语言而言是奇怪的。Varro(*De lingua Lat*. 7. 98)说“cernere”是指“constituere”(确定);“因此,继承人确定自己为继承人就是‘决定’”(itaque heres cum constituit se heredem esse dicitur “cernere”)。“hereditas”在这个语境中是指“继承”而不是“遗产”(上文边码 375);“cernere hereditatem”是指“决定继承”。

这项行为不像要式买卖那样要求证人在场，但一项“testatio”（在证人面前宣布）是必不可少的，因为对着自己的房间的墙来宣布是荒谬的。

“继承决定”显然起源于遗嘱继承，因为立遗嘱人通常要求一项正式的接受行为（下文边码 506）。非常重要的是，盖尤斯在其关于遗嘱继承人的部分处理“继承决定”，并且只是偶然提到它也适用于无遗嘱继承人。当一个“家子”希望接受一份无遗嘱遗产时，“继承决定”是否是必须的，仍然是有疑问的（这个问题只会出现在他根据《奥尔菲提安元老院决议》是其母亲的遗产的继承人的时候）。

在后古典时期，“继承决定”被废除了。优士丁尼的汇编者们因此把“cretio”和“cernere”这两个术语从古典文本中删除，有时

416 候用“aditio”和“adire”来替代它们。

497a. 接受遗产的第三种方式？

“像继承人那样行事”和“继承决定”是仅有的两种接受遗产的古典方式。盖尤斯（Gai. 2. 167）似乎提到了第三种方式，他说，“可以通过决定继承、像继承人那样行事，或者甚至通过单纯的接受意愿的表达，而成为继承人”（potest aut cernendo aut pro herede gerendo vel etiam nuda voluntate suscipiendae hereditatis heres fieri）。但这个文本是值得怀疑的。在证人面前进行的非要式的宣布可能被视为“像继承人那样行事”。

498. 法律上的能力

“像继承人那样行事”和“继承决定”都是法律行为，因此要求具有法律上的能力。因此，处于女性监护下的女性和“大儿童”（上文边码 302）只有经过监护人的同意才能进行这两种行为。“幼儿”

或"精神病人"没有取得遗产的能力，未适婚人监护人或精神病人保佐人不能以被监护人或被保佐人的名义行事，因为古典法没有直接代理。即使经过保佐人的同意，处于保佐下的"浪费人"可能也无能力取得遗产，而且保佐人也不能以其名义行事。

对于"拒绝遗产"(repudiatio hereditatis)没有形式要求。只要 499. 拒绝
把不想成为继承人的意思表示出来("不理会"〔omittere〕、"拒绝遗产")就足够了。这种非要式的拒绝对应的是非要式的"像继承人那样行事"(原本是唯一的接受遗产的方式)。它是一项法律行为，像"接受遗产"那样，要求有法律上的能力。

500. 考虑期
根据市民法，不存在接受或拒绝遗产的时间限制。然而，债权人可以召唤继承人到裁判官面前并要求其做出是否希望继受遗产的明确宣告。然后，继承人可以要求获得一个"考虑期"。如果他在这个期限内不接受，则被排除继承。如果继承人拒绝到庭，似乎是由裁判官来确定一个"考虑期"。盖尤斯的《法学阶梯》(Gai. 2. 167)正好提到这点，他的简短讨论不是很精确。

原始文献

s. 488. Read Gai. 2. 152, 156; *D.* (38. 16) 14; (38. 16) 6 [*neque*]; [*neque bonorum ... cognatus*]; <non> potest; *Inst. Iust.* (3. 1) 7.

s. 489. Read *Inst. Iust.* (3. 1) 3; Paul. *Sent.* 4. 8. 5 [*quibus ... necessaria*].

s. 490. Read Gai. 2.158, 159, 163; *D.* (29. 2) 57 pr. *<suis et>necessariis; C.* (6. 58) 6 [*vel ... hereditatem*]; *succedere* <non> *potest.*

s. 491. Read Gai. 2. 157; *D*. (28. 2) 11.

s.493. Read *D*. (50.16) 151; Gai. 3. 11—13.

s. 494. Read Gai. 2. 35 t0 esset; 3. 85 to *vocaretur*; *C*. (6. 30) 7 = Consult. 6. 19.

s. 496. Read *Epit. Ulp*. 22. 26.

s. 497. Compare *C*. (6. 30) 7 with Consult. 6. 19; the compilers have eliminated the *cretio*.

s. 497*a*. Read Gai. 2. 167 [*vel etiam ... hereditatis*].

s. 498. Read Gai. 1. 176; *D*. (29. 2) 8 pr. [*pupilla*] <*mulier*>.

s. 499. Read Gai. 2. 169; *Epit. Ulp*. 22. 29; Paul. *Sent*. 4. 4. 1.

s. 500. Read Gai. 2. 167.

参考文献

ss. 488 ff. Windscheid, *Pand.* iii (1906), §§ 595 ff.; Bonfante, *Corso,* vi (1930), 182 ff.; Solazzi, *Diritto ereditaria romano,* ii (1933), 5 ff.

s. 490. Lenel, *Edict.* (1927), §§ 209, 210; Beseler, *St. Bonfante* ii (1930), 81 ff.; Solazzi, l.c. ii. 221 ff.

s. 491. Solazzi, l.c. i (1932), 160 ff.; Schulz, *JRS* xxxii (1942), 132, with references.*

s. 492. For texts with, *heres voluntarius* see Solazzi, l.c. ii. 7.*

s. 494. Garaud, 'L'In iure cessio hereditatis', *RH* i (1922), 141 ff.; Ambrosino, *SD* x (1944), 3 ff.; De Martino, *St. Solazzi* (1948), 568 ff.; Guarino, ibid. 38.

s. 496. Solazzi, l.c. ii 62 ff.; Sanfilippo, 'La valutazione dell' animus nella pro herede gestio', *Ann. Catania,* 1948.

s. 497. Lévy-Bruhl, *NRH* xxxviii (1914), 153 ff.; Buckland, *T* iii (1922), 239 ff.; Solazzi, l.c. ii. 35 ff.; Biondi, 'Degenerazione della cretio', *St. Solazzi* (1948), 67 ff.

s. 497*a*. Solazzi, l.c. ii. 21 ff.; *SD* vi (1540), 323.*

s. 498. Solazzi, l.c. ii. 73 ff.; H. Krüger, *Z* lxiv (1944), 402 ff.

s. 499. Solazzi, l.c. ii. 181 ff.

s. 500. Lenel, *Edict.* § 208; Solazzi, *Spatium deliberandi* (1912), *Diritta ereditario,* ii. 160 ff.

三、遗嘱遗产的取得和拒绝

(一)自家继承人

501. 被指定为继承人的自家继承人

如果立遗嘱人把他的自家继承人指定为继承人，那么后者自动取得遗产，就像他是“无遗嘱继承人”(heres ab intestato，上文边码 488)一样。在共和国法下，这种取得发生的时间是立遗嘱人死亡时，或者如果自家继承人被附条件指定为继承人的话，则是该条件成就时。立遗嘱人甚至可以以“如果他(她)愿意”(si volet)为条件指定他的自家继承人为继承人；在这样一种情况下，自家继承人当然不是“必要继承人”(heres necessarius)，因为他只有履行该条件之后才能取得遗产。在古典时期，根据奥古斯都的《关于百分之五遗产税的法律》(*lex Vicesimaria*)(上文边码 365)，遗嘱必须由官方打开，根据《帕比亚法》(上文边码 182)“遗产提供”(delatio hereditatis）被推迟到遗嘱打开之时。然而，这项规则是否适用于自家继承人是有疑问的；我们关于《帕比亚法》的知识太不充分，以至于不能给出一个确定的答案。已经获得遗产的自家继承人可以利用“拒绝遗产恩惠”，但在这方面，我们对于我们之前所说的（上文边码490）没有什么可增加的。

（二）必要继承人

502. 必要继承人　立遗嘱人可以在他的遗嘱当中解放其奴隶（“通过遗嘱解放”，上文边码140），并指定他为继承人，在遗嘱生效时，该奴隶被解放并自动取得遗产。根据《帕比亚法》，这个事情发生的时间似乎是打开遗嘱的时候，但也可以是稍后的时间，如果立遗嘱人的指定附有条件的话。解放自由人像自家继承人那样取得遗产，因为他不能拒绝遗产，但与自家继承人不同的是他不享有“拒绝遗产恩惠”。盖尤斯简单地称这样的继承人为“必要继承人”，以与“自家必要继承人”相对应。

（三）自愿继承人

503. 自愿继承人　所有被指定为继承人的人，如果不属于“自家必要继承人”或“必要继承人”，都在遗产被提供给他们时，通过接受行为而取得遗产。

504. 被提供的遗产　根据共和国法，遗产在立遗嘱人死亡时，或者如果指定是附条件的，则在条件成就时，提供给他们。根据《帕比亚法》，遗产似乎在遗嘱正式被打开时提供给他们；“古代的法律”是否会在例外的情况下适用（即“遗产提供”随着立遗嘱人的死亡而发生），我们无法提供答案。无论如何，继承人在立遗嘱人死亡时以及在“遗产提供”时必须活着。

接受遗产通过“像继承人那样行事”(pro herede gestio)或者通过“继承决定”进行。关于“像继承人那样行事”我们可以参考前面说过的内容(上文边码 496)。但“继承决定”在遗嘱继承上需要特别的讨论。 505. 接受遗产

“继承决定”起源于遗嘱继承，并且后来才转用到无遗嘱继承(上文边码 497)。共和国“考特拉法学”建议立遗嘱人给被指定的继承人强加一项“继承决定”。法学家们的观念是去迫使被指定的继承人就是否打算接受遗产的问题在一个确定的时间内做出决定。在无遗嘱继承中，“考虑期”只有在裁判官的帮助下才能获得(上文边码 500)，但在遗嘱继承中可以由立遗嘱人确定。因为有时候，被指定的继承人的某个行为是否应被视为“像继承人那样行事”(上文边码 496)是有疑问的，所以立遗嘱人可以要求一项明确无误的宣告。因此，立遗嘱人使用的表述可能如下： 506. 继承决定

“提提乌斯应为我的继承人并应在 100 天内决定继承。”

(Titius mihi heres esto cernitoque in centum diebus proximis.)

提提乌斯被要求做出如下宣告：

“鉴于麦维乌斯通过遗嘱把我指定为他的继承人，我接受这笔遗产并决定继承。”

(Quod me P. Maevius testamento suo heredem instituit, eam hereditatem adeo cernoque.)

尽管这项权宜之计看起来不是非常古老(在普劳图斯〔Plautus〕的喜剧中从未被提到),但它可以追溯到遗嘱的形式主义解释仍全盛之时。如果提提乌斯不遵守立遗嘱人的命令会怎么样呢?如果对立遗嘱人的话进行自由解释,就会认为继承人指定是以“继承决定”为条件的,但这些古老的法学家觉得自己受到所用言辞的约束。按字面来考虑,指定并不是附条件的,并且其不可避免的后果是,立遗嘱人关于“继承决定”的命令没有任何法律效果。提提乌斯可以遵守也可以忽略它,他可以通过“继承决定”或“像继承人那样行事”在100天内或更晚的时间接受遗产。即使在立遗嘱人像通常那样加上一个“通常替代继承”:

> “提提乌斯应为我的继承人,并应在100天内做出决定;如果他没有这样做出决定,那么森普罗尼乌斯应为我的继承人。”
>
> (Titius mihi heres esto cernitoque in diebus centum proximis; quodni ita creverit tum Sempronius mihi heres esto.)

这个附条件的替代继承也不会让法学家认为对提提乌斯的指定也是附条件的。

我们已经提到遗嘱的这种狭义解释(上文边码455)。假设提提乌斯通过“像继承人那样行事”接受遗产,而且森普罗尼乌斯也接受,那么两者都成为继承人,每人的份额各是一半。只有皇帝马可·奥勒留拒绝这种解释,但他也不认为对提提乌斯的指定是附条件的,而是把整个遗产都赋予提提乌斯(*Epit. Ulp.* 22. 34)。

因此，为了让一项履行“继承决定”的命令生效，立遗嘱人必须采用如下表述：

> “提提乌斯应为我的继承人，并应在100天内决定继承；如果没有这样做出决定，那么应排除其继承权。”
>
> （Titius mihi heres esto cernitoque in diebus centum proximis; quodni ita creverit, exheres esto.）

在这种情况下，事情就很清楚了，提提乌斯只能在特定的时间内通过“继承决定”来接受遗产，如果他不这么做，他就会因为“应被排除继承”（exheres esto）这句话而被排除继承权。

507. 考虑期

“考虑期”可以由立遗嘱人通过两种方式确定：(1)“应在100天之内做出继承决定”，从立遗嘱人死亡之时起算（“特定期限的继承决定”）；(2)“在知道并能做出决定后100天之内做出决定”（“通常的继承决定”）。立遗嘱人确定的时间如果过长，债权人可以向裁判官申请获得限制。如果立遗嘱人没有命令被继承人做出“继承决定”，那么债权人可以在我们前面描述过的程序中（上文边码500）获得“考虑期”的确定。

508. 由家子或奴隶取得

立遗嘱人可以指定一个不处于他的权力下的家子或一个不处于其所有权下的奴隶为继承人。只有这个家子或奴隶可以取得遗产，但遗产不可避免地会归家父或奴隶主人所有，并且他们也对立遗嘱人的债务负责。出于这个原因，这个家子或奴隶只能根据其家父或主人的“命令”（iussum）接受遗产。如果遗产由家子或奴隶正确地取得，那么家父或主人的法律地位就是继承人的法律地位，并且法学家们毫不犹豫地称他们为继承人。

这项原则的必然结论如下：

1. 如果一个处于权力下的儿子被正确地指定为继承人，后来他脱离父权，那么他可以为他自己取得遗产。

2. 如果一个奴隶被正确地指定为继承人，后来他被解放，那么他可以为自己取得遗产。

3. 如果一个属于A的奴隶被指定为继承人，但后来该奴隶被转让给B。该奴隶可以根据B的“命令”取得遗产。

4. 如果处于权力之下的儿子或奴隶还没有接受遗产便去世了，那么家父或主人不能接受遗产。这项规则的一个非常特别的例外被归到皇帝庇护的头上，这个例外是有疑问的（*D*. 29. 2. 30 pr., 86 pr., 参见 *Index Interp*.）。

424

509. 因《尤利亚法》和《帕比亚法》无能力继承的人

奥古斯都的不幸的人口立法——《尤利亚法》和《帕比亚波派亚法》（上文边码182）限制一些人根据遗嘱接受遗产的能力。不结婚的人和没有孩子的人或只有很少孩子的人可以被有效地指定为继承人，但没有取得遗产的能力（有例外）。对这些人为的复杂规则，我们知道的信息不够完整。可用的资料需要进行新的批判考察，但在这里简单提到这些规则就足够了。

原始文献

s. 501. Read *D*. (28. 7) 12.

s. 502. Read Gai. 2. 152—154.

s. 503. Read Gai. 2. 161—162.

s. 506. Read Gai. 2. 164—168; *Epit. Ulp*. 22. 33, 34.

s. 507. Read Gai. 2. 170—173.

s. 508. Read Gai. 2. 87. 189.

参考文献

ss. 501 ff. See references above, ss. 488 ff. Bibliography.

s. 501. Siber, *Röm. Privatrecht* (1928), 402 n. 3; Bachofen, *Ausgewählte Lehren des röm. Civilrechts* (1848), 366 ff.; Biondi in *Acta divi Augusti,* i (1945), 193. On *institutio 'si volet'* see Solazzi, l.c. ii. 15.

s. 506. See references above, s. 497, Bibliography. In particular on *cretio* ordered by will see Beseler, *Z* xliii (1922), 536; xlvii (1927), 62; *St. Riccobono,* i (1936), 301 ff.; Solazzi, *Diritto ereditario,* ii. 135 ff. Lenel, 'Zur Geschichte der heredis institutio', *Essays in Legal History,* ed. P. Vinogradoff (1913), 123 f. For documents concerning *cretio* see *FIRA* iii, nos. 60, 61, with references; Taubenschlag, *Law of Greco-Roman Egypt* (1944), 160 f.*

s. 508. Solazzi, l.c. ii. 84 ff.

s. 509. Bonfante, *Corso,* vi (1930), 281 ff.; Biondi, l.c. 181 ff.; *Successione testamentaria* (1943) = *Trattato di dir. Rom.* ed. Albertario, vol. x, pp. 133 ff.

四、待继承遗产

如前所述，由法律指定的继承人（无遗嘱继承人）或由遗嘱指 510. 概念和术语定的继承人（遗嘱继承人）并非总是可以在被继承人死亡时立即继承遗产。从被继承人死亡到继承人取得遗产之间的时间内，遗产是“hereditas iacens”（待继承遗产或休眠遗产），就像现代学者所说的那样。这个术语没有在古典著作中出现，但“hereditas iacet”（遗产在休眠）和“bona iacent”（遗产在休眠）可能是古典的表达方式。

“待继承遗产”的法律地位被古典法学家讨论得很多，但没有形成一个综合性的理论，法学家们像通常那样仅限于个案。可用的文本（我们完全依赖于优士丁尼的法律汇编中的文本）不充分，并
511. 共和国法 遭到严重的篡改；只能了解到古典理论的一个粗略的梗概。

对于一个现代的大陆法学家而言，这个问题并不隐含着困难，“待继承遗产”是还没有被授予某个所有权人的遗产。“遗产中的奴隶”是一个处于支配权下的奴隶，但此时没有主人。遗产中的物处于所有权下，但是没有所有权人。被继承人的债务仍然存在，但此时没有债务人。“没有所有权人的所有权”“没有主人的支配权”“没有债务人的债务”，这些概念完全没有逻辑问题；要想对“待继承遗产”进行清晰和现实的分析，它们甚至是不可或缺的。但对于共和国法学而言，这些概念太不自然。共和国法学家把“待继承遗产”视为无主物，就像还没有被捕获的野生动物那样。当然，遗产不像野生动物那样可以被任何人随意占为己有，但“遗产中的物”像这样的动物一样，在遗产待取得时被视为“不处于所有权下的物”，而不是被视为处于所有权中但没有所有权人的物。在继承人取得遗产时，他取得所有权，但这项取得不能溯及到被继承人死亡之时。不可避免的结果是，如果属于遗产的某物被盗在遗产待取得时不存在盗窃诉讼。

古典法学家试图纠正这种非常原始的法。卡西乌斯（Cassius）主张，遗产的取得应回溯至被继承人死亡时，但他没有成功。主流的古典理论实质上承认“不属于任何人的权利”和“没有债务人的债务”；是古典法学家对一般化的厌恶使得他们没有表达这些概念。如果在遗产待取得时对某个属于遗产的物发生了一项侵权行为，他们会在继承人取得遗产后赋予其一项诉讼。技术细节没有完全查清，但它们不是很重要。如果在遗产待取得时遗产中的一个奴隶被某人杀死或被伤害，杰尔苏斯（Celsus）赋予继承人一项“阿奎利亚法诉讼”（显然只是一种“扩用诉讼”）。他只能通过假定这个奴隶在遗产待取得时虽然没有主人，但处于所有权之下，来达到这个结论。同样，其他“基于侵权”（ex delicto）的诉讼也被赋予继承人，但是对于盗窃诉讼，古典法学家不得不保留其共和国规则，因为“作为继承人的时效取得”（usucapio pro herede）制度以盗窃诉讼不存在为基础（关于这种时效取得，我们后面将会讲述，下文边码 628）。法学家们可以对这项古老的规则进行某种限制；他们可以创造一种新的侵权行为（“抢夺遗产行为”〔crimen expilatae hereditatis〕），但他们没有办法在赋予一项盗窃诉讼的情况下不破坏整个“作为继承人的时效取得”制度。属于遗产的某个奴隶在遗产待取得时可以通过要式口约、要式买卖或交付取得物。所取得的物“归入遗产”，即处于和被继承人留下的财产一样的法律地位。这意味着，这个奴隶“在遗产待取得时”处于支配权下，并且该支配权属于遗产，但他像整个遗产一样没有所有权人。遗产中的奴隶可以被他的前主人以外的立遗嘱人指定为继承人，如果他的前主人在活着的时候可以被指定为继承人的话。在这种情况下，原始文献采用 512. 古典法

这样的主张："遗产取代了死者的位置"（hereditas defuncti locum optinet）或者"遗产像死者那样发挥作用"（hereditas personae defuncti vice fungitur）。这些模糊的表述的含义可能是："遗产（继承；hereditas=successio，参见上文边码375）替代死者发挥作用"；换句话说，遗产从属于继承的权利，这种权利保留着对该奴隶的权力，尽管是一种不归属于某个所有权人的权力。尽管这样，古典法的决定显然要依赖于奴隶在这个关键的时期处于支配权下。

513. 后古典法　在后古典时期，"待继承遗产"被视为一个法人。这个反常的观念悄悄地进入了古典文本。这些文本是经过篡改的，这点非常清楚，现在没有争议。

原始文献

ss. 510 ff. Read *D.* (47. 2) 69 (with Jolowicz, *Digest* 47, 2 *de furtis,* p. 108); (9. 2) 13. 2 [*dominus* ... *habebitur*]; <*utili actione*> *experiri*; (43. 24) 13. 5 [*accedit*... *admissum*]; *Inst. Iust.* (3. 17) pr.; (41. 1) 33. 2 [*per traditionem*] <*mancipio*>*,* [*cuius* ... *opinantis*]; (45. 3) 28. 4 (with Beseler, *Beiträge,* v. 80); (28. 5) 31. 1 [*dominam esse*]; (28. 5) 53 and 65; (30) 116. 3.

参考文献

s. 510. On terminology see *Voc. Jur. Rom.* iii. 283. 11—13.

ss. 511 ff. Windscheid, *Pand.* iii (1906), § 531, with references; Scaduto, 'Contributo esegetico alla dottrina romana dell' eredità giacente', *Annali Palermo,* viii (1921), i ff. See further on the relevant texts, discussed by Scaduto, *Index Interp.* with references.

五、遗产占有的取得

无论谁想要取得遗产占有，都必须向裁判官或行省总督提出申请，由执法官通过法令赋予他。任何古典的遗产占有都是法令遗产占有(bonorum possessio decretalis，上文边码 378)。 514. 古典的遗产占有永远是法令遗产占有

在宣布这项法令之前，执法官可以根据自己的判断进行案件审查。但在公元二世纪，我们之前描述的那些遗产占有的类型(不考虑其他特别的类型)似乎都变成了例行公事，不需要任何(或者不需要任何严肃的)案件审查就会赋予。这样数个遗产占有就有可能会出现在同一项遗产上。假设 A 出现在裁判官面前，主张并获得了"无遗嘱遗产占有"(上文边码 404 以下)。数天之后，B 来到裁判官面前，出示一份遗嘱并获得"根据遗嘱提供的遗产占有"(上文边码 436)。最后，C 出现，主张并获得"违反遗嘱的遗产占有"(上文边码 468)。这三项遗产占有的优先顺序是非常清楚的，这是告示的顺序所蕴含的：(1) 违反遗嘱的遗产占有；(2) 根据遗嘱提供的遗产占有；(3) 无遗嘱遗产占有。然而，法律形势还远不明朗。此外，遗产占有可能被提前申请并获得，然后，所获得的遗产占有在晚些时候被证明是无效的或者具有不同的特征。假设被继承人有两个脱离父权的儿子 A 和 B，他指定 A 为 1/4 份额的继承人，他的朋友 F 为 3/4 份额的继承人，忽略 B。B 可以申请 1/2 份额的违反遗嘱的遗产占有，如果他这么做，那么 A 也同样获得 1/2 份额的违反遗嘱的遗产占有("由于告示因另一个人而适用"，上文边码 469)。 515. 细节

此时，假设 A 提前主张 1/2 份额的违反遗嘱的遗产占有，并希望 B 也会做同样的事情。但是 B 没有及时主张违反遗嘱的遗产占有。A 获得的违反遗嘱的遗产占有此时变成了 1/4 份额的根据遗嘱提供的遗产占有。至少，从我们的原始文献中必须得出这个结论。然而，我们将不再详述这些细节以及其他非常错综复杂的细节，尤其是因为被严重篡改的文本还没有被完全理顺。

516. 后古典法　在后古典时期，我们前面讨论的这些遗产占有类型可以通过在当局面前进行宣告的方式获得，只有在特别的情形中当中才要求法令。相应地，人们此时区分告示遗产占有和法令遗产占有。我们在前面已经指出过，这个区分对于古典法学家而言是完全陌生的（上文边码 378）。

整个问题急需一个批判性的复核。

430 **原始文献**

Read *D.* (37. 4) 10. 6; (37. 5) 14 pr.; (37. 5) 15. 1.

参考文献

Solazzi, *AG* c (1928), 17 ff.; La Pira, *La successione ereditaria intestata e contro il testamento* (1930), *passim*; H. Krüger, ‘Erwerb und Ausschlagung der bonorum possessio durch das Hauskind, den pupillus und den furiosus’, *Z* lxiv (1944), 394 ff. For the rest see Bibliography to ss. 377 ff.

第六章　取得遗产之后的继承人

一、导论

本章的目标是讲解一个或多个继承人在遗产像前一章所描述的那样被取得之后的法律地位。有三个主要问题是我们必须考虑的： 517. 概览

1. 继承人与被继承的财产（即他已经继承的权利）。

2. 继承人与他已经继承的债务。

3. 对继承人的法律保护，即他有权提起的诉讼。

我们将先对“增加理论”（“增加权”）作一些说明，因为在这个体系当中找不到一个更加合适的地方（Windscheid, *Pand.* iii, § 603 n. 6）。

继承人和遗产占有人将被一起叙述。

二、增加权

让我们来从这个简单的例子开始。被继承人死亡时没有订立遗嘱，因此发生无遗嘱继承。在他没有自家继承人的情况下，遗产 518. 无遗嘱遗产

被提供给最近的宗亲（上文边码 389）；然而，同一个亲等有两个宗亲，A 和 B，每人有权继承一半的遗产。此时，假设 A 接受了提供给他的份额，随后 B 拒绝了他的份额。随着 B 的拒绝，他的份额被增加到 A 的份额中去，这样 A 就成了全部遗产的继承人。A 对 B 的份额的取得是自动发生的，尽管最近的宗亲只能通过继承决定或“像继承人那样行事”（上文边码 492）取得遗产，但对于增加的份额则不要求额外的“接受遗产”行为。罗马人的观念是，整个遗产是“整体”提供给 A 和 B 的，A 的接受涵括了整个遗产，“各个部分发生重叠”。因此，如果 B 拒绝其份额，就不再存在“重叠”（concursus）了；遗产向 A 的“提供”和他的“接受”此时显示出其全部力量；对增加的份额不需要新的“提供”和“接受”了。即使 A 在 B 拒绝时已经死亡，增加也会发生。B 的份额由 A 的继承人继承。如果 B 没有拒绝他的份额，但还没有接受就死亡了，效果应该是一样的（上文边码 494）：他的份额不可避免地自动增加到 A 的份额上。

432

假设当 B 拒绝其份额或死亡时，宗亲都还没有取得遗产，在这种情况下，B 的份额也增加到 A 的份额中去，A 这时候只能接受全部份额或者不接受。

519. 无遗嘱遗产占有

当发生“无遗嘱遗产占有”时，也适用同样的原则。

假设被继承人有一个脱离父权的儿子 A 和两个脱离父权的孙子 C 和 D（他们是被继承人的先于他去世的儿子 B 的儿子）。A 和 C 申请“子女的遗产占有”，而 D 没能及时申请。根据“子女的遗产占有”这个顺位中的分配原则（上文边码 407），D 的份额增加到 C 的份额中去，但不增加到 A 的份额中去。

520. 遗嘱继承

最后，增加的原则也适用于遗嘱继承，但在这里——就像在我们刚刚提到的“子女的遗产占有”的情形下一样——这种增加有时在更小的一群继承人之间发生。例如：立遗嘱人指定A为1/2份额的继承人，B和C继承另外的1/2份额。如果B拒绝了他的份额（1/4），或者如果他还没有接受就死亡了，那么他的份额增加到C的份额中去，而不增加到A的份额中去。当然，这是一个遗嘱解释的问题，但是古典法学家忠于遗嘱所用的语言。如果立遗嘱人指定多个继承人继承同一个份额（就像我们刚给出的例子那样），那么增加总是仅限于“联合继承人”（re coniuncti），而在所有其他情形下，增加会在所有的共同继承人之间发生。这些古典法学家的决定为古典法学解释遗嘱的方法提供了重要的信息。因此，在阅读时应给予特别关注，因为可用的文本处于一个非常好的状态。

521.《帕比亚法》

根据《帕比亚法》，当涉及遗嘱继承时，增加权受到很大的限制。通常而言，“不能继承的份额”（pars caduca）此时由遗嘱中提到的享有特权的人继承，如果没有这样的人，则归“罗马人民的金库”所有，后来归“财库”所有。只有在有利于立遗嘱人的三代以内的长辈或后代时，“古代的法律”才会被维持。

原始文献

s. 518. Read *Epit. Ulp.* 26. 5; *D.* (38. 16) 9.

s. 519. Read *D.* (37. 4) 12 pr.

s. 520. Read *D.* (50. 16) 142; (32) 80; (28. 5) 67; (28. 5) 17. 1; (28. 5) 15 pr.; (28. 5) 60. 3; (28. 5) 64 [*hoc*] <*nihil*>; [*non ad ... separatis*].

参考文献

ss. 518—520. Windscheid, *Pand.* iii (1906), §§ 603, 604; Bonfante, *Corso,* vi (1930), 253 ff.; Vaccaro-Delogu, *L'Accrescimento nel diritto ereditario romano* (1941, not available); see Guarino, *SD* ix (1943), 301 ff.

s. 521. Windscheid, § 604 n. 1, with references.

三、继承人与被其继承的财产

434

522. 全部遗产的继承人

如果在一个个案当中，只有一个继承人取得了全部遗产，那么法律地位很简单。“继承人继承死者的地位”（上文边码 367），即被继承人的权利如果在他死亡时不消灭（上文边码 358），则此时归属继承人。如果被继承人是“奎里蒂法上的”（ex iure Quiritium）所有权人，那么此时所有权归继承人；如果被继承人是一个债权人，那么债权此时归到继承人身上。如果属于遗产的某物在另一个人的手里，继承人可以用通常的程式来起诉后者：“如能证明该物是奥鲁斯·阿格里乌斯（继承人的名字会用来替代这个名字）的”（Si paret rem Auli Agerii esse etc.）（上文边码 58）。他也可以起诉被继承人的债务人，例如，用“特定借贷金额之诉”：“如能证明努梅里乌斯·内格底乌斯应向奥鲁斯·阿格里乌斯支付 100 赛斯特提乌斯”（Si paret Numerium Negidium Aulo Agerio centum dare oportere etc.）（上文边码 30）。

遗产占有人不是市民法上的继承人。以如下简单的情形为例：

被继承人死亡时无遗嘱，只有一个脱离父权的儿子，该儿子获得“子女的遗产占有”。该儿子不是遗产的“奎里蒂法上的”所有权人；即使他占有遗产，遗产在市民法上也是“待继承遗产”（上文边码 510）。例如，如果一块属于遗产的土地由另一个人占有，遗产占有人不能通过“所有物返还之诉”（rei vindicatio）起诉后者，但裁判官以“拟制程式”（“将其拟制为继承人”）（这我们已经描述过，上文边码 49）赋予他一项“扩用的所有物返还之诉”（rei vindicatio utilis）。遗产占有人随后可以通过时效取得“奎里蒂法所有权”（dominium ex iure Quiritium），但他暂时完全依赖于裁判官的保护。因此，遗产占有人不能通过要式买卖转让土地；他所能做的是转让“裁判官所有权”，即由裁判官保护的占有。同样，遗产占有人不能用通常的程式来起诉遗产债务人，他需要“拟制诉讼”（actiones ficticiae）。因此，从技术的视角来看，“继承人”和“遗产占有人”存在广泛的不同，把遗产占有人称为“继承人”看起来会遭到反对；但在实践上，当事人几乎感觉不到这些差异。这些技术上的差别是法学家和书写员关心的事情，他们将它们作为理所当然之事来处理。此外，在“非常诉讼程序”（在不存在程式诉讼的行省，参见上文边码 20）中，这种差别不像在普通诉讼程序当中那么明显。 523. 全部遗产的遗产占有人

有时候继承人的权利会与遗产占有人的权利产生冲突。然后，我们必须去考虑，遗产占有是“可胜诉的”的还是“不可胜诉的”的。“可胜诉的遗产占有人”面对继承人时受裁判官保护，“不可胜诉的遗产占有人”则不受保护（上文边码 378）。 524. 与遗产占有人有冲突的继承人

考虑如下“可胜诉的遗产占有”的例子。被继承人死亡时没有遗嘱，只留下一个脱离父权的儿子 A 和一个宗亲兄弟 B。A 获得“子

女的遗产占有”，B 是唯一的市民法继承人，通过继承决定接受了遗产。现在 B 单独是遗产的市民法所有权人，但 A 的遗产占有是“可胜诉的”的。因此，A 可以向 B 主张遗产，但 B 不能向 A 主张，裁判官会否定 B 的遗产诉讼。

525. 共同继承人 如果有多名继承人取得遗产，例如，A 取得 1/3，B 取得 2/3，那么任何属于遗产的权利都根据他们的份额归属到他们身上。如果有一块土地属于遗产，那么 A 和 B 现在是共同所有权人：所有权，而不是该土地，被分割以便 A 可以拥有 1/3 的所有权，B 拥有 2/3 的所有权。“遗产中的奴隶”此时有两个主人，A 享有 1/3 的“支配权”，B 享有 2/3“支配权”。与罗马自由主义相一致（上文边码 363），每个共同继承人都有权处分他对单个物的份额，而不需要另一个继承人的同意；对于整个物，他们当然只能一起处分。此外，每一个共同继承人都可以随时要求分割，分割可以由共同继承人通过协议达成，或者，如果无法达成协议，则由审判员在遗产分割审判中进行；对于这个程序，我们后面将会回到它（下文边码 538）。对于这些规则，只有一个例外。根据古老的共和国格言“债务自动分割”（nomina ipso iure divisa sunt）（nomen=“在债权人的账目记入”“债务”“债”），可分的请求权是自动分割的。假设被继承人向某人提供了 90 的贷款，那么接受贷款的人此时欠 A 30，欠 B 60。

Gai. 3. 154a 提到的古老的共和国时期的共同继承人之间的“继承人共同体”（consortium）不需要在本书中讨论，因为在古典时期它已经不存在了。

526. 遗产占有人；遗产占有人和继承人 如果有数个遗产占有人，也是用类似的规则。他们不是共同所有权人，但裁判官像共同所有权人那样对待他们。“债务自动分割”

的规则也适用；每个遗产占有人（被拟制为继承人）可以向债务人主张其份额。有时候，遗产占有人与继承人竞争；那么法律形势在技术上有点复杂。

假设一个父亲有两个儿子，A 处于其支配权下，B 脱离了父权。父亲无遗嘱死亡，A 根据市民法是全部遗产的继承人。A 和 B 都可以申请“子女的遗产占有”，每人一半的份额。A 不申请，而 B 获得了遗产占有。这样 B 是整个遗产的遗产占有人，但只有一半是“可胜诉的”，根据市民法，此时不存在共同所有权，但裁判官把 A 和 B 视为共同所有权人（不考虑“遗产占有令状”，下文边码 537）。

原始文献

s. 522. Read *D.* (50. 17) 59.

s. 523. Read Gai. 4. 34.

s. 525. Read Ⅻ *Tab.* v. 9 (*FIRA* i, p.41).

参考文献

s. 523. Lenel, *Edict.* (1927), 183.

s. 525. On the maxim *nomina ipso iure divisa sunt* see Berger, *Zur Entwicklungsgeschichte der Teilungsklagen* (1912), 5, and *Studi Riccobono*, i (1936), 609 ff. For further literature see above, ss. 86, 87, Bibliography. On *consortium* see *FIRA* i, p. 42, with references; Frezza, *Rivista di Filologia,* lxii (1934), 27 ff.; Maschi, *Disertiones* (1935).*

四、继承人与被继承人的债务

527. 超过遗产价值的责任

取得遗产的继承人对债务负责，不管遗产中有多少财产。他继承“死者的地位”，出于这个原因对债务负责，即便债务“超过遗产价值”，并且没有什么救济可以把责任限定在遗产价值的范围内。我们已经提到过这项严苛的罗马原则，可以参考我们前面的讨论（上文边码 371 以下）。

528. 拒绝继承恩惠；回复原状

自动取得遗产的自家继承人（上文边码 488）可以利用“拒绝继承恩惠”（上文边码 490），并因此免除债务。通过一项法律行为（“继承决定”或“像继承人那样行事”，上文边码 492）取得遗产的“自愿继承人”，如果在接受遗产之后发现遗产不足以清偿债务，那么可以申请“回复原状”。如果他“不满 25 岁”，当然可以利用“回复原状”（上文边码 329）；但如果他“超过 25 岁”，那么只有在例外的情况下才会被赋予这种救济，似乎只有由皇帝的法令才能赋予。

529. 必要继承人的分离恩惠

然而，古典法已经认为在一种情形下需要减少这种责任的严苛性，即“必要继承人”的情形。我们已经指出（上文边码 502），立遗嘱人可以通过遗嘱解放他的奴隶并指定其为继承人。解放自由人自动取得遗产，与自家继承人不同的是，他不享有“拒绝遗产的恩惠”（上文边码 502）。然而，在古典法下，解放自由人可以把他在恩主死亡之后取得的财产与遗产区分开来，这样可以保障他可以对抗遗产债权人。现代研究者把这种权利称为“必要继承人的分离恩惠”（beneficium separationis heredis necessarii），尽管这个术语肯定不是古典的并且甚至带有误导性。关于这种“恩惠”的可用资料非常稀少,但在它们当中,有盖尤斯的《法学阶梯》的一个段落(Gai. 2. 155)。盖尤斯说,解放自由人在其恩主死后取得的一切都“保留给他自己”;遗产债权人不能把它和遗产一起出售。但这意味着什么呢?现代学者对这种“恩惠”进行了激烈的讨论,但他们似乎忽略了这个事实:在古典法下,存在人身执行这样一种事情(上文边码 43)。解放自由人是遗产债权人的债务人,如果他们不能通过出售遗产当中的财产获得完全清偿,而同时还被禁止出售解放自由人在其恩主死后取得的财产,那么他们仍然有权对该解放自由人进行人身执行。这并非不可能,但几乎是不可能的。因为如果法律是这样的,那么这项“恩惠”对该解放自由人就没有太大作用了。因为通常他会愿意把自己的财产交给债权人以避免人身执行。因此,我们认为,这项“恩惠”导致的后果不仅仅是把解放自由人的财产从遗产中分离出来,也就是说,在遗产债务的问题上,他还会因此免受人身执行的威胁。关于这项“恩惠”的历史我们一无所知。《关于财产交出的尤利亚法》可能明确规定,解放自由人可以通过把遗产交给遗产债权人(一种特殊的“财产交出”)而免受人身执行。或者裁判官可能已经赋予他某种“保留生活财产的恩惠”(beneficium competentiae,下文边码 793)把他的责任限制于“可从遗产支付的数额”。两种方法都可行,但到底实际上哪一种被选择了,我们无法回答。尽管如此,这项“恩惠”的古典性不应再被怀疑。在罗马私法的历史当中,这是“以遗产价值为限”的责任的第一个示例,因此具有特别的意义。

皇帝戈尔迪安(Gordianus)更进了一步,他把士兵的责任限定

530. 戈尔迪安的批复。优士丁尼的遗产清单恩惠 于遗产。

除了这两个情形之外，继承人的古老的严苛责任（“超过遗产价值”）仍然不变，直到优士丁尼在公元 531 年通过“遗产清单恩惠”（beneficium inventarii）使得继承人把他的无限责任变为一种“以遗产价值为限”（cum viribus hereditatis 或 pro viribus hereditatis）的责任（优士丁尼的谕令 *C*. 6. 30. 22 的用语在这方面是模糊的）。

531. 多名继承人 如果存在多名继承人，“债务自动分割”（上文边码 525）也适用。假如 A 是 1/3 份额的继承人，B 是 2/3 份额的继承人，被继承人欠负 C 90，那么 A 欠负 C 30，B 欠负 C 60。如果债务是不可分的，那么每个继承人都欠负“整个债务”（“整体”〔in solidum〕，参见下文边码 827）。

遗产占有人像继承人一样对债务负责，债权人可以“把他们拟制为继承人”起诉他们。

532. 遗产占有人 随着遗产的取得，其中的财产被继承人的财产吸收；此时，继承人只有一项财产（Windscheid, *Pand*. iii, 605 n. 6），包括遗产和继承人在取得遗产之前拥有的财产。另一方面，被继承人的债权人

533. 债权人的分离恩惠 此时是继承人的债权人，与继承人在取得遗产之前就已经存在的债权人处于同等地位。两类债权人相互竞争并且都可以用遗产和继承人的其他财产来保障执行。然而，告示包含一个标题“关于财产分离”（De separationibus ; Lenel, *Edict*. § 223）。告示的表述没有保留给我们，但明显是裁判官赋予遗产债权人一项权利去把遗产和继承人的其他财产分离出来。因此，遗产被保留给遗产债权人，只要遗产债权人还未得到全额清偿，继承人的债权人则被排除。另一方面，遗产债权人也肯定被排除于继承人的非遗产财产。这项所谓

的“债权人的分离恩惠”（beneficium separationis creditorum）只能由遗产债权人使用，不能由继承人的其他债权人使用。

关于这种“恩惠”的可用资料非常稀少，而且大多是伪造的。在这种情况下，阐明古典法的任务是毫无希望的，除非出现新的资料。整个“分离恩惠”（beneficium separationis）目前是一个问题。其背后的“理由”是什么？可能有人会说：“遗产负有被继承人的债务；可以说它是‘被抵押’给他的债权人的。因此，遗产应首先为这些债权人保留，优先于继承人自己的债权人”。但为什么继承人的债权人不能同样说：“继承人在取得遗产前拥有的财产就像是抵押给我们的一样，遗产债权人不能取得这些财产，只要我们还没有得到完全的清偿”？在伪造的文本中是这么说的：“继承人自己的债权人无权抱怨遗产债权人以同等条件与之竞争，因为每一个债务人都可以通过缔结新的债而使其债权人的地位变得更糟”。但这几乎不能成为一项有说服力的争辩理由，尽管它给现代学者和立法者造成了很深刻的印象。因此，甚至这项制度的基础观念都没有被清楚地确定，至于细节就更不用说了。在这样一种情形下，历史学家可以并且有义务去宣布一项“事实不清”（non liquet）。

原始文献

s. 528. Read *D.* (4. 4) 11. 5 with Beseler, *St. Riccobono,* i. 306; Gai. 2. 163.

s. 529. Read Gai. 2. 155 to *venient.*

s. 530. Read *C.* (6. 30) 22 pr.; cf. *Inst. Iust.* (2. 19) 6.

s. 533. Read *D.* (42. 6) 1 pr.—2 (entirely spurious); (42. 6) 1. 5

(spurious); (42. 6) 1. 17 (from *cuius rei ratio* spurious).

参考文献

s. 528. Solazzi, *Diritto ereditario romano,* ii (rg33), 265 ff.

s. 529. Solazzi, l.c. 252 ff.; Guarino, 'Il beneficium separationis dell' heres necessaria', *Z* lx (1940), 185 ff.; Beseler, *Scritti Ferrini,* iii (1948), 272.*

s. 530. Solazzi, l.c. 275, 283 ff.; Windscheid, *Pand.* iii (1906), § 606.

s. 531. On *nomina ipso iure divisa sunt* see above, s. 525, Bibliography.

s. 533. Windscheid, *Pand.* iii, § 607; Lenel, *Edict.* (1927), § 2230; Baviera, *Il commodum separationis nel diritto romano* (1901); Ferrini, *Scritti,* iv (1930), 67—192; Solazzi, *Bull.* xi (1898), 248 ff., xiii (1901), 247 ff.; Tumedei, *La separazione dei beni ereditari* (1917). See further German *BGB.* § 1981; *Code civ.* 878, 881 with Planiol-Ripert, *Traité élémentaire de droit civ.* iii (1946), s. 2635.

五、对继承人的法律保护

534. 概览 继承人享有用于保护遗产相关权利的通常诉讼。例如，如果被继承人的一个奴隶不在继承人的占有中，那么后者可以通过通常的“所有物返还之诉”起诉占有人。如果继承人是遗产占有人，他可以“拟制为继承人”提起“扩用的所有物返还之诉”。这类诉讼不需要进一步讨论(上文边码 523)。然后，在这里我们必须要处理三种救济：(1)继承人的“请求遗产之诉”(hereditatis petitio)。(2)遗产占有人可利用的“遗产占有令状”(interdictum quorum bonorum)。(3)用以解散共同继承人中存在的共同体的“遗产分割之诉”(actio familiae erciscundae)。

(一)请求遗产之诉

这种诉讼最主要发生在遗产(或遗嘱当中的某物)由对原告的继承人身份有异议的人占有的情形。假设 P 占有一块土地，H 要求他返还。H 在裁判官面前(上文边码 17)主张这块土地之前属于 A，而他(H)是 A 的继承人。P 对原告的继承人身份有异议，他主张自己才是 A 的真正的继承人，或者他只是简单地否认 H 的继承人身份，而不自称是 A 的继承人。在这种情况下，H 可以用“请求遗产之诉”来起诉 P。程式可能是这样的： 535. 请求遗产之诉

“如能证明系争的鲁齐乌斯·提提乌斯的遗产根据市民法是奥鲁斯·阿格里乌斯的，如果该物届时不被返还给奥鲁斯·阿格里乌斯，那么该物的价值将是多少，审判员就判罚努梅里乌斯·内格底乌斯向奥鲁斯·阿格里乌斯支付多少，如不能证明则开释”。

(Si paret hereditatem L. Titii qua de agitur Auli Agerii esse ex iure Quiritium neque ea res Aulo Agerio restituetur, quanti ea res erit, tantam pecuniam iudex Numerium Negidium Aulo Agerio condemnato, si non paret absolvito.)(比较“返还所有物之诉”的程式，上文边码 58)

这显然是一种对物诉讼程式（上文边码 58）。这意味着（上文边码 56）被告没有义务接受"审判"（iudicium），他可以自由地放弃他占有的东西。如果他既不接受"请求遗产之诉的审判"（iudicium de hereditatis petitione），也不放弃他所占有的东西，原告就可以要求"遗产令状"（interdictum quam hereditatem）（Lenel, *Edict.* § 229）。

此外，如果占有人对原告的继承人身份没有异议，但主张他自己是"可胜诉的遗产占有人"，那么也存在"请求遗产之诉"。在这种情况下，一项"欺诈抗辩"（上文边码 96）会被插入"请求遗产之诉"程式中去（Gai. 2. 120）。

如果占有人基于所谓的"特别名义"获得系争物——例如，通过买卖和要式买卖——那么他不需要质疑原告的继承人身份并接受"请求遗产之诉的审判"；在这种情况下，正确的诉讼是"所有物返还之诉"。然而，如果原告提出建议的话，他也有权接受"请求遗产之诉的审判"；因此，说"请求遗产之诉"只能针对"自认为是继承人的占有人"或者"自认为是占有人的占有人"，是错误的（下文边码 537）。

到目前为止，我们仅在程式诉讼之内考虑"请求遗产之诉"。如果"请求遗产之诉"要在"百人法庭"提出，那么在案件审理之前要先进行古老的"法律诉讼"（per legis actionem）程序（"誓金法律诉讼"〔legis actio sacramento〕）（Gai. 4. 31）。在这种情况下，被告必须主张他自己是真正的继承人。

536.《尤文提安元老院决议》

"请求遗产之诉"的进一步细节不能在这里描述。在这方面，可用的原始文献因为大量根本性的篡改而非常难懂。古典文本的彻底转变是公元129年的《尤文提安元老院决议》(*S. C. Iuventianum*)造成的。在尤文提乌斯·杰尔苏斯(Iuventius Celsus，著名的普罗库鲁斯学派法学家；Schulz, *History*, 105, 109)和尤利乌斯·巴尔布斯(Iulius Balbus)担任执政官期间，颁布了一项关于"罗马人民的金库"的"不能继承的遗产返还之诉"(vindicatio caducorum)的元老院决议。我们在前面已经提到过(上文边码509)，在《尤利亚法》和《帕比亚波派亚法》下，遗产或遗产的部分有时会归"金库"(后来归"财库")所有。这种"不能继承的遗产返还之诉"是一种特别的"请求遗产之诉"(hereditatis petitio=vindicatio hereditatis〔遗产返还之诉〕)，但由该元老院决议确立的规则在很大程度上与私人"请求遗产之诉"不同。在古典期间，该元老院决议的规则扩展适用于无人继承的遗产(bona vacantia)的"返还诉讼"(vindicatio，上文边码424)，但从未扩展到私人的请求遗产之诉。然而，在后古典时期，可能只是在优士丁尼的汇编者手里，该元老院决议的规则才与私人的请求遗产之诉的规则融合在一起。为了这个目的，古典文本被无情地更改，《学说汇纂》的标题"关于请求遗产之诉"(*De hereditatis petitione*〔5. 3〕)下的文本，表现出非常混乱的方面，尤其是因为文本被其他类型的篡改进一步破坏。

445

乌尔比安在他的大型告示评注的第15卷论述请求遗产之诉。他从讲解关于私人的请求遗产之诉的法律开始(Lenel, *Palingenesia*. ii, 497)；然后解释《尤文提安元老院决议》(*S. C. Iuventianum*；Lenel, *Palingenesia*. ii, 500 ff.)。这是一个没有争议的事实，我们可以从中得出结果：在古典法下，该元老院决议不适用于私人的请求遗产之诉；否则的话，乌尔比安会先解释该法。这个论据是不容反驳的、决定性的。根据《学说汇纂》中的文本，乌尔比安开始他的讨论而没有提到该元老院决议。然后，他突然停止，并转到该元老院决议，用如下话语（*D*. 5. 3. 20. 6）：

> "除了这些之外，我们还发现有很多关于'请求遗产之诉'、出售遗产中的物、先前的欺诈行为以及收益的讨论。因为对于这些问题，一项元老院决议已经制定了规则，所以最好的做法是，在提供了这个元老院决议的文本之后对该元老院决议本身进行解释"。
>
> （Praeter haec multa repperimus tractata et de petitione hereditatis, de distractis rebus hereditariis, de dolo praeterito et de fructibus; de quibus cum forma senatus consulto sit data, optimum est ipsius senatus consulti interpretationem facere verbis eius relatis.）（紧接着是该元老院决议的文本和评注）

我们不能把这个荒谬的事情记在乌尔比安头上。假设你正在读一本关于货物买卖的英国书籍，作者开始讲解法律但未提到《货物买卖法》（*Sale of Goods Act*），突然间他停下来，并宣称，"我找到了更多关于我至今为止讨论的问题的资料，但因为有《货物买卖法》这样的东西，最好先评注该法。"然后对《货物买卖法》进行评注。你的判断肯定是，作者肯定是疯了。*D*. (5. 3) 20. 6 是汇编者们写的，表明他们的目的是融合该元老院决议和"请求遗产之诉"的一般法。因此，下列文本肯定也是归因于他们：

D. (5. 3) 20. 9：“私人‘请求遗产之诉’也适用该元老院决议，这点没有人怀疑，尽管它是为公法的‘请求遗产之诉’制定的”(In privatorum quoque petitionibus senatus consultum locum habere nemo est qui ambigit, licet in publica causa factum sit.)

C. (3. 31) 1 pr. 也是经过篡改的：

“该元老院决议是我的祖父，被尊奉为神的哈德良授权制定的，它规定，在遗产被追夺的情况下，什么财产，在什么时间发生的，应当被返还；它不仅涉及财库的案件，也涉及私人遗产请求者”(Senatus consultum auctore divo Hadriano avo meo factum, quo cautum est, quid et ex quo tempore evicta hereditate restitui debet, non solum ad fisci causas, sed etiam ad privatos hereditatis petitores pertinet)。

真正的这个批复是相反的：“仅涉及‘金库’的案件，而不涉及私人遗产请求者”(ad aerarii causas non ad privatos hereditatis petitores pertinet)。这个文本是《优士丁尼法典》的“关于请求遗产之诉”(De petitione hereditatis)标题下的第一个文本，正好是汇编者们宣布他们的新原则的正确地方。

这不是野蛮的激进主义，而是相反，是合理的常识和历史批判主义。当然，我们是否能够从可用的文献恢复古典法的全部细节，这是非常不同的问题。但是，任何希望尝试的学者都必须紧紧抓着这个原则：“在古典法中，《尤文提安元老院决议》不适用于私人的

‘请求遗产之诉’”。这项原则得到无可辩驳的证明，并且任何“来自篡改研究的反对意见”都没有消除它的希望。

（二）遗产占有令状

537. 遗产占有令状 继承人的普通诉讼被通过拟制的方式（“拟制为继承人”）提供给遗产占有人，但是“请求遗产之诉”不能为他们所用。《学说汇纂》有一个内容很短的标题“关于占有人的请求遗产之诉”（De possessoria hereditatis petitione〔5.5〕），但是我们在这个标题读到的两个片段原先处理的是各种拟制诉讼（actiones ficticiae singulares），而不是处理提供给遗产占有人的请求遗产之诉。占有人的请求遗产之诉（hereditatis petitio possessoria）是后古典的发明。

448

遗产占有人不需要请求遗产之诉，因为他们有一项特别的救济；它不是一项古典意义上的“诉讼”（actio，上文边码 37），而是一项“令状”（interdictum，上文边码 106）；这项令状根据该令状的开头两个词而被称为“interdictum quorum bonorum”（遗产占有令状）。这项令状可适用于任何遗产占有人，包括不可胜诉的遗产占有人，它针对不基于特别的名义占有遗产或遗产之一部分的人；换句话说，他只针对像继承人或遗产占有人那样占有的占有人（“自认为是继承人的占有人”〔pro herede possessor〕，即“认为自己是继承人的人”〔qui putat se heredem esse〕），或者没有任何名义的占有人（自认为是占有人的占有人〔pro possessore possessor〕，即“没有任何原因而占有遗产当中的物的人”〔qui sine causa aliquam rem hereditariam possedet〕）。这项令状是一项“返还性令状”（interdictum restitutorium）。对于这点和所有其他细节，我们可以参考我们关于令状的一般讨论（上文边码 106）。

（三）遗产分割之诉（actio familiae erciscundae）

这项诉讼的目标是解散共同继承人之间的共同体；这是我们前面说过的所谓的“分割审判”（iudicia divisoria）之一（上文边码 86、87）。 538. 遗产分割之诉

原始文献

s. 537. Read Gai. 4. 144 [*vel etiam ... pertinere*].

参考文献

ss. 535, 536. Windscheid, *Pand.* iii (1906), §§ 611 ff., with references; W. Francke, *Exegetisch-dogmatischer Commentar über den Pandectentitel de hereditatis petitione* (1864, antiquated but still useful); G. Beseler, *Beiträge,* iv (1920), 4 ff.; *Scritti Ferrini,* ii: (1948), 289; Fliniaux, ‘Le Sénatusconsulte Juventien et la litis contestatio’, *RH* ii (1923), 82 ff., 187 ff.; Lenel, *Z* xlvi (1926), 4 ff.; *Edict.* (1927), § 65; Dénoyez, *Le Sénatusconsulte Juventien* (1926); Lewald, *Z* xlviii (1928), 638 ff.; F. Bozza, *Sulla competenza dei Centumviri* (1938), 67 ff.; Appleton, ‘Le Vrai et le faux Sénatusconsulte Juventien’, *RH* ix (1930), 1 ff., 621 ff.; G. Longo, *L'hereditatis petitio* (1933); A. Carcaterra, *La hereditatis petitio* (1940, not available); Santi di Paola, ‘La litis contestatio nella cog nitio extra ordinem’, *Ann. Catania,* 1948, Estratto pp. 27 ff. On the *inter dictum quam hereditatem* see Lenel, *Edict.* §229; Berger, *PW*

ix. 1658.

s. 537. On the *hereditatis petitio possessoria* see Lenel, *Edict.* § 67; on the *interdictum quorum bonorum* see Lenel, § 227; Berger, l.c. 1666; De Martino, *Atti Napoli,* lviii. 348 (not available); Solazzi, *SD* vi (1940), 329.

s. 538. See references above, ss. 86, 87, Bibliography.

第七章　遗赠和遗产信托

一、导论

“legare”源自“lex”。 539. 词源学

“lex”是指规则，任何类型的规则，包括“lex publica”（国家制定的法规）和“lex privata”（私人制定的规则，例如，“lex contractus”〔合同条款〕）。就像“donare”是指“进行赠与”（donum facere），“terminare”是指“确定边界”（terminum facere）等等，“legare”原本是指“制定规则”（legem facere）。在这个意义上，这个术语被用在《十二表法》（v. 3）的这项著名的规则上，“一个人为其金钱或者为其物之监护制定规则，那么这些规则就是法”（Uti legassit super pecunia tutelave suae rei, ita ius esto）。然而，“legare”也在“delegare”（指派、委任）的意义上被使用，因此，“legare aliquem”（指派某人）是指在一个“规则”（lex）下委派某人，承担某项任务；因此，“legatus”=“ambassador”（使者）。从这个用法派生出“legare aliquid alicui”=“通过并根据某个‘遗嘱条款’（lex testamenti）把某物授予某人”这个法律术语。“legare”在《十二表法》当中被使用时包括立遗嘱人在其遗嘱当中所订立的任

何条款，但“legare rem alicui”（把某物授予某人）不可避免地只有非常狭窄的范围；它不能包含“继承人的指定”，因为继承人是死者地位的继承人；监护人的指定和奴隶的解放（上文边码 140、285）也同样被排除在外。这样我们获得了“legare”和“legatum”的古典法律概念。

540. 定义　古典的“遗赠”（legatum）是立遗嘱人在遗嘱当中委托其继承人们或其中一个继承人授予某个人的一种赠与。我们将从如下几个方面来说明这个定义。

541. 不存在法定遗赠　1. 遗赠是一种赠与。继承人可由法律指定（无遗嘱继承），但在古典法中不存在“法定遗赠”（legatum legitimum）这样的东西，所谓的“被尊奉为神的庇护的四分之一”（quarta divi Pii）包含的是一种像继承人那样的继承权利。

542. 遗赠不是赠与　2. 遗赠是一种死因（mortis causa）赠与。“死因赠与”（donatio mortis causa）也是一种“死因”赠与，但它是通过赠与人和受赠人的协议进行的（下文边码 574），而遗赠是通过遗嘱留下的。

543. 通过遗嘱或者经确认的遗嘱附书留下的遗赠　3. 任何遗赠都是通过遗嘱留下的。它可以被写在遗嘱蜡板上；但由于它是加在继承人身上的一种负担，所以它必须写在“继承人指定”之后；遗赠也可以在“经遗嘱确认的遗嘱附书”（codicilli testamento confirmati）当中留下，而继承人则不能在遗嘱附书（codicilli）当中指定。

遗嘱附书是指用小木板绑在一起做成的小册子；这些木板涂了一层蜡膜。在这个意义上，遗嘱附书和遗嘱蜡板没有区别。在古典法下，对遗嘱附书没有特别的形式要求；因此，它可以被写在纸莎草卷上，尽管书卷严格来讲不是小“codex”；古典法学家只在复数上使用"codicilli"(*D*. 50. 16. 148)。如果我们在古典文本中遇到单数的"codicillus",那么该文本要么是错误的,要么是被篡改过的;参见 *Voc. Iur. Rom*. i. 766, 但也可参见 *Thes. Ling. Lat*. iii. 1408; Beseler, Z liii (1933), 31。

4. 只有在遗嘱中被指定为继承人的人才能负担遗赠。 544. 负担遗赠的人

(1)任何从被继承人那里接受某物的其他人,尤其是受遗赠人,都不能负担遗赠。

(2)无遗嘱继承人不能负担遗赠。这很显然。只包含遗赠的遗嘱是无效的,因为继承人的指定是必要的(上文边码 426)。只要存在有效的遗嘱,就不存在无遗嘱继承。如果遗嘱失效,那么遗赠也失效。然而,裁判官有时通过让无遗嘱继承人负担遗赠而维持它,我们在后面将回到这点上(下文边码 566)。

5. 古典的受遗赠人从来不像继承人那样是"取代死者地位的继承人"。重要的后果是,他从不继承被继承人的债务。 545. 受遗赠人不是继承人

6. 古典法学家从未尝试给遗赠下定义,盖尤斯没有定义(参见 Gai. 2. 192)。如果有任何其他法学家曾给出过定义的话,我们肯定可以在我们的法律汇编中找到它,因为后古典的法学家,包括优士丁尼的汇编者们,都喜欢定义。我们在《学说汇纂》中找到的两个定义都源自后古典时期,其中一个被优士丁尼《法学阶梯》(*I*. 2. 20. 1)的汇编者采用。 546. 后古典的定义

D. (30) 116 pr.:"遗赠是遗产的减少,通过它,立遗嘱人希望从本应全部属于继承人的东西当中把某物给予某人"(Legatum est delibatio hereditatis, qua testator ex eo, quod universum heredis foret, alicui quid collatum velit)。"delibatio"这个词(=deminutio,

拿走，减少）在全部拉丁文献当中（除了教会文献）只在这个段落中出现（*Thes. Ling. Lat.* v. 437. 46）。这是决定性的：没有古典法学家会用这么一个奇特的词。

D. (31) 36："遗赠是通过遗嘱留下的赠与"（Legatum est donatio testamento relicta）。"legatum"和"donatio"的混淆不能记到莫德斯汀（Modestinus）头上，这符合后古典时期把死因赠与同化为遗赠的趋势（下文边码 575）。此外，该文本的出处：莫德斯汀的《学说汇纂》（*Pandectae*）是一部非常靠不住的著作（参见 Schulz, *History*, 222）。

547. 术语

根据古典的术语，受遗赠人被称为"legatarius"。后来大陆的学者也称其为"honoratus"，因为古典法学家把接受"遗赠"（legatum）视为一种荣誉。负担遗赠的继承人被称为"heres a quo legatum est"。因此，Gai. 2. 271 说"a legatario legari non potest"的时候，肯定不能被翻译为"受遗赠人不能进行遗赠"，而是要翻译为"遗赠不能由受遗赠人负担"。现代学者简单地用"oneratus"这个术语来表示负担遗赠的继承人，这也是一个非古典的术语，尽管古典法学家会说"继承人因遗赠而产生负担"（heres oneratur legato）。

454

548. 遗产信托的发展

在共和国时期已经存在另一种遗赠，即遗产信托（fideicommissum）。"fidei alicuius committere"是指"因某人的诚信而将某物委托给他"。例如，一个立遗嘱人为了第三人的利益非要式地请求他将来的继承人做某事（例如，把某物交给他，或者解放一个奴隶）。他相信他会实现他的愿望，尽管他在法律上不受做这件事的约束。这是遗产信托的原先的概念，即一种信托，一种负担，不会导致法律义务，但在荣誉上会约束受托人并构成对其忠诚的一种要求。这种安排肯定起源于立遗嘱人出于某些原因不能有效地指定继承人或进行遗赠的情形。例如，立遗嘱人希望把他的遗产留给一名女性，但被《沃科尼亚法》禁止（Gai. 2. 226）；或者他希望把遗产留给一个异邦人。然而，在奥古斯都治下，当遗产信托在法律上变得有约束力时，其特征便发生了根本性的改变。尽管古典意义上的诉讼（上文边码 37）不会被赋予受益人，但他可以通过非常诉讼程序强迫受托人履行被继承人的愿望。从克劳狄乌斯时期开始，有权发起这项程序的官员是一种特别的“遗产信托裁判官”（praetor fideicommissarius）（在行省是总督），而不是“城市裁判官”（praetor urbanus）；因此，告示（即城市裁判官的告示）未提到遗产信托诉求（persecutio fideicommissi）。在遗产信托这样变得可诉之后，它的名称只是表明它不能以通常的程式诉讼起诉，并且这种履行的范围由诚信来确定；与“基于遗嘱的诉讼”（actio ex testamento，下文边码 564）相比较，“请求遗产信托之诉”（petitio fideicommissi）实际上可以被描述为一种“诚信请求之诉”（petitio bonae fidei）。

549. 遗产信托和遗赠相对比

与遗赠相对比，遗产信托有如下不同之处：

1. 遗产信托可以由任何一个出于死因从被继承人那里获得某物的人负担，不仅仅是继承人，也包括受遗赠人或者死因赠与的接受者。甚至无人继承的遗产预计会归属的“财库”也可以负担遗产信托。

2. 遗产信托不仅可以由遗嘱或遗嘱确认的遗嘱附书留下，还可以在任何遗嘱附书中留下，甚至可以口头留下。因此，无遗嘱继承人也可能负担遗产信托，尽管如前所述，他不能负担遗赠。

3. 受益人有时“处于继承人的地位”，出于这个原因，要对遗产债务负有责任。我们将在后面回到这点上（边码 568）。

我们现在可以给出一个古典遗产信托的明确定义。它是一种出于死因的赠与，被表达在一项非要式的要求当中，这项要求的对象是从赠与人那里出于死因取得某物的人。

550. 术语　关于遗产信托的古典术语需要进一步检验。然而，如果考虑遗赠和遗产信托之间的意义重大的区别，似乎不能相信，古典法学家曾在遗产信托上使用过“legare”和“legatum”这两个术语。什么时候我们遇到这些用法，那么我们肯定是遇到了篡改。

456

对于“留下一项信托”的古典表述是“fidei（dative）alicuis committere”；“dare”“relinquere per fideicommissum”“relinquere fideicommissum”也是古典术语。受益人的术语是“fideicommissarius”。“fideicommittere alicui”（=“为某人的利益”）不是古典的。受托人被称为“is cuius fidei（dative）committitur”或“is a quo fideicommissum relictum est”。但“fideicommittere alicui”（对某人委以信托），不大可能是古典的。“fiduciarius”不（像经常被错误地认为的那样）是古典的指称受托人的术语。只有在很少的文本中我们遇到“heres fiduciarius”（受信托的继承人）。

551. 古典遗赠法的特征　古典法学家对遗赠法（遗赠和遗产信托）的研究具有毫不掩饰的偏爱。古典的著作，尤其是《学说汇纂》（*Digesta*），《解答》（*Responsa*）和《问题》（*Quaestiones*），都充满了关于遗赠的精巧而详细的探讨。在优士丁尼《学说汇纂》当中有七卷是专门讲遗赠法的（30—36），更不用说这几卷之外的文本。我们前面所说的（上文边码 359）：“继承法是罗马人的法律意志的焦点”，这句话对于遗赠法尤为正确。希望获得古典法学的一个生动的、令人印象深刻的图像的人，肯定需要研究罗马法的这个领域，然而，古典法学家的这项成就揭示了他们所受到的限制以及他们的伟大。在研究这些讨论的全部细节时，人们不禁会想，是否真的需要在这些非常难解而实践意义又如此微小问题上投入这么多的时间和精力。不应忘记的是，写作大量关于遗赠的著作的法学家们并不关心非法孩子的命运（上文边码 278），没有发展出法人的法律（上文边码 147），对异邦人的法视而不见——甚至对罗马和拉丁自治市的法律也视而不见——并且不去讨论任何涉及公共行政管理法的问题。在整体上，古典法学仍然维持在共和国法学家们划定的魔圈内。这些人是“法学家”（iuris consulti），即在当事人咨询时给出法律意见和建议的法学家。因此他们的兴趣范围不可避免地受到限制，但是遗赠的问题正好是他们最常被咨询的问题，因为他们的顾客主要（如果不是唯一的话）是“有钱人”（beati possidentes）。在这一方面，古典法学家仍然忠于共和国传统。由于被他们精心编织的网吸住，所以古典法学家不仅忽略了其他重要得多的问题，而且显然无法认识到，在他们手中发展起来的遗赠法有多么复杂。古典法学家的辉煌成就，在这里像在别的地方一样，要花昂贵的代价才能得到。

552. 后古典法

后古典时期尝试对古典遗赠法进行根本性的简化。我们马上就要提到的各种遗赠类型被减少为一种；遗赠和遗产信托之间的区分随着程式诉讼的消亡而不再存在。《学说汇纂》当中处理遗赠的第一卷的第一个文本（*D.* 30. 1）宣布：“遗赠和遗产信托完全相同”（Per omnia exaequata sunt legata fideicommissis）。当然，这项新原则是汇编者们，而不是乌尔比安（这个文本被归到他名下）宣布的，就像波伦那注释法学家们已经承认的那样：

“这是法律汇编者们从乌尔比安的话里面拆解出来的”（Glossa Accursii ad *D.*〔30〕1: Dic quod aliquid est hic detractum a verbis Ulpiani a compilatoribus iuris）。

优士丁尼的《法学阶梯》（*I.* 2, 20, 2—3）使得这点非常清楚。这些根本性的革新不可避免地导致古典文本被大量篡改，但完全贯彻它们则超出了后古典法学家甚至优士丁尼的汇编者们的能力范围。此外，这样一种对古典文本的根本性破坏也与拜占庭法学派的古典主义倾向不符。因此，汇编者们在整体上没有进行根本性的篡改，很大一部分篡改出自前优士丁尼时期的人之手。汇编者们整体上认为，宣布新的原则就足够了，然后留给法学派去贯彻它。

553. 现代文献

对可用的大量资料进行的批判分析仍处于起步阶段，这不让人意外，目前还没有对整个遗赠法进行非常充分的批判工作。在本书当中，我们仅限于根据我们的计划描述这项古典制度的粗略梗概。我们希望尽可能地说清其一般的范围和目标，对于古典法和共和国法错综复杂的细节和非常有趣的后古典发展，我们同样不在这里描述。

原始文献

s. 539. Read *D.* (50. 16) 120.

s. 543. Read Gai. 2. 229, 270*a; Inst. Iust.* (2. 25) pr.

s. 544. Read Gai. 2. 270, 271.

s. 548. Read *Inst. Iust.* (2. 23) 1; (2. 25) pr.

s. 549. Read Gai. 2. 260, 271; *D.* (30) 114. 2; Gai. 2. 270*a*; *D.*

(40. 5) 47. 4.

s. 552. Read *Inst. Iust.* (2. 20) 3.

参考文献

ss. 539 ff. Glück, *Erläuterung der Pandecten,* xlvi—xlix (1869—1889); Ferrini, *Teoria generale dei legati e fedecommessi* (1889); Windscheid, *Pand.* iii (1906), 573 ff.; Biondi, *Successione testamentaria (Trattato ii diritto romano*, ed. E. Albertario, x. 1943), 269 ff.; Kaser, *Altröm. Jus* (1949), 247 ff.

s. 539. Stolz-Schmalz, *Lat. Grammatik* (1928), 196.

s. 541. On the *quarta divi Pii* see F. E. Vassalli, *Miscellanea critica del diritto romano,* i (1913), 59; Beseler, *Subsiciva* (1929), 2.

s. 548. Brückner, *Zur Geschichte des Fideikommisses* (1893); Schulz, *History,* 11, with references; Guarino, *SD,* 1944, pp. 317 ff.; *Z* lxii (1942), 252 ff.

s. 550. Biondi, l.c. 303, with references.

s. 552. Riccobono, *Mélanges Cornil,* ii (1926), 348 ff.; Biondi, l.c. 302 ff.

二、遗赠和遗产信托的设立和撤销

古典的遗赠是在遗嘱或经遗嘱确认的遗嘱附书当中通过为遗嘱继承人设立负担的方式来设立（上文边码 543）。在古典时期，有两种主要的遗赠类型：直接遗赠（legatum per vindicationem）和间 554. 遗赠的四个古典类型接遗赠(legatum per damnationem)。另外两种各类型:容受遗赠(legatum sinendi modo)和先取遗赠(legatum per praeceptionem)则没有那么重要,并在公元二世纪已经濒临消亡。因此,我们在本书当中可以将其忽略。

(一)直接遗赠

555. 直接遗赠 受遗赠人根据这种遗赠取得留给他的东西的所有权;不需要继承人这边的转让行为。受遗赠人可以通过“所有物返还之诉”(rei vindicatio,上文边码58及下文边码640)向继承人以及任何占有该物的人主张该物。

希望设立这种遗赠的立遗嘱人必须遵守特定的形式。通常的表述方式是:“do lego”(我给予、我遗赠)(例如,“我给予、我遗赠科尔内利安土地给提提乌斯”〔fundum Cornelianum Titio do lego〕),因此直接遗赠经常被描述为“do lego legatum”(do lego legare)。其他允许的表述方式是“sumito”“capito”“rem sibi habeto”:它们全都意味着受遗赠人不需要继承人进行转让行为便能取得所有权。“我把科尔内利安土地留给提提乌斯”(fundum Cornelianum Titio relinquo)当然是不充分的。后古典的《乌尔比安摘录》的作者主张(24. 1):“遗赠是按照法律规定的方式,也就是说用命令的方式,通过遗嘱留下的”(Legatum est quod legis modo, id est imperative, testamento relinquitur)。这显然是错误的:最重要的表述“do lego”不是祈使语气。

立遗嘱人在设立遗赠时和他死亡时,必须是该物的所有权人;如果被留下的是可替代物,所有权只在后一个时间点上是他的也是足够的;立遗嘱人也可以通过这种遗赠设立用益权或地役权(下文边码 673、688)。

关于受遗赠人，要求是“特定的人”(persona certa)。在这方面我们可以参考前面的讲述(上文边码 450)。就像在指定继承人时一样，“通常替代继承”(substitutio vulgaris)是允许的(上文边码 455)。如果有多名继承人，其中的一人可以是受遗赠人(“给继承人的遗赠”〔praelegatum〕)。

假设一个立遗嘱人指定 A、B、C 为继承人，每人 1/3 的份额；他另外把他的奴隶斯蒂库斯通过“直接遗赠”(do lego legatum)留给 C。C 取得该奴隶的所有权，但他根据该遗赠仅取得该奴隶 2/3 的所有权，因为对于另外 1/3 的份额他作为继承人已经是所有权人了。稍微更复杂的是如下情形。A 和 B 被指定为继承人，每人一半的份额。科尔内利安土地被留给 B、X、Y，每人 1/3 的份额。A 和 B 作为继承人成为该土地的共同所有权人，每人一半的份额。B 享有的“给继承人的遗赠”(praelegatum)在对自己的份额的范围内是无效的，归 X 和 Y 所有，B 只能从 A 获得 1/6 的份额，X 和 Y 一起获得该土地的 5/6。*D*. (30) 116. 1。

(二)间接遗赠

556. 间接遗赠

通过这种遗赠，立遗嘱人让继承人负担一项义务。例如，如果一块土地被以这种方式留下，那么继承人有义务通过要式买卖把其所有权转移给受遗赠人(下文边码 597)。

立遗嘱人通常使用的表述包括：“damnas esto”(有义务……)(例如，“我的继承人有义务把我的奴隶斯蒂库斯给予提提乌斯”〔Heres meus Stichum servum meum Titio dare damnas esto〕)，但另一种命令式(例如，“dato”〔应给予〕)被认为也是足够的。

通过这种遗赠，立遗嘱人可以使继承人有义务为受遗赠人做任何事情；重要的特别类型是：

（1）对不属于立遗嘱人的某物的遗赠。如果继承人也不是该物的所有权人，那么他有义务取得该物或支付其价值。

（2）债权遗赠（legatum nominis）。在这种情况下，立遗嘱人把他针对他的债务人的请求权留给一个第三人。继承人有义务把该请求权转让给受遗赠人。

（3）免除债务遗赠（legatum liberationis）。在这种情况下，立遗嘱人免除其债务人的债务。继承人有义务免除其债务。

（4）债务标的遗赠（legatum debiti）。在这种情况下，立遗嘱人把他欠他的债权人的东西留给他。在古典法下，这样一种遗赠总是意味着债权人的利益，因为，此时他除了他已经享有并可以据以起诉继承人的诉讼之外，还享有"基于遗嘱的诉讼"（actio ex testamento，下文边码 564），后者是"否认诉讼会导致标的增加为双倍"（in quibus lis infitiando crescit in duplum）的诉讼之一（上文边码 74，下文边码 564）。

（5）部分遗产遗赠（legatum partitionis）。立遗嘱人把他的一部分遗产（注意：不是全部）通过间接遗赠留给某人（下文边码 561）。

关于受遗赠人的一些规则（特定的人、通常替代继承、给继承人的遗赠）可以参考我们关于直接遗赠的论述（上文边码 555）。

（三）《尼禄元老院决议》（*S. C. Neronianum*）

557.《尼禄元老院决议》

尼禄治下的一项元老院决议涉及如下情形。立遗嘱人通过直接遗赠留下某个从未处于其所有权中的物。根据我们之前的论述（上文边码 555），这项遗赠是无效的。然而，元老院通过宣称它应当被视为“是有效的，就像根据最优的法律留下的那样”（utile atque si optimo iure relictum esset），而“确认”了它。这个法令的含义是，该遗赠应被视为间接遗赠，因为在提交给元老院的这个案件当中，只有这种遗赠才是允许的。这种“转化”根据元老院的命令“依据裁判官法”进行，而该遗赠在市民法上仍然是无效的。古典法学家把这项元老院决议适用于其他类似的情形，但显然总是通过把无效的遗赠转化为间接遗赠的方式。

假设一个立遗嘱人通过直接遗赠留下一个特定的奴隶斯蒂库斯。该奴隶在立遗嘱人死亡时处于其所有权下，但在他设立遗赠时并没有处于他的所有权下。该直接遗赠是无效的（上文边码 555）。他本应被转化成容受遗赠（Gai. 2. 211），但似乎它实际上会被转化为间接遗赠，因为后者是“最优的法”（Gai. 2. 210）。

然而，古典法学家从未走得远到抛弃遗赠的全部形式要求的程度。立遗嘱人使用的表述必须是所有可适用于直接遗赠、先取遗赠或者容受遗赠的正确表述当中的一种。如果立遗嘱人选择了其中一种表述，但该表述与案情不匹配，那么法学家们会把它转化为间接遗赠，就好像后者的条件已经满足似的。但如果立遗嘱人所使用的表述不属于其中任何一种，那么遗赠无效，并且不能转化。因此，如果一个立遗嘱人写了“我把我的奴隶斯蒂库斯留给提提乌斯”（stichum servum meun Titio relinquo），那么这项遗赠是无效的，并且不能转化。我们在后古典的《乌尔比安摘录》（*Epitome Ulpiani*, 14. 11a）当中读到的说法是不准确的：

“尼禄元老院决议规定，没有用适当的辞句留下的遗

赠，就像根据最优的法留下的遗赠一样”（Senatusconsulto Neroniano cautum est, ut quod minus aptis verbis legatum est, perinde sit ac si optimo iure legatum esset）。

558. 后古典法

在后古典时期，古典的这些关于遗赠的形式主义都被抛弃（*C.* 6. 37. 21），遗赠的不同古典类型也被融合在一起。这导致了对古典文本的大量修改。尤其是，被收入优士丁尼《学说汇纂》和《法典》当中的古典区分基本都被删除了。

559. 遗产信托的设立

设立遗产信托不要求任何形式，通常的表述是“fidei committo”（我依诚信委托），“rogo”（我要求），“peto”（我请求），但其他表述也是允许的，只要足以表达设立遗产信托的意图。后古典的《乌尔比安摘录》（*Epitome Ulpiani*, 24. 1；25.2）宣称，遗产信托必须以“请求的方式”（precativo modo）被留下，但这明显是不正确的。“volo”（我想要）这个词也是允许的（Gai. 2. 249），但它肯定不是一个“请求动词”（verbum precativum）。然而，尽管遗产信托不要求固定的表述，但古典法学家至少要求一项明确的宣告并且不愿意认可默示的遗产信托，除非有皇帝批复或元老院决议的支持。

考虑如下示例。一个立遗嘱人指定鲁齐乌斯·提提乌斯为唯一的继承人并补充说：“我请求，鲁齐乌斯·提提乌斯，你只保留10个金币”（Peto, L. Titi, contentus sis decem aureis）。这被视为立遗嘱人默示整个遗产减去10个金币为无遗嘱继承人的利益设立了一项遗产信托，但这只是依据皇帝的一项批复（*D.*〔31〕69 pr.）得出的结论。

从我们的残缺且经过篡改的资料中无法完全查清细节；当然，个案也是非常具有特殊性的。但有一事必须牢记：设立遗赠所要求的表述不适合于设立遗产信托。如果这样的表述被使用，而遗赠在个案中无效并且在尼禄元老院决议下也不能得到确认，则不可能转化为遗产信托。立遗嘱人可以明确地宣布，“如果我的遗嘱中留下的遗赠是无效的，那么我希望它被作为遗产信托维持”，但如果没有这样的宣布则不会发生转化。根据一个这样的宣告，继承人的指定甚至也可以转化为一项遗产信托。

假设一个立遗嘱人指定提提乌斯为其唯一继承人，并补充说：“如果这份遗嘱无效，我希望它被视为一份遗嘱附书”（上文边码543）。如果该遗嘱实际上真的无效，那么根据这样一项遗嘱附书条款，无遗嘱继承人负担一项以提提乌斯为受益人的“遗产的遗产信托”（fideicommissum hereditatis）。

两种特别的遗产信托类型必须给予特别的注意：

1. 解放的遗产信托（fideicommissum libertatis）

与遗嘱解放（manumissio testamento，上文边码140）相对，这是一种通过遗嘱间接赋予自由的方式，负担义务的一方有义务去解放奴隶。因为受益人是奴隶，不能作为原告，所以受托人的债起初仅仅具有道德特征，但在公元二世纪，如果受托人拒绝履行遗产信托，那么奴隶可以向裁判官提出申请。这种遗产信托通过元老院决议和皇帝谕令发展出了一套规则，对此我们将不具体描述。 560. 解放的遗产信托

2. 遗产的遗产信托

“遗产的遗赠”（legatum hereditatis）只能以“部分遗赠”（legatum partitionis）的方式进行（上文边码556），但整个遗产及其一 561. 遗产的遗产信托

部分都可以以遗产信托的方式留下。因此，立遗嘱人可以指定提提乌斯为继承人，并通过遗产信托命令遗产在提提乌斯死后交给塞尤斯："提提乌斯应为继承人；如果我的继承人提提乌斯去世，我希望我的遗产归塞尤斯所有"（Titius heres esto; cum Titius heres meus mortuus erit, volo hereditatem meam ad Seium pertinere）。尽管提提乌斯仍为继承人，而塞尤斯仅仅是遗产信托受益人，但后者的法律地位因两项元老院决议而被同化于继承人的地位，即《特雷贝里安元老院决议》（*S. C. Trebellianum*）和《佩加西安元老院决议》（*S. C. Pegasianum*），我们马上要回到这两项元老院决议。因此，实质上，"遗产的遗产信托"是"一旦是继承人，永远是继承人"规则（上文边码 456）所禁止的一种替代继承："提提乌斯应为继承人；在提提乌斯去世时，塞尤斯应为继承人"（Titius heres esto; cum Titius mortuus erit, Seius heres esto）。现代学者把"遗产的遗产信托"称为"信托替代继承"（substitutio fideicommissaria），与"通常替代继承"〔substitutio vulgaris〕和"未适婚人的替代继承"〔substitutio pupillaris〕相对应（上文边码 455、458）。《法国民法典》（第 896 条）简单地称其为"替代继承"，忘了还有"通常替代继承"这样的东西存在。立遗嘱人可以走得更远，让遗产信托受益人负担一个类似的遗产信托："提提乌斯应为继承人。在提提乌斯去世时，我希望我的遗产归塞尤斯所有；在塞尤斯去世时，我希望我的遗产归他的儿子所有，等等（Titius heres esto. cum Titius mortuus erit, volo hereditatem meam ad Seium pertinere; cum Seius mortuus erit, volo hereditatem meam ad filios eius pertinere, etc.）"。这样，"替代继承的烦扰”(上文边码 361、456),尤其是家庭遗产信托本可以得到发展。然而,任何遗产信托受益人在立遗嘱人死亡时都必须活着;此外,哈德良治下的一项元老院决议要求遗产信托受益人必须是一个“特定的人”(persona certa,上文边码 450)。这样“信托替代继承”被限制在非常狭窄的范围内。“留给家庭的遗产信托”(fideicommissum familiae relictum)的历史在后古典时期才开始。

562. 遗赠的撤销

广义的遗赠(包括遗赠和遗产信托)都是可撤销的。遗产信托的撤销没有形式上的要求,但是遗赠只能通过遗嘱或经遗嘱确认的遗嘱附书当中包含的明确宣告来撤销(“我不给予”〔non do〕,“我不遗赠”〔non lego〕,“我的继承人不应给予”〔heres meus ne dato〕)。

假设立遗嘱人在他的遗嘱蜡板上以 L 为受遗赠人写下一项遗赠,但后来在进行要式买卖之前(上文边码 434)他改变主意并决定不给 L 留下任何东西。立遗嘱人可以简单地删除遗嘱当中的相关字句或者他也可以撤销写着这项遗赠的整块遗嘱蜡板。他还可以通过在遗嘱蜡板中加上一项明确的否定性宣言来撤销这项遗赠。如果要式买卖已经进行过了,仍有两种方法可以撤销这项遗赠:(1)立遗嘱人可以订立一份新的遗嘱以取消之前的遗嘱;(2)立遗嘱人可以在遗嘱附书当中撤销这项遗赠,只要它是经过遗嘱确认的。

非要式的撤销不会使得遗赠在市民法上无效,但如果继承人被受遗赠人起诉的话,他可以提出一项“欺诈抗辩”。假设立遗嘱人在进行要式买卖之后打开遗嘱蜡板并删掉包含遗赠的字句,或者他在未经遗嘱确认的遗嘱附书中撤销遗赠,那么在这种情况下遗赠在市民法上仍是有效的,但如果受遗赠人起诉继承人,继承人受“欺诈抗辩”（exceptio doli）的保护。

563. 默示的撤销　遗赠和遗产信托甚至可以通过默示的方式撤销。因此，如果立遗嘱人转让了通过间接遗赠或遗产信托留下的东西，那么他就被认为撤销了遗赠；遗产信托自动无效，遗赠可因“抗辩”而无效。如果立遗嘱人设立了直接遗赠，然后又转让了该物，导致他在死亡时不再是该物的所有权人，那么遗赠自动无效（上文边码 555）。在尼禄元老院决议下也不能得到确认（上文边码 557），因为如果他设立了间接遗赠，那么转让行为会导致“欺诈抗辩”的产生。赋予受遗赠人一项可以被“欺诈抗辩”排除的“基于遗嘱的扩用诉讼”（actio ex testamento utilis，上文边码 557）是荒谬的。

原始文献

s. 554. Read Gai. 2. 192.

s. 555. Read Gai. 2. 193, 194, 196, 229, 281, 238; *D.* (30) 116. 1.

s. 556. Read Gai. 2. 201—204, 262; *D.* (32) 14. 2, *legatum* <*per damnationem*>; [*vel ... vendat*]; Gai. 4. 9 [*certa*]; Gai. 2. 282; 4. 171; Paul. *Sent.* (1. 19) 1; *Epit. Ulp.* 24, 25.

s. 557. Read Gai. 2. 197; *Epit. Ulp.* 24. 11*a*.

s. 558. Cf. *Fr. Vat.* 44 with *D.* (30) 120. 2.

s. 559. Read Gai. 2. 249; Paul. *Sent.* (4. 1) 6; *D.* (31) 88. 17.

s. 560. Read *Epit. Ulp.* 2. 7—10; Gai. 2. 263.

s. 561. Read Gai. 2. 250, 271, 277, 287; *D.* (31) 32. 6 [*et qui ... extenderit*].

s. 562. Read *Epit. Ulp.* 24. 29; *Inst. Iust.* (2. 21) pr.; *D.* (34. 4) 3.

8; *D*. (34. 4) 22.

s. 563. Read Gai. 2. 198.

参考文献

s. 554. Biondi, *Successione testamentaria* (1943), 271 ff.*

s. 555. On *praelegatum* see Windsckeid, *Pand.* iii (1906), § 627; Biondi, l.c. 466 ff.

s. 556*a*. Schulz, *Epitome Ulpiani* (1926), 27, with references; Biondi, l.c. 421 ff.

s. *556b*. Biondi, l.c. 448.

s. 556c. Biondi, l.c. 457.

s. 556*d*. Beseler, *Z* xlvii (1927), 65 ff.; Biondi, l.c. 450.

s. 556*e*. Biondi, l.c. 442.

s. 557. Ciapessoni, 'Sul senatusconsulto Neroniano', *St. Bonfante,* iii (1930), 651 ff.; Grosso, *AG* cvii (1932), 103 ff.; Biondi, l.c. 282 ff.; Beseler, *St. Albertoni,* i (1935), 432; Solazzi, *Scritti Ferrini* (ed. Archi, 1946), 144.

s. 559. Mitteis, *RP* i (1908), 196; Biondi, l.c. 291 ff.

s. 560. Buckland, *Roman Law of Slavery* (1908), 513 ff., 611 ff.

s. 561. Biondi, l.c. 477; on *fideicommissum familiae relictum* in particular Windscheid, *Pand.* iii, § 637; Declareuil, *Mélanges Gerardin* (1907), 135 ff.; Biondi, l.c. 498.

ss. 562, 563. Koschaker, 'L'alienazione della cosa legata', *Conferenze romanistiche tenute nella R. Università di Pavia 1939*

(1940), 89 ff., with references; Biondi, l.c. 399 ff.; Solazzi, *Scritti Ferrini* (ed. Archi, 1946), 145, with references.

三、遗赠和遗产信托的法律效果

564. 开始日和到来日

关于遗赠的取得，有两个日期非常重要，现代学者通常称其为开始日（dies cedens）和到来日（dies veniens）。尽管这些术语肯定不是古典的，但它们是必不可少的，在接下来的讨论中我们要用到它们。

1. 在开始日，受遗赠人不取得遗赠本身，而是取得一种可以转移至其继承人的期待。如果他在开始日之前死亡，那么遗赠就不能转移给他的继承人。在《帕比亚波派亚法》之前，立遗嘱人死亡之日就是开始日，但根据《帕比亚法》，它是遗嘱被正式打开之日（上文边码 501）。如果遗赠附条件且条件未被履行，那么履行之日就是开始日。当这天已经到来时，古典法学家会说“dies legati cessit”。这一天之前和之后的时间他们称为“tempus ante diem legati cedentem”和“tempus post diem legati cedentem”。“cedere”的这个独特的用法仅限于罗马法律语言并且在语言学上还没有得到完全的解释，但其法律含义是非常清楚的。“dies legati cedit”是指“遗赠开始显示其效果的时候”。无论如何，现代学者使用的“开始日”不是古典的。

2. 在所谓的“到来日”，受遗赠人取得遗赠；这是负担遗赠的人取得遗产的那一天（自动或通过接受遗产取得，上文边码 501 以下）。

(1) 两个罗马法学派之间关于直接遗赠存在争议。根据普罗库鲁斯学派的观点，物此时没有所有权人，但受遗赠人可以通过向继承人主张而获得所有权。根据萨宾学派的观点，受遗赠人在“到来日”自动成为所有权人。但如果他拒绝遗赠，则所有权归继承人所有，就好像它从未被受遗赠人取得过一样。争议的细节不需要在这里描述，显然，萨宾学派的理论被尤里安进行一些修改之后最终成为主流。如果遗赠被“附日期”(ex die) 留下，则受遗赠人在“那天到来”(dies venit) 之前不会取得所有权。

(2) 如果是间接遗赠，受遗赠人在所谓的“到来日”成为债权人。他有权拒绝遗赠吗？一般来说，如果他不希望接受遗赠，他只要不向继承人主张就可以了。但有可能他负担了某项遗产信托；很难相信，他不能通过拒绝遗赠来使自己免除遗产信托的负担。如果间接遗赠被“附日期”留下，但该日还没到来，受遗赠人还是成为债权人；这是未到期债务的一种情形：“金钱开始被欠负，但还不能被请求”(incipit deberi pecunia, sed peti non potest)。如果该日到来，古典法学家会说，“到期了”(dies venit)。基于间接遗赠可对继承人提起“基于遗嘱的诉讼”(Lenel, *Edict*. § 170)。该程式不能被完全重构，但它是以“对人”(in personam) 的方式拟定的 (上文边码 56)，不包含“根据诚信”(ex fide bona, 上文边码 60)，包含一个“判罚授权”(上文边码 30)，授权审判员判罚否认债务的被告进行双倍赔偿。这种诉讼是“否认诉讼会导致标的增加为双倍的诉讼 (Lenel, *Edict*. p. 368) 之一。

遗产信托也是根据类似的规则取得。所谓的开始日是被继承人死亡并留下负担遗产信托的无遗嘱继承人的那天。如果信托是

由遗嘱设立的，开始日可能是遗嘱被打开之日（上文边码 564）。“到来日”是负担遗产信托的继承人取得遗产之日，或者负担遗产信托的受遗赠人取得遗赠之日。随着遗产信托的取得，遗产信托受益人成为债权人，就像间接遗赠的受遗赠人那样。但我们已经提到，不存在“遗产信托之诉”（上文边码 41、548）：受益人必须在非常诉讼程序中主张其源自遗产信托的权利。因为在这种非常诉讼程序当中，审判员在很大程度上会适用“诚信”（bona fides），所以源自遗产信托的债在很大程度上与源自间接遗赠的债不同（上文边码 548）。

565. 多名受遗赠人

如果同一个物被通过直接遗赠的方式留给多个人，那么受益人成为“按份”（pro parte）共同所有权人，如果其中一个人拒绝遗赠，那么在《帕比亚法》不介入的范围内，他的份额增加到其他人的份额中去。在这个问题上我们可以参考我们之前的叙述（上文边码 520 以下）。如果同一个物被通过间接遗赠或者遗产信托留给两个或多个人，那么他们当中的每一个人都可以主张整个物，而不用考虑共同受遗赠人。

472

假设立遗嘱人通过间接遗赠把他的奴隶斯蒂库斯留给 A 和 B，那么每一个受遗赠人都可以主张该奴隶。因此他的继承人有义务把该奴隶交给其中一个人，并向另一个人支付该奴隶的价值。只有在该奴隶被“联合”（coniunctim）（例如，“给提提乌斯和塞尤斯”）留给他们的情况下，受遗赠人才会仅有权主张部分，并且如果其中一人拒绝遗赠，他的份额不会增加给他的共同受遗赠人。

566. 遗赠是强加在某人身上的负担

遗赠和遗产信托都是强加在从被继承人那里死因取得某物的人身上的一项负担。因此，如果负担一项遗赠的继承人拒绝接受遗产，那么遗赠就会被破坏。假设 A 被指定为唯一的继承人并负担遗赠。A 拒绝接受遗产，因此发生无遗嘱继承。该遗赠被破坏，因为无遗嘱继承人没有义务支付遗赠。如果一个受遗赠人负担遗产信托，但他拒绝接受遗赠，那么遗产信托也被破坏。然而，这项原则存在例外。

1. 假设立遗嘱人指定其唯一的儿子为继承人，并让其负担遗赠。该儿子已经脱离父权并因此不是自家继承人，他拒绝接受遗产。这样整个遗嘱包括遗赠都被破坏，因此发生无遗嘱继承。这个儿子作为无遗嘱继承人申请了“子女的遗产占有”（上文边码 405），在这种情况下，裁判官针对无遗嘱继承人赋予受遗赠人“扩用诉讼”（上文边码 49）。尽管该遗赠在市民法上已经变为无效，但裁判官在“进行案件调查”时仍然会维持它（Lenel, *Edict*. § 168）。

2. 立遗嘱人把 A 指定为唯一的继承人并让其负担遗赠；他进一步指定 B 为第二顺位继承人（即“通常替代继承”，上文边码 455）。在立遗嘱人死亡后，A 拒绝遗产，B 成为全部遗产的继承人。直到塞普蒂米乌斯·塞维鲁时期，B 都不负担遗赠；然而，遗赠被塞维鲁的一项批复维持。

3. 立遗嘱人指定 A 和 B 为继承人并让 A 负担一项间接遗赠，A 拒绝接受遗产。让我们来假设，他的遗产份额即使在《帕比亚法》（上文边码 520、565）下也会增加到 B 的份额中去。但遗赠被破坏，因为 B 没有义务支付遗赠。然而，“份额和其负担一起转移”（portio transit cum suo onere）原则最终根据我们刚刚提到的塞维鲁的批复而得到确认。

567. 法尔齐迪亚四分之一

为了鼓励负担遗赠的继承人接受遗产，《法尔齐迪亚法》（*lex*

Falcidia，平民护民官法尔齐迪乌斯〔P. Falcidius〕提议的公元前 40 年的一项平民会议决议）赋予继承人 1/4 的免于遗赠的净遗产（“法尔齐迪亚四分之一”〔quarta Falcidia〕）。如果几项遗赠超过 3/4 的净遗产，则它们会被按比例减少。

假设 H 被指定为唯一继承人并负担两项间接遗赠，即向 A 支付 60，向 B 支付 40。遗产的净价值是 120，因此该继承人有权保留 30。这样，10 必须按正确的比例从遗赠中减去，方法如下：

X= 从 A 的遗赠中减少的数额

Y= 从 B 的遗赠中减少的数额

X+Y=10　X:Y=60:40　X=6; Y=4

因此，他欠 A 54，欠 B 36，他自己保留 30.

这项规则乍一看是简单的，但它导致很多尴尬的问题。而且，由于我们的资料当中的相关文本受到各种篡改，所以关于“法尔齐迪亚四分之一”的法律特别困难，让人伤脑筋。

《法尔齐迪亚法》仅在遗赠的情形下赋予“四分之一”。对于遗产信托，“受托人”从不需要支付超过他从被继承人那里获得的部分，但无权保留“四分之一”。然而，《佩加西安元老院决议》（下文边码 568）在遗产信托的情况下赋予遗嘱继承人“四分之一”，而安敦尼·庇护把同样的权利赋予无遗嘱继承人。这项特权不扩展至其他负担遗产信托的人，尤其是受遗赠人。

568.《特雷贝里安元老院决议》和《佩加西安元老院决议》

最后，我们必须考虑强加在遗嘱继承人身上的“遗产的遗产信托”（上文边码 561）的法律效果。古典法以《特雷贝里安元老院决议》（尼禄治下的）和《佩加西安元老院决议》（维斯帕芗治下的）为基础。让我们仅限于最简单的情形：立遗嘱人指定 H 为唯一继承人并让其负担一项遗产信托，在三年后把遗产交付给 F。如果 H 接受遗产，那么他有义务三年后将其交给 F。如果他这么做——这可以通过一项非要式的宣告来达成——他仍然是市民法上的继承人，但 F 此时“处于继承人的地位”。根据元老院的命令，裁判官赋予 F 一项“扩用的请求遗产之诉”((上文边码 535)，一项所谓的“遗产信托受益人的请求遗产诉讼”(hereditatis petitio fideicommissaria；Lenel, *Edict.*§ 68)。此外，他还赋予他扩用的遗产诉讼，而且遗产债权人也可以用扩用诉讼起诉他(Lenel, *Edict.* § 68)。另一方面，裁判官否定继承人的遗产诉讼，并保护他不受遗产债权人的起诉。这些由《特雷贝里安元老院决议》确立的规则被《佩加西安元老院决议》进行了修改。就像已经说过的那样(上文边码 567)，它赋予继承人“法尔齐迪亚四分之一”，但不幸地把这项合理的革新和非常复杂的规则结合起来。

《佩加西安元老院决议》区分以下情形：

1. 遗产信托达到遗产的 3/4。如果继承人接受遗产并把其 3/4 交给受益人，那么适用《特雷贝里安元老院决议》。结果是，H 是整个遗产的市民法继承人，F 对 3/4 的份额“处于继承人的地位”。因此，H 根据市民法享有遗产诉讼，但只能利用其 1/4；F 对 3/4 享有裁判官法上的遗产诉讼。遗产债权人可以根据市民法对 1/4 起诉 H，根据裁判官法对 3/4 起诉 F。

2. 如果遗产信托超过 3/4 的遗产，则《佩加西安元老院决议》作如下进一步的区分：

(1) 继承人自愿接受遗产。那么他有权保留 1/4 的遗产，但不管他是否利用这项权利，受益人都不“处于继承人的地位”，并且要求在他和继承人之间做出要式口约以保证转移遗产中的权利和责任。

(2)继承人拒绝接受遗产。那么他可能会被执法官强制接受遗产。如果他在官方的强制之下才接受，那么他丧失保留 1/4 遗产的权利，但另一方面，受益人此时根据《特雷贝里安元老院决议》"处于继承人的地位"。

我们已经讲解了这些人为的复杂规则，因为它们对古典法学和立法非常重要。通过允许立遗嘱人指定 H 为为期三年的继承人，F 为该时间结束之后的继承人的方式可以达到一种清晰简单的状态，但这会违反"一旦是继承人，永远是继承人"这句格言(上文边码 456)，虽然这句格言是法学家创立的，并不源自任何制定法或裁判官的干预，但已经变成了古典法学家们的一个信条。他们没有制造出这项神圣规则的例外，而是建立了这项复杂的法律。

476

569. 废除了《佩加西安元老院决议》的优士丁尼的法律

优士丁尼废除了《佩加西安元老院决议》并恢复了《特雷贝里安元老院决议》，从前者仅保留了继承人的"四分之一"的权利和执法官强制继承人接受遗产的权力，但即使是优士丁尼也不敢违反"一旦是继承人，永远是继承人"这句格言。优士丁尼的《学说汇纂》和《法典》的汇编者通过篡改古典文本来贯彻这项新法；他们根本上删除了《佩加西安元老院决议》，只要他们在古典文本当中遇到它，就用《特雷贝里安元老院决议》来替代。当然，很容易发现这些篡改，因为我们拥有盖尤斯的记述。此外，优士丁尼的《法学阶梯》的作者和优士丁尼自己(*Const. Tanta*, 6)都毫无顾虑地披露他们的这项对法律学校有益的工作。

原始文献

s. 564. Read *Epit. Ulp.* 24. 31; *D.* (36. 2) 5 pr.; Gai. 2. 194, 195, 200, 201—204; (50. 16) 213 pr.; Gai. 4. 9 [*certa*]; 2. 282; 4. 171.

s. 565. Read Gai. 2. 199, 205.

s. 566. Read Gai. 2. 254 to *extinguebantur fideicommissa;* read the Edict *si quis omissa causa etc.* in Lenel, *Edict.,* p. 364; *D.* (30) 74 pr. [*Licet*]; [*tamen ... dicendum est*]; (31) 29. 1 and 2; (31) 49. 4; (31) 61. 1. Further exceptions not mentioned in the text above: *Epit. Ulp.* 17. 3; *D.* (30) 96. 1.

s. 567. Read Gai. 2. 227, 254; *D.* (35. 2) 18 pr. to *propter fideicommissa.*

s. 568. Read Gai. 2. 253-9.

s. 569. Read *D.* (36. 1) 17. 1 [*Trebelliano*] <*Pegasiano*>, 17. 2 [*sive*] <*si*> *suspectam*; [*sive sponte ... actiones*]; *Inst. Iust.* (2. 23) 3-7; *Const. Tanta, 6.*

参考文献

s. 564. Biondi, *Successione testamentaria* (1943), 338 ff., with references; on *actio ex testamento in duplum* see Beseler, *Z* xlvii (1927), 65 ff.

s. 565. Biondi, l.c. 322.

s. 566. Sanfilippo, *Studi sull' hereditas,* i (1937), 158 ff.;

Biondi, l.c. 325 ff. On Gai. 2. 254 see Solazzi, *Scritti Ferrini* (1946), 184. Beseler, *Scritti Ferrini,* iii (1948), 274.

s. 567. Windscheid, *Pand.* iii, §§ 65o ff.; Biondi, l.c. 381 ff.; F. Schwarz, *Z* lxiii (1943), 314 ff.

s. 568. Biondi, l.c. 477 ff.; Bartosek, 'Il Sc. Trebelliano', *Scritti Ferrini,* iii (1948), 308 ff.

四、要求

570. 概念

478

让我们从如下简单的情形开始：立遗嘱人通过遗赠（直接遗赠或间接遗赠）把一块土地留给L，并要求他在该土地上建立一个纪念碑来纪念立遗嘱人。这不是一项附停止条件（即受遗赠人应建立纪念碑）的遗赠。另一方面，我们也不能把立遗嘱人的要求视为强加在受遗赠人身上的遗产信托，因为不存在受益人。这显然是优士丁尼的汇编者们称为“附要求的遗赠”（legatum sub modo）的情形（*D.* 35. 1; *C.* 6. 45）。尽管这个术语不是古典的，但由于没有更好的术语，我们将在接下来的讨论中使用它。

571. 范围　一项“要求”（modus）可以出于不同的目的被强加到继承人和受遗赠人的身上。立遗嘱人可以通过这种方法对其葬礼做出指示；他可以命令，他的生日应通过为穷人提供宴会的方式来庆祝；他也可以禁止转让某块土地；他甚至可以要求把一笔钱支付给特定的人，但没有使用设立遗赠所要求的正确的表述，例如，“我给予并遗赠科尔内利安的土地给提提乌斯，因此他要向麦维乌斯支付100”（Titio fundum Cornelianum do lego ita ut centum Maevio det）。我们现在可以提供一个定义："死因要求"（modus mortis causa）是由立遗嘱人强加给继承人或受遗赠人的一项负担，它不涉及遗赠和遗产信托的设立。

古典法学家对这种安排非常熟悉，但用来指称它们的特别术语在他们那时候还不存在。原则上，一项"要求"仅意味着道德或宗教上的义务。如果"要求"被强加于受遗赠人，那么继承人可以保留给受遗赠人的物，直到后者向他允诺将来履行该"要求"。如果"要求"的履行具有国家或宗教利益，那么执法官或宗教当局可以干涉，但关于这个问题的原始文献很少并且不可靠。如果"要求"是为特定的人的利益而设立的，那么它可以被视为一种默示的遗产信托。然而，就像已经说过的那样（上文边码 559），法学家们（至少直到塞维鲁）都不愿意承认默示的遗产信托。 572. 法律相关性

在优士丁尼法下，"要求"的履行总是可强制执行的；汇编者们通过篡改古典文本来宣布这项新规则。 479 573. 优士丁尼法

原始文献

s. 572. Read *D.* (35. 1) 40. 5; (5. 3) 50. 1 [*quamvis ... voluntatis*]; *D.* (36. 1) 76 pr.

s. 573. In *D.* (33. 1) 7, the last sentence is certainly spurious; see *Index Interp.*

参考文献

ss. 570—573. Pernice, *Labeo,* iii. 1 (1892), 32 ff.; Mitteis, *RP* i (1908), 196 ff.; Biondi, *Successione testamentaria* (1943), 567 ff.

五、死因赠与

574. 概念　古典的死因赠与是一种赠与，通过赠与人和受赠人之间的协议进行，它在赠与人死亡（或在某种危及生命的特别操作中死亡）并且受赠人届时还活着的时候，发生完全的效力。像任何其他赠与一样，死因赠与可以通过不同的方式进行。尤其是，赠与人可以附停止条件（即受赠人在赠与人死亡时还活着）把所有权转让给接受方。如果在这种情况下，受赠人先于赠与人死亡，那么后者可以通过“所有物返还之诉”要回赠与。赠与人也可以无条件地把所有权转让给受赠人，而仅仅约束他或他的继承人在受赠人先于赠与人死亡时把所有权转回来。

575. 死因赠与和遗赠　古典的死因赠与和遗赠有很大的不同。古典的遗赠和遗产信托所要求的形式本身构成了它们与死因赠与的一项重要的区别。然而，从经济的视角来看，死因赠与和遗赠非常接近，因此甚至在古典时期死因赠与在一些方面也会与遗赠被相提并论，这并不奇怪。我们在前面已经提到（上文边码 549），遗产信托可以强加给死因赠与的接受方和受遗赠人。此外，根据塞普蒂米乌斯·塞维鲁的一项批复，继承人可以从一项死因赠与中扣除“法尔齐迪亚四分之一”（上文边码 567）。另一方面，《学说汇纂》的汇编者在一个经篡改的文本（*D*. 39. 6. 37 pr.）宣布：

“一般而言，应当记住的是，死因赠与和遗赠是被等同对待的。因此，适用于遗赠的法律也适用于死因赠与”（Illud

generaliter meminisse oportebit donationes mortis causa factas legatis comparatas: quodcumque igitur in legatis iuris est, id in mortis causa donationibus erit accipiendum)。

同样，优士丁尼的《法学阶梯》(*I*. 2. 7. 1)的作者(提到优士丁尼的谕令 *C*. 8. 56. 4)说：

> "这些死因赠与各方面都是以遗赠为范例做出的……由我做出规定，它在各方面都被算作遗赠"(hae mortis causa donationes ad exemplum legatorum redactae sunt per omnia... a nobis constitutum est, ut per omnia fere legatis connumeretur)。

因此，汇编者的非常明显的目标是把死因赠与同化于遗赠。在这种情形下，而且由于缺乏优士丁尼的法律汇编之外的文本，当然很难说同化的进程在古典时期走了多远，有多少可以归到后古典作者的头上。看起来比较确定的是，在古典法下，死因赠与不能由赠与人撤销。古典的死因赠与仍是一项协议，不能像遗赠那样由赠与人撤销(上文边码 562)。如果出现这种撤销权，那么文本要么是伪造的，要么就是在其原本的上下文中具有不同的含义。

原始文献

s. 574. Read *D*. (39. 6) 2.

s. 575. Read *C*. (6. 50) 5.

参考文献

ss. 574, 575. Biondi, *Successione testamentaria* (1943), 703 ff., with full references.*

附录：执行人

576. 概念；法学家的态度

在内容丰富的古典继承法当中，有一个事情完全被忽略——执行人制度，即由立遗嘱人指定的执行其愿望的独立的人。这是一个重大的忽略，因为如果有这个制度的帮助，继承法就可以得到彻底的简化，而简化正是古典法所急需的。共和国法学家非常接近它，因为家产购买人在原先的“铜块和秤式遗嘱”当中（上文边码 432）很容易就能发展成执行人。不幸的是，法学家走上了另一条道路，

482

家产购买人变成了单纯的证人。

577. 罗马遗嘱中的执行人

我们现在拥有的订立于古典时期的罗马遗嘱表明，执行人（被称为“保佐人”或“代理人”）实际上是存在的，但他仅仅是“事实上”的存在。立遗嘱人可以在遗嘱当中指定其朋友为保佐人，并就立遗嘱人死亡之后的事宜对他做出指示。这个朋友可以忠实地接受这个职责并努力去执行立遗嘱人的愿望，如果得到继承人和受遗赠人的友善支持的话。但一切都要依靠忠实、诚信和友善。在古典正统理论中，执行人没有得到任何法律上的承认。执行人的历史到中世纪才开始。

原始文献

s. 576. Read *D.* (36. 1) 80. 1.

s. 577. Read the testament of Antonius Silvanus (A.D. 142), *FIRA,* iii, no. 47, with references; Macqueron, *RH* xxiv (1943), 123.

参考文献

ss. 576, 577. Windscheid, *Pand.* iii, § 567; Mitteis, *RP* i (1908), 105 n. 30; Kübler, *PW* va. 1010; Biondi, *Successione testamentaria* (1943). 607 ff., with references; Macqueron, *RH* xxiv (1945), 150.

珍藏本·增订本

纪念版

汉译世界学术名著丛书

古典罗马法

下册

〔德〕弗里茨·舒尔茨　著

柯伟才　张晓博　译

SINCE 1897 商务印书馆 The Commercial Press

目　　录

第四部分　财产法

第五部分　债法

第四部分

财产法

导 论

578. 范围

本部分的主题是古典所有权以及那些源自所有权并修改所有权的权利。例如，用益权是由所有权产生的，因为只有某物的所有权人可以创设它。只要用益权存在，所有权就被修改，因为它负担着用益权人的权利。因此，如果所有权人将标的物转让给第三人，用益权人的权利仍不受影响。因此，用益权将在本部分描述。另一方面，在租赁合同的情况下，出租人把一块土地交给承租人，尽管承租人享有的收获土地孳息的权利不亚于用益权人，但在古典罗马法上，他的权利从根本上不同于用益权人的权利。罗马承租人的权利，与英国形成强烈的对比，并不源自所有权，并且出租人是否是土地的所有权人并不重要。如果出租人是所有权人，承租人的权利并不修改所有权；它不像用益权那样是所有权上的负担。假如一块土地的所有权人订立合同将其出租三年；在一年过后他把该土地转让给一个第三人。新的所有权人可以立即驱逐承租人；承租人所能做的是向跟他签订租赁合同的那个出租人主张损害赔偿。因此，一项租赁合同不会导致对所有权的修改，因此，讨论它的正确地方是债法（下文边码 935）。

579. 对物权

现代学者习惯把所有权和那些修改所有权的权利涵括在对物

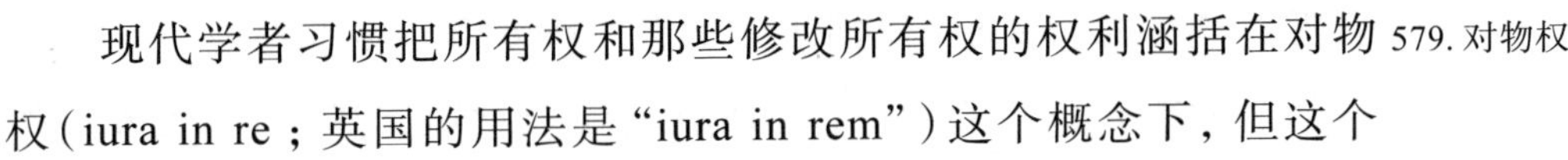

权（iura in re；英国的用法是“iura in rem”）这个概念下，但这个

概念不是古典的。古典法学家从来不称所有权（dominium，参见下文边码 587）为“ius in re”或者“ius in rem”，他们也不知道“iura in re aliena”或者“iura in rem alienam”（他物权）。出于这个原因，我们在本部分不需要给出“ius in re”或者“ius in rem”的定义。

580. 自由主义特征

古典财产法的自由主义特征非常明显而且已经众所周知，所以对其作一些说明就足够了：

581. 所有权是神圣不可侵犯的

1. 所有权是神圣不可侵犯的，以一种庄重的表述来宣布这项原则不是罗马人的风格，但它是存在的。

参见 1789 年 8 月 28 日《人权宣言》第 17 条：“所有权是神圣的、不可侵犯的权利，除非合法认定的公共需要明显要求，且在公平且预先赔偿的条件下，否则任何人的所有权不得受到剥夺。”关于欧洲大陆宪法的类似宣言，可参见 Hedemann, *Die Fortschritte des Zivilrechts im XIX. Jahrhundert*, ii, 1 (1930), 117 f.

这项原则显然在以下规则中发挥作用：

（1）征收的法律制度是共和国法和古典法所熟知的；但显然不存在规则，事情完全留给执法官根据自己的判断去处理。然而，他们通常厌恶进行征收，奥古斯都自己在这方面为其他人树立了好榜样。

（2）因时效引起的财产丧失同样被维持在非常狭窄的范围内，就像我们后面将要指出的那样（下文边码 622 以下）。

（3）如果非所有权人未经所有权人同意转让某物，即使接受方是善意的也不能取得所有权，因为保护善意就意味着对所有权人的征收。古典法学家甚至不认为值得去讨论保护善意取得人是否会有利于商业的问题，因为这些法学家关心的不是商业和商业交往的安全，而是既定权利的安全。因此，所有权人可以通过所有物返还之诉起诉善意占有人，后者甚至不能要求原告支付他为该物所支付的价格。

582. 古典所有权的宽松约束

2. 古典所有权并不是指对某物的无限制的权利。奴隶所有权人的权利受到皇帝谕令的限制。土地所有权不仅在涉及邻人利益时受限制，而且也受到公法的限制。但是，很显然的是，在古典法下所有权所受的约束是非常宽松的，尤其是在与中世纪日耳曼所有权相比较时。自由主义原则要求所有权应尽可能不受限制，并为个人行动和创造力提供尽可能大的空间。不动产和动产都可以被自由转让和分割。限制处分权的制定法规则非常少(上文边码 214、300)。古典法不存在今天由狩猎法、渔业法和矿法规定的限制。

583. 自由的所有权

3. 所有权人为他人的利益在所有权上添加负担的权利是受限制的，因为自由主义原则旨在尽可能保持所有权不受限制。为用益权人提供较大权利的用益权在时间方面受限制，因为这种权利不能由用益权人转让给另一个人，因此最晚会在其死亡时终止。地役权在其可能的内容上受到严重的限制(下文边码 685)。抵押权按照不适合服务于资本投资的方式去设计；古典的抵押权不是作为所有权的长期负担设计的(下文边码 700)。

584. 共同所有权

4. 罗马的个人自由主义不喜欢财产共同体。在共同所有权的情况下，每一个所有权人都可以处分其份额(是所有权的份额，不是标的物的份额)，并可通过共同财产分割之诉(actio communi

dividundo，上文边码 86）要求解散共同体（communio）。当然，存在一种没有可处分份额的共同所有权形式（合手），即所谓的法人的共同财产（上文边码146、157、173），但这些是由特别的规则规制的。与地皮的所有权相区别的一所房子的所有权，一个房子的一层的所有权，未分离的果实的所有权——所有这些共同所有权的形式在日耳曼法下都很常见，但完全被古典法排除。不用说，像晚期日耳曼法的“领主权”（overlordship）和“次级所有权”（sub-ownership）这样的东西在古典法下是不允许的。

585. 评价　因此，古典财产法的自由主义倾向是确定无疑的。在德意志、奥地利、法兰西十八世纪末十九世纪初的农业立法之前，土地所有权在各种负担的累加之下在实践中处于窒息的状态。这种情况在古典罗马法下是不可能发生的。这种自由主义的法在多大程度上
490 会产生不良的后果，尤其是，作为意大利“大地产”（latifundia）发展中的一个因素它起到多大的作用，我们无法提供答案。即便如此，正是古典财产法的这种自由主义特征使其成为欧洲法律史中的一座恒久的丰碑。

参考文献

s. 579. On *ius in rem* see *Voc. Iur. Rom.* v. 122. 31 (*D.* 32. 20); on *ius in re, Voc. Iur. Rom.* v. 130. 26; Windscheid, *Pand.* i (1906), § 38 n. 4; § 165 n. 1; G. Grosso, *I problemi dei diritti reali nell' impostazione Romana* (1944), 2 n. 1.

s. 581*a*. F. M. de Robertis, *La espropriazione per pubblica utilità nel diritto Romano* (1936); Schulz, *Principles* (1936), 161,

163.

s. 581*c*. Schulz, l.c. 155, 251; Beseler, 'Hand wahre Hand', *St. Besta,* i (1939), 199.

s. 582. Schulz, l.c. 151 ff.; Scialoja, *Teoria della proprietà nel diritto Romano,* i (1928), 303 ff., 413 ff.; Bonfante, *Corso,* ii. 1 (1926), 272 ff.

s. 583. Schulz, l.c. 153 f.

s. 584. Schulz, l.c. 154; Scialoja, l.c. 425 ff., Bonfante, *Corso,* ii. 2 (1928), 3 ff.

s. 585. Mommsen, *Schr.* iii. 582; Schulz, l.c. 157 f.

第一章　所有权

一、所有权的概念和术语

586. 定义

在我们现在可以利用的资料当中，不存在罗马关于所有权的定义。我们可以保险地认为，古典法学家从未尝试过给出这样一个定义。我们认为，罗马的所有权应定义如下：

所有权是对有体物（注意！）的权利，它原则上赋予权利人对该物的完全的权利，尽管这项权利可能受到各种限制。

显然，这个定义并未揭示所有权在具体情形下的内容的任何信息。假设一块土地的所有权人在它上面设立一项用益权、地役权和抵押权，而且所有权还受到公法的限制，那么他对该土地的法律上的权利当然是非常有限的。然而，根据我们的定义，他还是要被视为该土地的所有权人，因为法律原则上（除了某些例外）赋予他对该土地的完全的权利。罗马的所有权概念曾经被激烈地讨论过，并且一度流行这样的说法：罗马所有权意味着一种无限制的权利，与日耳曼法形成鲜明的对比。实际上，这个所有权的概念是现代罗马法学者错误地归到罗马法上的。如前所述，现有的资料根本不包含任何定义，我们从中建构定义的罗马法很清楚地表明，罗马所有权远非赋予权利人的一项无限制的权利。当然，古典法是一种自由主义的法，出于这个原因，所有权的约束非常宽松，比日耳曼法宽松得多。然而，并不是说罗马法的所有权观念是个人主义的，而是说罗马关于所有权的法律是个人主义的。

在古典法律语言中，有几个术语被用来指称我们应称之为所有权的东西： 587. 术语

1. “dominium”和“proprietas”。所有权人被称为“dominus”“proprietarius”或者“dominus proprietatis”。

2. “esse alicuius”（……是某人的）是指“某物处于某人的所有权下”（“meum est”〔它是我的〕= 我是所有权人）。

3. “in bonis esse”（处于财产中）、“ex bonis esse”“in bonis habere”（拥有某物在财产中）或者“ex bonis habere”。

4. 在共和国时期，当“dominium”和“proprietas”还未成为技术性法律术语时，所有权通过描述其主要内容来指称：“habere possidere uti frui licere”（可以拥有、占有、使用、收益）。在古典时期，这个表述显然只被用来指称行省土地的私人所有权（下文边码 591）。

原始文献

s. 587. Read *Lex Antonia de Termessibus* (71 B.C.), i, lines 12—36 (Bruns, *Fontes,* no. 14; *FIRA* i, no. 11; *ILS* no. 38; Hardy, *Roman Laws and Charters, with a translation,* 1912, 94 ff.) with Kaser, *Z* lxii (1942), 63 f.

参考文献

s. 586. Windscheid, *Pand.* i, § 167; Schulz, *Principles,* 151; Karl Diehl, *Theoret. Nationalökonomie,* ii (1924), 214; Hedemann, *Die Fortschritte des Zivilrechts im XIX. Jahrh.* ii. 1 (1930), 119; Scialoja, *Proprietà,* i (1928), 255 ff.; Bonfante, *Corso,* ii. i (1926), 190 ff.*

s. 587. M. Kaser, *Eigentum und Besitz im älteren röm. Recht* (1943), 306 ff.; *Z* lxii (1942), 76 n. 241, 64; Monier, 'La Date de l'apparition du dominium', *St. Solazzi* (1948), 357 ff.

二、所有权的古典类型

588. 奎里蒂法所有权

（一）所有权的首要类型是奎里蒂法所有权（dominium ex iure Quiritium），即罗马市民法承认的所有权。它要求：(1)一个可以享有它的人；(2)一个可以“处于所有权中”（in dominio）的有体物。

1. 任何罗马市民都可以拥有奎里蒂法所有权；非罗马市民只有享有通商权（ius commercii）的才可以拥有。

2. 任何类型的可移动的有体物都可以处于奎里蒂法所有权当中。关于“土地财产”（“fundi”；古典法学家避免使用“res immobiles”〔不动产〕这个术语），只有意大利土地（fundi Italici）可以处于奎里蒂法所有权当中，即通常只有位于意大利的土地，但在例外的情况下“意大利权”（ius Italicum）也被赋予意大利以外的土地。

（二）与奎里蒂法所有权并存的是裁判官所有权，就像继承法中遗产占有和遗产的并存（上文边码 377）。然而，裁判官所有权的重要性比遗产占有差远了。前者只有短暂的存在，因为它在一年或两年期满后会因时效取得而转变为奎里蒂法所有权（下文边码 622）。像奎里蒂法所有权那样，裁判官所有权只能由罗马市民和拥有通商权的非罗马市民享有。对于土地财产，只有意大利土地或享有意大利权的土地（fundi Italici iuris）可以处于裁判官所有权中。古典法学家为区别于奎里蒂法所有权，用“in bonis esse”（处于财产中）或“in bonis habere”（拥有某物在财产中）（现代术语“bonitary ownership”〔衡平所有权〕就是由此而来）来表示裁判官所有权，从未称其为“dominium”（所有权）。盖尤斯与众不同地提供了唯一的例外（Gai. 1. 54; 2. 40; 下文边码 655）。 589. 裁判官所有权

（三）所有属于罗马国家的物都是公物（res publicae）。它们处于国家的所有权中，但这不是奎里蒂法所有权，实际上根本不是私人所有权，而是公共所有权，受特别规则（与私法领域适用的规则有很大不同）的调整。由公共使用的物，如街道、公共场所、剧院等（“以公共使用为目的的公物”〔res publicae publico usui destinatae〕）也处于罗马国家的所有权中，但由特别的救济来保护。因此，古典时期的“公物”包括： 590. 公物

1. 所有属于罗马人民的金库（上文边码 148）的物；

2. 属于财库的物，至少从克劳狄乌斯时期开始，尽管奥古斯都治下财库的财产也不完全受私法调整（上文边码 152）。

属于罗马自治市的物也（尽管不正确）被称为公物。自治市市民们是所有权人（合手，上文边码 157）。一般来讲，这种所有权受私法调整（奎里蒂法所有权或裁判官所有权）。位于自治市内的公

共场所、街道和建筑也同样处于自治市市民们的所有权下，但像罗马的“以公共使用为目的的公物”一样受特别救济的保护。

591. 行省土地 （四）在考察位于行省的土地时，我们必须区分：

1. 已经取得“意大利权”的土地；这样它可以处于奎里蒂法所有权和裁判官所有权下。

2. 属于罗马人民的金库或者财库的土地；那么它是公物。

3. 罗马国家和行省管理之外的“自由联盟共同体”（civitas libera et foederata，上文边码 130）的土地，要么属于该共同体，要么属于个人（罗马人或异邦人），但这不是罗马的所有权，而是根据异邦人的法律成立的所有权。“享有拉丁权的共同体”（civitas Latini iuris）的土地根据拉丁法（上文边码 134）处于所有权下。

4. 其他行省土地在共同体或个人（罗马人或异邦人）的所有权下，但这种既不是奎里蒂法所有权也不是裁判官所有权，而是一种特别的所有权类型，受罗马法和异邦人法的混合调整。为了指称这种土地，古典法学家似乎使用了古老的共和国表达（或其一部分）“habere possidere uti frui licere”（可以拥有、占有、使用、收益，参见上文边码 587）。这些土地的所有权被归于罗马国家，在元老院行省的归于罗马人民，在皇帝行省的归于元首，但这种所有权既不是奎里蒂法所有权也不是裁判官所有权。它是一种公法上的所有权，它的含义仅仅是，该土地承担赋税，并构成行省总督管理区域的一部分。

592. 神圣物 （五）由罗马执法官按正当仪式献给神的物被视为处于神的所有权中（神圣物〔res sacrae〕）。实际上，它们处于罗马国家的所有权中，但它是一种受特别规则调整的特殊公共所有权（神法物〔res

divini iuris〕)；这些物明确地与公物相区别。

（六）神息物（res geligiosae）是献给亡灵的物，但只有坟墓具有特殊的法律地位，因此只有它被盖尤斯称为“神息物”（Gai. 2. 4）。合法埋葬人类的坟墓被视为处于冥神（Di Manes）的所有权中；实际上，它们处于个人或人的群体的所有权中，尤其是丧葬团体（collegia funeraticia）。但这种所有权也是在私法范围之外（这些物是“神法物”），并受特别规则的调整。 593. 神息物

（七）我们已经不断地强调过共和国和古典法学家的这项原则，即忽视公法和神法，并将精力集中在私法上。因此，古典法学家只是简略地提及那些全部或部分受公法和神法规制的所有权类型。因此，盖尤斯（Gai. 2. 3—11）满足于说明公物、神圣物和神息物不在罗马私法的范围内（它们不“处于财产中”〔in bonis〕）；当古典法学家处理关于坟墓的问题时，他们非常有可能仅限于讨论告示所提供的救济，而不去详细地描述祭司们就坟墓发展起来的法。在这一部分，我们遵从他们的典范，把我们的注意力集中于古典的私法所有权，即奎里蒂法所有权和裁判官所有权。 594. 法学家的态度

原始文献

s. 588. Compare Gai. 2. 42 with *Epit. Ulp.* 19. 8.

s. 589. Read Gai. 1. 54; 2. 40—41.

s. 590. Read *D.* (50. 16) 15; Gai. 2. 11.

s. 591. 4. Read Gai. 2. 7 and 2. 21.

s. 592. Read Gai. 2. 4 and 5; *D.* (1. 8) 6. 3; Macrob. *Sat.* 3. 3. 2 = Bremer, *Jur. Antehadr.* i. 404; Frontinus, *Grom. Vet.*, p. 56 on *luci sacri*: *solum indubitate populi Romani est.*

s. 593. Read Gai. 2. 4 and 6; Gellius, 4. 9. 8 = Bremer, l.c. ii. 1, p. 366.

参考文献

s. 588. Mommsen, *Staatsrecht,* iii. 1 (1887), 630 f.; Kaser, *Z* lxii (1942), 74. On *res immobiles* see *Voc. Iur. Rom.* iii. 397; Schulz, *Epit. Uip.* (1926). p. 43; Kübler, *St. Bonfante,* ii (1930), 347; A. Schiller, *ACI,* Roma, ii (1935), 431 ff.; Di Marzo, *Bull.* xlix/l (1948), 236 ff.*

s. 590. Scialoja, *Proprietà,* i (1928), 204 ff.; Bonfante, *Corso,* ii. 1 (1926), 66 ff.

s. 591. 3. Kaser, *Z* lxii (1942), 56.

s. 591. 4. Klingmüller, *Philologus,* lxii (1910), 71 ff.; Carelli, *SD* i (1935), 379; Kaser, *Z* lxii (1942), 77 ff., with references; Last, *JRS* xxxiv (1944), 55, with references; F. Bozza, 'Gaio II, 7 e la proprietà provinciale', *Athenaeum,* n.s. xx (1942), 66 ff.; xxi (1943), 13 ff.; Solazzi, *SD* vii (1941), 373 ff.

s. 592. Mommsen, *Staatsrecht,* ii. 1 (1887), 59 ff.; Wissowa, *Religion und Kultus der Römer* (1912), 385, 467; Scialoja, *Proprietà,* i (1928), 141; Bonfante, *Corso,* ii. 1 (1926), 13 ff.

s. 593. Wissowa, l.c. 387; Ferrini, *Opere,* i. 1 ff.; Mommsen, *Schr.* iii. 198; Taubenschlag, *Z* xxxviii (1917), 244, with references; Scialoja, l.c. 158 ff.; Bonfante, l.c. 20 ff.; Albertario, *Studi,* ii (1941), 1 ff.

三、通过生者之间的行为进行的所有权转移

595. 转移所有权 所有权的转移(translatio dominii, transferre dominium)是一种隐喻的表达,它蕴含着,接受方的所有权与之前的所有权人的所有权是同一的,或者换句话说,接受方继承了转让方的所有权。我们在前面已经说过(上文边码 369),罗马法学家并不知道所谓的个别继承的概念;因此,他们是否曾使用过“translatio dominii”“transferre dominium”“dominium transit”的隐喻,“在推理上”(a priori)是有疑问的。因此,甚至有人认为,只要这些术语出现在古典文献当中,那么相关的文本就是经过篡改的。古典法学家只使用“转移物”(transferre rem)这样的术语,他们的观念(这是有争议的)是转让方的所有权终止,一项新的所有权在接受方的手里产生。不幸的是,这个理论尽管广为接受,但没有得到证实,并且利用现有的资料是无法证明的。但即使这个表述真的从未被古典法学家使用过(但“proprietatem transferre”〔转移所有权〕在 *D*. 7. 5. 7 当中几乎是不可置疑的),这也不意味着,所有权转移的观念是他们陌生的。“物通过要式买卖转移”(rem per mancipationem transferre ; Gai. 2. 22)也是一种隐喻的表达,它只能是指“转移所有权”(dominium transferre, 参见 Gai. 3. 85)。因此,整个问题仅仅是一个术语的问题,我们可以继续保险地说“所有权转移”。

596. 概览 在古典法下有五种生者之间(inter vivos)的行为可以用来转移所有权:要式买卖、拟诉弃权、交付、分配裁决(adiudicatio)和公地

分配（adsignatio，由一名罗马执法官进行），但只有前面三种是私人行为，值得在这里进一步讨论。

（一）要式买卖

597. 非正常的情形 我们已经在好几个场合遇到过要式买卖（损害投偿，上文边码73；买卖婚，上文边码195；收养，上文边码249；脱离父权，上文边码272；要式买卖遗嘱，上文边码431），但在古典时期，这些都是非正常的情形。主要和标准的情形总是有体物的要式买卖，因此这里是描述它的正确地方。

598. 历史 要式买卖是非常古老的法律行为，可以被追溯到《十二表法》，但其漫长的历史无法从现有的资料当中查清。根据我们所宣布的写作计划，我们仅限于古典法，而完全不涉及关于其在共和国和史前阶段发展的大量或多或少似乎可信的推测。

500 古典的"有体物要式买卖"（mancipatio rei corporalis）是一种

599. 古典的仪式 转让行为，采取了假装进行买卖的形式，其主要目的是转移所有权；此外，它还有其他效果，对此我们将在下面讨论（尤其是所谓的"追夺担保之诉"〔actio auctoritatis〕，参见下文边码920），但这些不是实质性的，并且在个案中可能不发生，而所有权转移是任何有效的有体物要式买卖不可避免的效果。该行为必须按照古老的共和国仪式来进行，该仪式在整个古典时期都被顽强地保留着。它的年头不应被夸大，因为古典时期所遵守的形式显然不是原本的形式。无论如何，古典时期遵守的仪式如下：当着转让方，五名证人和一名司秤（libripens）的面，受让人必须宣布如下套语：

"我宣布，这个奴隶根据奎里蒂法是我的，让他被我用这铜块和秤购买吧"（Hunc ego hominem ex iure Quiritium meum esse aio, isque mihi emptus esto hoc aere aeneaque libra）。

在说这句套语时，他必须抓住该奴隶以表示他的所有权；转让人完全保持沉默。此时，受让人用一个钱币敲这把秤，并把该钱币作为象征性的价款交给转让方。这个仪式需要一些解释性的说明：

600. 用一块钱进行的要式买卖

1. 司秤和他的秤当然可以追溯到习惯上需要对作为买卖价款的铜币进行称重或者价款以未铸成钱币的铜块来支付的年代。在古典时期，不再存在真正的称重；受让人给转让方的总是一个钱币，即“一块钱”（nummus unus）。因此，任何古典的要式买卖都是一项“假装进行的买卖”（venditio imaginaria；Gai. 1. 113, 119）。因为在仪式中支付的价款仅仅是名义上的价款，即使要式买卖是出于买卖的原因而进行的（也就是说，为了履行一项真正的买卖合同而进行的），真正的价款既不会在要式买卖仪式中提到，也不会在仪式上支付；价款可能会在之前的宣言中被提到，如果必须立即支付的话，则会直接在仪式之前或之后支付。因此，如前所述，古典的有体物的要式买卖总是一项以假装的现金买卖的形式进行的转让行为。因此，它可以服务于不同的目的，例如出于赠与原因、嫁资原因、信托原因、清偿原因的财产转移。

601. emptus esto（让他被购买吧）

2. “mihi emptus esto”（让他被我购买吧）。“维罗纳手稿”（Cod. Veronensis）的 Gai. 1. 119 提供的“esto”这个词肯定是正确的，因为它在 Gai. 2. 104 和 Gai. 3. 167 中再次出现。波伊提乌斯（Boethius, *Ad Cic. Top.* 5. 28; Ciceronis *Opera*, ed. Orelli-Baiter, v〔1833〕, 322）引用 Gai. 1. 119 时用“est”替代“esto”，这显然是“更难读”（lectio difficilior）的“esto”的简化。“emere”在古典时期是指“购买”，不管在遥远的共和国时期它的意义为何。

602. 标的物在场 3. 像 Gai. 1. 121 明确所说的那样，受让方“有义务抓住被转让给他的物”（adprehendere id ipsum, quod ei mancipio datur, necesse sit），并补充说，如果买卖的是一块土地则不要求这个象征性的动作。然而，要式买卖中使用的套语类似于“誓金法律诉讼”（legis actio sacramento）中的套语（Gai. 4. 16）。在提到后者时，盖尤斯说，必须要把土地上的一个土块和建筑上的一个瓦块带到裁判官面前（Gai. 4. 17）。非常有可能的是，在土地的要式买卖中原先也要做出类似的象征性动作，但这种象征主义有可能在古典时期已经从要式买卖的仪式中消失，而在“法律诉讼”（legis actio）的仪式中它还被保留着。

我们至今为止讨论的是正常的要式买卖。关于在要式买卖当中合作的人的身份，双方当事人必须是罗马市民或享有通商权的非罗马市民，证人和司秤必须是罗马市民。奴隶可通过要式买卖为其主人取得物，家子也可以通过要式买卖为其家父取得物。因为奴隶和处于权力之下的儿子都无能力拥有财产，所以他们不能使用通常的套语：“我宣布，根据奎里蒂法，此物是我的”（hanc rem meam esse aio ex iure Quiritium）。在这种情况下，标准的套语被修改为：“我宣布，此物根据奎里蒂法是我的主人（父亲）鲁齐乌斯·提提乌斯的，因此，让它被他买下吧”（Hanc rem Lucii Titii domini〔patris〕mei esse aio eaque ei empta esto）（Gai. 3. 167）。

603. 通过奴隶或处于权力下的儿子取得

604. 要式物 关于标的物，相对较少的有体物可以被通过要式买卖转让，即意大利土地（包括被赋予“意大利权”的土地，参见上文边码 588）、奴隶、固有的家养动物（“通常会被驯化为驮畜”，例如牛、马、骡子、驴）。这些物被称为要式物（res mancipi）。

“mancipi”是“mancipium” = “mancipatio”的属格（不是“manceps”的与格）；关于这种属格，参见 Stolz-Schmalz, *Lat. Grammatik* (1928), p. 268; Kaser, *Eigentum und Besitz* (1943), 163。重音应放在第二个音节上。不能接受的是 Ferrarino, *SD* iii (1937), 434 ff.。

所有其他物都被称为略式物（res nec mancipi）（nec=non，是古拉丁语）。包括：武器、工具、珠宝、可替代物（金钱、谷物等）、野生动物（包括大象和骆驼，即使它们被驯养为驮畜）、狗、绵羊、山羊、猪，等等。现代学者一次又一次地尝试去找出那些特殊的物被视为要式物的原因，但至今为止仍是徒劳。当然，这个区分是更古老的；盖尤斯（Gai. 2. 16）自己说，骆驼和大象不被视为要式物是因为在做出这个区分的时代，人们还不知道它们的名字。关于背后的观念，古典法学家可能知道得并不比我们多。然而，他们满足于保留这个传统的区分：“并不是所有由古人确立的东西，都能找到理由”（*D*. 1. 3. 20）。 605. 略式物

虽然根据这个仪式，只有受让人自己必须说话，但要式买卖实质上是一项协议。因此，如果一块特定的“科尔内利安土地”（fundus Cornelianus）通过要式买卖转移，当事人对于哪一块土地被出售并未取得一致（标的物错误）——其中一人想的是 X，另一个人想的是 Y——那么这项要式买卖无效。 606. 协议

在什么程度上要求双方对要式买卖的原因有一致的意见，仍是有疑问的。如果一方认为是出于赠与原因，而另一方认为是嫁资原因或者清偿原因，那么要式买卖可能是无效的。但如果要式买卖因清偿原因而做出，但债务并不存在，那么要式买卖还是有效的，受让人成为所有权人。同样，即使婚姻没有结成，出于嫁资原因的要 607. 要式买卖的原因

式买卖是有效的。

607a. 所有权的转移不依赖于真实价款的支付　在“买卖原因的要式买卖”（mancipatio venditionis causa）当中，所有权是否只有在真实的价款被支付时才能转移的问题，我们不需要详述，因为在古典法下，要式买卖的这种效果的发生并不考虑价款是否被支付。很难相信共和国法在这方面会有不同。

608. 消失　要式买卖尽管程序安排非常古老，但在整个古典时期，甚至在后古典时期都被使用。它在公元 438 年的《狄奥多西法典》中被提到，尽管被称为要式买卖的行为是否仍按其古典形式来实施是有疑问的。在优士丁尼法中，要式买卖被交付替代。

609. 术语　这种行为的古典名称是“mancipatio”或者“mancipium”。两个术语都起源于“manu capere”（用手抓取），是指仪式中要求受让人庄重地抓住标的物。“mancipare”=“mancipio dare”，说的是转让方的行为；“mancipio accipere”是指受让方的行为。优士丁尼的汇编者只要发现这些术语就会删除掉。“mancipatio”（mancipium）被用“traditio”来替代，“mancipare”或“mancipio dare”用“tradere”或“dare”来替代。“mancipio accipere”用“per traditionem accipere”或“accipere”替代。学者们应严格遵守如下规则。只要古典法学家在处理要式物的转让，他们的脑子里想的就是要式买卖，除非特殊的情形表明他们所处理的是裁判官所有权。因此，如果我们在《市民法大全》中发现意大利土地或者奴隶的交付，我们通常要认为原来的文本用的是“mancipatio”而不是“traditio”。

（二）拟诉弃权

610. 古典仪式　我们已经遇到过这种行为（上文边码 249、287、494），但财产法才是描述它的正确地方。这种行为“in iure”（在法庭上）进行，即在裁判官或行省总督面前进行(上文边码 17)。希望取得所有权的人在转让方在场时宣布以下套语:“我宣布,这个奴隶根据奎里蒂法是我的”(Hunc ego hominem ex iure Quiritium meum esse aio)。

就像在要式买卖当中那样,他必须抓住这个奴隶以表示其所有权,然后,执法官问转让方“是否提出反对意见”,但后者保持沉默。然后,执法官确认受让方的主张(裁决),受让方因此取得奎里蒂所有权,不管标的物是要式物还是略式物。这就是古典的拟诉弃权(in iure cessio= 在法庭上放弃),就像 Gai. 2. 24 清楚地描述的那样。

611. 拟制的诉讼?

根据仍占主流的观点,这项行为是一种拟制的诉讼,转让方为被告,受让方为原告,执法官的“addictio”(裁决)是判决。然而,这种观点基于一个非常脆弱的基础,就像被不断指出的那样。首先,一项判决是“在当事人之间制定的法”(ius fecit inter partes),而拟诉弃权转移了一项所有权,它对任何人都有效。实际上,古典的拟诉弃权可能是一种必须在法庭上进行的转让。

那些持有这个主流观点的人援用 Gai. 2. 96。据说,盖尤斯排除处于权力下的儿子进行拟诉弃权,但他可以适用经修改的套语为其父亲通过要式买卖取得(上文边码 603)。这种差异(据说)只能通过认为拟诉弃权是一项拟制的诉讼来解释。因为在这样一种诉讼当中直接代理是不可能的。实际上,盖尤斯只是说,一个处于权力之下的儿子不能通过拟诉弃权主张某物是他的,因为他没有能力拥有财产。这是非常正确的,但不排除他有能力用经过修改的套语为他的父亲主张某物。这种正确的解释排斥西罗·索拉齐(Siro Solazzi)针对该文本的主要观点。

612. 功能 如前所述，略式物和要式物都可以通过拟诉弃权转让。然而，由于略式物可以被通过一种简单得多的方式转让，即交付（traditio，参见下文边码 613），所以拟诉弃权几乎不会被用于该目的。通常来讲，它也不被用来转移要式物的所有权，要式买卖通常会被优先选择，因为它不要求当事人出现在法庭上。然而，如果不能获得五名罗马证人和罗马司秤的帮助，那就必须选择拟诉弃权。因此，拟诉弃权主要被用于其他目的（无体物的转让，下文边码 673、688；收养，上文边码 249；监护的转让，上文边码 287；遗产的转让，上文边码 494）。

在后古典时期，拟诉弃权消失。优士丁尼的汇编者要么完全删除它，要么用“cessio”来替代它。

（三）交付

613. 交付某物 “tradere rem”（交付某物）是指转移某物的占有，但这个术语也在更狭义上被使用。我们在这里正是在这个更狭义上使用“traditio”（交付）这个术语。“traditio”作为一种转移所有权的方式，因此可以被定义为通过转移占有而进行的有体物转让。

614. 年代和法律特征 这个行为也是非常古老的，至少和确定要式物清单的规则一样古老。因为，不管在任何时期，很难相信，人们必须通过拟诉弃权来转让略式物。在古典时期，交付是转移略式物的奎里蒂所有权的正确行为。无论如何，他要求双方应就所有权的转移（不仅仅是占有的转移）以及标的物达成一致，因此，标的物错误会导致该行为无效。

615. 交付的原因 在古典法下是否以及在何种意义上要求交付的原因是一个争论不休并被激烈讨论的问题。现有的资料经过了严重的篡改，而且

Gai. 2. 20 因太过模糊而不能提供太多帮助。因此，几乎没有任何希望能在这个主题上达成一个“学者们的一致意见”，除非有新的资料被发现。考虑到所有的一切，我们认为古典法可能遵从以下两项规则：

1. 一项交付原因是需要的，但这只意味着要对转移所有权的法律目的达成一致，也就是说，交付的做出是否出于买卖原因、赠与原因、嫁资原因、清偿原因、消费借贷原因。如果这样的一致意见不存在，那么交付就是无效的。因此，如果某人给 A 一笔钱作为赠与，而 A 把它当作消费借贷来接受，那么不存在交付的原因，因为当事人未对转让所有权的目的达成一致。因此，所有权不会转移给 A，赠与和消费借贷都不成立。

2. 并不要求任何其他种类的原因。因此，如果当事人对于某物出于嫁资原因给付达成一致，那么嫁资原因存在，但不要求接下来实际结婚。接受方成为所有权人，但如果后来没有结婚，那么他必须返还该物（上文边码 208）。如果当事人对某物出于清偿原因而给付达成一致，则存在清偿原因，但并不要求债务真的存在。如果当事人对物出于买卖原因而交付达成一致，则存在买卖原因，但不要求一项有效的买卖合同存在。

616. 交付不依赖于价款的支付

如果一项交付出于买卖原因而进行，那么所有权的取得不依赖于价款的支付。这至少是古典法的规则，《十二表法》是否规定交付以价款的支付为条件，不需要讨论。非常可能的是，优士丁尼的《法学阶梯》(*I*. 2. 1. 41) 提供的信息的真实性是有问题的，《十二表法》与古典法一致。

617. 单纯的协议

尽管交付不要求任何形式，但占有的转移，即对标的物的实际上的物理控制的转移（下文边码751）是必不可少的。通过单纯的协议进行的所有权转移不为古典法所知。

618. 标的物 略式物的交付可以把其奎里蒂所有权授予接受方，如果（1）他有能力拥有奎里蒂所有权（上文边码588）以及（2）标的物有能力处于奎里蒂所有权中（上文边码588）。因此，如果一个罗马人为一个异邦人的利益进行一项交付，那么后者取得的是异邦人法下的所有权，而不是奎里蒂所有权。名义上所有权属于罗马国家（上文边码591. 4），但实际上属于私人（可以拥有、占有、使用、收益，参见上文边码591. 4）的行省土地，是略式物，因此不能通过要式买卖来转移；它可以通过交付转移。它当然不授予接受方奎里蒂所有权，而只是“可以拥有、占有”（Gai. 2. 21具有误导性）。

在后古典时期，交付逐渐变成生者之间转移所有权的唯一方式，因为要式买卖和拟诉弃权消失了（上文边码608、612）。另一
619. 后古典法 方面，交付也退化了，因为占有的实际转移越来越多地由象征性的行为（拟制交付）甚至单纯的协议来代替。当然，这个发展进程导致了对古典文本的篡改，但这些篡改没有预想的那么多。

（四）如下说明涉及我们至今为止讨论的全部三种所有权转让方式

620. 没有人能转让比自己拥有的权利更多的权利 1. 奎里蒂所有权只有在转让方有权转让标的物的情况下才会转移。如果没有这样的权利，那么要式买卖、拟诉弃权和交付都是无效的，即便接受方是善意的。我们已经提到过（上文边码581），对既定权利（即真正的所有权人的权利）的毫不妥协的保护是罗马人所坚持的；现代学者习惯用这句格言来表达它：“没有人能转让比自己拥有的权利更多的权利”（nemo plus iuris transferre potest

quam ipse habet；英国法学家更喜欢“nemo dat quod non habet”〔没有人能转让自己没有的东西〕这个表述）。但这个格言是误导性的，起源于后古典时期。让我们来考察下述情形。一块土地被作为嫁资而给予，尽管丈夫自己是这块嫁资土地的所有权人（上文边码213），但在《关于嫁资土地的尤利亚法》（上文边码214）下，他不能转让它，即他不能转让一项他自己拥有的权利；另一方面，假设转让方不是标的物的所有权人，但他基于抵押权而在所有权人的同意下转让标的物。在这种情况下，转让方转让了“奎里蒂所有权”，尽管他不是所有权人。因此，“没有人能转让比自己拥有的权利更多的权利”这项规则显然是错误的。

实际上，古典法学家不知道这样的格言，就像Gai. 2. 62—4清楚地表明的那样，我们在优士丁尼的格言汇编中读到这句格言（*D.* 50. 17. 54）：

> “乌尔比安《告示评注》第46卷：无人能向他人转让多于他自己享有的权利。”
>
> （Ulpianus libro XLVI ad edictum. Nemo plus iuris ad alium transferre potest, quam ipse haberet.）（N. B.）

我们知道，乌尔比安在他的《告示评注》的这一卷当中处理的是无遗嘱遗产占有（上文边码404），这个文本有可能属于“法定继承人的遗产占有”（Unde legitimi）标题下（上文边码414）。法定继承人在还未通过接受遗产取得遗产时便可进行“遗产拟诉弃权”（Gai. 2. 35；上文边码494）。关于这种情形，乌尔比安可能会说：

“继承人转让给他人的权利不能多于他自己假如接受了遗产将会享有的权利”(heres non plus iuris ad alium transferre potest quam ipse haberet si hereditatem adisset)。

汇编者把乌尔比安的这句话变成了一般格言,但忘了用“habet”来替代“haberet”。学者们不应通过重构一个“间接引语”(oratio obliqua)来解释这个不正确的虚拟语气:

“X写道:没有人能把多于他自己享有的权利转让给他人”(X scribit neminem plus iuris ad alium trasferre posse quam ipse haberet)。

乌尔比安不大可能为这样一项基本规则引用权威。

同样的规则以稍微不同的形式出现在 *D.* (41. 1) 20 pr. 当中:

“乌尔比安《萨宾评注》第29卷:交付不应或不能转移多于转让方自己享有的东西给受让方。因此,如果某人对某块土地拥有所有权,那么它会因为交付而转移,如果他不享有所有权,则不会转移给接受方。”

(Ulpianus libro XXIX ad Sabinum. Traditio nihil amplius transferre debet vel potest ad eum qui accipit, quam est apud eum qui tradit. Si igitur quis dominium in fundo habuit, id tradendo transfert; si non habuit, ad eum qui accipit nihil transfert.)

整个文本看起来是伪造的，作者忽略了非所有权人可以转移所有权的情形。

当我们考察这三种古典的转移形式时，非常明显的是，古典法 621. 公示
学家对于转让的公示兴趣不大。不存在财产登记，甚至也不存在土地财产登记。要式买卖所要求的 6 名罗马公民（5 名证人和 1 名司秤）以及拟诉弃权带来的公示性，只能作为登记的微不足道的替代。这个现象是非常值得注意的，因为希腊法的态度在这方面存在根本性的不同。但罗马财产法的自由主义特征也是明显的（上文边码 580 以下）。对于英语读者而言，罗马人对公示和登记的不情愿态度可能看起来不是那么引人注目。尽管存在土地登记处（Land Registration Office）（*Lord Westbury' Act*, 1862, 25 and 26 Vict. c. 53; *Land Transfer Act*, 1875; *Land Registration Act*, 1925），但是根据这些法案，权利的登记只是选择性的，并且实际上不怎么被使用，可能基于与罗马法同样的原因。没有这种工具，也可以做到。受狂热的日耳曼法拥护者影响的大陆罗马法批判者应该谨记这一点（针对日耳曼体系，参见 Fr. Vinding Kruse, *Das Eigentumsrecht*, ii〔1935〕, 1070 ff.）。古典法不是原始的，而是自由主义的。

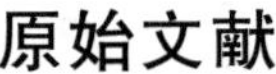

原始文献

s. 598. Read XII *Tab*. vi. 1 (*FIRA* i, p. 43).

s. 599. Read Gai. 1. 119, 121.

s. 603. Read Gai. 3. 167.

s. 604. Read Gai. 1. 120; 2. 140; *Epit. Ulp*. 19. 1.

s. 605. Read Gai. 2. 16; *Epit. Ulp*. 19. 1.

s. 606. Read *D.* (41. 1) 36, first sentence [*traditur*] <*mancipatur*>; [*traditio*] <*mancipatio*>; [*tradam*] <*mancipio dem*>.

s. 607*a*. Read *Inst. Iust.* (2. 1) 41.

s. 609. Compare *D.* (7. 2) 3. 1 with *Fr. Vat.* 80; *D.* (7. 1) 12. 3 with *Fr. Vat.* 89.

s. 610. Read Gai. 2. 24.

s. 611. Read Gai. 2. 96; *Fr. Vat.* 51. The latter text (formed by a post-classical author, see Schulz, *History,* 179) refers only to the ordinary formula of *in iure cessio.*

s. 614. Read Gai. 2. 19—201.

s. 615. Read *D.* (41. 1) 36, second sentence [*proprietatem ... dissenserimus*] <*donationem non esse*>; *D.* (12. 1) 18 pr. to *acceperit; D.* (18. 1) 41. 1: *pecunia condicetur,* consequently *tradliio pecuniae* was valid; Gai. 2. 84: *traditio pecuniae* is valid though a *solutio* is not achieved; Gai. 3. 91, first sentence: *traditio pecuniae* transferred ownership, otherwise a *condictio* would not lie.

s. 616. Read *Inst. Iust.* (2. 1) 41.

s. 618. Read Gai. 2. 21.

s. 619. Read *D.* (18. 1) 74; (41. 1) 9. 6; *Inst. Iust.* (2. 1) 45 with Theoph. Paraphrasis, Riccobono, *Z* xxxiv (1913), 197; Schulz, *Einführung in das Studium der Digesten (1916), 68.* Compare *C.* (8. 53) 6 [*maxime*], with *Fr. Vat.* 282.

s. 620. Read Gai. 2. 20; 2. 62—64.; *D.* (41. 1) 9. 4; (41. 1) 46.

参考文献

s. 595. De Francisci, *Il trasferimento della proprietà* (1924); Kaser, *Eigentum und Besitz im älteren römischen Recht* (1943), 142 and *PW* via. 2158 ff.; Beseler, *Z* lxvi (1948), 281 f., with references.

s. 597 ff. Kunkel, *PW* xiv. 998 ff.; Bonfante, *Corso,* ii. 2 (1928), 135 ff.; Kaser, *Eigentum und Besitz,* 107 ff., 224. K. F. Thormann, *Der doppelte Ursprung der mancipatio* (Münchener Beiträge zur Papyrusforschung, xxxiii, 1943).

s. 600. Kaser, *Eigentum,* 158 ff.

s. 601. On the sense o*f emere* see Kaser, *Eigentum,* 108, with references. On *esto* see Wlassak, *Z* xxviii (1907), 74. 2; Kunkel, l.c. 999.*

s. 602. See Kaser, *Eigentum,* 224 ff.

ss. 604, 605. Leonhard, *PW* ia. 623 ff.; Kunkel, *PW* xiv. 1002; Kaser, *Eigentum 163*. On *nec = non* see Stolz—Schmalz, *Lat. Grammatik* (1928), 640; Kroll, *Glotta,* xxi (1933), 100 ff.

s. 606. Kunkel, l.c. 1003; Kreller, *Z* lxii (1942), 185; Beseler, *Z* xlv (1925), 221; Kaser, *Eigentum,* 142.

s. 607. Kaser, *Eigentum,* 135 n. 6, with references.

s. 607*a.* Kunkel, l.c. 1008; Kaser, *Eigentum,* 111, with full references.

s. 608. Kunkel, l.c. 1005; Schulz, *History,* 294, with references.

s. 609. Naber, *Mnemosyne,* xvii (1889), 394 ff.; Gradenwitz, *Z* vi (1883), 56 ff.

ss. 610—612. Kipp, *PW* iii. 2000 ff. Wlassak, *Z* xxv (1904), 90 ff.; Rabel, Z xxvii (1906), 309 ff.; Mitteis, *RP* i (1908), 276 ff.; Beseler, *Beiträge,* ii (1911), 149 ff.; H. Lévy-Bruhl, *Quelques problèmes du très ancien droit romain* (1934), 114 ff.; Kaser, *Eigentum,* 199 ff.; Pflüger, *Z* lxiii (1943), 301 ff.; Kaser, *Altröm. Jus*. (1949), 104 ff.

s. 611. On Gai. 2. 96 see Solazzi, *Glosse a Gaio*, ii. 402 ff.

ss. 613 ff. Ehrhardt. *PW* via. 1875; Bonfante, *Corso,* ii. 1 (1928) 151 ff.; Kaser, *Eigentum,* 195 ff.*

s. 614. Kaser, *Eigentum,* 195.

s. 615. Schulz, *Z* lii (1932), 535 ff., 546, with references; Kaser, *Eigentum,* 198, with references; Beseler, *Bull.* xlv (1938), 186, not convincing.*

s. 616. Kaser, *Eigentum,* 111, with references; Feenstra, *Réclame en revindicatie* (Amsterdam proefschrift, 1949), 11 ff. on *Inst.* 2. 1—41.*

s. 618. On Gai. 2. 21 see Solazzi, *Glosse a Gaio,* ii (1933), 332 ff.

s. 619. Riccobono, *Z* xxxiii (1912), 259 ff.; xxxiv (1913), 159 ff.; Taubenschlag, *The Law of Greco-Roman Egypt* (1944), 39.

s. 620. On *D.* (50.17) 54 see Lenel, *Edict.* (1928), p. 356 n. 2.

四、所有权通过时效取得和长期时效前书抗辩取得

时效取得（usucapio）的词源是非常清楚的："usu capere" 是指通过占有（possessio；"usu" 表示 "usus"，在古老的共和国用法中是指 "possessio"）而取得（capere）。因此我们可以把古典的时效取得定义为：通过占有一段特定的时间对一个有体物（要式物或略式物）的奎里蒂所有权的取得。 622. 时效取得的定义

动产的时效取得期间为一年，不动产为两年。如果我们记得罗马人是多么热切地努力去维护和保护既有权利，那么这么短的时间对我们来说肯定很意外。然而，时效取得可以追溯到《十二表法》（尽管在该法下，它还没有构成一种真正的所有权取得）。原始的罗马国家面积相对较小，一年或两年的短时间很难对所有权构成威胁，尤其是在被窃物不允许时效取得的情况下。但即使是在古典时期，这个时间也不被认为过短（Gai. 2. 44 是这样明确表示的），因为时效取得被维持在非常狭窄的范围内。盗窃物和暴力占有物是不能时效取得的，即使它们在善意占有人手中也不行。在古典法下，盗窃的范围非常广，因为它包含侵占和使用盗窃（furtum usus，下文边码 981）。如果被借用或寄存之物被借用人或保管人转让，通常也是盗窃，并会导致该物不能被时效取得。逃跑的奴隶也被视为"自己盗窃自己的窃贼"，因此即使善意占有人也不能时效取得他。当然，盗窃被主流的古典理论限定于动产；但通过暴力从所有权人那里夺来的土地也不能被时效取得，即使该土地随后被另一个

623. 时效取得期间。盗窃物和暴力占有物

善意的人占有。

624. 时效取得的功能　因此，通常时效取得只发生在所有权人自己转让某物但没有使接受方取得奎里蒂所有权的情况下。两种标准的情形如下：

1. 一个奎里蒂所有权人通过交付转让一个要式物：接受方通过时效取得该物的奎里蒂所有权；

2. 一个异邦人转让一个要式物，通过交付将其交给一个罗马市民。接受方只有通过时效取得才能成为该物的奎里蒂所有权人。

这是古典时效取得的主要功能，在像这样的情形下，一年或两年的时间实际上是太长而不是太短。时效取得在其他情形中很少发生，因为如果标的物被归为盗窃物或暴力占有物，通常就会阻止时效取得发生。Gai. 2. 50 提供了如下情形：一个动产的保管人死亡，而对寄存一无所知的继承人将该物出售并交付给了买方。后者即使出于善意也不能通过交付或要式买卖取得所有权（“没有人能转让比自己拥有的权利更多的权利”，参见上文边码 620），但他可以通过时效取得而获得所有权，因为继承人善意转让该物并不构成一项盗窃。盖尤斯的话：“对于动产，不容易发生善意占有人时效取得的情形”（in rebus mobilibus non facile procedit, ut bonae fidei possessori usucapio competat），不是很准确。因为没有注意到两种标准的情形；但除此之外，他的话是正确的，并且很好地描绘了古典法的特点（上文边码 581）。

625. 时效取得的名义　时效取得的另一项要求是“时效取得的正当名义”（iustus titulus usucapionis）或者“时效取得的正当原因”（iusta causa usucapionis）。不幸的是，其含义在古典法下不是很清楚。优士丁尼的汇编当中的相关文本遭到严重篡改，而 Gai. 2. 42 ff. 没有涉及这个问题。此外，就像 *D*. (41. 3) 27 表明的那样，公元二世纪的法学家们就这个问题发生过争议。在这样一种情形下，我们几乎不能指望能从现有的资料中获得完全的确定性。对于时效取得的名义或原因，几乎无法提供一个令人满意的定义，让我们仅仅考虑以下典型情形：

1. 假设一个立遗嘱人通过直接遗赠（上文边码 555）把一匹马（要式物）留给 L。L 接受遗赠并占有该马。在通常情况下，L 已经取得所有权，但是让我们来假设，立遗嘱人不是这匹马的所有权人。那么遗赠是无效的（上文边码 555），但是它提供了时效取得的一个正当名义或正当原因。如果 L 出于善意并且这匹马不是盗窃物，那么在一年时间过后，L 取得所有权（因遗赠的时效取得，*D*. 41. 8）。

2. 一匹马的所有权人抛弃了它（抛弃〔derelictio〕，参见下文边码 631. 2），然后 B 占有它，并希望因此取得所有权（先占〔occupatio〕，下文边码 631）。但是 B 没有取得所有权，因为要式物的抛弃不影响抛弃者的所有权，但 B 可以通过时效取得奎里蒂所有权，抛弃作为时效取得的一项正当原因（“因抛弃的时效取得”〔usucapio pro derelicto〕，*D*. 41. 7）。或者假设 A 抛弃一条狗（略式物），B 占有它，如果 A 是这条狗的所有权人，那么他因“抛弃”而丧失所有权，B 通过先占取得它；但如果 A 不是所有权人，那么 B 不能通过先占取得所有权，但可以通过时效取得（“因抛弃的时效取得”）。 517

3. 某人通过要式买卖或交付取得占有，但没有成为奎里蒂所有权人。假设 A 根据一项要式口约欠 B 一个奴隶，并通过交付把这个奴隶交给 B。因为奴隶是要式物，B 不能通过交付成为奎里蒂所有权人。但“清偿原因的交付”是一种时效取得的名义，法学家称其为“清偿的名义”（titulus pro soluto）。此外，假设A因要式口约欠B一个奴隶，并通过要式买卖将其转让给B，但A不是该奴隶的所有权人。B也可以通过“因清偿的时效取得”（usucapio pro soluto）取得所有权。类似地，当某物出于嫁资的原因通过要式买卖或交付而被提供时，会发生“因嫁资的时效取得”（usucapio pro dote；*D*. 41. 9）；如果某物出于赠与的原因被提供，则发生“因赠与的时效取得”（usucapio pro donato；*D*. 41. 6）；如果某物出于买卖的原因被提供，则产生“为买方的时效取得”（usucapio pro emptore；*D*. 41. 4）。在这些情形下，法学家们不说“因要式买卖的时效取得”（usucapio pro mancipato）或者“因交付的时效取得”（usucapio pro tradito），而是说“因清偿、嫁资、赠与、买方的时效取得”（usucapio pro soluto，pro dote，pro donato，pro emptore）。但这些仅仅是“因清偿原因进行的要式买卖的时效取得”（usucapio pro mancipato solutionis causa）等的缩写。二、三世纪的主流理论似乎对于“因清偿”的名义并不要求相关的债务存在，或对于“因嫁资”的名义不要求婚姻被缔结，或对于“因买方”的名义不要求买卖合同有效，但更早的法学家可能有不同的决定。

4. 要求有一项“真实的名义”（titulus verus），而且占有人善意地认为名义存在是不够的。然而，尤里安似乎认为，在特殊的情形下，占有人认为名义存在就够了（现代法学家称为“误想的名义”〔titulus putativus〕）。很难相信尤里安完全抛弃了“真实的名义”的要求；但在这个问题上不可能达到任何确定性，因为所有认为“误想的名义”已经足够的文本都是经过篡改的，我们无法重构其原本的措辞。

古典的时效取得的另一个要求是占有人在取得占有时要出于善意（bona fides），后来他是否认识到他自己无权占有标的物则无关紧要。现代学者通过如下格言表达这项规则“后来发生的恶意无害”（mala fides superveniens non nocet）。 626. 善意

如果一年或两年的时间开始起算之后，例如，在六个月过去后，标的物的占有人发生变化，我们必须区分两种情形： 627. 时效取得的继承；时间添附

1. 占有人死亡，那么物由其继承人占有。在这种情况下，继承人继承时效取得；换句话说，他继续进行由他的前手开始的时效取得。因此，由于在我们所举的例子当中物是动产，所以他会在另一个半年结束后成为所有权人，即使他并不出于善意（“后来发生的恶意无害”）。

2. 某物的占有人，在占有该物六个月后转让它，例如，出于清偿的原因，那么一项新的时效取得重新开始，因为新的占有人不是其前手的继承人（古典法学家不知道个别继承，参见上文边码369）。接受方在取得该物的占有时必须出于善意，而其前手可利用的已经过去的六个月，他不能利用。优士丁尼最终赋予他“时间添附”（accessio possessionis），因此，他只需要继续占有六个月就可以完成时效取得（下文边码 782）。

时效取得的一个特别的类型是“作为继承人的时效取得”（usucapio pro herede）。它原本是“继承权时效取得”（usucapio hereditatis，hereditas = ius successionis，上文边码 375），出于这个原因，只需要一年的时间就足够了，不管遗产中包含的是不动产还是动产。在古典时期，它仅仅是对具体标的物的时效取得，但传 628. 作为继承人的时效取得

统上的一年时间被保留下来。因此，即使是属于遗产的土地，也可以在一年期满时时效取得。不要求名义也不要求善意。我们将不详细叙述关于这种时效取得的起源的推测。在古典时期，其功能仅仅是强迫真正的继承人更早做出是否希望接受遗产的决定（Gai. 2. 55；上文边码 500）。根据哈德良治下的一项不知名的元老院决议，“作为继承人的时效取得”的效果可以被“回复原状”（in integrum restitutio，上文边码 117）消除，但似乎只发生在占有人非善意的情况下。

629. 长期时效前书抗辩 即使是罗马市民也不能时效取得行省土地（fundus provincialis），因为它不能处于奎里蒂所有权下（上文边码 588）。然而，塞普蒂米乌斯·塞维鲁和卡拉卡拉的一项批复（公元 199 年）保护占有这种土地 10 年或 20 年的人（“在场者之间”〔inter praesentes〕10 年，也就是说，如果原告和被告都生活在同一个“共同体”；“不在场者之间”〔inter absentes〕20 年）。这两个皇帝心里想的是“非常诉讼”，他们赋予占有人一项“前书抗辩”（praescriptio），这是一种抗辩，如果在程式诉讼中则会被称为“抗辩”（exceptio，上文边码 95）。这意味着占有人此时被视为该土地的所有权人，尽管当然不是奎里蒂所有权人，因为对行省土地提供的保护不可能高于受法律保护的占有（上文边码 587、591. 4）。就像时效取得那样，名义和善意（“开始时是正当的”）是必须的，但与时效取得不同的是，只有无争议的占有才被认为是足够的，而且占有添附（上文边码 627. 2）是普遍承认的。这种“前书抗辩”被称为“长期时效前书抗辩”（longi temporis praescriptio）或者“长期占有前书抗辩”（longae possessionis praescriptio）。

后古典的发展不在本书范围内，优士丁尼把“时效取得”和“长期时效前书抗辩”融合在一起，因为此时优士丁尼的帝国范围内的土地都可以处于完全的罗马所有权中。他把占有期限确定为动产3年，不动产10年或20年（“在场者之间”此时是指双方当事人生活在同一个行省）。《法学阶梯》《学说汇纂》和《法典》的汇编者试图通过大量的篡改来贯彻这些革新。他们希望把“时效取得”这个术语限定于动产，对于不动产的时效取得，他们使用“长期占有取得”（longa possessione capio）、“长期时效前书抗辩”或者类似的表述。因此，只要他们在前优士丁尼的法源中发现土地的时效取得，他们就会用“longa possessione capio”或类似的术语替代“usucapio”；有时候，在文本一般性地说到“usucapio rei”（物的时效取得）时，他们甚至也通过这种方式改变文本。不用说，只要我们在早于公元199年的著作中发现“longi temporis praescriptio”（不管以何种形式出现），那么我们面对的就是篡改；但甚至后来的法学家也很少提到“longi temporis praescriptio”。当然，汇编者也删除了古典的“一年”（annus）或“两年”（ biennium）；他们用“规定的时间”（statutum tempus）来替代它们，这是指优士丁尼的谕令 *C.* 7. 31 规定的时间。 630. 优士丁尼法

原始文献

ss. 623, 624. Read Ⅻ *Tab.* vi. 3 (*FIRA* i, p. 44) with *Eigentum,* 86 ff.); Gai. 2. 42, 44, 45, 50, 51, first sentence; *D.* (47. 2) 61.

s. 626. Read Gai. 2. 49—51; *D.* (41. 1) 48. 1.

s. 627. Read *D.* (41. 4) 2. 19, first sentence; (41. 3) 40 and 43 pr.; *C.* (7. 31) 1. 3.

s. 628. Read Gai. 2. 52—58.

s. 629. Read the rescript of Severus and Caracalla in Bruns, *Fontes*, no. 87; *FIRA* i, no. 84 and no.851; Paul. *Sent.* (5. 2) 4.

s. 630. Cf. *Inst. Iust.* (2. 6) 7 with *D.* (41. 3) 38; cf. Gai. 2. 44 with *D.* (41. 3) 1: [*Bono publico*]; [*quarundam*]; [*et fere semper*], [*statuti temporis*] <*anni aut biennii*>. In *D.* (41. 3) 9 *maxime* was added because compilers wished to confine *usucapio* to movables.

参考文献

ss. 622 ff. Bonfante, *Corso,* ii. 2 (1928), 204 ff.

ss. 622, 623. Kaser, *Eigentum und Besitz im älteren röm. Recht* (1943), 86 ff., 293 ff., 313 ff. On the *servus fugitivus* see Buckland, *Roman Law of Slavery* (1908), 31, 271.

s. 625. Bonfante, *Scritti,* ii (1918), 469 ff.; Beseler, *Z* xlv (1925), 225 ff.; Schulz, *Z* lii (1932), 547 f.; van Oven, 'Iusta causa usucapiendi', *T* xvi (1939), 435 ff.; Collinet, 'Iusta causa et bona fides dans l'usucapion d'après les Institutes de Gaius', *Mélanges Fournier* (1929); Voci, *St. Ratti* (1934). 369 ff.; Kaser, l.c. 295.*

s. 625. 1. Beseler, l.c. 226 n. 1; Ciapessoni, *St. Bonfante,* iii (1930), 692 ff.

s. 625. 2. H. Krüger, 'Derelictio und usucapio', *Mnemosyna Pappulias* (1934), 155 ff.; Kaser, l.c. 105, with references.

s. 626. Van Oven, l.c. 434 ff.; Levet, *RH* xii (1933), 1 ff.;

Kaser, l.c. 296 ff., with references.

s. 627. Zanzucchi, 'La successio e l'accessio possessionis nell' usucapione', *AG* lxxii (1904), 177 ff.; 'Sulla storia dell' accessio possessionis nell' usucapione', *AG* lxxvi (1906), 3 ff.; Beseler, *Z* lxvi (1948), 349.

s. 628. Beseler, Z xlv (1925), 229; Solazzi, *Diritto ereditario Romano,* i (1932), 61 ff., 169 ff.; ii (1933), 140 ff.; Collinet, 'Les variations de l'usucapion pro herede avant Hadrien', *St. Riccobono,* iv (1936), 131 ff.; H. Krüger, *Z* liv (1934), 80 ff.; Kaser, l.c. 48, with references.*

s. 629. Partsch, *Die longi temporis praescriptio im klass. röm. Recht* (1906); Mitteis, *Grundzüge* (1912), 286; *Chrestomathie,* no. 374; *FIRA* I, pp. 437 ff.; Taubenschlag, *Law of Greco-Roman Egypt* (1944), 184.

s. 630. E. Levy, 'Die nachklassische Ersitzung', *Bull.* x and xi. (1948), 352 ff.

五、取得所有权的其他方式

（一）先占

所有权可以通过带着取得所有权的意图占有某物的方式取得。631. 先占
如果我们抛开“敌人之物”（res hostiles）的先占不谈（它部分是由公法规制的），我们可以说，只有没有所有权人的物（无主物）才能通过先占取得。两种主要的类型如下：

1. 野生动物（猎物、鱼、鸟）只要享有其自然的自由，就是无主物。不存在狩猎法和渔业法，尤其是，狩猎权和捕鱼权并不由土地所有权人专有。因此，如果某人进入他人土地并捕获猎物，那么他就获得猎物的所有权。这项规则就像已经说过的那样（上文边码582）是符合罗马自由主义的。

2. 被弃物。如果所有权人抛弃了某物，则该物变成无主物。然而，要式物的所有权不因抛弃而丧失，占有它的人只能通过时效取得所有权。否则的话"要式物的所有权不能通过'交付'来转移"这项规则，通过抛弃和先占相结合的方法很容易就会被规避掉。有人主张，略式物因抛弃而成为无主物，但是所有权不能通过先占取得；在古典法下，这看起来几乎不可置信。

遗失物仍是其所有权人的财产，并且甚至不能通过时效取得，拾得人必须返还它并且无权要求报酬。

（二）财宝

632. 财宝　主人不明的财宝（Thesaurus），肯定不能先占，也不归国家所有，但我们关于古典法的这方面的知识很贫乏。只有藏在土地里的物才被考虑；秘密抽屉看起来还不为人所知。在共和国法和早期古典法中，财宝可能被视为"土地的部分"（pars fundi），但根据哈德良的一项谕令，它归发现者和土地所有人所有，两个人平分。不幸的是，我们只能通过优士丁尼的《法学阶梯》（*I.* 2. 1. 39）提供的简短且不那么可靠的信息得知这项谕令。首先，什么是财宝？《学说汇纂》当中提供的定义是错误的，并且是不切实际的。

D. (41. 1) 31. 1："财宝是古代金钱的储藏，关于它的

记忆已经不存在，因此已经没有主人”（Thesaurus est vetus quaedam depositio pecuniae, cuius non extat memoria, ut iam dominum non habeat）。

认为财宝没有所有权人的说法肯定是不准确的。因为根据罗马继承法，通常是有所有权人的，尽管不能确定他是谁：“缺少的不是权利而是证明”（non deficit ius sed probatio）。而且，“pecuniae”（金钱）也是错的，因为财宝可以由（例如）珠宝构成。“depositio”是一个笨拙的表达，因为财宝不是“depositio pecuniae”（金钱的储藏），而是“pecunia deposita”（储藏的金钱）。整个定义看起来源自后古典时期，不应再被用作任何关于“财宝”的理论的基础。

（三）河流引起的增添

公共河流沿岸土地的所有权人可以通过河流的自然流动而取得所有权。 633. 河流引起的增添

1. 河流在其河岸形成的淤积增添于相应土地的所有权人（“通过淤积”〔per alluvionem〕）。如果一块特定的土地被河流冲走（现代法学家称之为“冲离地”〔avulsio〕）并且被冲到河岸的另外一个地方，那么这个地方的所有权人在它与河岸长在一起之前不会成为其所有权人。

2. 如果河流以小岛的形式形成了新的土地（“河流中生成的小岛”〔insula in flumine nata〕），那么它增添给河岸的所有权人；但这项由法学家们确定的规则非常模糊和原始，因此我们不能清楚地确定它在他们之间如何分配。

3. 如果河流完全离开其河床，那么原先的河床(alveus derelictus)像新的小岛一样增添给河岸的所有权人。如果河岸的所有权人的土地已经由官方测量员(agri limitati)测量过，那么这三种取得方式都不适用。在这种情况下，增添的土地是无主物，可以先占。

(四)通过添附和加工进行的所有权取得

634. 古典法的特征 古典法的这个部分显得非常奇怪。法学家们热情地讨论相关问题，但他们的工作成果却远非一项光荣的成就。重要的问题仍然是有争议的，他们的讨论经常很奇怪，是学术性的而非实践性的。他们可能受到一些希腊哲学的影响，但要确定这一点，需要对哲学和法律资料进行更新、更具批判性的考查。然而，正是这些理论的学术性特征，使得它们深受晚古和中世纪法律学派的喜爱；尽管它们更多地存在于教科书而不是实践中，但还是不幸地影响着欧洲的立法者，直到我们的时代。当然，是古典法学家最先处理这些错综复杂但几乎不重要的问题，出于这个原因，他们的理论值得被记住。此外，古典法学派的经院主义是一个肯定不会被批判历史学者忽略的现象。然而，不幸的是，现有的文本遭受了大量的篡改；现代学者通过不断的调查，已经证明了很多，但在古典理论的重构上，他们还没有获得完全的成功，可能无法获得完全的成功。在这种情况下，我们可以仅限于一些具体的示例，以便展示问题以及古典法学家们试图解决它们的方法。

526

635. 种植 1. 种植。假设 A 是一块土地的所有权人，他未经 B 的同意把 B 的庄稼或树木种到他自己的土地上。这些庄稼和树木的所有权仍是 B 的，但如果它们扎了根，那么 A 就变成了其所有权人，不管他行为时是否为善意。B不能再要求分离，即使A分离了庄稼，所有权也不会回到B。在法学家看来，精确地把庄稼从土壤中分离出来是不可能的，因为庄稼已经从土壤中吸收了无法确定数量的养分；这几乎是一种让人难以置信的卖弄学问。此外，必须强调的是，B因为A的获利不能对A享有“请求给付之诉”（condictio）；如果A不是善意的，他当然要对盗窃负责。

假设A不是一块土地的所有权人而只是占有人，这块土地属于B。A种了自己的庄稼在这块土地上。只要庄稼扎根，B就会成为其所有权人。A不能要求分离，并且如果他自己分离了这些庄稼，他自己也不能成为其所有权人。但如果B通过所有物返还之诉起诉A要求返还土地，如果A是善意的话，那么他可以根据一项欺诈抗辩（exceptio doli，上文边码96）要求退还他所支出的费用，尽管一项要求返还这笔费用的诉讼并不存在。

我们必须承认，对于这些最简单的案例，很难设计出更不切实际的规则。

2. 建造（inaedificatio）。假设A用全部或部分属于B的材料在他自己的土地上建造了一座房子。尽管A成了该建筑的所有权人（superficies solo cedit〔地上物从土地〕），但B仍然是材料的所有权人。然而，B不能要求分离，因为《十二表法》（vi. 8）明确规定“已用于建造的梁木不能从建筑物拆除”（tignum iunctum aedibus ne solvito），并且古典法学家认为“梁木”（tignum）包括任何种类的建筑材料。如果材料被盗，B根据《十二表法》享有一项“已造梁木之诉”（actio de tigno iuncto），即使A是善意的；这是一种惩罚诉讼（上文边码72），B通过它可以获得材料的双倍价值；B不能享 636. 建造有基于不当得利的“请求给付之诉”。因此，B对材料的所有权是一种休眠的所有权，但如果建筑因为事故倒塌或由A故意拆毁，那么B的所有权就会“被唤醒”，他可以通过“所有物返还之诉”主张返还材料。因此，在这种情况下“建造”不会导致A取得材料的所有权，出于这个原因，它没有被盖尤斯（Gai. 2. 73）提到。

现在让我们假设A只是一块属于B的土地的占有人。A用自己的材料在这块土地上建造了一座房子。与第一种情形不同的是，B立即成为材料的所有权人（Gai. 2. 73），而且即使该房子随后毁坏，材料也不会回到A；但如果B通过“所有物返还之诉”起诉A，如果A出于善意的话，那么他可以根据“一般欺诈抗辩”获得补偿。但A不享有“请求给付之诉”。

这些关于“建造”的规则因为不是适用于所有与不动产牢固链接的动产，所以仍非常难懂，并且也不可能找到一个可操作的原则。“所有属于房子的物都构成房子的一部分”这项规则（*D*. 50. 16. 245）肯定是不可行的（火炉、书架、机器怎么办？）。

637. 动产的相互结合

关于动产的相互结合，我们可以参考教科书；古典法在很大程度上仍然是模糊的。

638. 加工

3. 加工（specificatio）。加工是把材料制造成一个新的产物。我们的原始文献中没有“specificatio”和“specificare”这两个用语，但它们已经被波伦那的注释法学家使用。古典法学家说“制作物件”（speciem facere），但只有一次，即*D*. 41. 1. 7. 7“novam speciem facere”（制作新物件）。

根据拉贝奥、普罗库鲁斯和普罗库鲁斯学派的观点，加工者成为产品的所有权人，即使他不是材料的所有权人，只要他是“为自己”（suo nomine）做了加工工作，而不是为另一个为此目的向其提供材料的人。萨宾学派总是把产品归属材料的所有权人。优士丁尼采纳了如下解决方案：如果产品可以变回原来的材料，那么材料的所有权人成为产品的所有权人；如果不能变回原来的材料，则加工者成为产品的所有权人。有可能的是，优士丁尼的理论或一种类似的理论在古典时期是有人提倡的，但相关的文本是不可靠的。根据优士丁尼的“折中意见”（media sententia），面包师成为他用别人的面粉制作的面包的所有权人，因为面包不能再被变回面粉；但制作了一个铜像的艺术家则不能成为铜像的所有权人，因为它可以变回铜。

全部三种理论都是粗糙、原始的，因为它们全都未提及一方因另一方的取得而遭受的损害的补偿问题；这是主要问题，而所有权的问题反而没有那么重要。此外，这些理论根本不考虑加工方的善意和恶意。最后，普罗库鲁斯的理论以及优士丁尼采用的理论都没有解决什么构成一个新的物的问题。这些理论肯定不是以深层次的哲学或经济学思考为基础。把普罗库鲁斯学派的理论视为亚里士多德的自然哲学的产物，认为萨宾学派的理论受到斯多葛理论的启发，都是错误的。另一方面，普罗库鲁斯学派也不是劳动保护者，萨宾学派也不是资本捍卫者。

原始文献

s. 631. Read Gai. 2. 66—68; *D.* (41. 1) 5. 1; *D.* (41. 7) 2, *rem* *<nec mancipi>*; (6. 1) 67.

s. 632. Read *D.* (41. 1) 31. 1; *Inst. Iust.* (2. 1) 39: *D.* (41. 2) 3. 3.

s. 633. Read Gai. 2. 70—72; *D.* (41. 1)7. 2—5 to *iuris gentium*; (43. 12) 1. 6.

s.635. Read Gai. 2. 74—76; *D.* (41. 1) 7. 13; (41. 1) 9 pr.; (41. 1) 26. 1.

s. 636. Read *D.* (41. 1) 7. 10; Gai. 2. 73; *D.* (41. 1) 7. 12 [*et si scit ... itaque*]; [*nam si scit ... alienum*].

s. 638. Read Gai. 2. 79; *D.* (24. 1) 29. 1; (41. 1) 7. 7 [*est tamen ... reverti possunt*]; (41. 1) 24 and 26 pr. to *corpus fieret* (hardly genuine).

参考文献

s. 631. Kaser, *PW,* Suppl. vii. 682 ff., with full references; *Z* lxv (1947), 220.*

s. 632. Beseler, *Beiträge,* iv (1920), 162; *Z* lvi (1936), 62 f.; Bonfante, *Corso,* ii. 2 (1928), 95 ff., with references; G. Hill, 'Treasure-Trove, the law and practice of Antiquity', *Proceedings of the Brit. Academy,* xix (1933), 219 ff.; Kübler, *PW* via. 7 ff.

s. 633. Bonfante, l.c. 89 ff.; Kaser, l.c. 686; *Z* lxv (1947), 229.

s. 634. P. Sokolowski, *Die Philosophie im Privatrecht,* I. *Sachbegriff und Körper* (1902); Karl Reinhardt, *Kosmos u. Sympathie. Neue Untersuchungen über Poseidonios* (1926), 5 ff., 34 ff.; Guameri Citati, *Reviviscenza e quiescenza nel diritto Romano* (1927), 33 ff.; 'La cosidetta accessione separabile e i suoi effetti nel diritto romano', *Annali Palermo,* xiv (1930); Bonfante, *Corso,* ii. 2 (1928), 68 ff.; Kaser, *Z* lxv. 226 ff.

s. 635. Bonfante, l.c. 86; Kaser, *Z* lxv. 227.

s. 636. Riccobono, 'Dal diritto romano classico al diritto moderno', *Annali Palermo,* iii/iv (1917), 445 ff., 508 ff., 652 ff.; Bonfante, l.c. 87 ff.; Beseler, *Beiträge,* iv (1920), 298; Kaser, *Z* lxv. 232 ff.

s. 637. Kaser, l.c. 232 ff.*

s. 638. Bonfante, l.c. 116 ff.; Weiss, *PW* iiia. 1551; Kaser, l.c. 242.

六、所有权的司法保护

639. 概览

在这点上，我们只描述所有权人用以保护其财产的“补偿性诉讼”（actiones rem persequentes）；而不管惩罚性诉讼（尤其是盗窃诉讼和阿奎利亚法诉讼）、被窃物请求给付之诉（condictio furtiva）以及占有令状。此外，我们仅限于古典的普通诉讼，即程式诉讼，因为我们关于古典的“非常诉讼”（extraordinaria cognitio，上文边码20）的知识还非常不足。因此，我们将讨论如下救济方式：(1)所有物返还之诉；(2)返还占有土地令状（interdictum quem fundum）和出示之诉（actio ad exhibendum）；(3)否定役权之诉（actio negatoria或actio negativa）；(4)普布里奇亚那之诉（actio Publiciana）以及已出售并交付物之抗辩（exceptio rei venditae et traditae）。

（一）所有物返还之诉

640. 所有物返还之诉的概念

古典的所有物返还之诉是一种诉讼，通过它原告基于奎里蒂所有权要求占有某物的被告返还该物。它有两种可选择的诉讼程序形式：通过庄重允诺（per sponsionem）和“通过请求程式”（per formulam petitoriam)。

641. 通过庄重允诺进行的所有物返还之诉

1. 通过庄重允诺进行的所有物返还之诉。这种诉讼程序具有古老的特征。它以法律的赌金或庄重允诺(sponsio)开始,被告允诺,如果原告是所要返还的物的真正的所有权人,那么他将向原告支付一笔名义上的金钱。这项庄重允诺可导致一项要求支付所允诺的金额的诉讼,这项诉讼是一项正常的对人诉讼(actio in personam,上文边码 56)。在这项诉讼当中,当事人像通常一样达成"证讼"(litis contestatio),然后原告必须在审判员面前证明其奎里蒂所有权。如果他成功,审判员会判罚被告支付那笔名义上的金额。然而,这个金额不会真的被支付,因为这项庄重允诺的做出只是为了把所有权的问题提交到审判员面前,审判员通过他对赌金的判决顺带对原告的奎里蒂所有权的问题做出了判定。出于这个原因,这项庄重允诺被称为"预备审庄重允诺"(sponsio praeiudicialis,上文边码 88)。除了这项庄重允诺之外,当事人在裁判官面前做出另外一项庄重允诺,被告在提供保证人的情况下允诺,如果他在关于预备审庄重允诺的审判中败诉,他将返还系争物(包括孳息)。这第二项庄重允诺被称为"替代系争物及其孳息的保证人的庄重允诺"(sponsio pro praede litis et vindiciarum)。让我们现在来假设,被告在关于庄重允诺的审判中败诉,通常他会把标的物返还给原告,因为判决含蓄地确认了原告的所有权;如果他拒绝这么做,那么原告必须根据"替代保证人的庄重允诺"(sponsio pro praede)以另一项对人诉讼来起诉他和保证人。

这种程序起源于共和国时期,当誓金法律诉讼仍盛行时,并且具有一种特殊的目的,对此,我们在这里将不讨论。但是,它在整

个古典时期都得到保留，并且在后古典时期才消失。在优士丁尼的汇编当中，它从未被提起过。汇编者们要么删掉要么篡改了相关文本；因此，我们对“通过庄重允诺进行的所有物返还之诉”的知识并不比盖尤斯（Gai. 4. 93）告诉我们的多多少；然而，其在古典法下的功能是可辨别的。关于预备审庄重允诺的审判，可以在相对较短的时间内结束，因为审判员只负责判定原告是否是所有权人。他不需要麻烦地去说明被告有义务返还什么（孳息和损失）或评估其价值，就像他在“通过请求程式进行的所有物返还之诉”（vindicatio per formulam petitoriam）当中必须要做到的那样（下文边码643）。此外，他也不涉及抗辩，因为在预备审庄重允诺当中，没有抗辩存在的空间。如果得出的结论为原告是所有权人，并因此判罚被告支付名义上的金额，那么通常作为败诉的结果后者会自发地返还系争物，因此随后不再发生进一步的审判。所以，“通过庄重允诺进行的所有物返还之诉”即使在古典法下也是一项非常有用的救济，尽管它有古老的一面。当然，它只适合于原告的所有权是唯一的争议问题的情形。如果被告希望通过一项抗辩来为自己辩护，那么“通过请求程式进行的所有物返还之诉”（vindicatio per formulam petitoriam）是正确的救济。

642. 通过请求程式进行的所有物返还之诉

2. 通过请求程式进行的所有物返还之诉。我们已经提供了其程式的文本，并解释了其结构（上文边码58、68）。当事人在裁判官面前完成程式（可能插入抗辩和“反抗辩”，上文边码91、105），并进行证讼（上文边码17）。然后，他们出现在审判员面前，陈述案情并提出各自的证据。原告尤其有义务证明他的奎里蒂所有权，这有时是个艰难的任务，因为古典法没有所有权的善意取得（nemo

plus iuris, etc.，上文边码 620)，而且时效取得被维持在狭窄的范围内(上文边码 623)。中世纪的法学家把这种证明称为“魔鬼的证明”(probatio diabolica，在中世纪的神迹剧中，魔鬼试图证明某个灵魂属于他，但一般都会失败)；然而，因为古典的审判员在评价证据时非常自由，如果达到某种程度的可能性，他就可以认为所有权已经被证明。古典法学家像通常那样，对这种困难不屑一顾，因为他们不关心证据的问题。

如果审判员得出的结论是，原告是正确的，被告因此应返还(restituere)标的物，他不会立即进行金钱判罚(condemnatio pecuniaria，上文边码 36)，而是根据程式中的“如果届时没有被返还”(nisi restituetur)那句话，宣布一项“裁决”(arbitrium)，命令进行实际返还(上文边码 68)。如果对该条款进行自由的解释，他不仅可以命令返还系争物，还可以命令返还孳息和损失；另一方面，他约束原告去补偿善意占有人的花费。在这个“restituere”(返还)的整个问题上，古典法学家基于善意占有人和恶意占有人的区分设计出一套精细的规则，但我们将不详述这些在某种程度上仍不确定的细节。

643. 估价宣誓 如果被告遵守这项“裁决”并进行了返还，那么程序终止。但如果他仍不返还，那么审判员可宣布金钱判罚(上文边码 36)。为了这个目的，他必须确定被告根据“裁决”有义务返还的东西的价值；但他也可以留给原告通过宣誓来确定其价值。这项“估价宣誓”是一种为了加速判罚被设计出来的权宜之计，因为它为审判员省去了一项令人厌烦而又费时的任务。这个观念不是要通过原告自己的估价(其估价可能大大超过实际价值)来威胁被告，以迫使其进行实际返还。现代学者通常低估罗马人的诚信和虔诚。当然，罗马人的原则是“对神的不法由神来处理”（deorum iniuria diis curae），但即使是一个普通的罗马人也不会轻易做出伪誓。

644. 原告被剥夺所有权？

最后，审判员宣布判决，判罚被告向原告支付特定的金额。原告请求返还的物仍然在被告手里，并且原告不能再次以所有物返还之诉起诉他。但是，被告此时是该物的所有权人吗？这个问题通常作肯定回答；据说，被告取得了裁判官所有权，原告被剥夺所有权。这个理论可能走得太远。另一方面，我们肯定不能简单地说，原告仍是所有权人，而被告对该物不取得任何权利。如果这是真的，那么被判罚的被告不能对该物进行任何利用。如果他收获了孳息，那么原告可以通过孳息返还之诉（vindicatio fructuum）向他要求孳息。如果该物是动产，那么原告可以用盗窃诉讼起诉他。这样，金钱判罚就会毫无意义。被判罚的被告肯定会受裁判官保护，就像所有权人那样，无论如何至少针对原告受保护。然而，被篡改的资料需要新的检验。

645. 被告的占有

所有物返还之诉（包括两种方式）仅针对在证讼时占有系争物的人。如果他在那时候不是占有人，他就不能被通过这种诉讼来起诉，即使“他故意放弃占有”。这是肯定的；然而，关于要求哪一种占有的问题，则不能绝对肯定地回答。最有可能的是，只有被授予占有令状（下文边码 753）的占有人才能被通过所有物返还之诉起诉，而单纯的持有人（detentor，下文边码 754），像承租人、保管人、借用人，则不能。假设 A 是一个房子的所有权人，B 是占有人，C 通过与 B 签订合同承租了这座房子。在古典法下，A 可以用所有物返还之诉起诉 B，但不能用它起诉 C。如果房屋的所有权人自己出租了这个房子，那么他可以“基于合同”（ex contractu）用“出租之诉”（actio locati）起诉承租人，但肯定不能用所有物返还之诉。

646. 系争物出现在裁判官面前 裁判官可以确认被告的占有，如果他发现被告没占有，他可以拒绝赋予所有物返还之诉，但他几乎不可能要求把可移动的物带到他面前来。当然，在古老的“通过法律诉讼进行的返还之诉”（vindicatio per legis actionem）当中，系争物的到场是必不可少的，但在古老的共和国时期，罗马国家的范围是很小的；在古典法下，这个要求意味着巨大且非常不必要的麻烦。

想象一下，有两个农民A和B居住在“上意大利”的一个村庄。A希望要求B返还一头牛。A和B来到罗马，出现在裁判官面前，并申请“请求程式”（formula petitoria）。裁判官答复说：“先把牛给我带来”。被告回到他的村庄，并最终把牛带到裁判官面前。此时，程式被起草好，审判员也被指定，这在这个案件当中只是个形式问题，几分钟就能完成。然后，被告必须把牛带回他的村庄。这是一个荒谬的事情，我们不能把它记到古典裁判官的头上。贝泽勒（Beseler）的理论：“可移动的物出现在裁判官面前是‘所有物返还之诉’一直要求的”，不可能是正确的。

647. 对物诉讼 两种形式的所有物返还之诉都是对物诉讼，就像盖尤斯（Gai. 4. 91）明确表示的那样。我们已经解释过这个术语的古典含义（上文边码56）。对物诉讼的特殊性在于“在裁判官面前”（in iure）的程序中，被告没有义务去为系争物进行抗辩。这在“通过庄重允诺进行的所有物返还之诉”当中尤为明显。预备审庄重允诺和替代保证人的庄重允诺引起的诉讼都是对人诉讼，但由于被告没有义务进行这些庄重允诺，所以“通过庄重允诺进行的所有物返还之诉”也被视为对物诉讼。如果被告拒绝通过做出庄重允诺或接受请求程式的方式为系争物进行辩护，那么他必须把它交给原告。如果该物是可移动的并出现“在裁判官面前”，那么裁判官会宣布一项“标的物由原告带回家的命令”；如果该物不在法庭或是不可能移动的，那么另外两种救济可以介入，我们现在来考察它们。

（二）返还占有土地令状和出示之诉

648. 返还占有土地令状

裁判官告示在“关于令状”标题下有一个下级标题是：“被请求土地的人，如果不愿意为标的物进行辩护”（a quo fundus petetur, si rem nolit defendere ; Lenel, *Edict.* § 248）。裁判官在这里允诺提供一项令状，去处理原告希望要求返还不可移动的物但其占有人拒绝（通过庄重允诺或者接受请求程式）辩护的情形。这项令状在优士丁尼法下不再存在，因此我们对它知之甚少；但它可能是这样的：

> “某某人想要请求你返还这块土地，而你不愿意进行辩护，你应将其返还给他”（Quem fundum ille〔原告的名字要在这里插入，Aulus Agerius 在这种令状格式当中被故意避免，上文边码 111〕a te vindicare vult et rem nolis defendere, eum illi restituas）。

它是一项返还性令状，关于其细节我们可以参考我们关于令状所作的一般说明（上文边码 106 以下）。它仅针对可以被用所有物返还之诉起诉的人，因为只有这样的人才可以被说成，他不愿意为这块土地辩护。

莱内尔(Lenel)对这个令状的重构尽管广为接受,但是站不住脚:

> “某某想要请求你返还你占有或恶意放弃占有的这块土地,如果你不愿意进行辩护,等等”(Quem fundum ille a te vindicare vult, quem possides dolove malo fecisti quo minus possideres, si rem nolis defendere etc.)。

所有物返还之诉并不针对“故意放弃占有”的非占有人;因此“不希望进行辩护”(nolle defendere)是不存在的。

649. 出示之诉

出示之诉仅涉及可移动物。在某些方面和返还占有土地令状是相对应的。像这种令状一样,它可以由希望要求返还某物的人使用。该诉讼针对任何占有人,而不仅仅像所有物返还之诉那样针对受占有令状保护的人;此外,它也可以针对恶意放弃占有的非占有人。它是一种对人诉讼(被告因此必须接受“审判”〔iudicium〕,上文边码 56),并且是一种所谓的“仲裁诉讼”(actio arbitraria,上文边码 67)。在宣布金钱判罚之前,审判员会在一项裁决当中命令被告出示标的物(而不是返还它)。

在所有物返还之诉的范围内,出示之诉有三重功能:

1. 它可以作为所有物返还之诉的预备。可能是原告希望在提起所有物返还之诉之前确定系争物,或者可能系争物和另一个可移动物结合在一起,原告要求分离以便可以要求返还。

2. 如果被告拒绝针对所有物返还之诉为该物辩护,它会提供一种救济。如果该物被出示,原告可以根据裁判官的“标的物由原告带回家的命令”(iussum duci vel ferri rem ab actore)将该物占有。

3. 最后，它替代所有物返还之诉在针对恶意放弃占有的非占有人（上文边码 645）时使用。如前所述（上文边码 648），针对非占有人的返还占有土地令状是不需要的，因为一块土地的占有人总是很显而易见的，但可移动物的当前的占有人却通常很难确定。因此，如果所有权人可以证明 B 占有某物（比如一个戒指），并且后来恶意地（dolo malo）抛弃其占有，那么他可以用出示之诉起诉 B，尽管（并且实际上因为）不能对他提起所有物返还之诉。

（三）否定役权之诉

古典的“否定役权之诉”（actio negatoria 或 actio negativa）的名称来自其程式的原告请求（intentio，上文边码 30）的否定性用语。让我们来看以下三个示例： 650. 否定役权之诉的概念

1. “如能证明努梅里乌斯·内格底乌斯无权违背奥鲁斯·阿格里乌斯的意愿对系争土地进行使用和收益，并且该土地届时没有被返还，那么该物的价值将是多少，审判员，就判罚努梅里乌斯·内格底乌斯向奥鲁斯·阿格里乌斯支付多少，如不能证明，则开释。”

（Si paret Numerio Negidio ius non esse, eo fundo quo de agitur, uti frui invito Aulo Agerio neque ea res restituetur, quanti ea res erit, tantam pecuniam iudex Numerium Negidium Aulo Agerio condemnatio, si non paret absolvito.）

当某人声称他在土地上享有用益权，而土地的所有权人否认存在这项用益权时，这是土地所有权人针对该人的正确诉讼。

2.“如能证明努梅里乌斯·内格底乌斯无权违背奥鲁斯·阿格里乌斯的意愿在系争土地上行走和骑行，并且该物届时没有被返还，等等。”

(Si paret Numerio Negidio ius non esse per fundum quo de agitur ire agere invito Aulo Agerio neque ea res restituetur etc.)

这是土地所有权人针对不当地主张自己在该土地上有通行权的人的诉讼。

3.“如能证明努梅里乌斯·内格底乌斯无权违背奥鲁斯·阿格里乌斯的意愿加高他自己的房屋，等等。”

(Si pare Numerio Negidio ius non esse aedes suas altius tollere invito Aulo Agerio ect.)

这种诉讼，土地所有权人用来针对声称自己有权在自己的土地上建造超过特定高度的建筑的人，而原告否认这项权利的存在。但这项程式包含两种根本上不同的情形：

(1) 被告主张在原告的土地上存在“加高地役权”(servitus altius tollendi)，原告否认。在这种情况下，“否定役权之诉”像在前面那些情形中一样，是一种所有权人针对认为自己对原告的土地享有一项地役权的人提起的诉讼。

(2) 原告主张对被告的土地享有一项“不得加高地役权”(servitus altius non tollendi)，而后者否认存在这项地役权。这显然是一种地役权返还之诉(vindicatio servitutis)，我们将在后面讨论(下文边码692)。但这种返还之诉是一项“否定诉讼”(actio negativa)，因为其程式的原告请求是否定性的。

在这里，我们只需要在否定役权之诉服务于保护所有权的范围内考虑它。因此，我们可以排除上述第(2)种情形。

否定役权之诉是一项对物诉讼，尽管与一般的规则不一样的是，被告的名字会在原告请求中被提到(上文边码58)。Gai. 4. 3实质上是正确的，尽管文本可能是有错误的。出于这个原因，被告有义务接受“审判”(iudicium)。如果他拒绝这么做，那么他必须放弃他主张的役权。如果这项役权是一项地役权，那么原告享有适应于这种情形的返还占有土地令状(上文边码648)。如果这项役权是一项对可移动物的用益权，裁判官会颁布一项“标的物由原告带回家的命令”，并且原告享有出示之诉。你可能会问，主张对原告的土地享有一项通行权的被告如何能够抛弃一项不存在的役权呢？实际上，他通过提供一项“不再进行侵扰的担保”(cautio de non amplius turbando)来这么做。 651. 对物诉讼

如果被告接受审判，而审判员发现原告是正确的，那么就会颁布一项裁决，就像在所有物返还之诉当中一样，使得被告有义务进行返还。被告必须返还系争物(在主张用益权的情况下)，拆除他非法建造的建筑并支付损害赔偿。如果被告不遵从这项裁决，那么会发生金钱判罚。

最后，我们希望强调，如果某人干预他人财产但未声称自己有权这么做，那么不存在否定役权之诉。在这种情况下，所有权人有权进行自助和申请令状，但不享有否定役权之诉。

（四）普布里奇亚那之诉和已出售并交付物之抗辩

652. 告示　一个不出名的裁判官普布里奇乌斯（Publicius），可能是公元前最后一个世纪的人，在告示中引入了普布里奇亚那之诉。不考虑这项诉讼的共和国历史，我们仅限于古典法，即仅限于在哈德良治下固定化的告示（上文边码 25）。在这个告示当中，在“关于普布里奇亚那对物诉讼”（de Publiciana in rem actione）标题下（Lenel, *Edict*. § 60），裁判官允诺赋予一种诉讼（荣誉法诉讼，参见上文边码 45），并像通常那样附上一个程式模板。这个告示的裁判官允诺只是在一个经篡改的文本当中保留给我们，其重构仍是有疑问的。可能它只是简单地这么写：

> “如果有任何人主张某个被通过交付转让给他但他还没有通过时效取得的物，我将为他提供一种诉讼”。
>
> （Si quis rem sibi traditam ex iusta causa et nondum usucaptam petet, iudicium dabo.）

告示当中的程式由盖尤斯（Gai. 4. 36）可靠地提供给我们：

> “假如奥鲁斯·阿格里乌斯购买了这个奴隶并且该奴隶交付给他之后他已经占有了一年，那么如果系争的奴隶根据奎里蒂法应当是他的的话，等等”。
>
> （Si quem hominem Aulus Agerius emit et is ei traditus est, anno possedisset, tum si eum hominem de quo agitur eius ex iure Quiritium esse oporteret, nisi restituetur, quanti ea res erit,

tantam pecuniam etc.）

用“et is ei traditus est”替代“quique ei traditus est”是共和国的官方用法：*lex Iul. municip.* l. 157。

在古典法下，告示中的程式只是一个程式模板，必须修改以适应其他情形，因为在古典时期，任何可以通过时效取得系争物的奎里蒂所有权的占有人都可以使用普布里奇亚那之诉。让我们考虑如下情形： 653. 范围

1. 一个要式物（上文边码 604）的奎里蒂所有权人将其出卖给 B 并通过“交付”转移给 B。B 此时仅仅是占有人，但如果他继续占有一年或两年，就可以通过时效取得该物的奎里蒂所有权（上文边码 623）。然而，在时效取得期间（tempus usucapionis）结束之前，B 丧失了占有，该物到了 C 的手中。B 希望要求 C 返还该物，B 当然不能利用所有物返还之诉，因为他不是奎里蒂所有权人；但他可以使用普布里奇亚那之诉。该诉讼的程式指示审判员，在假设 B 对该物的时效取得期间已经届满的情况下审理该案。如果在这个假设下，B 根据时效取得已经成为奎里蒂所有权人，那么就可以像在所有物返还之诉当中那样对待 C。这样，审判员只需要确定，奎里蒂所有权人是否实际上通过交付将该物转让给 B，因为时效取得的其他条件（上文边码 623 以下，即某物可以被时效取得以及占有人善意）在这种情况下显然是满足的。

2. 假设一个要式物或略式物的非所有权人把它卖给 B，并通过交付转让给 B。后来 B 丧失了占有，该物由 C 占有。B 可以用普布里奇亚那之诉起诉 C。在这种情况下，审判员不仅要确定该物是否

被转让给 B，而且要考虑 B 是否是善意以及该物是否可以被时效取得（不是“盗窃物或者暴力占有物”；上文边码 623）。当然，在这种情况下，被告有可能是奎里蒂所有权人。因为裁判官不希望剥夺奎里蒂所有权人的所有权，C 有权在程式中插入一项“所有权抗辩”（exceptio dominii）。

告示里的程式既包含这些情形，也可以调整适用于类似的情形，如果 B 通过“出于赠与、嫁资、清偿原因交付”取得占有，或者如果 B 因直接遗赠或抛弃而取得占有，那么一项“扩用普布里奇亚那之诉”（actio Publiciana utilis，上文边码 52）会被赋予他，因为在这些情形下，B 也是“可时效取得的占有人”（possessor ad usucapionem）。我们可以总结说，古典的普布里奇亚那之诉的目的是保护特定类型的占有，即可以导致时效取得的占有；这种诉讼是一种人工拟就的裁判官所有物返还之诉。不存在裁判官的否定役权之诉。

544

654. 已出售并交付物之抗辩

告示当中的“关于抗辩”部分包含了一种“已出售并交付物之抗辩”（exceptio rei venditae et traditae）的格式（Lenel, *Edict.* § 276），它涉及如下两种情形：

1. 某要式物的奎里蒂所有权人将其出卖并交付给 B。因为卖方仍然是奎里蒂所有权人，所以他可以用所有物返还之诉起诉 B。但是，裁判官通过赋予一项特别的抗辩来保护 B：“如果奥鲁斯·阿格里乌斯没有将系争土地出卖并交付给努梅里乌斯·内格底乌斯”（si non Aulus Agerius fundum quo de agitur Numerio Negidio vendidit et tradidit）。

2. 非所有权人 A 把某要式物或略式物出卖并交付给 B。A 后来取得了该物的奎里蒂所有权（例如，由于成为该物的奎里蒂所有权人的继承人)。在这种情况下B针对A的所有物返还之诉可以用“已出售并交付物之抗辩”来保护自己。

这种抗辩可以用作一项“反抗辩”来对抗我们已经在前面提到过的(上文边码653)“所有权抗辩”。假设A,某要式物的奎里蒂所有权人,把该物出卖并交付给B。后来B丧失了占有,并且该物最终回到A的手里。B此时用普布里奇亚那之诉起诉A,A可以反对说,自己是奎里蒂所有权人(所有权抗辩,参见上文边码653),但B可以回答说,A已经将该物出卖并交付给他(“已出售并交付物之反抗辩”)。

告示中的抗辩格式可以调整适用于类似的情形。例如,如果A出于赠与的原因交付某物给B,B针对A的所有物返还之诉当然受到“已赠与并交付物之抗辩”(exceptio rei donatae et traditae)的保护。

因此,在古典法下存在一种受裁判官保护的占有,即便是针对奎里蒂法所有权人也受保护。盖尤斯毫无顾虑地称这种占有为一种“所有权”,而现代法学家习惯称其为“裁判官所有权”。我们可以把它与“可胜诉的遗产占有”相比较(上文边码378)。古典法学家似乎避免用“所有权”这个术语来称呼它(盖尤斯的术语是非常少见的),并满足于使用“某物处于某人的财产中”(in bonis esse alicuius)这样的模糊说法。在拜占庭的法律学派中,这样一个占有人已经被称为“善意所有权人”(dominus bonitarius〔δεσπότης βονιτάριος〕, Theophilus, *Paraphrasis*, 1. 5. 4)。 655. 裁判官所有权

(五)优士丁尼法

所有这些救济的后古典发展都不在本书范围内,对优士丁尼法

作一些说明肯定就足够了。在优士丁尼法中，古典的这些救济完全改变了它们的特征，并且出于这个原因，被收入优士丁尼的汇编的古典文本都受到严重的篡改。

656. 实际履行和金钱判罚

1. 审判员的裁决（arbitrium iudicis）此时是一项可强制执行的判决，但金钱判罚没有被完全废除。汇编者似乎希望为原告提供在实际履行和损害赔偿之间选择的机会，但由于它们在任何地方都没有清楚地表达这项原则，所以自从注释法学家以来对于被告在什么范围内对实际履行负责的问题发生了无休止的争论（“praecise

657. 对物诉讼

teneri”〔实际履行〕是中世纪的术语）。

2. 所有物返还之诉、否定役权之诉和普布里奇亚那之诉都仍被称为对物诉讼，这个术语仍意味着被告没有义务在审判中辩护。但如果他拒绝辩护，原告可以使用的救济已经被简化；返还占有土地令状完全消失。

546

658. 所有物返还之诉和出示之诉

3. 所有物返还之诉同化于出示之诉。像后者一样，所有物返还之诉此时也可以针对任何有返还能力的占有人，并且甚至可以针对“恶意放弃占有”的人。

659. 要式物和略式物

4. 随着要式物和略式物这一分类的消失，普布里奇亚那之诉和已出售并交付物之抗辩的范围都大大缩小。

这些是任何阅读原始文献的人都应当记住的重要变化。

原始文献

s. 641. Read Gai. 4. 93, 94.

s. 645. Read *D.* (6. 1) 9 [*puto ... posse*]. See *Index Interpol.*

s. 647. Read *D.* (2. 3) 1. 1.

s. 648. Read *Ulp. Inst. Vindobon.* fr. IV (Seckel-Kübler, i. 494).

s. 654. Read *D.* (6.1) 72 [*pretio soluto*]; [*tradiderit*] <*mancipio dederit*>; (21. 3) 2 [*pretio ... Titius*], <*Titius autem*>; (44. 4) 4. 32 [*pretio soluto*]; [*tradiderit*] <*mancipio dederit*>.

s. 655. Read Gai. 2. 40, 41; 1. 54.

s. 656. Read *D.* (6. 1) 68, interpolated, see *Index Interp.*

s. 658. Read *D.* (6. 1) 9, last sentence; (6. 1) 27. 3 (both interpolated).

s. 659. Read *C.* (7. 31) 1. 5.

参考文献

s. 641. Bozza, 'Actio in rem per sponsionem', *St. Bonfante* ii (1930), 591 ff.; Kaser, *Eigentum und Besitz im älteren röm. Recht* (1943), 282 ff.*

s. 642. Lenel, *Edict.* (1927), § 69. On *probatio diabolica* Windscheid, *Pand.* i (1906), § 196 n. 3. On *restituere* see Kaser, *Restituere als Prozess- Gegenstand* (1932); 'Besitz und Verschulden bei dinglichen Klagen', *Z* li (1931), 92 ff.

s. 643. Schulz, *Principles* (1936), 229; Wenger, *CP* (1940), 199.

s. 644. Levy, 'Die Enteignung des Klägers im Formular-Prozess', *Z* xlii (1921), 476 ff.; Carrelli, *L'acquisto della proprietà per litis aestimatio* (1934); Ehrhardt, *Litis aestimatio* (1934), 141; Beseler, 'Litis aestimatio und Enteignung', *SD* 1937, pp. 367 ff.

s. 645. H. Siber, *Die Passivlegitimation bei der rei vindicatio*

(1907); *Röm. Recht* (1928), 97; Beseler, *Beiträge,* i (1910), 20; ii (1911), 5 f., 135; *Index Interp.* ad *D.* (6. 1) 9; Herdlitczka, *Z* xlix (1929), 274 ff.; Kaser, *Eigentum und Besitz,* 288, 292.

s. 646. Beseler, *Beiträge,* i (1910), 10 ff.; ii (1911), 128 ff.; Lenel, 'Rei vindicatio und actio ad exhibendum', *Grünhut's Zeitschrift für das Privat-und öffentliche Recht der Gegenwart,* xxxvii (1910), 515 ff.; Kaser, *Z* li (1931), 100 n. 2.

s. 647. Lenel, *Edict.* (1927), p. 136; Berger, *PW* ix. 1661.

s. 648. Lenel, *Edict.* § 248; Berger, *PW* ix. 1660 f.

s. 649. Beseler, *Beiträge,* i (1910), 1 ff.; ii (1911), 128 ff.; Lenel, 'Rei vindicatio und actio ad exhibendum', l.c.; *Edict.* § 90.

s. 650. On the terminology see *Voc. Iur. Rom.* iv. 79; on Gai. 4. 3 see Beseler, *Z* xlvi (1926), 268; Biondi, *Actio negativa ed actio prohibitoria* (1929), 3; see further Lenel, *Edict.* §§ 72, 73; Bohacek, *Bull.* xliv (1937), 49 ff.; xlvi (1939), 142 ff.

s.651. Lenel, *Edict.* §§ 248, 255; Berger, *PW* ix. 1660 f.; Windscheid, *Pand.* i (1906), § 198 n. 7.

s. 652. Lenel, *Edict.* § 60; Bonfante, *Corso,* ii. 2 (1928), 326 ff.; Beseler, *Beiträge,* iv (1920), 87; Pflüger, *Z* xlii (1921), 469. De Sarlo, *St. Solazzi* (1948), 203 ff.

s. 653. Actio Publiciana negatoria? see Windscheid, *Pand.* i, § 199 n. 3.

s. 654. Lenel, *Edict.* § 276, with references; Bonfante, *Scritti,* ii (1918), 450 ff.

s. 655. Bonfante, *Scritti,* ii (1918), 370 ff.; *Corso,* ii. 2 (1928), 314 ff. *

s. 656. Windscheid, *Pand.* i (1906), § 193 nn. 1—3; Beseler, *SD* 1937, p. 368.

s. 657. Wlassak, *Z* xxv (1904), 143.

s. 658. Herdlitczka, *Z* xlix (1929), 275 n. 1, with references.

第二章　役权

一、导论

660. 概念

在优士丁尼法下役权（servitus）是有体物上的一种负担，是通过关于有体物的利用的私人法律行为设立的。这个定义需要简短的解释：

1. “某物上的负担”当然是一种隐喻的表达，其法律含义是“对所有权的修改”。例如，用益权是一种役权，是因为用益权人的权利修改了所有权（上文边码 578），因为这项权利是有效的，并针对负担该役权的物的所有权人受保护。承租人实际上也拥有同样的使用标的物的权利，这种权利也是有效的，但只针对出租人（或其继承人）受保护。如果出租人转让标的物，承租人无权对抗新的所有权人。因此，承租人的权利没有修改所有权。现代学者说（上文边码 579），他没有“对物权”（ius in re 或 ius in rem）而只有“对人权”（ius in personam）。

2. 役权涉及供役物的使用。通常役权是指一项使用他人之物的权利，例如，用益权或通行权（ius itineris）。然而，有时候，一项役权仅限制物的所有权人对该物的使用，例如，“不得加高役权”

(servitus altius non tollendi),这项役权阻止供役物的所有权人建造超出特定高度的建筑。

3. 土地财产的所有权会因为邻居的利益而受到罗马私法的限制。现代学者把这种法律限制称为法定役权,这是一个误导性的术语,因为它暗示着罗马所有权本身是一种无限制的权利。我们将不在这里描述这些限制。此外,对所有权的限制也可能由公法强加;这些我们也将忽略。我们在这里仅仅描述役权,是由私人的法律行为设定的一种负担。

役权分为两类:人役权(servitutes personae 或 sevitutes personales)和地役权(servitutes praediorum 或 servitutes reales)。它们之间的区别在于权利被授予役权人的方式。 661. 分类

1. 人役权被授予个人。负担这种役权的客体可以是动产或不动产。

2. 地役权总是必须附在某物的所有权上,因此如果该物的所有权人变更,那么新的所有权人自动取得该役权所包含的权利。这种役权只能为了某个土地的所有权人的利益而创设,并且负担这种役权的物也必须是土地。因此,这样一种役权的创设需要两个不动产:一个需役地(praedium dominans,这个术语在我们的法源中没有,但是是有用的)和一个供役地(praedium serviens,这个术语在我们的法源中出现过)。

古典的术语和汇编者们采用的术语有很大的不同。古典的"servitus"只包括汇编者们称为地役权的东西;人役权的术语并不存在,古典法学家满足于用其特定的名称来称呼这两种古典的人役权:用益权(usus fructus)和使用权(usus)。因此,告示有一个标 662. 古典的术语

题“如果用益权被提出请求”(si usus fructus petatur; Lenel, *Edict.* § 72；使用权〔usus〕似乎没被明确提到)，这个标题后面紧跟着的是“如果地役权被要求返还”(si servitus vindicetur)标题(Lenel, *Edict.* § 73)。《学说汇纂》的汇编者保留了这个顺序，尽管这样不合逻辑，因为用益权对他们而言是一种役权。《学说汇纂》第 7 卷处理用益权和其他人役权；第 8 卷处理役权。在接下来的讨论中，我们将使用拜占庭的术语，因为它对于我们的目的而言更加方便。拜占庭的“servitus”(役权)无论如何都不是一个空洞的学术术语。它对于财产法的体系安排以及对于任何社会学、经济学或政治学研究都是有价值的。人役权和地役权构成一个明确的单元，因此需要有一个上位概念来使它们区别于在功能上具有根本性区别的质权(pignus)和抵押权(hypotheca)。在这方面，拜占庭的术语优于古典法学家的术语。

552 我们已经(上文边码 583)接触到古典役权法的一般特征，它是一种不加掩饰的自由主义的法；尽可能维持所有权不受限制以及把役权维持在相对狭窄的范围内的倾向是处处可见的。

663. 古典类型的含义

1. 古典法承认一套典型的役权；其中一些被列于告示中，但即使哈德良的告示提供的清单也不是完整的，其他的类型得到了法学家和裁判官的承认。这些标准的役权是逐渐发展起来的，甚至在古典时期其清单也不是封闭的。然而，如果有新的类型开始被裁判官考虑，那么是承认它还是拒绝它则依靠他自己的判断。他和法学家们都不愿意偏离已经得到确认的役权类型背后蕴含的原则。例如，为某个土地所有权人的利益设立的用益权(换句话说，按用益权的内容设立的地役权)会像“土地负担”(real charges，下文边码 666)

那样被拒绝承认。当事人不能完全自由地去创设役权，而是受到一种永久、有益的控制。这种控制可以防止役权吸干所有权的全部内容。我们在中欧（尤其是在德意志）看到的，役权从中世纪到十九世纪初的有害发展，在这种控制下是不可能发生的。

2. 古典人役权和权利人密不可分地联结在一起。例如，用益权 664. 人役权
是一种人役权，它使得其权利人拥有广泛的权利——他有权占有标的物（动产或不动产），使用它并收取其孳息——但他既不能转让它也不能将它留给继承人。这项权利在他死亡之时不可避免地会终止，如果不是在更早的时候终止的话。所有权人因此重新获得无限制的所有权。当事人无法使得用益权具有可转让性和可继承性。用益权也不能为法人的利益创设（上文边码 162、175）。

3. 地役权可持续存在非常长的时间，因为这些权利是授予需役地的可变换的所有权人的，而不是授予一个具体的人的。但这种役权的内容是严格受限的，就像我们马上将要指出的那样（下文边码 665. 地役权
685）。如前所述（上文边码 663），不允许把一项用益权设立为地役权，因为这样一种权利会导致所有权在非常长的时间里作为一种“虚权”（nudum ius）存在。

4. 任何役权都不能约束供役物的所有权人做某事。“役权不能 666. 役权不能以积极作为为内容
以积极作为为内容”（servitus in faciendo consistere nequit）这句格言在古典法中还没有被表达出来，但却是一个最重要的主导性原则。定期支付一定数额金钱的债务，定期提供特定数量鸡蛋、黄油、面粉、木材等的债务，在特定的时间（例如，一个星期或一个月）履行某种服务的债务，都不能作为役权的内容。这样的债务可以由合同来创设，但在那种情况下，只有允诺人和其继承人受约束，供役

物所有权人不受约束。因此，“土地负担”（Reallast）这项有害的制度在古典私法中发展不起来，仍被限制于公法的领域。国家和自治市可强加这样的负担，但要是允许私人当事人根据自己的喜好创设它们，则会被认为对所有权自由太过危险。大陆农业史完全证明了这种罗马态度以及现代农业立法的合理性，因为法国大革命多多少少是在努力去废除或至少限制土地负担。

667. 支撑地役权　在优士丁尼法下，对于“役权不能以积极作为为内容”只有一个例外，即支撑地役权（servitus oneris ferendi）。在这样一种役权中，需役地的所有权人有权在供役地的墙上建造建筑；供役地的所有权人有义务维护这面墙处于良好的状态。然而，非常有疑问的是，古典法学家是否承认这项义务。他们肯定考虑并讨论过它，但主流的观点看来是拒绝承认的，而且即使这项例外是古典的，它也只是确认并强调了这项规则。

554

668. 后古典法　5. 在后古典时期，古典法的自由主义原则受到相当大的削弱。人役权的范围被扩大，所谓的“不正常的人役权”得到承认，尤其是地上权和永佃权进入私法领域。我们将马上回到这个主题（下文边码 693 以下）。

669. 评价和法源　作为一个整体，古典役权法是一项值得纪念的成就，但在这方面，其主导性原则要远胜于其细节。许多现代学者已经认真地尝试过重现古典法，但现有的文本受到严重的篡改，许多问题——不幸的是，不仅仅是细节问题——仍然模糊不清，并且有争议。

原始文献

s. 660. Read *D.* (8. 1) 15. 1 (substantially classical); *Lex Urson.*

cc. 73—75 (Bruns, *Fontes,* no. 28; *FIRA* i, no. 21).

s. 661. Read *D.* (8. 1) 1 (spurious); (8. 4) 1. 1; (18. 1) 47.

s. 662. Read Gai. 2.14 (usufruct in contrast to servitude).

s. 664. Read Gai. 2. 30, last sentence; *D.* (7. 1) 56 (above, s. 162).

s.666. Read *D.* (8. 1) 15. 1; (18. 1) 81. 1; (33. 1) 12 [*neque ... in rem*], but the whole text is corrupt (confusion of *legatum* and *fideicommissum,* above, s. 550). For public real charges read the so-called *lex Iulia munic.* (Bruns, *Fontes,* no. 18; *FIRA* no. 13) 1. *20.*

s. 667. Read *D.* (8. 5) 6. 2 (the text is corrupt).

参考文献

s. 660. Windscheid, *Pand.* i (1906), § 200, with references; Bonfante, *Corso,* iii (1933), 15; Biondi, *La categoria romana delle servitutes* (1938); *Le servitù prediali nel dir. rom.* (1946); G. Grosso, *I problemi dei diritti reali nell' impostazione romana* (1944); Solazzi, *Requisiti e modi di costituzione delle servitù prediali* (1947). On public servitudes see Schulz, *Principles* (1936), 30; Biondi, *La categoria,* 557 ff.

s. 662. Longo, 'La categoria delle servitutes nel dir. rom. class.', *Bull.* xi (1898), 281 ff.; Buckland, *St. Riccobom,* i (1936), 278; Biondi, *La categoria,* 673 ff.; Grosso, *SD* v (1939), 251; *I problemi dei diritti reali,* 313.

s. 663. Arangio-Ruiz, 'La cosiddetta tipicità delle servitù e i poteri della giurisprudenza romana', *Il Foro Italiano,* lix (1934); G. Grosso, 'L'evoluzione storica delle servitù nel dir. rom. e il problema della tipicità, *SD* iii (1937), 265 ff.; Biondi, *Le servitù prediali,* 39 ff.; Solazzi, *Requisiti, 6* f.

ss. 664, 65. Jhering, *Geist des röm. Rechts*, ii. 1 (4th ed. 1880), 226 f.; Solazzi, *Bull.* xlix/l (1948), 393 ff.

s. 666. Bonfante, 'La regola servitus in faciendo consistere nequit', *St. Ascoli* (without year), 179 ff.; *Corso,* iii. 24 ff.; Biondi, *Le servitù prediali,* 98 ff., 105 ff.; Solazzi, *Requisiti*, 19; Schulz, *Principles,* 30 n. 3.

s. 667. Pernice, *Z* xix (1898), 85 f.; Scialoja, *AG* xxvii (1881), 145 = *Studi* i. i. 84 ff.; Beseler, *Z* xlv (1925), 231 ff.; G. Segrè, *Bull.* xli (1932), 17 ff., 52 ff.; 'Le formole delle azioni relative alla servitus oneris ferendi', *St. Ascoli* (without year).

s. 669. Windscheid, *Pand.* i, §§ 200 ff.; Bonfante, *Corso,* iii (1933); Biondi, *Istituzioni* (1946), §§ 70 ff.; Arangio-Ruiz, *Istituzioni* (9th ed. 1947), cap. viii and ix.

二、人役权

670. 用益权的概念

最显著的古典人役权是用益权。用益权人有权使用供役物并享受其孳息（Gai. 2. 93: habet ius utendi fruendi〔享有使用、收益的权利〕）。古典法学家对这些权利的细节进行了大量的讨论，他们的倾向是要限制它们，但我们将不对此进行详述。在整体上，这些讨论具有决疑法的特征；这个著名的一般表述："用益权是在不损害物的本质的情况下对他人之物的使用和收益的权利"，这明显是不精确的，因为用益权人（在特定的范围内）是有权从供役地拿走沙、石、矿产、石灰等的，这当然不可能不减少标的物的本质。

671. 用益权是所有权的一部分？

最近讨论很多的另一个问题是，是否以及如果是的话在何种意义上，古典法学家认为用益权是所有权的一部分。对于这个问题我们完全不予讨论。少量的相关文本是篡改过的。实际上，任何役权都是所有权的一部分，"用益权尤其是所有权的一部分"这个流行的观念在古典法学当中几乎没有任何影响。

672. 功能

古典用益权的主要功能是为一个人提供生计。它尤其适合这个目的，因为它在权利人死亡时必然终止。出于这个原因，法学家们喜欢把它和遗赠联系起来讨论（"关于通过遗赠设立用益权"〔de usu fructu legato〕），遗赠是设立用益权的主要方式。557

673. 用益权的设立

用益权可直接通过直接遗赠（上文边码 555）设立。如果一项用益权通过间接遗赠或者遗产信托（上文边码 556、559）留下，那么继承人要通过一项生者之间的行为设立用益权，即拟诉弃权（in iure cessio，上文边码 610）。设立用益权的一种值得注意的方式是"扣减用益权的要式买卖"（mancipatio deducto usufructu）：某物的所有权人将该物通过要式买卖转让给他人，但同时为自己保留对该物的用益权。采用"扣减用益权"的方式进行直接遗赠和拟诉弃权也是可能的。此外，用益权也可以在所谓的"分割审判"（iudicium divisorium，上文边码 86）当中通过"审判员的分配裁决"来设立。用益权可能不能通过时效取得，尽管这点仍有争议。

在古典法下，只有这些设立用益权的方式。实际上，令人困惑的是，略式物的用益权不能通过交付来设立；所有权可以通过交付转移，所以有人可能会主张“更小的被包含在更大的当中”（in maiori inest et minus）。然而，这个主张并不完全令人信服。法学家希望维持自由的所有权，出于这个考虑可能不愿意让用益权的设立变得容易。尽管如此，通过交付设立用益权是盖尤斯（Gai. 2. 28, 30）明确排除的。不存在设立用益权的裁判官方式，因为裁判官也不愿意让役权的设立变得更容易。通过交付甚至也不能设立荣誉法用益权。在特别的情形下，裁判官会像用益权人那样对待某个人，但在这些情形下很难说是一种裁判官法用益权。

假设立遗嘱人指定 H 为继承人，通过直接遗赠把一块“科尔内利安土地”上的用益权留给 L，并通过遗产信托让 L 把该用益权交给 F。L 把土地交付给 F。在这种情况下，用益权人是 L 而不是 F，
558 因为用益权不能转让（上文边码 664），但裁判官为 F 提供针对 L 和 H 的保护，就像 F 是用益权人那样。一项非常特别的判决，如果是真的的话，可能是基于一项批复做出的。

674. 行省土地

用益权不能在行省土地上设立（上文边码 588）。当然，盖尤斯在一个措辞粗心的段落（Gai. 2. 31, 32）中似乎暗示用益权可以通过简约和要式口约设立，但这充其量是指一种由行省总督保护的荣誉法用益权。但即使是这样也不大可能，因为只有对人诉讼才能通过简约和要式口约设立。可能盖尤斯只是想说，当事人必须满足于一项债务性的合同，作为一项真正的用益权的替代。然而，这样说并不具有确定性，因为不存在可靠的资料。

675. 优士丁尼法下用益权的设立

在优士丁尼法下，要式买卖和拟诉弃权都不再存在（上文边码 608、612），用益权可以通过简约和要式口约设立，也可以通过

用益权交付(traditio usufructus)和扣减用益权的交付(traditio rei deducto usufructu)设立。为此目的，很多被收入《市民法大全》的古典文本都被篡改了。

因为用益权大大损害了所有权人的权利，其期限被故意维持在狭窄的范围内： 676. 用益权的终止

1. 在用益权人死亡时，任何用益权都会终止，当事人不允许使其变得具有可继承性。如果一个立遗嘱人通过遗赠把一项用益权留给 A，那么他不能为了 A 的继承人的利益“重复”遗赠(“遗赠的重复”〔repetitio legati〕)。

2. 此外，用益权在权利人人格减等时终止(上文边码 123)；但立遗嘱人可以通过“遗赠的重复”为此做出安排。

3. 当事人可以通过遗嘱、拟诉弃权和分配裁决设立一项有期限(比如三年)的用益权(*Fr. Vat.* 48)。这样的话，用益权在该期间结束时终止。如果用益权人早于这个时间死亡或遭受人格减等，则用益权早于这个时间终止。

4. 动产一年不使用，不动产两年不使用，用益权终止，这个时间当然是物的时效取得所要求的时间(上文边码 623)。

5. 如果用益权人希望放弃他的权利，那么他必须为该物的所有权人的利益进行拟诉弃权；非要式的放弃只能导致一项由所有权人用来对抗“用益权返还之诉”(vindicatio ususfructus)的抗辩产生。

6. 如果用益权人成为标的物的所有权人，则用益权终止(“混同”)，因为一项用益权不能为了标的物的所有权人的利益而创立。然而，如果这项规则导致了不公平的结果，那么法学家会把所有权人当做用益权人对待。

7. 最后，用益权不仅在标的物不再存在时终止，还会在它受到重大改变时终止。因此，一个房子的用益权人在房子被烧毁时丧失其权利。它不能作为对房屋所在地的权利而存续。支持自由所有权的古典倾向在这里特别明显。

677. 用益权返还之诉 用益权人享有一种特别的诉讼，古典法学家称之为“用益权之诉”(actio de usu fructu)或者“用益权返还之诉”。《学说汇纂》(*D*. 8. 5)的汇编者(似乎只有他们自己)用“确认役权之诉”(actio confessoria)这个奇怪的术语来称呼它。用益权返还之诉原先只能针对标的物的所有权人，但后来——至少从尤里安时期开始——也可以针对任何可以被用所有物返还之诉(rei vindicatio，上文边码 645)起诉的占有人。这种诉讼是通常的古典意义上的对物诉讼(actio in rem，上文边码 56、647)；用益权人不享有返还占有土地

560 令状(interdictum quem fundum，上文边码 648)但享有返还用益权令状(interdictum quem usum fructum；Lenel, *Edict*. § 248)。用益权返还之诉的程式如下(Lenel, *Edict*. § 72)：

> “如能证明奥鲁斯·阿格里乌斯有权对系争土地进行使用和收益，并且该物届时没有被返还，那么该物的价值将是多少，等等”。
>
> (Si paret Aulo Agerio ius esse eo fundo, quo de agitur, uti frui neque ea res restituetur, quanti ea res erit, tantam pecuniam etc.)(上文边码 58、67)

678. 用益权人担保 关于所有权人可用来针对用益权人的诉讼，通常不存在所有物

返还之诉，因为用益权人不是物的占有人（possessor rei，上文边码645）。所有权人享有占有令状，而且还受到用益权人担保的保护，即该担保引起的“基于要式口约的诉讼”的保护。用益权人有义务承诺“根据一个正直的人的判断”（boni viri arbitratu）使用标的物，并在用益权终止时进行返还。在告示标题“关于遗赠”（de legatis；Lenel, *Edict*. § 171）下，裁判官对其强加了进行这样一种担保的义务，并且在“用益权人如何担保”标题下（Lenel, *Edict*. § 286），他宣布了这项担保的措辞：

> “鲁齐乌斯·提提乌斯通过遗嘱把该物的用益权遗赠给你，你庄重地允诺你将根据一个正直的人的判断对该物进行使用和收益，并且在用益权不再属于你时返还届时仍存在的物，并且现在和将来都不恶意行事吗？我庄重地允诺。”
>
> （Cuius rei usus fructus testamento Lucii Titii tibi legatus est, ea re boni viri arbitratu usurum fruiturum te et, cum usus fructus ad te pertinere desinet, id quod inde exstabit restitutum iri dolumque malum abesse afuturumque esse spondesne? Spondeo.）

561

在这项担保向所有权人做出之前，他可以拒绝交付标的物。如果他在没有获得这项担保的情况下，由于疏忽而交付了标的物，那么他也可以例外地用所有物返还之诉起诉用益权人，要求返还该物；古典法学家不知道“请求担保之诉”（condictio cautionis），裁判官也没有赋予所有权人一项特别的诉讼以便让其获得该担保。

裁判官只有在遗赠用益权（ususfructus legatus）的情形下才明确赋予该担保。在这种情况下尤其需要裁判官的保护，因为如果用益权被通过直接遗赠留下，那么它会在不需要继承人的任何行动的情况下成立（上文边码 504. 2）；如果它是通过间接遗赠留下的，那么继承人有义务根据立遗嘱人的遗嘱设立用益权。如果用益权通过“买卖原因的拟诉弃权”（in iure cessio venditionis causa）或者“赠与原因的拟诉弃权”（in iure cessio donationis causa）设立，那么所有权人可以在进行拟诉弃权之前自由选择是否要求这项担保。然而，裁判官的规则被法学家扩展适用于所有的用益权。因此，如果用益权通过“买卖原因的拟诉弃权”或者“赠与原因的拟诉弃权”设立，而所有权人忘记要求这项担保，那么他可以保留标的物直到对方做出这项“担保”。

562 与用益权人担保紧密关联的是对动产的“准用益权”，这种权利只能通过消费它们（例如，钱、酒，等等）来享用。

679. 准用益权 法学家们原本认为这种用益权是不符合逻辑的，然而，当这种用益权被通过遗赠留下时，它获得了公元一世纪的一项元老院决议的承认（萨宾已经知道该元老院决议）。我们不知道该元老院决议的表述，但以它为基础古典法是清楚的。受遗赠人成为标的物的所有权人，但有义务在准用益权终止时按同样的质量和数量返还另外的物。继承人有权要求用益权人担保，即使没有这项担保，根据主流的古典理论，他也可以通过请求给付之诉要求返还同样质量和数量的物。

680. 使用权 用益权旁边还有使用权（usus），它是一种有限的用益权，因为使用权人（usuarius）不完全被排除对孳息的享有。这种人役权的内容不能从现有的资料中准确地查清；古典法学家仅限于决疑法的讨论，这些讨论只以一种支离破碎的并经过篡改的形式保留给我们。关于设立和消灭，使用权和用益权之间没有区别。使用权人享有“使用权返还之诉”（vindicatio usus，似乎在告示中没有提到）并且有义务提供使用权人担保（cautio usuaria，可能在告示中有提到；Lenel, *Edict.* § 17）。

古典法没有其他类型的人役权。居住权（Habitatio）和奴隶劳务权（operae servorum）——优士丁尼法下的特殊类型——被古典法学家视为使用权下的两个类型。所谓的“不正常的人役权”，即具有地役权内容的人役权——这是古典法学家们不喜欢的一种混合体，就像他们不喜欢其他混合体那样——在古典法中并不存在。关于作为人役权的地上权和永佃权——均不属于古典私法——我们将在后面在附录中讨论（下文边码 693）。 681. 其他类型

原始文献

s. 670. Read *D.* (7. 1) 1; *Epit. Ulp.* 24. 26; *D.* (7. 1) 9 pr.—2 [*quasi ... familias*]; (7. 1) 12 pr. (substantially classical); (7. 1) 68; Paul. *Sent.* (3. 6) 19—22; *D.* (7. 1) 12. 2.

s. 671. Read *D.* (50. 15) 25 [*totum*]; [servitutis] <*iuris*>; [*totum*].

s. 673. Read Gai. 2. 30, 33; *Fr. Vat.* 45. 47, 47*a*; Paul. *Sent.* (3. 6) 17; *D.* (33. 2) 29.

s. 674. Read Gai. 2. 31, 32.

s. 675. Read *Inst. Iust.* (2. 4) pr.-1; *D.* (7. 1) 3 pr.—1 (interpol.).

s. 676. Read Paul. *Sent.* (3. 6) 28—33; Gai. 2. 30; *D.* (7. 1) 58; (7. 4) 5 pr. [*nisi ... legaverit*]; (7. 4) 5. 2—3 (substantially classical);

(7. 4) 8; *Fr. Vat.* 83.

s. 677. Read *D.* (7. 6) 5. 1; (44. 4) 4. 12.

s. 678. Read *D.* (7. 1) 13 pr. [*ut ... fiat*]; (7. 1) 13. 2 [*actionem*] <*cautionem*> polliceri; (7.9) 7 pr. [*quae ... poterit*]; cf. (7. 9) 12; Gai. 2. 93.

s. 679. Read *D.* (7. 5) 1 [*vel minuuntur*]; (7. 5) 2 [*remedio introducto*]; (7- 5) 7 [*aut... commodius est*]; (7. 9) 7. 1; (7—9) 12.

s. 680. Read Paul. *Sent.* (3. 6) 25; *D.* (7. 8) 4. 1; (7. 8) 14. 2; (7. 9) 5. 1 [*hoc ... caveatur*].

参考文献

ss. 670 ff. Bonfante, *Corso,* iii (1933), 52 ff.

s. 670. Ebrard, *Z* xxxviii (1917), 329 n. 2, with references.

s. 671. Kunkel, § 84 n. 1, with references; Kaser, *Festschrift P. Koschaker,* i (1939), 458 ff.; Grosso, *SD* ix (1943), 157 ff.

s. 673. On *usucapio ususfructus* see Beseler, *Beiträge,* iv (1920), 78 ff.; on *traditio* Beseler, l.c. 82 ff.

s. 674. Beseler, *Beiträge,* iv. 82 ff.; Solazzi, *Requisiti e modi di costituzione delle servitù prediali* (1947), 109 ff.; *Bull.* viii/ix (1948), 393.

s. 675. Solazzi, l.c. 147 ff.

s. 676. Schulz, *Z* l (1930), 220. On *Fr. Vat.* 83, Beseler, *St. Riccobono,* i (1936), 311, 314; Sanfilippo, *Bull.* xlix/l (1948), 58 ff.; P. E. Cavin, *L'Extinction de l'usufruit rei mutatione* (1933).

s. 677. Kunkel, § 88 n. 4, with references; Bohacek, *Bull.* xliv (1937), 49 ff.; Arangio-Ruiz, *Rariora* (1946), 1 ff.; Grosso, *I problemi dei diritti reali* (1944), 132 ff.; Sciascia, *Bull.* xlix/l (1948), 471 ff.

s. 678. Lenel, *Edict.* (1927), §§ 171, 286; Siber, *Röm. Privatrecht* (1928), 115; Grosso, 'In tema di cautio fructuaria', *Atti Torino,* lxxii (1936/7), estratto, with references.

s. 679. Grosso, 'Sul quasi usufrutto', *Bull.* xliii (1935), 237 ff.

s. 680. Riccobono, 'Sull' usus', *Studi Scialoja,* i (1905); Grosso, *SD* v (1939), *133* ff., with references.

s. 681. Biondi, *Le servitù prediali* (1946), 112 ff.; Bonfante, *Corso,* iii (1933).

三、地役权

遵从拜占庭的术语（上文边码 661），我们把那些为了另一块土地（需役地）的所有权人的利益而在一块土地（供役地）上附加的役权称为地役权。古典法学家只把“servitutes”这个术语用在这种役权上（上文边码 662）。 682. 概念

就像我们已经说过的那样（上文边码 663），古典法有一组广为接受并获得承认的地役权类型，但其类型不是封闭的。出于这个原因，我们不需要列举我们的文献中提到的各种类型；了解下面的论述中提供的示例就足够了。 683. 类型

有一个总的区分肯定不能不提。古典法学家区分两种地役权： 684. 乡村地役权和城市地役权

乡村地役权（servitutes praediorum rusticorum 或者 iura praediorum rusticorum）和城市地役权（servitutes praediorum urbanorum 或者 iura praediorum urbanorum）。像通常那样，他们不会对这些概念下定义，但我们可以通过研究他们的讨论来找到定义。城市土地当然是位于城市内的土地，乡村土地是位于城市之外的土地。但是你肯定不能就此得出结论说：乡村地役权是供役地和需役地中有一块或两块都不在城市中的地役权。这项区分的古典意义毋宁是：乡村地役权是通常服务于农业目的的地役权；而城市地役权是通常服务于非农业目的的地役权。选择这些术语的法学家在头脑中只想着典型的情形，出于这个原因，它们在非典型的情形当中不可避免地会与通常的用法相冲突。因此，标准的乡村地役权是通行权、驮畜车辆通行权、道路通行权、引水权；在古典时期，汲水权、牲畜饮水权、放牧权、烧石灰权、采矿权也是被承认的。通常这些地役权仅发生在两块土地都不在城市的情况下，但在例外的情况下它们也能在位于城内的土地上设立或者为位于城内的土地设立。因此，一个在城里的房子的所有权人可能需要一项穿过其邻居的花园的权利，以便他可以很容易达到另一条街。对这样一种通行权与城市外的通行权进行区别对待，是荒谬的。因此，法学家也视其为乡村地役权，即视为一种通常只发生在乡村土地上的地役权。另一方面，“不得加高地役权”“不得妨碍采光地役权”“不得妨碍眺望地役权”是典型的城市地役权；但在例外的情况下也可以为城外的房子设立，而且它们甚至也被称为城市地役权。这个术语当然与通常的用法有冲突，但法律术语经常会让门外汉费解。我们将马上回到这个区分的法律意义（下文边码 688. 3、691）。

限制地役权的古典倾向是可以看得见的：

1.“地役权不能以积极作为为内容”这项原则我们已经在前面提到过（上文边码666），但必须在此再次强调它，因为在地役权上，它特别重要。685. 不存在以积极作为为内容的地役权

2. 原则上任何地役权都必须向需役地提供帮助（“对需役地有用”）。地役权必须与需役地的使用（大多数时候是经济上的使用）紧密联系；它必须有利于它的使用。在古典时期，这项要求的主要目的似乎是防止乡村地役权被用于工业目的。因此，对采石场的地役权，可以为了在需役地建造一个房子的目的而设立，但不能为了出售石头而设立。对一口黏土井的地役权可以为制造陶器在需役地内使用而设立，但不能为了制造陶器出售而设立。关于城市地役权，这项“土地有用性”的要求没那么重要，但不能对一个花园设立一项在里面散步或进餐的地役权；对于这样的目的，应当设立使用权（一种人役权，上文边码680）。686. 对需役地有用

3. 在很多文本中顺带提到，供役地必须邻近需役地，不过“邻近性”（vicinitas）不是一项有别于“土地有用性”的特别要求。当然，对于一些类型的地役权而言，土地的邻近性是不可或缺的，例如，对于城市地役权（“不得妨碍采光地役权”、“不得妨碍眺望地役权”）、对于汲水权或牲畜饮水权。但对于其他地役权，邻近性则不是实质性的；比如说，即便牧场的距离比较远，羊群的放牧权对需役地可能也是有用的。此外，“邻近性”的概念太过模糊，以至于它几乎不可能作为一项特殊的要求。地役权必须有利于需役地的使用，这个要求有时候就意味着两块土地应该比较邻近。687. 邻近性

地役权的设立可以采用跟人役权一样的方式（上文边码673 688. 设立

以下）：

1. 通过拟诉弃权、直接遗赠和分配裁决。

2. 通过“扣除地役权的要式买卖”（mancipatio rei excepta servitute）设立，此时要式买卖的卖方取得地役权；同样可以通过“扣除地役权的拟诉弃权”（in iure cessio rei excepta servitute）或者“扣除地役权的直接遗赠”（legatum per vindicationem excepta servitue）设立。

对于用益权，古典法学家曾使用“mancipio dare deducto usufructu”“mancipio dare detracto usufructu”或者“mancipio dare excepto usufructu”的表达（*Voc. Iur. Ro*m. ii. 119. 41 ff.; 202. 38 ff.; 670. 42 f.; 671. 35 ff.），但对于地役权，似乎只有“mancipio dare excepta servitute”（*Voc. Iur. Rom*. ii. 670. 30 f.）。我们不应当试图从这些术语上的差异来探寻其背后深奥的法律观念。尤其是，“mancipare rem deducto usufructu”并不是意味着，在古典法学家的眼中，用益权与其他役权不同，是所有权的一部分。就像已经观察到的那样，任何役权都可以被视为所有权的一部分或一个片段（上文边码 671）。

3. 乡村地役权（上文边码 684）被视为要式物（上文边码 604），因此可以通过由供役地的所有权人进行的要式买卖来设立。

为什么只有乡村地役权被归为要式物，其原因不清楚，但我们已经说过（上文边码 605），我们无法解释为什么只有那些（“会被驯化为驮畜的”）动物是要式物。然而，乡村地役权被当做要式物对待这个事实不应再被质疑。

4. 地役权的时效取得被日期不详的《斯克利波尼亚法》（*lex*

Scribonia）明确排除。这部制定法对于真正理解罗马人对地役权和时效取得的一般态度（上文边码583、623、662）非常重要。

地役权像人役权一样不能在行省土地上设立。盖尤斯的表述，689. 行省土地
“可以通过简约和要式口约设立它”，我们已经提到并解释过（上文边码674）。

在优士丁尼法下，地役权通过“扣除地役权的交付”（traditio 690. 优士丁尼法下的设立
rei excepta servitute）或者“扣除地役权的遗赠”来设立；此外，还可以通过简约和要式口约以及地役权交付设立。地役权此时也可
以通过“长期时效前书抗辩”取得（上文边码629）。为了使古典文 691. 地役权的终止
本与这些新规则一致，古典文本遭到彻底的篡改。

乡村地役权因两年不使用而终止，城市地役权因解除时效（usucapio libertatis），即因为持续两年的供役地所有权人方面的阻碍行为而终止。所有的地役权都应以拟诉弃权的方式进行的弃权以及混同而终止。混同是指两块土地的所有权归于同一个人所有（供役地的所有权人取得需役地的所有权或者反过来）。

地役权人享有一项地役权返还之诉，汇编者称之为“确认役 692. 诉讼
权之诉”（actio confessoria，上文边码677），它是一种对物诉讼，像“用益权返还之诉”一样；相对于用益权的“返还用益权令状”（interdictum quem usufructum，上文边码677），原告也享有一项类似的令状（Lenel, *Edict*. § 255）。地役权返还之诉针对供役地的所有权人；它是否也可以针对该土地的单纯的占有人或者甚至针对任何妨碍其权利的人，仍然是有疑问的。保护引水地役权的特别诉讼是“引水权之诉”（actio de aqua；Lenel, *Edict*. § 176）。裁判官告示为特定的乡村地役权提供特别的令状（Lenel, *Edict*. § 250 ff.）。

原始文献

s. 684. Read Gai. 2. 14, 17, 29; *Epit. Gai. 2.* 1.3; *Epit. Ulp.* 19. 1; *D.* (8. 3) 1 pr. § 1 cf. *Inst. Iust.* (2. 3) 2; *D.* (8. 2) 2; (8. 3) 2 pr. [*rusticorum*] <*urbanorum*>. *D.* (50. 16) 198 refers to the *oratio divi Severi* (above, s. 300). N.B. Cf. *D.* (33, 10) 12.

s. 686. Read *D.* (8. 3) 5. 1; (8. 3) 6 pr.; (8. 1) 8 pr.

s. 687. Read *D.* (8. 3) 5. 1.

s. 688. Read Gai. 2. 17, 29; *Fr. Vat.* 45; *D.* (41. 3) 4. 28, first sentence.

s. 691. Read *D.* (41. 3) 4. 28 [*statutum tempus*] <*biennium*>; (8. 2) 6 [*statutum tempus*] <*biennium*>; [*constitutum tempus*] <*biennium*>.

参考文献

ss. 682 ff. Bonfante, *Corso,* iii (1933), 15 ff.; Biondi, *Le servitù prediali nel diritto romano* (1946); Solazzi, *Requisiti e modi di costituzione delle servitù prediali* (1947).*

s. 682. Buckland, *LQR* (1928).

s. 684. Arnò, *Della distinzione fra servitù rustiche ed urbane* (1895); Bonfante, *Corso,* iii (1933), 29 ff.; Grosso, 'Sulle servitù altius tollendi *e* stilicidium non avertendo, *St. Albertoni,* i (1933), 466 ff.; Guarneri Citati, *Bull.* xliii (1935), 71; Grosso, 'Appunto storici ... sulla distinzione fra servitù rustiche ed urbane', *Riv. di* *diritto agrario,* xvii (1938), estratto, pp. 7 ff.; Biondi, l.c. 172 ff.*

s. 686. Biondi, l.c. 148 ff., 164 ff. *

s. 687. Bonfante, *Corso,* iii. 15 ff.; Biondi, l.c. 153 ff.; Solazzi, l.c. 29 ff.

s. 688. Rabel, *Mélanges Girard,* ii (1912), 387 ff.; Beseler, *Beiträge,* iv (1920), 82 ff.; Biondi, l.c. 191 ff.; Solazzi, l.c. 85 ff. On rustic servitudes as *res mancipi (Fr. Vat. 45*), see Grosso, *St. Besta* i (1939), 45, with references.

s. 690. Solazzi, l.c. 147.

s. 691. Biondi, l.c. 263 ff.; Grosso, 'Sulla genesi storica dell'estinzione delle servitù per non usus e della usucapio libertatis', *Il Foro Italiano,* lxii (1937).*

s. 692. Buckland, *LQR* xlvi (1930), 447 ff.; Biondi, l.c. 293 ff.; Grosso, *I problemi dei diritti reali nell' impostazione romana* (1944), 124 ff.; Bonfante, *Corso,* iii (1933), 367 ff.*

四、附录：地上权和永佃权

693. 优士丁尼法 在优士丁尼法下，有两类役权无法与根本的古典原则相容，两者都几乎完全掏空所有权的全部内容，并且使得役权人的权利类似于所有权。地上权是在别人的土地上拥有一个建筑的权利，这种权利被赋予很长的时间或者永远。地上权人有义务向所有权人支付租金。永佃权（"emphyteusis"；"ἐμφύτευσις"源自"ἐμφυτεύω"〔种植〕）是一种长时间或永久的农地租赁；永佃权人（emphyteuta

〔ἐμφυτεύτης〕)必须向所有权人支付租金。两种权利都是可转让的、可继承的，并受对物诉讼的保护。

694. 起源和文献　可以肯定的是这两种权利都起源于公法。地上权和永佃权(在古典时期被称为“ager vectigalis”〔公租地〕)原先是由国家或自治市当局创设的，并受公法的规制。问题仅仅是，在古典时期它们是否已经被视为对私人所有权的修改，即作为对物权受普通的对物诉讼的保护。在最近这些年，这个问题受到热烈的、甚至精彩的讨论，但在罗马法学者之间没有达成一致意见，这不能算是个意外。现有的《市民法大全》当中的文本无疑都受到了彻底的篡改，由于缺乏可靠的资料我们无法确定地重构古典文本。然而，我们相信，这两种不寻常的役权都不受普通的对物诉讼的保护。

572

695. 地上权　关于地上权不应再有疑问的是，提到地上权人的对物诉讼的文本都不是古典的。有可能是裁判官通过一种特殊的地上权令状(interdictum de superficie)来保护他。实际上，这项令状的古典性是非常有争议的；但即使它是古典的，它也不会使得这种权利是一种私人的对物权，因为令状有时候也保护公共权利。

D. (43. 18) 1 pr. :“裁判官说，‘如果根据系争地上权的租赁条款，你对它的享用不是通过一方对另一方的暴力、欺瞒和容假占有达成的，那么我禁止使用暴力阻止你的享用。如果要求其他的地上权诉讼，那么我将在案件证实之后赋予。’”

(Ait praetor: "Uti ex lege locationis sive conductionis superficie, qua de agitur, nec vi nec clam nec precario alter ab altero fruimini, quo minus ita fruamini, vim fieri veto. Si qua alia actio de superficie postulabitur, causa cognita dabo".)

不管你如何看待这项令状（可能是汇编者创造的），最后一个句子"si qua...dabo"（如果……我将……赋予）肯定是伪造的，很简单，因为根据古典的用语，令状不是"actio"（上文边码 111），裁判官不可能说"alia（注意）actio"（其他诉讼），因为这意味着这个令状也是一项"actio"，因此，随后的 § 1 中的表述"quasi in rem actionem polliceri"（相当于允诺了一项对物诉讼）不可能是真的。

更加困难的问题是，在像古典时期那么早的时候，公租地（ager vectigalis）的承租人是否受对物诉讼的保护。一般认为，哈德良的告示包含一个特别的标题"如果公租地被提出请求"（si ager vectigalis petatur；Lenel, *Edict.* § 70），在这标题下，裁判官赋予承租人一项对物诉讼。然而，这个观点所依靠的基础非常薄弱；盖尤斯（Gai. 3. 145）说，公租地的租赁被主流的观点视为一种正常的"租赁"（locatio）：他几乎不大可能不提对物诉讼，如果它存在的话。 696. 公租地

在这种情况下，我们有权不讨论地上权和永佃权。尽管它们对于共和国、古典和后古典时期的农业史特别重要，但他们即使在古典时期，也处于古典法学家所认为的私法领域之外，因此，在对古典役权法进行的体系性描述中，不能对其进行充分的讨论。 697. 结论

参考文献

s. 695. Kübler, *PW* iva, 925 ff., with references; Beseler, *Z* lii (1932), 287 ff.; Kaser, *Eigentum und Besitz im älteren röm. Recht* (1943), 21, with references; Arangio-Ruiz, *Istituzioni* (9th ed. 1947), cap. ix.*

s. 696. C. v. Schilling, *Studien aus der röm. Agrargeschichte* (1926), reviewed by Eisser, *Z* l (1930), 633 ff.; Beseler, *SD* iii (1937), 360 ff.; *Scritti Ferrini,* iii (1948), 276; Lanfranchi, *Studi sull' ager vectigalis,* I. *La classicità del actio in rem vectigalis* (1938); II. *Il problema della usucapibilità degli agri vectigales* (1939); Kaser, l.c. 21, with references; Arangio-Ruiz, l.c.*

第三章 物的担保（与债权人缔结的信托和质押与抵押）

一、导论

（一）物的担保是为了保证债权人对债务人的债权而赋予债权人针对某物（动产或不动产）的一种权利。不同的类型是可能的，因为授予债权人的权利可以有很大的不同。在这些预备性的说明中，我们出于示例的缘故将仅提到其中的少数。古典法中承认的类型，我们将在后面描述（下文边码 704 以下）。 698. 概念和类型

1. 赋予债权人的权利可以是所有权。债务人或第三人把某物的所有权转移给债权人并附带这样的条件：当债务被清偿时，后者将返还该物。债权人的进一步的权利可以有很大的不同。债权人可能有权占有该物，也可能无权占有该物。当债务到期但未获得清偿时，债权人可以成为该物的绝对所有权人，而不管其价值是否超过债务的数额；债权人也可能仅限于将该物出售，然后他有义务返还超过债务数额的部分价款。

2. 用益权也可以被赋予债权人，并附带如下条件：债务被清偿

时该权利消灭。但是，如果用益权在权利人死亡时不可避免地会终止（就像在罗马法下那样），那么它肯定是一种不大令人满意的物的担保。

3. 无所有权的占有也可以给予债权人作为担保。这种形式也可以在细节上有多个变化的可能。债权人可能只享有一项保留权（ius retinendi），只能针对向他提供担保的人：显然，这只能提供一种很弱的担保。债权人可能被赋予一种可针对该物的任何所有权人并甚至针对整个世界的权利，因此他可以获得对物诉讼的保护；那么他的权利，就像现代学者所说的那样（上文边码 579）是一种真正的他物权。如果债务到期且未被清偿，那么债权人可成为该物的绝对所有权人，或者他仅可将其出售，并用所得价款清偿。此外，他可能有，也可能没有使用并收取孳息的权利。

576

4. 担保甚至可以不赋予债权人占有，而仅仅赋予他在债务到期时取得对该物的占有的权利。在其最强形式当中，这种权利受到对物诉讼的保护。赋予债权人的进一步的权利可以有很大的变化。他可能有权出售该物，收取其孳息等等。现代学者习惯把这种权利称为“抵押权”（hypotheca），尽管这个术语不是古典的，但我们将保留它，因为我们需要一个简短的术语去称呼“无占有的担保”，即只有在债务到期未被清偿时债权人才能取得占有的担保。

699. 人的信用和物的信用总论

（二）从经济的视角来看，物的担保是一种特别的信用类型。如果某人借了钱，但没有提供物的担保，那么这是纯粹的“人的信用”。如果他向债权人提供了一个或多个保证人，这仍是一种“人的信用”。但如果他向他提供了物的担保，这就是一种“物的信用”的形式，即人的信用和物的信用的结合。“纯粹的物的信用”是可能的（债权人只能通过物的担保获得清偿），但我们现在先不讨论它，到后面再返回来讨论它（下文边码 753）。

对于债务人而言，任何信用都意味着在另一个人的金钱的帮助下生活和工作；对债权人而言，意味着一种资本投资。在现代经济生活中，纯粹的“人的信用”在私人之间——当国家或公共团体是债务人时是不一样的——是相对不那么重要的，并且通常仅提供很短的时间；物的信用则处于显著的位置，尤其是用土地财产提供的物的信用。土地抵押可以为土地所有权人带来长期或至少在相当长的时间内需要的资金；另一方面，它为资本家提供了一种安全并持续的投资。当然，如果物的担保通过这种方式起作用，那么就需要有法律使其适合服务于这样的目的；如果存在这样的法律，那么物的信用通常会发展非常快。这样的发展会同时带来好处和坏处。农地所有权人可以在资本的帮助下购买机器并改善土地，而资本家因此获得了一个好的投资机会。另一方面，土地所有权人变得越来越习惯于在他人的金钱的帮助下工作，土地就越来越多地负担了债务，其所有权最终会变成一种单纯的形式，债权人实际上是经济上的所有权人。十九世纪和二十世纪大陆（尤其是德国）经济史提供了一个富有教益的图像。

700. 罗马生活中的人的信用和物的信用

我们现在转到共和国和古典时期，我们必须认识到这个重要的事实：主要的信用形式是纯粹的“人的信用”（有或没有保证人），而不是“物的信用”。罗马人的诚信，罗马人学究式的精确性、诚实以及在商业事务中的可靠性是这种信用的强大支柱。此外，我们必须谨记的是，对债务人的人身执行仍然存在（上文边码 43），因此，那时候“人的信用”为债权人所提供的担保比现代的“人的信用”

提供的担保重要得多。当然，非常重要的是，在裁判官要求提供担保时（例如，用益权人担保，上文边码 114、678）并不意味着要提供物的担保：担保是通过庄重允诺做出的一项允诺（有或者没有担保人），并且物的担保甚至不被视为担保人的充分替代物。同样重要的是，《马拉奇塔那法》（*lex Malacitana*, cap. lx）规定，“公共资金安全担保”（cautio pecuniam publicam salvam fore）要求有担保人；只有在担保人看起来还不够的情况下才会要求物的担保：“如果担保人对此提供的担保被认为不充分，则应提供地产担保”（Si de ea re is praedibus〔一种特别类型的保证人〕minus cautum esse videbitur, praedia subsignato）。另一方面，希望将资金投资于土地的资本家更喜欢购买土地而不是在有抵押的情况下为土地所有权人提供贷款。如果一个像小普林尼那样的资本家在谈到其财产投资时说（*Epist*. 3. 19. 8）：“我几乎全部投到地产上，只有一些用来提供有息贷款”（Sum quidem prope totus in praediis, aliquid tamen faenero），其含义是，财产的最大的部分被投到土地上，普林尼是这些土地的所有权人，这些土地由他的“承租人”（coloni）来耕作；他的财产的小部分以个人信用的方式贷出去收取利息。普林尼是图拉真时期的一个典型的资本家：只要资本不投入商业或工业，就会投到土地上或个人信用贷款上，但不需要抵押。因此，到公元一世纪，物的担保仅在非常狭窄的范围内使用。在后来的时期，因为受到法律发展的鼓励，它可能获得了发展，但资本家仍然更喜欢购买土地，而不是把他们的钱投入抵押贷款；例如，监护人有义务在可能的情况下通过购买地产的方式把被监护人的财产投资到土地上，而不是投到抵押贷款上。

701. 罗马的物的担保法的发展

因此，“物的信用”在罗马经济生活中发展缓慢并且不完善，罗马物的担保法的历史也表现出同样的特征。是经济生活阻碍了法律的发展吗？还是反过来，是法律的不足阻碍了物的信用的发展？可能是经济和法律相互影响。尽管如此，共和国的物的担保法是贫乏的，只有习惯于主要利用“人的信用”的人才能忍受。在元首期的第一个世纪期间，这些法律少有进步，如果有的话，只有哈德良的告示通过对“塞尔维亚纳之诉”（actio Serviana，下文边码 711）的一般承认所做出的改善。这是所能到达的最远的地方了；更大的成就只能通过抵押权的官方登记来达成，但罗马法学家从未考虑过这点，尽管在帝国的某些部分存在地方登记。在后古典时期，古典的成就在很大程度上由于一般抵押权的承认而受到破坏，这种一般抵押权由债务人的全部财产来负担并且依法成立（法定抵押权），还优先于其他抵押权。财库对其债权享有这种法定抵押权，妻子也享有这样的法定抵押权，以保证她的嫁资之诉（actio de dote，上文边码 220）。假设一个土地所有权人在其地产上设立抵押权，后来他结婚了。嫁资抵押权优先于所有其他抵押权，这当然会大大减少它们的价值。重要的是，优士丁尼在他的 *Novella* 72（公元 538 年）中建议保佐人把被保佐人的财产存起来，而不是贷出去收取利息。

“没有任何必要根据法律让保佐人把未成年人的钱贷出去收取利息，而是要把它们存起来并保管好，因为安全地保存这些资金比因贪图利息而使其遭受丧失的危险更加有利。”

（... ne ulla necessitas ex lege incumbat curatoribus

pecuniam minorum fenori dandi, sed ut eam tuto deponant illisque custodiant, cum praestet securitatem in sorte eis conservare quam usurarum cupiditate etiam sorte eos privari.)

抵押显然无法提供足够的担保。

701a. 评价　在现代，普遍认为，优士丁尼的物的担保法不适合现代经济生活的需要。这个判断是正确的，并且必须被扩展到古典法，尽管后者至少没有破坏性的一般法定抵押（财库的抵押权在公元三世纪才突然出现）。但要是古典法学家不希望进一步发展物的担保又怎么样呢？无论如何，他们生活在一个经济生活与我们非常不一样的世界里；信用与今天相比远远缺乏发展，“人的信用”也确实占了主流。此外，开发“物的信用”无论如何都是一个好的、令人满意的事情吗？十九世纪的严厉批判者毫不犹豫地对这个问题给予肯定回答；对他们而言，“通过物的信用达到经济的进步”不需要证明。期间的经验告诉我们，“物的信用”是强有力的工具，但也是一把双刃剑。古典法至少制造了这个令人满意的效果，即土地财产没有负担过多债务，并且罗马人所珍视的自由的所有权得到维护。其邪恶的效果是，它为小自由农的毁灭贡献了力量：由于缺乏可靠的土地抵押导致他们丧失获得廉价信用的机会，而且由于资本家更喜欢通过购买土地来投资，这些农民最终出售了他们的土地并变成了承租人。共和国和古典的物的担保法，可能是“大地产”兴起的一个重要因素。对于对法律和经济的关系感兴趣的历史学家和法学家而言，罗马的物的担保法将永远是一个富有教益的现象；对纯粹的“法学家”而言，其细节也是很有意思的；但作为一个整体，它不可

580

挽回地属于过去。

（三）关于古典的物的担保法的原始文献，我们几乎完全依靠《市民法大全》。盖尤斯的《法学阶梯》原则上不包括纯粹的裁判官法，古典质押和抵押的里程碑——“塞尔维亚纳之诉”，是纯粹的裁判官创造物。然而，古典法是很容易查清的。 702. 原始文献

（四）像通常一样，我们仅限于古典罗马法，而完全不讨论后古典法以及非罗马法，尤其是希腊法，尽管后者具有特别的意义。 703. 范围

原始文献

s. 700. Read *D.* (46. 5) 7, substantially classical.

参考文献

ss. 698 ff. A comprehensive modern work on the Roman law of real securities does not yet exist. H. Dernburg, *Das Pfandrecht nach den Grundsätzen des heutigen röm. Rechts* i (1860), ii (1864), though of course thoroughly antiquated, is still the indispensable standard work. For further literature down to 1906 see Windscheid, *Lehrbuch des Pandektenrechts,* i (1906), §§ 224 ff. Pappulias, *Das Pfandrecht nach dem griech. und röm. Recht,* is unfinished: vol. i (1909, written in Greek, reviewed by Mitteis, *Z* xxx (1909), 442 ff.; Manigk, *Pfandrechtliche Untersuchungen* (1904); *PW* vi. 2287 *(fiducia)* xvii. 343 (hypotheca), 291 (*hyperocha*); *PW* xx. 1239 (*pignus*); Rabel, 'Real securities in Roman law', *Seminar,* i (1943), 32. Monographic literature will be cited later.

s. 699. J. W. Hedemann, *Die Fortschritte des Zivilrechts im XIX. Jahrhundert,* i (1930), 94 ff., 170 ff.; ii. 2 (1935), *passim* (very valuable and interesting).

s. 700. Pernice, 'Parerga viii; Über wirtschaftliche Voraussetzungen römischer Rechtssätze', *Z* xix (1898), 120 f.; Mommsen, *Schr.* i. 368; v. 611; Salvioli, *Il capitalismo antico* (a cura di Brindisi, 1929), 35, 44.

s. 701 *a.* Hedemann, l.c. ii. 2, p. 6 f., with references.*

s. 703. For Greek law see Pappulias, l.c.; Mitteis, *Grundzüge* (1912), 129 ff., with references; Taubenschlag, *The Law of Greco-Roman Egypt* (1944), § 33.

二、古典的物的担保的类型和设立

704. 与债权人缔结的信托

（一）唯一为债权人提供市民法对物诉讼的古典的物的担保是“与债权人缔结的信托”（fiducia cum creditore contracta）。它通过“信托原因的要式买卖”（mancipatio fiduciae causa）或“信托原因的拟诉弃权”（in iure cessio fiduciae causa）来设立，标的物的所有权转移给债权人（作为一种受托人）。债权人取得完整的所有权，并因此受到对物诉讼（包括所有物返还之诉和否定役权之诉）的保护，但如果债务得到清偿他就有义务返还该物（通过要式买卖或拟诉弃权）；如果他不返还，那么信托的委托人（通常是债务人）可以通过一种特殊的诉讼来起诉他：“信托之诉”（actio fiduciae）。债权人的其他权利将在后面描述（下文边码 720 以下）。

就像已经说过的那样，“与债权人缔结的信托”只能通过要式买卖和拟诉弃权设立。要式买卖（但不是拟诉弃权）当然仅限于要式物（上文边码 604）。

债务人肯定可以通过“信托原因的交付”（tradtio fiduciae causa）转让略式物的所有权，因为没有理由不把信托原因视为充分的交付原因（上文边码 615）。但信托之诉仅限于要式买卖和拟诉弃权，出于这个原因，我们从来没有遇到过“信托原因的交付”。债务人可以通过交付把所有权转让给债权人，后者通过要式口约允诺当债务被清偿时返还标的物。“基于要式口约的诉讼”可以作为所缺乏的“信托之诉”的替代。但后者比“基于要式口约的诉讼”有效得多，尤其是因为它涉及“不名誉”（infamia），以至于似乎从未出现过“信托原因的所有权交付”（traditio dominii fiduciae causa）。

信托为债权人提供了一种非常强有力的担保，并与罗马人对他物权的厌恶是一致的。但它蕴含着债务人的一个相当大的风险，并且具有只能进行一次的缺点；同一个标的物不能由债务人“出于信托的原因”接连提供给数个债权人。然而，信托在整个古典时期都有实践。它在共和国时期就存在了，尽管我们不知道它在《十二表法》那么早的时候是否已经存在。我们在很多其他法律体系中发现这种物的担保（在细节上有所不同）；对于英国学者而言，古老的英国法中的“mortgage”是最接近的方式。

705. 信托的消失

在后古典时期，信托和要式买卖、拟诉弃权（上文边码 608、612）一起消失，而且没有被“信托原因的所有权交付”替代；优士丁尼的汇编者彻底把“与债权人缔结的信托”从古典文本中删除，并用“pignus”（质押和抵押）来替代它。对于“pignus”（质押和抵押)我们马上就要进行描述。

706. 质押和抵押 (二)另一种古典的物的担保形式被称为“pignus”(质押和抵押)。这个词的词源学是模糊的,并且有争议,但它不大可能是指担保以外的东西。这个术语被用来称呼执法官为了执行其命令而收取的东西(“扣押”〔pignoris capio〕),在古老的“扣押法律诉讼”(legis actio per pignoris capionem)当中被取走的东西以及由“包税人”(publicani)拿走的东西(“扣押”);但在这点上,我们只能在私法的范围内处理“pignus”。在古典私法下,“pignus”这个术语包括两种不同的物的担保形式:质押和抵押。质押在共和国早期就有了,并且可能比信托更古老,抵押(hypotheca)从共和国末期开始缓慢地逐步发展。

584

706a. pignus= 质押 1. 质押。质押是通过一种非要式的协议设立的物的担保形式,他仅授予债权人对标的物的占有(而不是所有权)。债权人的其他权利将在后面讨论(下文边码720以下),在这里只需要说明债权人原先不受对物诉讼的保护就足够了。由于他是占有人,所以他享有占有令状,但对物诉讼,即“塞尔维亚纳之诉”)很晚才会被赋予他,可能是由哈德良的告示赋予的。因此,只有从公元二世纪开始,质押权人的权利才能被描述(用现代的术语,上文边码579)为一种“裁判官法上的他物权”(ius in rem alienam iure praetorio)。设立质权的协议也蕴含着一项合同,是会引起对人诉讼的所谓的“要物合同”之一。这种合同也被称为“pignus”(质押合同),我们将在后面合同法的部分进行描述(下文边码898)。

707. 概念和发展 2. 抵押。抵押权(根据我们前面的定义,上文边码698.4)是物的担保的一种形式,它既不赋予债权人所有权也不赋予其占有,在罗马私法史中出现得非常晚。由于缺乏资料，其细节无法确定地查清，但其发展最有可能如下：

708. 最早的情形

(1) 最早的情形是佃户（colonus）把他带到地产上的动产抵押给他的地主（“带来物品”〔invecta et illata〕）。佃户不可能把这些物当做质物交付给地主，因为他劳动时需要它们。因此，当他用它们向地主提供担保时，这样一种协议的含义原本可能只是“一项质押应在将来成立”，即如果后来租金没有按时支付的话，地主应有权占有这些物作为质押。这些“带来物品”，就像盖尤斯（Gai. 4. 147）正确指出的那样：“佃农因为土地租金而同意在将来（注意）当作质押物的物”（res quas colonus pro mercedibus fundi pignori futuras pepigisset）。地主根据这样一个协议当然不享有对物诉讼，并且如果佃户后来不把这些物交付给他，他就只能靠自助。因此，债权人的这种权利距离抵押权还很远。

709. 萨尔维安令状

(2) 一个不出名的裁判官萨尔维乌斯（Salvius），可能在共和国末期赋予地主一项令状，地主可以通过这项令状主张对“带来物品”的占有（萨尔维安令状）。这项令状只针对佃户（Lenel, *Edict.* § 266）。

710. 原先的“塞尔维亚纳之诉”

(3) 后来，但肯定在哈德良编纂告示之前，一个不知名的裁判官塞尔维乌斯赋予地主一项对物诉讼（“塞尔维亚纳之诉”），并把它插入到告示当中，放在紧接着“萨尔维安令状”后面。这样创设了一项可以构成他物权的真正的抵押权，但它仍仅适用于其原来的情形。

711. 古典的塞尔维亚纳之诉

(4) 后来裁判官可能在一些其他情形中赋予“扩用的塞尔维亚纳之诉”（actio Serviana utilis），但直到尤里安为哈德良编纂告示时才迈出了最后一步。他把“塞尔维亚纳之诉”扩展适用于所有抵押权的情形，甚至扩展到质押。他用一个新的程式替代了塞维乌斯的程式。它不再仅限于佃户的“带来物品”，而是可适用于所有类型的“pignus”（包括质押和抵押）；然而，他把它留在其传统的位置上，即紧挨着“萨尔维安令状”后面，后者像之前那样仅限于佃户的“带来物品”（Lenel, *Edict.* § 266，267）。

这对现代学者来说是个意外：尤里安的告示中除了程式之外什么都没有包含，也不——像其他赋予纯粹的裁判官救济的情形那样——包含一个裁判官宣布他将赋予这个程式的条款。可能的解释是，之前的告示包含了一个这样的条款，但尤里安不能保留它，因为它仅提到原先的情形，即佃户的“带来物品”的情形，而他的程式的适用范围要广泛得多。他认为没有必要用一个更加一般的条款去替代它，因为他的告示草案要经过皇帝和元老院的批准。因

586

此，他简单地删掉旧的条款，并满足于仅仅提供这个程式。

712. 古典的术语

这是“pignus”发展成一种对物权的粗略梗概。关于术语，“pignus”原来只指质押，即便在古典时期，被称为“pignus”（上文边码 706a 和下文边码 898）的合同也仅涉及质押。因此，盖尤斯仍可以说：

> *D.* (50. 16) 238. 2：“‘质押’这个名称源自‘拳头’，因为被质押的物是用手交付的。”（“Pignus” appellatum a “pugno”, quia res quae pignori dantur, manu traduntur.）

在抵押权得到一般承认之后，古典法学家并没有为其创造

一个特殊术语，而是把质押和抵押都无区别地称为“pignus”。“hypotheca”这个术语仍完全不为他们所知，只是在后古典时期才进入古典文本。优士丁尼的汇编者对于大量的篡改只负有部分责任。在很大程度上，他们已经在他们使用的文本中发现这些篡改。因此，“hypotheca”这个术语在我们的原始文献中的含义并不总是相同的。有时候它被作为“pignus”的同义词使用，有时候它是指与质押相对的抵押。通过这个关于术语的结论，认为罗马的抵押起源于希腊的理论最终崩塌，因为其最强有力的支柱是“hypotheca”这个希腊术语。罗马抵押权的发展，就像我们刚描述的那样，是典型的罗马式的，因此这个理论今天已经被普遍抛弃。

哈德良的告示中提供的程式被古典法学家称为“塞尔维亚纳程式”(formula Serviana)，因此关于这个程式的古典著作肯定有一个“评塞尔维亚那程式”(ad formulam Servianam)的标题，但优士丁尼之前的后古典作者已经把这个标题改为“评抵押程式”(ad formulam hypothecariam)。赋予债权人的这项对物诉讼从哈德良的告示时期起就被古典法学家称为“塞尔维亚纳程式”“塞尔维亚纳之诉”或“质押物返还之诉”。在原始文献中出现的其他术语都不是古典的。

有时候“塞尔维亚纳之诉”这个名称仅限于原先的情形(上文边码 708)。赋予债权人的对物诉讼在其他情形下被称为“准塞尔维亚纳之诉”(actio quasi Serviana)。这个术语仅出现三次：*I*. 4. 6. 7，*I*. 4. 6. 31 以及 *D*. 16. 1. 13. 1，它肯定不是古典的(Lenel, *Edict*. p. 493 n. 1)。

“抵押之诉”（actio hypothecaria）这个术语在古典文本当中总是伪造的，在例外的情形下它被用来称呼拜占庭的“准塞尔维亚纳之诉”；通常它是古典术语“塞尔维亚纳之诉”的替代。

“质押之诉”（actio pigneraticia）仅被古典法学家用来指称被称为“pignus”（质押合同）的要物合同（下文边码 898）引起的对人诉讼。在我们的原始文献中，它有时候被用作古典的“塞尔维亚纳之诉”的替代，但相关的文本是经过篡改的。

713. 法定抵押权总论　3. 法定抵押权。至今我们仅论述由当事人通过协议设立的“pignus”（质押和抵押），但在古典法下，抵押权也可能在没有这种协议的情况下，直接根据法律发生，法定抵押权的数量在古典时期是非常少的。

714. 古典的法定抵押权　（1）如果监护人用被监护人的钱为被监护人购买某物，监护人成为该物的所有权人，因为他不能作为被监护人的直接代理人行事（上文边码 301）。塞维鲁和卡拉卡拉的一项谕令赋予被监护人一项对所购买的物品的法定抵押权。

（2）财库的权利从塞维鲁时期开始得到一项对其债务人全部财产的法定一般抵押权的担保。

显然，在古典时期并不存在其他法定抵押权。

715. 非古典的法定抵押权　（1）在我们的法源当中有说到，在皇帝马可·奥勒留治下，一项元老院决议赋予出于重建已倒塌房屋的目的向土地所有权人提供贷款的债权人一项对该房屋的法定抵押权。然而，这项抵押权几乎无法理解，因为如果债权人想要得到物的担保的话，他可以在提供资金之前要求通过协议设立一项抵押权。显然，在古典法下，债权人只有一项受偿优先权（privilegium exigendi），而不是一项法定抵押权。

这种法定抵押权只在我们的法源中出现一次：*D*. (20. 2) 1，这是从帕比尼安的《解答》的第 10 卷中得来的文本。但在这一卷中，帕比尼安处理的是优先权而不是“pignus”。债权人的“受偿优先权”在几个段落中被提到：*D*. (42. 3) 1; *D*. (42. 5) 24. 1; *D*. (12. 1) 25。在这些文本当中，法定抵押权应当会被提到才对，如果它已经存在的话。

(2) 在优士丁尼法下，农地的地主对孳息享有法定抵押权。这种抵押权不是古典的。阿非利加努斯（Africanus）不知道它；他仅仅说（*D*. 47. 2. 62. 8），通常佃户把孳息抵押给他的地主。当然，波彭尼（Pomponius, *D*. 20. 2. 7 pr.）说，这种抵押权蕴含在租赁合同当中，但这个文本显然是经过篡改的。

(3) 在优士丁尼法下，房屋的主人对其租户的“带来物品”享有法定抵押权。这种抵押权也不是古典的。

D. (2. 14) 4 pr. 明显是篡改过的。因此处理这种抵押权的 *D*. 20. 2 必须也要被视为篡改过的，尽管，现在我们无法重构古典文本。“关于带走物品的令状”（interdictum de migrando）的程式（Lenel, *Edict*. p. 265）对法定抵押权一无所知。

总的来说，我们可以说，古典法至少没有破坏性的法定抵押权，在这个意义上来讲是良好的。

4. 因已判决而进行的扣押（pignus ex causa iudicati captum）和裁判官质押权（pignus praetorium）。

(1) 在非常诉讼程序中，判决的执行可以通过审判员命令的扣押来进行（上文边码 44）。这种“pignus”在古典时期没有得到完全 716. 因已判决而进行的扣押的发展，尤其是“塞尔维亚纳之诉”并不能为债权人所用。

717. 裁判官质押权

（2）有时裁判官的占有命令（missio in possessionem，上文边码 44）以为债权人提供一种物的担保为目的。例如，受遗赠人可以要求“遵守遗赠命令”（missio legatorum servandorum causa），如果遗赠还未到期，而继承人拒绝提供“遵守遗赠担保”（Lenel, *Edict.* § 172, 173）的话。在这种情况下，拜占庭把这种“命令”（missus）赋予的权利称为裁判官质押权。这个术语肯定不是古典的，因为在古典法下，它会具有误导性：“塞尔维亚纳之诉”是纯粹的裁判官救济，因此任何古典的“pignus”都是裁判官质押权。古典法学家在讨论这个“命令”的法律地位时，可能偶然使用了“pignus”的类比，甚至使用了“pignus”这个术语，但看起来实际上他们从来没有这么做，因为所有的相关文本都是经过篡改的。无论如何，这种“pignus”和古典私法的真正“pignus”差别很大；只有优士丁尼才会赋予这种“命令”一项“塞尔维亚纳之诉”（*C.* 8. 21. 2）。

590

718. 抵押地产出售

（三）罗马人民的金库和自治市在与私人签订合同时会要求一种特殊的担保：“保证人和地产的担保”（cautio praedibus praediisque）。“preades”是一种特殊的保证人，“praedia”是被作为物的担保而提供的地产。既不转移所有权也不转移占有给债权人，他仅有权出售这些地产。这种担保通过土地所有权人的一份经签名的声明来设立（提供担保的人进行“签名”）。签署的文件在国家档案（tabulae publicae）或者自治市档案（tabulae communes，关于这个术语，参见上文边码 157）中登记。此外，签署的文件有时也公布“在很容易看见的地方”（*lex Malacitana*, cap. lxiii）。这种担保实际上是一种抵押权，但是是一种公法上的抵押，只有金库或自治市才能作为这种抵押权的权利人，债权人不受“塞尔维亚纳之诉”或任何其他对物诉讼的保护。裁判官告示有一个标题是“关于抵押地产购买者”(de praediatoribus ; Lenel, *Edict.* § 186)，但“praediator”(抵押地产购买者)是指从金库或自治市购买地产的人(Gai. 2. 61)。裁判官只允诺保护这种购买人，就像《马拉奇塔那法》(*lex Malacitana*, cap. lxv)清楚地表明的那样。裁判官没有赋予金库或自治市任何对物诉讼，因此这种抵押权不在私法的范围内。一如往常，只要我们穿过私法的边界，就会进入一个新的世界：我们发现文件、登记、公示，这些都是古典私法完全陌生的现象。“抵押地产出售”(praediatura)肯定早在公元前二世纪就存在了，并且在整个古典时期都存在，但看不到它与私法的抵押权有任何关联。公法和私法一如既往地相互分离。

719. 食物基金会

所谓的“食物基金会”(alimentary foundations)的类似物上负担属于公法，只能被顺带提到。

原始文献

s. 704. Read Gai. 2. 59, 60; 3. 201.

s. 705. Compare *Fr. Vat.* 94, first sentence, with *D.* (24. 3) 49. 1 [*pignoris*] <*fiduciae*>. Read *D.* (13. 7) 8. 3 [*pignus*] <*fiduciam*>; (13. 7) 34 [*pignus*] <*fiduciam*>. Note in both passages *eam* which the compilers forgot to change into *id.*

s. 709. Read Gai. 4. 147.

s. 712. Read *D.* (20. 6) 7. 4 [*hypothecae*] <*pignori*>; (13. 7) 9. 2, spurious; (20. 1) 5. 1, spurious; (13. 7) 1 pr.; *Inst. Iust.* (4. 6) 7;

Tract. de actionibus (*Z* xiv, 1893, p. 89), s. 5.

s. 714. Read *D.* (27. 9) 3 pr.; *C.* (7. 8) 6.

s. 715. 1. Read *D.* (20. 2) 1; (42. 3) 1; (42. 5) 24. 1; (12. 1) 25.

s. 715. 2. Read *D.* (47. 2) 62. 8, first sentence.

参考文献

s. 704. Oertmann, *Die Fiducia* (1890); Manigk, *PW* vi. 2287; Longo, *Corso di diritto romano. La fiducia* (1933); Erbe, *Die Fiducia im rom. Rechte* (1940); Franceschelli, 'La gararzia reale delle obbligazioni nel diritto romano classico e nel diritto inglese', *St. Albertoni,* iii (1935), 517 ff.; Burdese, *Lex commissoria e ius vendendi nella fiducia e nel pignus* (1949), 7 ff., with references.

s. 705. Erbe, l.c. 191 ff.; Lenel, *Z* iii (1882), 104 ff.

s. 706*a.* Manigk, *PW* xx. 1239 ff.; Steinwenter, *PW* xx. 1234 ff.

s. 707. Manigk, *PW* xvii. 343 ff.; M. Fehr, *Beiträge zur Lehre vom röm. Pfandrecht in klassischer Zeit* (1910), 4 ff., 136 ff., with references.

s. 709. Lenel, *Edict.* (1927), § 266; Berger, *PW* ix. 1667.

s. 712. Lenel, *Edict.* (1927), p. 493 nn. 1 and 13; Schulz, *History* (1946), 202 ff., with references.

s. 714. 1. Dernburg, *Pfandrecht,* i (1860), 321; Windscheid, *Pand.* i (1906), § 231 n. 1o; Pringsheim, *Der Kauf mit fremdem Geld* (1916), 126.

s. 714. 2. Dernburg, l.c. 334 ff.; Windscheid, l.c. § 232 n. 1.

s. 715. 1. Dernburg, l.c. 314 ff.; Windscheid, l.c. § 231 n. 9; Pringsheim, l.c. 151.

s. 715. 2 and 3. Dernburg, l.c. 294 ff.; Windscheid, l.c. § 231; Koschaker in *Abhandlungen zur antiken Recktsgeschichte. Festschrift für G. Hanausek* (1926), 152.

s. 716. Dernburg, l.c. 417 ff.; Windscheid, l.c. § 233; Wenger, *CP.* 313.

s. 717. Dernburg, l.c. 400 ff.; Windscheid, l.c. § 233; Maria F. Lepri, *Note sulla natura giuridica delle missiones in possessionem* (1939), 3—37, with references; Branca 'Missiones in possessionem e possessio', *St. Solazzi* (1948), 483 ff.

s. 718. Mommsen, *Schr.* 1. 357 ff.; *Staatsrecht,* ii (1887), 430 ff.; P. Viard, *Le Praes* (1907); Schulz, *Z* xxviii (1907), 470 ff.; Lenel, *Edict.* (1927), § 186.

s. 719. Pernice, *Labeo,* iii. 1 (1892), 164 ff., 167; G. Segrè, 'Sulle istituzioni alimentarie imperiali', *Scritti,* ii (1938), 36 ff.; 'Nuove osservazioni in tema di istituzioni aliment, imperiali', *St. Albertoni,* i (1935), 349 ff.

三、古典的物的担保的法律内容

（一）担保物丧失

720. 无担保物丧失条款时的担保物丧失

"与债权人缔结的信托"，就像已经说过的那样（上文边码704），通过基于信托的原因向债权人做出的转让行为（要式买卖或拟诉弃权）设立。债权人对标的物取得完整的所有权，但有义务在债务得到正确清偿时返还。在指定的时间不能清偿债务并不会导致担保物自动丧失；债权人仍是受托人，必须维持标的物，以等待债务人的进一步行动。如果债务人在适当的时间内清偿，则债权人有义务返还标的物；如果他不返还，那么就要负有信托之诉的责任。罗马的要式买卖和拟诉弃权的形式主义不可避免地会导致这个结果。

假设信托简约（pactum fiduciae）没有包含其他东西，而只有如下条款（参见 *Formula Baetica*, 1. 10 ff.）："直到全部金额被偿还，该土地和这些奴隶都处于信托之下"（ut usque eo is fundus eaque mancipia fiduciae essent, donec ea omnis pecunia persoluta esset）。那么，即使确定了一个特定的支付日期，担保物也不会自动丧失；这个简约的用语使得这点非常清楚。

594

721. 担保物丧失条款的效果

只有通过信托简约中的一个特别条款，才会发生担保物丧失。这样一个条款被称为"担保物丧失条款"（lex commissoria）（lex=合同、协议以及合同或协议的条款；committitur fiducia= 信托物已丧失）。根据这个条款，债权人可以成为担保物的绝对所有权人，债务据此消灭。如果一个略式物被作为质押物，也可能会加上一个担保物丧失条款。如果债务没有及时清偿，债权人变成标的物的所有权人，并且债务消灭。在这种情况下，设立质押的协议蕴含着一个附条件的所有权交付（债权人应将成为所有权人，如果债务没有被按时清偿的话）。如果条件成就，债权人就会根据这个交付取得所有权。如果一个要式物在一个担保物丧失条款下被作为质押物，那么债权人只取得裁判官所有权（上文边码 655）。因为市民法所有权不能通过交付转让。当然，他可以后来通过时效取得而成为市民法所有权人。

如果某物（要式物或略式物）在一个担保物丧失条款下被作为抵押物（上文边码712），那么这个条款只有在债权人后来（在债务到期后）占有标的物时才能生效。

担保物丧失条款在整个古典时期都是有效的，尽管它隐含着对债务人的严苛。最终它被君士坦丁废除（*C. Th.* 3. 2. 1=*C.* 8. *I.* 34. 3）。 722. 担保物丧失条款的消失

（二）债权人出售担保物的权利 723. 出售信托物的简约

在信托的情况下，债权人（由于他是标的物的所有权人）当然有权出售标的物并把其所有权转移给买方，但如果他没有得到一个"出售信托物的简约"（pactum de vendenda fiducia）的授权就这么做，那么他要对信托之诉负责，如果债务人后来清偿了债务的话。我们的文献提供了这样一种简约的范例。

公元61年的庞贝文献（*FIRA* iii, no. 91及Arangio-Ruiz, *Parerga*, 1945, pp. 67ff.）："如果这笔钱没有在十二月朔日被全部偿还给我或者我的继承人，那么我或者我的继承人可以把相关的这些奴隶在十二月望日为了这笔钱而在白天进行公开出售……"

（Si ea pecunia omnis mihi heredive meo kalendis Novembribus primis soluta non erit, ut mihi heredive meo liceat ea mancipia, quibus de agitur, idibus Decembribus primis pecunia presenti Pompeis in foro luce palam vendere...）

公元一或二世纪的拜提卡程式(*Formula Baetica*, *FIRA* iii, no. 92):“如果他的这笔钱在某某日没有向鲁齐乌斯·提提乌斯或者他的继承人偿付,那么在鲁齐乌斯·提提乌斯或者其继承人愿意的时候,不管什么地点和日期,都可以为了这笔钱而出售这块土地以及这些奴隶或者其中的一部分奴隶……”

(Si pecunia sua quaeque die L. Titio heredive eius data soluta non esset, tum uti eum fundum eaque mancipia sive quae mancipia ex is L. Titius heresve eius vellet, ubi et quo die vellet, pecunia praesenti venderet...)

如果债权人和信托物的提供者之间没有这样的“出售信托物的简约”的话,债权人就无权出售标的物,因为认为要式买卖和拟诉弃权这样的要式行为中蕴含着这个简约,是难以让人相信的。出于这个原因“不得出售信托物的简约”(pactum de non vendenda fiducia)是多余的,然而,职业书写员可能偶尔会根据“多余的东西无害”(superflua non nocent)原则在文件中插入一个这样的否定性条款。一个真实性存疑的文本(Paulus, *Sent*. 2. 13. 5)说,尽管有“不得出售信托物的简约”,债权人还是可以出售信托物,而不用承担信托之诉的责任;这肯定不是古典的。

724. 出售质押物或抵押权物的简约

在质押和抵押的情形下,债权人出售担保物的权利同样依靠一个特别的“出售质押物或抵押权物的简约”(pactum de pignore vendendo),它在古典时期不被视为蕴含于任何“质押物或抵押物给付行为”(pignoris datio)当中。盖尤斯(Gai. 2. 64)显然完全不知道一个蕴含的“简约”,法律也不大可能在接下来的几十年里在这方面有变化。因此，在古典法下，一项“不得出售质押物或抵押权物的简约”（pactum de non vendendo pignore）是多余的，但它仍然可能会出现在文件当中（“多余的东西无害”）。在后古典法下，债权人无需特别的授权便有权出售；“出售简约”（pactum de vendendo）此时被视为蕴含在任何“质押物或抵押物给付行为”当中。在优士丁尼法下，即便当事人明确通过“不得出售质押物或抵押权物的简约”排除这项权利，债权人也享有它。古典法承认的法定抵押权（上文边码 714）被皇帝谕令引入，它有可能为债权人提供出售权。

725. 出售的方式

信托物和“质押物与抵押物”的出售是受当事人的简约规制的，就像我们的文件表明的那样（上文边码 723），法律规则显然是不存在的。

726. 由出售标的物的债权人进行的所有权转移

出售信托物的债权人可以通过要式买卖或拟诉弃权把市民法所有权转移给买受人。如果他仅通过交付将标的物交付给买受人，那么后者成为裁判官所有权人（上文边码 655）。如果一个要式物被作为质押物或抵押物，那么债权人可以利用他的出售权使得买受人仅成为裁判官所有权人；债权人既不能用要式买卖也不能用拟诉弃权，因为（与信托物不同的是）他不是该物的所有权人。如果一个略式物被作为质押物或抵押物，债权人将该物出售，可通过交付把完整的市民法所有权转移给买受人，因为任何非所有权人都可以在所有权人同意的情况下通过交付转让所有权（上文边码 620）。担保人的这项同意是在出售简约中不可撤销地做出的。

727. 价款

债权人从信托物、质押物或抵押物的买受人获得的价款自动减少或消灭债务。如果价款低于债务的数额，那么债权人可以用对人诉讼来起诉债务人要求余额。这有时会在当事人的简约中明确约定。

前面引用过的庞贝的文件，边码 723："如果相关的这些奴隶价值少于债务的金额，那么对剩余的部分仍欠负我或者我的继承人"（Si quo minoris ea mancipia, quibus de agitur, venerint, in sortis vicem debebuntur mihi heredive meo quae reliqua erunt）。

但在古典法下并不需要这样的约定，即使没有它，债权人也可以主张债务的余额。

728. 超出部分　如果价款超过债务的数额，那么债权人必须把超出部分（superfluum）返还给担保人（不必然与债务人为同一人）。

现代学者对于希腊术语有一种假装内行的偏好，习惯把"超出部分"称为"hyperocha"（ἡὑπεροχή）。这个术语无疑不属于古典法
598 律语言，在我们的原始文献中仅出现一次：*D.* (20. 4) 20。

如果信托物被出售，担保人可以用信托之诉来起诉债权人要求返还超出部分。如果一个质押物被出售，质押人享有"对人质押之诉"（actio pigneraticia in personam，上文边码 712）。他可以通过这个诉讼要求超出部分。这个诉讼可能在抵押物被出售的情况下也可以适用。显然，要物合同"pignus"（下文边码 898）在债权人为了出售而占有抵押物时才成立。

729. 所有权取得申请　如果债权人找不到一个合适的买受人，那么他可以向皇帝申请以一定的价格把该物分配给他（"所有权取得申请"〔impetratio dominii〕）；在"信托"的情况下，由于债权人已经是所有权人，所用的表述可能是"占有取得申请"（impetratio possessionis）。这项制度在塞维鲁王朝之前几乎不存在。

（三）债权人使用担保物并收取孳息的权利

债权人无权使用质押物，除非质押人通过协议的特别条款允许 730. 质押
他这么做；如果债权人未经允许使用质押物，（如果该物是动产）那么他对盗窃诉讼负责（下文边码 982）。如果质押物是可产出孳息的，那么债权人可能会被授权去收取孳息并作为自己的东西保管。这样一种简约是否被视为是蕴含其中的，仍有疑问。孳息的价值可以减少或完全消灭债务；如果本金和利息到期，那么孳息的价值首先冲抵利息，然后才冲抵本金。然而，当事人可以自由地对这个问题进行不同的约定。尤其是，可以通过简约约定，孳息只能用来冲抵利息，而不管孳息的价值是否与债务的数额相等；现代学者把这样的一种简约称为"孳息冲抵简约"（pactum antichreticum）。

"antichresis"（ἀντίχρησις）这个术语是指用某物的使用或孳息（χρῆσις）来补偿别的东西（ἀντίτινος），不一定是"ἀντὶ τῶν τόκων"（冲抵利息）。在我们的原始文献当中，它只出现一次，因为 *D.* (20. 1) 11. 1 和 *D.* (13. 7) 33 是同一个文献的片段。在这里"antichresis"是指"χρῆσις ἀντὶ τῶν τόκων"，但这个文本不是处理地产本身被用来做担保的情形。因此，"antichresis"这个术语不存在于古典法律语言中。在其他原始文献中也非常少见；参见 Ebrard, *Die Digestenfragmente ad formulam hypothecariam* (1917), 116; Liddell and Scott, *Lex. v. ἀντιχράω*. Preisigke-Kiessling, *Wörterbuch der griech. Papyrusurkunden*, iv (1944), 181；在纸莎草文献中至今只出现过一次：*Pap. Groning.* (ed. A. G. Ross, 1933), no. 11 col, i. 12; ii. 5.

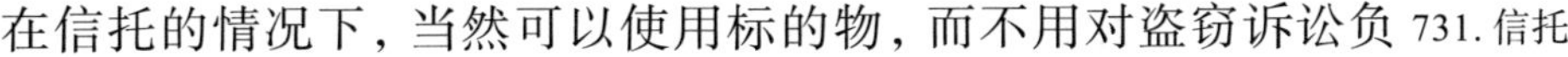

在信托的情况下，当然可以使用标的物，而不用对盗窃诉讼负 731. 信托

责，因为他是所有权人。他获得的孳息冲抵利息和本金，就像我们关于质押所说的那样。

原始文献

s. 721. Proof of *lex commissoria* occurring in the *pactum fiduciae*: Paul. *Sent.* (2. 13) rubric with Schulz, *Z* xlvii (1927), 47.

s. 723. Read Paul. *Sent.* (2. 13) 5, spurious.

s. 724. Read Gai. 2. 64; *D.* (47. 2) 74; *C.* (4. 24) 4 [*vel hypothecae*]; *C.* (8. 27) 7 [*non reluctante*]; *reluctari* occurs only in this text and *C.* (2. 58) 2 Justinian, *C.* (4. 1) 12. 1*a* Justinian, *C.* (11. 59) 6.1 Grat. Valentin. Theodos. See further Paul. *Sent.* (2. 5) 1 spurious; *D.* (13. 7) 4 [*etsi*] <si>, [*hoc tamen ... distraheretur*]; [*nisi ... cessaverit*].

s. 726. Read Gai. 2. 64; *D.* (41. 1) 46; (41. 1) 9. 4.

s. 727. Read *D.* (20. 5) 9. 1; *C.* (4. 10) 10.

s. 728. Read *D.* (13. 7) 6. 1; the text originally dealt with *fiducia*; Paul. *Sent.* (2. 13) 1.

s. 729. Read *D.* (13. 7) 24 pr. first sentence; the text originally dealt with *fiducia*: Lenel, *Z* iii (1882), 111; Erbe, Fiducia, 28, with references.

s. 730. Read Gai. 3. 195, 196; *Inst. Iust.* (4. 1) 6; *D.* (47. 2) 55 pr.; *C.* (4. 32) 17; *D.* (36. 4) 5. 21.

s. 731. Read Paul. *Sent.* (2. 13) 1*b* = D. (20. 2) 8, spurious; Paul. *Sent.* (2. 13) 2; (20. 1) 23 pr. dealing with *fiducia*.

参考文献

ss. 720—722. Dernburg, *Pfandrecht*, ii (1864), 273 ff.; Manigk, *PW* vi. 2296; ix. 296, 355; xx. 1248; Erbe, *Fiducia* (1940), with references; Burdese, *St. Solazzi* (1948), 324 ff.; *Lex Commissoria e ius vendendi nella fiducia e nel pignus* (1949), 10 ff., 95 ff., 110 ff.

s. 723. Manigk, *PW* vi. 2293 ff.; Devilla, 'L'ius distrahendi nella fiducia e nel pegno', *St. Sassaresi*, xv (1938), not available; Erbe, l.c. 36 ff.; Burdese, *Lex commissoria*, 25 ff.

s. 724. Manigk, *PW* xx. 1256; Albertario in G. Rotondi, *Scritti*, ii. 582 n. 1; Messina Vitrano, *Per la storia del ius distrahendi nel pegno* (1910) ; Ratti, 'Sul ius vendendi del creditore pigneraticio', *St. Urbinati*, i (1927), not available; Levy, *Z* xlix (1929), 251; Lauria, 'Ricerche su Pauli Sententiarum libri', *Annali Macerata*, vi (1930), p. 85 f., with references; Burdese, *Lex commissoria*, 132 ff.

s. 726. Mitteis, *RP* i (1908), 208; Beseler, *Beiträge*, iv (1920), 129; *Opora* (1930), 3; Burdese, *Lex commissoria*, 165 ff.

s. 728. Dernburg, *Pfandrecht*, i (1860), 140 ff.; Manigk, *PW* xvii. 291; Kaser, *Quanti ea res est* (1935), 79; Erbe, *Fiducia* (1940), 89; Burdese, *Lex commissoria*, 195 ff.; Kreller, *Z* lxii (1942) 173 f.

s. 729. Dernburg, *Pfandrecht*, ii (1864), 240 ff.; Burdese, *Lex commissoria*, 206 ff.

ss. 730, 731. Dernburg, *Pfandrecht*, ii. 67 ff.; Manigk, *Gläubigerbefriedigung durch Nutzung* (1910).*

四、物的担保的从属特征

732. 从属性的类型 (一)物的担保作为一种信用方式(上文边码699)从经济的视角来看,从属于一项债务,但担保对债务的这种依赖性可以以不同的方式进行法律上的表述。

733. 土地债务 1. 一个资本家可以为一个土地所有权人提供一笔贷款,双方当事人约定,债权人只拥有从该地产拿回金钱的权利。如果贷款到期且未被清偿,那么债权人可以占据该地产并通过它来实现债权,但他不能执行土地所有权人的人身或其他财产;这个所有权人在这种情形下不是所谓的个人债务人。现代德国法的“土地债务”(Grundschuld)是这种担保的一个示例,但几乎没有以其纯粹的形式被实践过。它是罗马私法完全陌生的:它是一种“土地负担”(real charges),而土地负担就像我们已经看到的那样(上文边码666、685)在古典私法下是不允许的(或者在优士丁尼法下除了“支撑地役权”之外,参见上文边码667)。古典公法显然对于承认这种物的担保形式毫无顾虑(抵押地产出售、食物基金会,参见上文边码718、719)。

734. 罗马私法 2. 古典私法的物的担保从属于一项个人债务。

塞尔维亚纳程式(formula Serviana,上文边码711、712)以下述句子为开头:

> “如能证明,奥鲁斯·阿格里乌斯和鲁齐乌斯·提提乌斯达成一致,系争物由于这笔金钱债务而被质押或抵押给奥鲁

斯・阿格里乌斯。”

(Si paret inter Aulum Agerium et Lucium Titium convenisse ut ea res, qua de agitur, Aulo Agerio pignori esset propter pecuniam debitam...)

除非有一项可以通过担保保证的债务存在，否则担保不能存在；另一方面，如果这项债务被清偿，那么担保就会终止。因此，接受物的担保的债权人通常有两种获得清偿的方式：

(1)他向个人债务人(他可能和担保提供者不是同一个人)主张债权，并最终执行他的人身或财产。

(2)他可以从担保物获得清偿。

735. 术语

抵押权(hypotheca)和质押权(pignus)仅在一个段落中被称为具有从属性：*D*. (46. 3) 43；在 *D*. (46. 1) 32 中也蕴含着这个称呼。两个文本都是被篡改过的，但我们保留这个术语。

“debitor personalis”(个人债务人，以区别于担保物的所有权人)不是古典的用语，但这个术语也是必不可少的。

(二)古典物的担保的从属性需要一些解释和限制

736. 信托

1. 担保物和个人债务之间的联系或多或少是紧密的。

(1)出于债务的原因(ob debitum)，与债权人缔结的信托把所有权授予债权人。如果债务不存在，信托原因的要式买卖还是有效的，债权人仍取得所有权；此外，如果债务不再存在，所有权不会自动回到担保人手里。在这两种情形下，债权人只有通过要式买卖返还标的物的义务。

737. 质押和抵押

(2)然而，质押和抵押与债务的联系更加紧密。如果债务不存在，那么债权人不取得对标的物的任何权利；而如果债务不再存在，则债权人的权利自动终止。

738. 自然债务　2. 自然债务（natura debitum 或者 obligatio naturalis，参见下文边码 795）被视为物的担保的充分的基础。因此，如果一个奴隶允诺了某事，那么只产生对该奴隶的一项自然（即不可诉的）债务，但它可以作为信托、质押和抵押以及提供保证人的基础。

739. 担保物是不可分的　3. 如果债务被清偿，则担保终止；信托物必须通过要式买卖返还，质押和抵押则自动终止。必须记住，即使在确定的清偿期限之前，个人债务人和担保人也有权偿还债务。如果债务只有一部分被清偿，那么担保会继续在整个担保物上存续，但只为债务的剩余部分而存在。现代学者通过这个格言“担保物是不可分的”（pignoris causa indivisa est）来表达这个规则。这个用语比较奇怪的格言只在一个经过篡改的文本中出现过一次：*D.* (21. 2) 65。

考虑如下情形：

（1）A 把一块地产作为一项 100 的债务的质押物或抵押物，后来他偿还了 50，那么整个地产（而不是其中一半）仍然为剩下的 50 担保。

（2）A 提供两块土地，每块价值 120，为一项 100 的债务作为质押物或抵押物。后来他偿还了 50。两块地产仍然为 50 的债务提供担保；债权人没有义务解除其中一块的担保。

（3）C 提供 100 的贷款给 D，D 把一块地产交给 C 作为质押或抵押。后来 D 死亡，H1 和 H2 成为其继承人，每人一半的份额。这两个继承人此时是这块地产的“未分割的”（pro indiviso）共同所有权人（上文边码 525）。至于债务，他们每个人欠负 C 50（债务自动分割，参见上文边码531）。债务到期之后，H1向C支付了他所欠负的数额，即50；H2一分钱也没有支付。法律结果是：C的质押或抵押仍然为50的债务而存在于整个地产上；不仅属于H2的份额负担这项质押或抵押，已经清偿了自己的债务的H1的份额也负担这项质押或抵押。

(4)C向D提供100的贷款，并从D那里获得一块地产作为质押或抵押。后来C死亡，H1和H2成为其继承人。此时，D欠每一个继承人各50（债务自动分割，参见上文边码525）。他们每一个人都因50的债权而对该地产享有质押或抵押。如果D向H1支付了50，那么后者丧失他的个人债权并因此丧失他的质押或抵押；但H2仍然因为他的50的债权而对整个地产享有质押或抵押。

740. 债务在清偿或没有清偿的情况下消灭

4. 如果债务以偿付以外的方式消灭，只要债权人获得了清偿，担保也会终止。塞尔维亚纳程式中的判罚部分以“债权人没有被偿付或以其他方式清偿”（...eamque pecuniam neque solutam neque eo nomine satisfactum esse）这个否定性事实为条件。因此，如果债权人接受了代物清偿（datio in solutum，下文边码1074）或者免除了个人债务人的债务，那么他就会丧失物的担保。甚至，如果债权人成为个人债务人的继承人并因此使得债务由于混同而消灭，他也会被认为已经获得清偿，而不管遗产是否足以偿付。

假设C向D提供一笔贷款，A为这项债务把他的土地提供给C作为担保。后来D死亡，C成为他的继承人。债务由于混同而消灭，担保也终止。只有在复杂的情形当中，债务才会在没有向债权人提供清偿的情况下消灭：在这种情况下，担保才会在不存在个人债务的情况下继续存在。

考虑以下情形：

(1)C 向 D 提供一笔贷款，A 提供一项质押或抵押担保该债务。后来 C 通过一项对人诉讼起诉 D，这项诉讼因为证讼而消灭，但这项质押或抵押仍不受影响，“因为没有被偿付或以其他方式清偿”。

(2)C 向 D 提供一笔贷款，并接受 S 为保证人。为了担保保证人(注意)的债务，A 向 C 提供了一项质押或抵押。后来 D 死亡，S 成为其继承人。保证人的债务因为所谓的“吸收混同”而消灭，但这项质押或抵押仍不受影响。

原始文献

s. 738. Read Gai. 3. 119*a*; *D.* (12. 6) 13 pr.; (20. 1) 5 pr.

s. 739*b*. Read *D.* (20. 1) 19; (45. 1) 85. 6 [*tradere*] <*mancipio dare*>.

s. 739*c*. Read *C.* (8. 30) 1; *D.* (13. 7) 8. 2.

s. 739*d*. Read *C.* (8. 31) 1; *D.* (13. 7) 11. 4.

s. 740. Read *D.* (20. 1) 13. 4, substantially classical; (46. 3) 38. 5.

参考文献

ss. 732—734. Dernburg, *Pfandrecht,* i (1860), 514; Windscheid, *Band* i, § 225; Ratti, *Sull' accessorietà del pegno* (1927), not available; Carrelli, *Sulla accessorietà del pegno in diritto romano* (1934), not available. On *praediatura* and alimentary foundation see references in bibliography ad ss. 718, 719.

s. 735. Levy, *Sponsio, fidepromissio, fideiussio* (1907), 18;

Solazzi, *Bull.* xxxviii (1930), 18; *L'estinzione della obbligazione* (1931), 290; Flume, *Studien zur Akzessorietät der röm. Bürgschaftsstipulationen* (1932), 7. 126; *Voc. Iur. Rom.* i. 78. 39 f.

s. 739. Dernburg, *Pfandrecht,* ii (1864), 28 ff.; Windscheid, *Pand.* i (1906), § 226 n. 3; Schulz, *Einführung* (1916), 88 ff.

s. 740. Dernburg, l.c. ii. 574 ff.; Windscheid, l.c. § 249; Beseler, *Z* xlvii (1927), 55; Solazzi, Estinzione, 290.

五、同一标的物上有数个抵押权

741. 时间更早，权利更优

如果某物为一项特定的债务被作为信托物提供，担保人显然不可能再把它作为信托物提供给另外一个债权人，但某物的所有权人可以把它作为抵押物先后提供给多个债权人；那么数个抵押权的顺序由“时间更早，权利更优”（prior tempore, potior iure）规则来确定。然而，还存在排在所有其他抵押权前面的优先抵押权。

关于第二和后续的抵押权的古典法是非常原始的。

742. 取得占有并出售标的物的权利

1. 第二和后续的抵押权人无权获得标的物的占有，也无权将其出售。赋予第二顺位的债权人出售标的物（当然负担了第一顺位的抵押权）的权利是有可能的，但罗马法学家没有利用这个可能性。

743. 抵押权因标的物的出售而消灭

2. 只有第一顺位的债权人有权获得标的物的占有（如果债务到期的话）并根据出售简约（上文边码 724）将其出售。如果他将其出售，那么他将会使得买受人成为自由的所有权人（市民法的或裁判官法的）（上文边码 726），并且所有的抵押权——不仅仅是将其出售的债权人的抵押权，也包括所有其他抵押权——全部终止。

744. 第二债权人不能主张超出部分

3. 据说，如果第一债权人从买受人获得的价款超过他的债权的数额，那么他必须把超出部分（上文边码 728）交给第二债权人。但在古典法上，这种观点肯定是错误的，原因很简单，因为第二债权人对第一债权人不享有要求超出部分的诉讼。在古典法下，超出部分必须返还给担保人（上文边码 728）。

745. 如果第一抵押权消灭则第二抵押权上升为第一顺位

4. 如果第一债权人得到清偿，那么第二抵押权就上升到第一顺位。这是一个原始的规则。第二债权人通常要求的利息比第一债权人更高，因为他的风险更高。如果第二抵押权上升为第一顺位，利率也不会自动降低。此外，我们必须认识到，古典抵押权不是被设计来作为一项长期性资本投资的（上文边码 700）。古典法学家对于我们的反对意见可能已经用如下理由来回答：第二债权人因第一抵押权的消灭而上升为第一顺位时并不准备降低利率，债务人可以在另一个愿意以更低利率（即按照债权人得到第一顺位抵押权时通常的利率）借钱给他的资本家的帮助下清偿债权人的债务。当然，这个回答并不能让我们完全满意。

746. 清偿并继位权

5. 第二债权人享有一项“清偿并继位权”（ius offerendi et succedendi）。在古典法下，这仅仅意味着第二债权人有权向第一债权人清偿，并因此把他自己的抵押权上升到第一顺位。他既不取得第一债权人的个人债权，也不取得他的抵押权，但据说根据一项重要的谕令，他可以出售担保物，并甚至可以从价款中保留他已经向第一债权人支付的金额，而不仅仅是他自己的债权的数额。

假设 A 把一个地产提供给 C1 担保 50 的债务并提供给 C2 担保 100 的债务。后来 C2 向 C1 支付了 50。因此，C1 的个人债权和他的抵押权都消灭；C2 的抵押权上升为第一顺位。此时，C2

出售该地产获得200，他有权保留100+50，剩余部分必须返还给A。

如果一个第三债权人向第一债权人进行了偿付，这种继位权(ius succedendi)也会发生。

假设C1有一项担保50债权的抵押权，C2有60的，C3有100的，后来C3向C1支付了50，结果C1的抵押权消灭，那么C3的50的抵押权上升到第一顺位，此时该地产的负担如下：(1)C3的50的抵押权；(2)C2的60的抵押权；(3)C3的50的抵押权。

原始文献

s. 741. Read *C.* (8. 17) 3; *D.* (20. 4) 9. 3, heavily interpolated, the original text probably dealt with *fiducia*: Beseler, *Z* xlv (1925), 440; Erbe, *Fiducia* (1940), 76 f.

ss. 742, 743. Read *C.* (8. 17) 8; (8. 19) 3; Paul. *Sent.* (2. 13) 8.

s. 744. Read *D.* (20. 4) 12. 5 [*et quod … restituat*].

s. 746. Read *D.* (20. 4) 11. 4; *D. (20.* 4) 12. 6; *D.* (20. 5) 5 pr.; *C.* (8. 13) 22; *C.* (8. 17) 5.

参考文献

s. 741. Dernburg, *Pfandrecht,* ii (1864), 411 ff.; Windscheid, *Pand.* i (1906), § 242; Koschaker, *Scritti Ferrini,* iii (1948), 233; Beseler, *Z* lxvi (1948), 325 sub v. 'invertere' (right).

s. 742. Dernburg, l.c. 482 ff.

s. 743. Dernburg, l.c. 224.

s. 744. Dernburg, l.c. 487; Beseler, *Beiträge,* iv (1920), 138; Kaser, *Quanti ea res est* (1935), 79.

s. 746. Schulz, *Z* xxvii (1906), 104 ff.; Windscheid, l.c. § 233*b* n. 11; Dernburg, l.c. 489, 518.

六、司法救济

看起来，通过汇集信托、质押和抵押引起的各种司法救济来结
747. 信托之诉 束我们的讨论是比较方便的。之前我们已经提到它们，但需要一些附加说明。

与债权人缔结的信托可以导致两种诉讼：直接信托之诉（actio fiducia directa）和反信托之诉（actio fiducia contraria）（关于术语，
610 参见上文边码 70 以下）。直接诉讼是担保人针对债权人的诉讼，他可以通过它要求以要式买卖的方式返还担保物以及进行损害赔偿。这是一种诚信诉讼，尽管其程式可能不包含通常的“根据诚信”这个短语（上文边码 61、62）。判罚涉及不名誉（infamia，上文边码 80）。该程式的进一步的细节仍有疑问。“反诉讼”是债权人针对担保人的，他可以通过它主张费用补偿。

748. 塞尔维亚纳之诉 塞尔维亚纳之诉由于被包含在哈德良的告示中（上文边码 711），所以可以被可靠地重构（Lenel, *Edict.* § 276）：

“如能证明奥鲁斯·阿格里乌斯和鲁齐乌斯·提提乌斯之间达成协议，系争物因为所欠负的这笔金钱而被质押（或抵押）给奥鲁斯·阿格里乌斯，并且该物在达成协议时处于鲁齐

乌斯·提提乌斯的财产中，并且这笔金钱没有得到偿付或者清偿，也没有因为奥鲁斯·阿格里乌斯的原因而没有被偿付，如果该物届时没有被返还，该物的价值将是多少，审判员，就判罚努梅里乌斯·内格底乌斯向奥鲁斯·阿格里乌斯的支付多少钱，如不能证明则开释。”

（Si paret inter Aulum Agerium et Lucium Titium convenisse, ut ea res, qua de agitur, Aulo Agerio pignori esset propter pecuniam debitam, eamque rem tunc, cum conveniebat, in bonis Lucii Titii fuisse eamque pecuniam neque solutam neque eo nomine satisfactum esse, neque per Aulum Agerium stare quo minus solvatur, nisi ea res restituetur, quanti ea res erit, tantam pecuniam iudex Numerium Negidium Aulo Agerio condemnato, si non paret absolvito.）

这个程式是“基于事实拟定的”（in factum concepta，上文边码 47），因为这项诉讼是一项荣誉法诉讼（actio honoraria，参见上文边码 46、50）。这项诉讼像所有物返还之诉一样是对物诉讼（上文边码 56），并且像后者那样可以针对标的物的任何占有人。显然，该程式的用语既包含质押也包含抵押。由于告示中的程式仅提到“协议的质押或抵押”（pignus conventionale），所以在“法定的质押或抵押”（pignus legale，上文边码 720）的情况下，必须要有一项扩用诉讼（actio utilis，上文边码 52）被赋予债权人。在其他更难处理的情形中（参见 Lenel, l. c. p. 494）也需要一项扩用诉讼，对于这些情形我们将不详述。如果同一个标的物被设立两项不同顺位的抵押权，第二债权人可以用塞尔维亚纳之诉起诉一个第三人，但如果他自己获得了占有，那么第一债权人可以用塞尔维亚纳之诉起诉他。因为在第一和第二债权人之间，只有前者有权占有（上文边码742）。如果第二债权人用塞尔维亚纳之诉起诉第一债权人，后者受到一项“如果该物不是更早地质押或抵押给努梅里乌斯·内格底乌斯的抗辩”（exceptio si non Numerio Negidio〔第一债权〕）ante pignori res obligata est）的保护。

749. 萨尔维安令状

萨尔维安令状是一项提供给农地出租人的救济，可以用来针对以“带来物品”（invecta et illata，上文边码 709）作为担保的承租人。就像盖尤斯（Gai. 4. 14）正确指出的那样，这是一项占有取得令状（interdictum adipiscendae possessionis）；其程式没有流传给我们，但极有可能被拟定为一项禁止性令状（interdictum prohibitorium，
612 上文边码 109）。汇编者对其进行了修改：（像塞尔维亚纳之诉那样）允许用它来针对担保物的占有人。

750. 质押之诉

要物合同质押引起的诉讼——直接质押之诉（actio pigneraticia directa）和反质押之诉（actio pigneraticia contraria）（上文边码70）——将在后面进行描述（下文边码 898）。

原始文献

s. 747. Read Paul. Sent.2. 13. 6—7.

s. 748. Read *D*. (20. 4) 12 pr.

s. 749. Read *D*. (20. 1) 10; (43. 33) 1. 1; *C*. (8. 9) 1 [*debitoremve*] perhaps only a gloss.

参考文献

s. 747. Lenel, Edict. (1927), § 107; W. Erbe, *Die Fiducia im röm. Recht* (1940), 86 ff., 106 ff. with references; Kreller, *Z* lxii (1942), 143 ff., 183 ff. (hardly acceptable); Burdese, *St. Solazzi* (1948), 324 ff.

s. 748. Lenel, l.c. § 267; Kreller, *Z* lxiv (1944), 334.

s. 749. Lenel, l.c. § 266; Berger, *PW* ix. 1668; Kreller, *Z* lxiv (1944), 320 ff.

第四章　占有

一、导论

751. 占有的概念

614

动词"possidere"（占有）这个词当然包含"sedere"（坐）这个词。尽管第一个音节"pos"在语言学上是有疑问的，但"possidere"的含义几乎不太可能是"坐在某物上"之外的含义；因此，"possessio"是指"坐"，"possessor"是指"坐在某物上的人"。这个术语原先仅涉及土地，甚至《十二表法》似乎并没有将其适用于动产。这些术语的语义学历史，我们将不在这里追寻。根据我们的计划，我们仅限于确定它们在古典私法下的法律含义。在此，它们的含义是高度技术性的：与所有权和其他类型的权利不同，"possessio"（占有）是指对某一个有体物的物理控制（"对权利的准占有"〔iuris quasi possessio〕在古典法下并不存在）。"possessor"（占有人）是一个对某个有体物有物理控制的人，不管他是否有权控制该物。物的所有权人也可能是该物的占有人（通常如此）；但如果他丢失该物或该物被盗，那么他就不再是占有人，尽管他仍是所有权人；另一方面，小偷是占有人，因此占有是一个事实问题，而不是一项权利，但它是一项（在某些范围内）可以引起法律后果的事实。

实际上，古典法学家仅把得到法律承认的物理控制视为占有，只有在例外的情形下才会把占有赋予一个对某物无物理控制的人；在这种情况下，占有是指所涉及的这个人处于真正的占有人的法律地位（下文边码 756）。

关于占有的法律效果，我们必须区分市民法和荣誉法。

在古典法下，市民法占有与如下情形相关：752. 市民法

1. 略式物的所有权通过“基于正当原因的交付”转移（上文边码 613 以下）。

2. 时效取得的其中一个要求是占有（上文边码 622）。

3. 某物的善意占有人可根据市民法取得孳息。某奴隶的善意占有人在特定的范围内取得该奴隶取得的东西。

4. 如某物被占有，则可能通过先占取得所有权（上文边码 631）。如果一个野生动物逃跑，“只要在我们的视线中，且追上它们并不困难（si in conspectu sit nostro nec difficilis eius persecutio sit）（Gai. 2. 67），那么所有权和占有继续存在。有“返回习惯”（consuetudo revertendi）的野生动物仍处于其所有权人的占有下，即使它们走到外面去（Gai. 2. 68）。

在所有这些情形下，占有人作为所有权人控制着这些物。

在荣誉法方面，裁判官通过特别的救济（即所谓的占有令状、暴力占有令状、现状占有令状〔uti possidetis〕和“哪一方令状”〔utrubi〕）保护特定的占有人。我们将在后面描述这些救济的细节（下文边码 776a 以下）；在这里我们只需要确定可以使用它们的人。753. 荣誉法

1. 对某个有体物有物理控制，并且把自己当做所有权人的人，都受这些令状的保护。即使小偷也受保护，尽管不能针对被盗窃

的人。

假设A从B偷了某物，并将其卖给善意买受人C。后来B发现该物在C手里，并将其从C处拿回，C可以用“哪一方令状”起诉B，而B不能通过提出自己是所有权人来进行抗辩。

2. 对某物有物理控制，但不把自己当做所有权人的人，只有在例外的情形下才受这些令状的保护。

（1）未适婚人监护人、精神病人保佐人和浪费人保佐人是他们的受监护人或受保佐人的财产的占有人，并受占有令状的保护。

（2）占有某物作为质押物的人享有这些令状。在共和国时期，塞尔维亚纳之诉还不存在的时候，这些令状就被赋予质权人了（上文边码706a）。那时候这些令状是质权人可获得的唯一救济。而出质人不享有这些令状，尽管在市民法的某些方面（时效取得，孳息的取得）他是占有人。

（3）通过容假占有（precarium）的方式占有某物的人享有占有令状。什么是容假占有？我们的资料很贫乏并且似乎不准确。据说容假占有是一种无偿的、可任意撤销的授予行为。然而，如果某人借一本书一个星期，那肯定是使用借贷，借用人不享有这些令状，就像我们马上将要看到的那样。如果这本书的租赁可以由出借人任意终止，那么借用人的法律地位可能没有变得更好。在古典时期，容假占有似乎仅限于借用人可合理期待将成为标的物所有权人的特殊情形。如果设立了一项与债权人缔结的信托，那么债权人可以通过容假占有的方式把标的物交给担保人：后者可以期待通过清偿债务而重新获得所有权。此外，某物的出卖人在一项协议下通过容假占有的方式将标的物交给买受人，这项协议约定，在价款被全额支付时，后者将成为所有权人，那么买受人可以期待成为所有权人。容假占有的提供方是不能享有这些令状的，但他可能是市民法上的占有人，尤其是在时效取得问题上；这无论如何都是萨宾的观点。针对容假占有的接受方，容假占有的提供方享有一项特别的令状："容假占有令状"（interdictum de precario；Lenel, *Edict*. § 258）。

(4)"sequester"也同样受占有令状的保护。"sequester"是系争物保管人；对某物的所有权有争议的两个人将该物放在一个第三人那里。只有"sequester"自己是占有人。这个观念显然是，争议的当事人都不能被视为占有人，以便防止在争议过程中发生时效取得。

(5)不确定公租地的拥有人（上文边码694）是否享有占有令状。

(6)我们不需要在这里讨论古典的占有命令（missio in possessionem），因为它并不提供"占有"（possessio）。关于文献，参见上文边码717的参考文献。

除了这些非常例外的情形之外，对某物有物理控制，但不作为所有权人进行控制的人不享有占有令状。因此，承租人、保管人、借用人都不享有这些令状。这些令状只能由出租人、寄存人和出借人使用。 754. 持有

这个结论的重要后果是明显的。假设A从B那里租赁一个房子三年。一年后，出租人通知A立即搬离该房子。如果A拒绝这么做，那么出租人可以求助于自助，而不用承担被用这些令状起诉的风险。如果A成功地抵抗了出租人，那么后者可以用一个令状来起诉他。承租人不能抗辩说他根据合同享有留在这个房子里的权

利。当然，承租人可以根据合同用承租之诉(actio conducti)来主张损害赔偿，但他仍丧失了这个家。

用益权人像承租人一样，没有被赋予前述令状，但他受到特别令状的保护。

755. 用益权人不是占有人 用益权人“如果声称使用和收益被禁止”(si uti frui prohibitus esse dicetur)则享有一项令状(Lenel, *Edict.* § 245, p. 468)，但是这项令状的赋予并不考虑标的物的占有是否已经由用益权人取得。一项“扩用的现状占有令状”(interdictum uti possidetis utile；Lenel, *Edict.* § 247, p. 473)仅适用于两个人相互主张同一项用益权的情形。

618

就像已经说过的那样(上文边码751)，法学家们在例外的情形下会把占有归到根本不享有物理占有的人头上。因此，一个奴隶的主人通过奴隶取得占有，即使后者并不在他的控制下(例如，奴隶在一个善意或恶意占有人的手里)。在这些情形下(对于这些情形我们将在后面考虑，参见下文边码770以下)，占有仅仅意味着这个人被置于真正的占有人的法律地位上。

756. possessio=占有人的法律地位

757. 术语 古典的术语很简单清晰。古典法学家只把“possessio”“possessor”“possidere”用作技术性术语。在纯私法的领域内，“possessio”是指“对某个有体物的实际上的物理控制，法律(市民法或荣誉法)对此予以承认”，或者“这样一个占有人的法律地位”。其他的技术性术语并不存在。

1. 没有术语用来指称未得到法律承认的物理控制。现代学者通常称这种物理控制为“持有”(detentio, detentor, detinere)；例如，他们说，承租人仅仅是“持有人”(detentor)而不是“占有人”

(possessor)。古典法学家偶尔使用“tenere”和“detinere”，但并不是作为技术性术语，去指称不为法律承认的物理控制。然而，我们将保留这个术语，因为我们需要术语去描述这种物理控制。

2. 现代学者把受占有令状保护的占有称为“possessio ad interdicta”(令状占有)。这个术语也不为古典法学家所知，但我们将使用它。

3. 在我们的原始文献中，我们可以发现市民法占有(civilis possessio)和自然法占有(naturalis possessio)这两个术语。它们的含义被讨论很多，但目前还未达成一致意见。实际上，古典法学家完全不知道这些术语，它们出现在优士丁尼的《学说汇纂》当中(*Fr. Vat.* 258 只有“naturaliter retinere”，并且最后一个句子肯定是伪造的)，并没有出现在其他任何地方。相关文本的数量非常少，其中一些里面篡改的痕迹很明显。这些事实(根据我们的有良好基础的方法)不可避免地导致这个结论：这两个不必要且模糊的术语是非古典的。

古典占有法是一个对历史学家非常有意义的人为创造物，体现 758. 评价
了典型的古典态度并且是完全独一无二的。在其他体系上建立的乍看起来具有相似性的制度，只要更深入地进行考查就会发现其实有着根本性的差异。然而，这真的是我们能为古典法的这个部分所能说的全部了。占有令状是古老的，并且具有一种荒谬的复杂性，为了阻止被告在令状程序中基于其占有的权利提出任何抗辩，它走得太远。此外，略式物的所有权只能通过转移占有(交付，参见上文边码 613 以下)的方式转让的规则至少在古典时期就显得太麻烦，甚至是毫无意义的，但古典法学家还是严格遵守它，并排除所

谓的“占有改定”(consititutum possessorium, 参见下文边码 767)。通过协议进行的所有权转移还在路上,但古典法学家顽固地坚持传统规则。在整体上,古典占有法在古典时期就已经彻底过时。

759. 后古典法 后古典时期的法学家试图在这点上改革法律。累赘的令状程序被废除,令状被占有诉讼取代。关于交付的古典规则变得不那么僵化:占有改定获得承认(下文边码 767),象征性的交付被认为已经足够。但这些改革和其他改革是通过篡改古典文本的方式进行的。剧烈的改革不在那个时代的能力范围内,优士丁尼的汇编者也不敢去尝试。

760. 原始文献和参考文献 因此,罗马占有法的原始文献处于一个混乱的状态,文本充斥着篡改,可靠的原始文献是稀缺的。把这些法律当做现行法适用被证明是一个极为艰难的任务,从注释法学家开始,它就折磨着一代又一代法学家。自从萨维尼的著名的《论占有》(*Das Recht des Besitzes*, 1803)出版之后,罗马占有法成了大陆罗马法学者最喜爱的一个主题,但由于他们的方法是非批判的、空想式的,他们的著作(除了少数例外)在今天看来很难超出材料汇编的范畴,而且经常是误导性的材料汇编。通过运用现代的批判方法和语言学方法,从阿里布兰迪(Alibrandi)时期开始,古典法的梗概已经被查清,但许多细节仍有疑问。对后古典发展(包括通常比古典法更难查清的优士丁尼法)的阐述仍处于初级阶段。包含整个罗马占有法的现代著作还不存在。

原始文献

s. 751. Read *D.* (41. 2) 3 pr.; Gai. 4. 139 [*quod tum* ...

contenditur]; *D.* (41. 2) 1 pr.;(43. 17) 1. 2; (37. 1) 3 .1 [*Hereditatis autem*] *bonorum* [*ve*], see above, s. 377.

s. 752. Read Gai. 2. 92; *D.* (41. 1) 48. 1 [*per longum tempus*] <*usu*>; [*longum tempus*] <*usucapio*>.

s. 753. 2*b.* Read *D.* (41. 3)16 [*adeo ... dedit*].

s. 753. 2*c.* Read Gai. 2. 59, 60; *D.* (43. 26) 20, shortened by the compilers; *C.* (4. 54) 3; *D.* (41. 2) 3. 5 to *accepit*; (43. 26) 15. 4.

s. 753. 2*d.* Read *D.* (16. 3) 17. 1.

s. 754. Read *D.* (43. 26) 6. 2.

s. 755. Read Gai. 2. 93; *Fr. Vat.* 90, first sentence; *D.* (41. 2) 12 pr. [*naturaliter*] <*non*>; *D.* (43. 26) 6. 2.

s. 757. 2. Read *D. (6.* 1) 9; 'possessionem ... quae locum habet in interdicto uti possidetis vel utrubi.'

s. 757. 3. Read *D.* (10. 4) 3. 15 [*non solum ... possessioni*]; (41. 2) 1pr. 1 [*naturaliter*]; [*naturali*]; (41. 2) 12 pr. [*naturaliter*] <*non*>.

参考文献

s. 751. On the etymology of *possessio* see Bonfante, *Scritti,* iii (1926), 516 ff.; Stolz-Schmalz, *Latein. Grammatik* (1928), pp. 162, 501. On *iuris possessio* see Albertario, *Studi,* ii (1941), 307 ff.; Arangio-Ruiz, *Istituzioni* (1947), 281 f.; Biondi, *Istituzioni* (1946), 243; G. Segrè, *Scritti,* ii (1938), 653 ff.; Dénoyez, *Festschrift P. Koschaker,* ii (1939), 304 ff.; Monier, *St. Solazzi* (1948), 369, with references; Sargenti, *Scritti Ferrini,* ii (1947), 226 ff.

s. 752. 3. Beseler, *SD* iii (1937), 375; Aru, *Bull.* xlv (1938), 191 ff.*

s. 753. 2. M. Kaser, 'Zum römischen Fremdbesitz', *Z* lxiv (1944), 389 ff.; Albertario, 'La involuzione del possesso del precarista del creditore pignoratizio e del sequestratario nel diritto post-classico e giustinianeo', *Studi,* ii. 141 ff.

s. 753. 2*b*. M. Kaser, *Eigentum und Besitz* (1943), 353 f.; *Z* lxiv. 391.

s. 753. 2*c*. Kaser, *Eigentum und Besitz,* 349 ff., 354; *Z* lxiv. 391; Ciapessoni, 'Il precarista detentore', *Atti del primo congresso nazionale di Studi Romani,* ii (1929), 199 ff., with references; Scherillo, Locazione e precario, *Rend. Lomb.* lxii (1929); E. Levy, *Z* lxvi (1948), 1 ff.; Branca, *St. Solazzi* (1948), 500.

s. 753. 2*d*. Kaser, *Besitz und Eigentum,* 354; *Z* lxiv. 394; Branca, l.c.

s. 753. 2*e*. Albertario, 'Il possesso del ager vectigalis', *Studi,* ii. 387.

s. 754. Albertario, 'Possessio e detentio', *Studi,* ii. 161 ff.; Radin, *St. Bonfante,* iii (1930), 153 ff.

s. 755. Albertario, *Studi,* ii. 307, 359; Arangio-Ruiz, Segrè, ll.cc.

s. 757. Brassloff, *Possessio in den Schriften der röm. Juristen* (1928, not available).

s. 757. 1. Albertario, *Studi,* ii. 161 ff.; Radin, l.c.

s. 757. 3. Bonfante, *Scritti,* iii. 534 ff.; Riccobono, *Z* xxxi (1910) 321 ff.; *Scritti Chironi* (1915), 377 ff.; Albertario, *Studi,* ii, 213; Beseler, *Jurist. Miniaturen* (1929), 90 ff.; Kunkel, 'Civilis und naturali possessio', *Symbolae Friburg. in honorem Ottonis Lenel* (1933), 40 ff.; C. A. Maschi, *La concezione naturalistica del diritto e degli istituti giuridici romani* (1937), 112 ff.; Kaser, *Eigentum u. Besitz* (1943), 369.

s. 760. Savigny, *Das Recht des Besitzes,* 1st ed. 1803 (on later editions see Landsberg, *Geschichte der deutschen Rechtswissenschaft,* iii. 2, Noten (1910), 96). Italian translation by Conticini (1839); French translation by Staedler (1870). For the literature of the 19th century, see Windscheid, *Pand.* i (1906), §§ 148 ff. On the whole see Bonfante, *Corso,* iii (1933), 130 ff.; Albertario, 'Il possesso', *Bull.* xl (1932), 3 ff. = *Studi,* ii (1941), 107 ff.; M. Kaser, *Besitz und Eigentum im älteren röm. Recht.* (1943). Bozza, *Sull' origine del possesso* (1931), and Carcaterra, *Possessio, Ricerche di storia e di dogmatica* (1938), were not available. Monographic literature will be given below in due course.*

二、占有的取得

在这点上，我们仅讨论古典法学家所使用的意义上的“物的占有”（possessio rei）的取得（上文边码 751 以下）。占有“通过体素和心素”（corpore et animo）取得，也就是说，通过故意的对某物的 761. 通过体素和心素物理控制而取得。

著名的“通过肉体和精神”的说法，不像贝泽勒(Beseler)所认为的那样(*Juristische Miniaturen*, 1929, p. 90)，是这个法律表达的翻译，而是源自《圣经》的 ψυχὴ καὶ σῶμα，anima et corpus，Matth. x. 28。

(一)物理控制

762. 物理控制的概念 什么是物理控制？我们肯定不会通过提供一个抽象的定义来回答这个问题。

任何一般的表述都毫无用处，只是用一个词来替代另一个词，而替代的这个词本身也需要定义。我们只能通过一种决疑法的方式，通过考虑典型的情形来回答这个问题。我们可以大胆地说出这个一般性的观察结果：古典法学家对于占有的取得所要求的物理控制要比对占有的维持所要求的更完整；读者可以比较下列示例和后面提供的示例(下文边码 772 以下)。

763. 先占 1. 当一个猎人已经击伤一个野生动物以便抓住它时，他还没有取得对它的占有。

764. 侵占 2. 就像我们已经说过的那样，承租人、保管人或借用人都不是占有人而仅仅是持有人。如果这样的人决定再也不返还标的物，他并不因此取得对它的占有，“没有人可以自己改变占有的原因”(nemo sibi causam possessionis mutare potest)这句格言适用于这种情形。但如果保管人把寄存的一些钱挪为己用，那么他就获得了占有。

765. 短手交付 3. A 基于寄存把一个贵重的戒指交给 B。后来 A 把这个戒指卖给 B，双方同意，买方立即成为所有权人。B 基于该协议取得占有(并因此取得所有权),即使双方当事人离这个戒指很远。这种交付的方式被现代学者称为短手交付(traditio brevi manu)。当然,如果承租人和出租人之间达成这种协议,它也会发生,就像出借人和借用人之间一样。

4. A 出售一个动产给 B。根据 B 的要求,A 把该物放在 B 的家里。那么 B 立即取得占有,即使在 A 把该物带来时 B 不在家。 766. 长手交付

5. A 把放在仓库里的货物卖给 B,并把钥匙交给他,双方同意,B 立即成为所有权人。那么 B 立即取得占有(并因此取得所有权),只要钥匙在仓库附近被交给他。最终,优士丁尼抛弃了附近的要求。如果 D 欠 C 某物,并在 C 的要求下把该物放在这个债权人看得见的某个地方,那么后者立即取得占有。A 将一块土地卖给 B,双方协议约定,B 应为占有人。B 可以通过在这块土地上走走来取得占有;但如果这个协议是在土地附近或至少在看得见的地方达成的,例如,在一个可以看到这块土地的塔上,这个协议也可以发生效力。在这种情况下,甚至古典法学家也说是"长手交付"。

6. A 把一个地产卖给 B,双方当事人同意,B 立即取得占有,但 A 作为 B 的承租人保留这块地产一年。在优士丁尼法下,B 取得占有。现代学者把这种占有取得方式称为占有改定,一个没有在我们的法源中被发现的术语。 767. 占有改定

这个术语源自 *D*. (41. 2) 17. 1:"……而占有会在某人决定不希望继续占有时丧失。"

(...possessio autem recedit, ut quisque constituit nolle possidere.)

古典法学家不知道像占有改定这样的东西。通过单纯的协议转移占有是他们不知道的，即使它体现在一个文件当中，并且这个文件被交给取得人；所有与这项规则有冲突的文本都是伪造的。优士丁尼希望“占有改定”适用的范围，我们在这里不予关注。

768. 死者使得继承人成为占有人？

7. 在古典法和后古典法下，不存在通过继承或直接遗赠取得占有的情形；如果继承人取得遗产，那么他成为所继承的财产的所有权人，但并非也成为占有人。为了取得占有，他必须把遗产中的有体物置于自己的物理控制之下。实际上，最近有人主张，自家继承人（suus heres，上文边码 384）在取得遗产时自动取得占有，但这种观点不可能是正确的。这样的一种“没有通过体素和心素”的占有取得情形应该在我们的法源中留下明显的痕迹才对；然而，实际上所有相关文本都与之相反。

（二）占有意思

769. 占有意思的概念和重要性

占有意思（animus possidendi）是指“将某物置于自己的物理控制之下的意思”，而不是任何其他东西。占有不能在没有占有意思的情况下取得，但“意思”（animus）的要求实际上不那么重要，因为只有极少数情形下物理控制才可以在没有“意思”的情况下取得。

孩子们在玩耍时把一个球扔进我的花园，而我不知道；我没有占有这个球，因为我没有占有意思。

我不在时，某人把一辆车停在我的土地上，我是该土地的占有人但不是这辆车的占有人。

一个被警察追逐的扒手慌忙穿过人群并把偷来的一只手表放进我的口袋里，我没有注意到。尽管我对该手表有物理控制，但我没有占有意思，所以我不占有它。

某人在我睡觉时把一本书放在我的床上，我没有取得占有，因为我没有占有意思。

如果我们记得法律通常要求要有一项符合要求的意思，那么占有意思的要求会变得更加重要。精神病人（上文边码 344）被认为无能力取得占有，因为他的意思不被法律承认。“大儿童”（impubes infantia maior，上文边码 302）即使没有监护人的合作，也可以取得占有；这项规则可能从未被法学家讨论过，因为这样一个未适婚人有能力进行任何取得行为（参见，尤其是 Gai. 2. 83, 84）。“幼儿”（infans，上文边码 302）显然完全无能力取得占有。

（三）通过辅助人取得占有

在辅助人的帮助下的占有取得受特别规则的调整。

770. 通过权力下的人取得

1. “处于支配权下的”（in potestate）人取得的任何东西都自动归支配权（potestas）的享有人所有（上文边码 262）。这项古老的、基础性的罗马规则毫不犹豫地适用于占有。因此，支配权的享有人通过处于其权力之下的儿子或他的奴隶取得占有，而不管他是否知道取得行为（Gai. 2. 89）。然而，优士丁尼把这种占有取得方式限制在为了特有产的利益而进行的行为。

在这些情形下，占有也通过体素和心素取得，但所涉及的身体和意思是儿子和奴隶的，不是支配权的享有人的；后者的物理控制和占有意思都不要求。但一些法学家似乎说过，主人只有在占有奴隶的情况下才能通过该奴隶取得占有。

假设一个属于 M 的奴隶在善意占有人 P 的手中；一个第三人对该奴隶进行赠与。那么 M 同时取得该赠与物的占有和所有权，尽管显然他既没有物理控制也没有占有意思（Gai. 2. 92）。只有“在逃的”(in fuga)奴隶才无能力为其主人取得占有。

支配权的享有人通过其儿子或奴隶取得的占有是一种特殊的占有。占有在这里仅指“一个普通占有人的法律地位”(上文边码751)。古典法学家非常清楚这种特殊性,并偶尔强调,它是出于实践的原因而被承认的“因功利的目的承认的特殊规则”(utilitatis causa iure singulari receptum)。

771. 通过自由人的取得

2. 古典法原则上排除通过自由的代理人取得:“我们不能通过不处于我们的支配权下的人取得任何东西”(per extraneam〔liberam〕personam nobis adquiri non potest)。这句格言也适用于占有,直到公元二世纪。但在这个世纪的上半叶已经有一些法学家倾向于在代理人的情形中对这个古老的规则做出例外,他们说,“可以通过代理人为我们取得占有”(per procuratorem possessio nobis adquiri potest)。不幸的是,盖尤斯的《法学阶梯》的相关段落(Gai. 2. 95)的关键性语句无法识别,但今天几乎不能怀疑盖尤斯在陈述这项古老的格言之后继续说:“只是关于占有的问题存在疑问,即我们是否可以通过代理人为我们取得占有?”(tantum de possessione quaeritur an per procuratorem nobis adquiratur),无论如何,公元二世纪的法学家只做了一个关于代理人的例外,没有做任何其他自由代理人的例外。古典的代理人是一个自由的人(不是奴隶,但经常是解放自由人),长期受托管理本人的财产,不是那种为本人执行个别事务的单纯受托人;个别事务的代理人(除了诉讼代理人)不是古典技术性意义上的代理人。这个问题在盖尤斯时期仍有争议,但问题在二世纪中变得更清晰,并从塞普蒂米乌斯·塞维鲁开始它变成了一项既成的规则:“在不知道的情况下也可以通

过代理人取得占有”（Per procuratorem ignoranti quoque adquiritur possessio）。显然，这项规则中的占有也仅指“一个普通占有人的法律地位”（参见上文边码770），并不是法律承认的物理控制。本人通过代理人取得普通占有人的法律地位，但不必然取得物理控制；他当然可以随后取得它。在这种情况下，古典法学家也强调，这种占有仅仅“出于功利的原因被接受”（utilitatis causa recepta）。

“可以通过代理人为我们取得占有”（per procuratorem possessio nobis adquiri potest）这个新规则在古典时期没有扩展到其他任何自由代理人，显然甚至也没有扩展到未适婚人监护人或者“精神病人或浪费人保佐人”。此外，它仍严格地限定于占有。因此，如果代理人希望为本人取得略式物的所有权，后者的取得所有权的意思是需要的：“在不知道的情况下不能通过代理人取得所有权”（dominium per procuratorem ignoranti non adquiritur）。

优士丁尼的汇编者把这项古典规则扩展到所有自由代理人，也扩展到所有权的取得。因此，在优士丁尼法下，这项规则如下：“占有可以在不知情的情况下通过自由人取得，所有权也可以这样取得”（Per liberam personam possessio etiam ignoranti adquiritur et per hanc dominium）。

原始文献

s. 761. Read Paul. *Sent.* (5. 2) 1, with Beseler, *Beiträge,* iv. 64; Gai. 4. 153, last sentence (*nec ulla,* etc.); *D.* (41. 2) 3. 1, first sentence.

s. 763. Read *D.* (41. 1) 5. 1.

s. 764. Read *D.* (41. 5) 2. 1 [*Quod ... propterea*]; (41. 2) 3. 18, 19; (47. 2) 68 pr. [*nec enim ... furtum est*]; [*nec refert ... destinaverit*].

s. 765. Read *D.* (41. 1) 9. 5; (12. 1) 9. 9 [*animo ... condici*].

s. 766. Read *D.* (41. 2) 18. 2 [*mercato*]; (18. 1) 74; (41. 1) 9. 6 *<apud horreum> tradiderit;* (46. 3) 79; (41. 2) 3. 1.

s. 767. Read *D.* (41. 2) 48; *Fr. Vat.* 263 [*citra stipulationem*]; *D.* (41. 2) 19 pr. (the text does *not* say that the owner is now possessor); (41. 2) 21. 3 [*possessio ... revertitur*] *<possessionem amisisse videtur>*; *C.* (8. 53) 1, spurious.

s. 768. Read Paul. *Sent.* (2. 31) 11 ex Cod. Vesontino (N.B.); *D.* (41. 2) 23 *pr.* [*naturaliter*]; this text taken from Javolenus' *Epistulae* considers a case which was submitted to the lawyer and in which the *possessio* of the instituted heirs was at issue; obviously the text is only an abridgement of the original; (41. 2) 30. 5.

s. 769. Read *D.* (41. 2) 1. 3, heavily interpolated.

s. 770. Read Gai. 2. 89; *D.* (41. 2) 34. 2, first sentence; (41. 2) 4 [*peculiari nomine*] (a *peculium* is here quite out of the question); (41. 2) 44. 1 to *inquirere* [*ex peculii causa*]; [*ne ... inquirere*]; (41. 2) 1. 5 [*earum ... tenent*]; [*quia ... permiserimus*]; [*ex causa peculiari*]; (41. 2) 3. 12 [*peculiariter*]; (41. 1) 21.

s. 771. Compare *Inst. Iust.* (2. 9) 5 with Gai. 2. 95. Read Paul. *Sent.* (5. 2) 2; *C.* (7. 32) 8 [*et ... etiam*]; *C.* (7. 32) 1 [*liberam personam*] *<procuratorem>*; *C.* (4. 27) 1 pr. [*liberam ... subdita*]

<procuratorem>; *D.* (3. 5) 23; (41. 1) 13 [*id est proprietas*]; [*et tutor … ignorantibus*]; (41. 1) 20. 2 [*quasi*]; [*liberam personam*] *<procuratorem>,* (41. 1) 53 [*quemlibet … nobis*] *<procuratorem>.*

参考文献

ss. 761 ff. K. Olivecrona, 'The Acquisition of Possession in Roman Law', *Lunds universitets ârsskrift,* n.s. Afd. 1, vol. xxxiv. 6 (1938). The paper is based on A. Hägerström's ideas (*Der röm. Obligationsbegriff,* i, 1927).

s. 764. Jolowicz, *Digest XLVII,* 2 *De Furtis* (1940), 104.

s. 765. Schulz, *Einführung* (1916), 63 ff.

s. 766. Schulz, l.c. 66 if.; Beseler, *Beiträge,* iv (1920), 317.

s. 767. Schulz, l.c. 73 ff.; Beseler, *Juristische Miniaturen* (1929), 94; Riccobono, *Z* xxxiii (1912), 278 ff., 283; Luzzatto, 'Il constitutum possessorium', *AG* cviii (1932), 244 ff.; Buckland *RH* iv (1925) 355 Pflüger, *Zur Lehre vom Erwerbe des Eigentums* (1937), 65 ff., wrong.

s. 768. Windscheid, *Pand.* iii (1906), § 605 n. 5; Solazzi, 'Sul possesso dell' heres suus', *Bull.* xxxix (1931), Fasc, iv—vi, pp. 5 ff.; *Diritto ereditario romano,* ii (1933), 145; Kaser, *Z* lxii (1942), 31; *Eigentum und Besitz.* (1943), 242.

s. 769. Beseler, *Juristische Miniaturen* (1929), 90, 95; Riccobono, *Z* xxxi (1910), 365; Lewald, *Z* xxxiv (1913), 450; Vassalli, *Miscellanea critica,* ii (1914), 31; G. Rotondi, *Scritti,* iii.

220; G. Longo, *Bull.* xlii (1934), 469 ff.; Albertario, *Studi,* ii (1941), 233 ff.; Lauria, *St. Solazzi* (1948), 784 f.

s. 770. Beseler, *Beiträge,* iv (1920), 61 ff.; *Z* xliii (1922), 417; *SD* iii (1937), 381; *Juristische Miniaturen* (1929), 91. On *servus fugitivus* see Albertario, *I problemi possessori relativi al servus fugitivus* (1929) = *Studi,* ii. 271 ff.; Carcaterra, 'Il servus fugitivus e il possesso', *AG* cxx (1938), 158; Pringsheim, *St. Solazzi* (1948), 603 ff.

s. 771. Mitteis, *RP* i (1908), 211 ff.; Lewald, *Z* xxxiv (1913), 449 ff.; Schulz, *Einführung* (1916), 74 ff.; Beseler, *Beiträge,* iv (1920), 51 ff.; *Juristische Miniaturen* (1929), 91; Albertario, *Studi,* iii (1936), 495 ff.; Arangio-Ruiz, *Il mandato in diritto Romano* (1949), 8 ff., 49 ff.; Serrao, *Il procurator* (1947), not available; Solazzi, 'Il procurator ad litem', *Atti Napoli,* lxii (1948).

三、占有的维持和丧失

772. 占有因体素或心素而丧失

占有"通过体素和心素"(既非仅仅通过体素，也非仅仅通过心素)取得，但可以"因为体素或者心素"(aut corpore aut animo)而丧失。我们必须从这个一般规则开始，尽管我们马上就会提到例外。如果一个关键的文本(*D.* 41. 2. 8)说，占有只能"因体素和心素"(corpore et animo)丧失，那么它肯定不是古典的：要么是原来的本文被故意修改，要么是它被删减(原本仅指那些例外的情形)。

如果某人丢失一个戒指，那么他立即丧失占有，即使他没有立即发现戒指已经丢失。如果这个戒指被盗，那么小偷立即取得占有，失主立即丧失占有。这些是清楚的“仅仅因为体素”（solo corpore）而丧失占有的情形。另一方面，如果善意占有人从所有权人那里租赁某物，那么他丧失占有并变成持有人（上文边码 754），尽管所有权人（由于没有“占有改定”，参见上文边码 767）并不取得占有。此外，假设 A 的全部财产代理人（procurator omnium bonorum）是某物的所有权人和占有人，他把该物卖给 A 并希望为 A 持有它，那么该代理人不再是占有人，而 A 取得占有，因为 A 可以通过代理人取得占有（上文边码 771），甚至可以通过占有改定取得占有。这些是“仅仅因为心素”（solo animo）丧失占有的很清晰的示例。

773. 古典的解释和例外

因此，古典的占有原则上“因为体素或者心素”丧失，然而，古典法学家以一种真正的法学家式的方式来处理占有丧失的问题，他们脑子里总是想着他们的决定的法律后果。只要考虑到占有的法律效果看起来正当公平，就会认为占有仍存在（上文边码 752—753）。因此，他们对占有的维持比对占有的取得（上文边码 752 以下）要求的少得多。这样，他们达成了如下两项重要的规则。

774. 通过他人的体素维持占有

1.“我们可以通过任何一个以我们的名义占有的人来维持占有”（retinere possessionem possumus per quemlibet, qui nostro nomine sit in possessione）。即使占有不能通过任何“以我们的名义占有的人”（qui nostro nomine sit in possessione）取得，而只能通过处于我们的支配权下的人或者通过全部财产代理人取得，但占有的维持可以这样。如果一个占有人把标的物交给他的承租人、借用人或者保管人（即交给一个仅仅是持有人的人，参见上文边码

754)，那么他仍是占有人，占有通过持有人而得到维持。如果占有人把标的物作为质押物，质权人成为占有人；出质人丧失令状占有(上文边码 757)，但保留时效取得上的占有(上文边码 753)。

775. 通过心素维持占有　2. 尽管不能“仅因为心素”取得占有，但“我们可以仅通过心素维持占有”(retinere possessionem possumus solo animo)。这项规则的古典含义如下：

(1) 只要占有人有“返回的意思”(animus revertendi)，即便他不接近标的物，他也可以继续占有。临界的情形是“saltus aestivus”或“saltus hibernus”，即仅在夏天或冬天使用的土地。根据古典的理论，夏季土地(saltus aestivus)的占有人在冬季仍继续占有，冬季土地(saltus hibernus)的占有人在夏季仍继续占有；占有仅依靠心素维持。显然，在不那么极端的情形下，占有也能维持，也就是说，土地常年都使用，但占有人并不是一直在该土地附近。如果在夏季土地或冬季土地的情形下保留占有，而在后一种情形下不保留，则是荒谬的。

假设一个农民有一块土地离他的住处非常远，那么在他离开这块土地的时候他仍保持着占有。如果他把他的犁留在该土地上，那么他不在时他仍保持着对这个犁的占有。在承认夏季土地在冬季的占有之后，不承认这些情形下的占有持续存在则是荒谬的。

(2) A 通过一个奴隶或者佃户占有土地；后来奴隶或佃户死亡或者变得精神失常。那么奴隶的主人或者出租人仍暂时依靠心素维持占有。法源明确地说，这个占有的维持是“出于功利的原因”被承认的，即出于实践的目的被承认。

(3) 在逃奴隶是一个特殊的情形。这样一个奴隶仍“处于所有权下”，但涉及损害投偿诉讼时，他不“处于支配权下”。此外，他仍处于其主人的占有中，但这只是一种取得时效上的占有。如果他拿走了主人的物，那么后者仍然保留对该物的取得时效上的占有。在逃奴隶通过要式口约或要式买卖取得任何东西都自动归其主人所有，但由该奴隶取得的占有并不归其主人。因此，通过交付转移给该奴隶的某个略式物的所有权也不归其主人所有。然而，汇编者取消了这个禁止性的规则。

776. 后古典通过心素维持占有的情形

后古典法增加了两种通过心素维持占有（animo retinere possessionem）的情形。

（1）某人通过一个奴隶或一个佃户占有土地；后来该奴隶或佃户离开土地并且没有“返回的意思”。占有人仍保持占有，而在古典法下他会丧失占有。

（2）如果一个占有人仅依靠心素占有土地，而另一个人突然控制这块土地，那么前者只有在知道有人干扰并试图拿回土地无果时，才会丧失占有。在古典法下，如果另一个人占有了标的物，那么原来的占有总是会丧失。

原始文献

s. 772. Read *D.* (41. 2) 21. 3 [*possessio ... revertitur*] <*possessionem amisisse videtur*>; (41. 2) 18 pr., interpolated.

s. 773. Read *D.* (41. 3) 31. 3 [*peculiari ... nomine*]; (41. 3) 4. 3; (41. 2) 27.

s. 774. Read Gai. 4. 153; *D.* (41. 3) 16 [*adeo ... dedit*].

s. 775. 2*a.* Read Paul. *Sent.* 5. 2. 1 (with Beseler, *Beiträge,* iv.

64); Gai. 4. 153; *D.* (41. 2) 3. 11; (41. 2) 27; (43. 16) 1. 25 (genuine).

s. 775. 2*b*. Read *D.* (41. 2) 25. 1; 40. 1, first sentence.

s. 775. 2*c*. Read *D.* (41. 2) 1. 14 [*licet ... usucapi*], substantially classical; <*non*> *adquiri*; (47. 8) 2. 25 <*non*> *sunt*; <*non*> *possum*; *Fr. Vat.* 89, cf. *D.* (7. 1) 12. 3; Paul. *Sent.* (2. 31) 37; *D.* (47. 2) 17. 3.

s. 776*a*. Read *D.* (41. 2) 31, genuine; (41. 2) 40. 1 vv. *aliud... discesserit* (classical); (41. 2) 3. 8 vv. *quod si ... possessionem,* non-classical; (41. 4) 7 pr., non-classical decision; (4. 3) 31 [*non*] *amittitur.*

s. 776*b*. Read *D.* (41. 2) 46, entirely spurious; (41. 2) 25. 2, interpolated.

参考文献

s.772. On *D.* (41. 2) 8 see *Index Interpol.*; on *D.* (41. 2) 21. 3 see Schulz, *Einführung* (1916), 78; on *D.* (41. 2) 18 pr. see Schulz, l.c.; Beseler, *Juristische Miniaturen* (1929), 95.

s. 775. G. Rotondi, 'Possessio quae animo retinetur', *Bull.* xxx (1921). 1 ff. = *Scritti,* iii. 94 ff.; Albertario, '*D.* (41.2) 8 e la perdita del possesso nella dottrina giustinianea', *Annali Macerata,* v (1929) = *RH* x (1931), 1 ff. = *Studi,* ii. 245; Beseler, *Beiträge,* iv (1920), 70 ff.; *Juristische Miniaturen* (1929), 91; Rabel, *St. Riccobono,* iv (1936), 203 ff. On *servus fugitivus* see above s. 770, bibliography.

s. 776. Beseler, *Beiträge,* iv (1920), 70 ff.; Albertario, ll. cc.

四、占有令状

776a. 概念和类型

在共和国法和古典法下，占有不是受诉讼保护而是受令状保护。我们在前面已经一般性地论述过令状（上文边码 106 以下），在这里我们仅关注所谓的占有令状。古典法学家不知道占有令状（interdicta possessoria）这个术语（或类似的表述）。然而，我们将用它来指称那些用来保护占有免受侵犯的令状。在古典法下，有四种占有令状：(1) 武装暴力令状；(2) 非武装的暴力令状；(3) 现状占有令状；(4) 哪一方令状。

777. 占有审判和本权审判

我们晚一点将继续描述这些令状（下文边码 779 以下）。现在我们只希望强调它们的共同特征。占有人不管是否有占有的权利都可以使用它们，并且它们可以被用来针对任何侵害他人占有的人，同样不管他是否有占有的权利。假设一个小偷把偷来的东西出售并交给一个善意买受人 P。后来该物的所有权人 O 发现该物在 P 的手里，并通过自助夺走该物。P 可以用“哪一方令状”来起诉 O，因为 O 侵害了 P 的占有，而 O 不能通过主张并证明其所有权来进行抗辩。对于这项抗辩，裁判官会这样回答：“先弥补你对和平的破坏，然后我们再来讨论你的权利。我拒绝与一个和平破坏者讨论权利”。因此，O 必须把该物返还给 P；然后，他可以通过所有物返还之诉起诉 P。占有审判和本权审判是严格分开的。

778. 非占有令状

与占有令状相对比，考虑以下我们之前提到过的令状。

1. 萨尔维安令状可由出租人用来针对因租金用“带来物品”抵押的佃农（上文边码 749）。这显然不是占有令状，其目的不是保护占有，出租人不是“带来物品”的占有人。佃农当然可以抗辩说他从未用“带来物品”来担保或者他已经按时支付了租金，也就是说，他可以通过援用他可以保留该物的权利来抗辩。

2. 遗产占有令状也不是占有令状。他可以由取得遗产占有的人使用（上文边码 537），但遗产占有不是“物的占有”，而且该令状像萨尔维安令状一样是一项占有取得令状。当然，如果遗产占有是“不可胜诉的”（上文边码 378），而被告是市民法上的继承人，那么后者似乎不能通过主张自己是继承人来抗辩。然而，这项令状不是占有令状，因为它的目的不是保护“物的占有”。

3. 出于同样的原因，容假占有令状（上文边码 753）也不能被归为占有令状，被告甚至可以通过主张他是标的物的所有权人来抗辩。

现在让我们来考查占有令状的细节：

（一）武装暴力令状

779. 武装暴力令状

这项令状可以由土地占有人用来对抗在有武装的人的帮助下驱逐他的人。它是一项占有恢复令状（interdictum recuperandae possenssionis），一项返还性令状（interdictum restitutorium）（上文边码 113）。

1. 在哈德良的告示中，该令状的程式如下：

“让原告回到你通过武力驱逐他的地方，并返还原告在那个地方所拥有的物。”

（Unde tu illum vi hominibus coactis armatisve deiecisti aut familia tua deiecit, eo illum quaeque ille tunc ibi habuit restituas.）

2. 在裁判官宣布这项令状后，被告可以要求一项仲裁程式（formula arbitraria，上文边码 109）。我们对这项程式的用语一无所知，可能是这样的：

> “鉴于努梅里乌斯·内格底乌斯通过有武装的人暴力地从这块系争的科尔内利安土地上驱逐了奥鲁斯·阿格里乌斯，如果届时没有返还，该物的价值将是多少，就判罚努梅里乌斯·内格底乌斯向奥鲁斯·阿格里乌斯支付多少钱，如不能证明则开释。”
>
> （Quod Numerius Negidius Aulum Agerium vi hominibus coactis armatisve de fundo Corneliano, quo de agitur, deiecit, nisi restituetur, quanti ea res erit, tantam pecuniam Numerium Negidium Aulo Agerio condemnato, si non paret absolvito.）

带着这个程式或类似的程式，当事人出现在审判员面前，通常的“在审判员面前的”程序开始进行，这不需要进一步的描述（上文边码 32 以下）。

3. 如果被告没有及时要求仲裁程式，那么就要做出要式口约和反要式口约（上文边码 110）。原告向被告提问：

> “你庄重地允诺，如果你违反裁判官的告示没有进行返还，就要向我支付这么多钱吗？”（Si contra edictum praetoris non

restituisti, tot nummos mihi dare spondes？）

被告回答说：我庄重地允诺（Spondeo）。

然后轮到被告向原告提问（反要式口约）：

“你庄重地允诺，如果我根据裁判官告示进行了返还，你就向我支付这么多钱吗？”

（Si ex edicto praetoris restitui, tot nummos mihi dare spondes？）

原告回答说：我庄重地允诺（Spondeo）。

反要式口约的古老用语“如果我根据裁判官告示进行了返还”（si ex edicto praetoris restitui）被认为也包含被告实际上不返还土地，但实际上根据告示没有义务这么做的情形（例如，如果他没有驱逐原告）。

4. 此时，为这两个要式口约起草好程式；原告的程式要加上一个追随审判（secutorium iudicium）。原告的程式可能如下：

“如能证明努梅里乌斯·内格底乌斯应向奥鲁斯·阿格里乌斯支付这么多钱，就判罚努梅里乌斯·内格底乌斯向奥鲁斯·阿格里乌斯支付这么多钱，如不能证明则开释。”

（Si paret Numerium Negidium Aulo Agerio tot nummos dare oportere, tantam pecuniam Numerium Negidium Aulo Agerio condemnatio, si non paret absolvito.）

“并且，如果奥鲁斯·阿格里乌斯在这个庄重允诺当中赢了努梅里乌斯·内格底乌斯，而该土地届时没有被返还，那么该物的价值将是多少，就判罚……多少钱……”

（Et si Aulus Agerius Numerium Negidium sponsione vicerit neque is fundus restituetur, quanti ea res erit, tantam pecuniam, ect.）

被告的反要式口约的程式可能如下：

“如能证明奥鲁斯·阿格里乌斯应向努梅里乌斯·内格底乌斯支付这么多钱，就判罚……这么多钱……”

（Si paret Aulm Agerium Numerio Negidio tot nummos dare oportere, tantam pecuniam, etc.）

5. 此时，当事人离开裁判官并带着程式出现在审判员面前。

如果审判员发现原告是正确的，他会判罚被告支付庄重允诺中允诺的数额，并且（根据追随审判）如果被告拒绝返还土地则进一步判罚他支付物的价值。关于反要式口约，他会开释原告。

如果审判员发现被告是正确的，他会判罚原告支付庄重允诺中允诺的金额，并在庄重允诺和追随审判上开释被告。

6. 被告不能通过主张并证明自己是所有权人或有权基于某种理由驱逐原告进行辩护。只有原告之前曾通过“武装暴力”（vis armata）驱逐了被告，他才可以要求在令状的程式中（注意）加入一项抗辩。

(二)非武装的暴力令状

780. 非武装的暴力令状 这项令状可以由占有人用来对抗暴力驱逐他的人；它是一项占有恢复令状，一项返还性令状(上文边码 113d)。

1. 在哈德良的告示中，这个令状是这么写的：

“让原告回到在这一年内你通过武力驱逐他的地方，并返还原告在那个地方所拥有的物，如果原告没有通过暴力、欺瞒或者容假占有从你那里取得占有的话。”

(Unde in hoc anno tu illum vi deiecisti aut familia tua deiecit, cum ille possideret, quod nec vi nec clam nec precario a te possideret, eo illum quaeque ille tunc ibi habuit restituas.)

这个令状在两个重要方面与武装暴力令状不同：

(1) 它只在从“驱逐”(deiectio)开始起算的一年内可用。在这一年时间过去之后，裁判官会赋予一项事实诉讼，但不再赋予该令状。

(2) 这个令状包含一个“瑕疵占有抗辩”(exceptio vitiosae possessionis)。如果原告通过暴力、欺瞒或容假占有(上文边码 753. 2)从被告那里取得占有，那么他的占有就被称为“瑕疵占有”(possessio vitiosa)。

假设 A 是一块土地的占有人，B 用暴力驱逐他，后来 B 被 C 驱逐，现在 B 用暴力令状(interdictum unde vi)起诉 C。尽管 B 通过暴力取得占有，但不是“瑕疵占有”，因为 B 并不是通过暴力从 C(注意)取得占有。

2. 在其他方面，非武装的暴力令状适用于武装暴力令状同样的规则。

（三）现状占有令状

这是一个非常复杂的救济，像暴力令状那样，它仅限于不动产，但在其他方面与它们非常不同。781. 现状占有令状

1. 让我们从哈德良的告示当中提供的该令状的程式开始：

> “我禁止使用暴力去阻止你们当中现在无瑕疵地（非通过暴力、非秘密窃取、非通过容假占有从另一方取得占有）占有系争建筑物的人像他现在这样去占有。”
>
> （Uti nunc eas aedes, quibus de agitur, nec vi nec clam nec precario alter ab altero possidetis, quo minus ita possideatis, vim fieri veto.）

2. 根据其形式，该令状是一项禁止性令状，一项占有维持令状。然而，它有时候也会被用作回复已丧失的占有的救济，就像我们马上将要指出的那样，具有一种所谓的“恢复”（recuperative）功能。学生们应牢牢记住，不能被古典术语误导。

3. 该令状是一个双重令状（interdictum duplex），因为这个令状是裁判官对双方当事人做出的；因此，每一方当事人都同时担任（并且有义务同时担任）原告和被告。每一方当事人都有义务主张自己现在正在占有，即使实际上只有其中一位在占有。

4. 在提出了这项形式上的主张之后，裁判官宣布前述同时向双方做出的令状。

5. 此时，每一方当事人都做出一个“象征性的侵犯争议土地的行为”（vis ex conventu），然后回到裁判官面前。

6. 此时，该土地的占有被临时授予其中一名当事人，但我们将不详述程序的这个部分。

7. 此时，做出庄重允诺。在暴力令状当中只要求一个庄重允诺和一个反要式口约（因此总共有两个要式口约），而在现状占有令状当中，由于它是一种双重令状，所以要做出两个庄重允诺和两个反要式口约（因此总共四个要式口约）：

A 的庄重允诺：

A 问 B：

“如果你违反裁判官的告示对我使用了暴力，而我对标的物的占有并不是通过暴力、秘密窃取、容假占有从你那里获得的，你庄重地允诺向我支付这么多钱吗？”（Si adversus edictum praetoris possidenti mihi a te nec vi nec clam nec precario vis facta est, tot nummos mihi dare spondes？）

B 回答说：我庄重地允诺（Spondeo）。

B 的反要式口约：

B 问 A：

“如果我没有违反裁判官的告示对非通过暴力、秘密窃取、容假占有从我这里取得对标的物的占有的你使用暴力，你庄重地允诺向我支付这么多钱吗？”（Si adversus edictum praetoris possidenti tibi a me nec vi nec clam nec precario vis facta non est, tot nummos mihi dare spondes？)

A 回答说：我庄重地允诺(Spondeo)。

B 的庄重允诺：

B 问 A：

"如果你违反裁判官的告示对我使用了暴力，而我对标的物的占有并不是通过暴力、秘密窃取、容假占有从你那里获得的，你庄重地允诺向我支付这么多钱吗？"(Si adversus edictum praetoris possidenti mihi a te nec vi nec clam nec precario vis facta est, tot nummos mihi dare spondes？)

A 回答说：我庄重地允诺(Spondeo)。

A 的反要式口约：

A 问 B：

"如果我没有违反裁判官的告示对非通过暴力、秘密窃取、容假占有从我这里取得对标的物的占有的你使用暴力，你庄重地允诺向我支付这么多钱吗？"(Si adversus edictum praetoris possidenti tibi a me nec vi nec clam nec precario vis facta non est, tot nummos mihi dare spondes？)

B 回答说：我庄重地允诺(Spondeo)。

8. 此时，为这四个要式口约起草四个程式，此外还有一个追随审判的程式（上文边码 779）针对取得系争土地临时占有的那一方当事人。

9. 当事人此时带着这些程式出现在审判员面前，他根据案件的审理结果判罚一方，并开释另一方。

10. 让我们通过考查两个案例来展示整个程序。

（1）A 是一片土地的占有人，B 妨碍了他的占有。双方来到裁判官面前并提出他们的主张；令状被颁布，象征性的暴力行为被履行，临时占有被赋予 B。此时庄重允诺已经被做出，当事人带着他们的程式来到审判员面前。让我们假设，审判员得出的结论是 A 是正确的，那么他根据 A 的庄重允诺和反要式口约判罚 B 支付他所允诺的金额，并在 B 的反要式口约和庄重允诺上开释 A。如果 B 拒绝返还土地（这是他临时取得的），他会进一步判罚他支付其“价值”（quanti ea res erit）。在这种情况下，该令状起到一项占有维持的救济功能。因为 B 要么返还该土地给 A（在这种情况下，A 重新获得在整个程序开始时他所享有的占有，并且还获得对方在他的庄重允诺和反要式口约中允诺的钱），要么拒绝返还土地（在这种情况下，A 获得该土地的价值外加对方在他的庄重允诺和反要式口约中允诺的钱）。

（2）现在考虑另外一个案例。A 是一块土地的占有人，被 B 驱逐。现在 A 用现状占有令状起诉 B。整个程序就像我们刚描述的那样。最后，在审判员面前进行的程序中，审判员得出的结论是 A 是正确的。然后，他按照跟前面那个案例一样的方式判罚 B，开释 A。因此，在案例（2）中，现状占有令状具有“恢复”的功能，它的作用就像一个“占有恢复令状”，尽管古典法学家将其描述为一项“占有维持令状”，这显然是个不准确的称呼。这个说法可能会使读者感到迷惑。读者可能会反对说，在(2)中，暴力令状才是正确的救济。这是非常正确的，并且只要可以利用暴力令状，原告就几乎不会使用现状占有令状，因为后者会涉及一个更大的风险，即如果他败诉，那么他必须根据被告的反要式口约和庄重允诺支付双倍的罚金，而暴力令状不是双重令状。但假设B在A不在时(“秘密地”)占有了土地，那么根本不存在暴力令状。现状占有令状在其“恢复”功能上是A唯一可用的占有救济。

782. 哪一方令状

(四)“哪一方令状”

这个令状仅涉及动产，哈德良的告示中确定的程式如下：

> 你们当中的哪一方，这个系争的奴隶在这一年内由他无瑕疵地占有(非通过暴力、秘密窃取或容假占有从另一方取得占有)的时间更多，我禁止使用暴力阻止他带走这个奴隶。
>
> (Utrubi hic homo, quo de agitur, maiore parte huiusce anni nec vi nec clam nec precario ab altero fuit, quo minus is eum ducat, vim fieri veto.)

根据其表述，这是一个禁止性令状。古典法学家进一步将其描述为一种占有维持令状，尽管通常它实际上是一种用于恢复已丧失的占有的救济，因为在这个程序中获胜的一方总是在之前一年内无过错地占有该物的时间更长的人，一年的期限是从该令状颁布时往后回溯计算的。该令状的“恢复”功能是显著的，因为对动产占有的单纯的妨碍是很难想象的。

假设A从12月1日到下一年的4月1日占有某物。在这一天，该物被盗，后来被卖给一个善意购买人B。后者从10月1日到11月20日占有该物；在最后这个日期，A来到B处并通过暴力夺走该物。在12月1日，B用"哪一方令状"起诉A。A获胜，因为他在之前一年内无过错地占有该物4个月(从12与1日到4月1日)，而B只占有1个月19天。在这种情形下，该令状起到"占有维持"的救济作用。

另一方面，假设A是一个动产从12月1日到4月1日的占有人。该物在4月1日被盗，并最终在10月1日被卖给善意购买人B。后来A发现该物在B的手里，并在12月1日用"哪一方令状"起诉他。A获胜。在这种情况下该令状具有"恢复"功能。

648 在计算期限时，每一方当事人都可以利用他的前手的无过错占有，例如，利用将该物出售给他的人的无过错占有。这是古典的"时间添附"(accessio temporis)，它促使优士丁尼的汇编者在"时效取得"中承认"时间添附"(上文边码627)。

最后，"哪一方令状"像现状占有令状一样是一个双重令状。庄重允诺和程式的做出类似于现状占有令状。

783. 占有令状的一般特征

就像我们前面已经说过的那样(上文边码777)，占有审判和本权审判是严格分离的，因为占有的权利不是占有程序中需要考虑的问题。这个分离是古典占有令状的一个明显的特征，并使得它们成为一种快速的救济方式：显然，通过占有审判获得判决的时间比本权审判短得多，因为在本权审判当中，占有的权利是一个需要处理的争议问题。因此，有时候在令状程序之后会发生一个本权审判。

在令状程序中获胜的一方在本权审判中会占据更有利的法律地位，因为作为占有人他没有义务去证明他有占有的权利：众所周知的短语“有钱人”（beati possidentes〔幸福的占有人〕）原先具有一种纯粹的法律含义。然而，把占有令状描述为一种为本权审判做准备的预备程序则是错误的，盖尤斯的《法学阶梯》（Gai. 4. 148）当中的这项误导性的说明可能是经过篡改的。有时候当事人会对令状程序的结果保持沉默，有时候令状是唯一的救济。如果一个质押权人丧失对质物的占有，在塞尔维亚纳之诉还不存在时，他只享有令状（上文边码 706a）；容假占有的接受方和系争物保管人（sequester）也不享有令状以外的救济。可疑的 Gai. 4. 148 文本完全忽略这些情形。在古典时期，占有令状的主要目标是保护占有不受侵犯，并因此维护和平。对于这个目标，它们是非常有效的救济方式，尤其是因为占有的权利的问题完全被排除在外。其惩罚性特征也是明显的，因为庄重允诺是“惩罚性的庄重允诺”而不是“预备审性质的”，就像 Gai. 4. 94, 141 明确所说的那样。

后古典时期废除了古老的古典程序，并把令状改成了诉讼。优士丁尼的汇编者融合了两种暴力令状，完全取消了“哪一方令状”，并把现状占有令状扩展适用于动产；现状占有令状的“恢复”功能似乎甚至在前优士丁尼时期就被忘记了。因此，在优士丁尼法下，只有两种占有令状：暴力令状和现状占有令状，后者无“恢复”功能。汇编者似乎已经忽略了这个事实：此时已经没有可用于恢复对一个动产的占有的占有救济。中世纪的“掠夺之诉”（actio spolii）填补了这个空白，但基于一个完全不同的基础。后古典和中世纪的发展的细节不在本书的范围之内。 784. 后古典法

原始文献

s. 778. Read Gai. 4. 144, 147.

ss. 779, 780. Read Gai. 4. 154, 155 [*nam ... possessionem*]; Beseler, *Z* xlvii (1937), 359. On *scuta et gladio* ssee Cic. *pro Caec.* 15. 43; 21. 60; 22. 62; 23. 64 (apparently overlooked by Beseler, l.c.).

s. 781. Read Gai. 4. 148 [*solet ... gratia*]; 4. 149, 150; 4. 160 [*nec quisquam ... loquitur*] (Beseler, *Z* lvii (1937), 25; lxvi (1948), 342); 4. 166-8.

s. 782. Read Gai. 4. 148, 151, 152; Paul. *Sent.* (5. 6) 1.

s. 783. Read Gai. 4. 148 [*solet ... gratia*].

8. 784. Read *Inst. Iust.* (4. 15) 4. 4*a*, 6. 8; *D.* (43. 31) 1; Paul. *Sent.* (5. 6) 1; observe Paul. *Sent.: is potior est, qui redditi interdicti tempore ... possidet* in contrast to Gai. 4. 150: *eum potiorem esse praetor iubet,* etc. Gaius refers only to the wording of the interdict and does not exclude its recuperative function.

参考文献

ss. 776*a* ff. Berger, art. ‘interdictum’, *PW* ix. 1609 ff., with references, particularly col. 1706; Windscheid, *Pand.* i (1906), §§ 158 ff., with references; Bonfante, *Corso,* iii (1933), 348 ff.

s. 779. Lenel, *Edict.* (1927), p. 467; Berger, l.c. 1680, 1692 ff.; v. Bethmann-Hollweg, *Der Civilprozess des gemeinen Rechts,* ii

(1865), 365 ff.

s. 780. Lenel, l.c. pp. 461 ff.; Berger, l.c. 1677 ff.

s. 781. Lenel, l.c. § 247; Berger, l.c. 1682, 1695 ff.; v. Bethmann-Hollweg, l.c. 372 ff.; P. Krüger, *Kritische Versuche* (1870), 78 ff., 93 ff.; Ciapessoni, 'Appunti sul testo edittale degli interdetti "uti possidetis" e "utrubi",' *St. Albertoni,* ii (1934), 15 ff.; Beseler, *Z* lxvi (1948), 342. On the recuperative function of the *interdictum uti possidetis* see in particular Windscheid, l.c. § 159 n. 10; Siber, *Röm. Privatrecht* (1928), 149, 151.

s. 782. Lenel, l.c. § 264; Berger, l.c. 1684; E. Fränkel, *Z* liv (1934), 312 (rightly against Lenel); Ciapessoni, l.c. 103 ff.; Beseler, *Z* lxvi (1948), 342.

s. 783. Beseler, *Z* xliii (1922), 421 ff.; *Juristische Miniaturen* (1929), 96 ff. (not acceptable).

s. 784. See above, ss. 112, 113; Windscheid, l.c. §§ 162, 162*a*; Ruffini, *L'actio spolii* (1889); E. Levy, 'Possessory Remedies in Roman Vulgar Law', *Scritti Ferrini,* iii (1948), 109 ff.

第五部分

债法

导　论

拉丁单词“obligare”是相对较老的（我们发现它像普劳图斯 785. obligare 和 obligatio
的喜剧一样老），它的含义是“捆绑”，这个词既被按照字面意思使用（obligare tabellam〔捆绑板片〕，Plautus, *Bacch*. 748），也被隐喻地使用。在法律语言中，它在两种关系中被使用：“obligare rem”＝使某物受到约束、把某物作为担保物（质押或抵押）提供，以及“obligare personam”＝让某人负担一项义务。“obligare”在古典时期和后古典时期仍在这两种意义上被使用。相对于动词“obligare”，名词“obligatio”出现得比较晚：它在共和国末期还未流行。普劳图斯的戏剧中完全没有它，在西塞罗的大量著作中只出现过一次（*epist. ad Brutum*, 1. 18. 3）；“obligare”和“obligatio”都没有出现在恺撒、维吉尔、塔西佗和阿普列乌斯（Apuleius）的著作中。这些统计无论如何都是非常重要的，我们肯定不能反对说，名词“obligatio”肯定不会起源很晚，因为动词“obligare”在很早的时候就出现了。拉丁语是不大愿意承认名词的：“contractus”也是很晚才出现（下文边码 799），尽管“contrahere”已经被普劳图斯使用。动词“adstringere”被古典法学家使用，但名词“adstrictio”就没有。在古典时期，“obligatio”是一个众所周知的法律术语，像“obligare”一样在与物和人相联系时使用（obligatio rei，obligatio

personae）。我们在这里仅关心“obligatio personae”（人的债）和“obligare personam”（使人负债）；我们希望查清这些术语在古典私法领域的技术含义。

786. 不存在 obligatio 的古典定义

首先，我们必须强调，古典法学家从来没有尝试过定义“obligatio”。我们在我们的法源中找到的两个世界著名的定义（*D.* 44. 7. 3 pr.; *I.* 3. 13 pr.）都起源于后古典时期。从这个事实我们可以得出结论：并不存在一个古典的定义，因为如果它存在的话，汇编者肯定非常高兴地把它插入到他们的汇编中去。这与古典法学家的一般态度相一致；他们厌恶对基本概念进行定义，就好像是不存在（例如）“actio”（诉讼）和“legatum”（遗赠）的定义，所以也不存在“obligatio”（债）的定义。因此，我们必须努力去通过检查古典法学家的用法来发现“obligatio”（债）的含义。

787. obligatio（债）的古典概念

当在私法领域使用时，主流的古典理论把“obligatio（personae）”和“obligare（personam）”这两个术语限定于市民法。“obligatio”（债）是两个人之间的法律约束，意味着一个人对另一个人的一项义务，得到市民法的承认，并通过一项对人诉讼（上文边码 56）来强制执行。让我们来解释这个定义的含义。

1. “obligatio”（债）是一个仅限于市民法的概念，就像“dominium”（所有权）、“heres”（继承人）和“hereditas”（遗产）。不存在“obligatio honoraria”（荣誉法上的债）这样的东西，就像更不存在“dominium honorarium（preatorium）”（荣誉法所有权）或者“heres honorarius（praetorius）”（荣誉法继承人）。如果一个人“在荣誉法上”有义务去做某事，“obligatio”和“obligare”这两个术语就会被避免使用；古典法学家在这种情况下会说，“actione tenetur”

（例如“actione de dolo tenetur”〔对欺诈之诉负责〕），或者他们会使用“debere”（有义务）或“adstringere”（受约束）这两个术语，它们包含任何类型的义务。告示（在我们可以看到的范围内）也避免使用“obligatio”和“obligare”，法学家也因此将这两个术语限制于市民法。

2. 如果一项义务仅仅在非常诉讼程序中（上文边码 20）有强制性，那么“obligatio”和“obligare”这两个术语也会被避免使用，因为只有可通过对人诉讼强制执行的义务才会被称为“obligatio”。因此，如果一项遗产信托被强加于一个继承人身上，后者有义务为遗产信托受益人的利益而履行某事，但这种义务不被称为“obligatio”，因为“遗产信托诉求”（persecutio fideicommissi）不是一项“诉讼”（actio，上文边码 41）。法学家可能会说“继承人有义务把遗产返还给遗产信托受益人”（Paul. *Sent*. 4. 3. 2），但这并不意味着一项古典意义上的“obligatio”。

3. 由一项对物权引起的并且可以通过对物诉讼（actio in rem，上文边码 56）强制执行的义务不被称为“obligationes”。因此，所有权人可以通过所有物返还之诉要求返还某物，其请求中包含孳息和损害赔偿，当法学家在描述这些规则时会说“有义务返还物、孳息”（rem，fructus restituere debet）或者“有义务返还它”（restituere eum oportet），但避免使用“obligatio”和“obligare”这两个术语。

这是简单的古典“obligatio”的概念。

788. 后古典的概念

这个问题像其他问题那样，后古典时期尝试把市民法和荣誉法融合在一起。“obligatio honoraria”（荣誉法上的债）此时不再被视为一个术语上的矛盾，只要存在一项裁判官的对人诉讼，法学家就毫无顾虑地使用“obligatio”这个术语。此外，由于古典时期关于普通诉讼程序和非常诉讼程序的区分不再存在，在古典时期只能通过非常诉讼程序强制执行的义务此时也被称为“obligationes”。这个新的“obligatio”概念通过注释和篡改的方式进入古典文本，使得这个古典术语变得模糊。

789. 盖尤斯的概念　这个融合的过程虽然在后古典时期完成，但其尝试性开端在古典时期就已经可以看到了，盖尤斯再一次因为他对后古典发展的预期而引人注目。

在关于侵权之债（obligationes ex delicto；Gai. 3. 182 ff.）这部分，盖尤斯讲述了盗窃诉讼、暴力抢劫财产之诉、阿奎利亚法诉讼和侵辱之诉。此时，现行盗窃之诉、暴力抢劫财产之诉和侵辱之诉像阿奎利亚法扩用诉讼一样都是荣誉法诉讼；然而他却称它们为“obligationes”。他没有走得更远，用这个术语去包括像欺诈之诉（actio de dolo）或胁迫之诉（actio metus causa）这样的其他裁判官惩罚诉讼，而是仅限于那些与市民法紧密联系的诉讼。现行盗窃已经受《十二表法》的惩罚，尽管其惩罚不像裁判官法下那样是一笔罚金。强盗（raptor）是一种窃贼（fur；fur improbior〔更恶的窃贼〕）。阿奎利亚法扩用诉讼当然与该“法”（lex）紧密联系。至于侵辱，《十二表法》的规定是裁判官制定的关于侵辱的规则的历史基础。尽管盖尤斯原则上将其《法学阶梯》限定于市民法，但只要适合于其目的，他就会关注荣誉法。就好像他会在关于继承法的论述中描述遗产占有，他也在侵权之债部分讨论这些裁判官惩罚诉讼。他不能在不提到裁判官的现行盗窃之诉的情况下正确地论述盗窃；在论述《阿奎利亚法》时，他不能不管扩用诉讼，而当他希望解释《十二表法》关于侵辱的规则时，他不能忽略告示的规则。这使得他把“obligatio”这个术语用在所有由盗窃、不法损害和侵辱引起的债上，而不考虑它们是通过市民法诉讼还是通过荣誉法诉讼强制执行的。盖尤斯可能是这个比较模糊的“obligatio”新概念的发明人，这个概念可能在古典时期没有被遵从，就好像他的“双重所有权”（duplex dominium）观念（市民法所有权、荣誉法所有权，参见上文边码 655），也被其他法学家忽视。“iniuriarum obligationes”（侵辱之债）在《罗马法学词汇》（*Vocabularium Iurisprudentiae Romanae*，iii. 748, 749）当中只出现一次，是在 *D*. 4. 5. 7. 1 这个唯一的文本当中，肯定是伪造的；“iniuriarum obligari”从未出现过。可能盖尤斯把因遗产信托引起的义务称为“obligatio”（Gai. 2. 184: “我们通过信托让其负有债务”〔per fideicommissum obligemus〕；Gai. 2. 277: “使其继承人负有根据遗产信托进行返还的债务”〔heredem suum obligatum reliquit de fideicommisso restituendo〕），但是这两个段落当中的第二个肯定是经过篡改的，而在第一个段落中的“obligemus”（我们……使其负有……债务）可能取代了原先的“rogemus”（我们……请求）。无论如何，根据古典法学家的主流用法，遗产信托导致的义务不被称为“obligatio”。

790. 原始资料和方法

自从佩罗奇（Perozzi）的《罗马的债》（*Le obligazione romane*, 1903）出版之后，古典的“obligatio”的概念就开始被激烈地讨论，但总体而言，这些文献缺乏方法。就像已经说过的那样，现有的文本是经过篡改的，而且这些篡改可以通过轻微改变古典文本的方式达成，例如，一个论述裁判官的“经理之诉”（actio institoria）的古典文本说“所有权人对整体负责”（in solidum dominus tenetur；

D. 14. 3. 5. 1)，后古典的作者或编辑者只需要用“obligatur”替代“tenetur”就可以了——Paul. *Sent*. 2. 6. 1：in solidum dominus obligatur。这样的篡改没有留下进一步的痕迹，出于这个原因，有时候不可能去证明一个文本被篡改过，尤其是在单独考察它，而没有注意其他文本时；所有现存资料都必须要被考虑到，从一般印象得出的结论是由它们提供的。

1. 这是一个事实：古典法学家说“furti obligare”（*Voc. Iur. Rom*. ii. 979. 26 ff.；furti obligatio 仅出现在 *D*. 27. 3. 1. 22, itp. 当中），但从来不说“doli obligare”或者“ob dolum obligare”和“propter dolum obligare”（*Voc. Iur. Rom*. ii. 324 ff.; iv. 374）。同样，他们从来不说“iniuriarum obligare”（*Voc. Iur. Rom*. iii. 749 ff.）；“inriuriarum obligatio”只在一个经过篡改的文本当中出现过一次，就像已经指出的那样。盖尤斯单独说过，“如果某人犯下侵辱，则产生侵权之债”（obligatio ex delicto nascitur si quis iniuriam commiserit）；这肯定是一个特殊的盖尤斯用法。

2. 这也是一个事实：古典法学家不把因遗产信托引起的义务称为“obligatio”。在《罗马法学词汇》的范围内，“obligare”在与遗产信托有关联时（除了盖尤斯的《法学阶梯》之外）仅仅在四个段落中（*D*. 36. 1. 78; *D*. 35. 2. 32. 4; *D*. 36. 1. 18; *D*. 34. 5. 7）出现。它们全都是经过篡改的。如果 Gai. 2. 184, 277 是真的，那么我们又面对着一个特殊的盖尤斯用法。

3. 有时候篡改是明显的，就像我们刚引用过的关于遗产信托的文本那样。另一个很好的例子是 *D*. (46. 4) 8. 4。这个文本处理的是“增加诉讼”，它是一种荣誉法诉讼。乌尔比安正确地说，“儿子不会使得父亲负债”（filius patrem non obligat），但汇编者写道，“不会在市民法上负债”（civiliter non obligat），因为他们把“增加诉讼”视为一种荣誉法上的债，就像他们在几行之后明确所说的那样：“如果是针对所有权人的，则是荣誉法上的债”（honorariae obligationes si quae sunt adversus dominum）。显然，“obligationes”（债）替代了原先的“actiones”（诉讼），因为“obligatio est adversus aliquem”（债是针对某个人的）不是拉丁语。无论我们在哪里遇到这个短语（或者 obligatio contra aliquem），那么肯定是汇编者把“actio”换成了“obligatio”：*D.*(12. 1) 36; *D.* (12. 2) 9. 3; *D.* (17. 1) 45 pr.; *D.* (21. 2) 51. 3; *D.* (24. 3) 64. 4; *D.* (46. 1) 21. 2; *D.* (46. 1) 47 pr.。

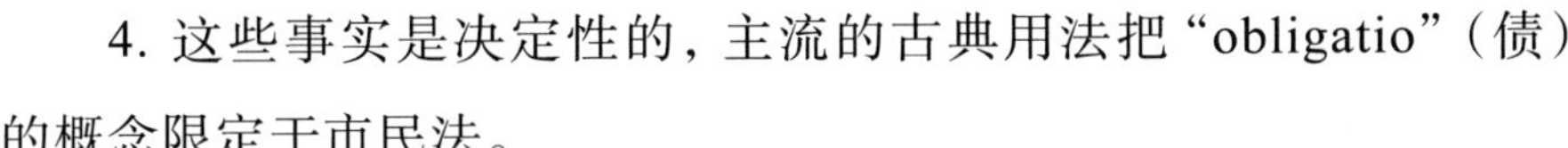

4. 这些事实是决定性的，主流的古典用法把“obligatio”（债）的概念限定于市民法。

然而，由于我们不能在接下来的讨论中排除荣誉法，所以我们将采用后古典的用法，它包含古典的“obligatio”（债）和在后古典时期被称为“荣誉法上的债”的东西。就像已经说过的那样，“debitum”和“debere”范围太广而不能作为技术性术语。

为了获得清偿，债权人在例外的情况下可以采取自助的方法。791. 自助
因此，出租人可以拿回租赁物，因为承租人不是占有人（上文边码 754），容假占有的提供者可以拿回因容假占有提供的标的物，因为容假占有的接受者尽管是占有人，但针对容假占有的提供者不受保护（上文边码 780、781、782）。除了这些情形之外，自助是禁止的。根据皇帝马可·奥勒留的一项法令，求助于自助会导致丧失债权人的请求权。债权人必须满足于他的诉讼（市民法诉讼或荣誉法诉

讼，非常诉讼程序的“诉求”〔persecutio〕）。如债务人被判罚，则可以对他的人身和财产进行执行（上文边码 43）。

然而，债务人的这种责任在特殊的情形下是受限制的。

792. 处于权力下的儿子作为债务人

1. 处于权力下的儿子有能力成为债务人并可以被他的债权人起诉，但对他的人身执行由于考虑到家父支配权而被排除（上文边码 267）。

793. 在债务人能力范围内判罚

2. 在某些情形下，人身执行显得太严苛，所以在实践中会通过将债务人的责任限定于他的财产范围内的方式避免人身执行。一项“限额”（“在能力限度内”〔dumtaxat in id quod facere potest〕）会被插入程式当中，授权审判员仅在债务人的财产可以涵括的债务范围内判罚。例如，如果债务人欠负 100，而他只拥有 50 的财产，那么审判员只判罚他支付 50。在法律上只能对这 50 进行人身执行，但债务人可以很容易地通过支付这 50 而避免人身执行。

在这里提到如下情形就足够了：

(1) 一个“全部财产的合伙人”（socius omnium bonorum）被通过“合伙人之诉”（actio pro socio，下文边码 952）起诉，根据告示中的一个特别条款，仅被判罚“他能够支付的数额”。

(2) 如果一个处于权力下的儿子因合同欠债，后来脱离父权，裁判官在其告示中宣布，他针对这个儿子赋予一项仅可以请求“他能够支付的数额”的诉讼。当该儿子由于他的父亲的死亡而成为自权人但没有成为其继承人时，他的责任也受到同样的限制。

(3) 根据安敦尼·庇护的一项批复，允诺了一项赠与的人，只对“他能够支付的数额”负责。

(4) 对妻物之诉（actio rei uxvoriae，上文边码 217）负责的丈

夫只被判罚“他能够支付的数额”；在这种情况下，显然并不要求在程式中加入一个限额。

在优士丁尼法下，在这些责任限制的情形中，债务人甚至有权保留其一部分财产以保障其生活。因为在中世纪拉丁语中“competentia”是指“生活财产的充足”（英语的“competence”或“competency”源自它），法学家从十六世纪以来称这种特权为“保留生活财产的恩惠”（beneficium competentiae）。关于古典法，这个术语是误导性的并且应该完全避免，因为在古典法下，债务人无权保留生活保障的部分，即便他是赠与人。所有出现这个观念的文本都是经过篡改的。 794. 保留生活财产的恩惠

奴隶无能力成为其主人或第三人的债务人，然而，如果一个奴隶已经向一个第三人允诺了某物，裁判官会赋予一项针对主人的特有产诉讼（actio de peculio）。其程式授权审判员去调查，假如该奴隶是个自由人的话他是否会受约束，如果他认为他在这种假设下受约束，就会在特有产的范围内对主人进行判罚： 795. 自然债务

“如能证明，处于努梅里乌斯·内格底乌斯的支配权下的斯蒂库斯假如根据奎里蒂法是自由人的话，应当向奥鲁斯·阿格里乌斯支付100，审判员就在特有产的限额内判罚努梅里乌斯·内格底乌斯向奥鲁斯·阿格里乌斯支付100，如不能证明则开释。”

（Si paret Stichum qui in Numerii Negidii potestate est, si liber esset ex iure Quiritium, Aulo Agerio centum dare oportere, iudex Numerium Negidium Aulo Agerio centum dumtaxat de peculio condemnato, si non paret absolvito.)

在计算特有产的数额时，主人可以扣减该奴隶欠他的数额。因此，古典法学家会说奴隶的“债务”（debita）和“欠负”（debere）。他们完全知道，他们不是在其正确的意义上使用这些术语，但这些术语很方便，并且几乎不会引起混淆。这些债务尽管是不可诉的，但都是真正的债务，因此如果被清偿，就不存在“非债清偿请求给付之诉”（condictio indebiti）。此外，它们可以通过“诚信同意人”（fideiussio）或提供质押来担保。“obligatio”和“obligare”这两个术语显然被古典法学家避免使用，但在盖尤斯的《法学阶梯》的一个段落中（Gai. 3. 119a），奴隶的债务被称为“obligationes naturales”（自然债务）。这个术语的出现就像是一个意外，因为我们在《法学阶梯》中只在这个地方发现它，而且盖尤斯也没有对它进行解释。关键的语句“at ne...adiciatur”（至于他被加入的债是市民法之债还是自然债务，则无关紧要）看起来是增加上去的，但也可能是盖尤斯自己写的。他可能是第一个使用“obligatio naturalis”（自然债务）的人，这个术语在后古典时期被普遍使用。

奴隶的债是自然债务的显著情形，但不是唯一的情形。家女在这方面的法律地位与奴隶非常相似，因为她同样无能力作为债务人（上文边码 267），她对她的父亲和第三人的债务同样被称为自然债务。处于权力之下的儿子有能力通过合同约束自己（上文边码 267），但不能对其父亲约束自己；因此，他对他的父亲的债是自然债务。然而，在古典法下，除了处于权力下的人的情形之外，并不存在自然债务，其他情形只有在后古典时期才得到承认。因此，如果一个未适婚人未经监护人同意做出了允诺，他甚至不是自然债务人（上文边码 302）；他的债务显然是一个清偿原因，但它不能通过“诚信同意”来担保。在我们的原始资料中，它有时被称为自然债务，但这些文本不可靠。我们将不进一步详述人为的不可起诉之债现象。现有的文本被严重篡改，情况还没有完全明了，尽管已经有大量的现代考查。

罗马债法总是获得特别的赞美，而且相比罗马法的其他部分，对欧洲法的影响更大。奥托·基尔克（Otto Gierke），一个狂热的日耳曼法拥护者，甚至宣称： 796. 评价

> “罗马法的胜利在债法领域比在其他领域更加完整。毫无疑问，债法是罗马人法律天赋最伟大、最完美的创造，可适用于全世界的商业和贸易，并且直至最精细的问题都有逻辑上的阐述，这些问题在日耳曼法下几乎不可能被提出来。此外，它具有一种普遍性的特征，不像罗马法的其他部分那样与特定的罗马社会和经济生活条件紧密联系在一起。因此，它登上了皇位，并维持其统治直到现在”。

这个颂词对于从十六到十九世纪在实践中践行的现代化的罗马法是适当的，但对于古典法和优士丁尼法则需要一个更加清醒的评价。

1. 确实，是罗马人最早对债进行了彻底的研究。在原始资料中提出并讨论的问题的丰富性是令人惊叹的，没有受到罗马法启发的其他法律在这方面是比较原始的，它们主要关注人法、家庭法、继

承法和财产法。引用梅特兰在其合同那一章的开篇所说的话就足够了：

> “合同法在诺曼征服之前的英国法律制度当中根本不处于一个显著的地位。实际上，它还处于初级阶段。在它获得我们今天赋予它的优越地位之前，肯定经过了很多个世纪。即使在黑尔（Hale）和布莱克斯通（Blackstone）的体系中，它也仅仅作为财产法的附录出现”。

从这个视角来看，罗马债法确实是人类文明史中的一项伟大的、独一无二的成就。

2. 转到细节，我们可以看到，像合意合同、要求返还不当得利的诉讼这样的制度是非常有价值的，并且是非常富有原创性的。“契约应该被遵守”（pacta sunt servanda）原则被坚定地贯彻；诚信起到支配性的作用，古典的侵辱之诉是一项有力的并且非常独特的保护非物质利益的救济，欺诈之诉是对抗任何类型的欺诈的一件有效的武器。

3. 然而，我们不能忽视罗马法的这个备受赞扬的部分的重大缺陷。在这个领域像在其他领域一样，古典法学家顽固的保守主义在法律应该现代化的时候阻碍了其现代化。合同体系当中的中心概念——要式口约，具有古老的特征。然而，法学家们顽固地保留了它，而没有用书面合同来替代它。买卖法具有不必要的复杂性，尤其是卖方对标的物瑕疵的担保责任。住宅和自由劳动的租赁没有得到足够的发展。由于不愿承认债的转移，导致了人为的、累赘的替代制度。盗窃法太复杂并且有些部分很古老。这个清单可以很容易被扩大。后古典法学家，尤其是优士丁尼的汇编者，有意去现代化这些过时的制度，但这个任务超出了他们的能力范围。草率做出的篡改只能导致无用的、无穷尽的争论；而根本性的问题，例如，是否，如果是的话在何种范围内，债权人可以主张实际履行的问题仍然被争论了许多个世纪。

在本书的框架内，我们仅限于描述主要的古典制度的梗概，所 797. 本书的范围
有进一步的细节都要参考其他书籍。一本现代的关于债法的全面性著作还不存在。

原始文献

s. 786. Read *D.* (44. 7) 3 pr.; *Inst. Iust.* (3. 13) pr.

s. 791. Read *D.* (4. 2) 13; (48. 7) 7.

s. 793. Read *D.* (14. 5) 2 pr.; (14. 5) 7 [*sed ... potest*]; (42. 1) 16 [*id est ... alieno*]; (17. 2) 63 pr. [*etiam*]; [*attamen*] <*non*>; *Inst. Iust.* (4.6) 38; (50. 17) 28; (46. 2) 33 [*exceptionem*] <*taxationem*>.

s. 794. Read *D.* (50. 17) 173 pr.; (42. 1) 19. 1, both texts interpolated.

s. 795. Read Gai. 3. 119*a*.

参考文献

ss. 785—790. See above all Albertario, 'La cosidetta obligatio honoraria', *Studi,* iii (1936), 19 ff.; 'La cosidetta obligatio ex causa fideicommissi', *Studi,* iii. 4.3 ff; *Corso di diritto romano. Le obbligazioni, Parte generali* (1947), 7 ff. Further Cornil, 'Debitum et obligatio', *Mélanges Girard,* i. (1912), 199 ff.; G. Segrè, 'Obligatio, obligare, obligari nei testi della giurisprudenza classica e del tempo di Diocleziano', *St. Bonfante,* iii (1930), 499 ff.; Radin, *PW* xvii. 1917 ff.; Grosso, *Obbligazioni Contenuto e requisiti della prestazione, obbligazioni alternative e generiche* (1947). On Hägerström, *Der röm. Obligationsbegriff im Lichte der allgemeinen röm. Rechtsanschauung* (1927), see rightly J. Binder, *Kritische Vierteljahresschrift,* xxiv (1931), 269 ff.

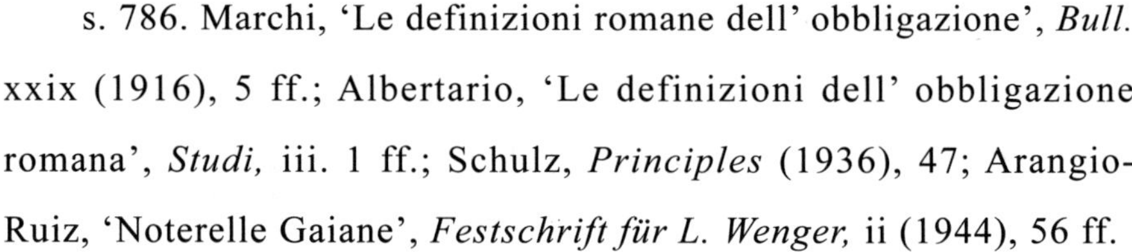

s. 786. Marchi, 'Le definizioni romane dell' obbligazione', *Bull.* xxix (1916), 5 ff.; Albertario, 'Le definizioni dell' obbligazione romana', *Studi,* iii. 1 ff.; Schulz, *Principles* (1936), 47; Arangio-Ruiz, 'Noterelle Gaiane', *Festschrift für L. Wenger,* ii (1944), 56 ff.

s. 791. Schulz, *Einführung* (1916), 46.

ss. 793, 794. Zanzucchi, 'Sul cosi detto beneficium competentiae', *Bull.* xxix (1916), 100 ff.; Levet, *Le Bénéfice de compétence* (1927); Beseler, *St. Bonfante, ii* (1930), 60; Solazzi, *L'estinzione della obbligazione* (1931), 190 ff. (the 2nd ed. of this work (1935) was not available); Guarino, 'Il beneficium competentiae del promissor dotis', *Riv. It.* xiv (1939), 'Il beneficium competentiae dei milites', *Rend. Lomb.* lxxii (1938/9); 'Sul beneficium competentiae dell' extraneus promissor dotis', *Festschrift P. Koschaker*, ii (1939), 49 ff.; 'Studi sulla taxatio in id quod facere potest I', *SD* vii (1941).*

s. 795. Siber, *Naturalis obligatio* (1925); Pringsheim, *Z* xlvi (1926), 350 ff.; Beseler, *T* viii (1928), 318 ff.; *Bull.* xlv (1938), 187 f.; *Albertario,* 'A proposito di obligatio naturalis', *AG* cii (1929), 230 ff. = *Studi,* vi (1936), 57 ff.; *Corso di diritto romano, de obbligazioni, Parte general* (1947), 29 ff.; Vážný, 'Naturalis obligatio', *Studi Bonfante,* iv (1930), 129 ff. ; Flume, *Studien zur Akzessorietät der röm. Bürgschaftsstipulationen* (1932), 70 ff.; Maschi, *La concezione naturalistica del diritto e degli istituti giuridici romani* (1937), 122 ff.*

s. 796. Gierke, *Deutsches Privatrecht,* iii. *Schuldrecht* (1917), 4; Stobbe-Lehmann, *Handbuch des deutschen Privatrechts,* iii (1898), 114 f.; Pollock and Maitland, *History,* ii (1911), 184.

第一章 合同法

798. 缺乏一个体系性理论

一、导论

670

古典法学家没有发展出今天我们称之为“合同”的东西的体系性理论。通常他们满足于讨论合同的具体类型，当他们例外地敢于做出更一般的说明时，仍然是比较初级的，古典时期始终缺乏对一般化和体系化的兴趣。后古典法学派在这方面表现出了更大的兴趣，但在整体上，我们的一般合同理论要归功于罗马普通法学。让我们首先来考查古典的术语。

799.contrahere 和 contractus

动词“contrahere”是古老的，既被按字面意思使用也被隐喻地（*Thes. L. L.* iv. 757 ff., 764）使用。如果被隐喻地使用，“contrahere”通常（*Voc. Iur. Rom.* i. 1001）是指“使发生”“实施”“使成为自己的”（admittere，committere，constituere）：contrahere invidiam，offensionem，amicitiam，inimicitias，culpam，crimen，stuprum，incestum，aes alienum，societatem，nuptias，等等。学生们必须谨防认为在普通拉丁语用法中“contrahere”主要是指“订立一项合同”。甚至古典法学家也在我们所说的这种广泛的意义上使用“contrahere”这个词。一些相关文本是伪造的，但当盖尤斯（Gai.

2. 14）说：“无体物是无法被触摸到的，这样的物包括……以任何方式缔结的债”（Incorporales sunt quae tangi non possunt, qualia sunt ...obligationes quoquo modo contractae），他脑子里想的肯定是侵权之债和合同之债。

与动词“contrahere”相比，名词“contractus”出现得较晚（*Thes. L. L.* iv. 753 ff.）。我们不能追溯到比西塞罗更早的时期，它完全没有出现在恺撒、西塞罗、萨鲁斯特、李维、塔西佗、维托尼乌斯和普林尼（老普林尼和小普林尼）的著作中。西塞罗有时候会说“res contracta”或者“res contrahenda”，但从未使用“contractus”这个词。我们的第一个非法律文本是 Varro, *De re rustica* 1. 68。在这里“contractus”是指“葡萄皱缩”。即便在直到后来四世纪的非法律文献当中，这个术语也很少出现。我们的第一个法律文本出现的塞尔维乌斯·苏尔皮修斯（Servius Sulpicius）的《关于嫁资的著作》（*liber de dotibus*）当中。他是西塞罗的一个众所周知的朋友。在论述订婚时，他说（Gellius 4. 4=Bremer, *Jurispr. Antehadriana*, i. 226; Seckel-Kübler, *Jurisprud. Antejust*. i. 33）：“这种要式口约和庄重允诺的订立被称为订婚”（Is contractus stipulationum sponsionumque dicebatur sponsalia）。可以把它翻译为：这样的“订立”（contractus）或者“庄重允诺”（sponsiones）被称为订婚。显然，“contractus”这个法律术语是共和国晚期的法学家创造的，可能是塞尔维乌斯自己创造的。原本它仅指“订立”，因此被和一个属格名词一起使用：“contractus stipulationis”（要式口约的订立），“contractus emptionis”（买卖的订立）；但由于法学家们只把这个新的术语用在合同上，所以它自己获得了合同的含义。拉贝奥尝试

给出一个“contractum”（而不是“contractus”）的定义，不幸的是，相关文本（*D*. 50. 16. 19）已毁坏且无法修复。但很明显，他把这个术语限定于合同。佩迪乌斯（Pedius）似乎宣称（*D*. 2. 14. 1. 3）：“没有合同是自身不包含合意的”（nullum esse contractum qui non habet in se conventionem）。我们不能讨论所有出现“contractus”这个术语的文本；它们部分是经过篡改的，需要仔细的批判性考察。但对盖尤斯的《法学阶梯》当中的一些著名的段落进行一些说明是必不可少的，因为它们使得所有现代关于这个主题的讨论都变得混乱。盖尤斯出于他对分类的热爱，大胆地宣称（Gai. 3. 88）：

> “现在我们转到债。其首要区分是，可以分为两个种类。也就是说，所有的债或者产生自合同，或者产生自不法行为。”
>
> （Nunc transeamus ad obligationes, quarum summa divisio in duas species diducitur: omnis enim obligatio vel ex contractu nascitur vel ex delicto.）

显然这是对所有可能的债的分类，因此，“contractus”必须包含任何会引起债的法律行为，只有侵权行为被排除在外，所以甚至不当得利的返还诉讼，无因管理之诉、监护之诉以及间接遗赠（上文边码 556）引起的债都属于合同之债这个分类。这是非常清楚的或无论如何都应该是清楚的；通常的说法“盖尤斯对于他自己所说的东西并不是认真的；在一本基础教科书中，他可以不那么精确”，是站不住脚的。这种二分法在 *I*. 4. 2 和 *I*. 4. 182 中再次出现，而在后一个段落中，监护之诉被明确归为合同之债。另一方面，在 Gai. 3.

89 ff. 提供的关于“合同之债”的描述中，盖尤斯仅限于我们今天称之为“合同”的东西，而在 Gai. 3. 91 中，他说“非债清偿请求给付之诉”并不产生自合同之债，这揭示了他的二分法是不充分的，因为“非债清偿请求给付之诉”肯定不是侵权诉讼。当然，Gai. 3. 91 可能是经过篡改的，但即便我们删除第二个句子“sed...contrahere”（然而这种债看起来不是根据合同成立的，因为带着清偿的意思进行给付的人，更多的是希望解除交易，而不是缔结交易），事实仍然是：Gai. 3. 92 ff. 仅涉及现代意义上的合同。我们只能通过假设我们面对的是“一份未完成的授课笔记（不是由盖尤斯自己发表的）”来解释这个显眼的矛盾。但有两点不再有争议：

1. 盖尤斯的说法“所有的债或者产生自合同，或者产生自不法行为”（omnis obligatio vel ex contractu nascitur vel ex delicto）不可能源自一本共和国时期的教科书，之前不断地有人这么认为。即使这样一本教科书存在（实际上它只是一个想象出来的魅影），它也不可能包含一个这样的句子，因为在共和国时期“obligatio”（债）和“contactus”（合同）都不是流行的法律术语。

2. 盖尤斯的宽泛的“contractus”概念是他之前和之后的古典法学家所陌生的，被引用来证明相反结论的文本是不可靠的。

D. (3. 5) 15：这里的“无因管理”（negotiorum gestio）看起来像是被归为“contractus”，但原来的文本处理的是受委托的代理人。

D. (42. 4) 3. 3 和 *D.* (42. 4) 4：“在接受遗产时，未适婚人被视为‘contrahere’。而自己参与的人也被视为‘contrahere’” (videtur impubes ‘contrahere’ cum adit hereditatem. Sed et is qui miscuit se, ‘contrahere’ videtur)。这里的意思是说，“contrahere”这个术语在告示条款“quod cum pupillo contractum erit”(Lenel, *Edict*. § 204)当中被使用时包含“aditio hereditatis”(接受遗产)。

D. (50. 17) 19 pr.:“当继承人不是自愿和受遗赠人订立(合同)”(cum〔heres〕non sponte cum legatariis contrahit)。这个文本可能处理的是“遵守遗赠担保”(cautio legatorum servandorum causa)。

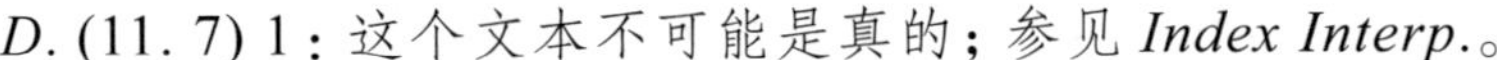

D. (11. 7) 1:这个文本不可能是真的；参见 *Index Interp*.。

D. (5. 1) 57:这个文本什么都证明不了，而且几乎不可能是乌尔比安写的；参见 *Index Interp*.。

在盖尤斯的《日常事物》(*Res cottidianae*)当中，这个两分法被抛弃，被用三分法来替代：

D. (44. 7) 1 pr.:“债或者产生自合同或者产生自恶行或者出于不同的原因产生自法律本身”(Obligationes aut ex contractu nascuntur aut ex maleficio aut proprio quodam iure ex variis causarum figuris)。

这可能是一个后古典的文本，但由于整本书可能是在后古典早期写的，它支持了这个事实：盖尤斯的“contractus”概念没有被他之后的古典法学家采用。这个概念可能是盖尤斯的大胆创新，就像他的“obligatio”（债）概念（上文边码789）和“duplex dominium”（双重所有权）概念（上文边码655）一样，对此他自己没有贯彻，也没有被任何一个主流法学家采用。

亚里士多德（Aristotle, *Eth. Nic.* 1131a, 1 ff.）说：

> τών γὰρ συναλλαγμάτων τὰ μὲν ἑκούσιά ἐστι τὰ δ' ἀκούσια. ἑκούσιά μὲν τὰ τοιάδε οίον πράσις, ὠνὴ, δανεισμὸς, ἐγγύη, χρήσις, παρακαταθήκη, μίσθωσις...τών δ' ἀκονσίων τὰ μὲν λαθραία, οίον κλοπὴ...τὰ δὲ βίαια, οίον...θάνατος, ἁρπαγὴ...

亚里士多德在这里使用“synallagma”这个术语（与希腊法律语言不同）是在“引起一项债的行为”的意义上使用的。因此，我们必须翻译为：

> “引起一项债的行为或者是自愿的或者是非自愿的。自愿的行为，比如，买卖、金钱借贷、保证、物的借贷、寄存、租赁……非自愿的行为或者是秘密进行的，比如盗窃，或者是通过暴力进行的，比如……谋杀，抢劫……”

或者，换句话说：“所有的债或者产生自合同，或者产生自不法行为”（omnis obligatio vel ex contractu nascitur vel ex delicto）。

盖尤斯可能是在亚里士多德的书中或是在媒介资料中读了亚里士多德的文本。

J. Partsch, *Aus nachgelassenen und kleineren verstreuten Schriften* (1931), 12; Beseler, *Z* lii (1932), 294; Bortolucci, *Acta CI* i (1935), 261，不能令人满意。

因此，我们得出结论：尽管“contrahere”仍在广泛的意义上使用，但“contractus”在古典盛期的主流法学家的用法当中是指“合同”，即市民法承认的由当事人为了设立一项债而订立的协议。

800. 合同的类型

盖尤斯（Gai. 3. 89）区分四种合同类型，并且只有四种：

1. 要物合同（re contrahitur obligatio）。

2. 言辞合同（verbis contrahitur obligatio）。

3. 文字合同（litteris contrahitur obligatio）。

4. 合意合同（consensu contrahitur obligatio）。

这个分类无论如何也不能说设计得很好，有可能是盖尤斯发明的。

676

要物合同是指通过交付一个有体物而成立的债（消费借贷、寄存、使用借贷、质押）；除此之外，被归到这一类下的合同没有其他共同之处。

言辞合同是指需要说出（而不是写下）特定言辞的合同。这类合同中最重要的是要式口约，但也包括嫁资允诺（dotis dictio，上文边码 209）以及解放自由人允诺为其恩主提供服务的宣誓（Gai. 3. 95a）。这类合同的名称是误导性的，因为严格来说，它蕴含的意思是，其他合同不是通过言辞而是通过符号来订立的。

“通过文字订立合同”并不是简单地指“订立一份书面合同”（下文边码 870）。

合意合同是指“仅仅通过合意”（nudo consensu）便能成立的债

（买卖、租赁、合伙、委托）。这个名称也不令人满意，因为“合意”（consensus）是任何合同都要求的。除了没有形式要求之外，这类合同也少有共同之处，它们构成了一个混合体。

这个分类实质上是准确的；实际上并不存在这个体系当中列举的合同之外的古典合同。要式买卖、拟诉弃权和交付不被归为合同。我们可以把它们视为协议，但尤其因为它们主要是转让行为，所以不被称为合同。甚至“信托原因的要式买卖似乎也不被称为合同。盖尤斯在讲述合同时（Gai. 3. 90 ff.）没有提到它，尽管在后面的一个段落中（Gai. 4. 182）他把信托之诉称为“合同诉讼”（actio ex contractu），但后面这个用法不足以证明主流法学家的用法，因为，如前所述（上文边码 799），他也把监护之诉归类为“合同诉讼”。

801. 准合同

“准合同”这个术语在我们的原始文献中完全没有出现，但有一类债（监护、无因管理、遗赠、财产共同体和不当得利引起的）被称为“准合同之债”（obligationes quae nascuntur quasi ex contractu 或 obligationes quae nascuntur non proprie ex contractu）。这两个术语都源自后古典时期；第一个显然是拜占庭的。整个分类仅仅是学术性的，没有任何实践价值。

802. 达成的简约

我们可以列出很多古老的表述：“pacere”“pagere”“pacisci”“pactio”“pactum”“convenire”“conventio”“pactum conventum”。它们适合用来指称任何类型的协议，而且有时候正是在这种一般意义上被使用。但原本的“pacere”和“pacsci”是指折中、达成谅解；“pactum”是指折中、安排，而不是指像买卖、租赁、消费借贷这样的合同。

XII *Tab*. 1. 7：Ni pacunt, in comitio aut in foro ante

meridiem causam coiciunto（如果当事人不能达成谅解，那么他们应该开始诉讼）。

XII Tab. 8. 2：Si membrum rupsit, ni cum eo pacit, talio esto（如果某人打断他人的一个肢体，并且没有与该人达成谅解，他将遭受同态复仇）。

在古典技术性术语当中，“pactum”是指“妥协”以及任何非要式的附加简约。如果某人通过要式口约允诺在7月1日支付一笔金钱，并随后从债权人那里获得时间上的延迟，这就叫作“不得提出请求的简约”（pactum de non petendo）。附加在要式买卖上的简约也被称为“简约”（pacta），例如信托简约（pactum fiduciae）；“出售质押物的简约”我们已经提到过（上文边码724），我们还可以引用其他示例。裁判官告示当中有一个特别的标题“关于达成的简约”（De pactis conventis）。这是这个标题的真正用语。在这个标题下，裁判官宣布：

“所达成的简约，如果不是恶意欺诈达成的，也不违反法律、平民会议决议、元老院决议、元首的告示和法令，也没有通过它规避它们当中的任何一部，那么我将维护它。”

（Pacta conventa, quae neque dolo malo neque adversus leges plebis scita, senatus consulta, edicta decreta principum neque quo fraus cui eorum fiat facta erunt, servabo.）

这个非常高调的宣言实际上有一个比较适中的目标。实际上，它仅指妥协以及旨在限制或免除债务的附加约定。裁判官通过这个条款承诺赋予一项“简约抗辩”（exceptio pacti）以保护这种约定。裁判官无论如何也不准备去对所有不包含非法标的的非要式约定都赋予诉讼。例如，如果某人接受一项金钱借贷并通过简约（不是通过要式口约）允诺支付利息，那么债权人对利息不享有诉讼。只有在例外的情况下，简约才具有可诉性，例如，信托简约受到信托之诉的保护。此外，如果简约被附加到一项可引起诚信审判的合同中去（比如买卖），那么它就具有可诉性。因为审判员根据程式中的“根据诚信”这个短语（上文边码 60）必须要考虑这项简约。这项规则是否仅限于“在订立合同时附加的简约”（pacta in continenti adiecta）仍是有疑问的；现有的文本遭受了严重的篡改。告示中提到一些非要式的协议根据裁判官法是可强制执行的（例如，“偿债日期的确定”〔constitutum debiti〕，下文边码 963）。现代学者通常称它们为“裁判官简约”（pacta praetoria，下文边码 962），但告示和法学家都没有称它们为“简约”。最后，裁判官可以通过赋予一项告示中没有的事实诉讼（actio in factum，上文边码 47）来保护任何协议，但他很少这么做（下文边码 901 以下）。

从这些情况可以得出的结论是，古典法只知道一套固定的典型合同（市民法的和荣誉法的）。在特定的限制内，当事人可以调整这些类型以适应其个人目的，要式口约涵括的范围非常广，但合同当事人不能创造全新的类型；例如，他们不能用书面合同作为要式口约的替代。非要式的合同在很大（也许太大）的程度上得到承认，但在它们的严格限定的范围之外，是由要式口约统治的形式王国。这个古典体系在后古典时期由于所谓的无名合同得到承认已 803. 这个古典体系的衰亡经受到了强烈的撼动（下文边码 901）；它最终由于其基石——要式口约——被抽离而被完全破坏。在教会法和自然法的影响下，要式口约从中世纪时起被非要式的合同取代。这是一件真正的蠢事，它导致的结果是，非要式的合同获得了其在已经非常自由主义的罗马法中从未获得的地位；甚至对于像担保这样的有风险的合同也没有形式要求。要式口约肯定已经过时，但其正确的替代物应为书面合同。

804. 本书的范围　在本书当中，我们只关注古典合同法，我们不考虑其共和国发展史并且仅会稍微触及后古典法。罗马合同法在中世纪和现代的发展完全在本书的范围之外。

原始文献

s. 799. Read Gai. 2. 14, 38; 3. 88, 89, 91; 4. 2. 182.

s. 800. Read Gai. 3. 89, 92, 95*a,* 96, 135, 136; *D.* (44. 7) 1. 1—3, 5—6.

s. 801. Read *Inst. Iust.* (3. 27) pr.—6; *D.* (44. 7) 5 pr., 1 [*sed quia ... videntur*]; 2. 3 [*quasi ... datione*].

s. 802. Read Paul. *Sent.* (2. 14) 1; consult. 4. 9; *C.* (4. 65) 27; *D.* (2. 14.) 7. 5 (certainly a post-classical text); *D.* (19. 5) 23; (19. 5) 1. 1 [*civilem*].

参考文献

s. 799. Pernice, 'Zur Vertragslehre der röm. Juristen', *Z* ix (1888), 195 (by far the best work on this subject, though not sufficiendy critical); Perozzi, *Le obbligazioni Romane* (1903), 31 ff.; Mitteis, *RP* i (1908), 146; Riccobono, 'Dal diritto classico al diritto moderno', *Annali Palermo,* x (1915), 263 ff., 689 ff.; *St. Bonfante,* i (1930), 123 ff.; Bonfante, *Scritti,* iii (1926), 107 ff., 135 ff.; Segrè, 'Sulla classificazione di cause delle obligationes nelle istituzioni di Gaio', *Rend. Accad. Lincei*, v (1929), 49—57; Bortolucci, *Acta CJ* i (1935), 246 ff., with references; Albertario, 'Le fonti delle obbligazioni', *Scritti,* iii (1936), 71 ff.; 'Ancora sulle fonti delle obbligazioni', ibid. 95 ff.; Nocera, 'Le definizioni bizantine di contratto, *Riv. It.* 1936; Lauria, 'Contractus, delictum, obligatio', *SD* iv (1938); P. Voci, *Scritti Ferrini* (1946), 383 ff.; Maschi, 'Cenni intorno alla definizione di "contractus",' *Annali Triestini, xvi* (1947). 159; Solazzi, *Bull.* il/l (1948), 360 ff. On *D.* (50. 16) 19 and (2. 14) 1. 3 *Index Interp.* On the character of Gaius' *Institutes* see Schulz, *History* (1946), 159 ff. On Gaius' *Res cottidianae* see Albertario, *Studi,* iii 97; Schulz, l.c. 167; Di Marzo, *Bull.* x/xi (1947), 1 ff.*

s. 800. Pernice, l.c. 220 ff.; Perozzi, 'Il contratto consensuale classico, *Studi Schupfer,* i (1898), 163 ff.; Arangio-Ruiz, *Il mandato* (1949), 80; Brasiello, 'Obligatio re contracta', *St. Bonfante,* ii (1930), 541 ff.; R. de Ruggiero, 'La classificazione dei contratti et l'obbligazione letterale nel diritto class. e nel giustinianeo', *St. Perozzi* (1925), 369 ff. On *fiducia* as *contractus* see Erbe, *Die Fiducia* (1940), 19 ff., with references.*

s. 801. Riccobono, 'Dal diritto class.', l.c. 263 ff.; Kübler, *Z* xxxix (1918), 214, with references; Albertario, 'Ancora sulle fonti', l.c. 131 ff.*

s. 802. Manenti, 'Contributo critico alla teoria generale dei patti secondo il diritto romano', *St. Senesi,* vii/viii (1891); 'Pacta conventa, ibid. xxxi (1915); Pernice, l.c. 218 f.; Lenel, *Edict.* (1927). pp. 32, 64; Roccobono, *FIRA* i (1940), 339; Mitteis, *RP* i (1908), 148. On *pact adiecta* see Viard, Les *Pactes adjoints aux contrats en droit rom. class.* (1929); Rotondi, *Scritti,* ii. 210 ff.; Siber, *Z* xlii (1921), 80 ff.; Grosso, *Efficacia dei patti nei bonae fidei iudicia* (1928), in particular 18 ff.; Stoll, *Z* l (1930), 551 ff.*

s. 803. L. Seuffert, *Geschichte der obligatorischen Verträge* (1881); O. Gierke, *DP* iii (1917), 344.

二、要式口约总论

805. 古典形式　古典的要式口约是一种要式合同，但其形式非常简单。未来的债权人问未来的债务人，他是否打算做出特定的允诺；然后，后者立即做出该允诺。即使在西塞罗时期，允诺人也不用在其回答中重复一遍提问的内容；他可以用一个单词来做出允诺（Cicero, *pro Caecina*, 3. 7：“si quis, quod spopondit, qua in re verbo se obligavit uno...”）。

因此，最简单的要式口约形式如下：

提问人：你庄重地允诺向我给付 100 块钱吗？

允诺人：我庄重地允诺。

（Stipulator：Centum mihi dari spondes？

Promissor：Spondeo.）

注意是“dari”，不是“dare”。法律语言风格用“spondere”和“promittere”带宾格和被动态不定式。如果古典文本中有“dare”，那么可能完全是抄写员的责任。相关材料参见 *Voc. Iur. Rom*. ii. 296; Stolz-Schmalz, *Lat. Gramm*. Syntax, § 170。

不像要式买卖那样要求准确的套语，甚至不存在任何固定的关键词。允许使用希腊语（在公元三世纪似乎也可以使用任何其他语言），不管当事人是罗马市民还是异邦人。只有“sponsio”（庄重允诺，即以“spondesne？——spondeo”的形式进行的要式口约）是为罗马市民保留的，必须用拉丁语来说。

因此，只有少量规则在订立这种合同时是必须遵守的，但这些少量规则必须被严格遵守。

1. 古典要式口约是一项口头合同，双方当事人必须说话并且能相互听懂。符号和文字不能替代口头表达，哑巴和聋子被排除在外。

2. 在整个行为过程中，双方当事人必须在场；总是先提问，回答必须立即随之做出（“行为一体性”〔unitas actus〕）。如果受诺人先说“我承诺向你支付一百块钱”（centum tibi dari promitto），然后允诺人回答“我接受”（accipio），那么这是一项“不存在的要式口约”（stipulatio non existens）。

3. 回答必须与提问精确对应，如果提问人说拉丁语，允诺人不能用希腊语来回答。如果提问人问“你庄重地允诺支付吗？”（dari spondes？），允诺人肯定不能回答“我承诺”（promitto）；如果提问人问，“你庄重地允诺向我支付100块钱吗？”（100 mihi dari spondes？），而允诺人回答说，“我庄重地允诺向你支付150块钱（或者50块钱）”（150〔50〕tibi dari spondeo），那么该要式口约完全无效。

这是在整个古典时期被践行的要式口约。它是一项非常古老的罗马制度，在《十二表法》（Gai. 4. 17a）中就已经被提到。因此，思考其起源和原本的形式是无意义的。“stipulari”和“stipulatio”的词源很模糊，古代的作者们在这方面所说的都只是猜测。如果“stipulatio”实际上原本通过一个象征性的行为来进行，即用“麦秆”（stipula）象征性地绑住允诺人，那么到共和国晚期时这早就被忘记了，古代的词源学家可能也对其一无所知。

806. stipulari，stipulatio，stipulatus

“stipulari”是一个异态动词，是指“在要式口约中提问”“要求做出一项允诺”。如果“stipulari”在“promittere”（承诺）的意义上被使用或者被按被动态使用，那么文本就是被破坏的或者经篡改的。

D. (4. 3) 1. 4: [ut puta, si de dolo stipulatum sit.]

D. (38. 1) 10 pr.: [itaque patrono dari stipulandum est.]

D. (46. 3) 5. 2: si forte usurae non sint debitae et quis simpliciter solverit [quas omnino non erat stipulatus].

D. (13. 4) 7. 1（已毁坏）；*D*. (12. 6) 26. 13（已毁坏）。

"stipulatio"或"stipulatus"是指整个合同，不仅仅指提问的行为。

罗马的要式口约完全是一项罗马人的创造，在任何其他体系中都没有类似的东西。它建立在罗马人的"诚信"之上，用一种几乎相当于宗教的制裁约束人们遵守自己的允诺，它体现了真正的罗马人对精确、简洁和简单的偏好。 807. 罗马特征

1. 在心理学上，在对方在场时做出的一项正式的口头允诺（至少对罗马人而言）的约束力比允诺人可能未完全阅读或理解就签署的正式文件要大。

2. 不在允诺范围内的预备性讨论显然不构成合同的一部分。正式的提问和回答不给关于预备性讨论和合同成立的争议留下任何存在的空间。

3. 双方当事人在场订立的合同比起不在场的人之间订立的合同，造成误解的机会会更少。

4. 提问和回答的精确对应使得"合意已达成"这个事实显得非常清楚。

5. 要式口约的形式（与要式买卖不同）并不是为了提供证据证明合同已经被订立而设计的。这与罗马人把法律和证据分开的喜好相一致，这在整个古典法学当中都是可见的。即使没有证人，也没有被写成书面形式，合同仍然是有效的；"缺的不是法律而是证明"（non ius deficit sed probatio），而罗马人的"诚信"提供了充分的保障。然而，根据要式口约起草书面文件的做法在共和国早期就已经有实践了，并在古典时期被作为一项当然之事来贯彻；当事人可以就其宣言的细节问题参考书面文件，就像要式买卖遗嘱

中的证人可以参考遗嘱蜡板（上文边码 432）那样。但这种文件纯粹是证据性的，无论如何也不能替代口头宣言，只有口头宣言才是构成性的行为；相反的证据总是可以被提出的。例如，如果文件中说要式口约是在 7 月 1 日在罗马订立的，被告可以证明他那时候不在罗马。

808. 要式口约的衰亡

这是古典要式口约的形式，一种被法学家当做罗马人的帕拉斯神像虔诚地维护的形式。双方当事人都要在场当然是一个麻烦的要求，因为直接代理被排除；但处于权力下的儿子和奴隶可以为其父亲或主人担任“提问人”，并且至少根据裁判官法也可以担任允诺人。此外，在大量情形下，也可以利用其他类型的合同（尤其是买卖、租赁和借贷），它们可以“在不在场的人之间”订立。双方当事人都在场的要求不可能在不整体破坏要式口约的情况下被抛弃，
686 但法学家无法让自己走出这么大胆的一步。但随着安东尼谕令（公元 212 年）的颁布，要式口约难逃消亡的命运。它与罗马人的习惯，尤其是罗马人的性格联系太过紧密，并且与东方法律思维差异太大，因而不能被大量的新罗马市民完全理解并正确运用。这时候，应该最终用书面合同来替代要式口约，但这一步并没有走。戴克里先在这里像在其他地方一样，是古典法的忠实捍卫者。然而，在他之后，要式口约遭受了不可避免的衰落，古典的形式不再被严谨地遵守，书面文件越来越多地取代口头宣告的地位。职业文书书写员坚持强调口头的要式口约已经进行过，但我们可以合理地怀疑这种说法的真实性，而且，如果它们是真的，那么古典形式是否还被谨慎地遵守也是值得怀疑的。在优士丁尼的法律汇编中，多亏了优士丁尼和他的汇编者的古典倾向，要式口约原则上被保留；但其形式

已经被做了很大的修改，在法律实践中，书面文件实际上已经成了口头要式口约的替代。这个非常有趣的衰亡过程不能在这里详细描述，但我们在阅读古典资料时必须一直记住它，因为这项发展不可避免地导致对古典文本的大量修改。

809. 基于要式口约的诉讼

任何有效的要式口约都可以引起一项“市民法对人诉讼”。古典法学家显然还没有形成这种诉讼的一般名称，但是只要我们需要，我们就可以保险地称其为“基于要式口约的诉讼”。

（一）在“如果提出了特定的请求”（Si certum petetur）标题下（Lenel, *Edict*. § 95）裁判官提供了三个程式：

1. 特定借贷金额程式（formula certae creditae pecuniae）如下：

> “如能证明努梅里乌斯·内格底乌斯应向奥鲁斯·阿格里乌斯支付一万赛斯特提姆，审判员应判罚努梅里乌斯·内格底乌斯向奥鲁斯·阿格里乌斯支付一万赛斯特提姆；如不能证明，则应开释。”
>
> （Si paret Numerium Negidium Aulo Agerio sestertium decem milia dare oportere, iudex Numerium Negidium Aulo Agerio sestertium decem milia condemnato, si no paret, absolvito.）

这项诉讼被称为“特定借贷金额之诉”，可能也叫作“特定金额请求给付之诉”（condictio certae pecuniae）；“特定请求给付之诉”（condictio certi）是一个拜占庭术语。如果通过要式口约对特定的金额做出了允诺，那么这个程式可以适用于基于要式口约的诉讼。

2. 另一个程式如下：

> “如能证明努梅里乌斯·内格底乌斯应向奥鲁斯·阿格里乌斯给付100斗最好的阿非利加小麦，那么这些物的价值是多少，审判员，就判罚努梅里乌斯·内格底乌斯向奥鲁斯·阿格里乌斯支付多少钱，如不能证明则开释，等等。”
>
> （Si paret Numerium Negidium Aulo Agerio tritici Africi optimi modios centum dare oportere, quanti ea res est, tantam pecuniam iudux Numerium Negidium Aulo Agerio condemnato, ect.）

如果允诺了特定数量的某种物，那么这个程式是基于要式口约的诉讼的正确程式。拜占庭法学家（但不是古典法学家）称这种诉讼为“谷物请求给付之诉”（condictio triticaria）或者“不特定请求给付之诉”（condictio incerti）。

3. 第三个程式这样写：

> “如能证明努梅里乌斯·内格底乌斯应向奥鲁斯·阿格里乌斯给付奴隶斯蒂库斯，那么该物的价值是多少，审判员，就判罚努梅里乌斯·内格底乌斯向奥鲁斯·阿格里乌斯支付多少钱，等等。”
>
> （Si paret Numerium Negidium Aulo Agerio servum Stichum dare oportere, quanti ea res est, tantam pecuniam iudex Numerium Negidium Aulo Agerio condemnato, etc.）

如果允诺了特定物，那么这个程式可用于基于要式口约的诉讼。这项诉讼的古典名称不清楚（“特定物请求给付之诉”〔condictio certae rei〕？）；拜占庭人像第二个程式那样称其为“谷物请求给付之诉”或者“不特定的请求给付之诉”。

这三个程式都不仅限于基于要式口约的诉讼，就像告示的标题清楚地表明的那样。因此，特定借贷金额程式也是“基于消费借贷的诉讼”（actio ex mutuo）的程式。我们后面再回到这一点（下文边码 879）。

（二）在告示的另一个标题下（这个标题可能是“如果和进行了不特定允诺的人进行诉讼”〔si cum eo agatur qui incertum promiserit〕；参见 Lenel, *Edict.* § 55），出现了如下程式：

689

> “鉴于努梅里乌斯·内格底乌斯向奥鲁斯·阿格里乌斯做出了不特定的要式口约，努梅里乌斯·内格底乌斯为此应向奥鲁斯·阿格里乌斯给付多少或者做什么，审判员，就判罚努梅里乌斯·内格底乌斯向奥鲁斯·阿格里乌斯给付多少或做什么，等等。”
>
> （Quod Aulus Agerius de Numerio Negidio incertum stipulatus est, quidquid ob eam Numerium Negidium Aulo Agerio dare facere oportet eius, iudex Numerium Negidium Aulo Agerio condemnato ect.）

这个程式（不同于另外三个程式）仅限于基于要式口约的诉讼。如果允诺了“不特定的东西”（incertum），这是正确的程式（即既不是“特定金额”，也不是“特定物”或者“特定数量”）。尤其是，它适用于允诺了“做”（facere）的情形（例如，“你庄重地允诺为我建造一个房屋吗?”〔aedificium mihi fieri spondes〕）。现代学者把这种特殊的诉讼而且也只有这种诉讼（不包括在前述第一部分中提到的诉讼）称为“actio ex stipulatu”（基于要式口约的诉讼），但这是一个荒谬的拜占庭用语。如果古典法学家使用这个术语，他们肯定不会将其限定于“基于不特定要式口约的诉讼”（actio ex stipulatione incerta）。

盖尤斯的《法学阶梯》《乌尔比安摘录》《梵蒂冈残篇》《摩西法与罗马法汇编》（*Collatio legum Mosaicarum et Romanorum*）以及所谓的《一些前辈法学家的意见》都没有“actio ex stipulatu”（基于要式口约的诉讼）这个术语。在《保罗意见集》（*Pauli Sententiae*）当中它只出现一次（〔2. 22〕2），在这里 [ex stipulatu] 肯定是篡改的；*Sent*. (5. 5A) 1 只出现“ex stipulatu petere”。*Sent*. (1. 1) 3 只有“ex stipulatione peti”，而没有“ex stipulatu”（E. Levy, *Pauli Sent*.〔1945〕51 是正确的）。《西哥特罗马法》（Mommsen, Krüger, Stundemund, *Collectio*, iii. 253 f.）附录 1 提供的卡拉卡拉的批复当中，文本是有误的，蒙森的猜测肯定是错误的；最后一个句子“quo si...dabitur”看起来是伪造的。在这种情况下，我们可以把“actio ex stipulatu”（基于要式口约的诉讼）从古典词汇表中删除。

古典的基于要式口约的诉讼的程式总是抽象的，即“要式口约的原因”（例如，嫁资原因）从未在其中被提到。此外，它也不包括“根据诚信”这个短语（上文边码 60），即使在技术上可能插入它的

时候也是如此（也就是说，当“原告请求”以“quidquid”开头时，参见上文边码 61）。然而，我们肯定不能把基于要式口约的诉讼归为“严法诉讼”（actio stricti iuris；或者“严法审判”〔iudicium stricti iuris〕或“严格审判”〔iudicium strictum〕）或者把要式口约归为“严法合同”（contractus stricti iuris）。这些术语从未被古典法学家使用过，这是有很好的理由的，因为被告总是可以要求在程式中插入一个欺诈抗辩，而根据这项抗辩，审判员在很大程度上必须考虑“诚信”。当然，审判员的自由在“诚信审判”当中更大。在“卖物审判”中，如果被告“陷于迟延”（in mora），审判员就可以判罚支付利息，而在“要式口约审判”（iudicium ex stipulatione）中，他只有在利息被明确允诺时才能这么判罚。显然，抗辩从不为原告的利益而起作用。如果债权人已经通过非要式的简约赋予支付期限的延长，而此时又无视该简约而基于要式口约起诉允诺，那么审判员必须根据该欺诈抗辩开释被告。

810. 要式口约的适用范围

要式口约的适用范围非常大，它可以基于赠与的原因或者嫁资的原因而做出；我们在整个罗马私法遇到的大量担保都是要式口约（例如，用益权人担保，参见上文边码 678；关于匀付财产的担保，参见上文边码 409；遵守遗赠担保，Lenel, *Edict.* § 287，等等）；允诺人可以允诺提供消费借贷、使用借贷、质押；他可以为不履行合同允诺一笔罚金，等等。即使在可以使用一项非要式合同时，当事人也更喜欢做出要式口约。消费借贷的接受方可以通过要式口约允诺返还该贷款。当事人也可以用交付货物允诺和支付价款允诺来替代一份合意买卖合同。简而言之，任何债都可以通过要式口约来设立，只要它不被法律禁止。如果婚约通过要式口约的方式做出，那么不产生任何债（上文边码 184）；甚至也不能通过要式口约约定违反婚约的惩罚。丈夫可以为找同居女人的行为允诺一项惩罚，但不能为与妻子离婚而允诺一项惩罚（上文边码 223）。

811. 抽象的要式口约、抽象的程式、抽象的债

要式口约所适用的话语可以提到“要式口约的原因”（例如，“你庄重地允诺出于嫁资的原因向我支付 100 块钱吗？”〔centum mihi dotis causa dari spondes〕），也可以对此只字不提（“你庄重地允诺向我支付 100 块钱吗？〔centum mihi dari spondes〕）；在后一种情形下，我们说这是一个抽象的要式口约。基于要式口约的诉讼的程式总是抽象的，不管要式口约是不是抽象的。抽象的要式口约导致的债是抽象的，也就是说，不依赖于一项要式口约的原因。如果“原因”在要式口约中被提到，只要这项债没有明确以该原因为条件，那么债显然也是抽象的。

假设要式口约这么说：“你庄重地允诺向我支付一百块钱吗？我庄重地允诺”（centum mihi dari spondes？ Spondeo）。双方当事人同意该要式口约出于嫁资的原因做出，无疑，即使婚姻没有发生，或者婚约随后被解除，这项债也成立。如果要式口约明确地表示“出于嫁资的原因”做出，其效果可能也是一样的；*D.* (23. 3) 21 原本涉及的是嫁资允诺而不是嫁资的要式口约，参见 Riccobono, *Bull.* viii/ix (1948), 39。

“要式口约之债”（obligatio ex stipulatione）的抽象性不应被估计过高。根据一项欺诈抗辩或其他类型的抗辩，审判员必须考虑“原因”。学生们绝不能忘记这个要点。当然，被告在援用抗辩时，必须证明他的反对意见。此外必须牢记的是，任何抗辩都必须在证讼之前被插入（上文边码 17）。

让我们来考虑以下情形：

1. 要式口约这样说："你庄重地允诺向我支付一百块钱吗？我庄重地允诺"。允诺人做出这个允诺是因为提问人曾非要式地允诺要向他提供100块钱贷款。后来，提问人拒绝提供贷款并去世。他的继承人在死者的文件中发现有一个文件记载着这项要式口约，并通过基于要式口约的诉讼起诉允诺人。无疑允诺人因该要式口约而受约束，但根据插入程式中的一项欺诈抗辩，他可以在审判员面前抗辩说，这项要式口约是出于消费借贷的原因做出的，但他从未收到过那笔钱。如果他可以证明他的陈述，审判员就必须开释他(Gai. 4. 116)。

2. 同样的要式口约出于嫁资的原因做出，后来婚约被解除。允诺人无疑受约束，但如果他被提问人起诉，那么他可以利用欺诈抗辩，并因此获得开释。

3. 当事人用两个要式口约替代一个买卖合同，卖方允诺交付特定的货物，买方允诺支付价款。卖方没有交付货物便用"基于要式口约的诉讼"起诉买方。买方可以拒绝支付，根据一项"货物未被交付的抗辩"(所谓的"合同未履行抗辩"〔exceptio non adimpleti contractus〕)，法官必须开释他。通常说，要式口约是严格的单方合同，仅约束一方当事人，这是对的，但必须记住的是，一项抗辩也可以把两项相互关联的要式口约联系在一起。

812. 金钱未被支付的抗辩

公元三世纪的皇帝谕令引入了一项特别的"金钱未被支付的抗辩"(exceptio non numeratae pecuniae)。戴克里先的一项被收入公元506年的《西哥特罗马法》(ed. Mommsen, Krüger, Studemend, iii, p. 234)的批复无可争辩地证明了它的存在，但这项新抗辩的功能是有争议的，因为所有其他的相关文本都是经过篡改的。我们在这里不能讨论各种被提出的理论，而是仅讲解我们自己的观点。假设允诺人通过要式口约允诺支付一笔钱，而这笔钱是提问人非要式地允诺要作为贷款提供给他的，后来提问人用基于要式口约的诉讼起诉允诺人，但被告抗辩说，他没有收到过这笔贷款。在盖尤斯时期（Gai. 4. 116），被告可以用欺诈抗辩来抗辩，但他必须证明该要式口约是出于消费借贷的原因做出的并且他实际上没收到这笔钱。根据这项新的“金钱未被支付的抗辩”，是原告要去证明他已经把这笔贷款提供给允诺人，即使允诺人已经在书面上承认收到这笔贷款。这项特权式的抗辩仅在一年内有效；在这个时间过去之后，允诺人只能依靠欺诈抗辩，并且证明责任由他承担。情况几乎不可能不是这样。皇帝不可能废除了没有时间限制的欺诈抗辩。只有在提问人提起诉讼时这项金钱未被支付的抗辩才能起作用，而提问人可以延迟到这一年结束之后才提起诉讼。如果没有欺诈抗辩，允诺人面对这种诡计时便不受保护，因为他不能强迫提问人在这一年结束之前提起诉讼，他也不享有可以要求提问人免除其义务的诉讼（请求免除之诉〔condictio liberationis〕）。这就是古典晚期的“金钱未被支付的抗辩”。戴克里先赋予它 5 年，优士丁尼 2 年。但是优士丁尼的汇编者融合了金钱未被支付的抗辩和欺诈抗辩，因此在优士丁尼法下，在 2 年期限过后，被告不再享有欺诈抗辩。如果提问人在这个期限内不起诉他，允诺人可以（在优士丁尼法下）在两年期限内起诉提问人以免除自己的债务（请求免除之诉）。

813. 责任　允诺人对故意（dolus）和过失（culpa）负责。如果他因故意或过失没有在适当的时间履行债务——“如果不履行可归因于他”（si

per eum steterit quominus solveretur）——那么他便陷入债务人迟延（in mora）。假设允诺人有义务在 7 月 1 日提供一个特定的奴隶（斯蒂库斯），他忘了这个日期并以为是在一周以后才到期。那么从 7 月 2 日开始他陷于迟延，因为不能认为债务人迟延只包括恶意迟延履行债务。因此允诺人对不作为的过失（culpa in non faciendo）负责。如果允诺的是金钱或者其他可替代物（比如一定数量的小麦），那么迟延（mora）没有法律效果；审判员无权因迟延而判罚利息。但是，在特定物的要式口约（stipulatio certae rei）的情况下（关于“不特定物的要式口约”〔stipulatio incerta〕，例如建造一座房屋，我们一无所知），迟延的债务人要对意外事件负责。如果允诺的是“交付斯蒂库斯”（stichus dari），而在一些日子之后斯蒂库斯在一次事故中死亡，那么债务消灭。但如果斯蒂库斯在事故中死亡时允诺人已经陷于迟延，那么债不受影响，债被永久化（perpetuatur obligatio）；尽管斯蒂库斯已经不再存在，提问人仍然可以用通常的程式（上文边码 809）“如能证明努梅里乌斯·内格底乌斯应向奥鲁斯·阿格里乌斯给付奴隶斯蒂库斯”（si paret Numerium Negidium Aulo Agerio Stichum dare oportere）起诉允诺人，并可以获得损害赔偿。除了迟延之外，允诺人仅对故意以及在进行一项积极行为时对过失负责（“作为的过失”〔culpa in faciendo〕）。因此，如果债务人欠负一个特定的奴隶，但他解放了他，那么他是有责任的；如果他鞭打这个奴隶并且不小心把他打死，那么他同样是有责任的——“如果不履行可归因于他；债被永久化”（per eum stetit quominus solveretur; obligatio perpetuatur）。但如果在这个奴隶生病时他没有去照顾他，然后这个奴隶死亡，那么债消灭。

原始文献

s. 805. Read Gai. 3. 92, 93; *D.* (45. 1) 1. 4 [*nisi in decem*]; [*licet* ... *inesse*]; Paul. *Sent.* (2. 3) 1; (5. 7) 1; (5. 7) 2, first sentence; *C.* (4. 32) 1; *D.* (45. 1) 137 pr. [*ut tamen* ... *possit*]; [*ceterum* ... *spopondisset*]; *D.* (45. 1) 65, *sed* [*et*] *si*; [*non*] *obesse*; *<non> obligaberis*; *<non obligaberis>*.

s. 807. Read *C.* (4. 2) 14; *D.* (13. 5) 24 to *successisse*.

s. 808. Read Paul. *Sent.* (5. 7) 2; *D.* (2. 14) 7. 12 [*non tantum* ... *paciscentium*]; *D.* (45. 1) 1 (heavily interpolated) with Riccobono's commentary, *Z* xxxv (1914), 247 ff. and Index Interp.; *C.* (8. 37) 10 and 14; *Inst. Iust.* (3. 15) 1; (3. 19) 12; (3. 20) 8.

s. 809. For the Byzantine terminology see *D.* (13. 3) 1 pr. (spurious); (46. 2) 12 vv. [*condictione incerti* ... *esset*]; *Inst. Iust.* (3. 15) pr.

s. 811. Read Gai. 4. 116; *D.* (19. 1) 25, first sentence with Schulz, Principles, 94 n. 3; Gai. 4. 126*a*.

s. 812. Read Gai. 4. 116 with *Inst. Iust.* (4. 13) 2 and note that the compilers substituted *pecuniae non numeratae* to *doli*; *C.* (4. 30) 3 [*seu doli seu*]; Diocletian's rescript in Mommsen, Krüger, Studemund, Collectio librorum, iii. 234.

s. 813. Read *D.* (22. 1) 32 pr. [*id est* ... *solverit*]; (44.7) 45; (12. 1) 5; (46. 3) 33. 1, first sentence; (45. 1) 91 pr. (substantially classical); (45. 1) 91. 3 (substantially classical).

参考文献

s. 805. Weiss, *PW* iiia, 2540 ff.; Riccobono, *Z* xxxv (1914), 243 ff.; Brandileone, 'La stipulatio nell' età imperiale romano e durante il medievo', *Scritti di storia del diritto privata italiano,* ii (1931), 419 ff.; Kaser, *Altröm. Jus.* (1949), 256 ff. On the etymology see A. Walde, *Lat. Etym. Wörterbuch* (1910), vv. 'stipo' and 'stips'; Ernout-Millet, *Dictionnaire étym. de la langue lat.* (1939), v. 'stipulari'; Weiss, l.c.; Beseler, *Beiträge,* iv (1920), 107; *Z* xlv (1925), 430; Kaser, *Altröm. Jus.* (1949), 267.*

s. 806. Beseler, *Z* lvi (1936), 195.

s. 807. Schulz, *History* (1946), 25.

s. 808. Riccobono, *Z* xxxv (1914), 214 ff.; xliii (1922), 262 ff.; 'Punti di vista critici', *Annali Palermo,* xii (1928), 522 ff.; Brandileone, l.c. and against him Riccobono, *Annali Palermo,* l.c. 540 ff.; Taubenschlag, *Law of Greco-Roman Egypt* (1944), 299.*

s. 809. Lenel, *Edict.* (1927), §§ 95, 55. Robbe, 'L'autonomia dell' actio certae creditae pecuniae e la sua distinzione della condictio', *SD* vii (1941), 35 ff. (not acceptable).*

s. 812. H. Kreller, 'Zur Geschichte der exceptio non numeratae pecuniae', *St. Riccobono,* ii (1936), 283 ff., with references; H. Krüger, 'Querella non numeratae pecuniae', *Z* lviii (1938), 1 ff.; Lemosse, *St. Solazzi* (1948), 470 ff.

s. 813. Siber, *Z* xxix (1908), 47 ff.; Gradenwitz, *Z* xxxiv (1913).

255 f.; Genzmer, *Z* xliv (1924), 86 ff., 92 f., 118 ff., 121 ff.; Montel, *La mora del debitore* (1930, not available, but see Felgenträger's review, *Z* li (1930), 523 ff.); Arangio-Ruiz, *Responsabilità contrattuale in diritto romano* (2nd ed. 1933), 9 ff.; Guarneri Citati, *Annali Palermo,* xi (1923), 229 ff., 269 ff.; Beseler, *Z* lvi (1936), 77.

三、要式口约的特别类型

814. 一般特征

我们现在将要考查一系列要式口约的特殊类型，它们具有普遍意义。调整这些要式口约的法律是在共和国时期发展起来的，因此带有明白无误的共和国法学的标识：形式主义、简单、清晰。唯一的例外是关于“诚信同意”（fideiussio）的法律，它起源于共和国末期或元首期早期。

698

（一）更新

815. 概念和类型

被称为“更新”（novatio）的古典制度是一项要式口约，它如果完全发生效力就会用一项新债来替代一项已经存在的债。让我们来考察可归到这个概念下的各种不同情形。

1. A 和 B 订立一项买卖合同，后来他们做出一项要式口约：A（卖方）问 B：“对于你根据买卖合同欠负我的东西，你庄重地允诺要向我给付吗？”（Quod tu mihi debes ex vendito dari mihi spondes）B 回答：“我庄重地允诺”（spondeo）。法律后果是什么呢？现代法学家可能会说：此时存在两项债，一项源自买卖，另一项源自要式口约，但如果它们中的一项被履行，另一项也自动消灭。共和国和古典的规则跟这个说法是不一样的：“买卖合同之债”（obligatio ex

vendito）消灭，“要式口约之债”（obligatio ex stipulatione）取代其位置，而不管当事人是否有更新的意思（animus novandi）。新债不同于旧债，因为卖物之诉是一种诚信诉讼，而基于要式口约的诉讼不是。

如果 B 从 A 获得 100 作为贷款，然后通过要式口约约定要偿还这笔金额，那么消费借贷之债消灭，只存在要式口约之债，当然，消费借贷引起的诉讼和该要式口约引起的诉讼一样，即特定金额借贷之诉（actio certae creditae pecuniae，上文边码 809），但是要式口约之债不同于消费借贷之债，因为只有要式口约之债才能通过要式免除（acceptilatio）来解除（Gai. 3. 169）并可由“庄重允诺”（sponsio）或“诚信承诺”（fidepromissio）来担保（Gai. 3. 119；下文边码 845）。因此这项新债给债权人带来了新的好处，这项更新出于这个原因是有效的。然而，如果 B 因要式口约欠负 A 100，然后通过另一个要式口约向 A 允诺这相同的 100，那么后者显然是无效的，至少在古典法下是这样的。因为它没有引入之前的要式口约中没有包含的东西（Gai. 3. 177）。如果第二项要式口约中包含一个之前的要式口约中没有的日期（dies）或条件（condicio），那么它当然有效。

多项债可以由同一个要式口约更新，因此，允诺人在要式口约做出时对提问人所负的全部债可以“因同一个行为”（uno actu）更新。为了满足这种情形的需要，阿奎利乌斯·加鲁斯（Aquilius Gallus）——西塞罗的一个朋友，开创了一个先例，即所谓的“阿奎利亚纳要式口约”（stipulatio Aquiliana）。

2. D 因买卖、消费借贷或要式口约欠负 C 某物。后来，B 通过要式口约向C允诺要把D欠C的东西给C。现代法学家可能又会说，D和B现在都是C的债务人，但如果他们当中的任何一个人向债权人清偿，那么另一个人也免除了债务。然而，在共和国和古典法下，这也是更新的一种情形，不管当事人是否有更新的意思；因此，此时只有B是C的债务人，并不要求D的同意，因为B同样可以不经D的同意向D的债权人清偿。在这种情况下，新债总是包含新的东西，即一个新的债务人。

3. D因买卖、消费借贷或要式口约欠负C某物，后来D通过要式口约向B允诺把D欠C的东西支付给他。只要C做出同意（非要式地表达即可），这也是一种更新。因此C丧失其债权，而B此时单独为D的债权人，不要求特别的更新的意思。

816. 更新的意思　显然，这些是非常简单但也是非常形式主义的规则。后古典的法学家要求更新的意思；优士丁尼走出了更远的一步，更新只有在当事人明确宣布他们的更新的意思时才会发生。大量提到更新的意思的古典文本是经过篡改的，盖尤斯根本不知道它。

现在我们必须提供一些额外的规则。

817. 之前的债和新债　1. 假设要式口约是这么做出的：“对于提提乌斯欠负我的东西，塞尤斯，你庄重地允诺将向我给付吗？我庄重地允诺”（Quod Titius mihi debet tu, Seie, mihi dari fieri spondes? Spondeo）。如果提提乌斯实际上什么也没有欠负，那么塞尤斯也什么也不欠负。而如果提提乌斯欠负了某些东西，但可以通过抗辩使得债权人的诉讼无效，那么塞尤斯也可以利用这些“抗辩”。

2. 之前的债终止，那么债权人的所有附属权利（保证人和“质押或抵押”）也终止。

3. 在共和国法下，无论如何，根据塞尔维乌斯·苏尔皮修斯的理论，即使新债不成立，旧债也会消灭；似乎债权人被视为已经放弃其债权。古典法学家通过如下非常人为的区分缓和了这项严苛的规则：

(1) 如果更新所使用的要式口约是一项“不存在的要式口约”，那么之前的债仍不受影响。如果不遵守要式口约的一般形式，当然会发生这种情况。如果允诺人是异邦人但使用了“spondeo”这个词（这个词只能由罗马市民使用，上文边码 805）或者他是一个奴隶，也会发生这种情况。

(2) 但是，如果在更新所使用的要式口约中，允诺人是一个未适婚人或女性，在未经监护人同意时做出了允诺，那么原债务也消灭。该要式口约不是一项“不存在的要式口约”，尽管未适婚人或女性所做的允诺无效，并且不产生新债。

818. 功能

古典的更新实质上就像是一项代物清偿（datio in solutum）那样起作用，原债的债权人接受了并不欠负他的清偿。如果在更新所使用的要式口约中，提问人不是原债的债权人，那么这种更新就是古典法中不存在的债权让与的替代。如果更新所使用的要式口约中做出允诺的不是原债的债务人，更新就是承担了古典法中缺失的债务转移的功能。

819. 文字合同？必要更新？

显然，更新只能通过要式口约进行；无论如何盖尤斯仅提到这种方式。一般认为所谓的文字合同（下文边码 870）也可以用作更新，这是可能的，但不确定。此外，现代学者通常说，证讼也起到更新的作用（所谓的“必要更新”，以区别于通过要式口约进行的“自愿更新”），即原先的债被证讼消耗掉了。实际上，盖尤斯在关于更新的部分(Gai. 3. 180, 181)的后面立即论述债因证讼而免除，但他没有将其归为更新。他提到这句共和国的格言：

> “债务人在证讼前应被给付；
> 在证讼后应当被判罚；
> 在被判罚给付之后应当履行判决。”
> (ante litem contestatam dare debitorem oportere;
> post litem contestatam condemnari oportere;
> post condemnationem iudicatum facere oportere.)

然而，“应当被判罚”(condemnari oportere)肯定不意味着被告方面的一项债。此外，质押或抵押在对人诉讼中并不因为证讼而丧失。必要更新的观念显然是古典法学家所陌生的，应当被完全抛

702 弃，尽管我们已经在一些前优士丁尼的后古典文献中遇到过它。

(二)为他人进行要式口约

820. 为第三人利益合同 现代学者由于长期习惯于“为第三人利益合同”的概念，不由自主地会问，这种合同是否以及在多大程度上在罗马法上是有效的。然而，这种合同(包含各种不同情形)的一般概念不为古典法学家所知，而且对分析古典法也没有帮助。

821. 没有人能为他人进行要式口约 1. B 通过要式口约向 A 允诺，要向一个第三人(提提乌斯)支付一笔钱。在古典法下，这项要式口约绝对是无效的，提提乌斯和 A 都不享有针对 B 的诉讼。如果 A 是提提乌斯的奴隶或处于其权力下的儿子：那么在这种情况下，提提乌斯，并且只有他自己成为债权人，并取得基于要式口约的诉讼。这项规则是盖尤斯明确陈述的：

Gai. 3. 103："如果我们通过要式口约约定受领给付的人，我们不处于其权力之下，那么这种要式口约也是无效的"（inutilis est stipulatio, si ei dari stipulemur, cuius iuri subiecti non sumus）。

Gai. 3. 163："在讲解完产生于合同的这些债的种类之后，我们应当指出，我们不仅可以通过我们自己取得，还可以通过处于我们的支配权、夫权和要式买受权下的人取得"（Expositis generibus obligationum, quae ex contractu nascuntur, admonendi sumus adquiri nobis non solum per nosmet ipsos, sed etiam per eas personas, quae in nostra potestate, manu mancipiove sunt）。

任何想要推翻这项陈述的尝试都是徒劳的："他人的要式口约"（stipulatio alteri）是完全无效的，除非提问人是该第三人权力下的人。我们肯定不能说，要式口约只有在涉及对第三人的一项有约束力的债时才是无效的。我们也肯定不能说，要式口约可以由提问人强制执行，如果他对要式口约的履行有利益。这是最糟糕的一种逃避现实的行为；这样的解释无法与盖尤斯的文本相协调。

2. 罗马法学者不断地寻找这项古典规则背后的理由。当然，不是提问人对该要式口约无利益导致"他人的要式口约"无效，因为这样的一种利益在实践上总是存在的。甚至没有任何一个理智的人会在要式口约对自己无利益的情况下为第三人的利益在要式口约中担任提问人；即使他只是想对该第三人进行一项赠与，这也是 822. 古典规则的理由一种合理的利益。古典法学家不可能忽略这一点。另一方面，一个为其主人的利益而在要式口约中提问的奴隶，即使缺乏利益，他的要式口约还是有效的。真正的原因仅仅是：古典私法原则上排除直接代理；这项原则在这个著名的格言中得到非常不充分的表达："不能通过家外人为我们取得"（per extraneam personam adquiri nobis non potest）。从这句格言立即可以得出的是，允诺人对第三人无义务并且后者对其不享有诉讼。但这句格言进一步蕴含着，任何试图为第三人创设权利的要式口约都是完全无效的。这样一种要式口约在共和国法学家眼里（因为我们把这项关于"为他人进行要式口约"的规则追溯到昆图斯·穆齐乌斯）是"他人的要式口约"，因为根据其用语，其唯一的目的似乎是让允诺人对第三人负有义务。共和国法学家可能还没有区分"为他人进行要式口约"和以第三人名义"进行要式口约"（直接代理）；实际上，这项微妙的区分迷惑了后来许多个世纪的法学家。因此，"没有人能为他人进行要式口约"（alteri stipulari nemo potest）原则是反对直接代理的一般规则的一个结果。例外的情形使得这点非常清楚，因为一旦直接代理被允许，"他人的要式口约"就是有效的（也就是说，当提问人处于第三人的权利之下时）。

704

823. 其他被禁止的合同

3. 如果这个解释是对的，那么由此得出的结论是：如果违反了这项反对直接代理的一般规则，那么不仅是要式口约，任何其他合同也都是无效的。

一个丈夫明确地以其妻子的名义签订了一份买卖合同，该合同是无效的，丈夫和妻子均不享有诉讼。如果 A 由于寄存把某物交给 B，并约定他应该将该物返还给提提乌斯，该合同是无效的。A 给 B

一笔钱，并约定B应将其视为由提提乌斯提供的贷款，而提提乌斯对整件事情一无所知。这个合同是无效的，但提提乌斯对B享有无原因的请求给付之诉。

4. 另一方面，不违反这项原则的合同是有效的，尽管它们可以被现代法学家视为为第三人利益合同。 824. 有效的为第三人利益合同

（1）“为他人的委托”（mandatum aliena gratia）是有效的（Gai. 3. 155）。假设A通过一项合同委托B把一笔钱支付给提提乌斯。直接代理在这里是不存在的，因为B没有向A允诺要把钱支付给提提乌斯，而只是允诺进行A可以随时撤回的委托。

（2）“你庄重地允诺，如果你不向提提乌斯支付100，就向我支付100吗？”（centum mihi dari spondes si Titio centum non dederis？）这项要式口约是有效的，因为不涉及直接代理。

（3）A和B签订了一份承揽合同（locatio conductio operis），其中，承揽人B允诺在A的土地上建造一栋房子。然后，B为此目的雇佣工人。这些合同当然是有效的。B也可以和一个建筑师签订一份承揽合同，其中后者向B允诺在A的科尔内利安土地上建造一栋房子。B甚至可以订立一项要式口约，让该建筑师做出上述允诺。所有这些为第三人利益的合同都是有效的，因为B显然不是作为A的直接代理人行事。

（4）“你庄重地允诺向我和提提乌斯支付100吗？”（mihi et Titio 100 dari spondes？）允诺人仅对提问人负有义务。问题仅仅在于他可以主张100还是只能主张50（Gai. 3. 103）。

（5）“你庄重地允诺向我或者提提乌斯支付吗？”（mihi aut Titio dari spondes？）允诺人仅仅对提问人负有义务，但他有权向提提乌

斯支付（作为一项“附加的清偿原因”），并因此免除其对提问人的债务。

(6) A 寄存某物在 B 处，并约定，寄存人 A 可以要求寄存物；在 A 死后，提提乌斯可以要求寄存物。这项合同是有效的，但只有 A 自己可以要求寄存物，在他死后，他的继承人可以要求寄存物。

825. 附要求的赠与

5. A 对 B 做出一项赠与，该赠与附带一项非要式的协议：B 应在特定的时间过后把标的物转赠给提提乌斯。这是一种所谓的“附要求的赠与”（donatio sub modo，下文边码 974），A 和提提乌斯都不享有可强制执行该协议的诉讼。但在古典盛期（二世纪末和三世纪），皇帝谕令“基于仁慈的法律解释”（benigna iuris interpretatione）赋予提提乌斯一项诉讼（*Fr. Vat.* 286）；在古典时期，这种情形仍是例外。

6. 优士丁尼法在两个主要细节上不同于古典法。

826. 优士丁尼法

(1) “没有人能为他人进行要式口约”原则得到保留，但此时它建立在一个假设之上，即提问人方面通常无利益。如果一项“他人的要式口约”（stipulatio alteri）由提问人为了使自己免除他对第三人的一项债务而订立，那么它被视为有效，因为提问人有合理的利益。

(2) 在一系列情形中，优士丁尼赋予第三人一项诉讼。包含这项诉讼的所有古典文本都是经过篡改的，只有唯一一个例外是涉及我们刚刚提到的“附要求的赠与”（*Fr. Vat.* 286= *C.* 1. 8. 54. 3）。有可能是这个例外的古典情形鼓励汇编者为第三人提供一项诉讼；由债务人负担的遗产信托（fideicommissum a debitore relictum）离得太远。

（三）“同一个要式口约的多个提问人和承诺人”（plures rei stipulandi et promittendi）

在同一个要式口约中，两个或更多的人可以作为提问人或允诺人，这种要式口约必须以如下方式做出： 827. 这种要式口约的方式

1. 麦维乌斯（Maevius）和塞尤斯问提提乌斯：

梅维乌斯：你庄重地允诺向我支付 10 块钱吗？

塞尤斯：你庄重地允诺向我支付同样这 10 块钱吗？

提提乌斯：你们两个我都允诺支付。

（Maevius：Decem mihi dari spondes？

Seius：Eadem decem mihi dari spondes？

Titius：Utrique vestrum dari spondeo.）

这种要式口约的法律后果是现代法学家所说的“积极连带”。麦维乌斯和塞尤斯都可以向提提乌斯主张 10 块钱，但是如果提提乌斯向麦维乌斯支付了 10 块钱，那么他对塞尤斯的债务也免除了。如果麦维乌斯通过“要式免除”（acceptilatio）免除了提提乌斯的债务，那么两项债都不再存在。如果麦维乌斯起诉提提乌斯，那么两项债都会被“证讼”的消耗力消灭。

2. 提提乌斯问麦维乌斯和塞尤斯：

提提乌斯：麦维乌斯，你庄重地允诺向我支付 10 块钱吗？
塞尤斯，你庄重地允诺向我支付同样这 10 块钱吗？

麦维乌斯和塞尤斯：我庄重地允诺。

（Titius：Maevi, decem mihi dari spondes？

Sei, eadem decem mihi dari spondes？

Maevius et Seius：Spondeo.）

这种要式口约的法律效果是现代学者所说的“消极连带”。麦维乌斯和塞尤斯都欠提提乌斯 10 块钱，但是如果麦维乌斯支付了 10 块钱，那么两项债都解除。而如果提提乌斯通过“要式免除”免
828. 连带性
除了麦维乌斯的债务，那么塞尤斯的债务也被免除。甚至，如果提提乌斯起诉麦维乌斯，那么两项债都被证讼消灭。

这些类型的整体性（solidarity）被十九世纪的罗马法学者称为连带性（积极的连带性和消极的连带性），以区别于“简单的整体性”
708
（simple solidarity），即一个提问人或一个允诺人的证讼不会影响其他的债。这个术语在我们的法源中完全没有，“correus”仅出现过一次（*D*. 34. 3. 3. 3），并且不是在一种技术性意义上使用。

829. 连带性的范围
是否，如是，则在多大程度上，连带性在古典法下可以通过其他方式设立——通过其他合同，例如，使用借贷或寄存，或者甚至不在合同范围内，又如，间接遗赠或盗窃（例如，一项被窃物请求给付之诉可以针对两个小偷中的每一个）——是一个关键问题，我们在这里甚至不能论及。相关的文本是篡改过的，迄今为止关于古典法还没有达成一致意见。然而，必须谨记的是，在古典法下，同一类型的两个或多个惩罚诉讼总是可以叠加的（上文边码 73）。因此，在这个领域不存在连带性也不存在“简单的整体性”。汇编者在一些情形中把古典的叠加性缓和为整体性（下文边码 977）。

优士丁尼废除了证讼在古典的消极连带情形中的消耗力，因此将其变成了简单的整体性。关于积极连带，古典法显然被保留了。 830. 优士丁尼的改革

（四）副要式口约

副要式口约（adstipulatio）按如下方式进行： 831. 概念和形成

麦维乌斯：提提乌斯，你庄重地允诺向我支付 10 块钱吗？

提提乌斯：我庄重地允诺。

塞尤斯（在麦维乌斯的同意下问）：提提乌斯，你庄重地允诺向我支付这同样的 10 块钱吗？

提提乌斯：我庄重地允诺。

（Maevius：Titi, decem mihi dari spondes？

Titius：Spondeo.

Seius：Titi, eadem decum mihi dari spondes？

Titius：Spondeo.）

这第二个要式口约被称为副要式口约，塞尤斯被称为“副提问人”。“副要式口约”附属于之前的完整的要式口约并为了那个提问人的利益而被增加。

1. 这两个提问人不是同一个要式口约的多个提问人，因为不存在行为一体性（unitas actus，参见上文边码 827），副要式口约在主要式口约已经通过提提乌斯的第一个“spondeo”完成之后才开始进行的。在古典时期，副要式口约立即接着之前进行的要式口约进行，但是在间隔一点时间之后再进行，也没有法律上的反对意见。副提问人还可以使用跟主提问人不一样的用语：例如，他可以 832. 提问人和副提问人

问“你承诺吗(promittis)?”而主提问人使用的是“你庄重地允诺吗(spondes)?”

833. 副要式口约的附属性

2. 副要式口约附属于主要式口约，而不是附属于主债。主要式口约必须先进行，并且要正确遵守要式口约的形式(上文边码805)，但即使主要式口约并未成功设立一项债，副要式口约也有效。

考虑如下情形：

麦维乌斯：提提乌斯，你庄重地允诺在我死后向我支付10块钱吗?

提提乌斯：我庄重地允诺。

塞尤斯：提提乌斯，你庄重地允诺向我支付同样这10块钱吗?

提提乌斯：我庄重地允诺。

(Maevius：Titi, decem mihi post mortem meam dari spondes?

Titius：Spondeo.

Seius：Titi, eadem decem mihi dari spondes?

Titius：Spondeo.)

主要式口约无效，因为“提问人死后的要式口约”(stipulatio post mortem stipulatoris)是无效的(Gai. 3. 100)，但副要式口约是有效的。盖尤斯甚至告诉我们，在他那个时代，这几乎是使用副要式口约的唯一的情形(Gai. 3. 117)。

副要式口约的附属性被以下规则清楚地揭示出来：副提问人提

问的数额可以少于但从来不能多于主提问人。

3. 副要式口约没有更新(novatio, 上文边码 815 以下)的效果。如果第二个提问人问:"提提乌斯, 你庄重地允诺向我给付你欠麦维乌斯的东西吗?"(Titi, quod debes Maevio id mihi dari spondes?)这应该是更新(上文边码 815), 但这个表述在副要式口约中是会被小心避免的。 834. 与更新相对比

4. 如果一项债由主要式口约引起, 副要式口约则增加第二项债, 此时允诺人同时是任何一个提问人的债务人。这是积极整体性的一种情形(上文边码 827)。允诺人只需要支付一次; 如果他向其中一个提问人进行了支付, 那么两项债都解除; 如果其中一个提问人通过"要式免除"免除了允诺人的债, 效果也是一样。因为"要式免除"被视为一种"假装进行的清偿"(Gai. 3. 169)。另一方面, 副提问人和主提问人都可以向允诺人主张履行。这使得如下规则显得非常清楚: 副要式口约只能在原债权人的非要式的同意下进行, 就像通过一个新的提问人进行的更新一样, 只能在原先的债权人的同意下进行(上文边码 815. 3)。 835. 积极整体性

5. 关于证讼, 由于缺乏资料, 我们无法说任何确定的东西。似乎不存在连带性, 两个债权人中的一个进行的证讼不影响另外一个。同样, 两项债中的一项进行更新也不会影响另一项(*D*. 45. 2. 2 处理的是同一个要式口约的多个提问人而不是副要式口约)。 836. 证讼和更新

6. 副提问人是一种受托人, 出于这个原因, 他的权利是严格个人性的, 并且不能转移给其继承人。奴隶可担任提问人, 并因此为其主人取得, 但他不能担任副提问人。处于权力之下的儿子可以作为副提问人, 但其父亲不能取得副要式口约引起的诉讼; 它为这 837. 副提问人是一种受托人

个儿子保留着，直到其成为自权人。副提问人必须为主提问人的利益行事，如果允诺人向副提问人清偿，那么后者有义务将其收到的金额交给主提问人，主提问人在古典法下对副提问人享有委托之诉（Gai. 3. 111）。如果副提问人通过“欺诈主提问人的要式免除”（acceptilatio in fraudem stipulatoris）免除了允诺人的债务，那么主提问人针对副提问人享有一项由《阿奎利亚法》第二章引入的特别诉讼（下文边码 1005）。当然，在该法制定的时候，那项委托之诉还不存在（Gai. 3. 215）。在古典法下，这项阿奎利亚法诉讼实际上是多余的，但它还是被保留下来，因为它意味着主提问人的一项好处：否认诉讼会导致标的增加为双倍（lis infitiando crevit in duplum，下文边码 1009）。*D.* (9. 2) 27. 4 的叙述：“该法的第二章已经不再使用了”（Huius legis〔scil. Aquiliae〕secundum quidem capitulum in desuetudinem abiit）必须被认为是一项大胆的篡改，而不是乌尔比安的文本。

838. 消失　7. 副要式口约在公元二世纪末已经奄奄一息，并在后古典时期完全消失。在我们的所有后古典资料中都没有它，包括优士丁尼的法律汇编。在一些公元二世纪的埃及纸莎草中，学者们辨别出副要式口约，但这些要式口约与真正的罗马的副要式口约没有联系。罗马的副要式口约在埃及几乎不为人所知，更不用说实践了。

（五）附属庄重允诺和附属诚信承诺

839. sponsio（术语）　“sponsio”（庄重允诺）在其广义上是指当事人使用了“spondere”一词的所有要式口约；在狭义上是指通过一项使用“spondere”一词的要式口约来创设的一种保证。在这里我们仅涉及狭义的“sponsio”，我们将其称为“附属庄重允诺”。这种附属庄重允诺是一种古老的共和国制度，在古典时期仍仅限于罗马市民使用，异邦人不能进行任何类型的“sponsiones”（上文边码 805）。

“spondere”这个词肯定与希腊词“σπένδειν”同源。这个希腊词是指“倒出一杯奠酒”和“订立一份合同”。合同原本通过饮一杯葡萄酒来庆祝（Jacob, Grimm, *Deutsche Rechtsaltertümer*, i, 1899, 263 f.），这杯葡萄酒在古代意指一杯奠酒，但这项形式在共和国时期早就被遗忘了。把“spondere”和“pendere”（思考）联系在一起肯定是错误的，因为在“sponsio”当中根本没有机会考虑。

840. fidepromissio（术语）

另一种不那么古老的共和国保证形式是“fidepromissio”（诚信承诺）。在广义上，“fidepromissio”是指当事人使用了“fidepromitto”这个词的所有要式口约；在狭义上，它是指一种保证，我们将称其为“附属诚信承诺”。这种保证形式可以由异邦人和罗马人使用。

841. 关于附属庄重允诺和附属诚信承诺的法

附属庄重允诺和附属诚信承诺都受同样的规则规制（不考虑《普布里利亚法》，参见下文边码 854）。为了简洁的缘故，我们因此可以将接下来的描述限定于附属庄重允诺。读者必须全程记住，我们的说明也可以适用于附属诚信承诺，除非明确指出不适用。

842. 形式

附属庄重允诺以如下方式做出：

提提乌斯：麦维乌斯（主债务人），你庄重地允诺向我支付10块钱吗？

麦维乌斯：我庄重地允诺。

提提乌斯：塞尤斯（保证人），你庄重地允诺向我支付同样这10块钱吗？

塞尤斯：我庄重地允诺。

（Titius：Maevi, decem mihi dari spondes？

Maevius：Spondeo.

Titius：Sei, eadem decem mihi dari spondes？

Seius：Spondeo.）

第二项庄重允诺是附属庄重允诺；在附属诚信承诺的情况下，当事人在附属要式口约中用"fidepromittere"这个动词替代"spondere"。

843. 附属诚信承诺

附属庄重允诺和附属诚信承诺显然是副要式口约（上文边码831）的对应物；在后者当中，有一个第二提问人，即副提问人；在前者当中，有一个第二允诺人，即副承诺人。

714 副承诺人（包括附属庄重允诺人和附属诚信承诺人）是共和国法学所知道的术语，就像费斯图（Festus, v. adpromissor [Bruns, Fontes, ii, p. 2]）所表明的那样，但它是否仍为古典法学家使用则是有疑问的。它在我们的法律原始文献中仅出现三次（*Voc. Iur. Rom.* i. 256），这三个文本都是不可靠的。

这个对应关系是很重要的，应牢牢记住：读者应在其具体细节上比较接下来的论述和我们在前面关于副要式口约所说过的话（上文边码831以下）。

844. 不是同一个要式口约的多个承诺人

1. 主债务人和附属庄重允诺人不是"同一个要式口约的多个承诺人"，就好像主提问人和副提问人不是"同一个要式口约的多个提问人"。附属要式口约在主债务人的要式口约后面进行；它们不是结合在同一个行为当中(不具有“行为一体性”)。附属庄重允诺甚至可以在间隔很长一段时间之后进行,并且可以在形式上与主要式口约不同。

提提乌斯:麦维乌斯,你承诺向我支付 10 块钱吗?

麦维乌斯:我承诺。

提提乌斯:塞尤斯,你庄重地允诺向我支付同样这 10 块钱吗?

塞尤斯:我庄重地允诺。

(Titius:Maevi, decem mihi dari promittis?

Maevius:Promitto.

Titius:Sei, eadem decem mihi dari spondes?

Seius:Spondeo.)

2. 像副要式口约一样,附属庄重允诺附属于主要式口约,而不是附属于主债务。 845. 附属特征

(1) 总是要求有一项主要式口约,因此,由一项合意买卖合同引起的债不能通过附属庄重允诺来担保,除非它先通过更新转换成一项言辞之债。

(2) 如果主要式口约没有引起一项债产生,那么附属庄重允诺仍然是有效的。

提提乌斯:麦维乌斯,你庄重地允诺在我死后向我支付 10

块钱吗？

麦维乌斯：我庄重地允诺。

提提乌斯：塞尤斯，你庄重地允诺向我支付这同样 10 块钱吗？

塞尤斯：我庄重地允诺。

（Titius：Maevi, decem mihi post mortem meam dari spondes？

Maevius：Spondeo.

Titius：Sei, eadem decem mihi dari spondes？

Seius：Spondeo.）

这项主要式口约无效，因为一项“在提问人死后给付的”（post mortem stipulatoris dari）要式口约是无效的（Gai. 3. 100），但这项附属庄重允诺是完全有效的（Gai. 3. 119）。或者，如果主要式口约中的允诺人是一个未适婚人或女性，在未经监护人同意的情况下做出要式口约，未适婚人和女性都免于债务，但保证人（庄重允诺人或诚信承诺人）受约束（Gai. 3. 119）。

（3）附属庄重允诺决不能超过主要式口约。如果主允诺人允诺了 10 块钱，附属庄重允诺不能允诺 20 块钱；这是符合逻辑的。当然，保证人可以只允诺 5 块钱（Gai. 3. 126）。

846. 不存在更新

3. 附属庄重允诺没有更新的效果。如果第二项要式口约这么进行：“你，塞尤斯，庄重地允诺向我给付麦维乌斯欠我的东西吗？”（quod Maevius mihi debet id tu Sei mihi dari spondes？）那么这会是一项更新（Gai. 3. 176），但在进行附属要式口约时会小心避免这种表述（Gai. 3. 116）。

4. 如果主要式口约引起一项债（这当然是正常的情形），附属庄重允诺增加第二项债，这是一种消极整体性的情形。 847. 消极整体性

（1）债权人可以向两个债务人中的任何一人主张整个债权；他甚至可以先向保证人主张，而保证人无权让他去向主债务人主张（庄重允诺人无先索抗辩权〔beneficium excussionis〕，参见下文边码 865）。当然，诚信要求债权人应首先尝试从主债务人那里获得清偿，如果他和保证人一样容易找到的话。如果债权人为了羞辱主债务人而恶意先请保证人清偿，那么主债务人对债权人享有一项侵辱之诉。 848. 无先索抗辩权

在一个像古罗马这样的相对较小的城市里，流言蜚语起到很大的作用。因此，如果债权人先请求保证人履行，那么主债务人破产的流言马上就会扩散（下文边码 1016）。

（2）如果保证人偿付了债权人，那么主债务人的债务免除，反之亦然。如果债权人通过"要式免除"免除了两个债务人中的一个，那么两项债都免除。因为"要式免除"是一种"假装进行的清偿"。 849. 偿付

（3）两个债务人中的一个人的迟延（mora）和过失不会影响另一个债务人。 850. 迟延和过失

假设 P 允诺"给付斯蒂库斯"（Stichum dari），附属庄重允诺人（S）允诺"给付同一个斯蒂库斯"（eundem Stichum dari）。

当 S 陷入债务人迟延，而该奴隶在事故中死亡。S 的债仍不受影响（"债被永久化"，参见上文边码 813），但 P 的债务被免除，因为此时对他而言交付该奴隶是不可能的，这不是他自己的过错引起

的。就像我们已经不断强调过的那样，附属庄重允诺人的要式口约是附属于主要式口约的，但他的债不是附属于主债的。因此，如果主债消灭（除了偿付和要式免除之外），附属庄重允诺人的债会继续存在。

如果P陷入迟延，而该奴隶死于事故，那么P的债务被永久化，但S被免除。从*D*(45. 1) 127的反面论证（argumentum e contrario）得出的相反观点几乎是不能成立的，因为该文本不可靠。

851. 证讼 5. 关于证讼的效果，我们必须从这个开始：主允诺人和附属庄重允诺人不是“同一项要式口约中的多个承诺人”（上文边码832），因此，在此也不存在连带性。如果债权人起诉主债务人，那么主债被证讼破坏，但附属庄重允诺人的债不受影响，因为其存在不依赖于主债的存在。如果债权人起诉附属庄重允诺人，那么他的债被证
718 讼破坏，但主债务人的债不受影响。同样，两项债中的一项发生更新也不会破坏另一项债。

852. 庄重允诺的个人属性 附属庄重允诺人的债具有严格的个人属性（就像副提问人的权利那样，参见上文边码837），它总是会因庄重允诺人的死亡而被破坏，并且不会转移给其继承人（Gai. 3. 120）。

853. 时效 7. 在一部不清楚日期（但肯定是公元前二世纪）的《富利亚法》（*lex Furia*）下，附属庄重允诺人的债务在两年时间过后免除。然而，这部法律仅适用于意大利（Gai. 3. 121, 122）。

854. 已偿付之诉、委托之诉和无因管理之诉 8. 如果庄重允诺人偿付了债务并在6个月中没有得到偿还，一部《普布里利亚法》（*lex Publilia*）赋予他一项针对主债务人的已偿付之诉。该法日期不详，但可能属于公元前二世纪。这项诉讼不能由诚信承诺人享有，但在古典法下，附属庄重允诺人和附属诚信承

诺人都享有一项委托之诉或无因管理之诉以获得偿还。

至此，我们仅考虑单个附属庄重允诺人和附属诚信承诺人的情形，现在我们必须考虑多个保证人（附属庄重允诺人和附属诚信承诺人）的情形。

855. 共同庄重允诺人的整体性和连带性

1. 两个或多个保证人可以在同一时间承担义务，或者通过“一个行为”（uno actu）或者一个接一个地承担；他们也可以在不同的时间承担义务（例如，一个今天，另一个明天）。他们中的每一个的庄重允诺都附属于主要式口约，这不需要进一步的解释。在每种情况下共同庄重允诺人（consponsores）都是整体的债务人。债权人可以向他们中的任何一个主张整个债权，但如果他们当中的一个人向债权人偿付了债务，另外的债务人也免除债务。

假设主债务人欠负 100，三个保证人 A、B、C 允诺“同样这 100 当中的 60”（eadem sexaginta dari）。那么债权人可以要求他们中的每一个人支付 60，但如果 A 支付了 60，B 和 C 的债务就免除，主债务人此时只欠负 40。

当共同庄重允诺人通过一个行为使自己承担义务（也只有在这种情况下），当然存在连带性，只要和其中一个保证人进行证讼，其他保证人就免除。

856. 分割恩惠

2. 这些规则被《富利亚法》修改，该法我们已经提到过（上文边码 853）。在该法下，债权人有义务把债的总额在债务到期时仍活着的保证人之间分割。

假设 A、B、C、D 是 60 债务的保证人，当债务到期时，D 已经死亡（上文边码 852），那么债权人只能向 A 主张 20，向 B 主张 20，向 C 主张 20。

然而，如前所述，《富利亚法》仅适用于意大利。在行省，这项古老的整体性在整个古典时期都存续；“基于被尊奉为神哈德良的信件的分割恩惠”（beneficium divisionis ex epistula divi Hadriani，下文边码 867）在古典时期从未扩展到庄重允诺和诚信承诺（Gai. 3. 121a 可能完全是伪造的；意大利被称为行省）。

857.《阿普雷亚法》 3. 在一部《阿普雷亚法》（*lex Apuleia*，比《富利亚法》早）下，支付了超出自己份额的债务的附属庄重允诺人和附属诚信承诺人可以要求其他保证人偿还超出部分。

如果 A、B、C 是 60 的保证人，A 偿还了全部，他可以从 B 要回 20，从 C 要回 20。

（六）诚信同意

这是像附属庄重允诺和附属诚信承诺一样由要式口约设立的
720 第三种保证形式，但与另外两种更老的形式有着根本性的不同。
858. 起源 诚信同意（fideiussio）的起源并不古老；我们只能追溯到拉贝奥。“fideiussio”和“fideiubere”这两个术语在恺撒和西塞罗以及更老的文献中完全没有；而且在我们所知道的所有“法律”（leges）当中都没有。因此，我们可以保险地假设，诚信同意是共和国晚期或帝国早期法学创造的，可能是塞尔维乌斯·苏尔皮修斯或者拉贝奥创造的。尽管如此，诚信同意是最现代的保证形式，它最终排挤了另外两种更古老的形式，这并不奇怪；在优士丁尼法中，只有诚信同意保留下来。

859. 特征 把诚信同意的法律特征与附属庄重允诺和附属诚信承诺相对照比较方便描述。

1. 与附属庄重允诺人和附属诚信承诺人不同，诚信同意人不允诺主债务人允诺的东西（他不是副承诺人，肯定从未被古典法学家这么称呼过，参见上文边码 843），而是他宣布自己对主债务的履行负责。让我们以如下方式显示差异：

<table>
<tr><th>附属庄重允诺</th><th>诚信同意</th></tr>
<tr><td>提提乌斯：麦维乌斯，你庄重地允诺向我支付 10 块钱吗？
麦维乌斯：我庄重地允诺。
提提乌斯：塞尤斯，你庄重地允诺向我支付同样这 10 块钱吗？
塞尤斯：我庄重地允诺。</td><td>提提乌斯：麦维乌斯，你庄重地允诺向我支付 10 块钱吗？
麦维乌斯：我庄重地允诺。
提提乌斯：塞尤斯，对于麦维乌斯欠负我的东西，你同意该债务得到你的诚信的支持吗？
塞尤斯：我以诚信同意。</td></tr>
<tr><td>（Titius：Maevi, decem mihi dari spondes？
Maevius：Spondeo.
Titius：Sei, eadem decem mihi dari spondes？
Seius：Spondeo.）</td><td>（Titius：Maevi, decem mihi dari spondes？
Maevius：Spondeo.
Titius：Sei, quod Maevius mihi debet, id fide tua esse iubes？
Seius：Fideiubeo.）</td></tr>
</table>

"fideiubeo"是指"iubeo debitum fide mea esse"，"我希望该债务得到我的诚信的支持"（我的诚信、可靠性、诚实、责任）。"iubere"被用作"velle"（希望）的同义词，就像"sic volo, sic iubeo"或"velitis iubeatis"。应当注意的是，"fidepromissio"（我诚信承诺）仅仅是"promitto"（我承诺）在文体上的变体；"fide mea spondeo"（我以我的诚信庄重地允诺；Pliny, *epist*. 1. 14. 10）只是在文体上不同于"spondeo"（我庄重地允诺）；在这两种情形下"诚信"（fide）都可以删掉的，但"fideiubeo"中的"fide"则是实质性的，

“fideiubeo”是“iubeo id fide mea esse”（我希望以我的诚信支持）的缩写。

2. 与另外两种更老的保证形式不同，诚信同意不是一项附属于主要式口约的要式口约，而是涉及一项附属于主债的债的要式口约，这项主债不是必须由要式口约设立。

让我们转到细节。

860. 主债的特征　1. 对于诚信同意，一项主要式口约是不要求的，主债可以源自任何其他原因，并且甚至一项自然债务（上文边码795）就足够了（Gai. 3. 119a）。在古典法下，只有侵权之债被排除在外，因为它们具有惩罚特征。

861. 主债不存在　2. 如果从一开始主债就不存在，那么诚信同意是无效的。

与附属庄重允诺和附属诚信承诺的对比特别明显，如果保证人担保的是一项主要式口约的话：

附属庄重允诺	诚信同意
主允诺人是未适婚人，他未经其监护人同意做出要式口约：附属庄重允诺有效。	主允诺人是未适婚人，他未经其监护人同意做出要式口约：诚信同意无效。
主允诺人是一个奴隶：附属庄重允诺无效（Gai. 3. 119）。	主允诺人是一个奴隶：诚信同意有效，因为奴隶是自然债务人（Gai. 3. 119a）。

862. 主债不再存在　3. 如果主债务后来被免除，诚信同意人的责任自动消灭。因此，如果债权人从主债务人那里获得偿付或者他通过“要式免除”免除了他的债务，那么诚信同意人的债务被免除。如果主债务因为更新或混同（例如债权人成为主债务人的继承人）被解除，诚信同意人的责任终止。如果债权人起诉主债务人并因此（通过证讼）消耗

了主债务，那么诚信同意人的责任也免除（*Paul. Sent.* 2. 17. 16）。如果主债务的履行非因主债务人的过错而变得不可能（例如，他欠负奴隶斯蒂库斯，但斯蒂库斯意外死亡），那么主债务人免除债务，但诚信同意人的责任也免除。甚至，如果该奴隶因诚信同意人的故意而死亡，不仅主债务免除（因主债务人对该死亡无责任），而且诚信同意人的债务也免除，因为附属性的债务不能在没有主债务时存在。在这种情况下，债权人对诚信同意人享有一项欺诈之诉。然而，如果该奴隶因附属庄重允诺人的故意死亡，那么主债务免除，因为主债务人对该死亡无责任，但该附属庄重允诺人的债务不受影响，因为他的债务可以在没有主债务的情况下存在。

863. 抗辩

4. 如果主债务人受一项抗辩的保护，诚信同意人也可以利用这项抗辩，不管主债务人是否有义务偿还保证人。

864. 诚信同意的数额应少于主债务

5. 诚信同意人的债务当然决不能超过主债务，如果主债务人欠负100，诚信同意人可以只对50负责，但决不能超过100。在这方面，诚信同意与附属庄重允诺和附属诚信承诺无异（Gai. 3. 126）。

865. 整体性而无连带性

6. 主债务人和诚信同意人是整体债务人。债权人可以先向诚信同意人主张，后者在古典法下没有先索抗辩权；它由优士丁尼引入（*Novella*, 4, cap. 1）。主债务人和诚信同意人不是“同一个要式口约中的多个承诺人”，因此不存在连带性。当诚信同意人的债务被更新，主债务仍不受影响，当债权人起诉诚信同意人，证讼会破坏诚信同意人的债务，但不破坏主债务人的债务。一个广泛传播的理论认为，和诚信同意人进行的证讼也能消耗主债务，但这没有得到任何可靠文本的支持，仅仅依靠可疑的猜测。

7. 如果诚信同意人向债权人进行了偿付，那么他可以用委托

866. 追偿 之诉或无因管理之诉起诉主债务人要求偿还。“诉讼转让恩惠”（beneficium cedendarum actionum）这项人为设置似乎在古典法下还不存在。

假设债权人要求诚信同意人偿债，后者宣称，如果债权人将其对主债务人的诉讼转让给他，他就准备偿还。债权人同意，然后诚信同意人偿付。该偿付行为可以被视为这项诉讼的价款，因此，这项诉讼不消灭。如果债权人被诚信同意人起诉，那么他可能被审判员（根据一项“欺诈抗辩”）强迫把他对主债务人的诉讼（如前所述，这项诉讼不会被与诚信同意人的证讼消耗掉）转让给诚信同意人。然而，这项人为的设置似乎在古典法下没有被实践；委托之诉和无因管理之诉的救济已经足够了。

8. 两个或多个诚信同意人是整体债务人，只有在他们“通过一个行为”使自己受约束的情况下，他们才是连带债务人。在一封“哈

德良的通信”（epistula Hadriani）下，共同诚信同意人享有一项“分
867. 分割恩惠 割恩惠”（beneficium divisionis），债权人有义务把债的数额在那些在证讼时有清偿能力的保证人之间分配。认为这种恩惠仅适用于那些“通过一个行为”使自己承担责任的诚信同意人的观点是没有根据的。

假设A、B、C是60块钱债务的共同诚信同意人。如果他们全都有偿付能力，那么债权人可以向每一个人主张20块钱；如果C无偿付能力，则A和B每人对30块钱的债务负责。

868. 共同诚信同意人之间的追偿 9. 如果其中一个“共同诚信同意人”向债权人进行了偿付，那么其他保证人有义务按照份额向他偿还。进行偿付的那个保证人对他们享有委托之诉、无因管理之诉或合伙人之诉；在古典法下不

存在诉讼转让恩惠。

就像已经说过的那样（上文边码 858），只有诚信同意在优士丁尼法中存续，而附属庄重允诺和附属诚信承诺都被取消。如果汇编者在他们的汇编中收入一个关于附属庄重允诺和附属诚信承诺的文本，他们总是用诚信同意来替代那两种更古老的保证形式。通常很容易证明这些篡改。优士丁尼也废除了证讼的消耗力（*C*. 8. 40. 28）。对于与之相关的其他类型的篡改，我们不需要详述。对优士丁尼文本的完整的批评分析还不存在。 869. 优士丁尼法

原始文献

s. 815. Read Gai. 3. 176, 177; *D*. (46. 2) 1 pr. [*vel ... naturalem*]; [*transfusio atque*]; (46. 2) 8. 5 [*si hoc ... alter liberatur*]; (46. 2) 34. 2; *Stipulatio Aquiliana*: *D*. (46. 4) 18; *Inst. Iust*. (3. 29) 2; *D*. (2. 15) 4.

s. 816. Read *Inst. Iust*. (3. 29) 3*a; D*. (46. 2) 2 [*ex quacumque ... obligationes*].

s. 817. Read Gai. 3. 176, 179; *C*. (8. 40) 4 [*legitime perfecta*]; *D*. (46. 2) 18 [*legitime facta*]; (13. 7) 11. 1.

s. 819. Read Gai. 3. 180, 181; *D*. (20. 1) 13. 4; (46.2) 29 [*voluntariae*]; [*si id ... actum est*], but the whole text is of post-classical origin; *Fr. Vat*. 263 [*si ... novavit*]*;* see Beseler, *Z* xliii (1922), 539.

s. 821. Read Gai. 3. 103, 163; 2. 95; *D*. (50. 17) 73. 4; *C*. (5. 12) 26; (8. 38) 3 pr. [*nisi sua intersit*].

s. 823. Read *C.* (4. 50) 6. 3; (3. 42) 8 [*commodavit aut*]; [*stricto iure*]; [*utilis* ... *actio*]; *D.* (12. 1) 9. 8 [*nec dubitari* ... *debitori nostro*].

s. 824*a*. Read *D.* (17. 1) 6. 4.

s. 824*b*. Read *D.* (45. 1) 38. 17.

s. 824*c*. Read *D.* (45. 1) 38. 21 (text corrupt but substantially classical).

s. 824*d*. Read Gai. 3. 103; *D.* (45. 1) 110 pr.; *D.* (18. 1) 64 [*est*] <*esto*>; [*personam* ... *ideoque*].

s. 824*e*. Read Gai. 3. 103a; *D.* (20. 1) 33; (46. 1) 23.

s. 824*f*. Read *D.* (16. 3) 26 pr., *salva* [*ve*]; [*filio an marito*]; cf. Stephanus schol. 3 ad Bas. (13. 2) 26, Heimbach, 2. 54.

s. 825. Read *Fr. Vat.* 286.

s. 826. Read *D.* (45. 1) 38. 17 and 22 (interpol.); *Inst. Iust.* (3. 19) 19 and 20, first sentence; *C.* (8. 38) 3 pr. [*nisi sua intersit*]; *C.* (5. 14) 7 [*licet*]; [*tamen* ... *actio*]; cf. Thalelaeus schol. 2 ad Bas. (29. 1) 37, Heimbach, 3. 483; *D.* (30) 77 [*quasi* ... *debitori*]; [*quod cum* ... *potest*]; see Beseler, *Z* xlv (1925), 262.

s. 827. Read *Inst. Iust.* (3. 16) pr. and § 1; *D.* (45. 2) 16, genuine; (46. 2) 31. 1 to *utrique obligationem;* [*iudicium*]; (45. 2) 2 [*aut... aut*]; [*et singuli* ... *ideoque*]; (45. 2) 11. 2.

s. 829. Read *D.* (45. 2) 9 pr. [*fiunt* ... *decem dato*] with Beseler, *St. Bonfante,* ii. 74; (30) 8. 1, spurious (Beseler, *Z* xlvii. 371 f.) (31) 16, spurious (Beseler, ibid. 373); Gai. 2. 205; *D.* (9. 3) 1. 10; (9. 3)

3 [*sed*] <*et*>; <*non*> *liberabuntur*; cf. Bonfante, *Scritti,* iii. 231.

ss. 831 ff. Read Gai. 3. 110—114, 117, 215, 216.

s. 842. Read Gai. 3. 116, first sentence.

s. 845. Read Gai. 3. 118, 119, 126.

s. 846. Read Gai. 3. 116, 176, 179 in fine.

s. 848. Read *D.* (47. 10) 19.

s. 850. Read *D.* (38. 1) 44, *debito* [*fideiussor*] <*sponsor*>; (45. 1) 88 [*fideiussor*] <*sponsor*> *hominem*; [*fideiussor*] <*sponsor*> *autem*; (45. 1) 127 [*pupillus*] <*mulier*>; [*fideiussore*m] <*sponsorem*> *dedit;* [*pupillo*] <*muliere*> *nec* [*fideiussor*] <*mulier*> *nec sponsor*; [*propter* ... *moram*]; [*fideiussorem*] <*sponsorem*> *obligatum.*

s. 852. Read Gai. 3. 120.

s. 853. Read Gai. 3. 121, 121*a*; Ulpian, Disput. lib. iii (Fragmenta Argorat. Seckel-Kübler, *Iurisprud. Anteiust.* i. 498).

s. 854. Read Gai. 3. 127; 4. 9.

s. 856. Read Gai. 3. 121.

s. 857. Read Gai. 3. 122.

s. 859. Read Gai. 3. 116.

s. 860. Read Gai. 3.119*a; D.* (46.1) 70.5 [*non*] *sic*; [*nam* ... *vim habet*].

s. 861. Read *D.* (46. 1) 23.

s. 862. Read *C.* (8. 40) 4 [*legitime perfecta*]; *D.* (46. 1) 21. 3; Paul. *Sent.* (2. 17) 16; *D.* (4. 3) 19.

s. 863. Read *D.* (39. 5) 24 *legis* <*Cinciae*>.

s. 864. Read Gai. 3. 126.

s. 866. Read Gai. 3. 127.

s. 867. Read Gai. 3. 121.

s. 868. Read Gai. 3. 122, *verb, itaque si, etc.*

s. 869. *Cp. Inst. Just* (3. 20) pr. §§ 5, 6 with Gai. 3. 115, 117, 126, 127.

参考文献

ss. 815 ff. E. Weiss, *PW* xvii. 1156 ff., with references; Beseler, *Z* xlvii (1927), 357; lxvi (1948), 386; Bonifacio, *St. Solazzi* (1948), 290 ff. (not acceptable); Beretta, *St. Ferrini*, iii (1947), 77 (not acceptable). On 'aliquid novi' see Beseler, *Z* lxvi (1948), 330, with references, 601. On the *stipulatio Aquiliana* see Wlassak, *Z* xlii (1921), 394 ff.; Taubenschlag, *Law of Greco-Roman Egypt* (1944), 307, 322.*

s. 816. De Ruggiero, 'Novatio legitime facta', *Bull.* xi (1898), 49; Scialoja, *St. Perozzi* (1925), 407 ff.; Cornil, 'Cause et conséquences de l'apparation tardive de l'animus novandi', *Mélanges Fournier* (1929). 87 ff.; Meylan, 'La Réforme justinienne de la novation', *Acta CI.* 1 (1935) 277.

s. 817. W. Flume, *Studien zur Akzessorietät der röm. Bürgschaftsstipulationen* (1932), 65—69.*

s. 819. I. Goldschmidt, *Prozess als Rechtslage* (1925), 53, 56.*

ss. 820 ff. Pernice, *Labeo,* iii. 1 (1892), 189, 193, 333 f.; Eisele,

Beiträge zur röm. Rechtsgeschichte (1896), 76 ff.; Riccobono, 'Lineamenti della dottrina della rappresentanza diretta in diritto romano', *Annali Palermo,* xiv (1930), 399 ff.; Pacchioni, *I contratti a favore di terzi* (3rd. 1933, not available); Cornil, *St. Riccobono,* iv (1936), 241 ff.; Vazny, ibid. 359 ff.; Albertario, 'I contratti a favore di terzi', *Festschrift P. koschaker,* ii (1939), 16 ff., with references; *Corso, Le obbligazioni* (1948), 199, 229; Beseler, *Scritti Ferrini,* iii (1948), 276. On the *stipulatio post mortem* which we have not dealt with see F. E. Vassalli, *Di talune clausole con riferimento ad 'dies mortis' nel legato e nella stipulazione* (1910); Albertario, l.c. 36 ff. On the distinction between direct agency and contracts in favour of a third person see H. Buchka, *Die Lehre von der Stellvertretung bei Eingehung von Verträgen* (1852), 121 ff. (history of the doctrine since the Glossators); O. Gierke, *DP* iii (1917), 380, 386 ff. On medieval and Dutch law see De Wet, *Die ontwikkeling van die vooreenkoms ten behoewe van 'n derde* (1940).*

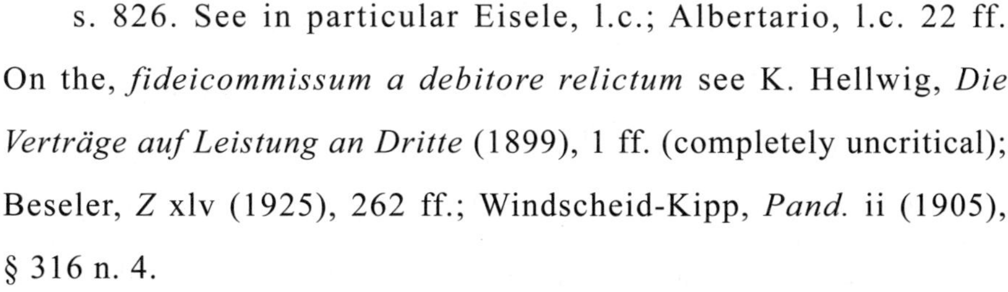

s. 826. See in particular Eisele, l.c.; Albertario, l.c. 22 ff. On the, *fideicommissum a debitore relictum* see K. Hellwig, *Die Verträge auf Leistung an Dritte* (1899), 1 ff. (completely uncritical); Beseler, *Z* xlv (1925), 262 ff.; Windscheid-Kipp, *Pand.* ii (1905), § 316 n. 4.

ss. 827 ff. J. Binder, *Die Korrealobligationen* (1899), with references to the older literature; E. Levy, *Die Konkurrenz der Aktionen und Personen,* i (1918), 173 ff., 37; ff.; Kerr Wylie,

Solidarity and Correality (1923); Bonfante, *Scritti,* iii (1926), 209 ff., 368 ff.; Beseler, *Beiträge,* iv (1920), 271 ff.; *St. Bonfante,* ii (1930), 74; *Z* xliv (1924), 387; xlvi (1926), 89 ff.; xlvii (1927), 371 f., 373; Schulz, *St. Bonfante,* i (1930), 357 ff. Albertario, 'Sulla applicabilità della riforma giustinianea a contenuta in *C.* 8. 40. 28', *Studi Mancaleoni,* 1938 (*Studi Sassaresi,* ser. 2, vol. 10), not available; Corso, *Le obbligazioni solidali* (1948); Archi, 'La funzione del rapporto obbligatorio solidale', *SD* viii (1942), 197 ff.; *Sul concetto di obbligazione solidale* (1940).

ss. 831. ff. Pernice, *Z* xix (1898), 178.

s. 838. Taubenschlag, *Law of Greco-Roman Egypt* (1944), 233.

ss. 839 ff. W. Flume, *Studien zur Akzessorietät der röm. Bürgschaftsstipulationen* (1932, fundamental); E. Levy, *Sponsio, fidepromissio, fideiussio* (1907); on this book see Mitteis, *Aus röm. und bürg. Recht* (*Festgabe für E. I. Bekker,* 1907), 126 n. 1 ; *Z* xxviii (1907), 487 n. 1 ; Wenger, *Z* xxviii (1907), 487 ff.; Flume, 11; Kerr Wylie, *Solidarity and Correality* (1923); Levy, *Seminar,* ii (1944), 6 ff.; De Martino, *Studi sulle garanzie personali,* I. *L'autonomia classica della sponsio* (1937), not acceptable; Beretta, *Scritti Ferrini,* iii (1947), 77 ff., with references (not acceptable). Antiquated but still useful: Girtaner, *Die Bürgschaft nach gemeinem Civilrecht* (1850); O. Geib, Zur *Dogmatik des röm. Bürgschaftsrechts* (1894).

s. 843. Solazzi, *Bull.* xxxviii (1939), 19 ff.; Flume, 14 and 126.

s. 844. Flume, 13. 64 ff.

s. 850. Flume, 105 ff., with references; Beseler, *Z* lxvi (1948), 317.

s. 852. Levy, l.c. 45 ff.

ss. 853, 854. Levy, l.c. 58 ff.; G. Rotondi, *Leges publicae* (1912), 473, 476.

s. 856. Beseler, *Beiträge,* iv (1920), 111: Solazzi, *Glosse a Gaio,* ii. 313; Albertario, *Studi,* v (1937), 487; Archi, l.c. 265, 275 f.

s. 857. Levy, l.c. 58; Rotondi, l.c. 246, 506; Archi, l.c. 265 ff.

s. 858. See for literature ss. 831 ff. Bibliography. Further Buckland, 'Les Limites de l'obligation du fideiussor', *RH* xii (1933), 116 ff.; 'Principal and fideiussor. Consumptio litis', *Juridical Review,* liii (1941), 281 ff.

s. 860. Levy, l.c. 132 n. 3; Beseler, *Beiträge,* iv (1920), 273; v (1931), 80; Siber, *Röm. Privatrecht* (1928), 295.

s. 862. Flume, 105 ff., with references,

s. 863. Beseler, *St. Bonfante,* ii (1930), 75.

s. 865. Siber, l.c. 297; Buckland, 'Principal and fideiussor', l.c.

s. 867. Levy, l.c. 137 ff.; Archi, l.c. 276 ff.

s. 868. Levy, l.c. 164 ff.; Beseler, *Beiträge,* iv (1920), 275; Archi, l.c. 279 ff.

s. 869. Levy, l.c. 87 ff.; Schulz, *St. Bonfante,* i (1930), 357 ff.

四、所谓的文字合同

870. 文字合同　在由合同设立的债当中，盖尤斯提到“通过文字设立的债”
(obligatio quae litteris fit ; Gai. 3. 88, 128)。很明显，这种合同不
是一种简单的契据合同(Gai. 3. 134)，但其确切的本质没有办法从
盖尤斯非常简短的描述中查清(Gai. 3. 128—133)。一般认为，这
种合同通过记入习惯上会维持的账簿(codex accepti et expensi)成
立。这个理论由于缺乏原始资料而无法得到证明，但它非常有可能
是真的。也许在赫库兰尼姆(Herculaneum)发现的新的板片将会提
供新的材料。现在我们将不详述这种谜一般的合同。无论如何它
没能在整个元首期延续；优士丁尼的《法学阶梯》(*I*. 3. 21)称为“文
732 字之债”(litterarum obligatio)的东西与古典的文字合同没有关联，
它所涉及的是“金钱未被支付的抗辩”(上文边码 812)。

原始文献

Read Gai. 3. 128—133; *Inst Iust*. 3. 21.

参考文献

Steinwenter, *PW* xiii. 786 ff.; Arangio-Ruiz, ‘Les Tablettes d’Herculanum’, *RIDA* i (1948), 15—17.*

五、要物合同

871. 概念和类型

我们现在转到古典法的非要式合同，从所谓的要物合同开始。我们已经提到这个合同种类（上文边码 800），因此我们可以重复我们的定义：要物合同（re contrahitur obligatio）是通过交付有体物订立并且接受方有义务返还它们的非要式合同。古典市民法只知道四种这样的合同：消费借贷、使用借贷、寄存、质押。我们将具体描述这些合同类型。裁判官的要物合同——旅店主责任合同（receptum cauponum），我们将在后面在“裁判官简约”（pacta praetoria）当中讨论（下文边码 971）。

872. 构成要素

对于任何要物合同，有两个东西是实质性的：(1) 物的交付（traditio rei〔rerum〕）。(2) 当事人对交付的法律目的达成合意。两者都是这种合同的构成要素：没有这项合意就不存在合同，而没有交付这项合意便不发生效力。如果 A 把一笔钱作为寄存物交给 B，而 B 作为贷款接受，那么寄存和消费借贷都不成立。

873. 这种债的特征

从任何要物合同都可以产生一项要求返还标的物的债，或者是要求返还同一个物或者（在消费借贷的情况下）要求返还同类物。因此，一定数量的葡萄酒被作为消费借贷给予，接受方不能通过协议约定他有义务返还谷物。贷款的接受方也不可能因要物合同而有义务返还利息。当然，如果寄存物灭失，保管人对损失有责任，则他要承担损害赔偿责任。

874. 要物言辞合同

构成要物合同和言辞合同的混合体的合同——所谓的要物言辞合同（re et verbis contrahitur obligatio）——在古典法下并不存在。

A 可以提前通过要式口约允诺返还 B 将要向他提供的贷款，此时只有一个合同存在，即要式口约。如果要式口约在贷款提供（datio mutui）之后做出，那么这是更新的一种情形（上文边码 815）。如果贷款的接受方通过要式口约允诺利息，那么就存在两项合同：要物合同（消费借贷）和言辞合同。

原始文献

s. 871. Read Gai. 3. 89, 90; *D.* (44. 7) 1. 3—5.

s. 872. Read *D.* (12. 1) 18 pr. to *acceperit;* (12. 1) 18. 1 to *accepi.*

s. 873. Read *D.* (12. 1) 2 pr.

s. 874. Read *D.* (44. 7) 52 pr. 3 (spurious); (46. 2) 6. 1 [*sine stipulatione*]; [*unus contractus est*] <*duo contractus sunt*>; [*idem*] <*aliud*>; (46. 2) 7 [*non*] *puto*; [*quia ... fieri*].

参考文献

ss. 871 ff. Brasiello, ‘Obligatio re contracta’, *St. Bonfante,* ii (1930), 539 ff.*

s. 874. Pernice, ‘Der sogenannte Realverbalcontract’, *Z* xiii (1892), 246 ff.; Segrè, ‘Mutuo e Stipulatio nel diritto rom. class, e giustinianeo’, *St. Simoncelli* (1917), 233 ff., not available; De Ruggiero, *St. Perozzi* (1925), 375.*

六、消费借贷和使用借贷

875. 概念 消费借贷是通过转移所有权的方式提供金钱或其他可替代物（酒、谷物等）的借贷，接受方因此有义务返还同样数量的物（不是他接受的那些物）。

“mutuum”这个词的词源学是有疑问的。盖尤斯的解释（Gai. 3. 90）：“之所以被称为‘mutuum’是因为，我这样向你给付的东西，从我的变成你的”（mutuum appellatum, quia quod ita tibi a me datum est, ex meo tuum fit），当然是可笑的。“mutuum”源自“mutare”，可能意指“改变”，即“提供硬币以接受其他同等价值的硬币”；Varro, *De lingua Latina*, 5. 179（Bruns, *Fontes*, ii. 54）：“如果给予的东西被返还，则是‘mutuum’”（Si datum quod reddatur，‘mutuum’）。

“commodatum（=commodo datum）”或者“utendum datum”（使用借贷）是一种动产（通常是不可替代物）或不动产的借贷。这种借贷不转移所有权给接受方。接受方有义务返还同一物。

876. 借贷的形式 消费借贷和使用借贷都是借贷的形式；非法律作者毫不顾虑地说“nummos dare utendos mutuos”（把钱借给别人使用）或者“nummos commodare”（把钱借给别人用）。利息的法律术语是“usurae”，即对“usus”（使用）的补偿。然而，法学家正确地引入了这两种形式的一个术语上的区分：通过消费借贷借出的是钱币的价值（或其他可替代物的价值），而不是标的物本身，该物不需要返还；通过使用借贷借出的是标的物本身。

梅特兰（Pollock and Maitland, *History*, ii. 170）说：“在中世

纪的英国法律文献中，甚至‘mutuum’也不与‘commodatum’保持分离……特别常见的是，出借人被说‘commodare pecuniam’或‘accommodare pecuniam’……现在英国人没有清楚表明这个区分的词汇。我把书和半克朗借给借用人；我希望再次看到同样的这本书，但不希望看到同样的这半克朗；但在这两种情形下都是一项‘loan’”。Gibbon, *Decline and Fall*, c. 44：“拉丁语非常恰当地表达了‘commodatum’和‘mutuum’之间的根本区别，我们语言的贫乏使得这两者在‘loan’这个模糊且普通的称呼中相混淆”。然而，这个“贫乏”不是英语特有的。希腊语“χρήσις”同时可适用于“commodatum”和“mutuum”，尽管亚里士多德（*Eth. Nic*. 1131a. 3）试图把“χρήσις”（commodatum）和“σανεισυός”（mutuum）区别开来；参见 Taubenschlag, *Law of Greco-Roman Egypt*（1944），267。《法国民法典》（art. 1874）把“prêt”适用于“commodatum”和“mutuum”，区分“prêt à usage ou commodat”和“prêt de consommation ou simplement prêt”。《德国民法典》（§§ 598, 607）把“mutuum”称为“Darlehen”，把“commodatum”称为“Leihe”。这是不恰当的术语，与普通德语用法相异，普通德语坚持把“mutuum”称为“Leihe”。《瑞士债务法》（art. 305, 312）把这两种合同都称为“Leihe”，区分“Gebrauchsleihe”（commodatum）和“Darlehen”（mutuum）。早期日耳曼法不区分这两种形式，都称为“Leihe”，而在拉丁文献中称为“res praestita”（Gierke, *DP* iii. 575）。简而言之，罗马的术语是唯一的，即使这个微小的事情也揭示了罗马法律思维的独特力量及其对词语专属性（proprietas verborum）的偏好（Quintilian, *Inst*. or. 5. 14. 34）。

736

（一）消费借贷

除非金钱或其他可替代物的所有权转移给接受方，否则消费借贷不能成立。出于简洁的缘故，在下面的讨论中我们只说金钱借贷。 877. 所有权的转移

1. 最简单的情形当然是，金钱的所有权人通过“消费借贷原因的交付”（traditio mutui causa）转移所有权。如果贷方不是这些钱的所有权人，他就不能转移所有权（上文边码 620），因此也就没有消费借贷存在。但如果接受方把这些钱和自己的钱混在一起，并因此取得了所有权或者通过时效取得成为所有权人，会怎么样呢？似乎消费借贷也不存在，贷方此时对接受方享有一项请求给付之诉，但这是一项“无原因的请求给付之诉”而不是“基于消费借贷的请求给付之诉”。

2. A 欠 B 100。债权人 B 命令他的债务人 A 向 C 支付 100，作为 B 向 C 提供的贷款。通过这 100 的支付，只要 B 和 C 对这次支付的法律目的达成一致，B 和 C 之间就成立了一项消费借贷。这是主流的古典观点，更古老的法学家认为这里不存在消费借贷，要求所有权的转移必须从贷方转到借方（Gai. 3. 90 ex meo tuum fit）。

3. A 由于买卖合同而欠负 B 100。当这项债到期时，A 要求保留这笔钱作为贷款，B 默许。在优士丁尼法下，会因此产生一项消费借贷，但在古典法下不会，古典法学家尤里安和乌尔比安都认为这样一项协议是无效的。

4. A 把一个略式物交给 B，授权他将该物卖掉并把价款作为贷款保留。在优士丁尼法下，B 保留这个金额作为一项消费借贷，并且在他把该物卖出去之前该物的风险由他承担。现代法学者多余

并错误地把这项合同称为“contractus mohatrae”。在古典法下，消费借贷不会以这种方式成立，该物的风险由 A 承担。

“mohatra”是中世纪拉丁语单词，源自阿拉伯语“muchatara”(=风险)：Du Cange, Glossarium, v. ‘mohatra’。这个术语被用来描述如下交易。A 以 100 把某物卖给 B，所附条件是价款应在一年后支付。在这项买卖合同订立之后，A 立即把该物从 B 手中以 80 的价格购买回来，他获得了该物并支付了 80 的价款。在一年过后，B 必须支付 100，即实质上是 80 的贷款加上 20 作为利息。这个设计被用来逃避教会对利息约定的禁止。

878. 利息 消费借贷并非必须是无偿的，但利息不能根据消费借贷合同来主张，因为要物合同只能创设返还标的物（在消费借贷的情况下是同一类物）的债。然而，借方可通过要式口约允诺利息。古典的
738 限制是“usura centesima”，即月息 1/100= 年息 12%；在海运贷款(faenus nauticum)的情况下不存在限制。

海运贷款(faenus nauticum 或者 pecunia traiecticia)是一种贷款，借方只有在船安全到达目的地时才有义务偿还。贷方在这种情形下遭受的高风险看来为高利息提供了正当理由。这样一种贷款实质上是一个保险合同，利息是保险费。

879. 诉讼 在古典法下没有专门的“基于消费借贷的诉讼”(actio ex mutuo)，贷方可以利用特定借贷金额之诉（如果金钱被提供为贷款）或者所谓的谷物请求给付之诉（如果提供的是其他的可替代物）。我们在前面已经提到过这些诉讼（上文边码 809），只希望强调债务人迟延是没有法律后果的：迟延利息不能通过这些诉讼来主张（上文边码 813），并且借方的责任不会因他的迟延而增加，因为从接受

贷款时起，他就对全部意外事件负责，就像任何其他欠负金钱或其他可替代物的债务人那样。

880.《马切多尼安元老院决议》

维斯帕芗时期的一项元老院决议被法学家们称为《马切多尼安元老院决议》。该元老院决议规定，如果向一个处于权力下的儿子提供了金钱借贷，那么贷方不享有诉讼。向处于权力下的儿子提供的贷款在市民法下是有效的，尽管这个儿子不会成为这笔金钱的所有权人，这笔钱归其父亲所有。贷方可以起诉这个儿子，但判决的执行是不可能的，因为儿子没有财产，又不允许对其进行人身执行（上文边码 267）。在儿子因其父亲死亡而成为自权人时，债权人当然可以利用通常的执行方式。根据这项元老院决议的表述，裁判官（或行省总督）有义务拒绝赋予特定借贷金额之诉（上文边码 17）。裁判官有时候因此直接拒绝赋予诉讼，但通常他们仅仅是在程式中插入一项抗辩："如果在此事当中没有违反马切多尼安元老院决议行事"（si in ea re nihil contra senatusconsultum Macedonianum factum est）（Lenel, *Edict*. § 279）。如果裁判官没有拒绝提供诉讼，那么他因为其官职有义务插入这项抗辩，因为他必须遵守该元老院决议。

该元老院决议的目的是阻止资本家向处于权力下的儿子提供贷款，因为这种贷款被认为违反了善良风俗；不是因为在这种情况下贷方要求借方通过要式口约允诺过高的利息，因为该元老院决议在没有关于利息的要式口约的情况下也适用，但由于贷方通常只有在父亲死后才能获得偿还的希望，所以这种贷款看起来会危及父亲的性命，因为贷方可能会试图谋杀他。类似地，未适婚人替代继承被写在单独的遗嘱蜡板上以便不危及未适婚人的性命（上文边码

458)。另一方面，这种贷款为儿子提供了过奢侈生活的资金，儿子在他处于权力下时不需要担心偿还的问题，因为他在法律上立于不败之地。这项法规的目的不是保护儿子免于遭受因自己的愚蠢而导致的后果。这样一种保护是荒谬的；因为甚至执政官都有可能处于权力之下。当然，对贷方的惩罚会导致对儿子的一种保护，但这仅仅是这种惩罚的一种不可避免的反射效果。因此，如果债权人不值得惩罚，即如果他不知道借方处于权力之下，那么该元老院决议不适用。此外，如果儿子在成为自权人之后偿还了贷款，那么他就不能再把钱要回来，即使他是由于疏忽而偿还的。元老院不禁止保留清偿(soluti retentio)，而仅仅规定，应拒绝提供诉讼。

740

尽管我们拥有该元老院决议的文本(*D.* 14. 6. 1 pr.)，但它是有问题的。马切多(Macedo，该元老院决议就是以他的名字命名的)不是一个执政官，而是一个处于权力下的儿子，是他的案子导致了该元老院决议的颁布。马切多犯了罪，在审判中他宣称是他的债务导致他犯的罪。拜占庭的教授告诉他们的学生：马切多在其债权人的压迫下杀了他的父亲(Theophilus, *Paraphrasis Inst*. 4. 7. 7; *Inst. Iust*. 4. 7. 7; *D*. 14. 6. 3. 3)。这个故事显然不可能是真的，因为在古典法下债权人没有机会强制处于权力下的儿子清偿。在这方面，儿子的法律地位会因为其父亲死亡而变得更差而不是更好，因为此时他是自权人，因此要对执行负责。然而，马切多谋杀了他的父亲这个事情有可能是真的，可能他需要更多的钱继续他的奢侈生活，但由于他已经欠下的债务使得他无法获得更多的贷款。如果他有希望从他的父亲那里获得丰厚的遗产，就可以向债权人清偿并获得新的贷款。赛克斯图斯·罗斯齐乌斯(Sex. Roscius)被指控谋杀了他的父亲。西塞罗(*pro Sex. Roscio Amerino*, 14. 39)提出了这个问题:“因此,奢侈,他人的大量财富(注意!)以及无法控制的精神上的贪婪真的会促使这样的罪恶发生吗?”(luxuries igitur hominem nimirum et aeris alieni magnitudo〔N. B.〕et indomitae animi cupiditates ad hoc scelus impulerunt?)但无论如何,古典法学家没有提到这个故事,因为它对于解释该元老院决议并不重要。即使马切多谋杀了他的父亲,该元老院决议的目的也不是保护父亲不被儿子谋杀,它会是一种完全不充分的手段,并且会把父亲置于更大的危险之中,因为处于权力下的儿子此时根本就无法获得贷款了。

我们将不讨论进一步的细节;相关的文本是经过篡改的,还没有被完全理清。整个制度与罗马的家父支配权以及处于权力下的儿子的财产无能力紧密联系。在家父支配权消失之后,它就不再有任何真正的意义。然而,该元老院决议在德国一直存续到1900年1月1日。

(二)使用借贷

这种借贷通过交付动产或不动产来创设,但所有权不转移给借方;因此,贷方可以是非所有权人。在严格的法律意义上,借方甚至不取得占有;他仅仅是持有人,贷方保留占有(上文边码754)。通常只有不可替代物可以作为“使用借贷”的标的物,因为水果被借来仅仅用作果盘展示的情形几乎只是个学术上的案件。使用借贷是严格无偿的;如果借方允诺了使用的报酬,那么该合同是租赁合同,而不是使用借贷。 881. 创设

古老的共和国法不知道这种合同。当然,人们在任何时候都有 882. 起源很晚

免费借用物件的情形，尤其是在邻居、亲戚和朋友之间，但古老的罗马法学家认为这种借贷仅仅是情谊之事，不在法律的范围之内；甚至在今天，使用借贷也很少是法律争议的标的。把使用借贷归到合同中间，不是晚期共和国法学的一个好主意。

883. 两种程式 哈德良编纂的裁判官告示为贷方提供了两种程式：一种是“基于事实拟定的”（in factum concepta），另一种是“基于法律拟定的”（in ius concepta）。这是盖尤斯（Gai. 4. 47）明确叙述的。这个“基于法律拟定的程式”（formula in ius concepta）清楚地表明使用借贷在哈德良时期是得到市民法承认的，尽管盖尤斯没有提到它（Gai. 3. 90, 91）。不幸的是，盖尤斯没有提供该程式的内容。

关于这个“基于事实拟定的程式”（formula in factum concepta），疑问较小，他肯定是类似于盖尤斯（Gai. 4. 47）提供的“基于事实拟定的寄存程式”（formula depositi in factum concepta）：

> “如能证明奥鲁斯·阿格里乌斯把系争物借给努梅里乌斯·内格底乌斯，并且该物没有被返还，那么该物的价值将是多少，审判员……多少金钱。”
>
> （Si paret Aulum Agerium Numerio Negidio rem qua de agitur commodasse eamque Aulo Agerio redditam non esse, quanti ea res erit, tantam pecuniam iudex, etc.）

关于这个“基于法律拟定的程式”，仍有疑问的是它是否包含“根据诚信”这个短语。盖尤斯（Gai. 4. 47）认为它包含，就像“基于法律拟定的寄存程式”那样，但另一方面盖尤斯的诚信审判清单当中(Gai. 4. 62)并没有提到使用借贷之诉(actio commodati)。然而，盖尤斯不需要在这里提供完整的清单(他在论述“抵消”〔compensatio〕);此外，整个清单可能是后来加上的。这项“基于法律拟定的程式”的发展几乎是无法理解的，除非它包含“根据诚信”这个短语。这个“基于事实拟定的程式”无疑起源于共和国时期，当使用借贷还未获得市民法承认之时。这个“基于法律拟定的程式”肯定也属于这一时期,但那时不被视为是“基于法律拟定的”:审判员被授权根据“诚信”来判决，以与市民法相对。

只有在非常晚的时期，所有带有“根据诚信”的诉讼才都被视为“基于法律拟定的诉讼”(上文边码 63)。显然，在使用借贷还未被市民法承认时，“根据诚信”是必不可少的；没有这个短语，审判员总是被迫做出有利于被告的判决(使用借贷之诉不在 Cic. *De off*. 3. 17. 30 提供的“诚信审判”列表中，是无关紧要的，因为这个列表是伪造的：Beseler, *Bull*. xxxix (1931), 338 f.)。在哈德良的告示中，该程式肯定被视为是“基于市民法拟定的”(in ius〔civile〕concepta)，但尤里安不可能发明这个程式。

因此，我们得出这个结论：“基于法律拟定的使用借贷程式”(formula commodati in ius concepta)包含“根据诚信”这个短语，它是这样写的：

> “鉴于奥鲁斯·阿格里乌斯把系争物借贷给努梅里乌斯·内格底乌斯，为此努梅里乌斯·内格底乌斯根据诚信应当向奥鲁斯·阿格里乌斯给付多少或者做什么，审判员……”
>
> (Quod Aulus Agerius Numerio Negidio rem qua de agitur

commodavit, quidquid ob eam rem Numerium Negidium Aulo Agerio dare facere oportet ex fide bona, eius iudex, etc.)

贷方可以在这两种程式中选择，它们的不同构造会引起实质性的差异，但有可能它们在古典时期已经同化，无论如何，从现有的资料很难查清这些实质性差异，因为汇编者融合了这两种诉讼。出于这个原因，在下面的描述中，我们仅限于实体法，而不考虑原告应使用哪个程式以达到其目的。

884. 不可随意撤销

与容假占有（上文边码 753. 2）相反，使用借贷不可随意撤销。如果标的物借贷一年，而贷方在一年未到就主张返还并起诉借方，那么后者可成功进行抗辩（在“基于法律拟定的程式”中用“根据诚信”短语进行抗辩，在“基于事实拟定的程式”中用欺诈抗辩进行抗辩）。但如果贷方没有诉诸法律就把标的物拿回，借方似乎通常没有可以针对他的诉讼，盗窃诉讼和反使用借贷之诉（actio commodati contraria）都不适用。

744

885. 照管

借方对故意、过失和照管负责。照管责任是一种古老的“过失”责任。借方的责任通过一种决疑法的或类型化的方式确定；他对特定类型的事故（即被认为通过正确的看护就可以避免的事故）负绝对责任；另一方面，他对其他典型的事故（即被认为即使尽到注意义务也无法避免的事故）不负责任。因此，如果借用物被第三人盗窃，那么借方总是要对贷方负责，他不能通过主张他实际上已经尽己所能照看该物而为自己辩护。另一方面，如果标的物被入侵的敌人或劫匪拿走，那么借方不承担责任。借方同样对引起标的物毁灭或损坏的事故负责，比如借用的书被第三人撕毁或弄污；但如果标的物是被强盗或敌人损毁或损坏，那么他不负责任。奴隶通常不用看管，因此，如果一个奴隶被借用，借用人不用对照管负责，除非他明确地承担照管责任。像古典的照管责任这样的概念无法用一个抽象的表述来充分表达，因为其本质正好是，它是以一种具体并决疑法的方法来界定的，然而，如果我们希望能用一个一般的表述来确定这两类事故，我们可以保险地说（用后古典和现代的术语），照管责任是指对“较小意外事件”（casus minor）的责任，即对非“重大外力”（vis maior）造成的事故的责任；或者，简单地说，是对所有不归因于“重大外力”的损失的责任。这个原始的过失概念出现在几乎所有的原始法当中，而对我们而言意外的是，我们仍在古典法中找到它。优士丁尼的汇编者把这种古典的照管责任缓和为一种简单的照管过失（culpa in custodiendo 或者 diligentia in custodiendo）责任，这是通过大量野蛮并肤浅的篡改达到的。古典文本不能被完全恢复，但古典的照管责任——一种对特定类型的事故的责任——的特点是（或者应当是）没有疑问的。

886. 故意和过失

除了“照管”责任，对故意和过失的责任也不能被忘记。假设借方收到标的物，并附有明确的条件，即他只能在家里使用它，然而，他带着它去旅行，然后被劫匪攻击并丧失该物。那么借方是有责任的，不是因为照管责任，而是因为他执意违反条件。此外，如果借方因疏忽而迟延返还标的物，那么他陷于债务人迟延，并因此要对所有的意外事件负责，包括“重大外力”。

887. 反诉讼

“基于法律拟定的使用借贷程式”也可以由借方使用（所谓的反使用借贷之诉，参见上文边码 70）。借方可以用它要求返还他的费用以及赔偿因该物引起的损害。

888. 不是名誉诉讼 最后，应当指出的是，使用借贷之诉不涉及“不名誉”。

原始文献

s. 875. Read Gai. 3. 90; *Ulp. Inst. Fragm. Vindobon.* fr. 2 (Seckel-Kübler, *Iurispr. Anteiust.* 1. 493); *D.* (12. 1) 2 pr.; (44. 7) 1. 2, and 3.

s. 877. 1. Read *D.* (12. 1) 13 pr. and 1.

s. 877. 2. Read *D.* (12. 1) 15 to *acceperis.*

s. 877. 3; Read *D.* (17. 1) 34 pr. to *fieri posse*; (12 .1) 15, second sentence (spurious).

s. 877. 4. Read *D.* (12. 1) 4 pr. [*qui suscepit*]; <*non*> *habebit*; the interpolation is palpable, since Ulpian would have written *tuo periculo est*; (12. 1) 11 pr. <*non*> *puto*; *quod si lancem,* etc.: the text is heavily interpolated and the original cannot be recovered.

s. 879. Read *D.* (44. 7) 1. 4 to *securus est.*

s. 880. Read *D.* (14. 6) 1 pr.; 3 pr. (substantially classical); 7. 7 [*sed et si ... nocere*], real-verbal contract (N.B.); 7. 9.

s. 881. Read *D.* (13. 6) 1. 1; 3. 6; 4.

s. 883. Read Gai. 4. 47.

s. 884. Read *D.* (47. 2) 15. 2 and 60.

ss. 885, 886. Read Gai. 3. 206; Paul. *Sent.* (2. 4) 3; *D.* (44. 7) 1. 4 [*alias ... poterit*]; (13.6) 5. 9 [*diligentia*] <*custodia*>, palpable interpolation as the last line has preserved *custodiam;* (13. 6) 5. 4 [*aut ... accidit*]; 5. 5 [*etiam diligentem*]; 5. 6; 5. 7 to *meum erit periculum*; 5. 10; 5. 13 [*culpam*] <*custodiam*>; [*nisi* ... *culpam*]. On *D.* (13. 6) 19 and (19. 2) 41, see Beseler, *Z* l (1930), 54. H. J. Wolff, *Seminar* VII (1949) 69 ff.

s. 887. Read *Coll.* (10. 2) 5; (47. 2) 60; (47. 2) 15. 2; (13. 6) 21 pr.; (13. 6) 18. 2 [*sed et* ... *pertineant*]; (13. 6) 17. 1—3 (post-classical tract).

参考文献

s. 875. On the etymology of *mutuum* see Mommsen, *Röm. Geschichte,* i (6th ed. 1874), 155, Engl, translation by Dickson, i (1894), 200.

s. 877. Pernice, *Labeo,* ii. 2. 1 (1900), 94 ff.; P. E. Viard, *La mutui datio,* i (1939).

s. 877. 3. Beseler, *T* x (1930), 205; *Z* liii (1933), 25.

s. 877. 4. Beseler, *T* x (1930), 206 note; Sachers, *Festschrift Paul Koschaker,* ii (1939), 80 ff., 86 ff.

s. 878. *On foenus nauticum* see Windscheid, *Pand.* ii (1906), § 371 n. 7; Taubenschlag, *Law of Greco-Roman Egypt* (1944), 239.

s. 880. G. Mandry, *Das gemeine Familiengüterrecht,* i (1871), 431 ff.; Vassalli, 'Iuris et facti ignorantia', *St. Senesi* xxx (1914), not available; Beseler, *Beiträge,* iv (1920), 130, 176; Siber, *Naturalis obligatio* (1925), 52 ff.; Daube, *Z* lxv (1947), 261 ff.; *Index Interp.* ad *D.* 14. 6, with references; Windscheid, l.c. § 373; Stobbe-Lehmann, *Handbuch des deutschen Privatrechts,* iv (1900),

436 f.

ss. 881 ff. Ferrini, 'Storia e teoria del contratto di commodato nel diritto romano', *Scritti,* iii (1929), 81 ff.; Cicogna, *Bull.* xix (1907), 235 ff.; De Ruggiero,'Depositum vel Commodatum', *Bull.* xix (1907), 5 ff.

s. 883. Lenel, *Edict.* (1927) § 98, with references; Beseler, *Z* xlvii (1927), 366; Kaser, *Quanti ea res est* (1935), 69, 75; *Eigentum und Besitz.* (1943), 23.*

s. 884. Kaser, *Eigentum und Besitz.* (1943). 29.

s. 885. Schulz, *Z* xxxii (1911), 23 ff.; *Z für vergleich. Rechtswissenschaft,* xxv (1911), 459 ff.; xxvii (1912), 145 ff.; Vazny 'Custodia', *Annali Palermo,* xii (1926), 101 ff.; Paris, *La Responsabilité de la custodia en droit romain* (1926); Beseler, *T* viii (1928), 286; *Z* lxvi (1948), 346; Arangio-Ruiz, *Responsabilità contrattuale in diritto romano* (2nd ed. 1933), cap. iii—v; Luzzatto, *Caso fortuito e forza maggiore,* I. *La responsabilità per custodia* (1938); Jolowicz, *Digest XLVII, 2 De Furtis* (1940), pp. xxxi ff.; De Martino *Riv. di diritto di navigazione,* 1936, 61 ff. (not available); Pflüger, *Z* lxv (1947), 121 ff.; Krückmann, *Z* lxiv (1944), 1 ff. F. Haymann's unmethodical and misleading paper, *Z* xl (1919), 167 ff., should be ignored.*

s. 887. Lenel, *Edict.* (1927), § 98 in fine; see above, ss. 70, 71, Bibliography.

七、寄存和质押

（一）寄存

这种合同通过把一个动产或不动产委托给一个人保管的方式 889. 概念
订立。保管人既不取得所有权也不取得占有；像使用借贷人一样，他仅仅是持有人，寄存人仍是占有人。这种合同像使用借贷一样，是严格无偿的。

寄存是一种历史悠久的合同，可以在所有体系的最早的法律 890.《十二表法》
制度中找到它。在原始时期，人们经常需要把有价值的东西交给值得信任的人保管。因此，《十二表法》已经通过一项可主张寄存物的双倍价值的诉讼来保护寄存人。这是一种特殊的因违反信誉而导致的惩罚诉讼，而不是普通的“非现行盗窃之诉”（furti nec manifesti），因为在《十二表法》时期，“furtum”（盗窃）仅指“拿走某物”（“furtum”源自“ferre”〔拿走〕）。这种诉讼的细节我们不知道，因为它在共和国时期就在实践中消失了，裁判官没有为其提供程式。

哈德良编纂的告示包含四个程式： 891. 告示

1. 一项可主张双倍价值的“基于事实拟定的程式”，适用于所谓的“不幸的寄存”（depositum miserabile）的情形，即“出于动乱、火灾、建筑物倒塌、海难的原因”（tumultus, incendii, ruinae, naufragii causa）订立的寄存。这当然是一种惩罚诉讼，就像《十二表法》赋予的那项诉讼那样。

2. 一项“单倍的基于事实拟定的程式”（formula in factum

concepta in simplum)，适用于普通寄存的情形。

3. 一项“基于法律拟定的程式”，可适用于任何类型的寄存。后两种程式由盖尤斯(Gai. 4. 47)完整地提供，这项“基于法律拟定的程式”包含“根据诚信”短语。

4. 最后，告示包括一项特别的系争物保管人程式(formula sequestraria)，适用于两个或多个对标的物有争议的人共同做出的寄存。这项程式没有流传给我们。我们已经在前面说过(上文边码753)，在这种情况下，系争物保管人是占有人。

892. 责任 893. 反诉讼 在古典法下，保管人仅对故意负责，而不用对过失或照管负责。当然，他的责任也会因债务人迟延而加大。

“基于法律拟定的程式”可以用于反诉讼(actio contraria)，通过这项诉讼，保管人(像使用借贷人一样)可以要求补偿他的花费
750 以及要求赔偿因寄存物引起的损害。

894. 名誉诉讼 与使用借贷之诉不同，寄存之诉，不管是直接诉讼还是反诉讼都涉及“不名誉”。

895. 这些诉讼的年代 这是盖尤斯时期的古典法，毫无疑问，寄存得到市民法的承认，就像“基于法律拟定的程式”清楚地表明的那样。使用借贷和寄存在盖尤斯的要物合同部分(Gai. 3. 90, 91)都没有被提到，这只能通过《法学阶梯》的写作特点来解释：它们是作者留下的未完成的或不完整的讲稿，是在他死后被出版的。

这些裁判官救济的发展仍是模糊不清的，但它们有可能在共和国时期已经存在，“基于法律拟定的程式”当然比“基于事实拟定的程式”晚。意外的是，所谓的《尤利亚自治市法》(1. 110)在“名誉诉讼”当中没有提到寄存之诉，但是几乎不能相信，在共和国末期

这项诉讼还未涉及“不名誉”。这部“法律”（lex），如我们今天所知，不是一份绝对可靠的资料；此外，寄存之诉可能包含“或者因为恶意欺诈而被判罚”（deve dolo malo condemnatus est）语句。

寄存可以通过把寄存物的所有权转移给保管人的方式订立。

896. 与朋友缔结的信托

1. 信托可以用于该目的（“与朋友缔结的信托”与“与债权人缔结的信托”不同，参见上文边码 704），但它仅限于要式物。略式物可以通过交付转移给保管人，后者通过要式口约允诺在寄存人要求时将其返还；但我们对这种交易一无所知。无论如何，这样一种交易不被称为寄存。

897. 特殊寄存

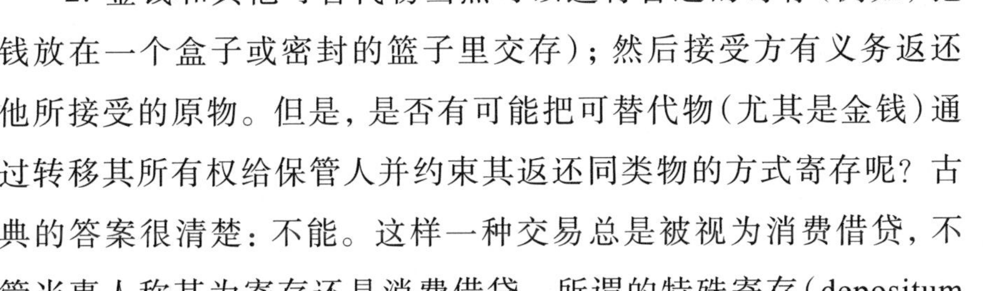

2. 金钱和其他可替代物当然可以进行普通的寄存（例如，把钱放在一个盒子或密封的篮子里交存）；然后接受方有义务返还他所接受的原物。但是，是否有可能把可替代物（尤其是金钱）通过转移其所有权给保管人并约束其返还同类物的方式寄存呢？古典的答案很清楚：不能。这样一种交易总是被视为消费借贷，不管当事人称其为寄存还是消费借贷。所谓的特殊寄存（depositum irregulare）在古典法下并不存在；我们可以找到它的所有文本都是经过篡改的，实际上这样的寄存是个混合体，属于完全多余的制度，只会引起不必要的难题。当然，如果这样一种寄存得到承认，寄存人可以通过提起“基于法律拟定的寄存之诉”（actio depositi in ius concepta）主张通过非要式的简约允诺的利息，而基于消费借贷的诉讼不能用于这个目的。但是不存在古典法学家应当承认一种特殊寄存的理由。如果接受方准备支付利息，他可以通过要式口约进行允诺。在古典法学家的眼里，要式口约不是一种不方便的东西，而是理所当然之事；只有优士丁尼才会希望为当事人省掉要式口约。为了清晰和简单的缘故，古典法正确地拒绝了特殊寄存，欧洲大陆法不幸地保留了拜占庭法的这项不适当的制度，而英国法与古典法保持一致。

（二）质押

898. 概念　这种合同通过把一个动产或不动产交给债权人作为质押物而成立。作为一项对物权的质押已经在前面讨论过（上文边码 706 以下）。此外，我们已经说过（上文边码 753），债权人是质物的占有人，在这里我们讨论质押作为一项要物合同所引起的债。

899. 告示　哈德良编纂的裁判官告示包含两项程式：一项“基于事实拟定的”，另一项“基于法律拟定的”。后者（包含“根据诚信”短语）的存在不应再有争议，它得到一项不容置疑的批复的证实（*C.* 4. 24. 6）。此外，质押在被归到盖尤斯头上的《日常事物》（*libri rerum*

752 *cottidianorum*）当中被放在“市民法合同”（contractus iuris civilis）当中。尽管这本书可能写于后古典早期，但除非存在一项古典的“基于法律拟定的诉讼”，否则其作者不可能这么写。最后，存在一项反质押之诉（actio pigneraticia contraria），它只有以一种“基于法律拟定的诉讼”的形式出现才是可以想象的。这些程式的措辞没有被流传给我们。

900. 责任　债权人对故意、过失和照管负责。如前所述，照管责任意味着一种对“较小意外事件引起的损失的绝对责任（上文边码 885）。汇编者像通常那样（上文边码 885）把古典的照管责任降低为“照管中的勤谨”（diligentia in custodiendo）责任。如果债权人利用他的出售权（上文边码 724），那么他有义务把超出债务的部分数额返还（上文边码 728）。质押人可以通过提起直接质押之诉（actio

pigneraticia directa）要求“超出部分”。通过反质押之诉，债权人可以要求补偿其花费。

原始文献

s. 889. Read *D.* (16. 3) 1 pr.; 1. 8; 17. 1.

s. 890. Paul. *Sent.* (2. 12) 11.

s. 891. Read *D.* (16. 3) 1. 1; Gai. 4. 47.

s. 892. Read Paul. *Sent.* (2. 12) 6; *Coll.* (10. 2) 1; *D.* (44. 7) 1. 5 [*magnam ... cadere*]. Cp. *Coll.* (10. 8) 1 with *C.* (4. 34) 1.

s. 893. Read *Coll.* (10. 2) 5.

s. 894. Read Gai. 4. 182; *Coll.* (10. 2) 4.

s. 896. Read Gai. 2. 60 to *essent.*

s. 897. Read *D.* (12. 1) 9. 9.

s. 898. Read *D.* (44. 7) 1.6.

s. 899. Read *C.* (4. 24) 6.

s. 900. Read Gai. 3. 204 *(unde* irrefutably proves that the owner is not entitled to the *actio furti, quia eius non interest*; but his interest is only absent if the pledgee is liable for *custodia*); D. (13. 7) 13. 1 (shortened by the compilers but substantially classical); (47. 2) 1 5 pr. [*sed ... preaestabit*], with Beseler, *Z* lxvi (1948), 379; *D.* (47. 2) 88 (genuine); *C.* (4. 24) 6 and 7, 1.

参考文献

s. 889. G. Rotondi, *Scritti,* ii. 56.

s. 890. Schulz, *Z für vergleich. Rechtswissenschaft,* xxv (1911), 464; xxvii (1912), 144 ff.

s. 891. Lenel, *Edict.* (1927), § 106, with references; Rotondi, *Scritti* ii. 1 ff.; Beseler, *Z* xlvii (1927), 366; Kaser, *Quanti ea res est* (1935), 69 ff.; *Eigentum und Besitz* (1943), 23.

s. 892. Rotondi, *Scritti,* ii. 91 ff.; Sachers, 'Die Verschuldungshaftung des Depositars', *Festschrift P. Koschaker,* ii (1939), 80 ff.

s. 894. Lenel, *Edict.* (1927), p. 77 n. 10.

s. 895. On the character of Gaius' *Institutes* see Schulz, *History of Roman Legal Science* (1946), 163 f.*; on the* so-called *lex lulia munic.* see Schulz, ibid. 88.

s. 896. W. Erbe, *Die Fiducia in röm. Recht* (1940), 121 ff.

s. 897. Bonifacio, 'Ricerche sul deposito irregolare in diritto romano', *Bull.* viii/ix (1948), 80 ff. Schulz, *Scritti Ferrini* 4 (1949), 254.

s. 898. Dernburg, *Das Pfandrecht,* i (1860), 138 ff.; La Pira, *St. Senesi,* xlvii. 61 ff. (not available).

s. 899. Lenel, *Edict.* (1927), § 99, with references; Beseler, *Z* xliii (1922), 429, with references; Kaser, *Quanti ea res est* (1935), 78 ff.; Kreller, *Z* lxii (1942), 167 ff., 173 n. 127 (references), 181-3.

s. 900. Schulz, *Z* xxxii (1911), 43 ff., 92; Kaser, *Quanti ea res est* (1935), 148 ff., with references; Beseler, *Z* lxvi (1948), 379; Pflüger, *Z* lxv (1947), 139 ff. See further literature on *custodia above, s.* 885, bibliography.

八、所谓的无名要物合同

在优士丁尼法下，有一组合同，现代罗马法学者称其为无名要物合同，包含如下类型：(1) 我给你给(do ut des)；(2) 我给你做(do ut facias)；(3) 我做你给(facio ut des)；(4) 我做你做(facio ut facias)。这些合同的特别之处在于，它们只有在一方当事人履行了他那部分协议时才能成立。最简单的例子是互易(barter)。A 和 B 非要式地同意，A 用他的房子交换 B 的房子。在优士丁尼法下，这不是一项合意合同，而是一项无名要物合同。因此，如果 A 把他的房子交给 B，则后者有义务把他的房子交给 A。单纯的协议本身没有约束力，但 A 的履行使得 B 受约束，可以说："因为物而负债"(re obligatur)。A 此时可以通过一项诉讼要求履行，汇编者称之为市民法事实诉讼(actio in factum civilis，一个会让古典法学家颤抖的术语)或者前书诉讼(actio praescriptis verbis)。A 不要求履行的话，可以通过一项"给予原因未达成的请求给付之诉"(condictio ob causam datorum)要求返还他的房子；换句话说，A 享有一项反悔权(ius paenitendi)。其他无名要物合同的情形以类似的方式处理。 901. 概念和类型

无名要物合同这个术语有点让人迷惑，因为这样的合同有一个技术性的术语，即互易(permutatio)；但不应否认的是，它们确实是要物合同，通过履行(交付某物)而成立，就像消费借贷、使用借贷、寄存和质押那样。它们尤其接近消费借贷，金钱借贷作为一项合意合同是可以想象的，但是在罗马法下它是要物合同，要求有一 902. 术语

项“给予行为”（datio）。同样，互易也可以是合意合同，但在优士丁尼法下，它是一种要物合同，要求其中一方当事人的履行。

903. 古典的原则　优士丁尼的理论肯定不是古典的，但汇编者们也没有发明它；它以一种或多或少经过发展的形式存在于前优士丁尼时期，尽管古典法学家对其一无所知。汇编者们粗暴地把这个后古典的理论强加在古典文本上，但由于我们缺乏《市民法大全》之外的可靠文本，所以很难证明这些篡改。我们不能讨论细节，但我们的结论是，古典的原则是：如果一项协议不能被视为一种合意合同，那么就不存在可用于诉请其履行的诉讼。根据该协议转移某物的当事人可以通过“给予原因未达成的请求给付之诉”要求返还；如果这项诉讼不存在，那么只有欺诈之诉可用。

756

904. 互易　1. 古典互易法特别清楚，萨宾学派正确地认为互易是一种买卖，即作为一种合意合同，但不幸的是他们的观点不占主流。根据主流的古典理论，互易不是合同，因此，如果其中一个当事人 A 履行了他这一部分协议，而另一方 B 拒绝履行他的部分，那么 A 可以通过“给予原因未达成的请求给付之诉”起诉 B 要求返还，但他不享有可以要求对方履行的事实诉讼或前书诉讼。

905. 所谓的寄售合同　2. A 基于一项协议把某物交给 B，B 应当努力出售该物，如果价款超过 A 和 B 事先确定的特定数额，那么 B 可以保留超出部分，而只把“估计的价格”（aestimatum）支付给 B；如果 B 没有将该物出售，他必须将其返还给 A。古典法学家关于应赋予 A 的诉讼有争议，委托之诉、劳务之诉和合伙人之诉全都被考虑过。讨论的细节从现有资料中无法完全查清，但显然在公元三世纪的主流观点是支持合伙人之诉的。告示没有包含针对这种情形的特别诉讼；*D.*

19. 4 是汇编者大胆创造的，“actio aestimatoria praescriptis verbis”（前书估价之诉）或者“ actio de aestimato praescriptis verbis”（前书估价之诉）是古典法不知道的。

无名要物合同的发展必须被理解为后古典时期反对要式口约的一个阶段。古典法学家可能在这些情形中告诉当事人：如果你希望订立一项有约束力的合同，那就应该订立一份要式口约，但后古典法学家希望为当事人省掉要式口约。 906. 对要式口约的厌恶

原始文献

s. 901. Read *D.* (19. 5) 5 pr. and § 1.

s. 903. Read *D.* (19. 5) 9 [*incerti actione*] <*condictione*>; [*itaque ... sequetur*]; cf. *D.* (12. 4) 4; *D.* (19. 5) 18 [*melius ... agere*] <*depositi agere possum*>; (19. 5) 22 [*placet... verbis*] <*obligatio nulla est*>; cf. Gai. 3. 143; *Inst. Iust.* (3. 24) 1; (19. 5) 25 to *acciperet* [*praescriptis ... agere*] <*condicere*>; *C.* (2. 20) 4.

s. 904. Read Gai. 3 .144; *D.* (18. 1) 1. 1; *C.* (4. 64) 3 and 7.

s. 905. Read *D.* (17. 2) 52. 7; (17. 2) 44 [*si animo ... sit*]; [*si minus ... verbis*]; (19. 5) 13 pr. [*placet*] <*ille scripsit*>; [*neque ... neque*]; [*sed ... excepit*].*

参考文献

ss. 901 ff. Lenel, *Edict.* (1927), § 1 1 2 ; De Francisci, *Synallagma* i (1913), 41 ff.; Meylan, *Origine et nature de l'action praescriptis verbis* (1919); Beseler, *Beiträge,* ii (1911), 156 ff; iv

(1920), 134 f.; Buckland, *Mélanges Cornil,* i (1926), 139 ff. = *LQR* xliii (1927), 74; *LQR* xlviii (1932), 495.*

九、合意合同总论

907. 概念和种类 “合意合同”这个名称被赋予那些可以通过“单纯的合意”(nudo consensu),即无形式要求的合意,订立的合同。合意在这里像在其他任何合同一样都是要求的,但除此以外没有更多的要求——不要求契据、证人、象征性的行为、套语,而且也不像要物合同那样要求交付某物。合意合同可以通过信使或信件“在不在场的人之间”(inter absentes)订立。古典市民法只承认四种这样的合同:买卖、租赁、合伙以及委托。合意合同的当事人可适用的程式
758 总是以同样的风格起草的:它们都是“基于法律拟定的程式”,并包含“根据诚信”短语。我们已经讨论过这种合同程式,可以参考我们之前的说明(上文边码 60 以下)。

908. 评价 合意合同是共和国法学的一项引人注目的成就,是“罗马人的诚信”的产物。这种合同的订立没有累赘的形式要求;债的内容由于援用诚信而可以得到灵活的确定;审判员享有广泛的自由裁量权,这使得他可以考虑个案的特殊性。所有这些事实揭示了共和国法学家勇敢、自由和创新的精神。这些被描述为“合意”的合同,是由一种罕见的直觉选定的,因为共和国的规则仅适合于这四种合同。必须指出的是,保证、赠与或嫁资的允诺、提供借贷的允诺都被正确地排除在外,并被放入要式口约的领域。有人可能会怀疑,把委托当做一种合同究竟是不是一个好主意;但是它出现得相对较晚,并

且与罗马人的社会生活习惯紧密相连。有人可能会认为，对于土地的买卖，应当要求一些形式，但罗马的自由主义对土地和动产之间的根本性社会差异毫无感觉。在整体上，共和国法学家走在正确的道路上，但在这些令人骄傲的开端之后，晚期共和国法和古典法有些令人失望。买卖法无论如何都不是一件杰作；它令人意外的僵化、复杂并且有些部分还很原始。租赁法不适合社会的需要，而且很贫乏；读者只需要比较《学说汇纂》标题 19. 2（包括物的租赁和劳务租赁）和关于遗赠的几卷（30—36）。合伙法受到其极端的个人主义的损害。“根据诚信”短语也不像预期的那么有效；古典法学家——因为责任在于法学家，而不在于罗马的审判员，他们是完全依赖法学家的——不愿意去利用这个短语授予他们的全部力量；他们太过保守而没有创造力。当考查具体合同时，我们将强调这一点。

原始文献

s. 907. Read Gai. 3. 135—137; *D.* (44. 7) 48.

参考文献

ss. 907, 908. Perozzi, ‘Il contratto consensuale classico’, *St. Schupfer* (1898, not available); Arangio-Ruiz, *Il mandato* (1949), 90.*

十、买卖

（一）概念和结构

1. 我们可以用非常一般的话来说，买卖是一种用物品交换金钱 909. 定义的合同。如果要更加精确的话，我们必须将买卖定义为一种非要式的合同，其目的是物品和金钱的交换，它会引起（实际的或潜在的）债的发生。从一种学术的视角来看，普通的买卖是一种合同，在其中，物的交付和价款的支付都被推迟到一个更晚的时间。有两项债作为该合同的结果而发生；卖方有义务交付货物，买方有义务支付价款。但在成千上万的情形中，标的物和价款在合同成立时立即被交换。然后，只有潜在的债是个问题（例如，标的物被发现有缺陷）；在这种情况下说交付标的物和支付价款的债在成立的同时免除，是不自然、不现实的。

910. 买卖和所有权的转移

2. 买卖无论如何也不是一项所有权转移行为。如某人买了一个略式物，那么他不是通过买卖合同，而是通过交付取得所有权。在这点上，我们必须记住，占有改定（constitutum possessorium）在
760 古典法中并不存在（上文边码 767）。如果他买了一个要式物，那么他通过要式买卖或拟诉弃权，而不是通过买卖合同取得所有权。因此，买卖和所有权转移是彼此严格分开的。其结果是，对于不属于卖方的某物的买卖，原则上是有效的。“没有人能转让比自己拥有的权利更多的权利”（上文边码 620）规则在这里不适用。买卖仅属于债法；另一方面，所有权的转移在古典法下不依赖于价款的支付（上文边码 616）。

911. 买卖和要式口约

3. 当事人可以不订立合意买卖合同，而是进行两项要式口约，卖方允诺交付某物，买方允诺支付一笔钱。在经济上，这是一项买卖，但在法律上不是，不适用买卖法。当然，这两个要式口约引起的两项言辞之债是相互联系在一起的（上文边码 811），因此如果卖方用“基于要式口约的诉讼”起诉买方要求支付价款，而他还没有

交付标的物，或者没有提出要交付标的物，那么被告可以用一项“货物未被交付的抗辩”来保护自己。实际上，有一种买卖只能通过两项要式口约来进行，即特定数量的可替代物的买卖或者某个仅一般描述而没有特别描述的物的买卖，例如“一匹马”或“一个奴隶”。如果买卖的是卖方的已经存在的特定库存里的一定数量，或者（比如）买卖的是卖方将要制作的一定数量的瓦片，那么可以用买卖合同，但除了这些情形之外，纯粹的种类物买卖是古典法中没有的。在这个意义上，古典法是不完整的、原始的，尽管必须承认，适合于种类物买卖的规则与适合于特定物买卖的规则有很大不同。在接下来的描述中，我们将仅仅涉及特定物的买卖。此外，附属于买卖的要式口约在古典法中起到非常重要的作用，尽管非要式的简约（“附加的简约”，参见上文边码 802）根据程式中的“根据诚信”短语也是可诉的。我们将在后面讨论这种要式口约。

4. 买卖仅涉及物和金钱的交换

（1）标的物可以是卖方能够转移给买方的任何权利：所有权、 912. 标的物
用益权、地役权，甚至债权。单纯的某物的使用或人的劳动的使用不能作为货物。如果 A 出售其土地的使用，这是租赁合同。如果一个工人出售其劳动，则是劳务合同。将来的物也可以买卖，但此时买卖是附条件的，该物存在时条件便成就。“希望买卖”（emptio spei，即单纯的机会的买卖）的大胆想法是非常引人注目的。

（2）价款必须是金钱。我们已经提到过（上文边码 904），萨宾 913. 价款
学派拒绝这项规则，并认为互易是一种买卖，但不幸的是他们的观点不占主流。根据获胜的普罗库鲁斯学派的理论，互易不是买卖，因此根本不是合同（上文边码 904）。然而，买方在金钱之外还可以

允诺某些东西，这是两种相互冲突的观点的折中，它像其他折中那样引起了很棘手的问题。

法学家之间存在这样的争议：当事人是否可以把价格留给第三人来确定。除了这个争议问题之外，当事人可以完全自由地确定价格；古典自由主义和现实主义根本不知道像“正当价格”（pretium iustum）这样的东西。后古典的发展，包括优士丁尼关于“非常损害”的重要规则，在本书的范围之外。

914. 合意；标的物错误和本质错误

5. 买卖作为一种合同，要求当事人之间的合意。我们不能提供一种关于法律行为或者甚至合同的一般理论，因为罗马人没有这样的理论。古典法学家偶尔也会以他们的决疑法的方式来处理与这种理论有关的问题，但并没有尝试去发展一套综合性的理论。至今为止我们几乎完全不涉及这些问题，但是在这里，作一些说明对于理解我们接下来关于卖方的瑕疵责任的描述是必不可少的（下文边码 925 以下）。古典法学家没有清楚地区分意思和意思表示，因此他们不区分缔约当事人的两项表示之间的不一致和意思与表示之间的不一致。因此，在标的物错误的情况下，即卖方想的是一个物，买方想的是另一个物，那么在法学家眼里则不存在合意，合同不成立。但这样的情形很罕见。更重要的是这个问题：在古典法下，品质错误（error in qualitate）在何种范围内会排除合意。不幸的是，可用的文本受到了如此严重的篡改，以至于想要完全消除后古典的添加和修改并重构古典文本，看起来是一项毫无希望的任务；只有古典法是可辨别的。

762

（1）品质错误原则上不影响合意。卖方可能要对买方不知道的瑕疵和缺陷负责（我们马上将会讲到这点，参见下文边码 925 以下），但合同是有效的。

(2) 从尤里安时期起，主流的古典观是，如果双方当事人对重要的品质产生错误（“本质错误”〔error in substantia〕），那么合同无效。因此，如果一张桌子被出售，双方当事人认为它是纯银的，但实际上只是镀银的，那么合同被视为无效，因为关于该物的合意不存在（*D.* 18. 1. 41. 1，这个片段是真的）。最关键但实际上未得到解决的问题是，什么样的品质是重要的，什么样的不是。法学家只以一种决疑法的方式来回答，而且他们还被迫区分“实质性品质”和“非实质性品质”，因为否则的话，他们就推翻了规制卖方潜在瑕疵责任的规则（下文边码 925 以下）。尤里安的理论不可避免地会导致这个问题，他的理论是非常不恰当的，遭到马塞鲁斯（Marcellus）的正确反对，但后者的反对没有获得成功，他遵从更早的理论，只关注标的物错误。

(3) 尤里安的理论被后古典法学家扩展，即使只有一方当事人，卖方或买方，对标的物的本质有错误认识，他们也否定合意的存在。

这个不幸的“本质错误”理论对欧洲大陆法产生了重大的影响，并与卖方的瑕疵责任混淆在一起；英国法幸运地与之保持距离。

（二）买卖引起的两项主债

1. 源自买卖的两项主债是：(1) 卖方向买方交付标的物的债；(2) 买方支付价款的债。为强制这些债的履行，卖方享有卖物之诉，买方享有买物之诉。只有卖方的债的内容需要进一步讨论。让我们仅限于简单的情形，即一个要式物或略式物的买卖。如果一个要式物被出售，卖方有义务进行要式买卖或拟诉弃权，并转移占有；如果一个略式物被出售，他有义务进行一项“买卖原因的交付”。 915. 这些债的内容但假设卖方不是标的物的所有权人，也没有得到所有权人的转让授权；或者他是所出售的这块土地的所有权人，但他不能转让它，因为它是嫁资土地（上文边码 214）。在这些情形下，通过要式买卖和“转让”（traditio）不能把所有权转移给买方。那么当买方发现他没有获得所有权之后，他是否可以通过提起买物之诉来起诉卖方呢？使买方成为标的物的所有权人不是卖方的义务吗？人们肯定期待一个肯定的回答。买物之诉是一种诚信诉讼，根据诚信，卖方看起来有义务解除买方的这种不幸。当然，买方是占有人，但在发现自己不是所有权人之后，占有对他的价值就会很少。如果是动产，他不能使用它，因为这么做他就犯下了“盗窃”。如果标的物是不动产，那么他不能取得其孳息，因为只有“善意占有人才能取得孳息”（上文边码 752. 3），但买方不再是善意。当然，买方可以通过时效取得而取得所有权，因为“后来发生的恶意无害”（上文边码 626），但偷来的动产或者通过暴力占有的土地不能时效取得（上文边码 623），而且如果一项有效的要式买卖或交付不能转移所有权，那么该物通常是盗窃物或暴力占有物。买方的地位实际上很尴尬，看起来需要救济。尤里安大胆地宣称：善意买受人在被追夺之前是善意占有人，即使在他发现自己不是所有权人之后，也是如此（*D.* 22. 1. 25. 2）。但卖方没有义务使买方成为标的物的所有权人，他的义务是履行转移所有权所要求的法律行为，并使买方成为占有人。如果他做了这些，那么他就履行了该合同引起的债。当买方发现自己没有成为所有权人时，买物之诉不存在。在共和国法和早期古典法下，甚至在被追夺的情况下也不存在，即真正的所有权人通过所有物返还之诉成功地起诉他（“追夺”）。最终（从尤里安开始，参见下文边码 923)，古典法学家主张在被追夺的情形下以及一些特殊情形下(尤其是没有发生追夺但卖方欺诈的情形)赋予买物之诉；但他们顽固地坚持保留卖方无义务使买方成为所有权人的规则；通过向买方提供“可以拥有、占有”(habere possidere licere)的权利，他已经履行了他的债务。正是尤里安自己，通过针对明知自己不是所有权人的卖方赋予“买物之诉”，强调这项古老的规则：

> *D*. (19. 1) 30. 1：“尽管在另一方面，卖方被认为仅仅负责让买方可以占有标的物，而不需要还负责让买方成为所有权人，是因为他履行义务时应无恶意欺诈，明知道是他人之物而不是自己之物还要将其出售给不知情者的人要承担责任。”(quamvis enim aloquin verum sit venditorem hactenus teneri, ut rem emptori habere liceat, non etiam ut eius faciat, quia tamen dolum malum abesse praestare debeat, teneri eum, qui sciens alienam, non suam ignoranti vendidit.)

我们在其他民族的原始法中发现类似的规则，但对我们来说意外的是，古典法仍这么僵化、原始。我们再一次认识到，古典法学家的创造力是非常有限的。

2. 这两项债是相互联系的，一项用来交换另一项，古典法学家对这种联系的强调没有我们期望的那么强烈。

(1)假设标的物和价款必须在合同订立之后一个月后交付和支付。这个时间过去之后，卖方没有交付就要求支付价款。那么买方有权拒绝支付，只要标的物还没有被提供给他，如果卖方用“卖物 916. 合同未履行抗辩之诉”起诉他要求支付价款，那么他会因为“根据诚信”短语而受审判员保护。现代学者经常说到一项“合同未履行抗辩”（exceptio non adimpleti contractus），但实际上在古典法下并没有这样的抗辩，“根据诚信”（ex fide bona）短语就足够了（上文边码 60 以下、96. 3）。

917. 不存在反悔权 （2）假设卖方已经交付标的物但买方迟延付款。卖方可以通过卖物之诉起诉买方要求支付价款，但他不能要求返还标的物。这是罗马法的一项铁律，古典法学家们坚决遵守，从未向在这种情况下

918. 发生的关联性 支持返还诉讼的希腊观念妥协过。

（3）如果这两项债中的一项不发生，那么另一项也不发生。因此，如果一个动物被出售，但它在合同订立时已经死亡，那么卖方不受约束（“不可能之事不为债”），买方也不受约束。但这项原

766 则没有得到完全的贯彻；我们已经提到过“瘸腿交易”（negotium claudicans，上文边码 303）。假设一个未适婚人购买了某物，但未经其监护人同意，那么卖方的债成立，但该未适婚人的债不成立。当然，如果未适婚人（或其监护人）用买物之诉起诉卖方，那么后者可以拒绝交付并援用“根据诚信”短语。但如果卖方已经向该未适婚人交付标的物，但未收到价款，会怎么样呢？他不享有要求支付价款的诉讼，因为未适婚人不受合同约束，而且他也不能要求返还标的物，因为通过其交付，他仅仅免除了他自己的债务。无论如何，在共和国法和早期古典法下，卖方不享有任何救济（上文边码 303）。

919. 风险由买方承担 （4）买卖成立之后风险由买方承担（perfecta emptione periculum est emptoris）。这项规则的含义在《市民法大全》的框架内是

非常清楚的；它的含义是，在合同成立之后，风险转移给买方。因此，如果在合同缔结后标的物因事故灭失，那么卖方免除债务，因为他只对故意和过失负责，但是买方仍然有义务支付价款。这项著名的规则在很多个世纪里困扰了一代又一代法学家，直到我们的时代，但在这里我们只关注古典法。这项规则在古典时期就存在，但它具有非常不同的意义。“买卖成立之后风险由买方承担”像在优士丁尼法中一样是指在合同成立之后风险转移至买方，因为“emptio perfecta”除了指合同缔结之外，不可能是指其他东西。然而，在古典法下，卖方要对照管负责，也就是说，要对“较小意外事件”负责（上文边码 885）。因此，如果标的物因“较小意外事件”灭失，卖方对损失负责；买方当然仍有义务支付价款，两项债可以相互抵消。如果标的物因“较大意外事件”灭失并且“卖方不存在故意或过失”，那么卖方肯定可以免除他自己这边的全部债务，但他仍然应当获得价款。卖方有义务把标的物当作买方的物对待，他对买方欠负标的物的孳息，并承担过失和照管责任，因为所有这些，他应获得报酬，这项报酬他以价款的方式获得。这项规则在古典的背景下并非没有道理，是问题的一个理想的解决方案。在优士丁尼法下，卖方仅对过失负责，这项报酬相比于他所承担的义务有点太高了，但相反的规则“风险由卖方承担”（periculum est venditoris）仍然更糟。细节不能在这里讨论；相关的文本遭到严重的篡改，没有《市民法大全》之外的可靠文本可用。

767

（三）追夺担保责任

我们已经涉及卖方对买方被追夺的责任（上文边码 915），现在将描述买方可以利用的救济。

920. 追夺担保之诉

1. 所谓的追夺担保之诉(actio auctoritatis)。如果某个要式物被出售，并且要式买卖已经举行过，那么在被追夺的情况下，买方享有一项可要求卖方赔偿双倍价款的诉讼。这里所蕴含的担保被称为“auctoritas”(处分权；*Paul. Sent*. 5. 10 rubr. De contrahenda auctoritate〔关于缔约处分权〕)，因此我们称这种诉讼为“actio auctoritatis”(追夺担保之诉)，但其古典名称我们并不知道。这种诉讼可追溯至共和国早期，可能甚至可以追溯到《十二表法》；它仍存在于哈德良编纂的告示中，但在后古典时期和要式买卖一起消失，并因此不被收在《市民法大全》中。现有的资料非常少(最重要的文本是 *Paul. Sent*. 2. 17. 1，3，不幸的是，这是个糟糕的后古典文本)，因此使得我们对其特征存在疑问。它可能是以价款的支付为条件的；如果是这样的话，那么“双倍”(duplum)包含了买方已经支付的价款，因此，这种诉讼可能不被视为一种惩罚诉讼。

921. 双倍要式口约

2. 双倍要式口约(stipulatio duplae)。这种要式口约按如下方式进行：

> “如果某人追夺这个奴隶或者其份额，使得我不能合法地拥有他，并且关于这个事情届时已经合法地通知你，你庄重地允诺向我支付这个奴隶的购买价款的双倍或者这个份额的双倍吗？”
>
> (Si quis eum hominem partemve quam ex eo evicerit, quo minus me eumve, ad quem ea res pertinebit, habere recte liceat, qua de re lis tibi recte denuntiata erit, tum quanti is homo emptus est, tantam pecuniam duplam partemve eius duplam

dari spondes？)

当事人主要是在要式买卖还没进行时做出这样一项要式口约，他们由此设立的担保类似于蕴含于要式买卖中的担保。在被追夺时，卖方有义务支付双倍价款。我们的原始文件似乎表明，这项要式口约仅在价款被支付之后做出，就好像追夺担保之诉也可能以价款已经被支付为条件。

922. 选择性的和强制性的要式口约

3. 双倍要式口约是选择性的。当事人可以不订立它，而订立一项单倍要式口约(stipulatio simplae)、三倍要式口约(stipulatio triplae)或四倍要式口约(stipulatio quadruplae)。当事人也可以完全不订立要式口约，但如果这样的话，在共和国和早期古典法下，买方在被追夺时不享有救济，因为“买物之诉”在那个时期不适用于这种情形。可以通过附加简约把这项要式口约变成强制性的；在这种情况下，买方可以通过买物之诉要求进行要式口约。

923. 被追夺时的买物之诉

4. 最终买物之诉在被追夺的情况下被赋予买方，以获得买方“拥有该物所享有的利益”(in id quod interfuit emptoris rem habere)；尤里安显然是第一个走出这一步的人。这样使得买卖这种合意合同蕴含了一项追夺担保责任。

924. 可以拥有的要式口约

除了双倍要式口约之外，Varro, *De re rust*. 2. 3. 5; 2. 4. 5 和 2. 2. 6 提到一种“可以拥有的要式口约”(stipulatio habere licere)，它是这样进行的：“你庄重地允诺我可以合法地拥有该物吗？”(eam rem recte mihi habere licere spondes？)但在古典时期，这项要式口约的目标是保护买受人不受卖方或其继承人的干扰，而不是针对第三人的追夺。

（四）潜在瑕疵担保责任

特定物的卖方——我们只考虑这种买卖（上文边码 911）——没有义务交付一个完全没有任何瑕疵的物；他必须交付作为合同标的物的特定物，而不是别的物。但法律可以使其对缺陷负责，我们现在要讨论的正是这种责任。

925. 市民法　1. 古典市民法。主导性的原则是“买者当心”（caveat emptor）（尽管这句格言不是罗马的）。要式买卖和合意买卖合同都没有蕴含着一项卖方对标的物质量瑕疵的责任。卖方只在如下情形负有责任：

（1）出卖时的陈述和承诺（dicta et promissa in vendendo，不是 in mancipando），也就是说，在订立买卖合同时做出的明确描述或“非要式的允诺”（附加简约，参见上文边码 802）（Lenel, *Edict*. p. 555 n. 10; 269 n. 1）；

（2）如果卖方恶意（dolo malo）隐藏了瑕疵；

（3）如果他通过要式口约承担了一种担保责任。

在前面两种情形下，买方可以用买物之诉主张损害赔偿；我们在这里将不讨论买方可以主张的损害的精确范围。因此，卖方根据市民法对瑕疵的责任是非常有限的；然而，不能忘记的是，从尤里安开始，特定的潜在瑕疵（“本质错误”，参见上文边码 914）会排除合意，并且会使得整个合同无效。

926. 营造官告示　2. 古典营造官法。在由市民法确定的非常有限的质量瑕疵担保责任之外，还存在由贵族营造官（aediles curules）创造的荣誉法责任。这些执法官对在罗马城的市场内达成的买卖合同拥有一项与裁判官相竞争的管辖权（上文边码 18）。在他们的告示中（贵族营造官告示〔edictum aedilium curulium〕)，他们以裁判官告示的风格承诺赋予诉讼，他们的告示最终也由尤里安和哈德良与裁判官告示一起法典化。固定化的营造官告示在两个标题下处理买卖合同："关于奴隶买卖"（de mancipiis vendendis）和"关于驮畜买卖"（de iumentis vendendis）。告示涉及卖方瑕疵责任的文本通过《学说汇纂》(*D*. 21. 1. 1. 1 和 *D*. 21. 1. 38 pr.)保留给我们。在整体上，这些文本是可靠的，但不太完整。营造官告示甚至在共和国时期就存在，但我们对其内容知之甚少。格里乌斯(Gellius, 4. 27)偶然提供的哈德良告示之前的片段表明，其用语和被哈德良固定化的告示不同，至于是否存在实质性差异，仍是一个争议问题。在这种情况下，我们仅限于哈德良的告示，并试图描述其内容梗概。

927. 告示的适用范围

(1) 营造官告示仅适用于罗马市场中的买卖合同，因为只有这种合同才在营造官的管辖权范围之内。此外，仅适用于在营造官面前进行的程序。如果买方更愿意在裁判官面前诉讼，那么营造官告示不适用。在行省通常无营造官，但在所谓的"元老院行省"（provinciae populi Romani〔罗马人民的行省〕)，由财务官（quaestores）承担他们的职能并颁布告示。在所谓的"皇帝行省"（provinciae Caesaris），既没有营造官也没有财务官，营造官告示不适用。这是 Gai. 1. 6 明确说明的，我们必须接受。

928. 买卖的类型

(2) 营造官告示仅适用于奴隶和驮畜的买卖；其他类型的牲畜只有在该告示涉及动物疾病时才能适用该告示，"我们关于驮畜的健康所说的，也适用于所有其他牲畜的卖方"（Quae de iumentorum sanitate diximus, de cetero quoque pecore omni venditores faciunto）。

929. 瑕疵的类型　(3) 根据该告示，卖方对特定的质量瑕疵负责。关于奴隶和驮畜，告示都确立了对疾病和缺陷的一般责任，“有疾病或缺陷的奴隶；在驮畜身上存在疾病或缺陷”(quid morbi vitiive cuique〔scil. servo〕sit; quid in quoque eorum〔scil. iumentorum〕morbi vitiive sit)。此外，关于奴隶买卖的告示还提到了其他特别的瑕疵，例如，奴隶“有逃跑习惯”或者“名声不好”，或者已经犯下侵权，因此其主人要遭受损害投偿诉讼(“损害跟着人走”〔noxa caput sequitur〕)。

(4) 卖方要对这些瑕疵负责，不管他是否知道或者应当知道这些瑕疵。该责任不以卖方的明确陈述或承诺为条件。该告示责任蕴含在买卖合同当中。

772

930. 退货之诉　(5) 该告示责任如下。买方可以请求解除合同，即交还标的物并请求返还价款。为此目的，营造官赋予他一项特别的荣誉诉讼：退货之诉(actio redhibitoria)，可在 6 个月内使用，从合同订立时起算。

i) 关于奴隶买卖，告示规定：“为了使这些奴隶被拿回去，我们赋予审判”(iudicium dabimus ut id mancipium redhibeatur)，这是指卖方必须把奴隶“拿回去”(re-habere，但法学家有时在“reddere”〔返还〕的意义上使用“redhibere”)。告示关于牲畜买卖使用了一个不同的表述：“为了使买卖不存在，我们赋予审判”(de inemptis faciendis iudicium dabimus)；但法律含义是一样的：买方在返还动物的基础上可要求返还价款。虽然有一个谜一般的文本(*D.* 21. 1. 45)，但买方无权要求双倍价款。这项退货之诉的存在也考虑陈述或承诺，这涉及市民法的责任(上文边码 925)；关于奴隶买卖，告示说："或者，如果违反了在出售时所说的或承诺的，这被认为根据市民法是应当履行的"（sive adversus quod dictum promissumve fuerit〔scil. mancipium〕, cum veniret, fuisset quod eius praestari oportere (scil. iure civili) dicetur）。这句话在"关于驮畜的告示"（edictum de iumentis）当中没有。

ii）根据主流观点，营造官提供了另一种诉讼作为退货之诉的替代选择。通过这种诉讼，买方可以在一年内要求一定比例的减价。这种诉讼被称为减价之诉（actio quanto minoris，即"标的物在因为有瑕疵而被出售时的价格"〔res fuit ob vitium cum veniret〕）或者估价之诉（actio aestimatoria）。这无疑是优士丁尼法。关于古典法，主流的理论所依靠的基础较为薄弱。我们的观点是，这种诉讼在古典法中完全不存在。 931. 减价之诉？

流传给我们的"关于奴隶的告示"（edictum de mancipiis）里面没有提到减价之诉。它在"关于驮畜的告示"中被提到："或者，如果在进行买卖时驮畜的价值比成交的价格少，那么我们在一年内赋予审判"（vel quo minoris cum venirent fuissenti〔scil. iumenta〕in anno iudicium dabimus）。但这句话是经过篡改的，就像用"vel"来替代"sive"所表明那样（参见 Eisele, *Z* xxi. 1900, 3 ff.）。《学说汇纂》当中的其他相关文本同样是可疑的。Gellius, 4. 2. 5 没有为这种诉讼的古典性提供证据。

（6）最后，买方可要求卖方做出要式口约，由后者对特定缺陷承担责任，并额外对被追夺的情形允诺双倍价款。这种要式口约的形式有特兰西尔瓦尼安板片（Transsylvanian tablets）作为例证。如果卖方拒绝做出这样的要式口约，告示赋予买方一项退货之诉—— 932. 双倍要式口约在这种情况下，只能在两个月内使用，并且可请求双倍价款（而没有可作为替代选择的可在六个月内使用的荒谬的减价之诉）——这是一种设计来强制实行双倍要式口约的救济。汇编者删除了告示的这个部分（*D.* 21. 1. 28 被留下，但这项荒谬的减价之诉被添加到文本中去）。

933. 后古典的发展

3. 后古典法。这是关于卖方的质量瑕疵责任的古典法。在后古典时期，营造官和财务官的管辖权消失，而这项营造官诉讼此时可以在任何法庭提出。当然，它们此时不再仅限于市场内订立的买卖合同。它们是否适用于奴隶和牲畜以外的物的买卖仍是有疑问的；无论如何，优士丁尼的汇编者将它们扩展到任何类型的买卖，包括土地买卖，并通过一项大胆的篡改在《学说汇纂》21. 1 标题的开头宣布这项完全非古典的原则，并且用一种古怪的幽默感将其归到拉贝奥的头上。减价之诉被发明出来。买物之诉被与营造官诉讼融合在一起，因此合同的解除以及减价也可以通过买物之诉来主张。

934. 评价

4. 评价。(1) 罗马关于卖方质量瑕疵责任的规则长期受到赞扬，并影响了大陆立法者很多个世纪，尤其是营造官引入的责任——对任何类型的质量瑕疵的一般担保责任；一种不依赖于卖方的“陈述和承诺”或“知情”（scientia）的默示担保责任；另一方面，它是一种非损害赔偿而仅仅是合同解除或减价的责任——这在一代代的大陆立法者看来是一种理想的体系。当我们认识到罗马法引起了严重的困难的时候，我们便逐渐开始怀疑，基于罗马法的《德国民法典》规则就像基尔克所说的那样，实际上是非常复杂的，部分是人为的，而且经常很模糊。一个现代德国作者承认他非常羡慕英美法的规则，后者与继受罗马法之前的日耳曼法原则一致。英国法可能更可取，毕竟因为它远比罗马法简单、更具可操作性。

(2) 对《学说汇纂》21. 1 标题的一项有趣的攻击在二十世纪初由一名所谓的自由法学运动的热情拥护者(Ernst Fuchs)发起，他宣称："没有人看这一题的时候不感到极度恶心"。这个作者有点缺乏历史意识，所以对共和国和古典时期关于"疾病"(morbus)和"瑕疵"(vitium)的讨论感到震惊。这些讨论确实显示出一些古怪的学院派特征。在告示把"疾病"和"瑕疵"并列之后，再也没有人觉得需要区分它们；但是这些古老的讨论继续进行着。然而，古典法学并不完全免于学院式的迂腐(例如，他们关于"种植"和"加工"的讨论，参见上文边码 635、638)；但为此而贬低古典法学就像对其评价过高一样荒谬。

775

原始文献

s. 910. Read *D.* (18. 1) 28 [*nam ... venditio*].

s. 911. On *exceptio mercis non traditae* see above, s. 811, Sources. On generic sale read Gai. 3. 147; *D.* (18. 1) 65 to *conductionem* with Beseler, *Z* l (1930). 39.

s. 912. Read *D.* (18. 1) 8 with *Index Interp.*

s. 913. Read *D.* (19. 1) 6. 1; Gai. 3. 140—141; *D.* (19. 2) 22. 3; (4. 4) 16. 4; *Epit. Ulp.* 2. 11 [*iusto pretio*].

s. 914. Read *D.* (18. 1) 41. 1 (genuine); (18. 1) 9 pr.-2 (heavily interpolated).

s. 915. Read Gai. 4. 131*a*; Paul. *Sent.* (1. 13*a)* 4; (19. 1) 30. 1 [*id* *est ... vendiderit*] with Lenel, *Z* li (1931), 42; (22. 1) 25. 2.

s. 916. Read *D.* (19. 1) 13. 8, with *Index Interp.*

s. 917. Read *C.* (3. 32) 12; (4. 49) 1 and 6 [*facile*].

s. 918. Read *D.* (18. 1) 15 pr.; (50. 17) 185.

s. 919. *Inst. Iust.* (3. 23) 3; *D.* (18. 6) 3 [*talem*]; praestare <*eam*>; [*ut ... adhiberet*]; (47. 2) 14 pr. [*mandare ... oportebit*]; [*dummodo*] <*sed*>; [*praestet*]; <*praestare debet*>; (47. 2) 81 pr. [*sine culpa mea*]; [*dominium ... teneor*] <*custodiam praestare debeo*>. On fruits see Paul. *Sent.* (2. 17) 7; *Fr. Vat.* 15.

s. 920. Read Paul. *Sent.* (2. 17) 1 and 3.

s. 921. Read the Transsylvanian document Bruns, *Fontes,* no. 130 = Lenel, *Edict.* (1927), 567 = *FIRA III* no. *88, with* Arangio-Ruiz's note and Maylan, *Rev. des études Lat.* xxi/xxii (1945), 34.

s. 922. Read *D.* (21. 2) 60 [*et ex ... interest*]; (21. 2) 56 pr. [*simpla ... vel*]; [*nisi ... convenerit*].

s. 923. Read *D.* (21. 2) 8; *Fr. Vat.* 17, first sentence.

s. 926. Read the Edict in Lenel, *Edict.* (1927), 535 and 565 or *FIRA* i, no. 66; translation: De Zulueta, *The Roman Law of Sale* (1945), 139 and 145. Read further *C.* (4. 58) 2 [*etenim ... est*].

s. 931. Read Gellius, 4. 2. 5 = Seckel-Kübler, i. 92. The text should be read as follows: '... sed cui morbus est, idem etiam vitiosus est ... quam ob rem cum de homine morboso agetur (scil. actione redhibitoria), aeque inquit, ita dicetur: quando ob id vitium minoris fuerit.' This refers to the pleading of the plaintiff who wished to justify the actio *redhibitoria.* Lenel, *Edict,* p. 561 gives a wrong and misleading text.

s. 932. Read Lenel, *Edict.* (1927), § 296.

s. 933. Read *D.* (21. 1) 1 pr. (spurious); (21. 1) 63 (spurious); Paul. *Sent.* (2. 17) 6.

s. 934. 2. Read Gellius, *Noct. Att.* 4. 2; Seckel-Kübler, *Iurispr. Anteiust.* 1. 61, nos. 28, 29; 1. 92, no. 1.

参考文献

ss. 909 ff. A modern comprehensive work on the Roman law of sale does not exist. Bechmann, *Der Kauf nach gemeinem Recht* (i, 1867; ii, 1884; iii, 1905; iv, 1908) is out of date. A valuable sketch was given by F. de Zulueta, *The Roman Law of Sale,* Introduction and select texts (1945). See further (out of date) Pernice, *Labeo,* i (1873), 454 ff.; Mommsen, *Schr.* iii (1907), 132 ff.; Ferrini, *Opere,* iii (1929), 49 ff.

s. 910. Kaser, *Eigentum und Besitz* (1943), 111, with references; De Zulueta, l.c. 1 f.

s. 911. On generic sale see Seckel-Levy, *Z* xlvii (1927), 122 ff.; Beseler, *Z* l (1930), 34 ff.; Krückmann, *Z* lix (1939), 7 ff.; De Zulueta, l.c. 14.

s. 913. De Senarclens, 'La maxime "pretium debet esse verum certum iustum"', *Mélanges Fournier* (1929), 685; De Zulueta, 16 ff., with references; Albertario, *Studi,* iii (1936), 401; Solazzi, *Bull.*

xxxi (1921), 51 ff.; Scheuer, *Z für vergl. RW.* xlvii (1932), 77.

s. 914. Beseler, *Byzantinisch-Neugriech. Jahrbücher,* i (1920), 343 ff.; *Z* xlv (1925), 213 ff.; *Bull.* xii (1948), 103; Lenel, *Archiv f. d. zivil. Praxis,* cxxiii (1925), 161 ff.; Simonius, *Festschrift P. Koschaker,* i (1939), 358 ff.; De Zulueta, l.c. 25 ff.; W. Flume, *Eigenschaftsirrtum und Kauf* (1948), 64 f.

s. 915. Monier, *Mélanges Cornil,* ii (1926), 139 ff.; further literature see below, ss. 920 ff., Bibliography.

s. 917. Felgenträger, *Antikes Lösungrecht* (1933), 27 ff.

s. 919. F. Haymann, *Z* xl (1919), 254 ff.; xli (1920), 44 ff.; xlviii (1928), 314 ff. (unmethodical and unacceptable inquiries); Rabel, *Z* xlii (1921), 543 ff.; Seckel-Levy, *Z* xlvii (1927), 117 ff. (rightly against Haymann); Beseler, *Bemerkungen zu Z 1927* (1927), 7 ff.; *T* viii (1928), 279 ff.; *Z* l (1930), 34 ff. (Beseler's doctrine is right though his reconstructions of the classical texts are often problematic); Vogt, *Festschrift P. Koschaker,* ii (1939), 162 ff.; Krückmann, *Z* lix (1939), 1 ff.; lx (1940), 1 ff.; De Zulueta, l.c. 30 ff. See further literature on *custodia* above, s. 885, Bibliography; Pflüger, *Z* lxv (1947), 205.*

ss. 92o ff. Girard, *Mélanges de droit romain,* ii (1923), 1 ff. (fundamental); Rabel, *Die Haftung des Verkäufers wegen Mangels im Rechte* (1902); De Zulueta, l.c. 42 ff.

s. 920. Girard, l.c. 5 ff., 153 ff.; Rabel, l.c. 5 ff.; Lenel, *Edict.* (1927), § 290; Beseler, *Beiträge,* iv (1920), 307; *Z* xlvi (1926), 96;

M. Kaser, *Eigentum und Besitz* (1943), 107 ff., 115 ff., 128, 129 ff.*

s. 921. Girard, l.c. 46 ff.; Kaser, l.c. 202 ff. On *satisdatio secundum mancipium* see Lenel, *Edict.* 546 ff.; Kaser, l.c. 66; Maylan, *RH* xxvi (1948), 1.

s. 922. Kaser, l.c. 204 n. 9; 210 n. 27.

s. 923. Kaser, l.c. 221; *Z* liv (1934), 162 ff., 169.

s. 924. Kaser, *Eigentum und Besitz, 210* ff.

s. 925 ff. R. Monier, *La Garantie contre les vices cachés dans la vente romaine* (1930); De Zulueta, *The Roman Law of Sale* (1945), 46 ff.; Flume, *Eigenschaftsirrtum und Kauf* (1948), 57 ff.

ss. 925. F. Haymann, *Die Haftung des Verkäufers für die Beschaffenheit der Kaufsache,* i (1912), 1 ff., 44 ff.; Beseler, *Beiträge,* iv (1920), 306, rightly against Partsch, *Z* xxxiii (1912), 601 ff.; Monier, l.c. 3 ff., 113 ff.; Flume, l.c. 57 ff., 60 ff.

ss. 926 ff. H. Vincent, *Le Droit des édiles* (1922); Lenel, *Edict.* (1927), §§ 293, 294; Monier, l.c. 19 ff.

s. 926. F. Haymann, *Haftung des Verkäufers,* 19 ff.; De Senarclens, 'La Date de l'édit des édiles de mancipiis vendundis', *T* iv (1923), 396 ff.*

s. 927. E. Weiss, *Z* xxxvii (1916), 167 ff.; Solazzi, *Istituti tutelari* (1929), 117 f.

s. 930. Lenel, *Edict.* (1927), 556 f., with references; Monier, *La garantie contre les vices* (1930), 56 ff.; De Senarclens, 'La Duplex condemnatio de l'action redhibitoire', *Studi Bonfante,* iii (1930), 91 ff.

s. 931. Lenel, *Edict,* l.c. 561 ff.; Monier, *La Garantie contre lei vices,* 170 ff. (against Monier in vain F. Haymann, *Z* li (1931, 479 ff.); Giffard, 'L'Action édilicienne quanti minoris', *RH* x (1931), 682 ff.

s. 932. Lenel, *Edict.* (1927), 562 f., 567; Monier, l.c. 104.

s. 933. *Index Interp.* ad *D.* (21. 1) 1 pr.; De Senarclens, 'L'Extension de l'édit des édiles aux ventes de toute espèce des choses', *RH* vi (1927), 385 ff.; Monier, *La Garantie,* 161 ff., 186 ff.; Flume, l.c. 58.

s. 934. Gierke, *Deutsch. Privatrecht,* iii (1917), 468; Grossmann-Doerth, *Rechtsfolgen vertragswidriger Andienung* (1934), 27, cited by Flume, l.c. 59; Ernst Fuchs, *Die Gemeinschädlichkeit der konstruktiven Jurisprudenz.* (1909), 170 f., 265.

十一、租赁

935. 非罗马的三分法　古典法学家把三种合同归到“租赁”(locatio conductio)下。对于这三种合同，现代罗马法学者描述如下：

1. 租赁合同。这是一种合意合同，一方当事人(locator)同意给予另一方当事人(conductor)某物供其使用(农地、房屋、房间、奴隶、动物或任何其他动产)，“conductor”允诺给予报酬。

2. 承揽合同。这是一种合意合同，一方当事人(conductor)允诺通过他的工作产生特定的效果或结果，例如建造一个房子或做一件衣服，以获得对方（locator）支付的报酬。

3. 劳务合同。这是一种合意合同，一方（locator）允诺特定类型的服务（例如，家庭工作）以获得对方（conductor）支付的报酬。

术语乍看起来有点令人费解。工作的人在第 2 种合同中是“conductor”，但在第 3 种合同中却是“locator”。此外，在个案中有时候很难区分“locatio conductio operis”和“locatio conductio operarum”。某人用固定的价钱雇佣一个园丁来修理维护花园，或者某人为了舞会而雇佣一个音乐家。这些合同是“locatio conductio operis”还是“locatio conductio operarum”？

事实上，这个三分法在罗马原始资料中并没有被提到，甚至没有得到古典法学家的默示承认，他们只知道“locatio conductio”，并且在原则上他们把同样的规则适用于此种合同的所有类型。这个术语上的差异仅仅是语言上的便利和用法的问题，仅此而已。“locare”是指（像希腊语的“ἐκδιδόναι”）“放出”，即把某事委托给某人。“conducere”的词源是模糊的；在法律文献之外，它是指“放在一起”（conducere populum in forum〔把民众集中到会堂里〕，conducere copias〔集结部队〕），但古典法学家似乎把它用作“带走”（secum ducere）。因此，如果某人租了一个奴隶，那么他被称为“conductor”，即把该奴隶带走的人（rem utendam conducere）；提供奴隶的人被称为“locator”，因为他把这个奴隶“放”在“conductor”的支配下。如果某人获得某物以便运到另一个地方去，那么他被称为“conductor”，因为他把该物带走（rem perferendam conduxit）；发货人被称为“locator”，因为他把该物“放”在运送人的手中。“locare”和“conducere”这两个术语也被隐

喻地使用。如果某人雇了一个建筑师建造一座房子，建筑师被称为“conductor”，因为他接了工作(domum aedificandam conduxit)；另一方被称为“locator”(domum aedificandam locavit)，因为他把工作“放”或委托给该建筑师。但如果某人雇了工人在其指导下建房子，看起来把工人称为“locatores”更方便(locant operas suas in aedificio faciendo〔把自己的劳务放到建造房屋的工作中去〕)，因为他们把自己放在另一方的支配下。然而，我们再次强调，这种术语上的差异仅仅是一个语言问题。在一些情形下，工人可以根据自己的喜好自称为“locator”或“conductor”，在我们前面给出的园丁的例子中，园丁可以说：“hortum curandum conduxi”(我接了维护花园的工作)或者“operas meas locavi in horto curando”(我把我的劳务放到维护花园的工作中去)；法学家不会自找麻烦去确定哪一个表达更恰当。如果某人为了一个晚会雇佣了一个笛手，他们不会考虑这是“locatio conductio operarum”还是“locatio conductio operis”，以及这个笛手是“locator”还是“conductor”；这是一个没有任何法律意义的问题。某人让一个金匠用金匠自己的材料制作一个金戒指，主流的古典理论认为这是一项买卖合同，但卡西乌斯认为，这是一项结合了“locatio conductio operarum”的关于金子的买卖合同(Gai. 3. 147)。注意，这里用的是“operarum”，不是现代学者可能期望的“operis”。盖尤斯没说卡西乌斯(Cassius)把这个金匠称为“locator”还是“conductor”；实际上，这没有法律上的区别。他可能称其为“conductor”(anulum faciendum conduxit〔接了制作戒指的工作〕)也可能称其为“locator”(operas suas locavit in anulo faciendo〔把劳务投入制作戒指的工作中去〕)。因此我们应当完全抛弃这个三分法，这是大陆法律经验主义的产物，导致了不必要的麻烦，甚至错误，因为它把实际上没有法律区别的情形认定为是有区别的。责任和风险的问题，不应该取决于合同是“locatio conductio operarum”还是“locatio conductio operis”。

如果我们希望有一个“locatio conductio”的一般定义，那么我们只能把它定义成这样：“locatio conductio”是一种合意合同，一方（locator）为了特定的目的把某物、某项工作或他自己的服务置于另一方（conductor）的支配之下，“locator”或“conductor”因此允诺支付报酬。 936. 定义

937. 古典租赁法的特征

用现代标准来衡量的话，古典租赁法看起来是贫乏的。但是罗马的经济社会条件与现代有很大的不同，在这方面古典租赁法只不过反映了现实生活的需要。与自由工人订立合同不像今天这么频繁，因为奴隶的劳动比自由劳动力更重要。工厂的工人通常是奴隶。富裕的人在他们的奴隶当中有他们自己的工匠（鞋匠、裁缝等等）。因此，现代劳动法的问题几乎不可能发生。关于房屋、公寓或房间的租赁，大多数时候是穷人的事情；富裕的人生活在他们自己的房子里。共和国末期和元首制前两个世纪，罗马的住房紧缺看起来是令人震惊的，因为可用的空间越来越多地被公共建筑、场所以及大资本家的宅邸和花园占据；因为没有交通工具，为穷人建的新房子不能离市中心太远。因此，那些被迫住在租赁房屋中的人（inquilini=incolini）只能受资本家的摆布，后者可以决定他们的合同条款。有时整个“公寓大楼”（insula）都租给一个人管理，由他把各套公寓和房间转租出去，实际上就像是所有权人的代理人。农地的租赁也表现出类似地特征。根据罗马经济理论，对于大地产所

有权人而言，出租小块土地更有利可图；因此承租人通常是薄产者，由所有权人或其代理人提供装备并进行管理。有时候一块大地产租给一个人，但他处于一个代理人的地位，他必须转租小块土地并管理小佃农。富裕并且经济上独立的佃农大阶层并不存在。

他们对工人的兴趣很小，而且保护工人和公寓或农地的贫穷承租人不受资本主义侵害的观念，对他们来说是非常陌生的。因此，他们几乎不涉及那些在我们看来非常重要的问题。当事人非常自由地订立他们想要的合同，在这种情况下意味着合同条款就是资本家想要的。关于房屋、公寓和房间的租赁的特殊规则以及关于农地租赁合同的特殊规则，都没有得到发展。通知解除制度也不存在；房屋、土地或服务都是按固定的时间租赁的。关于租赁房屋或房间的修缮，法学家们仅仅说，土地所有权人有义务维持租赁物完好，但合同可以翻转这项规则。无疑，罗马资本家像萨托利乌斯（Sartorius）先生那样，发现贫民区特别有利可图。汇编者偶尔试图为承租人的利益改善法律，但他们的篡改需要综合的描述和评价。

古典法的态度的一个很好的示例由铭文 ILS 7457（Sueton., *Vespas*. 1; Pernice, *z* vii. 1, 1886, 97 f.）提供。有一群“农场工人”（turmae messorum）在一个“工头”（ductor）的带领下，每个夏天都到特定的地方去收庄稼，古典法学家对此现象视而不见。

在对古典租赁法进行一般性的描述之后，我们把注意力集中到一些重要的具体规则上。

938. 报酬　某物的承租人或雇佣了某个工人的一方，必须允诺报酬（merces），否则的话，合同应为使用借贷或委托。在古典法下，报酬必须是一笔钱；唯一的例外是合伙式租赁合同（colonia partiaria），其中承租人允诺用一部分孳息作为报酬。在没有特别简约的情况下，报酬必须在合同终止时支付。

从任何租赁(locatio conductio)都可以引起两项诉讼，939. 诉讼
“locator”用“actio locati”，“conductor”用“actio conducti”。起源于共和国早期的程式基于跟买卖引起的诉讼一样的模式建立，即它们是“基于法律拟定的”，并包含“根据诚信”短语(Lenel, *Edict.* § 111)。

> “出租之诉(actio locati)：鉴于奥鲁斯·阿格里乌斯把这块土地的利用出租给努梅里乌斯·内格底乌斯，努梅里乌斯·内格底乌斯为此根据诚信应向奥鲁斯·阿格里乌斯支付多少钱或者做什么，审判员，就判罚努梅里乌斯·内格底乌斯向奥鲁斯·阿格里乌斯支付多少钱或做什么，等等；承租之诉(actio conducti)：鉴于奥鲁斯·阿格里乌斯从努梅里乌斯·内格底乌斯承租了这块土地的利用，为此努梅里乌斯根据诚信应向奥鲁斯·阿格里乌斯支付多少钱或做什么，等等。”
>
> (Actio locati. Quod Aulus Agerius Numerio Negidio fundum fruendum〔domum faciendam, operas suas〕locavit, quidquid ob eam rem Numerium Negidium Aulo Agerio dare facere oportet ex fide bona, eius iudex Numerium Negidium Aulo Agerio condemnato etc. Actio conducti. Quod Aulus Agerius de Numerio Negidio fundum fruendum〔domum faciendam, operas〕conduxit, quidquid ob eam rem Numerium Negidium Aulo Agerio dare facere oportet ex fide bona etc.)

940. 买卖破租赁　这种合同导致的权利仅仅是对人权（iura in personam）；从另一方接受某物（用于收益的土地〔fundum fruendum〕，需要修补的衣服）的人甚至不是占有人而只是持有人（上文边码 754），因此不受占有令状的保护。这是其社会和经济从属性的明显的例证。A 从 B 那里租了一套公寓一年，在这个期限届满之前，B 可以通过自助驱逐承租人，或者他可以提起占有令状（此种情况下所有物返还之诉不存在，参见上文边码 645）。当然，A 此时可以对 B 提起承租之诉，但是他已经失去了他的家。如果 B 在这一年期限届满之前转让该房屋，那么买方也可以驱逐承租人，而承租人除了对 B（不能针对新的所有权人）提起承租之诉之外还是无计可施。从中世纪起，这项规则通过著名的格言“买卖破租赁”（sale breaks hire）来表达，这是一项误导性的表述，尤其是涉及古典法的时候。

786 租赁合同实际上没有因该转让行为而被破坏，相反，它仍不受影响并且将为承租人提供其唯一的救济，即承租之诉。新的所有权人拥有的权利并不比出租人大，后者也同样可以驱逐承租人（在优士丁尼法下，出租人的“驱逐权”〔ius expellendi〕受到了一些限制），唯一的不同在于，新的所有权人不受合同约束，因此不会像出租人那样要对承租人的承租之诉负责。

941. 责任　双方都要对故意和过失负责，但从另一方接受某物的人（不管他被称为“conductor”还是“locator”），要额外对照管负责（上文边码 885）。毫无疑问的是，接受衣服以便清洗或修补的漂洗工或裁缝，要对照管负责，这是盖尤斯（Gai. 3. 205, 206）明确叙说的。如果认识到三分法不存在，租赁是一个整体（上文边码 935），那么立马就会得出这个结论：租了一个奴隶或动物的人也要对照管负责。

有时候“locator”（出租人）对照管负责。假设A从B那里租了仓库里的一个地方（不是整个仓库），并且把某物交给B，那么B（被称为“locator”）要对照管负责，除非他的责任被明确排除；这被陈述在《仓储法》（*lex horreorum*）当中，该法在一块铭文中被保留给我们。

Bruns, *Fontes*, no. 166; *FIRA* iii, no. 145, *ILS* 5414：“不对该仓库内物品的照管负责”（Invectorum in haec horrea custodia non praestabitur）。

我们再次重复：接受标的物的人被称为“locator”还是“conductor”并无法律意义。汇编者像通常那样（上文边码885、900）通过大量的篡改用“照管中的勤谨”来替代古典的“照管”。

942. 追夺和质量瑕疵

出租人有义务向承租人提供租赁物并根据诚信使其保持良好状态。这项简单的规则被认为已经足够了。我们在买卖合同中（上文边码885、900）描述的关于追夺和质量瑕疵的复杂规则在租赁法中并无对应的规则。一项真正的追夺通常不会发生，因为承租人不是占有人，不能用所有物返还之诉针对他（上文边码645）。营造官告示当然也不适用，因为它仅涉及买卖合同，租赁不在营造官的管辖权之内。如果出租人不履行其义务，那么承租人可以对他提起承租之诉，但在古典法下他无权以通知的方式解除合同。然而，汇编者赋予了他这项权利。

943. 风险

关于风险的古典法如下。如果A租赁一个房子一年，但在半年后该房子被烧毁了，那么他只需要支付一半的租金；因此，风险由出租人承担。如果 A 雇佣一个工人一年，后者在半年后死亡，那么他的继承人可以主张一半的报酬。如果 A 把金子交给金匠打戒指，金子被盗，那么金匠对照管负责，而且不能主张报酬，即使他已经开始或实际上快要完工（“风险由制作戒指的工匠承担” [periculum est conductoris anuli faciendi]）。如果一个建筑师承担建造房子的工作，完成了一半的房子被烧毁，那么他不能主张任何报酬，而且他甚至有义务再建一座新房子（“风险由承揽人承担” [periculum est conductoris]），但古典法学家是否在无任何附加条件的情况下执行这项规则，是有疑问的。

原始文献

s. 938. Read Gai. 3. 142, 162; *D.* (19. 2) 19. 7. 1

s. 940. Read *D.* (43. 16) 1. 22 [*et si … est*] *C.* (4. 65) 3 [*nisi … es*]; *D.* (19. 2) 25. 1; *C.* (4. 65) 9 [*nisi … emit*]; *Fr. Vat.* 44; *D.* (43. 16) 12 [*nisi … fecisset*].

s. 941. Read Gai. 3. 205, 206; *D.* (19. 2) 60. 9; *Coll.* 10. 9 = *C.* (4. 65) 1; *C.* (4. 65) 28; *Inst. Iust.* (3. 24) 5 [*talis*]; [*qualem … adhibet*]; [*aliquo casu*] <*casu maiore*>.

s. 942. Read *D.* (19. 2) 9 pr. [*plane … locatorem*]; (19.2) 25. 1 [*certe … dubitatio est*]; (19. 2) 33 (interpolated).

s. 943. Read *D.* (19. 2) 30. 1; (19. 2) 9. 1 to *est aequissimum*; (19. 2) 59 shortened but substantially genuine.

参考文献

ss. 935 ff. A modern comprehensive work on *locatio conductio* does not exist. For the older literature see Windscheid, *Pand.* ii (1906), §§ 399 ff. See further E. Costa, *La locazione di cose nel diritto romano* (1915); Pernice, *Labeo,* i (1873), 466; *Z* ix (1888), 239 f.; xix (1898), 89 ff.; Mommsen, *Schr.* iii (1907), 132 ff.; Brasiello, 'L 'unitarietà del concetto di locazione in diritto romano', *Riv. It.* ii/iii (1927/8), estratto; F. M. de Robertis, *I rapporti di lavoro nel diritto Romano* (1946), 120 ff.

s. 935. Pernice, *Z* ix (1888), 239 ff.; Brasiello, l.c.; Arangio-Ruiz, *Istituzioni* (1947), 346; Olivier Martin, 'Des divisions du louage en droit romain', *RH* xv (1936), 419 ff. On *conducere* see Mommsen, l.c. 137; Pernice, *Z* ix (1888), 241 n. 1 in fine.

s. 937. Pernice, *Z* xix (1898), 89 f.; M. Weber, *Die röm. Agrargeschichte* (1891), 232 ff.; Gummerus, 'Der röm. Gutsbetrieb', *Klio, 5. Beiheft* (1906); R. Pöhlmann, *Die Übervölkerung der antiken Gross-Städte* (1884); Mommsen, *Schr.* v (1908), 605 ff.

s. 938. On colonia partiaria see Ferrini, *Scritti*, iii (1929), 1 ff.; Longo, *Mélanges Girard,* ii (1912), 105 ff.; F. Kobier, *Der Teilbau im röm. und geltenden italienischen Recht* (1928, not available, see Eisser, *Z* xlix〔1929〕, 552).

s. 940. Windscheid, l.c. § 400 n. 7; Pernice, *Z* xix (1898), 95 f.; Schulin, *Z* xli (1920), 205 ff. Germ. Abt.

s. 941. On *custodia* see literature above, s. 885, Bibliography; on the difficult texts *D.* (13. 6) 19 and (19. 2) 41 see Beseler *Z* l (1930), 54. See further Brasiello, l.c. 60 ff.; De Robertis l.c. 150, 164 ff.; Pflüger, *Z* lxv (1947), 193.*

s. 943. Arangio-Ruiz, *Responsabilità contrattuale in diritto Romano* (1933), 190; probably wrong, Beseler, *T* viii (1928), 302.

十二、合伙

944. 概念和成立

790

古典的合伙（societas）是由合意合同创设的，两个或多个人同意为共同的目的合作。合同的成立没有其他要求。在某些文本中，提到一种特殊的“订立合伙的意思”（animus〔affectio〕contrahendae societatis），但它们是经过篡改的。通常合伙人或他们当中的一些人允诺投入金钱；他们甚至会允诺投入他们现在和将来的全部财产（“全部财产的合伙”〔societas omnium bonorum〕）。因此，这种合同的当事人相互有义务去做某事或提供某物，就像买卖和租赁当中的当事人一样，但根本性的不同是，在买卖和租赁当中，一项债是用来交换或补偿另一项债的，而合伙引起的债没有这种特征。然而，盖尤斯把合伙归入合意合同，并把它放在买卖和租赁后面、委托前面，是非常正确的，他当然不是第一个这么做的人。

945. 市民法合同

古典的合伙合同（contractus societatis）属于市民法，不属于荣誉法。因此合伙人之诉（actio pro socio）是“基于法律拟定的”。读到 Gai. 3. 154 的人不要被盖尤斯的说法引入歧途：“合伙是万民法的”（societas iuris gentium est）；盖尤斯在这里用“ius gentium”不是指与市民法（ius civile）相对的万民法，而是与“特有的市民法”（proprium ius civile，也就是说，盖尤斯无法在其他民族的法律中找到的那些罗马法制度）相对的“万民法”。古典的合伙在共和国最后一个世纪已经存在，并且显然已经成为一项市民法制度。其原本的形式是否是“全部财产的合伙”，这个问题对于我们当前的目的而言，并不重要。

946. 继承人共同体

Gai. 3. 154a, 154b（最近发现的文本）提到前古典的“继承人共同体”（consortium）制度。这是一种共同继承人的合伙（“兄弟合伙”〔fratrum societas〕），他们希望延迟财产分割，通过投入他们的遗产份额来订立一项合伙，其他人也可以按照“兄弟合伙”的方式订立一项“继承人共同体”。这种合伙形式有其独有的特点，但像古典的合伙一样，它也要求一项合意；“通过物来订立的合伙”（societas re contracta），也就是说随着财产共同体（communio bonorum）的形成而自动成立的合伙在我们可以看到的范围内从未存在过。自从盖尤斯的新片段被发现之后，“继承人共同体”就成了一个受人喜爱的主题，但我们将不讨论这些文献，因为我们只关注古典法，而在古典法下，这种古老的“继承人共同体”已经不再存在，这点我们肯定可以从盖尤斯的说明中推断出来。然而，尽管根本无法确定，但古典的合伙有可能源自这种“继承人共同体”。

947. 不是法人

古典的合伙不是所谓的法人，或者我们喜欢说的合手（gesamte Hand）。与团体不同，它不是一个具有可变化成员的组织（上文边码 146）。新的成员可以加入，但只有经过每一个老成员的同意才可以。如果一个合伙人死亡或离开合伙，那么整个合伙总是会终止，尽管可以因剩下的合伙人（socii）之间的一项新的非要式合同而继续合伙。由合伙人的投入和其他取得的财产构成的共同财产是一种财产共同体，就像其他任何财产共同体一样，例如，有多名继承人时的遗产（上文边码 525）；在合伙存续期间，每个合伙人都对共同财产的所有权享有一个份额，他可以自由处置它。如果 A 和 B 是合伙人，有一块地产属于共同财产。A 和 B 都对其所有权享有份额，他们中的每一个人都不需要经过对方同意便可以转让其份额，即通过买卖和要式买卖；买方取得份额，但当然不会成为合伙人。合伙的债务或“合伙人整体”（universi socii）的债务（上文边码 157、173）并不存在，只有合伙人自己的债务。

948. 管理

当然，合伙的管理因没有直接代理制度而受到很大的阻碍。因此，把合伙人的投入放到合伙中去要求与每一个合伙人进行法律行为，甚至在“全部财产的合伙”当中，各个合伙人的财产也不会因合意合同的成立而自动成为共同财产。与此相冲突的文本是伪造的，如果一个合伙人为合伙购买某物，那么是他获得了所有权并且有义务向卖方支付价款；不过他有义务把该物投入共同财产，另一方面，他有权要求其他合伙人支付费用。

949. 对收益和损失的份额

对收益和损失的份额由合同确定。在这方面，在古典法下，合伙人是完全自由的，除非被判罚为“狮子合伙”（societas leonina），也就是说其中某个合伙人只有损失份额而无利润份额的合伙合同。

950. 责任

古典时期合伙人相互之间的责任仍是个有疑问的问题。在优士丁尼法下，他们要对“像通常对待自己的事务一样的勤谨”（diligentia quam quis suis rebus adhibere solet）负责，但这肯定不是古典的。显然一个合伙人（socius）通常仅对故意负责，但一些古典法学家主张在特别情形下也要对过失和照管负责。公元 167 年的一份合伙协议在一块铭文中（Bruns, *Fontes*, no. 171; *FIRA* iii. 157）被保留给我们，它仅提到对故意的责任；另一方面，后古典前优士丁尼时期的《保罗意见集》（*Sententiae Pauli*, 2. 16）已经承认过失责任。我们不能详述这个问题；可用的文本遭受篡改并且无法理清。

合伙不可避免地因任何一位合伙人的死亡而终止；死者的继承人不继承其在合伙中的地位。在优士丁尼法下，合同可以约定合伙在剩余的合伙人之间继续存在。但根据古典法从不这样。任何合伙人都可以随时自由地通知终止合伙，合同中的相反约定是无效的。这样的一种"通知"（renuntiatio）不仅导致做出通知的这个合伙人退出，而且导致整个合伙的解散。在这两种情况下，剩余的合伙人当然可以通过非要式的合意自由地让合伙继续存在，但这在法律上是一项新的合伙。 951. 终止

每一个合伙人都对其共同合伙人享有合伙人之诉（actio pro socio）。裁判官告示包含一个"pro socio"的标题，它的意思是"为了合伙人"；因此这种诉讼被称为合伙人之诉（actio pro socio= 为合伙人提供的诉讼）。其程式没有被保留下来，但是莱内尔的重构很有可能是正确的。它"基于法律拟定的"，并包含"根据诚信"短语。 952. 合伙人之诉

Lenel, *Edict*. § 109："鉴于奥鲁斯·阿格里乌斯和努梅里乌斯·内格底乌斯组成合伙，根据诚信努梅里乌斯·内格底乌斯应向奥鲁斯·阿格里乌斯支付多少或做什么，审判员，就判罚努梅里乌斯·内格底乌斯向奥鲁斯·阿格里乌斯，等等。"

（Quod Aulus Agerius cum Numerio Negidio societatem

coiit, quidquid ob eam rem Numerium Negidium Aulo Agerio dare facere oportet ex fide bona, eius iudex Numerium Negidium Aulo Agerio condemnato, etc.)

判罚涉及不名誉（Gai. 4. 182 和所谓的《尤利亚自治市法》〔1. 111〕; Bruns, *Fontes*, no. 18 ; *FIRA* i, no. 13）。另一方面，“全部财产的合伙人”（在古典法下只有他）享有所谓的“保留生活财产的恩惠”（上文边码 793、794）。现在一般认为，只有合伙已经终止之后才存在这项诉讼。这可能是真的，古典的合伙人之诉因此只是一种为清算而提供的诉讼。因此，在合伙存续期间，合伙人不能被通过诉讼的方式强制投入财产。对于共同财产的份额，可以利用共同财产分割之诉（上文边码 86），而不是合伙人之诉。

794

953. 评价

在前述对古典合伙法的考查中，其个人主义和自由主义的特征是显而易见的；罗马对社团的厌恶是自始至终都可以看得到的。这种合同仅仅会导致最低限度的债务，法律总是煞费苦心地维护个人自由。其特征在后古典时期也没有实质性的变化。现代工商业合伙没有在罗马法的基础上发展起来，如果与现代的那些形式相比较的话，罗马法的合伙形式显得非常有趣，但很古老。

原始文献

s. 944. Read Gai. 3. 148.

s. 948. Read D. (17. 2) 73 to *redigendam*; (17. 2) 1. 1 [*continuo*]; (17. 2), 2, entirely spurious.

s. 949. Read Gai. 3. 149; D. (17. 2) 29. 2 [*et nos ... spectet*].

s. 950. Read *Inst. Iust.* (3. 25) 9. The text was taken from the *Res cottidianae* attributed to Gaius (see D. 17. 2. 72); the pre-Justinianic text is interpolated as follows: [*etiam*]; *<non> tenetur*; [*culpa autem ... solet*]; Di Marzo, *Bull.* li/lii (1947), 53. Read further Paul. *Sent.* 2. 16.

s. 951. Read Gai. 3. 152; cf. *Inst. Iust.* (3. 25) 5; Gai. 3. 151.

参考文献

ss. 944 ff. Manigk, *PW* iiia. 772 ff. with references; Pernice, *Labeo,* i (1873), 443 ff.; *Z* iii (1882), 48 ff.; ix (1888), 232 ff.; Ferrini, *Scritti,* iii (1829), 17 ff.; Costa, *Cicerone giureconsulto,* i (1927), 186 ff.; Del Chiaro, *Le Contrat de société en droit privé Romain sous la république et au temps des jurisconsultes classiques* (1928) with Steinwenter, *Z* l (1930), 592 ff.; A. Poggi, *Il contratto di società in diritto romano classico,* vol. i and ii (1930, 1934, not available); Wieacker, *Z* liv (1934), 35 ff.; *Societas. Hausgemeinschaft und Erwerbsgesellschaft* (1936); Daube, *Cambridge Law Journal,* vi (1938), 381 ff.*

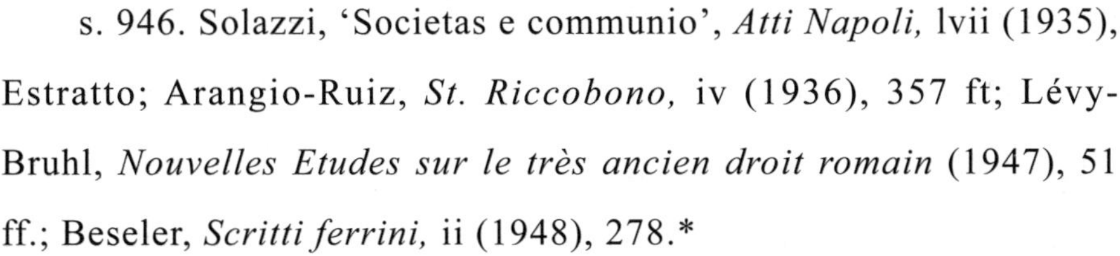

s. 946. Solazzi, 'Societas e communio', *Atti Napoli,* lvii (1935), Estratto; Arangio-Ruiz, *St. Riccobono,* iv (1936), 357 ft; Lévy-Bruhl, *Nouvelles Etudes sur le très ancien droit romain* (1947), 51 ff.; Beseler, *Scritti ferrini,* ii (1948), 278.*

s. 948. Riccobono, *Z* xxxiv (1913), 188 ff.

s. 949. Beseler, *Scritti Ferrini,* iii (1948), 276 ff.

s. 950. See particularly Wieacker, *Z* liv, l.c.; Pflüger, *Z* lxv (1947), 188.

s. 952. Lenel, *Edict.* § 109; E. Levy, *Konkurrenz, der Aktionen* ii. 1 (1922), 143 n. 5, with references.

s. 953. Schulz, *Principles* (1936), 149 ff.

十三、委托

954. 概念和术语

委托是一种合意合同，一方（受托人）无偿允诺执行对方（委托人）的一项任务。这是古典的合意委托合同的概念，就像盖尤斯（Gai. 3. 155 ff.）描述的那样。它要求：（1）一项非要式的合意，单方的要求、“命令或授权”（iussum）是不够的；（2）受托人做出的执行该任务的有约束力的允诺。受托人的这项约束对于任何委托合

796

同都是必要的。出于这个原因，如果任务的执行仅仅是为了受托人的利益（所谓的“为自己利益的委托”，参见下文边码959），那么就不存在有效的委托合同，因为在这种情况下受托人没有约束自己的意图，而这种约束对于这种合同而言是必不可少的。

“mandare”这个术语源自“manum dare”=“in manum dare”（交到手里）。在普通的拉丁语用法中是指“委托某事”“交给任务”“授权”“下达命令”。在狭义上，作为合意合同的“mandatum”是法律文献的一项人为的创造。古典法学家是否有时会在广义上（即在“命令”〔iussum〕的意义上）使用“mandare”和“mandatum”，还不清楚，但在这里我们只关心“contractus mandati”（委托合同）。

955. 委托之诉

盖尤斯在合意合同部分最后才讲委托，可能它也是这类合同当

中最晚出现的。当《阿奎利亚法》第二章被起草时（上文边码 837），委托之诉（actio mandati）还不为人所知；另一方面，这种合同在西塞罗时期已经获得承认。它在共和国时期的发展由于缺乏资料而无法查清，但在古典时期，这种合同毫无疑问是一种市民法合同，它能引起一项双方都可以使用的诉讼（委托之诉）。其程式没有被保留下来，但它是"基于法律拟定的"并且包含"根据诚信"短语。判罚涉及"不名誉"。通过所谓的"直接委托之诉"（actio mandati directa，上文边码 70），委托人可以要求履行任务，即主要是交付受托人在执行任务当中取得的任何东西。通过所谓的"反委托之诉"（actio mandati contraria，上文边码 70），受托人可以要求补偿其支出的费用。如果一项交易被委托给受托人，那么这项交易引起的权利义务，由于没有直接代理，归属受托人。如果 A 要求 B 从 S 处购买某物，B 因此从 S 那里买来该物，那么是 B 对 S 享有买物之诉，S 对 B 享有卖物之诉以主张价款。但是 B 有义务把该买物之诉转让给 A，而 A 有义务使 B 免除其对 S 的债务。

956. 该合同的社会基础

这种合同的产生需要解释。共和国法学家到底为什么要创设它？在现代，即便是在采用了罗马委托制度的大陆法中，这种合同的重要性也不大；无偿的委托通常在法律范围之外，因为当事人不希望在法律上约束自己。然而，在罗马，尤其是在法学家所属的那个社交圈子里，一些主流的社会习惯和规则是需要这种合同的。"友情"（amicitia）会引起严肃的、重大的义务。罗马的友人会相互请求帮助，这可能会导致一个现代的"朋友"立即中断友谊。在共和国时期的罗马，在任何情形中请求朋友帮忙都不会有顾虑；朋友可能会被要求款待、提供推荐、执行任务，甚至借钱。尽可能支持朋友是一个人的"义务"（officium）的一部分。当西塞罗在逃亡时，他在罗马的家庭陷入财务困窘，但是他写信安慰他的妻子说（*Ad fam*. 14. 1. 5）："如果他们将尽到朋友的义务，就不会缺钱"（si erunt in officio amici, pecunia non deerit）。这种观点是普遍接受的，一个人在其朋友的请求下承担一项任务，是不会期望或要求报酬的，但仍会将其视为一件严肃的事务。此外，解放自由人在罗马社会生活中起到很重要的作用。恩主喜欢把商业事务委托给其解放自由人，而后者会觉得免费履行恩主交待的任务是自己的"义务"。最后，不是所有类型的服务看起来都适合作为劳务合同的内容。在与法学家、辩护人、医生或教师签订合同的时候，劳务合同看起来不是一个恰当的方式，因为根据有贵族气派的罗马人的观点，这样的服务应当免费提供。例如，西塞罗会拒绝这样"被雇佣"为辩护人，尽管他对于以一种不那么庸俗的方式接受报酬毫无顾虑。在这样的情形下，委托看来是比较合适的合同。

798

在这些情形下，委托合同有很大的适用空间（甚至有很大的需求），共和国法学家承认这种合同的理由是充分的。在这点上他们利用了他们通常的判断力。

957. 受托人的责任　1. 像保管人那样，受托人仅对故意负责。由于两者都提供免费的服务，最低限度的责任看来就足够了。这是古典的，肯定也是共和国的法律，年轻时的西塞罗有方向性偏差的演说词（*pro Roscio Amerino* 38. 111 ff.）不能误导我们。

958. 终止　2. 委托是严格个人性的，因此会因任何一方的死亡而终止。

3. 只要任务的执行还未开始，每一方都有权以通知的方式终止合同。

由于委托合同是合意合同，而且是免费的，它必须区别于单纯的“顾问”（consilium）。区分它们并不难，判断委托合同的标准是受托人使自己受约束的意图；如果这种意图不存在，那么我们必须认为仅仅是提供意见。但共和国法学家想要一个更加确定的标准，他们选择了如下表述：“mandatum tua gratia”（即为受托人的利益而进行的委托）只是一项建议，因为——他们是这么论证的——在这样一种情形下，受托人肯定没有使他自己受约束的意图。这个表述不是完全错误的，但也不准确。A 建议 B 把 B 的钱投资到土地上去，这是一项“mandatum tua tantum gratia”（仅仅为受托人的利益而进行的委托）；它仅仅是一项建议，因为 B 没有约束他自己的意思。B 没有义务去执行这项任务，如果他这么做了，但最后证明这是个坏建议，那么 A 也没有责任。另一方面，如果 A 要求 B 向 C 提供一项附利息的贷款，这也是一项“为受托人自己利益的委托”（mandatum tua gratia）但不是“仅仅为受托人自己利益的委托”（mandatum tua tantum gratia）；然而，塞尔维乌斯·苏尔皮修斯（Servius Sulpicius），西塞罗的一个著名的朋友，认为它仅仅是建议，只有萨宾才正确地将其视为一项委托合同。在古典末期，我们在被归到盖尤斯头上的《日常事物》（*Res cottidianae*）中发现如下区分，已经非常具有波伦那注释法学家的风格：(1)“仅为你的利益的委托”（mandatum tua tantum gratia）；(2)“仅为我的利益的委托”（mandatum mea tantum gratia）；(3)“仅为他人利益的委托”（mandatum aliena tantum gratia）；(4)“为我和他人利益的委托”（mandatum mea et aliena gratia）；(5)“为你和我的利益的委托”（mandatum tua et mea gratia）；(6)“为你和他人利益的委托” 959. 委托和顾问

(mandatum tua et aliena gratia)。这是一种纯粹的经院主义，这些区分多余又无法律意义。唯一重要的概念是“仅为你的利益的委托”以及这个说明：这样的一种委托仅仅是建议。因此，这些区分仅仅作为古典经院主义的示例才是有趣的。

960. 后古典的发展　在优士丁尼法下，受托人要对过失负责，而不像古典时期那样仅对故意负责。这是一种有欠考虑的创新，因为受托人在无报酬的情况下根本不愿意承担这么重的责任。看现代学者如何为这种过失责任提供正当理由，是一件很有意思的事情。例如，温德沙伊德(Windscheid)说(*Pand.* ii. § 410 n. 4)：“执行一项任务的允诺(etwas für einen andern zu besorgen)蕴含着一项要谨慎执行的允诺(das Versprechen der Sorgfalt)，就像‘besorgen’这个单词所暗示的那样”。这项蕴含的允诺是绝对武断的，尤其是它仅限于德语。事实
800 上，这种对过失的责任是非理性的，无法被正当化；古典法学家是非常正确的。在现代罗马法下，委托合同几乎完全从生活中消失，因为它所依附的社会条件(上文边码 956)已经消失。

961. 提供贷款的委托　一种特殊的委托类型是为第三人提供贷款的委托。最简单的情形如下：A 要求 B 向 C 提供贷款。当 B 执行其任务时，B 对 C 有一项“基于消费借贷的诉讼”(actio ex mutuo)，对 A 有一项“反委托之诉”(actio mandati contraria)。这看起来类似于“诚信同意”，它实质上真的是一种保证，但在古典法下，这种委托和“诚信同意”的差异非常明显。当债权人起诉主债务人时，作为证讼的后果，诚信同意人免除债务(上文边码 862)；当 B 起诉 C 时，他对 A 的“反委托之诉”不受影响。主债务人可利用的所有抗辩，诚信同意人都可以利用(上文边码 863)，但 A 不能利用 C 可利用的抗辩。

简而言之，提供贷款的委托像任何其他委托一样，没有特殊的规则。然而，汇编者的倾向是把提供贷款的委托和“诚信同意”同化，因为他们希望让（对“诚信同意”必不可少的）要式口约退居幕后。因此，在优士丁尼法下，C 可以用的抗辩，A 也可以用。在有多个委托人时，“分割恩惠”（beneficium divisionis）也会发生。而哈德良的“分割恩惠”仅限于“共同诚信同意人”（confideiussores，上文边码 867）。在优士丁尼法下，提供贷款的委托不再像其他委托那样，而是一种“独特的委托”（mandatum sui generis），一种受特别规则调整的委托。出于这个原因，这种委托被现代法学家称为“特殊委托”（mandatum qualificatum）。在涉及古典法时，这个名称应被避免使用。

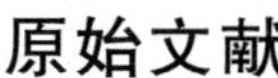

原始文献

s. 954. Read Gai. 3. 135, 136; *D.* (17. 1) 1; Gai. 3. 157; *D.* (17. 1) 12. 11 with Beseler, *Z* liii (1933), 25.

s. 955. Read Gai. 4. 62, 182; *D.* (17. 1) 20 pr.; (17. 1) 10. 6.

s. 957. Read *Coll.* (10. 2) 3.

s. 958. Read Gai. 3. 159, 160 to *adferet.*

s. 959. Read Gai. 3. 155, 156 with Beseler, *St. Bonfante,* ii (1930), 58; *D.* (17. 1) 2*; D.* (17. 1) 16 *<non esse et> hoc*; [*deducto...persequi*]. Celsus was a Proculian and followed Servius' opinion; Ulpian and the compilers followed Sabinus.

s. 960. Read *D.* (50. 17) 23 interpolated; *C.* (4. 35) 11 [*tam*] *dolum* [*quam culpam*]; *C.* (4. 35) 13 [*et omnem culpam*]; [*improvisum casum]* <*culpam*>.

s. 961. Read Paul. *Sent.* (2. 17) 16; *D.* (17. 1) 32 [*si quis ... procul dubio est*]; *C.* (4. 30) 12 [*tam ... quam*]; *D.* (46. 1) 32 [*ceterisque accessionibus*]; *C.* (4. 18) 3 [*mandatores et*]; [*atquitatis ... debet*]; *D.* (27. 7) 7 [*fideiussores*] <*sponsores*>; [*nam et ... excludit*].

参考文献

ss. 954 ff. For the older literature see Windscheid, *Pand.* ii (1906), §§ 409 ff. The standard work is now Arangio-Ruiz, *Il mandato in diritto Romano* (1949). See further Donatuti, *Contributi alla teoria del mandato in diritto romano,* Ⅰ. *L'actio mandati dell' adpromissor* (1929), Ⅱ. *La volontà del mandante* (1929); 'Mandato incerto', *Bull.* xxiii (1923), 168 ff.; 'Il silenzio come manifestazione di volontà', *St. Bonfante,* iv (1930), 161 ff.; 'Mandatum praesumptum', *St. Albertoni,* i (1935), 367 ff.; Kreller, *PW* xiv. 1015 ff.; 'Zum iudicium mandati', Festgabe für Heck, Rümelin, Schmidt, *Beilageheft zu Archiv f. d. ziv. Praxis,* cxxxiii (1931), 118 ff.

s. 954. Pernice, *Labeo,* i (1873), 441 ff.; *Z* ix (1888), 237 ff.; Beseler, *St. Bonfante,* ii (1930), 58; Donatuti, *Contributi,* 11, l.c. On *mandatum* and *iussum* see Beseler, *Z* l (1930), 54 (on *D.* 17. 1. 26. 1); Consentini, 'Ratihabitio mandato comparatur', *Annali Catania,* i (1947). On the etymology of *mandare* see A. Walde, *Lat. Etymolog. Wörterbuch* (1910), 460; Emout-Meillet, *Dictionnaire étymologique* (1939), 586; *Lexicon Plautinum*, ed. G. Lodge, ii (1926), 24;

Pernice, ll.cc.

s. 955. Pernice, *Labeo,* i. 442 f.; Lenel, *Edict.* (1927), § 108; Kreller, Zum iudicium mandati', l.c. 120 ff. On *excessus mandati* see Pampaloni, *Bull.* xx (1908), 210 ff.; Pringsheim, *St. Besta,* i (1939), 325; Riccobono, *Festschrift P. Koschaker,* ii (1939), 382ff.; Arangio-Ruiz, l.c. 168.

s. 956. Schulz, *Principles* (1936), 14.9. On operae liberales see De Robertis, *I rapporti di lavoro* (1946), 183 ff.

s. 957. Mitteis, *RP* i (1908), 325 ff.; Sachers, 'Zur Lehre von der Haftung des Mandatars im klass. röm. Recht', *Z* lix (1939), 432 ff.; Pflüger, *Z* lxv (1947), 169 ff.

s. 959. Mancaleoni, 'Mandatum tua gratia e consilium', *Riv. It.* xxvii (1899). not available; Beseler, *Z* xliii (1922), 542; *St. Bonfante,* ii (1930); 58; Rabel, ibid. iv (1930), 283 ff.; Kreller, 'Zum iudicium mandati', l.c. 142 ff.

s. 961. Bortolucci, 'Il mandato di credito', *Bull.* xxvii (1914), 129 ff., xxviii (1915), 191 ff., particularly 239 f.

十四、裁判官简约

在描述了市民法承认的合同之后，我们现在转到所谓的“裁判官简约”（pacta praetoria），即能引起裁判官诉讼的非要式合同。我们已经说过（上文边码 802），古典法学家并不知道“裁判官简约”这个术语，他们在这些情形下根本就不说是“简约”（pacta）；但实 962. 概念际上这些协议是简约，是非要式的合同，出于这个原因，我们保留这个传统、方便的术语。在本书中，讨论它们的正确地方是在合意合同后面。我们仅限于古典法，或者，更确切地说，是哈德良的告示当中的法。为此目的，一些简要的说明就足够了。实际上这些简约相对不那么重要。

（一）偿债日期的确定

963. 告示和程式

1. 在“关于已确定偿付日期的金钱”（de pecunia constituta）标题下，裁判官（根据哈德良的告示）通过下面这句话允诺赋予一项诉讼：

“如某人确定将在特定的日期偿付欠负的金钱，那么我将赋予一项针对他的诉讼”（Qui pecuniam debitam constituit se soluturum esse, in eum iudicium dabo）。

“constituere”在这里不是指“确认”“证实”的意思，而是指确定一个日期，债务在这一天必须要偿付。如果D通过要式口约允诺要在1月1日向C支付100，这可以被称为“constituere”，但它不是这个告示条款意义上的“constituere”，它不是“constituere debitam pecuniam”（确定已欠负金额的偿付日期），因为日期的确定是合同的一部分。告示中的“constitutum”（日期确定）以一项债的存在为前提条件。但如果D通过要式口约允诺在1月1日向C支付100，后来C和D约定这项债应在接下来的7月1日支付，那么这是告示意义上的“constitutum”（日期确定），即通过特别的协议来确定清偿一项已经存在的债的日期。这个行为可导致裁判官的“已确定偿付日期金额之诉”（actio de constituta pecunia）。这个程式没有保留下来，但莱内尔的重构肯定是正确的，因为只有以这种方式拟定的程式才能使整个制度的产生和功能可以得到理解。该程式当然是“基于事实拟定的”，并且根据这个程式，原告通过它不仅能获得原债务的数额而且也能获得迟延支付的损害赔偿。

> “如能证明努梅里乌斯·内格底乌斯曾确定将向奥鲁斯·阿格里乌斯偿付10万赛斯特提姆，已经确定的事情没有做，已经确定的事情也不是因为奥鲁斯·阿格里乌斯的原因而没有发生，并且这笔钱在后来确定偿还时是欠负的，该物的价值是多少，审判员，就判罚努梅里乌斯·内格底乌斯向奥鲁斯·阿格里乌斯支付多少钱，等等。”
>
> （Si paret Numerium Negidium Aulo Agerio sestertium decem milia constituisse se soluturum, neque fecisse quod constituit neque per Aulum Agerium stetisse quo minus fieret quod constitutum est, eamque pecuniam cum constituebatur debitam fuisse, quanti ea res est, tantam pecuniam iudex Numerium Negidium Aulo Agerio condemnato, etc.）

“neque fecisse quod constituit”（已经确定的事情没有发生）这句话意味着“quanti ea res est”（该物的价值是多少）包含着迟延的损害以及债的数额。原告在这项诉讼中有权要求法律的赌誓。在他的要求下，被告必须通过“庄重允诺”向原告允诺支付原告通过该裁判官诉讼主张的数额的一半，如果被告在审判中败诉，则应当支付；另一方面，原告也必须允诺，如果被告获胜则应支付同样数额的一半（“一半数额的要式口约和反要式口约”〔sponsio et restipulatio dimidiae partis〕）。尽管这个“一半”（dimidia）意味着是一笔罚金，这两个要式口约是惩罚性的要式口约，但该裁判官诉讼本身不是一种惩罚诉讼；它可以针对确认者（constituens）的继承人提起，并且不需要在特定期限内提起（它不是一项“一年的诉讼”〔actio annua〕，参见上文边码 85）。

964. 条件 2. 一项“日期确定”（constitutum）只有在已经存在一项债的时候才能订立。告示只提到金钱债务（“关于已确定偿付日期的金钱”）；实际上，其范围原本是更狭窄的，仅限于可通过特定借贷金额之诉（上文边码 809）强制执行的金钱债务。但法学家通过解释扩展了“日期确定”的范围。当一定数额的可替代物因要式口约或消费借贷而欠负时，债务同样可以被确定偿付日期；最终，任何“特定金额”（certa pecunia）或“特定数量”（certa quantitas）的债（例如买方支付价款的债）似乎都可以被视为一项“日期确定”的充分基础。由于只有“已欠负的债”（debitum）可以被确定偿付日期，“日期确定”不能超过原先的债的数额；“日期确定”也不能包含不同于原债的内容。

806

3. “日期确定”没有更新（上文边码 815）的效果。因此，如果原债由要式口约设立，债权人此时对债务人享有两项诉讼：“基于要式口约的诉讼”和“已确定偿付日期金额之诉”。当然，债务人只需要偿付一次，而且甚至“基于要式口约的债”（obligatio ex stipulatione）通过“要式免除”（“假装进行的清偿”〔imaginaria solutio〕）免除时，债务人针对这项裁判官诉讼会受到一项抗辩的保护。但如果原债通过其他方式被破坏，即不是通过履行或者“假装进行的清偿”，那么这项裁判官诉讼不受影响。“日期确定”尽管是以其订立之时已经有一项债存在为条件，但它不依赖于这项债的存续。

考虑以下情形。D 因要式口约欠 C 100，S 作为一个“附属庄重允诺人”（上文边码 839）欠负同样的金额。后来，S 对其“基于要式口约”的债务确定了偿付日期。此时，我们记得“庄重允诺人”的债因其死亡而免除（上文边码 852）。因此，如果 S 死亡，他的基于要式口约的债务消灭，但因“日期确定”产生的裁判官诉讼不受影响，仍可针对其继承人提起。此外，根据《富利亚法》，这个“庄重允诺人”在两年期间届满后免除债务（上文边码 853）。因此，S 在这个期限届满后免除其“基于要式口约”的债，但针对他的裁判官诉讼仍不受影响。 965. 效果

4. 这个复杂的工具的目的是什么呢？“偿债日期的确定”（constitutum debiti）的实践功能是什么呢？这个问题被讨论得非常多，我们可以给出一个清晰的答案。这项裁判官诉讼是为了保护债权人不受主债务因债务人死亡或期限届满而终止的损害。但“偿债日期的确定”的首要目标如下。让我们回忆一下，在特定借贷金额之诉当中，在债务人迟延时，债权人不能得到损害赔偿（上文边码 813）。如果一个债务人因要式口约有义务在 7 月 1 日支付 100，但他在这个日期没有支付，那么债权人不能通过特定借贷金额之诉获得迟延的利息，因为该程式的判罚是一种“确定判罚”（condemnatio certa，上文边码 30、809）。在这方面，“偿债日期的确定”提供了一项救济，因为该裁判官诉讼的程式授权审判员判罚迟延支付的利息。这是“偿债日期的确定”的主要目的。此外，“一半数额的庄 966. 功能

重允诺”（sponsio dimidiae partis）也蕴含着债权人的另外一项好处。我们已经说过（上文边码 964），“日期确定”原先仅涉及可通过特定借贷金额之诉强制执行的债；在这种情况下，对告示救济的需要是显而易见的。后来“日期确定”扩展到其他债。但如果金额是通过遗赠留下的，也是同样的情形，因为受遗赠人不能通过“基于遗嘱的诉讼”（actio ex testamento）在债务人迟延的情况下主张损害赔偿。当然，如果确定时间的债可以通过一项“诚信诉讼”（例如，卖物之诉）强制执行，那么债权人可以在“诚信审判”当中根据“根据诚信”短语主张迟延损害赔偿（上文边码 64），此时“日期确定”当中蕴含的好处就仅仅是“一半数额的庄重允诺”。但这种救济不是裁判官为了这样的债而设计的。

967. 他人之债的偿债日期之确定

5. 至此我们仅考查了债务人与其债权人做出“日期确定”的情形（“自己之债的偿债日期之确定”〔constitutum debiti proprii〕），但告示还规定了“他人之债的偿债日期之确定”（constitutum debiti alieni）。D 因要式口约欠 C 100。对于这项债，A 和 C 进行了一项“日期确定”。结果是，C 对 D 享有一项基于要式口约的诉讼，对 A 享有一项裁判官诉讼。这和保证相似，被裁判官实现了。尽管在这种情形中，裁判官诉讼也不是惩罚诉讼（上文边码 963），但它只能在一年内提起（“一年的诉讼”），并且会因确定偿付日期的人的死亡而终止。裁判官模仿了我们刚提到的“附属庄重允诺人”的规则（上文边码 965），只是他用一年替代了《富利亚法》的“两年”。“他人之债的偿债日期之确定”实际上是一种保证，它不要求用要式口约进行，但它不是“诚信同意”的一种令人满意的替代，主要是因为法律的赌金的风险太大。

6. 在后古典时期，这整个人为的制度遭遇衰落，因为它和程式诉讼的联系太过紧密。法律的赌金完全消失，“自己之债的偿债日期之确定”已经不被实践。“他人之债的偿债日期之确定”仍存活下来，但被优士丁尼在公元531年的谕令同化于“诚信同意”（*C.* 4. 18. 2）。此时，任何类型的债都可以作为“日期确定”的基础，优士丁尼要把（“诚信同意”所必须的）要式口约推向后台并用非要式的简约替代它的倾向，在此显而易见（上文边码961）。 968. 后古典法

（二）钱庄主承诺

这种承诺是一种非要式的简约，钱庄主通过它承诺支付其顾客欠别人的债务。A欠C 100。A要求其钱庄主B向C承诺支付同样的这100（“承诺偿付”〔recipere solvi〕）。如果B做出了承诺，那么裁判官针对该钱庄主赋予C一项特别的裁判官诉讼（“钱庄主承付之诉”〔actio recepticia〕）。这种承诺与“他人之债的偿债日期之确定”非常相似，优士丁尼将两者融合在一起。 969. 钱庄主承诺

“recipere”在这里以及在接下来的两种承诺（recepta）中是指“承担、承诺、接受一项被委托的任务”；Cic., *Divin. in Caecil.* 8. 26：“我认为，在这个审判当中，西西里的事务由我承担，罗马人民的事务被委托给我”（ego in hoc iudicio mihi Siculorum causam receptam, populi Romani susceptam esse arbitror）。

（三）仲裁任务承诺

当事人可以订立协议将他们的争议提交仲裁并指定一名仲裁员。当然，被指定的人没有义务承担这个任务，但如果他通过一个非要式的简约“接受仲裁任务”（recipere arbitrium），那么他就有义务，尽管不是私法上的。当事人对其不享有诉讼，但裁判官可以 970. 仲裁任务承诺

依其“治权”强迫他，即通过罚款或扣押。但只有在当事人已经通过两项惩罚性的要式口约担保判决的执行时，裁判官才会采取这种强迫措施。原告和被告每个人都必须向对方允诺，如果他们不遵守仲裁员的裁决，就要给对方支付一笔罚金。告示是这样写的：

> “如果惩罚性要式口约已经做出，我将强迫接受仲裁任务的人做出裁决。”
>
> （Qui arbitrium pecunia compromissa receperit, eum sententiam dicere cogam.）

“pecunia compromissa”是指两项惩罚性的要式口约（compromissa〔一起允诺〕）。仲裁协议的名称“compromissum”就是从它而来（当然不能用英语的“compromise”来翻译）。

（四）船东、旅店主、马厩主承诺

971. 船东等人的承诺

这些承诺是非要式的简约，船东（nauta）、旅店主（caupo）、马厩主（stabularius）通过它们承诺保障带到船上、旅店内或马厩内的物品的安全。裁判官在其告示中宣布（Lenel, *Edict*. § 49）：

> “船东、旅店主、马厩主如果承担物品的安全保管责任，而物品届时没有被返还，那么我将针对他们赋予一项审判。”
>
> （Nautae, caupones, stabularii quod cuiusque salvum fore receperint nisi restituent, in eos iudicium dabo.）

根据告示的表述和程式，这些承诺导致的责任是无限的，但古典法学家们将其降低为照管责任(上文边码 885)。在这些情形下,汇编者们没有把照管改为“照管中的勤谨”。这些责任的基础是一项明确的简约,尽管对形式没有要求,但只是把物品带到船上、旅店中或马厩中还不够。但在优士丁尼法下,这项简约蕴含在把物品带入的行为当中。

有人可能会提出这样的问题:为什么裁判官要为这些情形创造一种特别的诉讼?与船东、旅店主、马厩主订立的合同通常是租赁,“locator”和“conductor”要对照管负责(上文边码 941)。然而,这种告示责任原本不限于照管责任,甚至在古典法下,租赁诉讼(actio locati 或 actio conducti)也不总是一项有效的救济。当一个客人把他自己的东西带到旅店的房间里时,出租人在承租之诉下肯定不对照管负责。《学说汇纂》的一个文本宣称,之所以需要一项针对旅店主的裁判官诉讼是因为旅店主们是不可靠的人,他们会和小偷合作。但这是后古典时期试图正当化这种严厉责任的一种笨拙的尝试。当然,旅店主们名声不好,但这也不是裁判官引入这项诉讼的理由。船东和马厩主的名声可不坏,但裁判官也让他们承担同样严厉的责任。在这个告示条款中,甚至首先被提到的是船东。因此,这个后古典的正当化尝试应被断然抛弃。

优士丁尼形式的“船东等人的承诺”(receptum nautarum etc.)(即作为一项默示的简约)是唯一存活下来的裁判官简约;它在现代欧洲大陆法中被作为承运人和旅店老板责任的模板。

原始文献

ss. 964, 965. Read *D.* (13. 5) 18. 1, substantially genuine; *D.*

(13. 5) 30 [*duobus*] *pecuniam <quam tibi debet> constituerit <se> tibi aut Titio <soluturum>* [*etsi stricto*] *<ipso> iure* [*propria ... constitutae*]; [*tamen*] *<sed petente te>* with Beseler, *Z* xlv (1925), 439 and Koschaker, *Z* lxiii (1943), 475; *D.* (13. 5) 1. 8, substantially genuine, Astuti, 2. 217.

s. 967. Read Paul. *Sent.* (2. 2) 1.

s. 971. Read *D.* (4. 9) 5; (4.9) 1. 1, entirely spurious; *D.* (4. 9) 3. 1 with Lenel, *Z* xlix (1929), 1 ff. Read the significant inscription *ILS* 7478.

参考文献

ss. 963 ff. G. Bruns, 'Das constitutum debiti', *Z für Rechtsgeschichte,* i (1861), 28 ff. (fundamental, but today out of date). The principal work is now G. Astuti, *Studi intorno alla promessa di pagamento. Il costituto di debito,* i (1937); ii (1941). See further Beseler, *Das Edictum de co quoi certo loco* (1907), 104; *Beiträge,* iv (1920), 260; *T* viii (1928), 333; Koschaker, *Z* lxiii (1943), 469 ff.; Lenel, *Edict.* (1927), § 97 with Beseler, *Beiträge,* iv. 260, note.*

s. 969. Lenel, *Edict.* (1927), § 50; Wenger, *PW* ia. 372 ff.

s. 970. Lenel, *Edict.* § 48; Wenger, *PW* ia. 358 ff.

s. 971. Klingmüller, *PW* ia. 356 (insufficient; Schulz, *Z für das Privat- und öffentliche Recht der Gegenwart,* xxxviii (1911), 9 ff.; *Krit. Vierteljahresschrift,* xiv (1912), 27 ff.; *Z* xxxii (1911), 68 ff.; Lenel, *Z* l (1930), 1 ff.; *Edict.* § 49. See further the literature on *custodia* above, s. 885, Bibliography, and the references in the *Index Interpolationum, Digest* title 4. 9. On modern Roman law see Gierke, *DP* iii (1917) 740.*

附录：赠与和介入

(一)赠与

1. 赠与不是一种合同。出于这个原因，不能在合同法中讨论它，但由于其传统的位置是在债法当中，所以我们把它放在合同法的附录中。 972. 概念和成立

古典的赠与是一种法律行为，它以一个人的花费来使另一个人得利，双方同意这个行为是出于“赠与的原因”(donationis causa)做出的。“赠与的原因”这个术语只能以一种否定的方式来定义：如果双方同意，这项得利除了使接受方得利之外没有其他法律上的目的，那么这项行为就是出于“赠与的原因”做出的。

假设 D 欠 C 100；A 把这个数额支付给了 C。A 不是向 C 赠与，因为他的支付是“基于清偿的原因”(solvendi causa)做出的。另一方面，D 由于 A 的支出而得利，因为 D 对 C 的债务被免除，但是 A 的支付并非总是意味着对 D 的赠与；例如，A 可能是作为 D 的受托人或无因管理人行事。但如果 A 和 D 达成协议，支付的唯一目的是使 D 得利，那么 A 的支付同时是对 C 的清偿和对 D 的赠与。该协议可以在支付之前或之后达成，但如果没有达成该协议(并且也没有其他原因)，那么该得利便是不当的，因此会使 D 对“无原因

的请求给付之诉”负责。

因此，用一个人的花费使另一个人获利的任何法律行为，都可能是赠与：交付、要式买卖、要式口约、要式免除、不得提出请求的简约（pactum de non petendo）。甚至一项买卖也可以是“出于赠与的原因”订立的：A 把某物卖给 B，双方约定的价格低于该物的价值（那么 B 是受赠人）或者高于该物的价值（那么 A 是受赠人）。这种“带有赠与的混合交易”（negotium mixtum cum donatione）是一种买卖，但赠与法也部分适用于它，例如，如果这样一种买卖是在丈夫和妻子之间订立，那么它是无效的，因为丈夫和妻子之间的赠与是被禁止的（上文边码 206）。

对于任何赠与，关于赠与原因的协议总是需要的，但不要求与该协议相区别的赠与意思；只要我们在古典文本中发现这种“意思”（animus），那么我们必须认定其存在篡改。

这个关于赠与的粗略描述需要一些限定。使用借贷、寄存和委托不是赠与的类型；“诚信同意”无论对债权人还是对主债务人都不是一种赠与。继承人的指定和遗赠都不是赠与。让我们来假设，一个立遗嘱人指定 A 为继承人，B 为替代继承人（通常替代继承，参见上文边码 455）。A 拒绝接受遗产，遗产此时由 B 继承。这不是一项赠与，即便 A 和 B 对这个效果达成一项协议。

我们已经论述了死因赠与（上文边码 574），在这里我们仅限于生者之间的赠与。

973.《秦奇亚法》

2. 在古典法下，赠与的一些变种是被禁止的。我们已经提到丈夫和妻子之间的赠与（上文边码 206）。公元前 204 年的《秦奇亚法》（*lex Cincia*）一般性地禁止超过一定数额的赠与；只有对特定的人

（主要是近亲属）的赠与可以免除这种限制（“例外的人”〔personae exceptae〕）。尽管这项禁止经常被提到，尽管我们在《梵蒂冈残篇》当中拥有“关于秦奇亚法”（ad legem Cinciam）这个标题，但原始资料对于《秦奇亚法》所确定的数额总是保持沉默。法学家们把这部法律视为一部“不完全法”（lex imperfecta），因此认为被其禁止的赠与在市民法上是有效的。但裁判官会执行这部法律，尽管只是通过如下方式执行：只要赠与人还未完全执行赠与，就赋予他一项抗辩（“秦奇亚法抗辩”〔exceptio legis Cinciae〕）；已经被执行完的赠与就不能再推翻了。此外，如果赠与人死亡而没有撤销赠与，那么这项抗辩可能会因为“欺诈反抗辩”（replicatio doli）而无效（“《秦奇亚法》被死亡排除”〔morte Cincia removetur〕）。

815 考虑以下情形：(1) 赠与人通过交付把一个要式物交给受赠人。赠与人可以通过所有物返还之诉起诉受赠人，而如果被告利用“已赠与并交付物之抗辩”（exceptio rei donatae et traditae，上文边码654），那么赠与人可以用“秦奇亚法反抗辩”（replicatio legis Cinciae）对抗它。(2) 赠与人通过要式买卖把一个要式物转让给受赠人，但没有交付给他。如果受赠人用所有物返还之诉起诉赠与人，那么后者受秦奇亚法抗辩的保护。(3) 赠与人通过要式口约向受赠人允诺某物。如果受赠人用基于要式口约的诉讼起诉赠与人，后者受秦奇亚法抗辩的保护。但如果赠与人履行了他的允诺，赠与已经完成，就不能再推翻。*Fr. Vat.* 266 中提到的“非债清偿请求给付之诉”（condictio indebiti）肯定是伪造的。

在后古典时期，《秦奇亚法》被废除。这肯定发生在公元438年之后，因为它被《狄奥多西法典》(8, 12, 4) 提到。优士丁尼引入了其他限制，汇编者有时用这些限制来替代《秦奇亚法》的那些限制。

974. 附要求的赠与

3. “附要求的赠与”（donatio sub modo）是一种赠与，赠与人和受赠人通过非要式的协议为后者添加一项为了赠与人或第三人的利益而做某事的义务。例如，某人可以出于赠与的原因赠与A一栋房子，并使其承担一项把一套公寓终身赋予赠与人或某个第三人的义务。在古典法下，这种“要求”（modus）是不能强制执行的；赠与人和第三人都不享有请求履行的诉讼。但赠与人可以在不履行的情况下撤销赠与并通过一项请求给付之诉要求返还。如果受赠人被要求在一段时间内把赠与转交给一个第三人，一些古典时期的皇帝（他们的名字不清楚）赋予第三人一项请求履行的诉讼。在优士丁尼法下，赠与人在受赠人不履行“要求”时享有一项请求给付之诉，此外，还享有一项“前书诉讼”可要求履行；后一种诉讼也被赋予第三人，即受赠人被要求为其利益而履行“要求”的人。

关于术语，技术意义上的“要求”不为古典法学家所知，尽管它们对这个术语所描述的法律现象非常熟悉。作为一个技术性术语，我们在优士丁尼的《市民法大全》中发现“modus”：*D.* (35. 1) rubr. “De condicionibus et demonstrationibus et causis et modis eorum, quae in testamento scribuntur”；*C.* (6. 45) rubr. “De his quae sub modo legata vel fideicommissa relinquuntur”；*C.* (8. 54) rubr. “De donationibus quae sub modo vel condicione vel ex certo tempore conficiuntur”。

（二）介入

介入像赠与那样，不是一种特殊的合同。古典的介入概念建立在《维莱阿努元老院决议》(*senatus consultum Vellaeanum*，尼禄治下，不像传统上说的公元46年)上。这是一项坦率的守旧立法，符合那个时期作为守旧派中心的元老院的一般态度。元老院再一次称颂古老的罗马原则(上文边码312)："女性和男性履行的责任是不同的"(mulieres virilibus officiis fungi non est aequum)，出于这个原因(不是考虑到"性别柔弱"，参见上文边码311)，禁止女性进行对他人债务负责的法律行为。这部肤浅且用语粗笨的立法明确提到两种情形：(1)保证(庄重允诺、诚信承诺和诚信同意，参见上文边码839以下)；(2)把钱贷给一个女性，由后者立即转给另一个人。 975.《维莱阿努元老院决议》

该元老院决议的文本仅通过《学说汇纂》(*D*. 16. 1. 2)保留给我们。汇编者取消了庄重允诺和诚信承诺，并用粗笨的"oportet"来替代传统的"placeret"。"mutui dationes pro aliis quibus intercesserint feminae"这句话是指：一笔金钱借贷为另一个人的利益而提供给一个女性，这个女性的介入是为了他(quibus=pro quibus)。

在这个基础上，古典法学家发展出了人为的介入概念。几乎不可能用一个一般的、可理解的表述去定义它。我们只能说，介入是女性用来对一项在经济上不是她自己的债承担责任的任何法律行为，但这个定义必须通过具体案例才能理解。

一个示例肯定就足够了。假设塞娅(Seia)要求C提供贷款。C把贷款给了D，D再转给塞娅，而塞娅自己作为诚信同意人对C负有义务。在法律上，塞娅承担了D的债务，但在经济上，这项债务是她自己的，因此，尽管该元老院明确提到诚信同意人，但这项诚信同意在这种情况下不属于被禁止之列。

一位女性的法律行为即使属于该元老院禁止之列，在市民法上也不是无效的，但裁判官会赋予一项抗辩，这项抗辩“根据裁判官的职权”被插入到程式当中（“维莱阿努元老院决议抗辩”〔exceptio senatus consulti Vellaeani〕）。

裁判官告示的“关于维莱阿努元老院决议”（ad senatus consultum Vellaeanum）标题并不涉及该抗辩，而是涉及两项诉讼，是裁判官赋予因女性介入而受损害的债权人的。

1. D欠C 100，塞娅通过更新（novatio，上文边码815）承担这项债，而没有从D获得同等的价值。塞娅此时受这项抗辩的保护，而C丧失其对D的诉讼。裁判官赋予C一项新的针对D的诉讼（“恢复之诉”〔actio restitutoria〕），该诉讼使用拟制程式：“假设塞娅没有介入的话，如果努梅里乌斯·内格底乌斯（在这种情形下是

818 D）应向奥鲁斯·阿格里乌斯支付100”（Si Seia non intercessisset, tum si Numerium Negidium Aulo Agerio centum dare oporteret...）。

2. C准备贷款给D，由于塞娅的介入，他把贷款给了塞娅，后者再转给D。裁判官赋予C一项针对D的诉讼（“确立之诉”〔actio institutoria〕），因为如果没有塞娅的介入，C就会享有“基于消费借贷的诉讼”。

这部不幸的法律只经过很小的修改就被优士丁尼法保留，并且经过进一步的修改之后，从中世纪直到现代，在大陆法中幸存下来；甚至今天它在南非仍然有效。关于介入的古典规则仍然是非常有趣的，因为它是古典制定法解释技术的一个富有教益的示例；还因为它意味着守旧派已经开始抵制共和国末期获得的妇女解放（上文边码194、195、313）。

原始文献

s. 972. Read *D.* (12. 1) 18 pr. to *acceperit.*

s. 973. Read *Fr. Vat.* 275, 310, 311, 312, first sentence; *D.* (39. 5) 21. 1, first sentence [*immodicae*]; [*donationis*] <*legis Cinciae*>; (39. 5) 24 [*supra ... legis*].

s. 974. Read *Fr. Vat. 286* (cf. above, s. 825); *C.* (4. 6) 2 [*condictionis*]; (8. 53) 9 [*incerto ... verbis*] < *condictione*>; [*ut ... provideat*].

s. 975. Read *D.* (16. 1) 2. 1.

参考文献

ss. 972—974. Mitteis, *RP* i (1908), 153 ff.; Biondi, *Successione testamentaria. Donazioni. Trattato di diritto Romano* ed. Albertario, x (1943), 631 ff.; Biondi, 'Il concetto di donazione', *Scritti Ferrini,* i (1947), 102 ff.

s. 972. Windscheid, *Pand.* ii (1906), § 395 n. 18; Stock, *Zum Begriff der donatio* (1932); Biondi, l.c. 631 ff.

s. 973. Rotondi, *Leges publicae* (1912), 261; Mitteis, l.c. 153 ff.; Lenel, *Edict.* (1927), § 279; Siber, *Z* liii (1933), 136; Archi, *St. Solazzi* (1948), 740 ff.; Radin, 'La disparition de la loi Cincia', *RH* vii (1928), 248 ff., hardly right: Arnobius ('Adversus nationes', 2. 67, *Corpus Scriptorum Eccles. Lat.* 4. 102) knew that a *donatio perfecta* was valid in spite of the *lex Cincia* and deduced from that the statute had been partly or completely abolished.

s. 974. Pernice, *Labeo,* iii. 1 (1892), 87 ff.; Mitteis, l.c. 194 ff., 200 ff.; F. Haymann, *Die Schenkung unter einer Auflage* (1905); Schulz, 'Interpolationenkritische Studien', 3 ff. (*Feststhrift für Zitelmann,* 1913), wrong as far as the *condictio* is concerned; Beseler, *Beiträge,* iv (1920), 309 ff.; Biondi, l.c. 710 ff.; Giffard, 'L'actio civilis incerti et la donation avec charges dans le droit classique', *ACI* 1933, Roma, ii (1935), 135 ff.

s. 975. Bachofen, *Ausgewählte Lehren des röm. Civilrechts,* I. *Das vellejanische Senatskonsult* (1848); Whdscheid, *Pand.* ii (1906), § 485; Lenel, *Edict.* (1927), § 105; *Index interp.* ad *D.* 16. 1; Beseler, *Z* lxvi (1948), 601. On the date of the *senatusconsultum* see Hülsen, *Mitteilungen des archäolog. Instituts,* xix (1904), 324; Hohl, *PW* x, 1099 f.; Kübler, in Mommsen, *Schr.* iii. 29 note. Still for A. D. 46 O' Brien Moore, *Suppl.* vi, *PW,* 810. On modem Roman law see Lee, *An Introduction to Roman Dutch Law* (3rd ed. 1946), 315 f.; Stobbe-Lehmann, *Handbuch des deutschen Privatrechts,* iii (1898), 378 ff.; Brissaud, *Manuel d'Histoire du droit Français* (1898), 1140 ff.

第二章　侵权法

一、导论

976. 侵权和侵权之债的概念

在主流的古典法学家的法律语言中，侵权（delictum）是指在市民法上会引起一项惩罚性的债（“侵权之债〔obligatio ex delicto〕”）和一项惩罚性诉讼（“市民法惩罚诉讼”〔civilis actio poenalis〕）的侵害行为。法学家有时用“maleficium”（恶行）来替代“delictum”。我们在前面（上文边码 72 以下）已经描述过惩罚性诉讼的一般特征，因此可以要求读者再读一遍我们之前的说明。

因此，“delictum（maleficium）”和“obligatio ex delicto”仅限于市民法。也存在荣誉法的惩罚诉讼，例如，欺诈之诉，但对于它们，应避免使用这些术语。

“crimen”（犯罪）被古典法学家用来指称由公刑法惩罚的犯罪行为。

这是主流法学家的术语，可能也是皇帝办公厅的术语。不过，盖尤斯（不是一个主流法学家）走他自己的路。我们在前面已经指出过（上文边码 789），他把一些裁判官惩罚诉讼，尽管不是全部，称为“侵权之债”（obligationes ex delicto）。古典时期似乎没有人遵从他这个用语，但后古典的法学家抓住他的这个想法并进行了进一步的发展；市民法与荣誉法的融合导致他们把这些古典术语原则上适用于所有的荣誉法惩罚诉讼。“crimen”此时也被用来表示会导致惩罚诉讼的侵害行为。

在本书中，我们将不理会古典的术语，而采用后古典的用法，因为我们需要可以同时涵括市民法和荣誉法的术语（上文边码 790）。出于这个原因，我们将“delictum”（侵权）定义如下：“delictum”（侵权）是会引起一项惩罚债务和一项惩罚诉讼的侵害行为（包括市民法的和荣誉法的）。

977. 古典惩罚诉讼的功能及其消亡

822

古典惩罚诉讼为物质利益和非物质利益提供了强有力的保护（上文边码 78）；然而，这些诉讼的范围很广，这对我们来说是一个意外。在古典文明当中，尤其是法律文明当中，它们在我们看来是非常原始、过时的，因为我们今天认为惩罚臣民原则上是国家的义务，私法应仅限于损害赔偿诉讼；私法的惩罚性诉讼看起来只有在保护非物质利益时才具有正当性（侵辱之诉）。然而，罗马公刑法在共和国末期仍然远远没有民法发达；两个世纪的革命和战争已经使行政管理活动瘫痪，并且妨碍了刑法的发展；关于“刑事审判”（quaestiones）的法规是不充分的。因此，惩罚性诉讼对于不能令人满意的刑法起到了一种补充作用。

参见 Pollock, Maitland, *History*. ii (1911), 522：“在爱德华一世治下，我们的立法者最喜欢的一种设计是，向‘受害方’提供两倍或三倍的损害赔偿。他们对‘公共指控’或者任何需要皇家官员或一般民众积极行动才能将不法行为者提交审判的程序都没有什么信任。更多的希望被寄托于受侵害的人身上。如果值得，他就会行动起来。因此，惩罚以非常有特色的英国风格在民事诉讼中被强加：它以多倍赔偿的方式进行”。对罗马共和国末期的法律形势而言，这也是很好的描述。

在元首期，刑事审判的管理更加迅速，但私法惩罚诉讼仍维持不变。它们被汇编到哈德良的告示当中，并且在整个古典时期都有效。最有可能的是，与私法惩罚诉讼相竞争的刑事诉讼由于审判员也有权为受害方判罚损害赔偿，所以在实践中逐渐取代私法惩罚诉讼，尤其是在行省；但身在罗马的古典法学家们像通常那样根本不会注意这个发展，继续热切地讨论关于惩罚诉讼的法，就好像它仍是实践中运行的法那样。惩罚诉讼的后古典历史仍不清楚；甚至优士丁尼法都没有得到完全的分析。但这点是非常清楚地：优士丁尼没有废除惩罚诉讼。例如，《学说汇纂》的一个很大的标题就是讲“盗窃诉讼”的（*D.* 47. 2）。尽管在这个标题的最后一个文本当中，汇编者承认，“现在受害方更喜欢向刑事法庭提出申请”（meminisse oportebit nunc furti plerumque criminaliter agi）。也可以确定的是，汇编者通过大量的篡改减少了惩罚诉讼的惩罚性要素，尤其是通过限制叠加原则（上文边码 73）。在现代罗马法当中，惩罚诉讼逐渐发展成为单纯的损害诉讼；在英格兰，它们成为爱德华一世治下立法者的典范。

823

我们不打算对大量差异很大的惩罚诉讼进行一个完整的考察，978. 本书的范围
我们将挑选一些具有普遍重要性的作为示例，通过这些示例来解释古典惩罚诉讼的特征以及优士丁尼汇编者们的倾向。

原始文献

s. 976. Read Gai. 3. 88; 3. 182. Compare Gai. 4. 182 with *Inst. Iust.* (4. 16) 2: the compilers have added the *actio de dolo* which Gaius had deliberately omitted since it was a purely praetorian remedy without any basis in *ius civile.* Read further *D.* (44. 7) 1 pr.

参考文献

s. 976. Albertario, *Delictum e crimen nel diritto romano classico e nello legislazione Giustinianea* (1924) = *Studi,* iii (1936), 143 ff. with references; *Maleficium, St. Perozzi* (1925) = *Studi,* iii (1936), 199; De Visscher, 'Les Origines de l'obligation ex delicto' , *RH* vii (1928), 335 ff. = *Études de droit Romain* (1931), 255 ff. See further literature on the conception of *obligatio,* above, ss. 785 ff. Bibliography. On the verb *delinquere* see Volterra, 'Delinquere nelle fonti giuridiche romane', *Riv. It.* v (1930); on *flagitium* see Volterra, 'Flagitium nelle fonti giuridiche romane', *AG* cxi (1934), 39 ff.*

s. 977. On penal actions in modera Roman law see Windscheid, *Pand.* ii (1906), § 326 n. 5; Stobbe–Lehmann, *Handbuch des deutschen Privatrechts,* iii (1898), 503 ff.; Gierke, *DP* iii (1917), 881. On English law see Pollock and Maitland ii. 522, but Maitland's scepticism about the Roman influence is hardly justified.

二、盗窃

（一）概念

我们习惯把“furtum”译成“盗窃”，我们继续这么做也是保险的，只要我们记住，罗马的“furtum”与现代的“盗窃”有非常大的不同。古典的“furtum”概念是共和国和古典法学的一个人为的、不幸的创造。它所包含的情形是非常不一样的，所以用抽象表述的方式下一个精确又可理解的定义几乎是不可能的。我们必须仅限于对典型情形进行考查。 979. 不存在定义

980. 拿走

1.“furtum”的词源学揭示了其最初的情形，这个最初的情形一直都是其主要情形。“fur”，像希腊语的（φώρ）一样，源自“fero”（φέρω），是指一个人把另一个人占有或持有的动产拿走（上文边码754）。“furtum”既包括盗窃行为也包括盗窃的客体。处于权力之下的人也可能成为“furtum”的客体。因此，第一种情形包括拿走处于另一个人的占有、持有或权力下的任何客体。因此，一个人甚至可以偷他自己的东西（“对自己之物的盗窃”〔furtum rei suae〕）。例如，质权人是质物的占有人（上文边码753），如果出质人非法剥夺了质权人的占有，他就负有“furtum”的责任（Gai. 3. 200）。

2. 早在公元前二世纪，法庭实践就扩展了“furtum”原先的概念，而不考虑其术语的自然含义。如果某人把某物委托给另一个人（寄存或使用借贷），后者以违背协议的方式去使用它，那么他也要负盗窃的责任。昆图斯·穆奇乌斯·斯凯沃拉（Q. Mucius Scaevola，公元前82年去世）认为： 981. 非法使用

> “对于为了保管而交给某人的东西(寄存)，如果他进行了使用，或者把为了使用借贷而接受的东西用于别的用途，那么他应对盗窃负责”(Quod cui servandum datum est (depositum), si id usus est, sive quod utendum accepit (commodatum) ad aliam rem atque accepit usus est, furti se obligavit)。

因此，如果保管人使用了寄存物，那么他就犯下了盗窃，因为他无权使用它。如果“使用借贷人”以违反合同的方式使用标的物，他也负有盗窃的责任。如果质权人使用质物或未经“出售简约”(pactum de vendendo)的授权转让它(上文边码 724)，那么他犯下了盗窃。在所有这些情形中，当然都不存在拿走的行为。

826

982. 未侵害占有的盗窃

3. 共和国法学家把盗窃的概念扩展得超出该术语的自然意义这么多，这不是一个好主意。其规则是非常严苛的，拉贝奥这么描述是正确的(“尖刻和严厉的审判”〔acria et severa iudicia〕)。但古典法学在这条道路上走得更远。在公元一世纪，盗窃的边界仍然是活动的。萨宾支持对土地的盗窃；他没有成功，但他的尝试表明盗窃的范围仍有待确定。可能是萨宾建立了这项规则：遗失物的发现者如果为了占为己有而捡起它，那么他就犯下了盗窃：

> “为了获利而捡起他人的遗失物，负有盗窃的责任，不管他知道还是不知道它是谁的财产”(Qui alienum iacens lucri faciendi causa sustulit, furti obstringitur sive scit cuius sit sive nescit)。

相应地，善意购买人如果后来得知他没有获得所有权，一旦他转让标的物则构成盗窃。显然，在这些情形中，盗窃并不蕴含着对占有的侵犯。

4. 元首期的法学家看来已经承认第四种盗窃的情形。A 根据一项 B 应获得所有权的协议把某动产交付给 B。这项交付因某些原因是无效的，而 B 对此是知情的。那么 B 会因接受该物而犯下盗窃。在关于身份产生错误的情况下，交付是无效的。A 把贷款提供给 B，错误地认为 B 是 C。如果 B 知道这个错误，那么他接受钱就构成盗窃。此外，“如果某人明知道对方没有欠债仍接受金钱，则构成盗窃”（furtum fit cum quis indebitos nummos sciens acceperit）。A 给 B 100，错误地认为他欠 B 这笔钱。如果 B 知道 A 不欠他任何东西，那么这项交付是无效的。他接受这笔钱便构成盗窃。 983. 通过接受某物而犯下盗窃

4a. 某人将某动产作为抵押物，后来他未经债权人同意转让该物，这在三个《学说汇纂》文本中被视为盗窃：(1) *D.* (47. 2) 6. pr. [sive...obligaverat] 这句话显然是经过篡改的；(2) *D.* (47. 2) 19. 6。这个文本看起来很奇怪，不可能是真的。Huvelin, *Étude sur le furtum* (1915), 560；(3) *D.*(47. 2) 62. 8。一个佃农把孳息抵押给地主；后来他未经地主同意把孳息带离土地。尤里安可能赋予地主一项针对佃农的“盗窃诉讼”，因为这个佃农剥夺了地主的“萨尔维安令状”（interdictum Salvianum，这项令状仅针对佃农，参见上文边码 749）。 983a. 担保人转让抵押物

5. 欺诈不是盗窃。在这种情况下，正确的诉讼是欺诈之诉，而不是盗窃诉讼。但如果欺诈导致了前述 4 所表述的形势，那么欺诈者要作为共犯对盗窃诉讼负责（“通过帮助和出主意的方式犯下的 984. 欺诈不是盗窃

盗窃”)。

考虑以下由乌尔比安和保罗都记述过的情形，显然来自同一份资料(*D*. 47. 2. 52. 21 和 67. 4)。一个资本家 C 想通过把钱借给一个信用良好的人的方式投资一定数额的钱。他问塞尤斯，后者推荐提提乌斯给他。C 进行调查得知提提乌斯实际上是个有经济实力的人。此时塞尤斯把森普罗尼乌斯(Sempronius)带来见 C，假装森普罗尼乌斯就是提提乌斯。C 把钱借给了森普罗尼乌斯，后者知道欺诈存在。很显然，这属于上述 4 的情形，因为 C 对身份有错误认识。因此，森普罗尼乌斯因接受钱款而构成盗窃；但塞尤斯作为共犯也要负有盗窃诉讼的责任。如果森普罗尼乌斯对欺诈并不知情，那么 C 只对塞尤斯享有欺诈之诉。

梅拉(Mela)的著名判决的文本(*D*. 47. 2. 52. 22)肯定是有误的，正确的诉讼应该是欺诈之诉(比较 *D*. 4. 3. 18. 3)。

985. 毁坏不是盗窃

6. 毁坏某物或导致其变坏，从不构成盗窃。在这种情况下，阿奎利亚法诉讼(actio legis Aquiliae，directa 或 in factum)是正确的诉讼。有冲突的文本应被视为是经过篡改的。如果某人恶意导致某物遭受损失，但没有毁坏它，那么他没有构成盗窃，但他可能作为共犯对盗窃诉讼负责。

A 有个野生的鸟养在鸟笼里；B 恶意打开鸟笼，然后这只鸟飞走了。A 对 B 享有欺诈之诉或者阿奎利亚法扩用诉讼，但不享有盗窃诉讼。提提乌斯把钱拿在手里，塞尤斯把它们撞脱手，他的共犯森普罗尼乌斯捡起来跑了。森普罗尼乌斯构成盗窃，塞尤斯作为共犯对盗窃负责(“通过帮助和出主意的方式犯下的盗窃”)。

考察法学家们认定为盗窃的这些情形，我们立即便认识到它们共有的特征。

1. 盗窃的客体只能是动产或处于权力下的人。如前所述，萨宾试图把盗窃扩展到土地上，但没有成功。 986. 客体

2. 客体必须由某人所有，尽管不是必须由被盗的人所有。 987. 处于所有权下的东西

如果某人在我的地产上抓到一个野生动物，他不构成盗窃。而且对于属于待继承遗产的东西不能犯下盗窃，因为它们不“不处于所有权中”（in dominio）；我们已经在前面（上文边码 512）解释过，法学家为什么不能抛弃这项规则。 988. 违背所有权人的意愿

3. 盗窃必须是违背受侵害方的意愿进行的。 989. 故意和盗窃意图

4. 侵害者必须是故意行事。不存在因过失犯下的盗窃这样的东西。

如果遗失物的发现者为了占为己有而捡起它，只是因为他认为它已经被所有权人抛弃，那么他不是一个“窃贼”（fur）。如果他捡起来只是为了交还给所有权人，他也不构成盗窃。

后古典法学家喜欢说“盗窃意图”（animus furandi 或 adfectus furandi），这些术语被放到了古典文本中。有时候这样的篡改是无害的，也就是说，如果这些术语仅仅用作故意的替代的话；但有时候盗窃意图与故意是有区别的，并且在古典法学家承认存在盗窃的情形当中，由于缺乏盗窃意图而否定盗窃的存在。另一方面，当侵害者“带着盗窃意图”行事时，破坏某物也被称为盗窃（例如，他破坏一个法律文件）。

5. 作为其行为的直接结果，侵害者必须已经获得某物。如前所述，破坏不是盗窃，但特定的“获利意图”（animus lucri faciendi）是不要求的。我们有时在古典文本中会遇到“获利意图”或类似的 990. 获利

表述，其中一些是篡改的，但当萨宾在一个格里乌斯（Gellius）提供的文本中说："为了获利而捡起他人的遗失物，负有盗窃的责任"（Qui alienum iacens lucri faciendi causa sustulit furti obstringitur），则不会令人反感，因为"为了获利"（lucri faciendi causa）仅仅是故意的替代。

991. 盗窃并非总是对占有的侵害

6. 盗窃有时候是对占有的一种侵害行为，但在第 2 类情形中并非如此。对遗失物的盗窃肯定不是对占有的侵害，而且如果一个善意购买人后来得知他没有取得所有权但仍然将其转让，他也构成盗窃，但并没有侵害占有。因此，没有古典时期的法学家会主张，不能对一个不处于占有下的物犯下盗窃。

830

D. (47. 4) 1. 15 不可能是真的：

"乌尔比安《告示评注》第 38 卷。斯凯沃拉说，盗窃发生在被占有的东西上，因为没有占有人就不会发生盗窃"（Ulpianus libro XXXVIII ad edictum. Scaevola ait possessionis furtum fieri [denique si nullus sit possessor, furtum negat fieri]）。赛尔维迪乌斯·斯凯沃拉（Cervidius Scaevola，公元二世纪末的人；就像前面的 § 10 所表明的那样，不可能是 Q. Mucius Scaevola）不可能写下这个文本；"denique...fieri"（因为没有占有人就不会发生盗窃）肯定是一个愚蠢的注释。

992. 染指

7. 似乎萨宾是第一个把"adtrectare"和"contrectare"用作技术性术语的人。这些古老的拉丁语的自然含义是触摸、染指，但萨宾给了它们一种特殊的法律意义。他寻求一个合适的术语去指称所有被认为或应当被认为是盗窃的行为。他选择了“adtrectare”和“contrectare”；他的选择得到普遍的赞同。当然，这些术语按其自然意义使用的话，就太宽泛了：如果A撕裂了B的衣服，这肯定是一种“染指”，即通常意义上的“contrectare”，但它不是法律意义上的“contrectare”，因为毁坏或损害某物不被视为盗窃。但法律用法和通常用法的这种差异不会困扰到法学家。“contrectatio”此时是一个技术性的法律术语。一方面，物理上的触碰显然是不要求的（尽管我们应当记住，《阿奎利亚法》仅适用于损害“通过身体”造成的情形，参见下文边码1006）；另一方面，某些染指行为（例如毁坏某物）不是法律意义上的“contrectatio”。什么是“contrectatio”，这个问题必须回答如下：任何被视为盗窃的行为。古典法学家在处理个案时，从来不问这是否是通常意义上的染指行为。他们更多地是问，这是否被认为是盗窃行为，而只要他们对这个问题做出肯定的回答，他们就会把这个行为称为法律意义上的“染指行为”（contrectatio）。

（二）所谓的古典盗窃定义

古典法学家没有对“furtum”下定义。马苏里乌斯·萨宾（Masurius Sabinus）对盗窃的理论特别感兴趣，但他没有下定义；如果他曾经下过定义的话，那么萨宾学派的盖尤斯肯定会提到它。格里乌斯（Gellius）认为，他在萨宾的《论市民法》（*libri iuris civilis*）中发现两个定义： 993. 萨宾

Gellius 11. 18, 19—21：“关于什么是盗窃，我认为不能忽略那些最有学问的人是如何纯粹、严谨地定义的，我们不应

只认为悄悄地偷走物品的人是窃贼。这是萨宾在他的《论市民法》第二卷中说的话：违背所有权人的意愿染指他人之物的人负有盗窃的责任。此外，在另一章，他说：为了获利而捡起他人的遗失物，负有盗窃的责任，不管他知道还是不知道它是谁的财产。”

(Quam caste autem ac religiose a prudentissimis viris quid esset furtum definitum sit, praetereundum non puto, ne quis eum solum esse furem putet, qui occulte tollit aut clam subripit. Verba sunt Sabini ex *libro iuris civilis* secundo: Qui alienam rem adtrectavit, cum id se invito domino iudicare deberet, furti tenetur. Item alio capite: Qui alienum iacens lucri faciendi causa sustulit, furti obstringitur, sive scit cuius sit, sive nescit.)

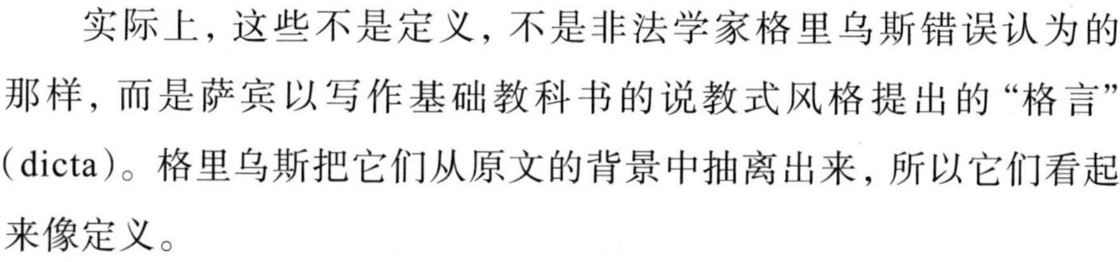

实际上，这些不是定义，不是非法学家格里乌斯错误认为的那样，而是萨宾以写作基础教科书的说教式风格提出的“格言”(dicta)。格里乌斯把它们从原文的背景中抽离出来，所以它们看起来像定义。

第一个所谓的“定义”仅仅涉及某物被受托人（保管人、使用借贷人、承租人和质权人；上述第2类情形）非法使用的情形；Gai. 2. 195, 196使得这点非常清楚。在这个上下文中，萨宾的话是非常正确的。如果将其作为一般的定义，那么“alienam”（他人的）这个词就是错误的，因为存在“对自己的物的盗窃”(Gai. 3. 200)。“rem”(物)这个词也是不正确的，因为存在对处于权力下的自由人的盗窃(Gai. 3. 199)。

第二个“定义”显然仅指遗失物的发现者将其占为己有的情形。

D. (47. 2) 1. 3 肯定是被汇编者用来作为定义的，但这个被归到 994.*D*. (47. 2) 1. 3
保罗头上的文本是汇编者制造的，而不是保罗写的。

D. (47. 2) 1. 3：“保罗《告示评注》第 39 卷。盗窃是为了获利欺诈性地染指物本身、其使用或其占有”（Paulus libro XXXIX ad edictum. Furtum est contrectatio fraudulosa lucri faciendi gratia vel ipsius rei vel etiam usus eius possessionisve）。

在全部拉丁文献当中，“fraudulosus”（欺诈性地）只在这个文本中出现，就像《拉丁语宝库》（*Thesaurus Linguae Latinae*）不可辩驳地证明的那样。因为古典法学家严格克制自己不去使用不平常的用语，我们可以确定，保罗没有写下它，保罗也不可能写下“vel ipsius...possessionisve”这个笨拙的表述。它们依附于“lucri”，但“lucrum facere rei vel usus possessionisve”几乎不是拉丁语；“lucrum facere ex re”或“lucri facere rem”才是正确的。无论如何，教科书中普遍提供的三分法：(1)“furtum rei”（物的盗窃）；(2)“furtum usus”（使用盗窃，例如，保管人使用寄存物）；(3)“furtum possessionis”（占有盗窃，例如，质押人偷了质物）——是非古典的，并且具有误导性。古典法学家只知道“furtum rei”（物的盗窃）。如果保管人使用寄存物，那么这是“furtum rei”（物的盗窃）。该物成为“res furtiva”（盗窃物），盗窃诉讼可以用来主张该物的双倍价值。学生们应完全无视这个三分法；它仅出现在这个文本当中。

古典法学家没有对盗窃下定义。只要阅读《学说汇纂》“关于盗窃”标题下的那些很长的文本便可立即认识到，他们在讨论个案而不是在阐述定义。

（三）盗窃引起的诉讼

995. 概览　古典法中有很多这样的诉讼，他们都被收录到哈德良的告示中，但不是都放在“关于盗窃”标题下。我们仅限于参考莱内尔的《永久告示》（Lenel, *Edict*, 1927）提供一个这些诉讼的列表，并将仅讨论那些具有普遍重要性的诉讼，即非现行盗窃之诉、现行盗窃之诉和暴力抢劫财产之诉。

古典的“基于盗窃的诉讼”（actiones ex furto）列表：

1. actio furti nec manifesti. Lenel, pp. 322, 324.

2. actio furti concepti. Lenel, p. 322.

3. actio furti oblati. Lenel, p. 322.

4. actio de tigno iuncto. Lenel, pp. 322, 330.

5. actio furti manifesti. Lenel, pp. 322, 332.

6. actio furti prohibiti. Lenel, p. 323.

7. actio furti non exhibiti. Lenel, p. 323.

8. actio furti adversus nautas caupones stabularios. Lenel, p. 333.

9. si familia furtum fecisse dicetur. Lenel, p. 355.

10. quod familia publicanorum furtum fecisse dicetur. Lenel, p. 355.

11. actio vi bonorum raptorum. Lenel, pp. 391, 394.

12. de incendio ruina naufragio rate nave expugnata. Lenel, p. 396.

13. quod publicanus vi ademerit. Lenel, p. 387.

996. 非现行盗窃之诉　1. 非现行盗窃之诉。这种诉讼可适用于所有的盗窃情形。它是一种建立在《十二表法》基础上的市民法诉讼，可通过它主张被窃物的双倍价值。其程式当然是“基于法律拟定的”（上文边码47），部分由盖尤斯保留下来并被莱内尔重构。判罚涉及不名誉。

2. 现行盗窃之诉。这是一种可以用于主张标的物四倍价值的裁判官诉讼，其程式当然是“基于事实拟定的”（上文边码47），但没有保留下来。判罚涉及不名誉。 997. 现行盗窃之诉

“现行盗窃”（furtum manifestum）的字面意思是明显的盗窃，在法律上是指窃贼在盗窃行为实施过程中被抓住的盗窃。在盖尤斯时代，这个术语的确切含义仍有争议，但我们将不详述这些无聊的讨论。

“manifestus”在普通拉丁语中是“明显的”“显然的”的意思；其词源不大清楚：Rabel, *Z* lii (1943), 473 f.

在《十二表法》下，惩罚是严厉得多的。“现行窃贼”（fur manifestus），如果是自由人，就会被鞭笞并被执法官终身分配给被窃者；如果是奴隶，则被鞭笞并被处死。这项法律在公元前二世纪仍在实施，因为当老加图在一个演说中说（Gellius, 11. 18. 18）“盗窃私人之物的窃贼终身处于枷锁中”（fures privatorum furtorum in nervis atque compedibus aetatem agunt）的时候，他所想的肯定是“裁判官的裁决”（addictio）。但在公元前二世纪或一世纪，裁判官不愿意适用这种严厉的惩罚，于是用现行盗窃之诉来替代它。这是共和国人文主义运动的一个结果（上文边码180以下）。最近有人认为这种诉讼出现的时间更晚，即在元首期的前几十年，但这几乎是不可能的；它不可能晚于暴力抢劫财产之诉，就像我们马上就要看到的那样。无论如何，萨宾已经知道这种诉讼。

998. 暴力抢劫财产之诉 3. 暴力抢劫财产之诉是一种裁判官诉讼，可用来主张标的物的四倍价值（在一年后可主张单倍价值），适用于抢劫的情形，“如果恶意通过有武装的人……其财产被通过暴力抢劫”（上文边码779）。其程式是“基于事实拟定的”；判罚涉及不名誉。

这种诉讼是由裁判官马尔库斯·特伦提乌斯·瓦罗·卢库鲁斯（M. Terentius Varro Lucullus）在公元前76年引入的。那时候，现行盗窃之诉肯定已经存在了；否则的话，抢劫者（“更恶的窃贼”〔fur improbior〕）会处于一个比简单的“现行窃贼”更好的地位。卢库鲁斯知道现行盗窃之诉并将其适用于抢劫的情形；但还需要有一项特别的诉讼，因为抢劫者如果没有在抢劫时被抓住，就不是“现行窃贼”。

999. 评价 4. 现行盗窃和非现行盗窃的区分是原始的，因为在罪过上这两种情形并无区别；“非现行窃贼”有时候是更加危险的人，因为他进行了盗窃但没有被抓住。然而，这种区分也远非不能理解，我们在其他原始体系中也遇到过，原始的法律对证据是有顾虑的。在原始的法官眼里，只有窃贼在盗窃实施过程中被抓住，盗窃才能获得完全的证明；只有在这种情况下盗窃才是明显的，对窃贼处以最严厉的惩罚才具有正当性。当然，在古典时期，这个区分是不符合时代的。但它仍被保留下来，甚至在优士丁尼法中也得到保留。

在引入现行盗窃之诉之后，窃贼在共和国法下不再被判处死刑。更加严重的情形会受到公刑法的调整，但在公刑法下也不会科以死刑。即使在元首期的刑法下，死刑的适用也是很少的；这是罗马人文主义的一个特点。在现代欧洲法律体系中，对窃贼的死刑直到十八、十九世纪才被废除。

5. 根据共和国的规则，现行盗窃之诉和非现行盗窃之诉可以由任何对标的物的安全有利益的人提起："盗窃诉讼也可以由这样的人享有，即物的安全关乎他们的利益，即使他们不是所有权人"（furti actio ei competit, cuius interest rem salvam esse licet dominus non sit）（Gai. 3. 203）。但古典法学家通过解释在很大程度上限制了这句格言的适用。尽管他们没有用另一个抽象的格言来替代共和国法的这句格言，但实际上在他们对案件的讨论中，他们遵循以下规则： 1000. 谁有权提起盗窃诉讼？

（1）原则上所有权人有权提起盗窃诉讼。这是不言而喻的。

（2）如果有一个人对照管负责，因此要对因盗窃而造成的标的物丢失负责，那么只有他自己有权提起盗窃诉讼，但前提是他有偿付能力。

例如，使用借贷人对照管负责（上文边码 885）。如果借来的东西被第三人偷走，那么使用借贷人有权提起盗窃诉讼，只要他有清偿能力（否则的话，出借人享有这项诉讼），出借人仅对使用借贷人享有使用借贷之诉。假设借用物的价值是 50。出借人可以从使用借贷人那里获得 50，因为后者有清偿能力，根据他的照管责任，他要无条件对被盗的损失负责。使用借贷人可以向"非现行窃贼"主张 100，向"现行窃贼"主张 200，超过 50 的部分是对使用借贷人的风险的额外补偿。

债权人 C 因为 20 的债权收到一个质物（价值 100）。质权人对照管负责（上文边码 885）。如果质物被 F 盗走，那么质权人享有盗窃诉讼，可主张 200（在非现行盗窃的情况下），并且有义务向质押人支付 100（质押之诉，参见上文边码 900）。

(3)在“对自己之物的盗窃”的情况下，失主对所有权人享有盗窃诉讼。如果质押人从质权人处盗走质物，那么后者对所有权人享有盗窃诉讼。这三项规则是否能覆盖所有的盗窃诉讼的情形，这是有争议的；有人可能会对某人对照管负责的情形有争议，但这三项规则本身不应再受质疑。它们在任何情形下都是古典法学家们的指导原则。把古典的照管责任降低为“照管中的勤谨”责任的汇编者们必须修改这些古典规则。他们采用了“盗窃诉讼由有利益的人享有”(actio furti ei competit cuius interest)这句共和国格言的文字含义，粗暴并草率地篡改古典文本。其结果是在我们的原始资料中明显出现骇人的混乱，尤其是在《学说汇纂》的“关于盗窃”标题下。因此，前面提供的古典规则仍有争议，这并不奇怪，尤其是因为对这个问题的一些研究是非批判性的。这不是在此检查这些难懂的文本的地方；我们也不涉及对优士丁尼法的阐述。

1001. 谁有权提起暴力抢劫财产之诉？

6. 谁有权提起暴力抢劫财产之诉？关于盗窃诉讼的规则不适用，因为对照管的责任不包括因为抢劫而遭受的损失(上文边码885)。因此，似乎只有所有权人(市民法的和裁判官法的，上文边码655)才有权享有这种诉讼。然而，相关文本很少且有误。

1002. 盗窃诉讼的惩罚性特征

7. 盗窃诉讼(包括现行的和非现行的)是一种纯粹的惩罚诉讼，受我们在前面讲解过的规则调整(上文边码72以下)，尤其是这种诉讼会因窃贼的死亡而消灭，并且适用叠加原则。如果两个窃贼合作，盗窃诉讼可以同时对他们两个提起。这样，在非现行盗窃的情况下，失主可以获得两次双倍的价值。我们几乎不用强调，这种责任不是整体的(上文边码827)，而是叠加的，尽管原始资料非常确定地说“in solidum teneri”(对整体负责)。如果一个人犯下现行盗窃，另一个人作为共犯，那么可对窃贼提起现行盗窃之诉，对共犯提起非现行盗窃之诉。这样失主可以总共获得 4 倍加 2 倍的价值。此外，盗窃诉讼和任何补偿性诉讼（actio rem persequens，上文边码 734）都是可以叠加的。这样受侵害方除了对窃贼享有盗窃诉讼之外，还对占有人（当然也可能是窃贼本人）享有所有物返还之诉。这项规则在整个后古典时期都保持不变，甚至被优士丁尼保留。

8. 古典的暴力抢劫财产之诉也是一种纯粹的惩罚诉讼，没有古典法学家曾争议过这一点，Gai. 4. 8 肯定是被篡改过的。 1003. 暴力抢劫财产之诉的惩罚性特征

> Gai. 4. 8：“例如，通过盗窃诉讼、[侵辱诉讼、（根据某些人的观点）暴力抢劫财产诉讼]，我们只能追求罚金。因为就物本身而言，我们享有请求返还诉讼和请求给付诉讼。”（Poenam tantum persequimur velut actione furti [et iniuriarum et secundum quorundam opinionem actione vi bonorum raptorum]; nam ipsius rei et vindicatio et condictio nobis conpetit.）

这是我们遇到的唯一对暴力抢劫财产之诉的惩罚性特征有疑问的文本。出于这个原因，只有这个文本是可疑的。盖尤斯对 *D.* (47. 8) 5 当中的问题没有疑问。“et iniuriarum...raptorum”这句话肯定是一个注释；它后面的句子表明这里存在一项篡改，它不适用于侵辱之诉。

优士丁尼的汇编者降低了“四倍的暴力抢劫财产之诉”（actio vi bonorum raptorum in quadruplum）的惩罚性特征。这种诉讼此时

是一种混合诉讼。

I. (4. 2) pr.："四倍并非全都是罚金并且对物的追讨在罚金之外，就像我们对现行盗窃诉讼所说的那样；而是对物的追讨在这四倍之中，因此罚金是三倍。"（Quadruplum autem non totum poena est et extra poenam rei persecutio, sicut in actione furti manifesti diximus; sed in quadruplo inest et rei persecutio, ut poena tripli sit.）

或许优士丁尼之前的法律已经是这样了，或者，这至少得到优士丁尼之前的法学家的支持；这样，Gai. 4. 8 中的篡改就得到了解释。

原始文献

s. 980. Read Gai. 3. 195, 199, 200; *D.* (47. 2) 15. 1; 20. 1.

s. 981. Read Gellius 6. 15. 2 = Seckel-Kübler, i. 17 = Jolowicz, *Digest,* xlvii, 2, p. 131; Gai. 3. 195, 196.

s. 982. Read Gellius 6 (7). 15. 1 = Jolowicz, l.c.; Gellius 11. 18. 13 = Seckel-Kübler, i. 74 = Jolowicz, 132; *D.* (47. 2) 25 pr.; Gellius 11. 18. 21 = Seckel-Kübler, i. 73 = Jolowicz, 133; Gai. 2. 50.

s. 983. Read *D.* (13. 1) 18, first sentence; (47. 2) 43 pr.; 52. 21; 67. 4.

s. 984. Read *D.* (47. 2) 52. 21; 67. 4; 52. 15; 43. 3 (substantially genuine).

s. 985. Read *D.* (47. 2) 31 pr. (genuine); (47. 2) 58 (substantially genuine); (9. 2) 27. 21, cf. Gai. 3. 202; *D.* (47. 2) 22 pr. [*quod ... contrectaverit*]; *D.* (47. 2) 27. 3 [*tantum*]; [*etiam*]; *D.* (19. 5) 14. 2

[*damni dandi ... faciendi*]; (4. 3) 7. 7 [*si non ... misericordia*]; (41. 1) 55, last sentence *(summam* etc.), substantially classical.

s. 989. Read Paul. (2. 31) 1. Compare Gai. 3. 197 with *Inst. Iust.* (4. 1) 7. Read *D.* (47. 2) 25. 2 [*furandi animo*]; (47. 2) 39 compared with Paul. *Sent.* (2. 31) 12 and 31; *D.* (47. 2) 83. 2; (47. 2) 22 pr. [*quod... contrectaverit*]; (9. 2) 41. 1 (interpolated); (47. 2) 46. 7 (sub stantially classical); (47. 2) 43. 6. Sabinus (Gellius 11. 18. 20) *iudicare deberet* instead of *sciret* is inaccurate.

s. 990. *D.* (47. 2) 55. 1 (substantially classical); (19. 5) 14. 2 [*damni dandi ... faciendi*].

s. 996. Read Gai. 3. 190; 4. 182.

s. 997. Read Gai. 3. 184, 189; Gellius 11. 18. 6—8 = Jolowicz, p. 132.

s. 998. Read Gai. 3. 209; 4. 182.

s. 1000. Read Gai. 3. 203—207; *Coll.* (10. 2) 6; *D.* (47. 2) 15 pr. [*sed praestabit*]; (47. 2) 88 (genuine).

s. 1002. Read *D.* (47. 4) 1. 19; *C.* (4. 8) 1; Gai. 4. 8; *D.* (47. 2) 55. 3; Paul. *Sent*. (2. 31) 13; *C.* (6. 2) 12; (3. 41) 5.

参考文献

ss. 979 ff. Hitzig, *PW* vii. 384; Ferrini, *Opere,* v (1930), 107 ff.*,* 129 ff.; P. W. Huvelin, *Études sur le furtum dans le très ancien droit romain,* i (1915); *NRH* xlii (1918), 73 ff.; Buckland, *'D.* 47. 2 (de furtis) and the Methods of the Compilers', *T* x (1930), 117 ff.;

Daube, 'Furtum proprium and furtum improprium', *The Cambridge Law Journal,* vi (1938), 217 ff.; Jolowicz, *Digest* XLVII *, 2 De furtis* (1940) a valuable introduction, pp. i—xci; Kaser, *Altröm. Jus* (1949), 213 ff.; see further *Index Interpolationum* ad *D.* 47. 2, with references.*

ss. 981, 982. For texts see Windscheid, *Pand.* ii (1906), § 452 nn. 8—10.

s. 983. F. Fitting, *Sciens indebitum accipere* (Thèse Lausanne, 1926). for texts see Windscheid, l.c. § 426 n. 16; § 427 n. 4; § 452 n. 8; for literature on these tests see *Index Interp.*

s. 989. Albertario, 'Animus furandi', *Studi,* iii (1936), 209 ff. with references.

s. 990. Huvelin, 'L'animus lucri faciendi dans la théorie romaine du vol', *NRH* xlii (1918), 73 ff.

s. 992. Buckland, 'Contrectatio', *LQR* lvii (1941), 467 ff.

s. 994. Schirmer, *Z* v (1884), 207 ff.; Albertario, *SD* ii (1936), 160.

s. 996. Lenel, *Edict.* (1927), 324; Kaser, *Quanti ea res est* (1935), 132 ff.

s. 997. Lenel, 332; Kaser, 132 ff., 138; Wlassak *Z* xxv (1904), 95 ff.; De Visscher, 'Le fur manifestus', *RH* xlvi (1922), 442 ff. = *Études de droit Rom.* (1931), 137 ff.; Arangio-Ruiz, 'La répression du vol flagrant et du vol non flagrant dans l'ancien droit romain', *Rariora* (1946), 197 ff. with references. On the date of the *actio furti manifesti* see Huvelin, *Études,* 657.

s.998. Lenel, *Edict.* § 187, p. 394; Mommsen, *Rom. Strafrecht* (1899), 654 f.; E. Levy, *Die Konkurrenz der Aktionen,* i (1918), 429; Schulz, *Z* xliii (1922), 219.

s. 1000. Schulz, 'Die Aktivlegitimation zur actio furti', *Z* xxxii (1911), 23. This paper needs revision, since its author almost forty years ago was much too conservative; Beseler, who in the main accepted it, has corrected the theory by many clever remarks (see *Index Interp.* on the relevant texts). See further Kaser, l.c. 147 ff.; Jolowicz, l.c. pp. xxviii f. (too conservative) and the literature on *custodia* above, s. 885, Bibliography.*

s. 1002. Levy, l.c. 480 ff., 416 ff.

s. 1003. Levy, 429 ff; Beseler, *Z* xlvii (1927), 65; *Scritti Ferrini,* iii (1948), 283; P. Voci, *Risarcimento e pona privata* (1939), 94 ff.

三、不法损害

（一）《阿奎利亚法》

1. 古典法的基础是《阿奎利亚法》，一项日期不明的平民会议决议，但最有可能是公元前三世纪的。其文本仅通过优士丁尼的《学说汇纂》以一种残缺不全的方式保留给我们，但我们拥有盖尤斯对古典法的描述(Gai. 3. 210 ff.)。在此，我们当然仅涉及古典法，而不涉及这部古老的法律的形式和原本的含义。 1004. 日期和流传

1005. 该法的内容

2. 该法包含三章。第二章涉及的是“副要式口约”(adstipulatio),赋予一项诉讼,用来针对欺诈性地免除债务人债务的副提问人。我们已经提到过这一章,它在古典时期仍有效(上文边码 837),在这里我们将不再讨论它。第一和第三章处理的是有体物的所有权人因另一个人的侵害所造成的损失。如果某人杀死了一个奴隶或属于“pecudes(quadrupes pecus)”的四足动物,那么他对所有权人负有赔偿该物在侵害之前一年之内的最高价值的责任(第一章)。如果某人通过“烧、打、撕的方式”(urere, frangere, rumpere)造成其他损害,那么所有权人可主张该物在之前三十天的最高价值(根据古典的解释)(第三章)。该法进一步规定,在任何情况下,该诉讼都应被归为“否认诉讼会导致标的增加为双倍”的诉讼(in quibus lis infitiando crescit in duplum,上文边码 74)。

844

3. 这部法律存在非常原始的规定,对此共和国和古典法学都非常严格地进行解释,总是担心偏离其用语太远。

1006. 古典的解释

(1) 如果第三章原本只涉及有生命的物的话,那么后来它扩展到无生命之物(Gai. 3. 217)。此外,法学家认为“rumpere”这个术语等同于 corrumpere(损坏),因此,此时任何因损毁或损坏某物造成的损害都在该法调整范围内(Gai. 3. 217)。另一方面,法学家坚持原始的直接因果关系的要求,侵害人必须在该物和他的身体之间建立直接的联系,或像盖尤斯(Gai. 3. 219)所说的:

> “有人认为,只有某人用自己的身体造成损害,才能根据该法成立诉讼”(Placuit ita demum ex ista lege actionem esse, si quis corpore suo damnum dederit)(通常使用的但非古典的

并且具有误导性的表述“damnum corpore corpori datum”〔通过身体对身体造成的损害〕应被抛弃)。

拉贝奥的一个判断，由乌尔比安进行转述并表示赞同，特别有启发(*D*. 9. 2. 9 pr.)：一个助产士给了一个女奴一些药物，导致该奴隶死亡。拉贝奥做出了如下区分。如果助产士亲手把药物喂给她的病人服用，那么适用该法；但如果助产士把药物给病人，后者自己服用，则不存在阿奎利亚法诉讼。

(2)第一章说到“iniuria occidere”(不法杀死)；而第二章说到“urere，frangere，rumpere iniuria”(不法烧、打、撕)，法学家们认为“iniuria”不仅指“不法、违法”，而且还蕴含着“culpa”(过错)的存在；他们要求在这两章的情形中不法侵害都是因故意或过失造成的。

(3)关于被侵害的物的价值，法学家们认为该物对于任何一个所有权人的价值是相关的，而对其实际所有人的价值则不是相关的。然而，汇编者们抛弃了这项规则，用实际所有权人的利益来替代，他们的原则由以下文本提供：

> *D*. (9. 2) 21. 2：“然而，我们只能如何对其身体进行估价，是他被杀死时的价值，还是更应该是他没有被杀死对我们的价值？我们适用这项规则：估价应该是他对原告的价值。”(Sed utrum corpus eius solum aestimamus, quanti fuerit cum occideretur, an potius quanti interfuit nostra non esse occisum? Et hoc iure utimur, ut eius quod interest fiat aestimatio.)

（二）阿奎利亚法诉讼

1007. 由所有权人享有　1. 该诉讼仅可由受损物的所有权人使用；该法明确将其归为所有权人。法学家坚持其用语，因此照管的理论在此不相关。我们在讨论“盗窃诉讼”时遇到的问题（上文边码 1000）在这里没有出现。

“erus”是表示“dominus”（所有权人）的古老的拉丁术语。这个词被该法使用：*D.* (9. 2) 11. 6，参见 *Thes. linguae Lat.* v. 848。汇编者们在 *D.* (9. 2) 2. 1 和 *D.* (9. 2) 27. 5 中用“dominus”替代“erus”。

1008. 惩罚诉讼　2. 古典的阿奎利亚法诉讼是一种惩罚性诉讼（Gai. 4. 121），而不是一种补偿性诉讼。当然，罚金的数额仅仅是受损物的价值的单倍（尽管是在特定期限内的最高价值，根据第一章是之前一年内，根据第三章是之前三十天内），但这不会使得阿奎利亚法诉讼成为一种补偿性诉讼（上文边码 72）；欺诈之诉也是一种“单倍的诉讼”（actio in simplum），但仍是一种惩罚性诉讼。

1009. 纯粹的惩罚性诉讼　这种古典的诉讼是一种纯粹的惩罚性诉讼，不像 Gai. 4. 9 中所说的那样是一种“同时追求赔偿和罚金的诉讼”（actio rem et poenam persequens）。整个句子 [quod...sunt] 是被一个想到 Gai. 4. 171 的人加上去的。诚然，阿奎利亚法诉讼是一种“否认会增加为双倍的诉讼”（actio qua lis infitiando crescit in duplum）；由于该诉讼本身是一种惩罚性诉讼，它可以被称为一种“追求罚金和否认罚金的诉讼”（actio poenam et poenam〔per infitiationem〕persequens），但从来不会被称为“同时追求赔偿和罚金的诉讼”（actio rem et poenam persequens）。优士丁尼把阿奎利亚法诉讼归为混合诉讼（actio mixta；*I.* 4. 6. 19），不仅仅是因为“否认会增加为双倍”（lis infitiando crescit in duplum），而且还因为加害人必须支付受损物在一定时期内的最高价值，而不是损害行为发生时的价值。这种观念是古典法学家非常陌生的，他们只是简单地把这种诉讼视为单纯的惩罚诉讼（Gai. 4. 112）。

4. 如下规则揭示了古典阿奎利亚法诉讼的惩罚性特征。 1010. 惩罚性特征的后果

（1）如果某物只被损坏，但没有完全损毁，那么侵害人必须支付该物的全部价值。这对于任何记住该诉讼的惩罚性特征的人而言都不会是个意外。因此，一条狗（不属于“pecudes”）被杀死和仅仅被伤害，这两种情况下惩罚是一样的。不区分这两种情形的做法当然是原始的，但这部古老的法律处处表现出原始的特征。

（2）作为一种惩罚性诉讼，阿奎利亚法诉讼不能被消极转移，因此会随着侵害人的死亡而消灭。

（3）在有多个侵害人时，适用叠加原则，他们当中的每一个人都要对全部罚金负责；他们当中的一个人支付了罚金，其他人也不免除责任。

（4）阿奎利亚法诉讼和有竞争性的合同诉讼也是可以叠加的。因此，如果一个使用借贷人损害了借用物，那么有两项诉讼可以针对他：第一，使用借贷之诉（是一种“补偿性诉讼”）；第二，惩罚性的阿奎利亚法诉讼。两项诉讼是可以叠加的。这是阿奎利亚法诉讼的惩罚性特征的不可避免的后果。然而，优士丁尼抛弃了叠加规则。在优士丁尼法下，原告必须选择其中一种诉讼。在《市民法大全》的范围内，我能遇到的这种“选择性竞合”的文本，都是经过篡改的。但汇编者不是第一个通过这种方式缓和阿奎利亚法诉讼的惩罚性特征的人；我们在前优士丁尼的《摩西法和罗马法汇编》

(*Collatio legum Mosaicarum et Romanarum*, 12. 7. 9)中也发现了这种选择性竞合，但这个文本的篡改在很久以前就被确认了。

5. 阿奎利亚法诉讼的程式没有保留下来，它当然是“基于法律拟定的”。

（三）扩用的阿奎利亚法诉讼

1011. 扩用诉讼 1. 由于对该法的僵化解释，只要不存在“通过身体造成的损害”就不存在阿奎利亚法诉讼（上文边码 1006），但在这种情况下，法学家们甚至在共和国时期就支持一种扩用诉讼，而在古典时期，在所有不受该法调整的“造成死亡”和“造成损害”的情形中，裁判官似乎会把赋予这样一种诉讼当做当然之事。这项扩用诉讼当然像直接诉讼一样是一种惩罚性诉讼，但与直接诉讼不同的是，它有一个基于事实拟定的程式。仍有疑问的是，我们经常在《学说汇纂》9. 2

848 标题下发现的一个作为这项扩用诉讼的替代的事实诉讼（actio in factum）是否属于古典的（上文边码 51）。

2. 这项扩用诉讼通常像直接诉讼一样仅由受损物的所有权人使用，但在古典时期，它也被例外地提供给非所有权人（用益权人、质权人和善意占有人），但似乎只有在所有权人自己实施侵害的情况下才提供。然而，很难相信，在古典时期当一个自由人受到侵害时，会被赋予一项扩用诉讼。这些细节和其他细节多少是模糊的。《学说汇纂》9. 2 标题的汇编者剧烈地缩减和篡改了古典时期关于这种扩用诉讼的讨论，把所有细节都弄清是不可能的。

（四）不法损害引起的其他古典诉讼

1012. 其他诉讼 除了这些阿奎利亚法诉讼之外，古典法还承认其他由财产损害引起的诉讼。例如，卢库鲁斯（Lucullus）的告示（上文边码 998），不仅包含抢劫，还包括不法损害：“如果某人被恶意利用有武装的人导致损害或者其财产被暴力抢劫”（si cui dolo malo hominibus armatis coactisve damni quid factum esse dicetur sive cuius bona vi rapta esse dicentur）。这种针对暴力侵害物品行为的诉讼在第一年是一种“四倍的诉讼”，就像暴力抢劫财产之诉那样（上文边码998），在一年之后变成“单倍”。我们将不再进一步详述这些诉讼，而仅参照莱内尔的《永久告示》（Lenel, *Edict*）给出一个目录。

1. actio de deiectis vel effusis. Lenel, § 61.

2. actio de pauperie. Lenel, § 75.

3. actio de pastu pecoris.

4. actio in factum adversus nautas caupones stabularios. Lenel, § 78.

5. de vi turba incendio ruina naufragio rate nave expugnata. Lenel, §§187—189.

原始文献

s. 1004. Read *D.* (9. 2) 1.

s. 1005. Read *D.* (9. 2) 2; Gai. 3. 210, 214; *D.* (9. 2) 27. 5; Gai. 3. 217, 218, first sentence.

s. 1006*a*. Read Gai. 3. 219.

s. 1006*b*. Gai. 3. 211 (substantially classical, cf. Beseler, *Beiträge,* iv. 114; *Z* lvii (1937), 41.

s. 1oo6*c*. Read Gai. 3. 212 with Beseler, *Z* l (1930), 25.

s. 1009. Read *Inst. Iust.* (4. 6) 19.

s. 1010*b*. Read *D.* (9. 2) 23. 8 [*ceterique successores*]; [vel *ceteros*] [*nisi ... sit*]; Gai. 4. 112.

s. 1010*d*. Read *Coll.* (12. 7) 9 [*vel lege Aquilia*]; [*ita ... agendum*].

s. 1011. 1. Read Gai. 3. 219; *D.* (9. 2) 7. 6 and 9. 3.

s. 1011. 2. Read *D.* (9. 2) 12 [*pro ... fructus*]; (9. 2) 17; (9. 2) 5. 3 [*sed lege ... dubito*]; (19. 2) 13. 4 [*sed et... diximus*] with Schulz, *Einführung* (1916), 55 f.; (9. 2) 13 pr. [*suo nomine*] <*nec*>, [*directam ... habet*].

参考文献

ss. 1004 ff. Taubenschlag, *PW.* xii. 2325, with references; J.B. Thayer, *Lex Aquilia. Text, Translation, and Commentary* (1929); Jolowicz, 'The Original Scope of the lex Aquilia and the Question of Damages', *LQR* xxxviii (1922), 220 f. and against him Lenel, *Z* xliii (1922), 575 f.; G. Rotondi, *Teorie postclassiche nell' actio legis Aquiliae* (1914) = *Scritti,* ii. 411 ff.; Kunkel, *Z* xlix (1939), 158 ff.; Beseler, *Beiträge,* iv (1920), 258 ff., 299; *Z* xliv (1924), 364 ff.; *Juristische Miniaturen* (1929). 128 ff.; *Z* l (1930), 25 ff.; Kaser, *Quanti ea res est* (1935), 167 ff.; *Altröm. Jus* (1949), 219 ff.; Daube, 'On the Use of the Term Damnum', *Scritti Solazzi* (1948), 93 ff., with references to Daube's earlier papers on the *lex Aquilia.* *

s. 1004. On the date see Schulz, *History* (1946), 30, with references.

s. 1oo6*c*. Beseler, *Z* l (1930), 25; P. Voci, *Risarcimento e pena privata* (1939), 66 ff.

s. 1009. On Gai. 4. 9 see Beseler, *Z* xlvii (1927), 65; *Scritti Ferrini,* iii (1948), 283; Voci, l.c. 94 ff.

s. 1010*a*. Lenel, *Z* xliii (1922), 577.

s. 1010*c*. E. Levy, *Konkurrenz der Aktionen,* i (1918), 484.

s. 1010*d*. On *coll.* (12. 7) 9 see Beseler, *Z* l (1930), 74; Niedermeyer, *Atti del Congresso internazionale,* 1933, Roma, i (1934), 379. The still dominant opinion regards the elective concurrence as classical: Beseler, *Z* xliv (1924), 364 ff.; Levy, *Privatstrafe und Schadensersatz* (1915), 134 ff.; *Konkurrenz,* ii. 1 (1922), 1 ff., 36 ff.

s. 1011. Ferrini, 'La legittimazione attiva nell' actio legis Aquiliae', *Scritti,* v (1930), 191 ff.; De Medio, 'La legittimazione attiva nell' actio legis Aquiliae', *St. Scialoja,* i (1905); Rotondi, *Scritti,* ii. 444; Arnò, *Bull.* xlii (1934), 195; Carrelli, 'La legittimazione attiva dell' actio legis Aquiliae', *Riv. It.* ix (1934), Estratto.

四、侵辱

"iniuria"（侵辱）这个术语在最广泛的意义上包括任何非法行为；在《阿奎利亚法》当中被使用的时候，它包含过错（culpa，上文边码 1006）；在告示的"关于侵辱"（de iniuriis）标题中（Lenel, 1013. 概念

Edict. p. 397)，它是指故意侵害一个人的人格。在这里仅考虑告示这个标题所使用的意义上的“iniuria”。

1014.《十二表法》 古典的侵辱之诉是一种裁判官诉讼，但在起源上它是以《十二表法》为基础的，出于这个原因，盖尤斯把它列为侵权之债(Gai. 3. 182)，并在他的《法学阶梯》(Gai. 3. 220 ff.)中论述它(该书原则仅论述市民法，参见上文边码 789)。裁判官——似乎是在公元前二世纪——是从《十二表法》(viii. 2—4)的如下规则开始发展法律的：

1. 如果某人折断另一个人的肢体，惩罚是同态复仇，除非当事人就赔偿达成协议。

2. 如果他打断一个人的骨头，受伤的人是个自由人，惩罚是300 阿斯；受伤的是个奴隶，则是 150 阿斯。

3. 如果实施了侵辱，惩罚是 25 阿斯。

“iniuria”这个术语仅在第三项规则中使用，原先是指侵权法中其他地方没有规定的任何侵害行为。因此，盗窃和不法损害不被视为这种意义上的“iniuria”。这项规则与前两项规则的紧密联系表明，“iniuria”应被用来指称不那么严重地物理侵害，打耳光、殴打以及通常的轻微打击。后来“iniuria”开始包含前两项规则所考虑的侵害行为，因此这个术语表示任何故意侵害人的身体的行为。

1015. 告示 这些非常原始的规则变得过时了，残酷的同态复仇惩罚看起来不再能与人文主义相容，而且也不再被实践；裁判官似乎让补偿协议变成了强制性的。固定罚金由于阿斯的贬值而丧失意义。最终裁判官干预并赋予一项“不法侵害人身估价之诉”(actio de iniuriis aestimandis)。在程式中，他授权审判员们(由于它是一种由判还官

〔recuperatores〕负责的程序，参见上文边码 19)，按照他们觉得“好并且合适”的标准来确定罚金，即“判罚判还官们认为对于这个事情好并且合适的数额”(quantam pecuniam recuperatoribus bonum aequum videbitur ob eam rem condemnare)。现代学者习惯称这种诉讼为“actio iniuriarum aestimatoria”(侵辱估价之诉)，但这个术语是非古典的。

> Gellius, 20. 1. 13：“拉贝奥……在其关于《十二表法》的书中说道……鲁齐乌斯·维拉提乌斯是一个品行非常不好的人而且非常疯狂。他为了消遣，用手打自由人的耳光。一个奴隶跟着他，拿着装满零钱的钱袋；他打了谁的耳光，就命令这个奴隶立即根据《十二表法》支付 25 阿斯的罚金。出于这个原因，据说，裁判官决定不再适用这种罚金并将其取消，宣布由任命的判还官们对侵辱进行估价。”(Labeo...in libris quos ad duodecim tabulas conscripsit...L. Veratius fuit egregie homo improbus atque immani vecordia. Is pro delectamento habebat os hominis liberi manus suae palma verberare. Eum servus sequebatur ferens crumenam plenam assium; ut quemque depalmaverat, numerari statim secundum duodecim tabulas quinque et viginti asses iubebat. Propterea, inquit, praetores postea hanc abolescere et relinqui censuerunt iniuriisque aestumandis recuperatores se daturos edixerunt.)

原先告示的条款仅提到那个时候被称为“iniuria”的东西，即

对一个自由人的身体进行的物理侵害（对奴隶的侵害此时由《阿奎利亚法》涵括，参见上文边码 1005），但裁判官（可能逐渐地）增加了其他远远超出古老的“iniuria”概念的情形。裁判官并没有说这些侵害是“iniuria”，但他允诺提供一项与“侵辱估价之诉”相联系的诉讼。哈德良编纂的告示提到以下情形：

1.“如果某人违反善良风俗聚众辱骂他人或者由他促成此事发生，那么我将赋予针对他的诉讼”（Qui adversus bonos mores convicium cui fecisse cuiusve opera factum esse dicetur, quo adversus bonos mores convicium fieret, in eum iudicium dabo）。

“convicium adversus bonos mores facere”是指聚集在某人的房子前面并发出侮辱性和骂人的喧哗声。

2. 破坏名节（adtemptare pudicitiam）。这个条款的文本没有被保留下来，但它提到驱逐家母或年轻男人或女性的同伴（“违反善良风俗驱逐同伴”〔comitem abducere adversus bonos mores〕）以及跟踪、搭讪这些人（“违反善良风俗跟踪、搭讪”〔appellare, adsectari adversus bonos mores〕）。

3.“不能为了诋毁别人的名誉而做某事。如果某人违反这点，我将根据情况惩罚他”（Ne quid infamandi causa fiat. Si quis adversus ea fecerit, prout quaeque res erit, animadvertam）。

4.“如果某人以违背善良风俗的方式殴打他人的奴隶或者未得到其主人的命令而拷问他，那么我将赋予针对他的诉讼”（Qui servum alienum adversus bonos mores verberavisse deve eo iniussu domini quaestionem habuisse dicetur, in eum iudicium dabo）。

我们无法得知这四种情形下的程式，但它们肯定类似于侵辱估价之诉，尽管有时裁判官可能仅指定一名审判员来替代判还官。这些是哈德良告示中包含的条款，但它们实质上早在公元前一世纪就存在的。在那个时期，它们已经被视为一个整体。告示包含的所有侵害行为此时都被称为“iniuria”（侵辱），它们当中的任何一个引起的诉讼总是被称为“actio iniuriarum”（侵辱之诉）。因此，“iniuria”此时是指一种对自由人人格的侵犯，而且这种侵犯包括物理上的侵害。

1016. 对告示的古典解释

古典法学家小心地解释这些告示条款，尤其是关于诽谤的。罗马人对于任何类型的诽谤都高度敏感，这让他们走得很远。如果一个债权人尽管可以很容易从主债务人那里获得清偿，但还是要求保证人清偿，这被视为侵辱，因为这件事情意味着后者破产了（无清偿能力）。甚至，在审判中提到一个体面的人的名字，也会被认为是侵辱。因此，演说家习惯在名字后面加上“出于尊敬的原因提到他的名字”（quem honoris causa nomino）。对于细节，我们必须参考原始资料和关于这个主题的文献。

1017. 有疑问的情形

但古典法学家不满足于仅对这些告示规则进行文字解释。他们讨论告示中不包含的其他侵害人格的类型，并建议赋予侵辱之诉。因此，如果某人“恶意”（dolo malo）主张某个人是他的奴隶，一些法学家主张应当赋予一项侵辱之诉。而且，如果一个人阻止另一个人在海里捕鱼、在剧院就座、使用公共浴场，等等，法学家或他们当中的一些也倾向于主张赋予“侵辱之诉”。甚至如果某人被阻止使用他自己的财产，这看起来也是侵辱。我们关于这类诉讼的知识很少，因为汇编者缩减了古典的讨论，并且有时候在法学家否认或没提到侵辱之诉的时候，他们似乎也会赋予这种诉讼。因此有些情形仍是有疑问的，例如，违反某人的意愿进入他的房子。“暴力入侵住宅”由《科尔内利亚法》(*lex Cornelia*，下文边码 1020)调整，但在告示中并没有被提到。裁判官会赋予一项侵辱之诉吗？乌尔比安(*D*. 47. 10. 5. 2—6)仅在与《科尔内利亚法》相关联时讨论这种侵权行为，而 *D*. (47. 10) 23 可能也是指该法。在“秘密入侵住宅”的情况下乌尔比安(*D*. 47. 2. 21. 7)赋予一项“侵辱之诉”，但该文本是经过篡改的，而 Paul, *Sent*. 2. 31. 35 似乎依靠的是该经篡改的文本。在通奸的情况下，丈夫似乎不享有侵辱之诉，无论是针对其妻子还是针对奸夫。男人之间的侮辱，如果没有其他人在场，则不被视为侵辱。罗马人太过骄傲，因此不会对这种事情小题大做。尽管这样的细节仍多少是有疑问的，但有两点是清楚的：

1. 存在告示不包含但也被赋予侵辱之诉的侵害人格的情形。在这种情况下，由裁判官决定是否赋予一项诉讼。理论上，在古典时期，此类情况从来都不是封闭的。

2. 另一方面，也存在侵害人格但不存在侵辱之诉的情形。

出于这个原因，古典法学家从不尝试对告示意义上的侵辱下定义。侵辱的边界仍是活动的。但是我们至少可以说，侵辱之诉的范围是对人格的侵害的范围，因此盗窃和不法损害(即使是故意为之)仍处于这个范围之外。

1018. 侵辱意图

对于任何侵辱之诉总是要求恶意，它仅仅是指侵害必须是故意为之。因此，在身体损害的情形中，侵害人必须故意为之，而不能仅仅因为疏忽，但也不进一步要求有侵辱意图。在诽谤的情形中，侵害人必须要有诽谤某人的意图。告示明确说：“不能为了诋毁别人的名誉而做某事”(ne quid infamandi causa fiat)。“关于破坏名节”（de adtemptata pudicitia）的告示适用于某人故意违反善良风俗行事的情形，不进一步要求侵辱意图。如果一个男人在街上向一个体面的女孩搭讪，那么他是故意违反善良风俗而为之，但很明显他没有侮辱她的意图。如果他搭讪一个穿着像妓女的体面女人，那么他没有违反善良风俗行为的意图，因此他的行为不在告示的范围之内：*D*. (47. 10) 15. 15 肯定是经过篡改的（参见 *D*. 47. 10. 18. 4）。古典法学家以不同的方式表达了“故意”的要求（iniuria causa，infamandi causa，in iniuriam facere），但“animus iniuriae faciendae”和“adfectus iniuriae faciendae”肯定是非古典的。现代法学家喜欢用的“侵辱意图”这个术语在我们的原始资料中根本没有出现。

古典的侵辱之诉是一种纯粹的惩罚性诉讼（Gai. 4. 112），判罚涉及不名誉（Gai. 4. 182）。

1019. 惩罚性特征

1. 像任何其他惩罚性诉讼那样，它不能消极转移，但它属于所谓的“带有复仇欲的诉讼”（actio vindictam spirans，上文边码 73、77），也就是说，甚至也不能积极转移（Gai. 4. 112）。

2. 如果有多个人实施了侵辱，那么他们中的每一个人都要对整个数额负责，诉讼是叠加的。

3. 有时候同一个侵害行为会引起一项侵辱之诉和一项阿奎利亚法诉讼。例如，某人鞭打他人的奴隶，这种侵害被包含在告示“关于侵辱”（de iniuriis）标题下（上文边码 1015），但如果该奴隶被打伤，那么也适用《阿奎利亚法》。或者某人攻击一个自由人，并因此撕裂了他的衣服，侵害人也是要同时对侵辱之诉和阿奎利亚法诉讼负责。在古典法下，这两种诉讼是叠加的：“因为一个诉讼涉及的是因过错导致的损害，另一个涉及的是侵辱；因此存在两项估价，一项是对损害的估价，另一项是对侵辱的估价”（quia altera actio ad damnum pertinet culpa datum, altera ad contumeliam; duae erunt aestimationes alia damni alia contumeliae）。这无论如何都是乌尔比安的理论。是否有古典法学家支持选择性竞合仍不清楚，因为唯一可用的文本（*D.* 44. 7. 34 pr.）遭到了令人绝望的破坏，可能从“iniuria enim”开始就完全是伪造的。有可能只是一个优士丁尼之前的后古典法学家支持选择性竞合（上文边码 1010）。尽管如此，汇编者们废除了叠加原则；如果原告已经在一个诉讼中获得了罚金，那么他只能通过另一个诉讼要求超过之前的罚金的部分。例如，如果他通过阿奎利亚法诉讼获得了 60，并且本可以通过侵辱之诉获得 100 的，那么他此时只能通过后一项诉讼要求 40。

858

1020.《关于侵辱的科尔内利亚法》

除了告示规则之外，还有苏拉时期的《关于侵辱的科尔内利亚法》（*lex Cornelia de iniuriis*），它对于特定的会导致金钱判罚的侵辱情形（殴打、鞭打、暴力入侵住宅）引入一项公法程序（“关于侵辱的刑事诉讼”〔quaestio de iniuriis〕）。该法肯定晚于引入侵辱估价之诉的裁判官告示。因为如果那时候《科尔内利亚法》已经存在的话，那么拉贝奥提供的关于鲁齐乌斯·维拉提乌斯（L. Veratius）的故事（上文边码 1015）将会毫无意义。该法的文本没有保留下来，我们关于它的知识非常缺乏。但不应再批驳的是，该法不妨碍裁判官在该法包含的情形下赋予一项侵辱之诉；盖尤斯完全没有提到《科尔内利亚法》。

1021. 不受希腊的影响

关于侵辱的法是真正的罗马人的法，整个发展——《十二表法》的原始规则，裁判官的改革，法学家对告示的自由解释——都是典型罗马式的。告示的规则表明真正的罗马人对体面、隐私和良好声誉的感觉，并与罗马的习惯和风格紧密相联。一些人声称的希腊影响既没有被证明也无法证明。

侵辱之诉针对侵害非物质利益的行为提供了一项强力的有效保护，尤其是针对任何类型的诽谤，但是把对身体的侵害和非物质利益的损害联系在一起，不是一个令人满意的想法。这种结合是由发展的起点造成的，即《十二表法》关于身体损害的规则，但这是一个人为的东西，导致了致命的结果，因为妨碍了对自由人的身体的充分保护。如前所述，侵辱之诉是一种“带有复仇欲的诉讼”，这在侵害非物质利益的情况下是没有问题的，但如果适用于身体损害，则不可避免的结果是：如果一个自由人被杀死，而不仅仅是受伤害，那么他的继承人无权提起侵辱之诉，即使他们是被杀者的妻子和孩子。此外，侵辱之诉要求有故意（上文边码 1018），这项要求在非物质损害的情形下可以有正当理由，但在身体损害的情形下同样要求故意，就会导致自由人的身体由于疏忽而被损害时不存在侵辱之诉，而且由于《阿奎利亚法》也不适用，所以在这种情形下根本就没有诉讼。出于这个原因，后古典法学家把阿奎利亚法诉讼扩展适用于对自由人的侵害（上文边码 1011）。因此，古典的侵辱概念作为一种对人格的故意侵害行为（像盗窃的概念那样）不是一项令人满意的创造，并且理所当然地从现代法中消失。 1022. 评价

原始文献

s. 1014. Read *XII Tab*. 8. 1—4 (Bruns, *Fontes,* p. 29; *FIRA* i, p. 53); Gai. 3. 223.

s. 1015. Read Gai. 3. 224; *D.* (47. 10) 15. 3—10; (47. 10) 15. 16—23; *Auct. ad Herennium,* 4. 25. 35.

s. 1016. Read *D.* (47. 10) 19.

s. 1017. Read *D.* (47.10) 1 1. 9, first sentence (Beseler, *Z* liii (1933), 9); (47. 10) 13. 7 to *conveniri potest*; (43. 8) 2. 9 [*sed in* ... *est*], substantially classical; (19. 1) 25 with Beseler, *Z* xlv (1925), 439.

s. 1018. Read *D.* (25. 4) 1. 8; (47. 10) 26; (44. 7) 34 pr.; (47. 10) 3. 1; (47. 10) 18. 4. On these texts see *Index Interp.*

s. 1019.1. Read Gai. 4. 112; *D.* (37. 6) 2. 4.

s. 1019. 2. Read *D.* (47. 10) 34; (47. 10) 11. 3—6.

s. 1019.3. Read *D.* (47. 10) 15. 46; (9. 2) 5. 1; (44. 7) 34 pr.

参考文献

ss. 1013 ff. Pernice, *Labeo,* ii. 1 (1895), 19 ff. (fundamental); Steinwenter, *PW* ix. 1555, with references; G. Pugliese, *Studi sull' injuria,* i (1941); Santi di Paola, 'La genesi storica del delitto di "iniuria",' *Annali del Seminario giuridico dell' Università di Catania,* i (1947); Kaser, *Altröm. Jus* (1949), 207 ff.

s. 1014. Pugliese, l.c. 1 ff.

s. 1015. Pugliese, 96 ff.; Lenel, *Edict.* (1937), §§ 190 ff.

s. 1017. Pernice, l.c. 28 ff., 26 f.

s. 1019. 2. E. Levy, *Konkurrenz,* i (1918), 479.

s. 1019. 3. Levy, *Konkurrenz,* ii. 1 (1922), 182 ff.

s. 1020. Pugliese, l.c. 117 ff.

s. 1021. Pugliese, 39 ff.

五、胁迫之诉和欺诈之诉

这两种诉讼相互紧密联系，引起它们的侵害行为是相似的（对另一个人的自由意志产生影响）；两种诉讼都是裁判官创造的，没有任何市民法基础；两者都起源于几乎同一个时期（公元前一世纪上半叶）；甚至程式也相似。 1023. 相似性

（一）胁迫之诉

大约公元前 80 年，裁判官屋大维引入一项针对胁迫的诉讼，可能是一种可主张四倍被敲诈财产价值的惩罚性诉讼。其程式被称为“屋大维亚纳程式”（formula Octaviana），包含“per vim aut (et) metum auferre”（通过暴力和 / 或胁迫取得）这句话，裁判官希望通过这句话来描述胁迫，也就是说，中世纪法学称为“强迫力”（vis compulsiva）以区别于“绝对力”（vis absoluta）的东西。 1024. 屋大维亚纳程式

Cicero, *In Verrem*, 2, lib. 3, cap. 65. 152：“鲁齐乌斯·梅特鲁斯希望，根据他的告示赋予针对阿波罗尼乌斯的审判，因为他通过暴力或胁迫取得某物，梅特鲁斯在罗马使用这个屋大维亚纳程式，在行省也使用它”（postulavit ab L. Metello, ut ex edicto suo iudicium daret in Apronium, quod per vim aut metum abstulisset, quam formulam Octavianam et Romae Metellus habuerat et habebat in provincia）。

Cicero, *Ad Quintum Fratrem*, I. 1. 7. 21："通过暴力和胁迫取得的人被苏拉强迫返还"（...Cogebantur Sullani homines quae per vim et〔N.B.〕metum abstulerant reddere）。

因此仍不能确定屋大维亚纳程式中包含"per vim aut metum"（通过暴力或胁迫）还是"per vim et metum"（通过暴力和胁迫）。无论如何，"vis aut（et）metus"应被视为一种重名法："因受威胁而害怕"，否则的话，该程式会包括抢劫（绝对力的一种情形），而且暴力抢劫财产之诉只是后来才由卢库鲁斯引入（上文边码 998）。似乎甚至在哈德良的告示中，告示标题为"quod vi metusve causa gestum erit"（因暴力或胁迫而为之事），在这里"因暴力或者胁迫"无疑必须被视为一种重名法，因为它仅包含"强迫力"。

这是我们所知道的关于屋大维亚纳程式的全部。我们对哈德良的告示中包含的胁迫之诉知道得多一些，但我们无法说清它是否在所有细节上都与屋大维亚纳程式一致。在接下来的描述中，我们仅限于哈德良告示中的这种古典诉讼。

1025. 古典的名称

1. 这种诉讼的古典名称不清楚。古典法学家可能根据告示的标题称其为"actio de eo quod vi metusve causa factum est"或"actio de eo quod vi metus causa factum est"（关于因暴力或 / 和胁迫所做之事的诉讼）。拜占庭人称其为胁迫之诉（actio metus causa），出于方便的缘故，我们将使用这个术语。

1026. 惩罚

2. 这种诉讼是一种惩罚性诉讼；在一年内可主张标的物的四倍价值；在一年之后只能主张单倍价值。

3. 这种诉讼作为一种惩罚性诉讼只能针对胁迫者而不能针对

占有标的物的第三人；在古典法下不存在像“以对物的方式书写的 1027. 不能用来针对第三人
胁迫诉讼”（actio metus causa in rem scripta）这样的诉讼。因此，如果A通过威胁迫使B对C进行赠与，那么该诉讼只能针对A而不能针对C提起。格哈德·贝泽勒（Gerhard Beseler）是第一个主张这项规则的人，他的主张经过反复检验，不应再被质疑。是汇编者们通过允诺该诉讼可以针对第三人而对其进行了扩展。

4. 这种诉讼是一种所谓的仲裁诉讼（上文边码67）。其程式包 1028. 仲裁诉讼
含一个授权审判员宣布一项要求返还标的物的裁决条款。如被告遵从，他将被开释，并可逃避任何惩罚；如果他拒绝返还，或者无法返还，那么他将会被判罚，但判罚不涉及不名誉。当与盗窃诉讼和阿奎利亚法诉讼相比较时，这个程序的温和性肯定会让人感到意外。但我们必须谨记，这种诉讼出现得比较晚，而且在屋大维亚纳程式之前根本不存在针对胁迫的救济。此外，屋大维前面有苏拉关于返还的法律，该法除了返还被胁迫支付的金钱之外，没有提供其他惩罚。

5. 其程式没有被保留下来，但我们可以自信地重构。只有开头 1029. 程式
的条款仍有疑问。该程式可能是这样的：

> “如能证明努梅里乌斯·内格底乌斯使用了暴力，迫使奥鲁斯·阿格里乌斯通过要式买卖把系争土地转让给了努梅里乌斯·内格底乌斯，如果从可以提出请求时起不超过一年，并且该物届时没有被返还，那么该物的价值将是多少，审判员，就判罚努梅里乌斯·内格底乌斯向奥鲁斯·阿格里乌斯支付这个价值的四倍金额，如不能证明，则开释”。

（Si paret vi Numerii Negidii factum esse, ut Aulus Agerius Numerio Negidio fundum, quo de agitur, mancipio daret, neque plus quam annus est, cum experiundi potestas fuit, neque ea res restituetur, quanti ea res erit, tantae pecuniae quadrunplum Numerium Negidium Aulo Agerio iudex condemnato, si non paret, absolvito.）

1030. 惩罚性诉讼　6. 该诉讼是一种纯粹的惩罚性诉讼，不是一种“同时追求赔偿和罚金的诉讼”，也不是一种混合诉讼。像任何其他惩罚性诉讼一样，它是不能消极转移的，但考虑到程式中的“届时没有被返还”（nisi restituetur）语句，叠加原则要作修改。在有多个胁迫人时，诉讼可对他们的每一个人提起，但如果他们当中的一个人返还了标的物，则其他侵害人免除责任；如果没有返还，则他被判罚支付罚金，对其他侵害人的诉讼不受影响。这项严格但符合逻辑的区分是该程式的建构以及该诉讼的惩罚性特征的不可避免的结果。

1031. 抗辩和回复原状　除了惩罚性诉讼之外，哈德良的告示还规定了另外两种救济：一项“因胁迫的回复原状”（in integrum restitutio propter metum）和一项“胁迫抗辩”（exceptio metus）。

1. 一项在胁迫下进行的法律行为并非总是无效的。在古典法下，一项非要式的行为（例如买卖、交付或“像继承人那样行事”，参见上文边码 496）是无效的，但一项要式行为（例如要式买卖、要式口约或继承决定，参见上文边码 497）是有效的，尽管可以通过这项抗辩或回复原状使其无效。

例如，如果 A 被迫通过要式口约做出允诺，并且被用“基于要式口约的诉讼”起诉，他受到胁迫抗辩的保护。如果A在胁迫下已经通过要式买卖转让了一个要式物，但还未把占有转移给接受方，那么他可能会被用所有物返还之诉起诉，但受到胁迫抗辩的保护。如果A也把占有转移给了接受者，那么他可以申请回复原状：裁判官撤销这项要式买卖，并赋予A一项“要式买卖被撤销后的所有物返还之诉”（rei vindicatio rescissa mancipatione）。

2. 这两项救济都不具有惩罚性特征。出于这个原因，两者都可以（与惩罚诉讼不同）针对胁迫者，也可以针对第三人。然而，古典法学家对于这么做有顾虑是可以理解的。在公元一世纪期间胁迫抗辩显然是唯一可以针对胁迫者的，但在哈德良的告示中，它被设计为也可以针对第三人。在哈德良的告示中，这个抗辩是这样写的：“如果在此事当中没有因胁迫而做任何事情”（si in ea re nihil metus causa factum est）。

必须指出的是，在该抗辩中，胁迫者的名字不会被提到。假设A胁迫B通过要式口约向C做出允诺，而C通过“基于要式口约的诉讼”起诉B。此时B可以用胁迫抗辩保护自己，那么整个程式如下：

> “如能证明努梅里乌斯·内格底乌斯应向奥鲁斯·阿格里乌斯支付100，如果在这个事情当中没有因胁迫而做任何事情，审判员，应判罚努梅里乌斯·内格底乌斯向奥鲁斯·阿格里乌斯支付100，等等。”
>
> （Si paret Numerius Negidium Aulo Agerio centum dare oportere, si in ea re nihil metus causa factum est, iudex

Numerium Negidium Aulo Agerio centum condemnato, etc.）

关于回复原状，古典法学家对它是否可以针对第三人的问题有争论，主流的理论似乎做出肯定的回答。

3. 该抗辩和回复原状的适用范围都与该惩罚性诉讼不大一样。该抗辩和回复原状仅仅适用于一项在市民法上有效的法律行为已经被引起的情形，而该惩罚性诉讼存在于任何类型的因胁迫而不当导致法律行为发生的情形。因此，如果 A 胁迫 B 砍下一棵树，那么 B 可以通过该惩罚性诉讼起诉 A，但在这种情况下不能利用该抗辩和回复原状。另一方面，该惩罚性诉讼仅可针对胁迫者，而该抗辩和回复原状（至少在古典盛期）也可以用来针对第三人。我们在这里不能讨论这三种救济如何协调工作的细节问题。

假设 A 强迫 B 通过要式口约做出允诺，B 用该惩罚性诉讼起诉 A，由于 A 拒绝返还（即拒绝通过“要式免除”免除债务人的债务），那么他会被判罚四倍的损害。此时 A 用“基于要式口约的诉讼”起诉 B，被告可以用胁迫抗辩来进行抗辩。拉贝奥主张——非常符合逻辑并与该诉讼的惩罚性特征相一致——支持这项诉讼和这项抗辩的叠加，但尤里安赋予 A 一项反抗辩。他的论据似乎如下：在该惩罚性诉讼中，被告已经拥有返还标的物（在这种情形中是免除债务人的债务）或者支付罚金的选择。如果他选择后者，那么他就应当有权提起“基于要式口约的诉讼”，因为否则的话这项选择就是荒诞的，而 B 实际上既获得返还又获得罚金。

1032. 优士丁尼法　这些救济在后古典时期的发展不在本书范围内；我们仅限于优士丁尼法。汇编者们通过粗暴地缩减和篡改古典文本的方式对古典法进行剧烈的修改。出于这个原因，篇幅很短的《学说汇纂》4.2标题呈现出不同寻常的困难。我们只希望指出汇编者的两个倾向。

1. 汇编者融合了回复原状和该惩罚性诉讼，并使后者不仅可以针对胁迫者，也可以针对取得标的物的第三人。出于这个原因，他们把这种诉讼描述为“以对物方式书写的诉讼”。回复原状仅在少数情形中被保留，即在它看起来比该诉讼更加方便的时候。

因此，如果某人被迫接受一项遗产，并因此对债务负责，汇编者赋予他一项回复原状，因为否则的话他就要起诉每一个债权人（*D*. 4. 2. 21. 5）。

2. 汇编者把“四倍”的惩罚性诉讼改为一种“同时追求赔偿和罚金的混合诉讼”（就像暴力抢劫财产之诉一样，参见上文边码998、1003）；他们仅把“三倍”视为惩罚，把“一倍”视为赔偿。因此，任何叠加此时都被排除。如果有数个侵害者，并且其中一个被判罚支付四倍的价值，并且他支付了这个数额，那么其他侵害者都免除责任，与古典法相反（上文边码1030）。如果A胁迫B通过要式口约对其做出允诺，B用“四倍的诉讼”（actio in quadruplum）起诉A，那么汇编者确立了如下完全非古典的规则：审判员必须迫使A免除债务人的债务，而且要判罚他支付三倍的价值（*D*. 4. 2. 14. 9）。

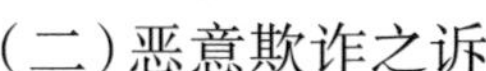

（二）恶意欺诈之诉

1. 这种诉讼是阿奎利乌斯·加卢斯（Aquilius Gallus）引入的，他是西塞罗同时代的人，西塞罗的朋友。阿奎利乌斯是公元前66年负责反贿选常设刑事法庭（quaestio de ambitu）的裁判官，但只是这样他没有办法引入新的诉讼。很有可能他那个时候是外事裁判官（praetor peregrinus），但也有可能是他作为一个著名的法学家以 1033. 阿奎利乌斯·加卢斯私人身份向裁判官提出建议，后者据此将其插入其告示当中。无论如何，这种诉讼比胁迫之诉晚。

1034. 古典名称 2. 该诉讼的古典名称无疑是恶意欺诈之诉（actio de dolo malo）或简短一点的欺诈之诉（actio de dolo），但不是“actio doli”（像现代学者一直称呼的那样）。

根据《罗马法学词汇》（*Vocabularium Iurisprudentiae Romanae*, ii. 327），“doli actio”仅在古典文本中出现一次：*D*. (46. 3) 95. 1。这明显是个被篡改过的文本。“actio doli mali”出现过一次：*D*. (44. 7) 35，这是伪造的；“doli iudicium”只有一次：*D*. (4. 3) 25，可能是真的。在《狄奥多西法典》的范围内“doli actio”只出现一次：*C*. (2. 20) 8 (Constantine)。关于有“actio de dolo”的文本，参见 *Voc. Iur. Rom*. ii. 331; Robert Mayr, *Vocab. Codicis*, 395; Cicero, *De off*. 3. 14. 60: de dolo malo formulas; *De nat. deor*. 3. 30. 74: iudicium de dolo malo.

1035. dolus 的概念 3. 在被用于欺诈之诉时，“dolus”原本仅指欺骗（false pretences）。这种新的诉讼的创造者自己给出了这个定义。西塞罗告诉我们（*De officiis*, 3. 14. 60）：

> “盖尤斯·阿奎利乌斯，我的同行和朋友，……当被问什么是恶意欺诈时，回答说：‘当诱使别人做出另外的行为的时候’；这无疑是精彩的，就像出自一个很有下定义经验的人之手”（C. Aquilius, collega et familiaris meus... cum ex eo quaereretur, quid esset dolus malus, respondebat：“cum esset aliud simulatum, aliud actum”；hoc quidem sane luculente, ut

ab homine perito definiendi)。

这个定义清楚地把“dolus”限定于“欺骗”，并得到塞尔维乌斯·苏尔皮修斯(也是西塞罗的朋友)的赞同。然而，拉贝奥提出了一个不同的定义。记述拉贝奥的理论的乌尔比安文本是有误的(*D*. 4. 3. 1. 2)，但似乎是这样的：

> “但拉贝奥说，没有诱使的行为也可能会使某人被欺骗；他自己把恶意欺诈定义为：为了欺骗、算计和误导另一个人所使用的所有设计、策略和诡计。拉贝奥的定义是正确的”(Labeo autem posse et sine simulatione id agi, ut quis circumveniatur; itaque ipse sic definit: dolum malum esse omnem calliditatem fallaciam machinationem ad circumveniendum fallendum decipiendum alterum adhibitam. Labeonis definitio vera est)。

拉贝奥在更广泛的意义上理解“circumvenire”(欺骗)和“fallere”(算计)。根据他的观点，“dolus”(在“actio de dolo”的意义上)不仅包含欺骗，也包含通过狡猾的手段、通谋和诡计进行的故意侵害行为。拉贝奥的定义得到乌尔比安的赞同，并且可能也被古典的主流理论赞同。因此，不法损害即便是故意而为，也不属于这种意义上的“dolus”，盗窃、侵辱和暴力也不属于。总的来讲，这个概念的边界在古典时期仍是活动的。法学家们对一些情形产生争议；他们当中的一些人主张欺诈之诉，另一些人则倾向于不涉及不名誉的事实诉讼。这些争议当然无法从我们的原始资料中完全查清，因为汇编者们通常会缩减它们。此外，汇编者们有时也用欺诈之诉来替代他们在古典文本中发现的事实诉讼，因为他们倾向于扩展欺诈之诉的适用范围。细节肯定还是不可避免地无法确定。让我们来考察以下情形：

（1）一个受遗赠人劝说继承人完全支付遗赠，他说地产包含“法尔齐迪亚四分之一”（上文边码 567）。如果他知道这不是真的，那么继承人对他享有欺诈之诉。这是欺诈的一种情形（*D*. 4. 3. 23）。

（2）一个债务人伪造了一封提提乌斯要求债权人免除债务人债务的信。债权人满足了这个要求，通过“要式免除”免除了债务人的债务。债权人对债务人享有一项欺诈之诉。这是一个清晰的使用“诡计”（machinatio）的情形（*D*. 4. 3. 38）。

（3）A 通过要式口约向 B 允诺一个奴隶，提提乌斯故意杀死这个奴隶。A 的债务因此免除，因为他只对故意和过失负责（上文边码 813）。根据主流的观点，B 对提提乌斯享有一项欺诈之诉。当然，在这里不发生欺诈的问题，但间接导致了损害（*D*. 4. 3. 18. 5）。

（4）A 因要式口约欠负一个动物；F 是诚信同意人。F 故意杀死这个动物，主债务人因此的债务由此免除，保证人的债务也由此免除（上文边码 863）。内拉提乌斯（Neratius）和尤里安赋予债权人一项针对 F 的欺诈之诉（*D*. 4. 3. 19）。

（5）A 把一个不准的（太重的）秤借给 B，B 用这把秤卖货物给 C；结果 C 收到过多的货物。特雷巴提乌斯（Trebatius）主张一项针对 A 的欺诈之诉，但未完成时态（dabat）表明，保罗不赞同他。汇编者们缩减了原来的文本（*D*. 4. 3. 18. 3）。

（6）A 非要式地允许 B 在 A 的地产上碎石，当 A 撤销其允许时，B 已经做出了涉及费用的安排。乌尔比安（*D*. 4. 3. 34）赋予一项欺诈之诉（真的？），而阿里斯托（Aristo）在类似的情形下（*D*. 19. 5. 16. 1）仅考虑一项事实诉讼（最后一句话“sed erit de dolo”可能是伪造的）。

（7）A 通过要式口约允诺“交付斯蒂库斯或者潘非利乌斯”（Stichum aut Pamphilum dari）；选择权由允诺人保留。此时，A 故意杀死潘非利乌斯（Pamphilius），因此债务变成仅仅是给付斯蒂库斯（Stichus）的。后来斯蒂库斯“在债务人没有故意和过失的情况下”死亡，因此，此时 A 的债务完全免除。汇编者赋予债权人一项针对 A 的欺诈之诉，尽管故意在 A 这方面是不存在的（*D*. 46. 3. 95. 1）。

4. 古典的欺诈之诉是一种“单倍”的惩罚性诉讼，其程式以胁迫之诉为模板，后者在告示中正好在它前面；这是一种所谓的仲裁诉讼（上文边码 1028），即它包含一个“届时没有被返还”条款。该诉讼仅可在一年内使用。因此其程式如下： 1036. 惩罚和程式

> “如能证明努梅里乌斯·内格底乌斯进行了恶意欺诈，使得奥鲁斯·阿格里乌斯通过要式买卖将系争土地转让给努梅里乌斯·内格底乌斯，如自可提出请求之时开始还未超过一年，而且该物届时没有被返还，该物的价值将是多少，审判员就判罚努梅里乌斯·内格底乌斯向奥鲁斯·阿格里乌斯支付多少钱，如不能证明，则开释。”
>
> （Si paret dolo malo Numerii Negidii factum esse, ut Aulus Agerius Numerio Negidio fundum quo de agitur mancipio

daret, neque plus quam annus est, cum experiundi potestas fuit, neque ea res restituetur, quanti ea res erit, tantam pecuniam iudex Numerium Negidium Aulo Agerio condemnato si non paret absolvito.）

1037. 补充性和不名誉 5. 欺诈之诉是一种补充性的救济，只有在不存在其他救济时才被赋予，这是裁判官在其告示中明确宣布的：

> “某人进行了恶意欺诈，如果关于此事不存在其他诉讼，并且看起来具有正当的原因，从可以提出请求之时起一年内，我将赋予审判。”
>
> （Quae dolo malo facta esse dicentur, si de his rebus alia actio non erit et iusta causa esse videbitur, intra annum cum primum experiundi potestas fuerit, iudicium dabo.）

判罚涉及不名誉。

1038. 惩罚性诉讼 6. 欺诈之诉是一种纯粹的惩罚性诉讼，不是一种“同时追求赔偿和罚金的诉讼”。出于这个原因，它不能用来针对侵害人的继承人。关于叠加的问题，欺诈之诉和另一种诉讼不能同时主张，因为欺诈之诉具有补充性特征。在有多个侵害人的情况下，叠加会根据我们在前面为胁迫之诉讲解的规则而发生（上文边码 1030）。

如果 A 和 B 进行了欺诈，欺诈之诉可针对他们当中的每一个提起。

1. 如果 A 遵从审判员的裁决进行了返还，那么 B 的责任也被免除。

2. 如果 A 被判罚支付罚金，那么针对 B 的诉讼不受影响。最终，汇编者们在这种情形下也废除了叠加原则（上文边码 1032）。*D.* (4. 3) 17 中的篡改是很明显的：

> “如果有多个人实施了欺诈，而其中一人进行了返还，那么所有的人都免除责任；但是如果其中一个人支付了该物的价值，那么我认为其他人的责任也免除”（Si plure dolo fecerint et unus restituerit, omnes liberantur; quodsi [“但是如果”，注意！] unus quanti ea res est praestiterit, puto adhuc ceteros liberari）。

乌尔比安显然写的是“puto ceteros no liberari”（我认为其他人的责任不免除），就是“quodsi”（但是如果）所表明的那样。

1039. 回复原状 这对于欺诈之诉已经足够了。在这个告示标题下并没有承诺一项“因欺诈的回复原状”（in integrum restitutio propter dolum；与胁迫的情形不同，胁迫的情形有“因胁迫的回复原状”，参见上文边码 1031），但裁判官可能在个案中根据自己的判断赋予它（*D.* 4. 1. 7. 1，尽管这个文本完全是伪造的）。

1040. 欺诈抗辩 欺诈抗辩（exceptio doli）被放在哈德良的告示的“关于抗辩”（de exceptionibus）这个部分（Lenel. *Edict.* § 277）。它是这样写的：

> “如果在这个事情上奥鲁斯·阿格里乌斯没有恶意欺诈行事，也不违背诚信。”

（si in ea re nihil dolo malo Auli Agerii factum sit neque fiat.）

但只有这项抗辩的第一部分（“没有恶意欺诈行事”〔dolo malo factum sit〕）涉及的是欺诈之诉意义上的“欺诈”（dolus）；而第二部分（neque fiat scil. dolo malo）的“dolus”是指“违背诚信”。

假设 A 通过欺诈诱使 B 通过要式口约向其允诺 100。如果 A 用“基于要式口约的诉讼”起诉 B，那么 B 可以用欺诈抗辩来保护自己，援用其第一部分：

“如能证明努梅里乌斯·内格底乌斯应当向奥鲁斯·阿格里乌斯支付 100 赛斯特提姆，如果在这个事情上奥鲁斯·阿格里乌斯没有恶意欺诈行事，也不违背诚信，审判员应判罚努梅里乌斯·内格底乌斯向奥鲁斯·阿格里乌斯支付 100 赛斯特提姆，等等。”

（Si paret Numerium Negidium Aulo Agerio centum dare oportere, si in ea re nihil dolo malo Auli Agerii factum sit neque fiat, iudex Numerium Negidium Aulo Agerio centum condemnato, etc.）

某人因要式口约欠负一个未适婚人 100，他未经监护人的同意向该未适婚人支付这个金额。该未适婚人取得这笔钱的所有权，但债务没有免除。但如果未适婚人此时用“基于要式口约的诉讼”起诉债务人，那么被告可以用欺诈抗辩来保护自己（用“neque fiat”

〔没有违背诚信〕这句话），如果未适婚人仍因这些钱而获利的话（Gai. 2. 84）。

在诚信审判当中没有欺诈抗辩适用的空间，因为被告因“根据诚信”或类似的语句得到充分的保护。

欺诈抗辩的年代不清楚，但它可能在欺诈之诉之前就存在了；无论如何，它肯定存在于共和国时期。

原始文献

s. 1031. Read *D.* (4. 2) 14. 9 [*cum in ... consecutus*]; [*quod cum ... compellatur*].

s. 1032. Read *D.* (4. 2) 9. 8, interpolated; the original text dealt with *in integrum restitutio*; (4. 2) 14. 3 and 4, completely spurious; (4. 2) 14. 9—10, heavily interpolated; (4. 2) 14. 15 [*sed etsi ... actionem*].

s. 1040. Read Gai. 4. 119 to *fiat.*

参考文献

ss. 1024 ff. Beseler, *Beiträge,* i (1910), 72 ff.; iv (1920), 259; Schulz, 'Die Lehre vom erzwungenen Rechtsgeschäft im antiken römischen Recht', *Z* xliii (1922), 171 ff.; Beseler, *Z* xliv (1924), 362 ff; Lenel, *Edict.* (1927), § 39; v. Lübtow, *Der Ediktstitel 'Quod metus causa gestum erit'* (1932); G. Maier, *Praetorische Bereicherungsklagen* (1932), 91 ff; Beseler, *St. Albertoni,* i (1933), 425, with references; C. Sanfilippo, *Il metus nei negozi giuridici*

(1934).

s. 1024. Schulz, 216 ff.; v. Lübtow, 126 ff., both in error concerning the meaning of *per vim aut (et) metum.*

s. 1025. v. Lübtow, 168.

s. 1027. Schulz, 172, 240 ff.; Lenel, l.c. 113; v. Lübtow, 183 ff.; Beseler, *St. Albertoni,* i. 425.

s. 1028. Lenel, l.c. 113; v. Lübtow, 169 ff.

s. 1029. Lenel, l.c. 112; v. Lübtow, 207 f.

s. 1030. Beseler, *Beiträge,* iv (1920), 300; v. Lübtow, 273 ff. 283 with references.

s. 1031. Schulz, 171 ff. (impaired by errors); Beseler, *Z* xliv (1924), 171 ff.; v. Lübtow, 9 ff.; Sanfilippo, 45 ff. On *in integrum restitutio*, Schulz, 220 ff.; v. Lübtow, 99 ff. On the *exceptio*, Schulz, 225 ff.; v. Lübtow, 81 ff. On cumulation of *actio* and *exceptio,* v. Lübtow, 231 ff.

s. 1032. Schulz, 228 ff., 238; v. Lübtow, 183 ff., 218 ff., 231 ff.

ss. 1033 ff. Pernice, *Labeo,* ii. 1 (1895), 200 ff. (fundamental); Mitteis, *Röm. Privatrecht,* i (1908), 318; Lenel, *Edict.* (1927), § 40.

s. 1035. Pernice, 208 ff; F. Litten, 'Zum Dolus-Begriff in der actio de dolo', *Festgabe für Karl Güterbock* (1910), 257 ff.; Schulz, *Einführung* (1916), 104 ff.

s. 1036. Lenel, *Edict.* §40.

s. 1037. v. Lübtow, l.c. 262 ff.

s. 1038. Beseler, *Beiträge,* iv (1920), 300; v. Lübtow, 285 ff.

s. 1039. Lenel, *Edict,* p. 115; Schulz, *Z* xliii (1922). 237 n. 5; Duquesne, 'L'in integrum restitutio ob dolum', *Mélanges P. Fournier* (1929).

s. 1040. Pernice, l.c. 231 ff. Lenel, l.c. p. 113; v. Lübtow, 169 ff. Lenel, l.c. p. 112; v. Lübtow, 207 f.

第三章　不当得利和无因管理

一、不当得利

1041. 古典的观念

古典法中有要求返还不当得利的诉讼，它们是对人诉讼（actiones in personam，上文边码 56），既不以合同为基础也不以侵权为基础，而是以以下事实为基础：一个人以另一个人的成本得利，
878 而这项得利从法律上看是不正当的。这个观念看起来简单，并且几乎是不证自明的，但实际上这些罗马诉讼是非常独特的，在其他不依赖于罗马法的法律体系中并没有对应物。它们是罗马人原创的、宝贵的创造物，但它们必须被严格限定在特定的、清晰界定的情形中；否则它们便会有混淆并动摇整个诉讼体系的危险，因此会撼动整个私法体系。假设买方接受了卖给他的货物，但迟延付款。有人会认为，此时买方因货物而得利，卖方因此可以主张其为不当得利，而要求返还。然而，这会动摇合同的力量；在罗马法下，卖方无权要求返还货物，而仅限于通过卖物之诉要求支付价款（上文边码 917）。我们在原始资料中发现这句格言："任何人都不能以他人损失为代价非法获利"（iure naturae aequum est neminem cum alterius detrimento et iniuria fieri locupletiorem）。但对于古典法学家而言，

这是一种一般观念或原则，而不是一项法律规则。他们把这些诉讼维持在一个非常狭窄的范围内，并准备去容忍即使不当得利很明显也无诉讼可用的情形。学生应当谨记种植和加工的例子（上文边码635、638）。一个善意买受人买了一棵偷来的树并种到他自己的土地上，那么他取得所有权。这无疑构成以所有权人的损失为代价的得利，并在购买人和所有权人之间构成一项不当得利；然而，买受人无义务将其得利返还给该植物之前的所有权人。同样，材料的所有权人对于善意买受人也不享有诉讼，如果后者通过加工取得了所有权的话。此外，在古典法下，"善意占有人可以取得孳息"并且无义务将孳息返还给该物的所有权人。尽管在所有权人和占有人之间，这项得利是不当的。简而言之，在古典法下，不存在不当得利必须被返还的一般规则。这个观念仅限于特定类型的情形；在这些情形之外，不存在诉讼，甚至不存在一项要求返还不当得利的补充性救济。

古典法是合理的、设计巧妙的，尽管有一些缺口需要填补。但汇编者们完全毁灭了古典法，他们不明智地扩展了这些诉讼的范围，并通过大量的篡改不恰当地修改了它们的内容。这些篡改使得古典法变得模糊和混淆，也没有为拜占庭法提供清晰的阐释。这些法是优士丁尼法当中最糟糕的部分之一，它使得一代又一代的法学家产生混淆和苦恼，并对直到我们的时代的大陆法典化产生了不好的影响。《德国民法典》是一个应引以为戒的例子。 1042. 优士丁尼法

对古典法的这个部分的探索很早（在十九世纪九十年代）就开始了，在那个时候，现代批判研究仍处于初级阶段，学者们既不拥有充分的工具，对原始资料的特征也没有一个清晰的洞察力。然 1043. 文献

而，结果是令人钦佩的。后来研究的步伐慢下来，甚至今日也没有著作能为我们提供既包括古典法又包括优士丁尼法的综合性分析。

1044. 请求给付之诉　在此，我们将不考虑特殊的情形和救济，而仅限于中心现象，即作为一种要求返还不当得利的救济的请求给付之诉。

1045. 告示的程式　我们的起点必须是告示。这是一个不可辩驳的事实：告示对于不当得利的返还请求不提供一般的程式。然而，就像我们在前面已经指出过的那样（上文边码 809），在告示的“如果提出了特定的请求”（si certum petetur）标题下，有三个程式，它们是以一种非常一般和抽象的方式起草的。它们被称为“condictiones”（请求给付之诉），因为它们类似于“通过通知进行的法律诉讼”（legis actio per condictionem）的程式（Gai. 4. 17b—19）：(1) 特定金额请求给付之诉；(2) 特定物请求给付之诉；(3) 特定数量请求给付之诉（或者“谷物请求给付之诉”）。这些程式主要是用来服务于基于消费借贷和基于特定给付要式口约的诉讼（Lenel, *Edict.* § 95）。在另一个标题下——“如果和进行了不特定允诺的人进行诉讼”（si cum eo agatur, qui incertum promiserit），Lenel, *Edict.* § 55 ——有“基于不特定要式口约的诉讼”（actio ex stipulatione incerta）的程式，它不被称为“condictio”（上文边码 809）。共和国和古典法学家利用前三种程式（请求给付之诉）建立返还不当得利的救济。如果某人通过一项会导致不当得利的“给予”（datio）而取得有体物（certa pecunia，certa res，certa quantitas），他们——以类似于“基于消费借贷的请求给付之诉”（condictio ex mutuo）的方式——赋予一项请求给付之诉（关于不平常的“被窃物请求给付之诉”〔condictio furtiva〕，参见下文边码 1059）。这是非常简单的古典法，汇编者

对其进行了可怕的损毁。让我们暂时通过如下简单的示例来说明古典法。A 和 B 都错误地认为 A 欠 B 100。A 向 B 支付了 100。后者通过交付取得了这些钱的所有权，因为交付是“附带原因”（cum causa）进行的。交付的原因是当事人就交付的法律目的达成的协议（上文边码 615）；在这种情况下，当事人同意，支付是“出于清偿的原因”进行的。因此，B 取得所有权，但这项取得在 A 和 B 之间是不正当的。因此，A 可以通过特定金额请求给付之诉要求返还这笔钱，其程式如下：

> “如能证明努梅里乌斯·内格底乌斯应向奥鲁斯·阿格里乌斯给付 100 赛斯特提姆，审判员，应判罚努梅里乌斯·内格底乌斯向奥鲁斯·阿格里乌斯给付 100 赛斯特提姆，如不能证明，则开释。”
>
> （Si paret Numerium Negidium Aulo Agerio centum dare oportere, iudex Numerium Negidium Aulo Agerio centum condemnato, si non paret absolvito.）

这是适用于“基于金钱消费借贷的诉讼”（actio ex mutua pecunia）和“基于特定金额要式口约的诉讼”（actio ex stipulatione certa pecuniae）的程式，但它也可以用来主张返还不当得利。

如前所述，用于请求返还不当得利的古典请求给付之诉是以一 1046. 要求有“给予”
项“给予”为条件的（关于“被窃物请求给付之诉”，参见下文边码 1059）。如果一项得利在没有“给予”的情况下取得，那么就不存在一项请求给付之诉。因此，如果被盗材料的善意买受人通过加工取得所有权，那么就不存在请求给付之诉，尽管该得利在材料所有权人和加工人之间是不正当的。

1047. 特定金额的给予或者特定物的给予

要求有一项“特定金额的给予”（datio certae pecuniae）或者“特定物或特定数量的物的给予”（datio certae rei〔certae quantitati〕）。如果某人欠了一笔钱，这项债通过“要式免除”免除，那么这被视为一项金钱给予（datio pecuniae）。因此，如果 A 欠 B 100，B 希望给 A 一项嫁资，所以通过“基于嫁资原因的要式免除”（acceptilatio dotis causa）免除他的债务，那么 B 可以通过请求给付之诉要求 A 返还 100，如果接下来婚姻没有缔结的话。再次假设，A 错误地认为他欠了 B 100，A 有一个债务人欠他 100 并授权他通过更新的要式口约向 B 允诺 100。根据“代表清偿”（qui delegat solvit）规则，A 被视为已经向 B 支付了 100，因此对 B 享有一项“特定金额请求给付之诉”。另一方面，如果 A“出于嫁资的原因”通过要式口约向 B 允诺 100，而婚姻没有被缔结，那么 A 可以用而欺诈抗辩来对抗“基于要式口约的诉讼”，但他对 B 不享有可以要求获得“要式免除”的请求给付之诉。接下来，假设 A 和 B 达成一项非要式协议，B 应向 A 支付 100 作为贷款，A 根据该协议通过要式口约向 B 允诺了 100，但 B 从未提供过这项贷款。如果 B 用“基于要式口约的诉讼”起诉 A，那么 A 可以用欺诈抗辩来保护自己，但他对 B 不享有要求解除债务的请求给付之诉。在古典法下，不存在“请求免除之诉”（condictio liberationis）（如果存在的话，Gai. 4. 116 就会提到）。请求免除之诉应当是不特定请求给付之诉（condictio incerti），因为“accepto ferre”（进行要式免除）是一种“facere”（做），任何“facere”（做）都被视为是一种“不特定物”（与特定金额和特定物相对）。请

求免除之诉是由汇编者们或后古典法学家引入的。

“给予”意味着一项转让行为，所有权转移给接受方。如果 1048. 要求所有权的转移
一个未适婚人认为他欠 B 100，因此未经监护人同意向他支付了这笔钱，那么他不享有请求给付之诉，因为 B 没有取得所有权而只取得占有。在古典法下不存在占有请求给付之诉（condictio possessionis）。该未适婚人可以通过所有物返还之诉来主张这笔钱，但如果 B 通过“混同”（commixtio）取得这笔钱的所有权，则适用请求给付之诉：尽管所有权不是因“给予”而转移，但“给予”至少是取得所有权的基础。如果质权人在债务清偿后不返还质物，那么质押人不享有请求给付之诉，因为在古典法下占有请求给付之诉不存在。

我们可以总结说，用于请求返还不当得利的古典请求给付之诉（除“被窃物请求给付之诉”的情形之外，参见下文边码 1059）总是建立在一项“特定金额给予”或“特定物或特定数量给予”的基 1049. 不存在“不特定的请求给付之诉”
础上的；它总是一项“特定的请求给付之诉”（condictio certi，用后古典的术语来说）。在古典法下，不存在“不特定的请求给付之诉”（condictio incerti）。不仅仅“不特定的请求给付之诉”这个术语是非古典的，该制度本身也是非古典的。告示不包含“不特定的请求给付之诉”的程式（Lenel, *Edict*. § 57, p. 158）；为“基于不特定要式口约的诉讼”提供的程式（Lenel, *Edict*. § 55）仅限于要式口约，不能用于其他目的。裁判官有可能为要求返还不特定物赋予一项扩用的请求给付之诉（condictio utilis），但实际上他并没有这么做。这样一种实践应该会在我们的原始资料中留下明显的痕迹；我们应该会发现像扩用的阿奎利亚法诉讼那样的讨论，尤里安也会在告示

中插入一项程式。在告示被法典化之后，没有皇帝的授权是不会赋予一项“不特定的请求给付之诉”的，因为这样一种诉讼是严重违反传统的，但我们没有获知任何关于这个问题的批复。尤其是，“不特定的请求给付之诉”对古典法学家而言会是一个矛盾；对他们而言，请求给付之诉是一种特别的程式类型：抽象、对人的，适用于特定金额或者特定物，就像“通过通知进行的法律诉讼”那样(Gai. 4. 17b—20)。因此，我们有权，而且也有义务，把“不特定的请求给付之诉”从古典法中删除。

1050. 这种债的内容 请求给付之诉用来主张在“给予”时存在的得利，而不是证讼时存在的得利。

(1) 如果钱被支付，接受方仅有义务把金额返还，不管他是善意还是恶意的，也不管他是否在证讼时已经消费了这些钱。

884 (2) 如果一定数量的可替代物被给付，请求给付之诉可用于主张同样的数量，或者如果它已经被消耗，则可主张其价值。

(3) 如果特定物被给付，接受方有义务返还原物，但他要对故意和过失负责，但不对意外事件负责。

1051. 不可用于针对未适婚人 由于请求给付之诉不限于证讼时仍存在的得利，所以它不能被用来针对通过“未经监护人同意的给予”取得不当得利的未适婚人。未适婚人取得所有权，但给予的一方不享有请求给付之诉。无论如何，这是尤里安的理论，是古典盛期的主流理论。

1052. 请求给付之诉的类型 古典法学家没有通过固定的名称来区分请求给付之诉的类型。我们在《学说汇纂》12. 4—7 标题下和《法典》4. 5—9 标题下发现的分类和名称不是古典的；但为了进行一般性说明，它们是值得考虑的。

1. 非债清偿请求给付之诉

在“出于清偿原因而给予”（datio solutionis causa）的情况下，如果被清偿的债务实际上不存在，则可利用一项请求给付之诉。“非债清偿请求给付之诉”这个术语偶尔出现在我们的原始资料中（*Voc. Iur. Rom*. 1. 897. 1 ff.），但这些文本是可疑的。无论如何，它在古典时期不是一个技术性的名称。 1053. 非债清偿请求给付之诉

（1）“indebitum”（非债）的含义是什么呢？假设 A 通过要式口约欠 B 100，后来 B 通过一项非要式的“不得提出请求的简约”（pactum de non petendo）免除了 A 的债务（上文边码 93、802）。A 和 B 都死亡了，A 的继承人向 B 的继承人支付了 100，因为两个继承人都不知道这项“不得提出请求的简约”的存在。A 的继承人是否支付了一项可以通过请求给付之诉要求返还的“indebitum”（非债）呢？古典法学家似乎给予了肯定的回答，因为债务人（A 的继承人）尽管在市民法上负债，但受到一项“永久抗辩”（exceptio perpetua，上文边码 103）的保护。有人认为，在这种情况下需要一项扩用的请求给付之诉，因为市民法上的一项“债”已经被清偿。这可能是真的，但我们未听到任何关于这种扩用的请求给付之诉的信息。要求返还不当得利的请求给付之诉毕竟是法学家的创造，他们可能觉得可以自由地设定其条件。*Fr. Vat*. 266 肯定是错误的，因为“sed et si...exceptionem”这句话可能只是个注释。因此，这个问题仍有疑问。

（2）如果接受方在接受时知道一项“非债”（indebitum）被支付给他，那么他犯下了盗窃，所以不能取得所有权（上文边码 983），此时不能对他提起“非债清偿请求给付之诉”，但当然可以对他提

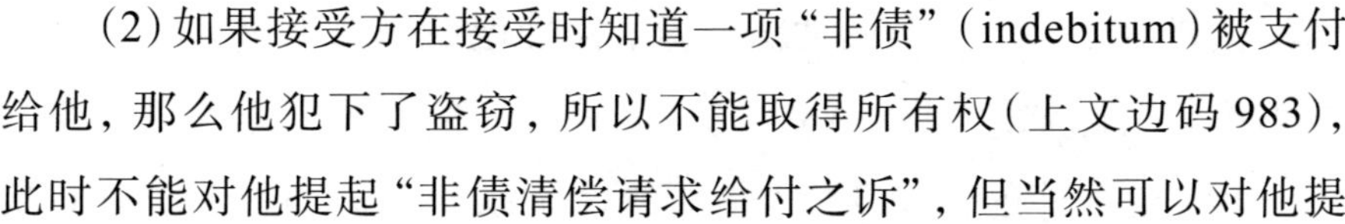

起“被窃物请求给付之诉”(condictio furtiva，下文边码 1059)。但当支付方根据市民法欠负该数额但受一项永久抗辩的保护时，是否也适用同样的规则？我们很难这样认为。

(3)假设只有支付方知道他不欠负任何债务。在优士丁尼法下，“非债清偿请求给付之诉”被禁止适用。关于古典法，广泛认为，支付方是否知道债务不存在并不相关；但看起来很难与原始资料相容。确实，这样的支付并不总是意味着一项赠与，因此，如果不成立一项赠与，请求给付之诉也不能适用，那么支付的钱就会仍作为不当得利被接受方保留。但如前所述(上文边码 1041)，存在其他无法要求返还不当得利的情形。法学家可能会说(用中世纪的格言)：“任何人都不能出尔反尔”(adversus factum suum nemo potest venire)。

886 盖尤斯强调了三四次(Gai. 3. 91; 2. 283)，支付是“因错误”(per errorem)而做出的。这样说仅仅是一种逃避：盖尤斯只想着通常的“非债清偿”(solutio indebiti)的情形，他并没有严肃地把给予方的错误视为“非债清偿请求给付之诉”的实质性要求。Gai. 2. 283 几乎不可能通过援用遗产信托的特殊性来解释。*D*. (12. 6) 26. 3(参考 *Fr. Vat*. 266)的明显篡改并不能证明汇编者对古典法进行了实质性的修改。确实，要求支付方的错误是不太准确的，不是这项错误导致请求给付之诉可以适用，更多的是支付方的知情阻碍了请求给付之诉的适用，但这通常并无区别；像 *D*. (12. 6) 26. 3 这样的例外情形会被盖尤斯，甚至其他法学家，稳妥地忽略。无论如何这个新的理论是有问题的。

(4)在例外的情形下，“非债清偿请求给付之诉”是绝对被禁止的，尤其是在支付是为了清偿一项不存在的债的时候，而这项债如果存在的话会是一种“否认诉讼会导致标的增加为双倍”（上文边码 74）。

2. 给予原因未达成的请求给付之诉（condictio causā datā causā non secutā 或 condictio ob causam datorum）（*D*. 12. 4 和 *C*. 4. 6）

1054. 给予原因未达成的请求给付之诉

假设 A 给 B 一笔钱作为嫁资（嫁资原因），如果计划的婚姻没有缔结，那么 A 可以通过请求给付之诉要求返还这笔钱。对于其他示例，参见我们对所谓的无名合同（上文边码 903）以及附要求的赠与（donatio sub modo，上文边码 974）所做的说明。

3. 悖俗原因的请求给付之诉（condictio ob turpem causam）（*D*. 12. 5; *C*. 4. 7）

1055. 悖俗原因的请求给付之诉

如果一项“给予”的接受方“违反善良风俗”行事，给予方对他享有一项请求给付之诉（例如，A 给 B 钱是为了防止他谋杀一个第三人），如果他自己不是同样“悖俗”（in turpitudine）的话（例如，A 给 B 钱是为了让他可以去谋杀一个第三人）。

887

4. 不正当原因的请求给付之诉（condictio ob iniustam causam）（*D*. 12. 5; *C*. 4. 9）

1056. 不正当原因的请求给付之诉

丈夫和妻子之间的赠与是无效的（上文边码 206），给予方可通过所有物返还之诉要求返还赠与，或者，如果他已经将其消费，则通过请求给付之诉要求返还。

5. 原因已终止的请求给付之诉（condictio ob causam finitam）

1057. 原因已终止的请求给付之诉

这种请求给付之诉在我们的原始资料中没有明确提到，但如果债务人给了债权人一张本票，那么在债务清偿之后他可以通过一项“原因已终止的请求给付之诉”来要求返还它。然而，应当指出的是，如果婚姻后来解散，嫁资的返还不能通过一项“原因已终止的请求给付之诉”来主张：“嫁资原因是永久的”（dotis causa perpetua est）。

1058. 无原因的请求给付之诉和依法的请求给付之诉　出现在《学说汇纂》12. 7 标题和《法典》4. 9 标题下的特殊的“无原因的请求给付之诉”（condictio sine causa）以及“依法的请求给付之诉”（condictio ex lege）（*C*. 4. 9），在古典法下并不存在。

1059. 被窃物请求给付之诉，程式　一项不平常的请求给付之诉是“被窃物请求给付之诉”（condictio furtiva ; *D*. 13. 1; *C*. 4. 8）。这种诉讼可以由失窃物的所有权人用来要求窃贼返还该物。不存在一项特别的程式，但一般的程式，特定金额请求给付之诉、特定物请求给付之诉和特定数量请求给付之诉在这种情况下也适用，尽管严格来说它们的用语不包含这种情形。这些程式的“原告请求”如下：“如能证明努梅里乌斯·内格底乌斯应向奥鲁斯·阿格里乌斯给予……”（Si paret Numerium Negidium Aulo Agerio...dare oportere）。“dare”在古典时期是指“转让所有权”，而窃贼显然不可能把所有权转移给所有权人。法学家故意忽略这个缺陷，就像 Gai. 4. 4 所说的那样：“出于对窃贼的痛恨，为了使其对更多的诉讼承担责任”（odio furum, quo magis pluribus actionibus teneantur）。

1060. 特征　被窃物请求给付之诉不是一种惩罚性诉讼，而是一项要求返还不当得利的诉讼。在古典法下，它是唯一的一种不建立在“给予”上的请求给付之诉。“得利”在这里像仍和其他地方（上文边码 1050）一样，是指取得时的得利。此外，窃贼被视为总是“处于债务人迟延中”（“窃贼永远都处于迟延中”〔fur semper in mora〕）。因此，他不仅要对故意和过失负责，还要对意外事件负责。由于请求给付之诉不是惩罚性诉讼，所以它不针对其共犯。另一方面，与盗窃诉讼不同，它是可以消极转移的，窃贼的继承人继承这项债，而不管偷来的东西是否还在遗产当中。

1061. 仅由所有权人享有

与盗窃诉讼不同，被窃物请求给付之诉只能由失窃物的所有权人使用，无论如何这是主流的古典理论。

1062. 诉讼竞合

除了被窃物请求给付之诉之外，所有权人还享有盗窃诉讼和所有物返还之诉。被窃物请求给付之诉和盗窃诉讼，所有物返还之诉和盗窃诉讼当然也可以叠加（上文边码 1002），但被窃物请求给付之诉和所有物返还之诉是选择性竞合，因为两者都是补偿性诉讼。

889

1063. 准被窃物请求给付之诉

我们在前面已经提到过（上文边码 982），萨宾承认一种对土地的“盗窃”，并相应地赋予被“暴力地”或“秘密地”剥夺占有的土地所有权人一项被窃物请求给付之诉。尽管后来的法学家将盗窃限定于动产，但关于被窃物请求给付之诉，他们似乎遵从萨宾的做法。在不存在“盗窃”时有一项被窃物请求给付之诉，这看起来很奇怪。然而，我们必须记住，被窃物请求给付之诉在古典时期还没有一个固定的名称，盖尤斯（Gai. 2. 79; 4. 4）只是简单地称其为请求给付之诉。因此，法学家对于赋予土地所有权人一项请求给付之诉（他们可能会说“准被窃物请求给付之诉”〔condictio quasi furtiva〕）毫无顾虑。当然，这种请求给付之诉像被窃物请求给付之诉一样是一种“物的请求给付之诉”，而不是一项“占有的请求给付之诉”。

原始文献

s. 1041. Read *D.* (50. 17) 206; (12. 6) 14.

s. 1046. Read Gai. 2. 79 *in fine,* note that only the *condictio furtiva* is mentioned.

s.1047. Read *D.* (12. 4) 10; (16. 1) 8. 3; (23. 3) 78. 5; (12. 7) 1 pr. (spurious); (12. 7) 3 (spurious); (46. 2) 12 (heavily interpolated).

s. 1048. Read Gai. 2. 82; *D.* (12. 1) 19. 1; (12. 1) 4. 1 (the original text dealt with *condictio furtiva).*

s. 1049. For the classical conception of *condictio* read Gai. 4. 18: 'con-dictionem dicimus actionem in personam qua intendimus "dari nobis oportere".' In Gai. 4. 5 *fierive* must needs be a gloss.

s. 1051. Read Gai. 3. 91; *D.* (26. 8) 13; (46. 3) 66 [*sed pupillus ... renebitur*].

s. 1053*a*. Read *Fr. Vat.* 266 to *tutus solverit*; cf. *D.* (12. 6) 26. 3.

s. 1053*c*. Read Gai. 3. 91; 2. 283; *Fr. Vat.* 266; cf. *D.* (12. 6) 26. 3 and 26. 13.

s. 1053*d*. Read *Inst. Iust.* (3. 27) 7 to *ex legato*; Gai. 2. 283 to *non potest.*

s. 1054. Read *D.* (12. 4) 7. 1 [*traditus*] <*mancipatus*>, see *Index Interp.*

s. 1055. Read *D.* (12. 5) 4. 2—3.

s. 1056. Read *D.* (24. 1) 5. 18 [*hactenus*]; [*hactenus quatenus ... est*].

s. 1o57. Read *C.* (4. 9) 2.

s. 1059. Read Gai. 4. 4.

s. 1060. Read *D.* (13. 1) 8. 1 [*maxime...liberatur*]; (13. 1) 6; (50.

16) 53. 2 [*sic enim ... non potest*]; see *Index Interp*.; (13. 1) 9 [*non ... autem*] (substantially classical).

s. 1061. Read *D.* (13. 1) 1; (47. 2) 14. 16; (13. 1) 12. 2 is problematical; *incerti* is certainly interpolated.

s. 1062. Read Gai. 4. 4.

s. 1063. Read *D.* (13. 3) 2 [*ceterum ... ait*]; (47. 2) 25 pr.—1 [*possessionem*].

参考文献

s. 1042. For comparative law see Gerota, *La théorie de l'enrichement sans cause* (1925).

s. 1043. Pernice, *Labeo,* iii. 1 (1892), 202 ff. (fundamental); R. v. Mayr, *Die Condictio des röm. Privatrechts* (1900, completely out of date); von Koschembahr-Lyskowski, *Die Condictio als Bereicherungsklage im klass. röm. Recht,* i (1903); ii (1907), thorough work with full references; H. Siber, *Röm. Privatrecht* (1928), 213 f.; G. H. Maier, *Praetorische Bereicherungsklagen* (1932); Pflüger, *Zur Lehre vom Erwerbe des Eigentums* (1937), 110 ff.; Solazzi, 'Le condictiones e l'errore', *Atti Napoli,* lxii (1947).

s. 1045. Lenel, *Edict.* (1927), §§ 55, 57, 95.

s. 1047. On the *condictio liberationis* see v. Koschembahr, l.c. ii. 273 ff.; Benigni, *AG* lxxv (1905), 320 ff.; Beseler, *Z* xlv (1925), 234; Archi, *St. Solazzi* (1948), 740 ff.; wrongly Kaser, *Z* lviii (1938), 320.

s. 1048. On *condictio possessionis* see v. Koschembahr, l.c. ii. 181 ff.; Beseler, *Beiträge,* iv (1920), 9; De Villa, 'Contributo alla storia e alla teoria della condictio possessionis', St. *Sassaresi, x* (1932, not available).

s. 1049. v. Koschembahr, l.c. ii. 78 ff.; Benigni, 'La condictio incerti', *AG* lxxv (1905), 309 ff.; Lenel, l.c. § 57.

s. 1050. Siber, l.c. 218 f., 222 in fine.

s. 1051. Siber, l.c. 316, 321 f. On *D.* (26. 8) 13 see Beseler, *St. Bonfante, ii* (1930), 70 note. On *D.* (46. 3) 66 see Guarino, *SD* xi (1945), 327.

s. 1053. Sanfilippo, *Condictio indebiti,* i (1943).

s. 1053*a*. Beseler, *Juristische Miniaturen* (1929), 124.

s. 1053*c*. Beseler, *Jur. Miniaturen,* 125; *St. Bonfante,* ii (1930), 69 n. 7; *Scritti Ferrini,* iii (1948), 292; *Z* lxvi (1948), 374; Solazzi, 'L'errore nella condictio indebiti', *Atti Napoli,* lix (1939); 'Ancora dell' errore nella condictio indebiti', *SD* ix (1943), 55 ff.; *'Le* condictiones e l'errore', *Atti Napoli,* lxii (1947); Sanfilippo, l.c. 97; P. Voci, *L' errore nel diritto Romano* (1937), 130 ff.; *SD* viii (1942), 22 ff.; Guarino, *SD* xi (1945), 319 ff. On *D.* (12. 6) 26. 13 see Guarino, 332.

s. 1055. Beseler, 'Condictio ob causam turpem aut rem turpem dati', *SD* iii (1937), 376 ff.

s. 1058. Pflüger, l.c.; Beseler, *Z* lxvi (1948), 361.

s. 1059. Bossowski, *Annali Palermo,* xiii (1927), 343 ff.; Biondi,

Bull. xxxviii (1930), 257; Siber, *St. Riccobono,* iii (1936), 245.

s. 1061. On *D.* (13. 1) 12. 2 see Erbe, *Die Fiducia im röm. Recht* (1940), 56.

s. 1062. Levy, *Die Konkurrenz der Aktionen,* ii. 1 (1922) 90 ff.; Beseler, *Z* xliv (1924), 364, 371.

s. 1063. Benigni, l.c. 336 f.

二、无因管理

1064. 原始资料和文献

古典的无因管理法的细节仍很模糊，尽管不断地有人尝试去理清它们。《学说汇纂》当中的相关文本受到严重的篡改（这是今天没有争议的），《学说汇纂》之外的可靠资料很少。这里不是解释大量用现有资料可能无法解决的问题的地方，我们仅限于对哈德良告示下的古典法作一些说明。

1065. 告示

告示包含“关于无因管理”（de negotiis gestis）标题（Lenel, *Edict.* § 35），它是“关于正式代表人、代理人和辩护人”（de cognitoribus et procuratoribus et defensoribus）这一标题的结尾。这种安排表明，“negotium”在这个标题的意义上主要是指“lis”，诉讼程序、审判，而这个标题的重要目的是为了促进人们帮助在审判中没有辩护人的人进行辩护（Lenel, *Edict.* p. 32），尽管裁判官也可能在一开始或者无论如何在非常早的时候就把这个告示适用到其他类型的“negotium”（事务）上了。在这个告示标题下有三样东西：(1) 裁判官提供一项诉讼的允诺；(2) 基于事实拟定的程式；(3) 基于法律拟定的程式。这个说法今天是没有争议的。

1. 裁判官的允诺只以一种经过篡改的形式保留给我们（*D*. 3. 5. 3 pr.）。古典的表述非常有可能如下：

> “如果某人管理不在者的事务，或者在他人死亡时管理其事务，那么我会因此赋予一项审判”（Si quis negotia absentis, sive quis negotia quae cuiusque cum is moritur fuerunt, gesserit, iudicium eo nomine dabo）。

裁判官仅限于两种看起来特别急需无因管理的情形。《学说汇纂》的文本用“alterius”（他人的）替代“absentis”（不在者的），但这是一个很明显的、今天普遍承认的篡改；“alterius”（他人的）可能已经包含第二种情形了。

2. 在裁判官的允诺后面是“基于事实拟定的程式”，其构成不为我们所知，但它们肯定仅限于在允诺中提到的两种情形。裁判官当然可能在类似的情形中赋予扩用诉讼。本人以及管理人都享有一项诉讼，本人可以起诉管理人要求返还他取得的任何东西以及损害赔偿，如果“管理人”有疏忽的行为的话（所谓的“直接诉讼”，参见上文边码 70）；管理人可以要求补偿费用（所谓的“反无因管理之诉”〔actio negotiorum gestorum contraria〕，参见上文边码 70）。

3. 最后是“基于法律拟定的程式”，它们包含“根据诚信”短语（Gai. 4. 62），可同样为本人和管理人使用。像“基于事实拟定的程式”一样，它们也仅限于裁判官允诺中提到的两种情形。莱内尔和主流的理论认为，实际上其中一个“基于法律拟定的程式”用于处理死去的人的“事务”（negotia），而另一个程式非常笼统地说“他人的事务”（negotia alterius），并没有提到“不在者”（absentia）。他将后者重构如下：

> “鉴于努梅里乌斯·内格底乌斯管理奥鲁斯·阿格里乌斯的事务，为此努梅里乌斯·内格底乌斯根据诚信应向奥鲁斯·阿格里乌斯支付多少或做什么，审判员，就判罚努梅里乌斯·内格底乌斯向奥鲁斯·阿格里乌斯支付多少或做什么，如不能证明，则开释。”
>
> （Quod Numerius Negidius negotia Auli Agerii gesserit, quidquid ob eam rem Numerium Negidium Aulo Agerio dare facere oportet ex fide bona, eius iudex Numerium Negidium Aulo Agerio condemnato, si non paret absolvito.）

根据莱内尔的观点，这是直接诉讼的程式，可以通过变更“诉因陈述”（demonstratio）中的名字而用作“反诉讼”的程式，即“鉴于奥鲁斯·阿格里乌斯管理努梅里乌斯·内格底乌斯的事务”（Quod Aulus Agerius negotii Numerii Negidii gesserit, etc.）。

莱内尔认为，这个“基于法律拟定的程式”（不像“基于事实拟定的程式”那样；Lenel, p. 103f.）不仅限于“不在者的事务”，因为乌尔比安评注这个程式时没有提到不在场的要求。但莱内尔忘了，如前所述，汇编者把“absentis”改成了“alterius”，并相应地把“absentia”从乌尔比安对该程式的评注中删掉。因此，他对“absentia”保持沉默这一点并没有为我们提供任何关于该程式的构成的信息（Cicero, *Top*. 17. 66 不是决定性的）。莱内尔在关于死去的人的事务的程式旁边提供的一般程式看起来很奇怪，不大可能是真的。关于死去的人的事务的程式是这样的：

> “鉴于努梅里乌斯·内格底乌斯在提提乌斯死亡后管理他的事务，等等。”
>
> （Quod Numerius Negidius negotia quae Titii, cum is moreretur, fuerunt, gessit, etc.）

上述程式旁边的程式实际上应该是这样的：

> “鉴于努梅里乌斯·内格底乌斯在奥鲁斯·阿格里乌斯不在时管理他的事务。”
>
> （Quod Numerius Negidius negotia Auli Agerii cum is absens fuerit, gesserit, etc.）

1066. 无因管理和委托　当然，裁判官实际上也在其他情形中赋予了类似的程式，但这些是扩用诉讼。

意外的是，告示的允诺和程式都不是仅限于“不经委托的事务管理”（gestio sine mandatu）。曾经人们认为，古典告示文本包含“不经委托”（sine mandatu）或者“自发地”（sponte）这些词，但这个想法绝对是错误的，莱内尔正确地拒绝了它（*Edict.* p. 102）。为什么汇编者要删掉这些与他们自己的观念完全相符的词呢？

尤其是，“sponte”（自发地）是非常不可能的。裁判官在一个“不在场浪费人的保佐人”为其被监护人行事时，可能不会拒绝提供救济（尽管这个“保佐人”不是“自发地”行事）。*D.* 3. 5. 3. 10 是伪造的（参见 *Index Interp.*），至少是不可靠的。关于“自发地”的进一步信息，参见 Beseler, *SD* iii (1937), 374。

简单且令人信服的解释是，告示起源于共和国时期，当时委托还没有被承认为一种合同（上文边码 955），后来这种合同被承认时，它的用语仍保持不变。正是法学家在委托成为一种合同之后将该告示限定于“不经委托的事务管理”，就像他们在监护之诉被创设之后不把该告示适用于监护人的“管理行为”（gestio）一样（上文边码 306）。当一个人作为本人的受托人或监护人行事时，裁判官会拒绝赋予无因管理诉讼。另一方面，该告示适用于精神病人或浪费人的保佐人（curator furiosi 或 prodigi，参见上文边码 339、349），因为并不存在另一项诉讼；但通常（即除非保佐人为其不在场的被保佐人行事）需要有扩用诉讼；这在我们的法源中不断地被强调。

897

1067. 汇编者

古典的不同种类的诉讼的机制——“基于法律拟定的诉讼”和“基于事实拟定的诉讼”，直接诉讼和扩用诉讼——由于汇编者们的活动而无法从现有资料中完全查清。这些古典的区分实际上注定会随着程式诉讼的消失而消失，因此汇编者对古典的“基于法律拟定的诉讼”和“基于事实拟定的诉讼”的区分的消除是如此彻底，以至于我们不能说这些程式的不同结构是否会导致实质性的差异。关于“直接无因管理之诉”（actio negotiorum gestorum directa）和“扩用无因管理之诉”（actio negotiorum gestorum utilis）的区分，汇编者在一个完全非古典的文本（*D.* 3. 5. 46. 1）中宣称，这项区分已丧失其重要性，但他们远远没有消除“扩用的”（utilis）这个术语，因为它还是出现在他们收入其汇编的文本当中。就像已经说过的那样（上文边码 1065），他们把告示里的“absentis”（不在者的）改为“alterius”（他人的），这意味着，“non-absentia”（非不在者）情形中的扩用诉讼此时被改为直接诉讼。在一些文本中，他们偶尔会删除“utilis”，但在大量的文本中，他们保留了古典的“actio utilis”（扩用诉讼）。因此，他们把保佐人和被保佐人之间的诉讼称为“保佐原因的扩用诉讼”（utiles curationis causa actiones；*D*. 27. 3 的标题）或者“保佐扩用诉讼”（utiles curationis actiones；“保佐原因的扩用无因管理之诉”〔utiles negotiorum gestorum actiones curatinis causa〕的缩写），但他们有时会保留古典的名称“扩用无因管理之诉”（actio negotiorum gestorum utilis）。因此，就像我们预期的那样，法源在这点上是非常混乱的。关于在古典法下什么时候可使用直接诉讼，什么时候要求扩用诉讼的问题，依靠不可靠的文本无法做出回答，只能从告示的表述来推论。在所有告示的表述不涵括的情形下都需要一项扩用诉讼。

898

1068. 评价　对于其他问题，我们将不详述。比技术性细节更重要的是作为一个整体的无因管理制度。它是真正罗马人原创的制度，在其他不依赖于罗马法的民族的法律中没有对应的制度。它源自罗马的人文主义。其背后的观念是，一个人应在紧急时帮助其同胞。罗马人用其常识来贯彻这个观念，而没有混淆道德和法律。任何人在法律上都没有义务去照料另一个人的事务（参见相对的 Exodus xxiii. 4—5; Deuteronomy xxii. 1—4）；但法律应通过赋予管理人一项请求补偿其费用的权利来为这种利他主义的行为提供支持和便利。这种权利当然会导致管理人的责任。无因管理制度是一个很好的发明，非常符合共和国法学大胆、原创的风格，尽管它在现在这个邮政、电报、电话便捷的时代丧失了一些重要性。

原始文献

s. 1065. 1. Read *D*. (3. 5) 2, substantially classical.

s. 1066. Read *C*. (2. 18) 4, *actione* <*utili*>. That the original text had *utili* is attested by Thalelaeus; Zachariae v. Lingenthal, *Supplementum Editionis Basilicorum* (1846), p. 157, no. 15. Read further *C*. (2. 18) 17, genuine.

参考文献

s. 1064. Lenel, *Edict*. (1927), § 35; Kreller, *PW*. Suppl. vii (1940), 551, with full references; 'Das Edikt de negotiis gestis in der Geschichte der Geschäftsbesorgung', *Festschrift P. Koschaker*, ii (1939), 193 ff.; 'Das Edikt de negotiis gestis in der klassischen Praxis', *Z* lix (1939), 390 ff. (Kreller's own theory is hardly acceptable); Arangio-Ruiz, *Il mandato in diritto Romano* (1949), 19 ff.; Sachers, 'Die Haftung des auftraglosen Geschäftsführers', *SD* iv (1938) 309 ff. On Paulus, *Sent*. 1. 4 see E. Levy, *Pauli Sententiae* (1945), 86 ff.

s. 1065. On *negotium* = *lis* see Schulz, *JRS* xxxi (1941), 64 f.

s.1068. Gierke, *DP*, iii (1917), 979; Kohler, 'Die Menschenhülfe im Privatrecht', *Jherings Jahrbücher*, xxv (1887), 1 ff.; *Lehrbuch des Bürgerlichen Rechts*, ii. i (1906), 445 ff.

第四章　债的转移和解除

一、债的转移

1069. 继承和更新

900

在古典法下，债可以通过死因继承积极或消极转移，继承人继承被继承人的财产和债务。在“生者之间”继承的情况下（自权人收养，参见上文边码 242、268；归入夫权，参见上文边码 193 以下），只有财产被转移。除了这些情形之外，古典法没有其他积极或消极地将一项债转移给他人的方式。不过，有两种替代方式。其中一种是更新，对此我们已经在前面描述过（上文边码 815）。如果债权人 A 希望把他的权利转让给 B，那么他不能通过要式买卖、拟诉弃权或交付达成，但他可以授权 B 通过要式口约做出一项更新，在这项要式口约中，债务人允诺把他欠负 A 的东西给予 B。如果债务人因此向 B 允诺把欠 A 的东西给予 B，那么 A 便丧失其权利，债务人此时对 B 欠负他之前欠负 A 的东西。在经济上，这意味着一项债的转移，但在法律上，这意味着免除原先的债，并创设一项新的债。此外，这种转移方式只有在债务人愿意合作时才能使用，因为他没有义务向 B 做出允诺。债也可以以同样的方式被消极转移。如果 A 欠某个债权人某物，债权人与 B 做出要式口约，约定 B 应向他支付A欠负他（债权人）的东西。那么A因更新而免除债务，B在经济上继承了他，尽管用纯法律术语来说，应该是A的债务因一项新债的创设而被免除。

为了达到转移债的目的，另一种更加人为得多的替代方式是利用诉讼中的代表制度达成的。 1070.为自己事务的正式代表人

如果一个债权人希望把自己的权利转让给另一个人，他可以任命后者为索要债务的代表人，并授权他保留他所要到的东西。在古典法下，受让人在这种情况下至少通常被任命为"为自己事务的正式代表人"（cognitor in rem suam）（不是"为自己事务的代理人"〔procurator in rem suam〕）。所有说到"为自己事务的正式代表人"的可靠文本：*Voc. Iur. Rom.* 5. 147. 30. ff.; *Fr. Vat.* 339都是有疑问的。拜占庭人彻底把"cognitor"篡改成"procurator"。无论如何，我们将在这里阐述"为自己事务的正式代表人"。

1. 如果正式代表人（cognitor）和债务人进行了证讼，那么转让方就不能再主张其债权了。债务人被判罚向正式代表人履行他欠负转让方的东西。这实质上是一种转让债的方式，它不要求债务人的同意。在法律上，正式代表人取得的是一项新的权利，与转让方的权利不是同一项。

2. 在证讼之前，受让方的权利很容易受到侵害，转让方可随意撤销其授权。他也可以自己要求债务人履行债务。

3. 如果卖方（继承人）向遗产购买人转让遗产债权时采用转让给"为自己事务的正式代表人"的方式，那么安敦尼·庇护赋予遗产购买人一项扩用诉讼。后来的批复在其他情形中也赋予一项扩用诉讼。只要正式代表人可以利用一项扩用诉讼，他至少可以免受

转让方撤销的风险。但转让方仍可以自由地要求债务人清偿，并因此破坏受让方的权利。最终，汇编者决定，如果受让方已经向债务人做出了“通知”（denuntiatio），就禁止转让方要求债务人清偿。

债也可以以类似的方式消极转移。债务人可以指定另一个人为“为自己事务的正式代表人”。当债权人与该正式代表人进行了证讼之后，债务人就免除债务，正式代表人自己对债务负责。但债权人没有义务与正式代表人进行证讼，除非债务人以判决履行担保的方式向他提供担保。

1071. 希腊法和条顿法

902

罗马人不大愿意允许债在不经债务人同意的情况下被转让，这不是罗马法特有的；我们在希腊法和条顿法（包括英国法）中也发现了这种不情愿。情况肯定是这样的。在对债务人的人身执行是一项现行制度时，不能允许债权人未经债务人同意转让债权，因为有可能会用一个严酷的债权人来替代一个温和的债权人。这种通过任命一个索要债务的代表人来转让债的方式在希腊法中也有，但这种任命也需要债务人的同意。这种同意经常是提前做出的，债务人在其债据中允诺向债权人或出示该债据的任何其他人支付（παντὶ τῷ ἐπιφέροντι）。这个希腊条款在中世纪通过拉丁文件为人所知，并被中世纪的公证员使用。例如，在英格兰的十三世纪的文件中，“vel attornato（nuntio）has litteras deferenti”（或者向持有该文件的代理人支付）条款是非常常见的。古典法已经跨越了这个阶段，因为他允许不经债务人的同意任命一个“替代债权人的为自己事务的正式代表人”（cognitor in rem suam pro creditore）。因此，尽管优士丁尼法还坚持不允许通过转让行为进行完全的债权转移，然而，是罗马法，而不是希腊法和条顿法，为（可以不经债务人同意的）现代债权转让铺平了道路。

原始文献

s. 1069. Read Gai. 3. 82—84; 2. 38.

s. 1070. Read Gai. 2. 39; 4. 86, 87, 101; *D*. (2. 14) 16 pr. (substantially classical); *C*. (4. 39) 7 (substantially classical); *C*. (4. 1o) 2; *C*. (8. 41) 3 pr. [*vel aliquid ... denuntiaverit*]; see Bähr, *Jherings Jahrbücher,* i (1857), 378 ff.

参考文献

ss. 1069 ff. Windscheid, Pand. ii (1906), §§ 328 ff.; Wenger, *CP* (1940), § 9, pp. 88 ff., references, p. 93.

s. 1070. Beseler, *Z* lxvi (1948), 268.

s. 1071. On Greek and Hellenistic law see Beauchet, Histoire du droit privé de la république Athénienne, iv (1897), 515 ff., 537 ff., 540; Taubenschlag, Law of Greco-Roman Egypt (1944), 316, 319, 261. On Teutonic law see H. Brunner, *Forschungen zur Geschichte des deutschen und französischen Rechts* (1894), 550, 599 ff.; Gierke, *DP* iii (1917), 181. On English law see Pollock and Maitland, *History,* ii (1911), 226 f.; but Maitland's remark (p. 227 n. 4): 'Apparently Bracton f. 41*b* knew these mercantile documents under the name *missibilia*' is a mistake. Bracton obviously had in mind the *missilia* mentioned in *D*. (41.1) 9. 7; in fact, the best manuscripts read *missilia*.

二、债的解除

1072. 解除总论

我们已经偶尔涉及债的解除。惩罚性诉讼因债务人死亡而消灭（上文边码 73 以下），“带有复仇欲的诉讼”因债权人死亡而消灭（上文边码 77、1019）；有时候一项债因一定时间的届满而终止（上文边码 854）。任何债都可因更新而终止，等等。在这里，我们只希望对一些特别的终止方式作一些补充说明。

（一）履行（狭义上的清偿）

1073. 清偿

正常的终止方式是履行欠负债权人的东西。在古典法下，正当的履行“自动”消灭任何债，不需要要式的或非要式的免除行为。这项规则在共和国时期就已经获得了认可；“如何缔结的就应当如
904 何清偿”（prout quidque contractum est, ita et solvi debet）这句格言几乎不可能是一项一般法律规则，在古典时期肯定也不是。履行必须由债务人做出，但如果履行的内容是一项古典意义上的“给予”（datio，上文边码 1048），那么它也可以由第三人履行，甚至可以在债务人不知道或违背债务人意思的情况下履行。汇编者们最终允许在债务人欠负一项“facere”（做）时，也可以由第三人履行。

（二）代物清偿

1074. 代物清偿

任何债都可以通过履行不同于原本欠负的内容而解除。当然，这种终止方式总是要求债权人的同意，但基于这项同意，甚至第三人也可以做出代物清偿。关于这种解除方式的技术方面，萨宾学派主张“自动解除”（liberatio ipso iure），而普罗库鲁斯学派则主张仅仅通过一项欺诈抗辩来保护债务人。优士丁尼采用了萨宾学派的观

点，他可能是遵从了后古典时期的理论和实践。代物清偿的目的是解除一项债，因此不是一项合同。但是汇编者们把代物清偿同化于买卖合同，并赋予债权人一项扩用的买物之诉，如果被提供的标的物后来“被追夺”的话（上文边码 923）；在古典法下，旧债在这种情况下不受影响。

（三）正式免除

正式免除（acceptilatio）是以要式口约的方式进行的免除（上文边码 805）。债务人可以问债权人：“我向你承诺的东西，你已经接受了吗？”（Quod ego tibi promisi, habesne acceptum？）债权人回答说：“我已经接受了”（Habeo）。实际上，债权人什么都没收到。因为如果他获得了清偿，那么在古典法下，债务已经因履行而解除；债权人的宣告“我已经收到了欠我的东西”，仅仅是个形式。 1075. 正式免除

像要式口约那样，正式免除是一个口头协议（上文边码 805），因此不可避免地要求（因为没有电话）当事人在场。此外，只有言辞债务可以通过正式免除解除，即主要是（上文边码 800）由要式口约引起的债。如果当事人希望用正式免除解除其他类型的债，那么他们必须先通过更新把它们转化成言辞之债（上文边码 815）。

一项有效的正式免除的法律效果是“自动”消灭这项债。它的作用像清偿一样，因此被盖尤斯称其为一种“假装进行的清偿”（imaginaria solutio）。“你已经接受了吗？我已经接受了。”（acceptum habes？ habeo.）这句话是按字面理解的，而不是作为一种形式上的东西，其重要后果是，在任何消极整体性的情况下（上文边码 827），通过正式免除解除一个债务人的债务，其他债务人的债务也被解除；在任何积极整体性的情况下，其中一个债权人做

出正式免除就会破坏其他债权人的权利。因此，如果债权人通过正式免除解除了诚信同意人的债务，主债务人不可避免地像保证人一样被免除债务。如果债权人希望仅免除保证人的债务，那么他必须和诚信同意人订立一项“不得提出请求的简约”(pactum de non petendo)，而不是正式免除。

在古典法下，一项无效的正式免除绝对不发生效力，不会被转化为一项有效的“不得提出请求的简约”；因此，尤其是，一项对非言辞债务的正式免除不会转化为一项有效的简约。古典法学家厌恶转化法律行为：一项无效的遗嘱不会以遗嘱附书的形式被维持(上文边码 543)，一项无效的遗赠不会被转化为一项遗产信托(上文边码 559)，等等。后古典法学家的态度有根本性的不同，他们希望把一项无效的正式免除作为一项“不得提出请求的简约”来维持。出现这项转化的文本都是经过篡改的。在古典法下，一项无效的正式免除绝对不发生效力，债务仍不受影响，债务人甚至也不能用欺诈抗辩来保护自己。

“正式免除”仍存在于优士丁尼法中。

(四)混同

1076. 混同 我们必须区分两种混同。

1. 假设债权人成为债务人的唯一继承人，或者反过来，债务人成为债权人的唯一继承人，那么债消灭，因为没有人可以作为他自己的债务人。如下消灭的情形则没有这么不言自明。属于提提乌斯的一个奴隶对塞尤斯犯下了侵权行为，后者对提提乌斯享有一项损害投偿诉讼。后来塞尤斯取得了该奴隶的所有权。根据“损害跟着人走”(noxa caput sequitur)规则，提提乌斯现在免除任何责任，而塞尤斯可以说是他自己的债务人。根据萨宾学派的观点，这项混同绝对消灭这项债，但根据普罗库鲁斯学派的观点，这项债仅仅是休眠了，当这个奴隶不再处于塞尤斯的支配权下的时候就会自动复苏。优士丁尼采纳了萨宾学派的观点。如果不考虑普罗库鲁斯学派的理论，我们可以简单地说，混同（即当同一个人成为债权人和债务人时）自动消灭任何债。有时候混同像要式免除一样，被称为"清偿"，但相关的文本是经过篡改的。实际上，混同的法律效果与清偿不同：在整体性的情况下，混同不影响其他债的存在，而清偿会全部消灭它们。

考虑以下情形：

（1）A 和 B 是"同一个要式口约中的多个承诺人"（上文边码 827）。债权人 C 成为 A 的继承人，或者 A 成为 C 的继承人，那么 B 的债务不受这项混同的影响。

（2）A 是 C 的主债务人，B 是诚信同意人。

第一种情况：如果 C 成为 A 的继承人或 A 成为 C 的继承人，那么主债务免除，因此，诚信同意人的债务也免除，因为后者的债务仅附属于主债务（上文边码 862）。

第二种情况：如果 C 成为 B 的继承人或 B 成为 C 的继承人，那么诚信同意人的债务消灭，但主债务不消灭。

2. 所谓的"吸收混同"。假设 A 是主债务人，F 是诚信同意人。后来 A 成为 F 的继承人或 F 成为 A 的继承人。根据古典的理论，诚信同意人的债务因与主债务混同而消灭，但帕比尼安似乎主张保护债权人，只要混同会让他遭受实质性的损失。

考虑以下情形。A 是主债务人，F 是诚信同意人。F 死亡，A 成为他的唯一继承人。诚信同意人的债因混同而消灭，但这蕴含着对债权人的不利：如果诚信同意人的债仍存在，债权人就可以要求“财产分离”，这是一种授予遗产债权人的权利（上文边码 533）。帕比尼安似乎为债权人提供“财产分离”的权利，尽管在混同发生之后，他不再是遗产债权人，而仅仅是继承人的债权人。

如果有两个“同一个要式口约中的承诺人”（上文边码 827），其中一个成为另一个的继承人，那么没有“吸收混同”发生，两项债仍有效。类似地，如果有两个“同一个要式口约中的提问人”，其中一个成为另一个的继承人，也不存在“吸收混同”。

原始文献

s. 1073. Read Gai. 3. 168, first sentence; *D.* (46. 3) 80, interpolated, reconstruction uncertain; (46. 3) 53; (46. 3) 40; (46. 3) 31 [*et hoc ... perficiat*]; [non consentiente stipulatore]; *Inst. Iust.* (3. 29) pr.

s. 1074. Read Gai. 3. 168, cf. *Inst. Iust.* (3. 29) pr.; *D.* (46. 3) 46 pr. (genuine); (46. 3) 98 pr. [*promittendo obligavit*] <*dixit*>; [*promissione*] <*dictione*>; *C.* (8. 44) 4 [*utilis*]; [*nam ... obtinet*].

s. 1075. Read Gai. 3. 169—170; *D.* (46. 4) 13. 7; (5. 2) 12. 3; (13. 5) 1. 4 [*cum ... voluerit*]; [*quoniam ... sit*]; substantially classical; (46. 4) 8 pr. (obviously spurious); (2. 14) 27. 9 [*tacita pactione*] <*non*>; (46. 4) 19 pr. [*quidem ... potest*]; *Inst. Iust.* (3. 29) 1.

s. 1076. Read Gai. 4. 77—78; *D.* (46. 1) 71 pr. only ‘sed cum duo rei promittendi ... confusa obligatione’; (46. 1) 21. 5; (17. 1)

11 <*non*> *habeo*; (46. 1) 38. 1; (46. 3) 38. 5 (see above, s. 740). On absorbing *confusio*: *D.* (46. 1) 5, substantially classical; (46. 3) 38. 5; (46. 3) 93. 2, substantially classical; (46. 1) 50; (42.6) 3 pr., substantially classical.

参考文献

s. 1072. Windscheid, *Pand.* ii (1906), §§ 341 ff.; Solazzi, *L'estinzione della obbligazione* (1931).

s. 1073. On *D.* (46. 3) 80 see Solazzi, 10 ff. and *Index interp.* On performance by third persons see Solazzi, 35 ff.

s. 1074. H. Steiner, *Datio in solutum* (1917); Solazzi, 148 ff.

s. 1075. Solazzi, 233 ff. On the conversion of an invalid *acceptilatio* into a valid *pactum* see Beseler, *Z* xlvii (1927), 357 ff.; Solazzi, 246 ff.; Astuti, *Studi intorno alla promessa di pagamento, Il costituto di debito,* ii (1941), 257, with references.

s. 1076. P. Kretschmar, *Die Theorie der Confusion* (1899), a thorough work but entirely uncritical and out of date; Solazzi, 254 ff. On absorbing *confusio* see in particular Beseler, *Z* xlvii (1927), 53 ff. On D. (17. 1) 11 see Solazzi, 277 (unacceptable, since *litis contestatio* with the *fideiussor* did not consume the action against the principal debtor; above, s. 865) and Beseler, *Z* xlv (1925), 252 (not convincing).

索　　引

（索引中的数字指本书的边码）

A

B

D

E

N

O

P

Q

R

S

U

附　　录

s. 16, p. 16. Kaser, 'Zum Ursprung des geteilten römischen Zivilprozessverfahrens', *Festschrift für Wenger,* i (1944), 106; Wenger, 'Vom zweigeteilten römischen Zivilprozesse', *St. Solazzi* (1948), 47 ff.; Jolowicz, 'The judge and the arbitral principle', *RIDA,* ii (1949), 477.

s. 26, p. 18. Kaser, 'Die lex Aebutia', *St. Albertario* (1950).

ss. 47—51, p. 31. Philonenco, 'Intendo dans les formules in factum conceptae', *RIDA,* iii (1949), 231.

s. 56, p. 34. L. Levi, Le caractère exécutif de l'actio et l'obligation de défendre à l'encontre les actiones in personam (1938).

s. 65, p. 37. Kaser, 'Die Rechtsgrundlage der actio rei uxoriae', *RIDA,* ii (1949), 511.

ss. 70, 71, p. 41. Grosso, Il sistema romano dei contratti (1950), 249.

s. 73. 3, p. 45. Sargenti, Contributo allo studio della responsabilità nossale in diritto romano (1949).

ss. 86, 87, p. 48. Buckland, 'Finium regundorum', *RH,* xv (1936), 741.

ss. 88—90, p. 49. Siber, ‘ Praeiudicia als Beweismittel’, *Festschrift Wenger,* i (1944), 46.

s. 97, p. 55. Collinet, *Études,* v (1947), 487 ff.

s. 103, p. 58. Solazzi, ‘ Sulle classificazioni delle exceptiones’, *AG,* cxxxvii (1949), 4 ff.

s. 112, p. 63. Collinet, *Études,* v (1947), 479 ff.

s. 124, p. 76. Castello, *St. Solazzi* (1948), 232.

s. 136, p. 81. Alvaro D’Ors Perez-Peix, *Emerita,* xi (1943), 297; *Anuario de Historia del Derecho,* xv (1944), 162 ff.; *Sefarad,* vi (1946), 21 ff.; Arangio-Ruiz, ‘L’applicazione del diritto romano in Egitto dopo la costituzione di Caracalla’, *Annali Catania,* i (1947); Schönbauer, *Anzeiger der phil.-hist. Klasse der Österreich. Akademie der Wiss.,* Jahrg. 1949, p. 369.

s. 140, p. 85. Danieli, *SD,* xv (1949), 198 (manumissio censu).

s. 145, p. 89. De Visscher, ‘La notion de corpus et le regime des associations privées à Rome’, *Scritti Ferrini,* iv (1949), 43 ff.

s. 146, p. 89. Bruck, *Scritti Ferrini,* iv (1949), 1 ff., 18, 29 f.

s. 152, p. 92. Jones, ‘The aerarium and the fiscus’, *JRS,* xl (1950), 22 ff.

s. 169, p. 102. Hanslik, *Bursians Jahrbücher über die Fortschritte der klass. Altertumswissenschaft,* Jahrg. 1943, vol. 282, p. 67.

s. 180, p. 108. On *Laudatio Turiae*: van Oven, *RIDA,* iii (1949), 273; Lemosse, *RH,* xxviii (1950), 251; Durry, Éloge funèbre d’une matrone romaine (1950); Gordon, 'A new fragment of the Laudatio Turiae', *Americ. Journal of Archaeology,* liv (1950), 223.

s. 186, p. 114. H. J. Wolff, *Z,* lxvii (1950), 261 ff., 288.

s. 189, p. 114. Gaudemet, 'Iustum matrimonium', *RIDA,* ii (1949), 355.

s. 191, p. 114. Gaudemet, l.c., loc. cit., 309 ff., 328 ff.

ss. 193 ff., p. 118. Düll, *Festschrift Wenger* i (1944), 204 ff.; Kaser, *AR,* 343; Maschi, *Humanitas* (1949), 75 ff.

ss. 200, 203, p. 121. On *Laudatio Turiae,* see s. 180, p. 108, Addenda.

s. 220, 4 (a), p. 128. This retentio was only available, si culpa mulieris aut patris divortium factum sit.

ss. 207 ff., p. 130. Maschi, *Humanitas* (1949), 82 ff.; H. J. Wolff, *Z,* liii (1933), 297.

s. 210, p. 130. H. J. Wolff, 'Dos und erneuerte Ehe', *Z,* lxvi (1948), 31 ff.

s. 216, p. 130. Maschi, *Humanitas* (1949), 85 ff., 91 ff.

s. 217, p. 130. Kaser, 'Die Rechtsgrundlage der actio rei uxoriae', *RIDA,* ii (1949), 511.

s. 218, p. 130. Solazzi, 'Sul consenso della filia familias all' actio rei uxoriae esercitata dal padre', *Rend. Lomb.* lxx (1937), Fasc. Ⅲ.

s. 225, p. 137. H. J. Wolff, *Z,* lxvii (1950), 261 ff., 279 ff.

s. 231, p. 137. Kaser, *Z,* lxvii (1950), 493.

s. 243, p. 149. Koschaker, 'Neue Keilschriftl. Rechtsurkunden', *Abhandl. der Sächs. Akademie d. Wiss.* xxix, 5 (1928), 88 ff.

s. 244, p. 149. Kaser, *ARI* (1949), 342.

s. 245, p. 149. Prévost, 'L'adoption d'Octave', *RIDA,* v (1950), 361.

s. 249, p. 149. Kaser, *Z*, lxvii (1950), 474 ff.

s. 272, p. 159. Kaser, *Z,* lxvii (1950), 474 ff.

s. 286, p. 172. Solazzi, 'Da "tutorem do" a "tutor esto"', *SD,* xiii/xiv (1947—1948, publ. 1949), 301.

s. 302, p. 177. Solazzi, L'età dell' infans, *Bull.,* viii/ix (1947), 354.

s. 306, p. 180. Kaser, 'Die Rechtsgrundlage der actio rei uxoriae', *RIDA,* ii (1949), 511; Solazzi, 'Il contratto di tutela in Gai. 4, 182, *Bull.,* viii/ix (1947), 360.

s. 313, p. 184. The passage in the *Laudatio Turiae* according to the new fragment published by Gordon, *American Journal of Archaeology,* liv (1950), 223; the traditional text of our editions (based on Mommsen's conjecture) is wrong.

s. 339, p. 199. Guarino, 'Il "furiosus" e il "prodigus" nelle XII Tabulae', *Annali Catania,* iii (1949).

s. 347, p. 200. Renier, 'Observations de la terminologie de l'aliénation mentale', *RIDA,* v (1950), 429 ff.

ss. 349 ff., p. 202. Guarino, 'Il "furiosus" e il "prodigus" nelle Ⅻ Tabulae', *Annali Catania,* iii (1949).

ss. 358 ff., p. 209. Bonfante, *Corso,* vi, 1 (1930); Solazzi, *Diritto ereditario romano* 1 (1932), 2 (1933); Albanese, 'La successione ereditaria in diritto romano antico', *Annali Palermo,* xx (1949).

s. 361, p. 209. Cassisi, 'L'editto di C. Verre et la Lex Voconia', *Annali Catania,* iii (1949).

ss. 367 ff., p. 212. Albanese, *La successione ereditaria* (1949), 228 ff.

s. 372, p. 216. Albanese, l.c. 228 ff.

s. 383, p. 225. Solazzi, 'Glosse a Gaio', *St. Riccobono,* 1 (1936), 80 ff.

s. 386, p. 226. Castello, 'Sulla condizione del filio concepito legitimamente e illegitimamente nel diritto romano', *RIDA,* iv (1950), 269 ff.

s. 392, p. 226. Solazzi, *Diritto ereditario romano,* 1 (1932), 188 ff.; Cassisi, 'L 'editto di C. Verre e la "Lex Voconia"', *Ann. Catania,* iii (1949), Estratto, p. 13.

s. 402, p. 227. Solazzi, 'Glosse a Gaio', *St. Riccobono*, 1 (1936), 80 ff.

ss. 426 ff., p. 240. Albanese, *La succtssione ereditaria* (1949), 321 ff.

s. 432, p. 244. Albanese, *La successione ereditaria* (1949), 134 ff., 294.

s. 436, p. 246. Solazzi, 'Gordiano e il testamento orale pretorio', *SD,* xiii/xiv (1947, published 1949), 312 ff.

s. 438, p. 248. De Sarlo, 'Gaio Ⅱ, 151 e la natura della revoca testamentaria non formale', *AG,* cxxxvi (1949), 102 ff.

s. 444, p. 251. Albanese, *La successime ereditaria* (1949), 322 ff.

s. 447, p. 256. Albanese, l.c. 316 f.

s. 452, p. 260. Solazzi, *Athenaeum,* viii (1930), 45 ff.

s. 455, p. 265. E. Weiss, *PW,* iv a, 506.

s. 458, p. 265. E. Weiss, *PW,* iv a, 507.

s. 464, p. 270. See below, s. 491, Bibliography; Albanese, l.c. 94 ff.

s. 491, p. 287. Albanese, l.c. 94 ff.

s. 492, p. 287. For texts with 'voluntarius heres' see now *Voc. Iur. Rom.* v. 1482.

s. 497a, p. 287. Biondi, *St. Solazzi* (1948), 77 with references.

s. 506, p. 291. De Zulueta, *RH,* xi (1932), 491 ff.; Aru, *AG,* cxxiv (1940), 8 ff.; Behrens, 'Coartare' (on Gai. 2, 170), *Z*, lxvii (1950), 524.

s. 525, p. 301. On *consortium* see Albanese, l.c. 9 ff., with references.

s. 529, p. 304. Solazzi, *SD,* vi (1940), 335; Guarino, 'Gai. Ⅱ, 155 e il beneficium dell' heres necessarius', *SD,* x (1944), 240.

s. 554, p. 323. Kaser, *ARI* (1949), 147 ff.; 'Das legatum sinendi modo in der Geschichte des röm. Vermächtnisrechts', *Z*, lxvii (1950), 320 ff.

ss. 574, 575, p. 333. Santi di Paola, *Donatio mortis causa* (1950).

s. 586, p. 339. Brasiello, ' Brevi Note sul concetto di proprietà', *St. F. Ferrara,* Estratto, p. 30.

s. 588, p. 342. Luzzatto, 'Appunti sul ius Italicum', *RIDA,* v (1950), 79 ff., 110.

s. 601, p. 354. On 'emere' see Walde, *Lat. Etymol. WB,* 1 (1938), 400.

ss. 613 ff., p. 354. Pflüger, *Zur Lehn vom Erwerbe des Eigentums nach röm. Recht* (1937).

s. 615, p. 354. Pflüger, l.c. 18 ff.; P. Voci, 'Iusta causa traditionis' e 'iusta causa usucapionis', *SD,* xv (1949), 141 ff.

s. 616, p. 354. Feenstra, 'Inst. 2, 1,91 et les origines de la "revendication" du vendeur non payé', *RIDA,* iv (1950), 455 ff.; Pringsheim, *Greek law of sale* (1950), 179 ff.

s. 625, p. 361. P. Voci, 'iusta causa traditionis' e 'iusta causa usucapionis', *SD,* xv (1949). 141 ff., 159 ff.

s. 628, p. 361. Albanese, 'La successione ereditaria in diritto romano antico' (*Annali Palermo* xx), 276 ff.

s. 631, p. 367. Lombardi, 'Libertà di caccia e proprietà in diritto romano', *Bull.,* liii/liv (1948), 273 ff.

s. 637, p. 367. Nardi, 'Un' osservazione in tema di tabula picta', *AG,* cxxi (1939).

s. 641, p. 379. Luzzatto, 'Spunti critici in tema di actio in rem per sponsionem', *St. Albertario* (1950).

s. 655, p. 380. Ciapessoni, *Studi su Gaio* (1943), 91 ff.; Franca La Rosa, 'In tema di duplex dominium', *Annali Catania,* iii (1949).

ss. 682 ff., p. 396. Solazzi, *Specie ed estinzione delle servitù prediali* (1948); *La tutela e il possesso delle servitù prediali* (1949).

s. 684, p. 396. Solazzi, *Specie ed estinzione,* 2 ff. On *D.* (33, 10) 12, see D'Ors, 'Varia Romana' 4, *Anuario de Historia del derecho español,* xvi (1945), 758 ff.

s. 686, p. 396. Solazzi, *Requisiti,* 21 ff., 25.

s. 691, p. 397. Solazzi, *Specie ed estinzione,* 157 ff.

s. 692, p.397. Solazzi, *La tutela e il possesso delle servitù prediali* (1949). On the *interdictum quam servitutem* (Lenel, *Edict.* § 255) see Solazzi, *RIDA,* v (1950), 465 ff.

s. 695, p. 399. The standard work on *superficies* is now Heinrich Vogt, *Das Erbbaurecht des klassischen römischen Rechts* (1950). On the interdict 86 ff.; on the *actio in rem* 95 ff. Solazzi, 'Sulla superficie come servitù', *SD,* xiii/xiv (1947—1948 published 1949), 307.

s. 696, p. 399. Lanfranchi, *Studi sull' ager vectigalis Ⅲ. La trasmissibilità a titolo singulare del ius in agro vectigali* (1940); not available, but see Wieacker, *Z*, lxi (1941), 468.

s. 701a, p. 405. Savigny, *Vom Beruf unsrer Zeit für Gesetzgebung und Rechtswissenschaft* (3rd ed. 1840), 177.

ss. 730, 731, p. 419. Pringsheim, *The Greek law of sale* (1950),

311 with references.

s.752. 3, p. 434. Kaser, *Z*, lxv (1947), 248 ff.

s. 753, p. 434. Kaser, 'Wesen und Wirkungen der Detention in den antiken Rechten' (Sonderdruck aus den deutschen Landesreferaten zum *Ⅲ. Internationalen Kongress für Rechtsvergleichung in London,* 1950), 13 ff.

s. 757, p. 434. Kaser, 'Wesen und Wirkungen', l.c. 2 ff.

s. 760, p. 435. Kaser, 'Wesen und Wirkungen', l.c. with references.

s. 793, p. 464. Arangio-Ruiz, *La società in diritto romano* (1950), 30 f., 122.

s. 796, p. 464. Longo, 'Concetto e limiti dell' obbligazione naturale dello schiavo nel diritto romano classico', *SD,* xvi (1950), 86 ff.

s. 799, p. 472. Grosso, *Il sistema romano dei contratti* (2nd ed. 1950). 32 ff. (cap. Ⅱ 'Contractus e contrahere'); Solazzi, 'Il contratto di tutela in Gai. 4, 182', *Bull.* xlix/l (1947), 360; van Oven, 'Remarques sur Gai. 3, 91', *IURA,* i (1950), 21 ff.

s. 800, p. 472. Perozzi's paper see now in Perozzi, *Scritti giuridici,* ii (1948), 563. Grosso, *Sistema,* l.c. cap. Ⅲ, La 'quadripartizione delle obligationes ex contractu', p. 273 ff.

s. 801, p. 472. On quasi-contracts see Grosso, l.c. 20 ff.

s. 802, p. 473. Grosso, l.c. 186 ff.

s. 803, p. 483. Grosso, *Sistema,* 139 ff.

s. 808, p. 483. Grosso, *Sistema,* 143 ff. with references (p. 146).

s. 809, p. 483. Giffard, *RIDA,* iv (1950), 499, 501 (hardly acceptable).

s. 815, p. 504. *La novazione nel diritto romano* (1950).

s. 817, p. 504. Sanfilippo, 'Dubbi e riflessioni in tema di novazione mediante stipulazione nulla', *Annali Catania,* iii (1949).

s. 819, p. 504. Bonifacio, l.c. 47 ff., 62 ff.

ss.820 ff., p. 504. Wesenberg, *Verträge zu Gunsten Dritter* (1949). On *stipulatio post mortem* see Sanfilippo, *St. Solazzi* (1948), 554; Solazzi, 'Sull' obbligazione a termine iniziale, *IURA,* i (1950), 34 ff., 49 ff. (not convincing).

ss.871 ff., p. 507. Grosso, *Il sistema romano dei contratti* (2nded. 1950), 122 ff.

s. 874, p. 507. Grosso, l.c. 106: 'L'obligatio re et verbis contracta.'

s. 883, p. 517. De Robertis, *La legittimazione attiva nell' actio furti* (1950).

ss. 901 ff., p. 524. Grosso, l.c. 177 ff. Cap. Ⅷ: Contratti innominati. On *D.* (19, 5) 13 pr., see Arangio-Ruiz, *La società* (1950), 148.

ss. 907, 908, p. 526. Perozzi's paper see now in Perozzi, *Scritti giuridici,* ii (1948), 563. Greek law knew no consensual contracts, see Pringsheim, The Greek law of sale (1950), 14 ff.

s. 913, p. 540. On *laesio enormis* see Carelli, *SD,* iii (1937).

s. 919, p. 541. Meylan, *RIDA,* iii (1949), 193.

s. 920, p. 541. Pringsheim, *Z,* 1 (1930), 433 ff.; Kaser, *ARI* (1949), 135 ff.

s. 926, p. 541. On Greek influence, Pringsheim, *The Greek law of sale* (1950), 478 ff., 480; Schulz, *Principles* (1936), 128.

s. 932, p. 538. On *D.* (21, 1), 28, see Monier, l.c. 104.

s. 941, p. 549. On the two crucial texts *D.* (13, 6) 19, and *D.* (19, 2) 41, see H. J. Wolff, 'Concerning the transmission of Julian's Digesta', *Seminar,* vii (1949), 69 ff.

ss. 944 ff., p. 553. Arangio-Ruiz, *La società in diritto romano* (1950).

s. 946, p. 553. On consortium see Albanese, 'La successione ereditaria in diritto romano antico' (Estratto dal vol. xx, degli *Annali del Seminario Giuridico di Palermo,* 1949), 9 ff. with references.

ss. 963 ff., p. 566. Bonifacio, *La novazione nel diritto romano,* 69 ff.

s. 971, p. 566. Sargenti, 'Osservazioni sulla responsabilità dell' exercitor navis in diritto romano', *St. Albertario* (1950), 367 ff.

s. 976, p. 574. Grosso, *Il sistema romano dei contratti* (2nd ed. 1950), 1 ff; on quasi-delicts, 20 ff.

s. 979 ff., p. 586. Niederländer, *Z*, lxvii (1950), 185 ff.

s. 1000, p. 587. De Robertis, *La legittimazione attiva nell' actio furti* (1950).

ss. 1004 ff., p. 592. F. H. Lawson, *Negligence in the civil law* (1950).

s. 1049, p. 620. Giffard, 'L'action qua incertum petimus', *SD,* iv (1938), 152 ff.; 'Observations sur l'enrichissement injuste incertain', *RIDA,* iv (1950), 499 ff. The author suggests the following formula:

Quidquid paret Numerium Negidium Aulo Agerio dare facere oportere, eius iudex Numerium Negidium Aulo Agerio dumtaxat HS. X milia condemna, si non paret absolve.

If this *formula* had existed the classical lawyers would have granted it ex furtiva causa and thereby have avoided the difficulties mentioned by Gaius 4, 4.

图书在版编目(CIP)数据

古典罗马法:上下册/(德)弗里茨·舒尔茨著;柯伟才,张晓博译.—北京:商务印书馆,2024
(汉译世界学术名著丛书:120年纪念版:珍藏本:增订本)
ISBN 978-7-100-23745-1

Ⅰ.①古… Ⅱ.①弗…②柯…③张… Ⅲ.①古罗马—私法—研究 Ⅳ.①D904.1

中国国家版本馆 CIP 数据核字(2024)第 077821 号

汉译世界学术名著丛书
(120 年纪念版·珍藏本·增订本)
古典罗马法
(上下册)
〔德〕弗里茨·舒尔茨 著
柯伟才 张晓博 译

商务印书馆出版
(北京王府井大街 36 号 邮政编码 100710)
商务印书馆发行
北京市十月印刷有限公司印刷
ISBN 978-7-100-23745-1

2024 年 5 月第 1 版 开本 710×1000 1/16
2024 年 5 月北京第 1 次印刷 印张 60½
定价:318.00 元